W9-AEJ-125

DIE DEUTSCHEN

VERGANGENHEIT
UND GEGENWART

DIE DEUTSCHEN

Fourth Edition

VERGANGENHEIT
UND GEGENWART

Wulf Koepke
Texas A & M University

Holt, Rinehart and Winston
Harcourt Brace College Publishers
Fort Worth Philadelphia San Diego New York Orlando Austin San Antonio
Toronto Montreal London Sydney Tokyo

Publisher: Ted Buchholz
Senior Acquisitions Editor: Jim Harmon
Developmental Editor: Marsha Hall
Foreign Language Project Editor: Lupe Garcia Ortiz
Senior Production Manager: Annette Dudley Wiggins
Book Designer: Diana Jean Parks
Photo Researcher: Peggy S. Cooper
Compositor: Monotype Composition Company, Inc.

Copyright © 1993, 1985, 1980, 1971 by Holt, Rinehart and Winston, Inc.

All rights reserved. No part of this publication may be reproduced or transmitted in any form or by any means, electronic or mechanical, including photocopy, recording, or any information storage and retrieval system, without permission in writing from the publisher.

Requests for permission to make copies of any part of the work should be mailed to: Permissions Department, Harcourt Brace & Company, Orlando, Florida 32887

Cover photo: Franz Marc: *Elefant, Pferd, Rind,* 1914. Marlborough Fine Art Limited, London.

Address for Editorial Correspondence: Harcourt Brace College Publishers, 301 Commerce Street, Suite 3700, Fort Worth, TX 76102.

Address for Orders: Harcourt Brace & Company, 6277 Sea Harbor Drive, Orlando, FL 32887. 1-800-782-4479, or 1-800-443-0001 (in Florida).

Printed in the United States of America

Library of Congress Catalog Card Number: 92-054808

ISBN: 0-03-074989-1

5 6 039 9 8 7 6 5 4

PHOTO CREDITS: German National Tourist Office: 4 (top/left), 38, 159, 185, 186, 189, 191, 195, 255, 295, 300, 319. Archiv für Kunst und Geschichte, Berlin: 24, 25, 33, 44, 45, 59, 60, 71, 75, 77 (bottom), 86, 91, 97, 103, 106, 109, 111, 113, 119, 122, 269. Keystone Pressedienst GmbH: 46, 167, 226, 335, 437, 490. Austrian National Tourist Office: 64, 354, 355, 356, 357, 358, 360. Austrian Cultural Institute: 85, 88, 351, 359. Germantown Historical Society: 79 (top). Library of Congress: 127, 133. Ulrike Welsch: 175. Deutsche Presse-Agentur GmbH: 198, 294, 312. Peter Menzel/Stock Boston: 203, 317, Owen Franken/Stock Boston: 205, Stock Boston: 305. J. Douglas Guy: 219, 225. BMW of North America, Inc.: 272. Uta Hoffmann: 291. Marian Goodman Gallery: 314. Swiss National Tourist Office: 363, 364, 365, 367, 368, 370, 372, 373. Owen Franken of the German Information Center: 209, 222, 231, 251, 261, 303, 307, 338. All other photos courtesy of the German Information Center.

REALIA CREDITS: 400, Hüthig Verlagsgemeinschaft GmbH. 401, Hüthig Verlagsgemeinschaft GmbH. 407, Holt, Rinehart, and Winston. 413, Bertelsmann Lexikon Verlag, Gütersloh. 413, Bertelsmann Lexikon Verlag, Gütersloh. 420, German Information Center, Courtesy Library Company of Philadelphia. 425, Bertelsmann Lexikon Verlag, Gütersloh. 431, Holt, Rinehart and Winston. 442, Bildarchiv Preußischer Kulturbesitz. 443, second realia piece, Süddeutscher Verlag Bilderdienst, Postfach 20 22 20, 8000 München 2, Germany. 448, Bertelsmann Lexikon Verlag GmbH, Gütersloh. 454, Bertelsmann Lexikon Verlag GmbH, Gütersloh. 455, Bildarchiv Preußischer Kulturbesitz. 461, Eilers and Schünemann. 470, Friedrich Bassermann, Falken-Verlag GmbH. 479, Eilers and Schünemann. 491, Süddeutsche Zeitung. 501, Copyright owner not known. 517, Copyright owner not known. 518, Eilers and Schünemann. 534, Friedrich Bassermann, Falken-Verlag GmbH. 544, Verlag Heinrich Ellermann, München. 549, Hürzeler AG.

INHALT

Preface vii

GEOGRAPHIE 1

VERGANGENHEIT 11

KAPITEL 1 — Der Beginn der deutschen Geschichte 13
KAPITEL 2 — Die Ungarnschlacht 21
KAPITEL 3 — Barbarossa 29
KAPITEL 4 — Der Totentanz 37
KAPITEL 5 — Die Reformation 49
KAPITEL 6 — Der Fenstersturz von Prag 59
KAPITEL 7 — Die Staatsräson 67
KAPITEL 8 — Die Goethezeit 81
KAPITEL 9 — Der deutsche Nationalstaat 89
KAPITEL 10 — Weltpolitik 103
KAPITEL 11 — Weimar und Potsdam 115
KAPITEL 12 — Der Nationalsozialismus 127
KAPITEL 13 — Das Wirtschaftswunder 137
KAPITEL 14 — Die Berliner Mauer und ihr Fall 151

Bücher zum Nachschlagen und Weiterlesen 169

GEGENWART 173

KAPITEL 1 — Die deutschen Länder 175
KAPITEL 2 — Die Deutschen von heute 195
KAPITEL 3 — Die Familie 203
KAPITEL 4 — Feste im Jahreslauf 211
KAPITEL 5 — Die Schule 219
KAPITEL 6 — Studium in Deutschland 231

KAPITEL 7 — Berufsausbildung 245
KAPITEL 8 — Berufstätigkeit 253
KAPITEL 9 — Die deutsche Wirtschaft 269
KAPITEL 10 — Sport in Deutschland 281
KAPITEL 11 — Urlaubsreisen 289
KAPITEL 12 — Das kulturelle Leben in Deutschland 297
KAPITEL 13 — Vereine in Deutschland 317
KAPITEL 14 — Der Bürger und sein Staat 321
KAPITEL 15 — Die Kirchen und ihre Rolle in der Gesellschaft 341
KAPITEL 16 — Besuch in Österreich 351
KAPITEL 17 — Besuch in der Schweiz 363

Bücher zum Nachschlagen und Weiterlesen 375

ÜBUNGEN 377

VOKABULAR 551

REGISTER 651

PREFACE

About the Fourth Edition

Not only the passage of time, but even more so the fall of the Berlin Wall in Germany and other momentous events in Europe made a new edition mandatory. It has grown into a thorough revision, not only of the chapters directly affected by the political changes, but of the entire book. In the *Vergangenheit* part, new sections have been added that give more space to social history, to the development of Austria and Switzerland, and to events such as German emigration to the United States. The postwar period was divided into two chapters. In the *Gegenwart* part, the GDR chapter was, of course, eliminated, and a new description of the German Länder given. Due to significant changes, chapters had to be rewritten, at least in part, and a new chapter on the German economy was added. Since the European/German situation was fluid during this revision, and will be for some time to come, figures should be viewed as tentative and general, and conditions may change at any time. The integration of the German East into the "old" Federal Republic is a painful process, beset with problems and conflicts. However, reasonable success is predictable, although the timetable may shift. With this situation in mind, a book of this nature can only be taken as a basis for discussion and must be supplemented with latest news and figures.

The *Übungen* were reworked as well. Two new features were added: a summary *Lesehilfe* and a realia-based exercise. The *Lesehilfe* directs one's attention to the main points of the text, enabling the student to summarize the events. This proves to be a very useful exercise. The second feature, the realia-based exercise, contains a specific cultural item such as a piece of text, a document, a drawing of architectural styles, and the like. Questions about these cultural items will enhance conversation in the classroom and may serve as a suggestion for other materials the instructor might want to introduce.

In order to assist the use of the book in culture and civilization courses, a short list of titles for reference and further reading has been inserted following the *Vergangenheit* and the *Gegenwart* parts. This will hopefully provide students with the information necessary for individual research. Also, an index of names and topics was added in order to facilitate orientation.

As in the previous editions, an effort has been made to integrate the materials offered, to provide a reasonable amount of information, but not to overload the book, to keep the language accessible, and to offer variety so that different classes with different emphases and interests can make their own selections from what is provided. This is especially true for the exercises, but the text as well does not have to be used in sequence. The chapters are constructed as independently as possible.

The author feels gratified that, after so many years on the market, the book is still in demand, but then it is really a very different book from what it was in 1971.

At that time, the proposed title *Deutschland und die Deutschen* could not be used. It would be easier to use it now; however, since the book has made its way under the present title, it was decided to keep it that way.

Much effort has gone into this edition to make it more usable. The author wishes much success and, hopefully, enjoyment to all its future users.

Acknowledgments

I would like to thank the following colleagues who reviewed the manuscript during its various stages of development:

Kirsten Belgum	University of Texas at Austin
David Caldwell	University of Northern Colorado
Marlis Zeller Cambon	Boston University
Gloria Flaherty	University of Illinois
Edward Force	Central Connecticut State University
Ingrid Hasselbach	Tulane University
Commander Peter Heinrich	United States Naval Academy
Leroy Hopkins	Millersville University
Jürgen Koppensteiner	University of Northern Iowa
Carl Obrath	University of Cincinnati
Gerd Schneider	Syracuse University
Carol Vogel	Washburn University
Benjamin Webb	University of Miami
Robert Youngblood	Washington and Lee University

GEOGRAPHIE

Deutschlands Lage

Deutschland liegt im nördlichen Mitteleuropa. Der 49. Breitengrad,° der die Grenze zwischen den USA und Kanada bildet, geht durch Süddeutschland, etwa bei Stuttgart. Frankfurt am Main liegt auf dem gleichen Breitengrad wie Winnipeg.

(degree of) latitude

Im Westen beginnt Deutschland östlich des 6. Längengrads und reicht bis zum 15. Längengrad.° Zwischen New York und Frankfurt sind sechs Stunden Zeitdifferenz. Wenn es in New York 12 Uhr ist, ist es in Frankfurt schon 18 Uhr.

(degree of) longitude

Deutschland liegt in der Mitte Europas. Die Straßen von Skandinavien nach Italien, von Frankreich nach Rußland oder Südosteuropa führen durch Deutschland. Deutschland grenzt an folgende Länder: Dänemark, Holland, Belgien, Luxemburg, Frankreich, die Schweiz, Österreich, die Tschechoslowakei und Polen. So viele Nachbarn hat sonst kein Land in Europa.

Die Größe

Deutschland hat heute eine Ausdehnung von 357.000 Quadratkilometern.* Das ist etwa so viel wie Minnesota und Iowa zusammen, weniger als Montana und Kalifornien, etwas mehr als halb so groß wie Texas.

Deutschland ist heute viel kleiner als vor 100 Jahren. Durch den Ersten und Zweiten Weltkrieg verlor es viele Gebiete. 1945 kam ein Viertel des Landes zu Polen und Rußland.

Frankreich ist 551.000 km² groß, Spanien 504.000, Polen 312.00, Italien 301.000, Großbritannien 242.000, Deutschland gehört also immer noch zu den großen Ländern Europas.

Die Bevölkerung

Deutschland ist dicht bevölkert. In der Bundesrepublik lebten 247 Menschen auf einem Quadratkilometer gegenüber 26 Menschen pro Quadratkilometer in den USA. Die Bundesrepublik hatte die Bevölkerungsdichte° von Massachusetts. Nicht ganz so beengt° waren die Menschen in der DDR. Hier lebten 155 Menschen auf einem Quadratkilometer. Die frühere DDR umfaßt 30% des deutschen Gebiets, aber nur 23% der Bevölkerung. Die Bevölkerungsdichte ist jetzt bei 221 pro Quadratkilometer.

population density
cramped, crowded

Deutschland hat fast 80 Millionen Einwohner, etwa so viel wie New York, Kalifornien, Pennsylvania, Illinois, New Jersey und Texas zusammen. Deutschland ist aber nur halb so groß wie Texas.

---

*2,6 Quadratkilometer = 1 Quadratmeile

Die Landschaft

Deutschland hat nur im Süden und im Norden natürliche Grenzen. Im Norden wird es von der Nordsee und der Ostsee begrenzt, im Süden läuft die Grenze quer durch die Alpen.

Die Westgrenze und die Ostgrenze haben sich in der deutschen Geschichte oft geändert; sie verlaufen quer durch Ebenen° und Mittelgebirge.° Einen Teil der deutschen Westgrenze bildet heute der Rhein. Die Ostgrenze verläuft entlang der Lausitzer Neiße und der Oder.

plains
uplands, foothills

Es lassen sich in Deutschland mehrere Landschaftsformen unterscheiden: Der Norden ist ein Teil der großen Tiefebene, die sich bis Rußland erstreckt; der mittlere Teil umfaßt eine große Vielfalt von Gebirgszügen, Einzelbergen und kleinen Ebenen, die zusammen Mittelgebirge genannt werden. Nördlich der Alpen erstreckt sich eine Hochebene,° das Alpenvorland genannt. Den südlichen Abschluß bildet das Hochgebirge der Alpen.

elevated plain

Die heutige Gestalt der Landschaft ist das Ergebnis der Eiszeit.° Die skandinavischen Gletscher° bedeckten damals Norddeutschland; die Gletscher der Alpen lagen auf dem Alpenvorland. So entstanden die Ebenen, die Flüsse und viele Seen.

glacial period, ice age / glaciers

In Norddeutschland und Bayern gibt es mehrere Seengebiete.° Der größte deutsche See, der Bodensee, wird vom Rhein gebildet. Die Donau, die durch Süddeutschland fließt, hat ihre Quelle im Schwarzwald und fließt nach Osten. Sie berührt noch sechs andere Länder, bevor sie ins Schwarze Meer mündet. Alle anderen großen Flüsse in Deutschland fließen von Südosten nach Nordwesten: der Rhein, die Weser, die Elbe, die Oder.

lake districts

Hallig Gröde an der deutschen Nordseeküste

Burg Katz und die Lorelei am Rhein

Nur die Weser hat ihre Quelle° und Mündung° in Deutschland. Alle anderen Flüsse entspringen in einem anderen Land. Der Rhein, der aus der Schweiz kommt, hat seine Mündung auch im Ausland, und zwar in Holland. Der Rhein ist Deutschlands bekanntester und wirtschaftlich wichtigster Fluß.

source / river mouth

Diese großen Flüsse haben größere und kleinere Nebenflüsse. Die bekanntesten Nebenflüsse des Rheins sind: der Neckar, der Main, die Lahn, die Ruhr und die Mosel. Die Ruhr ist durch das Industriegebiet, das nach ihr benannt ist, bekannt. Nebenflüsse der Donau sind zum Beispiel der Inn und die Isar, an der München liegt. Bekannte Nebenflüsse der Elbe sind die Saale und die Havel. Die Havel hat ihrerseits einen Nebenfluß, die Spree, an der Berlin liegt.

In den Mittelgebirgen sind die höchsten Gipfel° nicht über 1.500 Meter* hoch. Der berühmte Brocken im Harz hat 1.100 Meter, die Wasserkuppe in der Rhön nur 950 Meter, der Feldberg im Schwarzwald, der höchste Berg der Mittelgebirge, hat 1.492 Meter Höhe. Die höchsten Gipfel der Alpen liegen nicht in Deutschland. Deutschlands höchster Berg, die Zugspitze, erreicht nicht ganz 3.000 Meter. Die Zugspitze liegt an der österreichischen Grenze.

summits, peaks

*1 foot = 0,3048 Meter.

Das Klima

Deutschland hat ein kühles, gemäßigtes° Klima. Die Temperaturunterschiede zwischen Sommer und Winter sind geringer als in Nordamerika. Durch den warmen Golfstrom und die Landschaftsformen ist das Klima wärmer als in den gleichen Breitengraden der USA. Die durchschnittlichen Temperaturen im Sommer sind um 18° Celsius (64° Fahrenheit). Am wärmsten ist es am Rhein, am Main, am Neckar und am Bodensee. Im Januar liegt die Temperatur durchschnittlich bei -2° Celsius (29° Fahrenheit). Am kältesten ist es in den Gebirgen; dort fällt auch der meiste Schnee und Regen. Deutschlands Klima ist vorwiegend maritim; nach Osten wird es kontinental. Im Osten Deutschlands sind also die Sommer wärmer und die Winter kälter.

moderate

Die Landwirtschaft – Agriculture

Deutschlands Landschaft ist eine Kulturlandschaft. Wegen der Dichte der Bevölkerung wird nach Möglichkeit jedes Fleckchen° Land ausgenutzt. Sämtliche Wälder werden bewirtschaftet, und die Forstwirtschaft ist genau geplant. Die Bedingungen für die Landwirtschaft sind verschieden gut. Weite Flächen und guten Boden gibt es in Ostdeutschland und in Norddeutschland. Hier sind die Felder groß, ebenso die Bauernhöfe und Güter.

little piece (of land)

Most farmerhad grain and livestock

Traditionell hatten die meisten Bauern eine Gemischtwirtschaft,° das heißt, sie bauten Getreide° an und züchteten Vieh. Die heutigen Marktbedingungen verlangen mehr Spezialisierung. Für die Erhaltung° des Bodens ist jedoch eine Gemischtwirtschaft mit Fruchtfolge° besser. Es gibt auch Monokulturen wie in Amerika, besonders in Ostdeutschland.

agriculture with fields and stock
farming / grain
conservation
rotation of crops

Die wichtigsten Getreidesorten sind Roggen, Weizen, Gerste und Hafer. Außer Getreide werden viele Kartoffeln° angebaut, ebenfalls viele Rüben.° Zuckerrüben gedeihen in einigen Gegenden, wo sich der Boden dafür eignet. In Süddeutschland wird auch Hopfen° angebaut. Neuerdings findet man auch Maisfelder und Ölfrüchte, zum Beispiel Raps.°

potatoes
beets
hops
rape

Mit den Feldern wechseln die Wiesen ab. In einigen Gegenden gibt es nur Wiesen, zum Beispiel an der Nordsee oder in den Alpen. Rinderzucht° und Milchwirtschaft sind dabei besonders wichtig; an zweiter Stelle steht die Schweinezucht.

cattle breeding

In den Mittelgebirgen sind die Voraussetzungen° für die Landwirtschaft oft nicht so gut. Die Felder sind klein und uneben, und das Klima ist rauh. Es ist schwierig und meistens unrentabel, moderne Maschinen einzusetzen. Sehr günstig hingegen ist das Klima in den Flußtälern des Rhein- und Maingebietes. Die Felder sind allerdings sehr klein. So ist hier die Bewirtschaftung besonders

preconditions

Die meisten Bauern haben eine Gemischtwirtschaft.

intensiv und besteht vorwiegend aus Wein-, Obst- und Gemüsebau. Deutschland hat die nördlichsten Weinbaugebiete° Europas. Der Wein gedeiht nicht überall in der Ebene, sondern mehr an den Berghängen.

wine-growing regions

Bodenschätze

Deutschland ist nicht reich an Bodenschätzen.° Es hat vor allem Kohle, und zwar an der belgischen Grenze, im Ruhrgebiet, im Saarland und in Sachsen. Es handelt sich vorwiegend um Steinkohle,° bis auf die großen Braunkohlevorkommen° in Sachsen und einige Braunkohlelager an der belgischen Grenze. Es gibt geringe Eisenvorkommen im Siegener Land südlich des Ruhrgebiets. Heute muß der größte Teil des Eisenerzes aus dem Ausland eingeführt werden, während früher Eisenerz aus Lothringen und Oberschlesien verfügbar war. Eisenerz mit geringerem Eisengehalt gibt es im östlichen Niedersachsen. In den Moorgegenden von Nordwestdeutschland findet man etwas Erdöl und Erdgas. Neuerdings kommt Öl auch aus der Nordsee; doch der wichtigste Teil der Ölfunde ist nicht im deutschen Gebiet. Der größte Teil des Öls muß aus dem Nahen Osten eingeführt werden.

mineral resources
pit coal
lignite deposits

In früheren Zeiten hatte Deutschland reiche Vorkommen von Kupfer und Silber. Die Silberproduktion ist seit langem gering; Kupfer wird noch bei Mansfeld östlich des Harzes abgebaut.

Reich ist Deutschland an Salzen; es hat sehr bedeutende Kalisalzlager.° In den östlichen Mittelgebirgen gibt es Sand und Gestein, die sich zur Herstellung von Porzellan und zum Glasblasen eignen.

potash deposits

Die Bergwerksindustrie° spielt traditionell in Deutschland eine große Rolle, und der Beruf des Bergmanns ist alt und hochgeschätzt. Die moderne Industrie in Deutschland lebt jedoch hauptsächlich von der Verarbeitung° eingeführter Rohstoffe.°

mining industry
manufacture / raw materials

Der Beruf des Bergmanns ist alt und hochgeschätzt.

Industriegebiete

Industrie gibt es in allen Teilen des Landes. Die Gebiete, in denen sie besonders stark konzentriert ist, werden Industriegebiete genannt. Ihre Konzentration und die Art der Industrie sind dabei sehr verschieden.

Das bekannteste deutsche Industriegebiet ist das Ruhrgebiet am rechten Ufer des Niederrheins, zwischen den Flüssen Wupper und Lippe. An der deutsch-französischen Grenze liegt das Saargebiet. Diese beiden Industriegebiete befinden sich in der Nähe von Bergwerken. Die Industrie im Neckartal um Stuttgart hat sich ohne diese Rohstoffgrundlage entwickelt. In den letzten vierzig Jahren ist zwischen Hannover und Braunschweig im östlichen Niedersachsen ein neues Industriegebiet entstanden, dessen größte Fabrik das Volkswagenwerk in Wolfsburg ist. Eine starke Konzentration von Industrie findet sich ebenfalls am Rhein und Main um Frankfurt.

In Ostdeutschland zieht sich ein Industriegebiet durch Sachsen-Anhalt, vor allem um Halle. Industrieschwerpunkte sind ebenfalls in Sachsen und an der Oder, im südlichen Brandenburg und in Thüringen.

Alle deutschen Großstädte sind auch Industriestädte. Während die Industrieschwerpunkte früher mehr in Norddeutschland waren, hat die Elektronik ihren Sitz vor allem in Süddeutschland, mit den Zentren München und Stuttgart.

Das bekannteste deutsche Industriegebiet ist das Ruhrgebiet.

Die Verkehrswege

Deutschland hat als Durchgangsland° Europas wichtige Verkehrswege. Dazu gehören die Wasserwege, ganz besonders der Rhein, Europas verkehrsreichster° Fluß. Die natürlichen Wasserwege, die Flüsse, werden durch ein Kanalsystem ergänzt. Flüsse und Kanäle werden ständig für die Schiffahrt instand gehalten. Ein Netz von Kanälen verbindet alle großen Flüsse vom Rhein bis zur Oder. Die längst geplante Verbindung vom Rhein über den Main zur Donau ist jetzt fertig. Die Nordsee und die Ostsee sind durch den Nord-Ostsee-Kanal verbunden, der von der Elbemündung bis nach Kiel geht.

"transit country"

busy, full of traffic

So sind für die deutsche Wirtschaft die Flußhäfen° ebenso wichtig wie die Seehäfen. Die wichtigsten Seehäfen der Bundesrepublik an der Nordsee sind Hamburg und Bremen und an der Ostsee Kiel, Lübeck und Rostock. Von den Flußhäfen haben Duisburg-Ruhrort und Mannheim-Ludwigshafen am meisten Schiffsverkehr. Auch Berlin gehört zu den wichtigsten Binnenhäfen.

inland harbors

Das Eisenbahnnetz° war am Ende des 19. Jahrhunderts fertig ausgebaut. Die größten Bahnhöfe sind die von Frankfurt am Main und Leipzig. Berlin hat mehrere Bahnhöfe. Andere wichtige Eisenbahnknotenpunkte° sind Hamburg, Köln, Stuttgart, München, Hannover und Magdeburg. Das Eisenbahnnetz ist staatlich. Die Deutsche Bundesbahn betreibt auch Buslinien, wo sich die Eisenbahn nicht mehr lohnt.

railway network system

railway junctions

Flugplätze° haben die Städte Hamburg, Bremen, Hannover, Köln, Düsseldorf, Stuttgart, München, Nürnberg, Dresden, Leipzig und vor allem Berlin und Frankfurt am Main. Der

airports

Ferienverkehr mit Stau auf der Autobahn

Rhein-Main-Flughafen in Frankfurt ist der größte in Deutschland und der zweitgrößte in Europa.

Deutschland hat ein Netz von Autobahnen, das bereits in den Zwanziger Jahren geplant wurde. Die Nationalsozialisten forcierten den Autobahnbau, vor allem aus militärischen Gründen. Heute sind die Autobahnen oft überlastet,° denn Deutschland ist ein Durchgangsland für viele Europäer, und die Zahl der Autos in Deutschland wächst immer noch. Die wichtigsten Autobahnstrecken führen von Schleswig-Holstein über Hamburg und Frankfurt nach Basel; vom Ruhrgebiet über Frankfurt und Nürnberg nach München; von Karlsruhe über Stuttgart und München nach Salzburg (und weiter nach Wien); vom Ruhrgebiet über Hannover nach Berlin und Frankfurt an der Oder; von München über Nürnberg und Leipzig nach Berlin und weiter Richtung Nordosten, d.h. Polen; von Bautzen über Dresden durch Thüringen Richtung Gießen und Frankfurt; von Berlin nach Hamburg und von Berlin nach Rostock. Außer den Autobahnen gibt es natürlich auch ein dichtes Netz von anderen Straßenverbindungen.

overcrowded

Stadt und Land

Die Deutschen machen einen klaren Unterschied zwischen einer „Stadt" und einem „Dorf". Die meisten Landbewohner leben in Dörfern, nicht auf Einzelhöfen. Viele Dörfer und Städte sind alt. Manche Städte im Westen und Süden stammen aus der Zeit der Römer, sind also bis zu zweitausend Jahren alt. Viele Städte und Dörfer sind Gründungen des Mittelalters. Es gibt nur wenige

Die geplante Industriestadt des 20. Jahrhunderts: Die VW-Stadt Wolfsburg mit Marktplatz

ganz moderne Städte, wie die Volkswagenstadt Wolfsburg oder Eisenhüttenstadt an der Oder.

Etwa ein Drittel der Menschen lebt in Städten mit mehr als 100.000 Einwohnern, die in Deutschland als „Großstädte" definiert sind. Davon gibt es 82, vier von ihnen sind Millionenstädte: Berlin mit 3,4 Millionen Einwohnern, Hamburg mit 1,6 Millionen, München mit 1,2 Millionen, Köln erreicht etwa eine Million. Etwas mehr Menschen leben in mittelgroßen Orten zwischen 10.000 und 100.000 Einwohnern. Weniger als 30% wohnen in Kleinstädten und Dörfern. Dabei verwischt sich der Unterschied zwischen Stadt und Land. Die Großstädte haben an Bevölkerung verloren, weil manche Menschen lieber in kleinere Orte ziehen. Dörfer werden zu Vororten° der Städte. Auch eine weitreichende Verwaltungsreform° der Bundesrepublik hatte Folgen: sie reduzierte die Zahl der selbständigen Gemeinden, vorher mehr als 24.000, auf ein Drittel. Es bildet sich in Deutschland ein Stadt-Land-Kontinuum.

suburbs
administrative reform

Die deutsche Bevölkerung zeigt seit 1945 keinen Geburtenzuwachs mehr. Der Bevölkerungszuwachs° kommt von Zuwanderern.° Außer Menschen deutscher Abstammung° aus Osteuropa sind auch viele Ausländer nach Deutschland gekommen. 5,7 Millionen Ausländer, mehr als 7% der Bevölkerung, leben in Deutschland.

population increase
immigrants / ancestry

VERGANGENHEIT

KAPITEL 1

Der Beginn der deutschen Geschichte

9 n. Chr.	Sieg des Cheruskerfürsten Arminius im Teutoburger Wald über drei römische Legionen.
451	Schlacht auf den katalaunischen Feldern (Châlons-sur-Marne) gegen die Hunnen unter Attila.
481–515	Frankenkönig Chlodwig I.
768–814	Karl der Große.
772–799	Sachsenkriege.
800	Kaiserkrönung in Rom.
842	Straßburger Eide.
843	Dreiteilung des Frankenreiches im Vertrag von Verdun.
870	Zweiteilung des Frankenreiches in Frankreich und Deutschland im Vertrag von Mersen.
911	Ludwig das Kind, der letzte Karolinger in Deutschland, stirbt.

Karl der Große (Albrecht Dürer, 1512)

Germanen und Römer

Im Jahre 98 nach Christus beschrieb der römische Geschichtsschreiber° Cornelius Tacitus in einem kleinen Büchlein Land und Leute von Mitteleuropa. Für ihn, den Römer, waren die Kultur und die Sitten dieser Menschen sehr ähnlich, und so beschrieb er sie als ein Volk, als „Germanen". Sein Buch heißt „Germania". Eine politische Einheit bildeten diese Germanen allerdings nicht. Sie lebten in kleinen Gruppen, und sie waren sehr auf ihre Unabhängigkeit° bedacht. Es war sehr schwer, sie zu einem gemeinsamen Unternehmen zu bringen, und es war noch schwerer, sie zu beherrschen.

historian

independence

Diese Erfahrung hatte der Cheruskerfürst Hermann, oder Arminius, gemacht. Hermann lebte zur Zeit des Kaisers Augustus. Er war in Rom erzogen und ausgebildet worden. Zu seiner Zeit bildete der Rhein die Grenze zwischen dem römischen Reich und den Germanen. Jetzt sollte die Grenze bis an die Elbe vorgeschoben werden. Hermann gelang es, drei römische Legionen—das römische Weltreich hatte insgesamt nur 30 Legionen—in dem Waldgebirge,° das heute Teutoburger Wald heißt, zu vernichten. Dieser Sieg machte ihn keineswegs beliebt; er erweckte nur Mißtrauen gegen ihn, und Hermann war nicht imstande, ein größeres Reich zu gründen. Seine Frau und sein Sohn wurden von den Römern gefangen, er selbst schließlich von einem Verwandten ermordet.

wooded mountains

Die Römer verzichteten° allerdings darauf, dieses Waldland mit seinen unruhigen Bewohnern erobern zu wollen. Der Rhein und die Donau blieben die Grenze ihres Reiches. Als Verbindung zwischen den beiden Flüssen bauten sie einen Grenzwall, den Limes.

***verzichten** to renounce, to give up*

Der größte Teil Deutschlands blieb also außerhalb der römischen Kultur. Nur südlich der Donau und westlich des Rheins wurden römische Städte angelegt. Solche römischen Gründungen sind Augsburg, Kempten, Worms, Straßburg und vor allem Trier. In Trier sind viele römische Bauten erhalten: ein Stadttor,° Porta Nigra genannt, eine „Basilika", das heißt, eine Kaiserhalle, die seitdem als Kirche dient, Ruinen des großen Bades und eine Arena. Trier wurde in der spätrömischen Zeit sogar eine der Haupstädte des Reiches.

city gate

Am Rhein und an der Donau bauten die Römer Grenzfestungen.° Dazu gehörten die heutigen Städte Köln, Bonn, Koblenz, Mainz, Regensburg und Wien. Die Römer brachten ihre Kultur mit in diese fernen Provinzen. Sie bauten Wasserleitungen° und sorgten für fließendes heißes und kaltes Wasser und für Kanalisation° in ihren Wohnungen und Bädern. Für den kalten Winter hatten sie die zentrale Warmluftheizung° erfunden. Wo das Klima

border fortresses

aqueducts

sewer system

hot-air heating system

Die Porta Nigra (das schwarze Tor) in Trier, das bekannteste Stadttor aus der römischen Zeit , Wahrzeichen der Stadt

es erlaubte, also am Rhein, an der Mosel, in der Pfalz, am Kaiserstuhl und am Bodensee, pflanzten sie Wein.

Als das römische Weltreich zerfiel, entstanden neue Staaten unter germanischer Herrschaft. Germanische Stämme° gingen auf die Wanderung und eroberten nach langen Kämpfen Teile des römischen Reiches. Die Goten gelangten bis nach Italien und Spanien, die Wandalen bis nach Nordafrika. Die Angeln und Sachsen ließen sich in England nieder, die Franken und Burgunder in Frankreich, die Alemannen und Bajuwaren im heutigen Süddeutschland, Österreich, Elsaß und der Schweiz. Diese Wanderungen und Kämpfe werden die „Völkerwanderung"° genannt. Zu dieser Zeit gelangten die aus Asien stammenden Hunnen nach Europa. Außerdem war es die Epoche, in der sich das Christentum in Europa durchsetzte.

tribes, peoples

period of migrations

Bei so vielen Kämpfen und Wanderungen war eine festere Organisation der Völker notwendig, und es wurden Könige oder Herzöge gewählt. Die Taten solcher Führer der germanischen Völker leben in den deutschen Heldensagen° fort, von denen die Geschichte der Nibelungen am bekanntesten ist. Sie handelt vom Helden Siegfried aus dem Norden und von den blutigen Kämpfen der Burgunder gegen die Hunnen. In dieser Sage kommt auch der Ostgotenkönig Dietrich von Bern vor, der in der Geschichte Theoderich der Große heißt und um das Jahr 500 Italien beherrschte.

heroic legends

Das Reich Karls des Großen

Zur Zeit Theoderichs wurde Chlodwig aus dem Hause der Merowinger König der Franken. Er brachte zuerst die Franken in ein Reich zusammen, später besiegte er die germanischen Nachbarstämme und unterwarf sie: die Alemannen, die Burgunder, die Thüringer, die Bajuwaren und die Friesen. Chlodwig war der erste germanische Herrscher, der sich dem Papst in Rom anschloß und die römisch-katholische Form des Christentums in seinem Land einführte. Im heutigen Frankreich, Chlodwigs Stammland,° lebten die Franken auf Einzelhöfen. Außer ihnen waren viele der bisherigen Einwohner dort geblieben. Die Germanen waren keine Stadtbewohner, sie hatten eine ganz andere Kultur als die Römer. Sie brauchten kein so kompliziertes Wirtschaftssystem, wie es die Römer hatten. Der Handel der Germanen, so weit es ihn gab, war überwiegend Tauschhandel.° Also verfielen° die römischen Stadtanlagen, und die Verwaltung und die Währung° kamen in Unordnung. Lange Zeit noch wurden die römischen Bauten als Steinbrüche° benutzt; die Eisenklammern° an den Mauern haute man heraus, um sich daraus Waffen und Werkzeuge zu schmieden. Nur die Gebäude blieben stehen, die man als Kirche oder, als es wieder Städte gab, als Stadttor benutzen konnte.

country of origin

*barter trade / **verfallen** to fall into ruins*

currency

quarries / iron clamps

Chlodwig übernahm so viel von den römischen Einrichtungen wie nötig war. Er führte eine neue Währung ein. So vereinigten die Franken ihre eigene Kultur mit der römischen Zivilisation. Das geschah nicht nur unter den Merowingern, sondern genauso unter den Karolingern, die die Merowinger im 8. Jahrhundert ablösten. Zugleich begann das neue Rom, nämlich die christliche Kirche, eine wichtige Rolle zu spielen. Neben den Burgen und Herrenhöfen° wurden jetzt die Klöster° die Mittelpunkte des Landes. Die Mönche konnten lesen und schreiben; sie richteten Schulen ein; sie bemühten sich, dem Volk die Grundbegriffe des christlichen Glaubens zu erklären. Dazu gehörte, daß sie die Begriffe der lateinischen oder griechischen Quelle in die Landessprache übersetzten. Zwar blieb das Latein die Sprache der Mönche, doch ihre Tätigkeit beeinflußte die Entwicklung der deutschen Sprache.

manors / monasteries, convents

Die Klöster dienten auch als Unterkunft° für Reisende und als Zufluchtsstätten° in Kriegszeiten. In den Klöstern lernten die Einwohner den Gartenbau, den Hausbau, den Weinbau, das Bierbrauen sowie die Krankenpflege.° Die Mönche und Nonnen betrieben viele Handfertigkeiten und Künste: Malen, Schnitzen,° Musizieren, Weben, Sticken. Der wichtigste Mönchsorden dieser Jahrhunderte war der Benediktinerorden. Zu den großen deutschen Benediktinerklöstern dieser Zeit gehörten: Fulda, St. Gallen, die Insel Reichenau im Bodensee, St. Emmeran in Regensburg, Tegernsee, Benediktbeuern und Weißenburg im Elsaß.

accommodation

places of refuge

caring for the sick

carving

Maria Laach in der Eifel, Benediktinerkloster aus dem 11. Jahrhundert, der See ist ein Maar (Krater eines erloschenen Vulkans).

Der größte Herrscher aus der Familie der Karolinger war Karl der Große (768–814). Sein Reich umfaßte schließlich das heutige Frankreich, Belgien, Holland, Luxemburg, die Schweiz, Deutschland bis östlich zur Elbe und Saale und Nord- und Mittelitalien—also den Kern des Okzidents, des „Abendlandes", der heutigen Europäischen Gemeinschaft. Karl unterwarf° in jahrzehntelangen Kämpfen die Sachsen im heutigen Westfalen und Niedersachsen und bekehrte° sie zum Christentum. In Spanien kämpfte er gegen die Araber. Diese Kämpfe beschäftigten die Phantasie der Völker, und sie erzählten sich Sagen darüber, von denen die Rolandsage am bekanntesten ist. Karl versuchte bewußt, die römische und die germanische Tradition zu verbinden. Er ließ germanische Dichtungen sammeln; gleichzeitig richtete er Lateinschulen ein. Er selbst lernte noch als Erwachsener Latein.

unterwerfen *to subjugate*
bekehren *to convert*

Am Weihnachtsabend des Jahres 800 krönte der Papst in Rom Karl den Großen zum Kaiser. Damit erkannte er den Frankenherrscher als seinen Schutzherrn° an. Von nun an hatte das Abendland neben dem geistlichen auch einen weltlichen Herrn.

protector

Die Teilung des Reiches

Karl der Große heißt bei den Franzosen Charlemagne und wird von ihnen wie von den Deutschen als eine Gestalt ihrer Geschichte angesehen. Karl der Große war weder Franzose noch Deutscher, er war Franke. Jedoch steht er am Beginn der französischen wie der deutschen Geschichte. Es war schwer, ein so großes Reich zusammenzuhalten. Die Straßen waren schlecht, die Verbindungen schwierig; die Verwaltung beschränkte° sich auf das Notwendigste. Der Kaiser mußte viel im Land umherreisen,

sich beschränken *to limit oneself*

um an Ort und Stelle Entscheidungen zu treffen und Streitigkeiten zu beenden. Eine eigentliche Hauptstadt konnte er nicht haben.

Bei den Franken bestand außerdem das Gesetz der Erbteilung.° Ein Herrscher teilte sein Land unter seine Söhne. Bei den Karolingern hatte es allerdings mehrere Generationen lang nur einen überlebenden Sohn gegeben, so war das alte Gesetz beinahe in Vergessenheit geraten. Die Enkel Karls des Großen begannen sich jedoch bereits um die Herrschaft zu streiten, als ihr Vater Ludwig, der Fromme genannt, noch lebte. Da Lothar, der älteste, das gesamte Reich beanspruchte, verbündeten sich die jüngeren Brüder gegen ihn. Ludwig, der Deutsche, wollte den östlichen Teil; Karl, der Kahle, den westlichen. Nach einem Sieg über den Bruder beschworen° sie ihr Bündnis 842 in Straßburg. Jeder Bruder schwor in der Sprache des anderen Landesteils, damit die Gefolgsleute des anderen Bruders ihn verstehen konnten: Karl auf althochdeutsch,° Ludwig auf altfranzösisch. Ein Jahr später einigten sich die drei Brüder und teilten das Reich in drei Teile. Als Lothars Söhne gestorben waren, wurde 870 ihr Gebiet zwischen Ost- und Westfranken aufgeteilt. Karl III., der Dicke, war wenige Jahre lang noch einmal Herrscher des gesamten karolingischen Reiches, aber von 887 an hörten die Versuche, das Reich zusammenzuhalten, auf. In Deutschland ging bald die Herrschaft an andere Familien über, 911 an den Franken Konrad, 919 an den Sachsenherzog Heinrich I.

partition (of an inheritance)

***beschwören** to confirm with an oath*

Old High German

So vollzog° sich die Spaltung° des Frankenreiches in Frankreich und Deutschland in mehreren Phasen. Man könnte bereits das Jahr 843, die erste Teilung, als Beginn der deutschen Geschichte ansetzen, oder das Jahr 911. Aber gewöhnlich betrachten die Deutschen das Jahr 919 als den Anfang ihres „ersten Reiches".

***sich vollziehen** to happen, to take place / separation*

Zu dieser Zeit bestand Deutschland aus fünf Herzogtümern: Sachsen, Franken, Bayern, Schwaben und Lothringen. Die Ostgrenze verlief an der Elbe und Saale, also etwas weiter im Osten, als vor 1989 die Grenze zwischen der BRD und der DDR verlief. Im Süden gehörten Teile von Österreich und der Schweiz dazu, im Westen Holland und Belgien sowie das Elsaß und Lothringen. Die Sprachgrenze hat sich seitdem geändert, doch schon damals wurde in Teilen von Lothringen französisch gesprochen. Die anderen Gebiete, die zur Erbschaft Lothars gehörten, Burgund und Italien, wurden erst später von den deutschen Kaisern beansprucht.° Deutschland war also ein Land mit vielen Verschiedenheiten. Es ist durch die Vereinigung° mehrerer Stämme und dann durch die Spaltung eines großen Reiches entstanden. Die Stämme haben in der deutschen Geschichte eine große Rolle gespielt. Die Einwohner Deutschlands im Jahre 900 haben sich als Sachsen, Friesen, Franken, Thüringer, Bayern, Schwaben, Lothringer gefühlt, aber kaum als „Deutsche".

***beanspruchen** to claim / union*

Das Wort „deutsch"

Der schwierige Prozeß, durch den die Deutschen ihre Einheit erreicht haben, zeigt sich auch in der Bedeutung° und Geschichte des Wortes „deutsch". Alle diese Stämme, die in Deutschland lebten, sprachen ihre eigenen Sprachen, die allerdings miteinander verwandt waren. Heute leben sie als Mundarten oder Dialekte fort, und wenn die Deutschen nur ihre Mundarten sprächen, hätten sie gewiß Schwierigkeiten, sich miteinander zu verständigen.

meaning

Daß die Sprachen der germanischen Stämme etwas Gemeinsames hatten, bemerkten zuerst die Bewohner der deutsch-französischen Sprachgrenze. Im Gegensatz zu den „welsch" sprechenden Menschen bezeichneten° sie ihre Sprache als „deutsch"—das heißt eigentlich „zum Volk oder Stamm gehörig". In dieser Bedeutung ist das Wort aus dem 8. Jahrhundert bekannt.

***bezeichnen** to designate*

Zur Zeit Karls des Großen bezeichnete das Wort „deutsch" bereits Sprecher, das heißt Leute, also alle germanisch sprechenden Stämme im Reich. Als diese Stämme dann ihr eigenes Reich, nämlich Deutschland, bildeten, begannen sie, nicht nur Sprache und Volk mit diesem Wort zu bezeichnen, sondern auch das Land, in dem sie lebten. Im Laufe des 10. und 11. Jahrhunderts setzte sich „deutsch" als Bezeichnung für die kulturelle und politische Einheit der Deutschen durch, und ebenfalls als Name für ihr Land, Deutschland. Für die Mönche, deren Schriften wir diese Wortgeschichte° entnehmen, hatte „deutsch" noch eine weitere Bedeutung: Es bezeichnete die Sprache des Volkes, im Gegensatz zum Latein der Kirche. Dabei hielten die Mönche „deutsch" für das gleiche Wort wie „teutonisch"—den Namen eines germanischen Volkes, das zwischen 113 und 101 vor Christus das römische Reich bedroht hatte. Für die Mönche war deutsch also auch „barbarisch" im Vergleich zu ihrer christlich-lateinischen Kultur.

word history

Das Wort „deutsch" hat also zuerst eine Sprachgemeinschaft° bezeichnet, dann die Menschen, und dann erst ein Land. Längst nicht alle Ausländer nennen die Deutschen bei ihrem eigenen Namen. Die Franzosen nennen sie „Alemannen", die Finnen „Sachsen", die Engländer „Germanen" und die Russen „Ausländer".

linguistic community

Bäuerliches Leben

Die mitteleuropäischen Germanen waren Bauern. Sie hatten keinen privaten Landbesitz, sondern verteilten alljährlich das Land zum Gebrauch. Die Bekanntschaft mit den römischen Einrichtungen änderte dieses System. Immer noch versuchte jedoch ein Bauer einen Besitz zu haben, der sich selbst versorgen konnte. Je mehr Leute auf dem Besitz lebten, desto größer mußte das Land sein. Allerdings kam es dann vor, daß sich mehrere Familien den Besitz teilten. Aus Einzelhöfen wuchsen Dörfer. Zwei Tendenzen konkurrierten in der fränkischen Gesellschaft miteinander:

die Ausbreitung von Bauerndörfern und die Vergrößerung von Herrschaftsbesitz, der abhängige Bauern verlangte. Solche Bauern mußten entweder Dienste leisten, frönen, oder sie mußten Abgaben entrichten, etwa den „Zehnten", also ein Zehntel. Solche Abgaben waren nötig für Personen und Einrichtungen, die notwendige Dienste leisteten: Richter zum Beispiel, vor allem aber die Kirchen und Klöster, und diejenigen, die den Schutz der Dörfer übernahmen. Diese Höfe und Dörfer lebten von dem, was sie selbst produzierten. Nur wenige Waren mußten sie tauschen: Werkzeug und Waffen aus Eisen vor allem, und Gewürze,° wie das nötige Salz. So brauchten die Bauern etwas Überschuß° und einen Markt, wo sie tauschen konnten. Hier liegt der Ursprung der späteren Städte.

spices
surplus

Das bäuerliche Leben bestand also damals wie sonst aus Arbeiten vielerlei Art, um sich zu ernähren und zu kleiden. Während die Frauen keine Stimme in den Versammlungen° hatten, so hatten sie doch die Autorität im Hause. Die Gesellschaft beruhte auf der Einehe° innerhalb der Großfamilie. Der Respekt für die Würde° der Frau war Teil des germanischen Lebens.

assemblies
monogamy / dignity

Auch das Leben des „Adels" enthielt wenig Luxus. Die raffinierte Stadtkultur der Römer setzte sich nicht fort. Fleisch, Brot und Gemüse waren die wichtigsten Bestandteile der Nahrung. Das Mobiliar war einfach, viel Bequemlichkeit war nicht vorhanden. Von einer „gemütlichen" Häuslichkeit kann man erst in den Städten des späteren Mittelalters sprechen.

Diese einfach denkenden Menschen, für die auch Gold und Silber nur als Schmuck Wert hatten, und denen Pferde und Kühe viel wichtiger waren, kamen allerdings in Kontakt mit der hoch entwickelten Zivilisation der Römer. Die Aneignung der römischen und der ihr folgenden Kulturen am Mittelmeer blieb ein wichtiges Element des deutschen Mittelalters.

KAPITEL 2

Ritterliche Spiele; Manessische Handschrift, 14. Jahrhundert

Die Ungarnschlacht

919–936	Heinrich I., der erste Sachsenkönig.
955	Otto I. besiegt die Ungarn auf dem Lechfeld bei Augsburg.
962	Kaiserkrönung Ottos I., „Heiliges Römisches Reich" unter einem deutschen Kaiser.
1033	Burgund Teil des Reiches.
1077	Bußgang Heinrichs IV. nach Canossa.
1096–1099	Erster Kreuzzug nach Palästina.
1122	Wormser Konkordat.

Die Grenzen im Osten und Westen

König Heinrich I. (919–36), genannt der Vogler,° mußte dauernd in den Krieg ziehen. Er hatte Feinde im Osten und im Westen. Schwierig war seine Lage deshalb, weil die Herzöge ihm oft nicht folgen wollten. Sie fühlten sich dem König gleich, ja, sie verbündeten° sich manchmal sogar mit einem Gegner. So wollte zum Beispiel der Herzog von Lothringen seine Stellung zwischen Deutschland und Frankreich ausnutzen;° aber Heinrich besiegte ihn und schützte die deutsche Westgrenze.

fowler

***sich verbünden** to form an alliance*

***ausnutzen** to take advantage of*

Viel mehr Mühe bereitete es ihm, die deutsche Ostgrenze zu sichern. Er mußte gegen die slawischen Wenden kämpfen und außerdem gegen die Ungarn. Die Ungarn unternahmen damals regelmäßig Raubzüge° in andere Länder, darunter auch Deutschland. Heinrich lehrte die Grenzbewohner, wie sie sich dagegen schützen konnten, und 933 wehrte er an der Unstrut ein ungarisches Heer ab.

raids (for loot)

Heinrichs Sohn und Nachfolger Otto I. (936–973) hatte die gleichen Schwierigkeiten wie sein Vater. Er konnte sich lange nicht gegen die Ungarn wehren, weil er gegen die deutschen Herzöge kämpfen mußte. Er versuchte es damit, daß er die Herzöge absetzte und seine Verwandten° zu Herzögen machte; aber auch seine Verwandten blieben ihm nicht treu. Endlich, im Jahr 955, konnte Otto den Ungarn mit einem starken Heer entgegentreten, ohne Verrat° befürchten zu müssen. Am 10. August besiegte er die Ungarn auf dem Lechfeld, zwischen den Flüssen Lech und Wertach, nicht weit von Augsburg.

relatives

treason

Jetzt wurden die Deutschen aus Verteidigern zu Angreifern. Der deutsche König bekam eine Vormachtstellung° in Europa. Die Deutschen richteten im Osten „Marken" ein, Grenzbezirke,° die von jungen Deutschen aus dem Westen besiedelt wurden, um das bisherige Deutschland zu schützen. Die Deutschen brachten das Christentum mit. Die bisherigen Einwohner, vor allem Slawen, wurden an einigen Stellen mit Gewalt verdrängt.° An anderen Stellen übernahmen sie das Christentum und die deutsche Kultur und vermischten sich mit den Einwanderern.

hegemony

border districts

***verdrängen** to displace*

Solche Marken waren die „Ostmark" östlich von Bayern, aus der sich Österreich entwickelte; Sachsen an der oberen Elbe; an der mittleren Elbe wurde die Mark Brandenburg der Anfang des späteren Preußens; die Marken an der Ostsee sind heute Schleswig-Holstein und Mecklenburg. Bis ins 14. Jahrhundert verschob° sich die deutsche Grenze immer weiter nach Osten. Erst wurde das Land zwischen der Elbe und der Oder deutsch, dann drangen die Deutschen bis über die Weichsel und ins Baltikum vor. Dieser Vorgang, Kolonisation des Ostens genannt, endete um 1350, als der Widerstand der slawischen Nationalstaaten zu groß

***sich verschieben** to be moved, changed*

wurde, und als die Pest° die Bevölkerung Deutschlands so vermindert hatte, daß kein Bedürfnis° nach Auswanderung mehr vorhanden war. Von da an blieben die Sprachgrenzen bis ins 20. Jahrhundert im großen und ganzen unverändert.

(bubonic) plague
need

Das Lehenssystem

Die Schwierigkeiten der deutschen Könige, sich gegen die Herzöge durchzusetzen, sind verständlich. Die Einheit des Reiches beruhte nur auf der gegenseitigen Treue der Fürsten. Besitz und Eigentum bedeuteten damals etwas anderes als heute. Das Land gehörte dem König. Der König gab das Land an seine Gefolgsleute.° Dafür verpflichteten° sie sich, ihm Gefolgschaft zu leisten. Das wurde ein Lehen° genannt. Die Herzöge wurden also mit ihrem Land belehnt. Wenn sie dem König nicht die Treue hielten, konnte er ihnen das Lehen entziehen.

vassals /
sich verpflichten
to commit oneself
fief

Die Herzöge belehnten ihre Gefolgsleute mit Teilen ihres Landes. Das ging so weiter bis zu dem Adligen, der auf seiner Burg lebte und Herr über das nächste Dorf war. Wenn der König rief, mußten alle freien Männer in den Krieg ziehen. Manche Bauern vertauschten diese Pflicht gegen einen Tribut. Sie zahlten ein Zehntel der Ernte, den „Zehnten", als Abgabe.° Ein weiteres Zehntel ging an die Kirche. So wurden die Pflichten geteilt, und auf diese Weise entstanden mehrere Stände:° der Adel, die Geistlichen, die Bauern. Später kam das Bürgertum hinzu.

tax, tribute
estates, social classes

Da der Handel und der Geldumlauf° sehr gering waren, bestanden die Steuern aus Diensten und Naturallieferungen. Die meisten Entscheidungen traf der König persönlich und in mündlichen Verhandlungen. Der König reiste also im Land umher, und er wohnte in „Pfalzen", in Königsburgen. Eine eigentliche Hauptstadt hatte er nicht. Noch immer fühlten sich die Gefolgsleute dem Herzog mehr verpflichtet als dem König. So hatte der König nur Macht, wenn er gleichzeitig auch Herzog eines Landesteils war.

money circulation

Eine große Hilfe für den König waren die Geistlichen.° Die Geistlichen hatten weniger persönliche Interessen als weltliche Fürsten; sie hatten den Frieden lieber als den Krieg; sie konnten lesen und schreiben und waren deshalb unersetzlich° in der Verwaltung. Otto I. begann deshalb damit, den Bischöfen größere Lehen zu geben. Sie wurden damit zu Reichsfürsten, und die Kirche war noch enger an das Reich gebunden. Das Lehenssystem oder Feudalsystem war für diese Epoche der Naturalwirtschaft notwendig. Es beruhte darauf, daß sich beide Partner, König und Adel, Adel und Bauern, gegenseitig verpflichteten, einander zu helfen und zu schützen. Wer ein Vorrecht, ein Privileg, erhielt, bekam damit auch zugleich eine Pflicht, eine Verpflichtung. Es

clergy, clerics
irreplaceable

Die deutsche Kaiserkrone, angefertigt um 962

war jedoch oft schwer, jemanden zu Diensten zu zwingen, die er nicht freiwillig leisten wollte. So wurde die Einheit des Deutschen Reiches immer wieder bedroht, wenn die Interessen der Fürsten und des Kaisers miteinander in Konflikt kamen.

Italien

Als Otto I. in Deutschland Ruhe geschaffen hatte, zog er nach Italien. 962 wurde er in Rom vom Papst zum Kaiser gekrönt. Der oströmische Kaiser in Konstantinopel erkannte ihn als Kaiser an; als Zeichen dafür wurde Ottos Sohn Otto II. mit der griechischen Prinzessin Theophano verheiratet. Damit entstand das „Heilige Römische Reich", dessen weltlicher Herrscher der deutsche König war. Der Papst geriet dabei in Abhängigkeit vom Kaiser.

Italien lockte die deutschen Könige nicht nur deshalb an, weil sie dort Kaiser werden und damit mehr Autorität gewinnen konnten. Es war auch ein Teil der karolingischen Erbschaft.° Seit Karl dem Großen hatten sich italienische, burgundische, französische und deutsche Herrscher um die Kaiserkrone und damit um eine starke Stellung im Land bemüht. Italien war wirtschaftlich viel weiter entwickelt als Deutschland, und man konnte dort mehr Steuern° erhalten und angenehmer leben.

heritage

taxes

Die Autorität des Kaisers erreichte ihren höchsten Punkt im 11. Jahrhundert, als die fränkische Familie der Salier regierte. Konrad II. gewann Burgund und das „Arelat", die heutige Provence, zurück; sein Sohn Heinrich III. machte Böhmen zu

Die Szene des Canossa-Gangs von Kaiser Heinrich IV. Nach einem Gemälde aus dem 19. Jahrhundert

einem Teil des Reiches. Die übrigen europäischen Herrscher erkannten ihn als Kaiser an, und er setzte nach Belieben Päpste ein und ab.°

absetzen *to depose*

Heinrich III. war ein frommer Mann. Er unterstützte eine Reformbewegung in der Kirche, die von dem burgundischen Kloster Cluny ausging und sich in Lothringen und Burgund verbreitete. Die Reformer wollten das geistliche Leben reinigen. Die Priester sollten wirklich an das Seelenheil° denken und nicht an Geld und Besitz. Das Zölibat sollte durchgeführt, die Glaubensregeln° sollten streng befolgt werden. Die Simonie, das heißt der Verkauf geistlicher Ämter, sollte verboten werden. Alle diese Vorschläge bedeuteten, daß das geistliche Leben strenger vom weltlichen Leben getrennt wurde. Aber das mußte sich gegen die Autorität des Kaisers richten, denn der Kaiser war ebenso geistliche wie weltliche Autorität. Als dann die Forderung erhoben wurde, daß kein Geistlicher mehr von einem Laien eingesetzt werden sollte, begann der Kampf zwischen dem Kaiser und dem Papst.

salvation

church precepts, doctrine

Der erste Papst, der diese Auffassungen durchsetzen° wollte, hieß Hildebrand, stammte aus einer toskanischen Bauernfamilie und nannte sich als Papst Gregor VII. Heinrich IV. war erst sechs Jahre alt, als sein Vater Heinrich III. starb. Die deutschen Fürsten wollten ihn nicht anerkennen, und Gregor unterstützte sie. Heinrich versuchte nun, wie es sein Vater getan hatte, den Papst abzusetzen, doch der Papst belegte ihn mit dem Bann. Jetzt waren die deutschen Fürsten nicht mehr verpflichtet, ihm zu folgen. Um

durchsetzen *to enforce*

Macht zu gewinnen, mußte Heinrich den Papst zwingen, ihn vom Bann zu lösen. So zog Heinrich im Winter des Jahres 1077 im Bußgewand° vor das Schloß Canossa in Oberitalien und wartete dort, bis der Papst ihn freisprach. Es war eine schwere Demütigung° für den Kaiser, und noch heute redet man von einem „Canossa-Gang", wenn man eine schwere Demütigung meint. Politisch jedoch war es ein geschickter Schachzug. Heinrich brachte die Fürsten hinter sich, und er kämpfte weiter gegen den Papst. Später stellte er einen Gegenpapst auf, und Papst Gregor VII. starb im Exil.

penitent's attire

humiliation

Der letzte Salier, Heinrich V., schloß 1122 in Worms einen Kompromiß mit dem Papst, das Wormser Konkordat. Beide, der Papst und der Kaiser, setzten von nun an zusammen die Bischöfe ein.

Das Rittertum

Für den Adel wurde bei diesen vielen Kriegszügen das Kriegshandwerk° zum eigentlichen Beruf. Aus Gutsherren wurden Ritter. Die jungen Ritter wurden von Kind auf in der Kriegskunst ausgebildet. Die Ritter verbrachten ihre freie Zeit auf der Jagd; ihre Feste wurden zu Kriegsspielen, zu Turnieren. Sie gewannen mehr Selbstbewußtsein, und sie entwickelten ihre eigene Lebensanschauung° und Kultur. Auch diese Kultur war tiefreligiös, wie die der Mönche; aber die Ritter lebten nicht im Kloster, sondern führten ein aktives Leben, so mußte ihre Kultur weltlich sein. Sie dichteten Liebeslieder, eigentlich Lieder der Frauenverehrung,° die im geselligen Kreis vorgetragen wurden, und die wir „Minnelieder" nennen. Die deutschen Ritter lernten die neuen Kunstformen von den provenzalischen, burgundischen und italienischen Rittern, die ja auch zum Deutschen Reich gehörten. Die Ritter dichteten nicht in lateinischer Sprache, sondern in ihrer Muttersprache. Der immer stärkere Gebrauch der eigenen Sprache in der Literatur, in der Verwaltung und in der Wirtschaft beförderte die Entwicklung der lokalen Dialekte zu Regionalsprachen und schließlich Nationalsprachen. Die deutsche Sprache dieser Epoche wird Mittelhochdeutsch genannt; sie steht dem heutigen Deutsch schon viel näher als das Althochdeutsch aus der Zeit Karls des Großen. Die Deutschen sprachen jedoch weiter ihre Stammessprachen, die Dialekte. Auch die Dichtung hatte sicherlich Kennzeichen der Dialekte. Spätere Handschriften und Drucke haben die frühen Texte vereinheitlicht. So ist der Eindruck entstanden, daß es wirklich ein einheitliches „Mittelhochdeutsch" gab. Die regionalen Unterschiede waren immer noch sehr groß.

military profession

view of life

admiration for women

Außer mit den Liedern unterhielten sich die Ritter auch mit langen Epen in Versen, in denen das Leben der Ritter beschrieben wird. In diesen Epen werden Regeln und Beispiele gegeben, wie ein richtiger Ritter sich verhalten und nicht verhalten soll: Er muß tapfer im Kampf sein, aber die Regeln des Kampfes einhalten und den Gegner fair behandeln; er soll den Schwachen helfen, die Armen beschenken; er soll freigebig° zu seinen Gästen sein; er beschützt und verehrt die Frauen; er ist fromm und kämpft für seinen Glauben. Er folgt den gesellschaftlichen Regeln und lernt Selbstbeherrschung.° Ehre, Treue, Bescheidenheit,° Mut, Selbstbeherrschung sind seine höchsten Tugenden. Wir nennen diese Haltung heute noch „ritterlich"—sie ist ein Teil der abendländischen Kultur geworden.

generous

self-control / modesty

Seine größte Aufgabe bekam das Rittertum, als im Jahr 1095 Papst Urban II. zu einem Kreuzzug nach Palästina aufrief, um die christlichen Pilger in Jerusalem vor den Arabern zu schützen. Palästina wurde wiederholt erobert und ging wieder verloren; aber in Palästina kamen die Ritter und Kaufleute in Berührung mit einer fremden, reichen Kultur und ihren Vorzügen° und Gefahren. In Palästina entstanden die Ritterorden, darunter der Deutsche Ritterorden, der vom 13. Jahrhundert an Ostpreußen und die baltischen Länder beherrschte.

advantages

In Deutschland erreichte das Rittertum seinen Höhepunkt um das Jahr 1200 unter den Kaisern aus dem Haus der Hohenstaufen.

Der Landesausbau

Es war nicht nur die Kolonisierung des Ostens, die Deutschland größer und mächtiger machte. Die Grundherren und die Bauern im „alten" Deutschland brauchten mehr Land. Um 1050 in Süddeutschland und um 1100 im Norden begann eine Landnahme (der „Landesausbau"): Wald und andere ungenutzte Ländereien wurden in Ackerland und Wiesen verwandelt. Viele Ortsnamen erinnern an diese entscheidend wichtige Veränderung. Da man die Wälder rodete,° gibt es Dörfer und Städte mit der Endung -rode, -rade oder -roth. Die Veränderung der deutschen Landschaft machte aus dem feuchten Waldland mit seinen Nebeln und Sümpfen,° das die Römer kannten und fürchteten, eine übersichtliche Kulturlandschaft. Zusammen mit der Entwicklung der Städte sorgte die Landnahme für eine starke Vermehrung der Bevölkerung. Deutschland wurde ein dicht besiedeltes Land.

***roden** to root out*

swamps

Die Urbarmachung° neuen Landes lohnte sich auch deshalb, weil das wirtschaftliche System für die Landwirtschaft günstig war. Der Handel blühte auf, man konnte landwirtschaftliche Produkte verkaufen, die Preise dafür stiegen, und vom 12. bis zum 14. Jahrhundert sah es im allgemeinen gut für die Bauern und für die Grundherren aus. Üblich war das System der „Dreifelderwirtschaft",

clearing

wo ein Feld alle drei Jahre brach° liegen blieb, damit der Boden sich erholte. Die wirtschaftlichen Vorteile waren ein Anreiz° für die Grundherren, Bauern in ihre Abhängigkeit zu bringen. Doch freie Bauern gab es immer noch an vielen Stellen. Die Erhebung der schweizerischen Waldkantone Uri, Schwyz und Unterwalden gegen die österreichische Herrschaft im Jahre 1291 war eine gemeinsame Aktion solcher freier Bauern.

fallow
incentive

KAPITEL 3

Der Bamberger Reiter, Sinnbild des staufischen Königtums

Barbarossa

1152–1190	Friedrich I., „Barbarossa".
1176	Schlacht bei Legnano, Niederlage des Kaisers.
1180	Niederlage Heinrichs des Löwen, Teilung des Herzogtums Sachsen, Wittelsbacher in Bayern.
1189–1190	Barbarossas Kreuzzug und Tod.
1197	Tod Heinrichs VI.
1212–1250	Friedrich II.
1268	Hinrichtung des letzten Staufers Konradin in Neapel.

Der Kyffhäuser

Der Kyffhäuser ist ein kleiner Bergrücken° in Thüringen, vom Harz durch die „Goldene Au" getrennt. Sein höchster Gipfel ist 477 Meter hoch, und in seinem Innern hat man Höhlen° entdeckt. In einer dieser Höhlen soll, so geht die Sage, der Kaiser Barbarossa sitzen und schlafen, die Krone auf dem Kopf, das Schwert an der Seite. Der Kopf ist auf die Steinplatte des Tisches vor ihm gesunken, der lange Bart schon durch diese Tischplatte gewachsen. Eines Tages, wenn das Reich in Not ist, wird Barbarossa aufwachen; er wird erscheinen, das Reich erneuern und ihm den Frieden geben.

mountain ridge

caves

Barbarossa war schon im Mittelalter eine Sagenfigur. Für die Deutschen war die Zeit zwischen 1150 und 1250, die Zeit der Hohenstaufen, der Höhepunkt ihrer politischen Geschichte. Von den drei Kaisern, die in dieser Glanzzeit° herrschten, hießen zwei Friedrich. Beide hatten einen rotblonden Bart und wurden deshalb von den Italienern „Barbarossa" (Rotbart) genannt. Das Mittelalter erzählte sich vor allem Geschichten über den zweiten Friedrich. Nach 1500 versetzte° die Phantasie des deutschen Volkes den ersten Friedrich in das „grüne Herz Deutschlands", nach Thüringen, und ließ ihn hier auf das neue deutsche Reich warten. Als die Deutschen im 19. Jahrhundert um ihre nationale Einheit kämpften, erinnerten sie sich daran, und Barbarossa wurde in Gedichten gefeiert.

brightest period

***versetzen** to transpose*

Die Kultur der Stauferzeit

In der Stauferzeit erreichte die ritterliche Kultur ihren Höhepunkt. Die deutschen Dichter gestalteten nach dem Beispiel der Franzosen die keltischen Sagenstoffe. Einer von ihnen war Wolfram von Eschenbach aus der Nähe von Ansbach in Franken, der den „Parzival" neu dichtete; Gottfried von Straßburg schrieb „Tristan und Isolde". Neben der Dichtung der Ritter und Bürger erhielten sich auch Epen nach germanischen Sagen, die von Spielleuten° neu gedichtet wurden. Das bekannteste Epos dieser Art ist das Nibelungenlied, die Geschichte von Siegfried und den Burgundern. Neben den Epikern standen die Liederdichter, die Minnesänger. Sie waren wirklich „Sänger", denn sie komponierten Melodien zu ihren Gedichten und trugen diese Lieder einem Publikum von Rittern vor. Walther von der Vogelweide, der größte deutsche Minnesänger, hatte ein besonders abenteuerliches Schicksal: Er war wahrscheinlich in Tirol geboren, zog in vielen Teilen Europas umher, nahm mit politischen Liedern aktiv an den politischen Kämpfen seiner Zeit teil und war froh, als er sich endlich auf einem kleinen Lehen bei Würzburg zur Ruhe setzen konnte.

minstrels

Der Dom in Trier. Der Bau geht bis ins 4. Jahrhundert, also in die römische Zeit zurück, die wichtigsten Teile sind im romanischen Stil.

Manchmal trafen mehrere Sänger zu einem Sängerwettkampf zusammen. Richard Wagners Oper „Tannhäuser" handelt von einem solchen Sängerkrieg, der auf der Wartburg, der Stammburg° des Landgrafen von Thüringen, stattgefunden haben soll. An diesem Wettkampf° sollen auch Walther von der Vogelweide und Wolfram von Eschenbach teilgenommen haben.

family castle
contest

Von der kaiserlichen Macht zeugen die großen romanischen Dome, die Ende des 12. Jahrhunderts gebaut worden sind, zum Beispiel in Mainz, Worms, Speyer, Bamberg und Braunschweig. Die deutsche Baukunst war eigentlich „rückständig", denn in Westeuropa setzte sich bereits der neue gotische Baustil durch. Aber in diesen alten Formen erreichten die Deutschen zu dieser Zeit Vollendung, nicht nur in den Bauten, sondern auch in den Kirchenskulpturen, wie die Stifterfiguren° in Naumburg oder der Reiter im Bamberger Dom, die aus dem frühen 13. Jahrhundert stammen. Vollendet sind die Buchmalerei, die Elfenbeinschnitzerei° und die Goldschmiedekunst dieser Epoche.

sculptures of the founders

ivory carving

Die Hohenstaufen und ihre Feinde

Die Mischung des Alten und des Neuen kennzeichnet auch die Politik. Die Politik der Hohenstaufen war darauf ausgerichtet,° die Macht des Kaisers, wie sie zur Zeit der Salier gewesen war, wiederherzustellen. Sie beriefen sich auf Karl den Großen und kämpften um die Bewahrung des Feudalismus. Sie waren moderne Herrschergestalten mit einer konservativen Politik. Ihre natürlichen Gegner waren neben dem Papst die Herrscher der

***ausrichten auf** to orient toward*

anderen europäischen Nationalstaaten und die Bürger der Städte, vor allem Italiens. Der vergebliche° Versuch der Hohenstaufenkaiser, das „Heilige Römische Reich" zu bewahren, führte zu einem mehr als hundertjährigen Krieg mit dem Papst und seinen Verbündeten, in dem das Reich für kurze Zeit seine größte Macht und Ausdehnung erreichte.

fruitless

Das Wormser Konkordat hatte den Streit zwischen Kaiser und Papst nicht lange ruhen lassen. Weder wollte der Papst dulden,° daß der Kaiser in der Kirche mitbestimmte, noch der Kaiser, daß der Papst sich in Angelegenheiten des Reiches einmischte. Für den Kaiser war die Reichskirche seine Kirche; die Bischöfe sah er als Reichsfürsten an. Dem Papst konnte wenig daran liegen,° daß der Kaiser die Oberherrschaft über Westeuropa beanspruchte.

***dulden** to tolerate*

***es liegt . . . daran** it matters, it is important*

Zu den außenpolitischen Schwierigkeiten des Kaisers kamen die alten Streitigkeiten mit den Herzögen. Zwei Familien rivalisierten miteinander: die Hohenstaufen und die Welfen. Beide Familien stammten aus Schwaben. Die Welfen waren im 12. Jahrhundert Herzöge von Sachsen und Bayern geworden, und sie hatten große Besitzungen in Italien. Sie strebten ebenso wie die Hohenstaufen nach der Kaiserkrone. 1152, als der erste Hohenstaufen-Kaiser Konrad III. starb, hatte dieser Streit das Reich in Unordnung gebracht. Der Hohenstaufe Friedrich I., der jetzt zum König gewählt wurde, war ein Kompromißkandidat. Seine Mutter Judith war eine Welfin. Der Welfenherzog Heinrich, genannt der Löwe, war sein Vetter und sein Freund. Friedrich erreichte, was man von ihm erwartete: Er schlichtete° die Streitigkeiten im Reich. Der wichtigste Streitpunkt war Bayern, das außer den Welfen auch die Babenberger beanspruchten. Friedrich gab Bayern den Welfen; aber er trennte Österreich von Bayern ab und belehnte die Babenberger damit.

***schlichten** to settle*

Friedrichs Herrschaft

Die Kämpfe gegen den Papst spielten sich in Italien ab. Die Bevölkerung Italiens war dabei in zwei Parteien gespalten. Der Landadel unterstützte den Kaiser. Es gab jedoch bereits reiche und mächtige Handelsstädte, die unabhängig vom Adel sein wollten, und die deshalb gegen den Kaiser kämpften. Auch die Normannen, die sich in Unteritalien niedergelassen hatten, unterstützten den Papst.

Friedrich mußte immer wieder nach Italien ziehen. Zwar errang er viele Siege, aber es gab keine Ruhe im Land. Er griff sogar zu radikalen Mitteln: 1162 ließ er Mailand, die größte der Handelsstädte in Oberitalien, vollständig zerstören und die Bewohner umsiedeln. Aber vier Jahre später mußte er bereits wieder mit einem Heer nach Italien ziehen. Dieses Heer war in

Löwen-Standbild, von Heinrich dem Löwen errichtet. Burg Dankwarderode, Braunschweig

Rom, als die Pest ausbrach. Die meisten Ritter starben, darunter der Kanzler des Kaisers, Rainald von Dassel, der Erzbischof von Köln.

Die deutschen Fürsten hatten schließlich keine Lust mehr, so oft für den Kaiser nach Italien zu ziehen. Sie hatten ihre eigenen Interessen in Deutschland, und da der Kaiser oft nicht in Deutschland war, kam es zu manchen Streitigkeiten. Heinrich der Löwe trieb in Norddeutschland seine eigene Politik. Er eroberte neues Land im Osten, und er betrachtete die anderen deutschen Fürsten als seine Gefolgsleute. Er setzte sogar Bischöfe ein, was eigentlich nur der Kaiser tun konnte. Der Erzbischof von Magdeburg beklagte sich beim Kaiser. Aber der Kaiser unterstützte seinen Freund. Schließlich mußte Friedrich wieder einmal in Italien kämpfen. Heinrich der Löwe weigerte sich,° ihn zu begleiten. Friedrich wußte, daß er ohne Heinrich nicht stark genug sein würde—er bat seinen Freund auf den Knien. Heinrich blieb bei seiner Weigerung. Friedrich wurde 1176 in der entscheidenden Schlacht bei Legnano besiegt und mußte nun dem Papst nachgeben.°

sich weigern *to refuse*

nachgeben *to give in*

Als Friedrich darauf nach Deutschland zurückkehrte, besiegte er den Welfenherzog in einem kurzen Bürgerkrieg. Sachsen wurde aufgeteilt; Bayern erhielt Otto von Wittelsbach, dessen Familie dort bis 1918 regieren sollte.

Am Ende seines Lebens zog Friedrich Barbarossa mit einem großen Heer nach Palästina. Zusammen mit dem englischen König Richard Löwenherz und dem französischen König Philipp August wollte er Jerusalem von Sultan Saladin zurückerobern.°

zurückerobern *to reconquer*

Kaiser Friedrich ertrank° beim Baden im Fluß Saleph in der Türkei. Sein Sohn, Herzog Friedrich von Schwaben, führte den Sarg nach Palästina mit. Auch er starb dort, und niemand weiß, wo Barbarossa begraben° liegt. So haben ihn die Deutschen in den Kyffhäuser versetzt.

ertrinken *to drown*

begraben *to bury*

Die späteren Staufer

Friedrichs Sohn Heinrich VI. war mit der Normannin Constanze, Erbin des Reiches in Süditalien, verheiratet. Er scheute keine Mittel, weder Grausamkeit noch List, um mit seinen Gegnern fertig zu werden, und so beherrschte er bald den Papst und ganz Europa. Er war gefürchtet, aber er wurde nicht geachtet oder gar geliebt, wie sein Vater. Als er mit 32 Jahren kurz vor dem Aufbruch° zu einem Kreuzzug starb, sprach man von Gift. Seine Anhänger wandten sich von seiner Familie ab,° und das Reich brach auseinander.

departure

sich abwenden *to turn away*

In Deutschland begann erneut der Kampf zwischen den Hohenstaufen und den Welfen. Die Welfen bekamen Unterstützung von ihren Verwandten in England, und die Kriege hörten nicht auf. Erst als Heinrichs Sohn Friedrich II. alt genug war, um selbst die Herrschaft zu übernehmen, kehrte wieder Ruhe in Deutschland ein.

Dieser zweite Friedrich war kein Deutscher mehr. Er war in Sizilien aufgewachsen, dichtete italienische Kanzonen, interessierte sich für jüdische und arabische Philosophie und die Naturwissenschaften und baute in Sizilien eine zentralisierte moderne Staatsverwaltung auf. Er kam nur zweimal nach Deutschland, und er er schaffte sich Ruhe im Reich, indem er den Fürsten und Freien Städten mehr Privilegien gab. Ebenso geschickt arrangierte er sich mit dem Sultan, als er endlich 1228 den langversprochenen Kreuzzug nach Palästina unternahm. Dadurch war er frei zum dauernden Kampf gegen den Hauptgegner,° den Papst, und seine französischen und italienischen Bundesgenossen. Die letzten zehn Regierungsjahre des Kaisers waren ganz diesem Kampf gewidmet.° Der Papst versuchte, den Kaiser abzusetzen; aber die „Gegenkönige",° die er unterstützte, gewannen in Deutschland keine Macht.

chief enemy

widmen *to devote*

rival kings

Erst nach Friedrichs Tod, 1250, blieb der Papst siegreich. Friedrichs legitime und illegitime Söhne konnten sich nicht mehr als Herrscher behaupten. Sein Enkel Konrad, genannt Konradin, wurde schließlich 1268 in Neapel öffentlich enthauptet, und damit endete dieses heroische Geschlecht und die Rolle des deutschen Königs und Kaisers als Herrscher des Abendlandes. Aus dem „Heiligen Römischen Reich" wurde das „Heilige Römische Reich Deutscher Nation". Für Europa begann die Zeit der

Im Jahre 1268 wird der letzte Staufer Konradin in Neapel öffentlich enthauptet.

Nationalstaaten. Das Deutsche Reich hatte aber nicht die Verfassung° eines Nationalstaates. Seine Verfassung erleichterte es den Fürsten, ihre Macht innerhalb Deutschlands zu vergrößern; aber sie erschwerte es den Kaisern, Deutschland zu einem zentral regierten Einheitsstaat zu entwickeln, wie das in Frankreich, England und Spanien geschah. Unter den Teilstaaten° Deutschlands begannen jetzt, vom 13. Jahrhundert an, die östlichen, auf „Kolonialboden" gegründeten Länder eine führende Rolle zu spielen: Böhmen, Österreich, Sachsen und schließlich auch Brandenburg-Preußen.

constitution

states within a larger country

KAPITEL 4

Rathaus in Bremen. Spätgotischer Bau mit Renaissance-Fassade

Der Totentanz

1226	„Reichsfreiheit" für Städte, z. B. Lübeck.
1291	Schweizer „Eidgenossenschaft" der Kantone Uri, Schwyz und Unterwalden.
1348	Gründung der Universität Prag.
1356	Goldene Bulle, Grundgesetz des Reiches.
1349–1350	Pest („Schwarzer Tod") in Deutschland und vielen Teilen Europas.
1370	Friede von Stralsund, Sieg der Hanse über Dänemark, Höhepunkt ihrer Macht.
1386	Schlacht bei Sempach. Sieg der Schweizer Eidgenossen über das Ritterheer Österreichs.
1471–1528	Albrecht Dürer.

Entwicklung der Städte

Zu den hartnäckigen° Gegnern Barbarossas in Italien hatten die oberitalienischen Städte unter Führung von Mailand gehört. Die Gesellschaft bestand nicht mehr allein aus Adel, Geistlichkeit und Bauern; jetzt kamen die Bürger hinzu. Die Bürger in den Städten wollten sich nicht mehr dem Adel unterwerfen;° sie wollten unabhängig sein.

stubborn

sich unterwerfen *to submit*

In Italien, wo die römische Stadtkultur erhalten geblieben war, konnte das Bürgertum schneller Bedeutung erlangen als in Deutschland. In Deutschland begann sich im 11. Jahrhundert die Stadtkultur von Westen her auszubreiten. Aachen war schon lange wegen seiner Heilquellen° berühmt; Köln war zur Zeit Barbarossas eine bedeutende Handelsstadt. Die sächsischen und salischen Kaiser hatten auch Bergwerksorte gefördert, wie Goslar im Harz, oder Städte, von denen die Kolonisierung und Christianisierung des Ostens und Nordens ausging: Bremen, Magdeburg, Bamberg sind dafür Beispiele. Die Fürsten entdeckten, daß die Städte Geld brachten und außerdem ein gutes Gegengewicht° gegen den Landadel bildeten, so gründeten oder förderten sie weitere Städte. Heinrich der Löwe kümmerte sich um die Entwicklung von Braunschweig und Lübeck; er entriß° mit Barbarossas Hilfe dem Erzbischof Otto von Freising das gerade gegründete München und die Brücke über die Isar. Allerdings mußte Heinrich dem Bischof ein Drittel der Zölle von den Salztransporten, die auf dem Weg von Salzburg nach Augsburg durch München kamen, abgeben. Frankfurt erhielt eine Burg und wurde als Stadt angelegt. So wurden ältere Siedlungen zu Städten entwickelt, und neue Städte wurden gegründet. Die Städte lagen an den großen Verkehrswegen, vor allem an Flußübergängen;° sie entwickelten sich im Schutz von Kaiserpfalzen und Burgen.

medicinal springs

counterbalance

entreißen *to snatch away*

river crossings

Der Plan der mittelalterlichen Städte war einfach und zweckmäßig. Die Stadt hatte zwei Achsen, zwei große Straßen; eine Straße von Norden nach Süden und eine von Osten nach Westen. Am Schnittpunkt der Achsen, im Zentrum der Stadt, lagen der Marktplatz, das Rathaus° und daneben die wichtigste Kirche. Die anderen Straßen gingen gewöhnlich von Osten nach Westen. Die ganze Stadt bildete ein Oval. Wenn es möglich war, benutzte man natürliche Lagevorteile. Man baute die Stadt auf einem Hügel, an einem Fluß. Zur Sicherheit war sie mit einer Stadtmauer umgeben. Später kamen Befestigungswälle° mit Gräben hinzu. Zuerst umschlossen die Stadtmauern noch offenes Land, und es gab Bauernhöfe in den Städten. Im späteren Mittelalter vermehrte sich die Bevölkerung. Die armen Leute lebten gedrängt in Hinterhöfen° und „Gängen". Nach heutigen Begriffen waren diese Städte klein, Großstädte hatten kaum über 20.000 Einwohner, und

city hall

ramparts

backyards

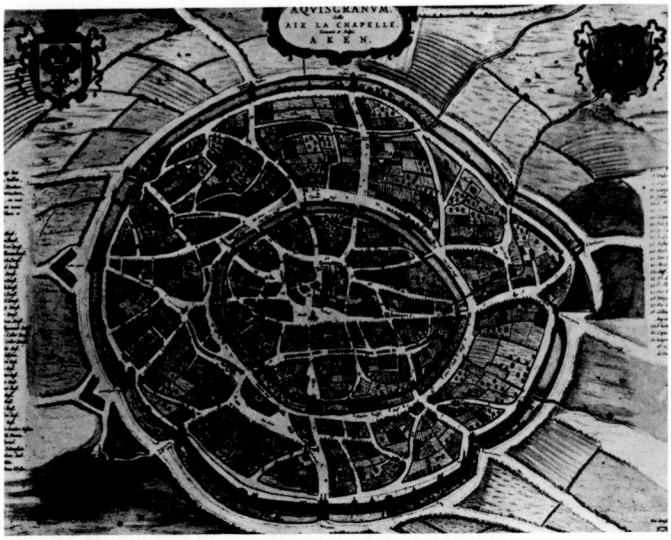

Stadtplan von Aachen im Mittelalter mit späteren Erweiterungen

typische Kleinstädte vielleicht 2.000, wenn nicht weniger. Aber es gab wesentliche Unterschiede zwischen einer Stadt und einem Dorf. „Stadtluft macht frei", hieß es.

Die Bürger waren tatkräftige Leute. Sie wollten ihre Städte selbst regieren und nicht von einem Fürsten oder Bischof abhängig sein. Im 13. und 14. Jahrhundert kam es zu vielen Kämpfen zwischen den Bürgern und ihren Oberherren. Der Kaiser unterstützte meistens die Städte, denn sie halfen ihm gegen die Fürsten. Friedrich II, begann damit, den Städten die „Reichsfreiheit"° zu geben: Eine Freie Stadt regierte sich allein und war nur dem Kaiser verantwortlich. Die Städte richteten ihre Regierung nach dem Vorbild von Rom ein. Sie wählten ein Parlament, die Bürgerschaft, und sie wählten ihre Regierung, den Senat. In Lübeck am Holstentor steht noch heute die Formel Roms: „SPQL"; die Übersetzung dieser lateinischen Formel bedeutet: „Senat und Volk von Lübeck".

freedom from any master except the emperor

Als Demokratien im heutigen Sinne dürfen wir uns diese mittelalterlichen Stadtrepubliken nicht vorstellen. Die Bevölkerung teilte sich in zwei Klassen: die Patrizier, das heißt die reicheren Bürger, die Kaufleute, Bankiers oder später Industrielle waren, und die ärmeren Bürger: Handwerker,° Bauern, Arbeiter. In Italien sind solche Patrizierfamilien manchmal Fürsten geworden, wie die Medici. In Deutschland war das nicht der Fall; aber manche Patrizier hatten mehr Geld und Macht als viele Fürsten. Die reichsten Bürger gab es in den süddeutschen Städten, vor allem in Nürnberg und in Augsburg, wo die Fugger und die Welser zu großem Reichtum kamen. Die Bürger wurden besonders mächtig,

craftsmen

Jakob Fugger

als sich die Städte zu Städtebünden° zusammenschlossen. Der norddeutsche Städtebund der Hanse, dessen wichtigste Stadt Lübeck war, vereinigte über 70 Städte. Die Hanse hatte eigene Niederlassungen in London, Bergen, Nowgorod; sie führte Kriege gegen Dänemark und hatte großen Einfluß auf die Politik in Skandinavien.

leagues of cities

In den meisten Städten regierten die Patrizier. Die Handwerker wollten jedoch auch mitbestimmen,° und so kam es an vielen Orten zu inneren Kämpfen, kaum daß die Städte unabhängig waren. Das Ergebnis dieser Kämpfe war an jedem Ort verschieden: An vielen Orten regierten die Patrizier weiter, an einigen übernahmen die Handwerker die Regierung; in den meisten Städten kam es zu einem Kompromiß.

mitbestimmen *to determine together*

Das wirtschaftliche Leben im Mittelalter

Durch die Städte entwickelten sich der Handel und die Geldwirtschaft. Das wirtschaftliche Leben war im Mittelalter genau durch Privilegien, durch Vorrechte, geregelt. Wenn eine Stadt das Marktrecht bekam, so wurden darin Märkte abgehalten; wenn die Stadt das Stapelrecht° hatte, so mußte jeder durchreisende Kaufmann seine Ware zum Verkauf anbieten, bevor er weiterziehen konnte. Das Münzrecht bedeutete, daß die Stadt Münzen prägen° durfte.

staple right

to coin

Die meisten Handelsverträge wurden mündlich abgeschlossen. Zwar richteten die Städte ihre eigenen Lateinschulen ein, aber nicht alle Leute konnten gut lesen und schreiben, und die Rechenkunst° war auch nicht sehr hoch entwickelt. Dabei gehörte Ehrlichkeit zum Geschäft. Die Maße und Gewichte wurden genau beachtet. Die Menschen konnten Vertrauen zueinander haben.

arithmetic

Auch das Leben der Handwerker hatte seine festen Regeln. Sie waren in Berufsgruppen, in Zünfte,° eingeteilt, und wer ein

guilds

Handwerk ausüben wollte, mußte es vorher viele Jahre lang gelernt haben. Der Handwerker begann als Lehrling. Nach mehreren Jahren, wenn er genug gelernt hatte, wurde er Geselle. Ein Geselle mußte „wandern": Er mußte eine Zeitlang an anderen Orten arbeiten, um auch andere Methoden kennenzulernen. Wenn ein Geselle lange genug tätig gewesen war, konnte er Meister werden. Doch die Zahl der Meister war für jede Stadt beschränkt, und so wurde gewöhnlich der Sohn oder der Schwiegersohn des Meisters sein Nachfolger. Viele Gesellen konnten also nie Meister werden. Die Handwerker des gleichen Gewerbes° wohnten oft in der gleichen Straße zusammen. Das zeigen heute noch die Straßennamen in älteren Städten, wie Bäkerstraße, Schuhmacherstraße, Böttcherstraße oder Gerberstraße— die letztere liegt gewöhnlich am Wasser, wo die Gerber° die Häute einweichten.° Vielfach stellten die Handwerker ihre Arbeiten zusammen aus. Die Preise waren festgelegt, ebenso die Zahl der Gesellen und Lehrlinge, die ein Meister nehmen konnte. Die Konkurrenz war also eng begrenzt.

trade

tanners

***einweichen** to soak*

Auch die Kaufleute hatten ihre Gruppen, ebenso die Seeleute.° Die Gruppen hatten ihre eigenen Gasthöfe; sie hatten ihre eigenen Kirchenstühle,° ja, wenn sie reich waren, ihre eigenen Kirchen.

sailors

pews

Der Transport war in dieser Zeit schwierig und gefährlich. Die Schiffe waren klein; auf dem Land dauerte er lange, und an allen Grenzen, bei allen Flußübergängen und Städten mußte man Zoll bezahlen. Die Waren mußten also sehr wertvoll sein, wenn es sich lohnen sollte, sie zu transportieren. Waffen gehörten zum Handelsgut, Pelze, Schmuck, kostbare Stoffe und Spitzen.° Ebenso wichtig waren die Gewürze. Salz machte eine Stadt wie Salzburg reich, und von dem Salztransport profitierten alle Städte, die an der Salzstraße von Salzburg durch Oberbayern nach Augsburg lagen. Der Pfeffer, der aus dem Orient eingeführt wurde, war so wichtig, daß die Kaufleute von ihm ihren Spitznamen bekamen: Sie hießen nämlich „Pfeffersäcke". Die Speisen im Mittelalter waren für den heutigen Geschmack sehr scharf gewürzt. Vielleicht liebten die Menschen diesen kräftigen Geschmack, vielleicht sollten die Gewürze halb verdorbene° Speisen verbessern. Da scharfe Gewürze Durst machen, waren auch die Getränke wichtig. Es wurde viel Wein gehandelt, später auch Bier. Es wurde viel Fleisch gegessen. Zur Fastenzeit brauchte man dafür Ersatz, und so wurden getrocknete oder gesalzene Fische gehandelt.

lace

***verderben** to spoil*

Im 14. und 15. Jahrhundert stieg der Wohlstand in den deutschen Städten. Mit dem Wohlstand stiegen die Ansprüche.° Die Möbel, die vorher einfach waren, sollten jetzt schöner und bequemer sein. Die Bürger schmückten die Wände mit Gemälden. Die Kleidung wurde reicher. Bücher waren noch sehr

claims, expectations

selten, denn Bücher waren künstlerisch gestaltete Pergamenthandschriften° mit schönen Illustrationen, gewöhnlich das Werk von Mönchen und Nonnen.

manuscripts on parchment

Durch die wachsende Geldwirtschaft wurden die sozialen Unterschiede in den Städten immer größer. Selbständige Handwerker wurden zu Lohnarbeitern, und neben die reichen Kaufleute traten die reichen Industrieherren. Das war keine Industrie mit Maschinen; doch hatte die Textilwirtschaft bereits ein kapitalistisches System. Große Gewinne kamen aus dem Betrieb von Bergwerken, vor allem Silberbergwerken, und dem Münzrecht, also dem Prägen von Geldmünzen. Am beliebtesten wurde die zuerst 1515 in Joachimstal in Böhmen geprägte Silbermünze, kurz der „Taler" genannt, die zur offiziellen Währung des Reiches wurde und noch heute als „Dollar" der Vereinigten Staaten weiterlebt.

Der Anreiz des Geldes führte auch zu vielen technischen Verbesserungen, sowohl in der Wirtschaft als auch in der Waffentechnik. In den Städten rivalisierte der Geist der Erneuerung mit dem Geist der Tradition.

Adel und Bürgertum

Je mehr die Bürger zu Wohlstand kamen, desto schlechter ging es den adligen Herren. Sie mußten immer höhere Preise für Waffen und Textilien zahlen; aber für ihre landwirtschaftlichen Produkte bekamen sie nur wenig. Militärisch war die Zeit der Ritterheere vorbei. Die Schweizer Bauern siegten im 14. Jahrhundert gegen die österreichischen Ritter, im 15. gegen die burgundischen. Die Stellung der Ritter in der Gesellschaft wurde unsicher. Manche Ritter zogen in die Stadt und wurden Bürger. Andere wurden zu „Raubrittern":° Sie überfielen Kaufleute, die unterwegs waren, und nahmen ihnen ihre Waren oder Lösegeld ab. Auf diese Weise entstand ein dauernder Kleinkrieg: Das „Faustrecht"° regierte. Einer dieser Raubritter hat diese Zustände in seiner Autobiographie sehr lebendig geschildert. Er lebte um 1500 und hieß Götz von Berlichingen. Seine Burg Jagsthausen zwischen Heilbronn und Würzburg steht noch heute. Goethe hat nach dieser Autobiographie sein Drama „Götz von Berlichingen" geschrieben.

robber knights

law of the (stronger) first

Unter diesen Umständen mußten die Bürger zu Feinden der Ritter werden. Sie machten sich auch über die Kultur der Ritter, das Minnelied oder das Epos, lustig, und sie verfaßten Parodien. Viele Dichtungen des späteren Mittelalters üben Kritik an der Zeit: Fabeln, Satiren oder Dramen. Die Dramen wurden von den Bürgern an den kirchlichen Feiertagen öffentlich aufgeführt. Zuerst wurde die Bibel dargestellt, vor allem die Passion Christi; doch bald kamen andere Stoffe hinzu.

Wie die Dichtung, so wandte sich auch die bildende Kunst dem wirklichen Leben zu. Der Stil wurde immer realistischer. Die großen Maler um 1500, Albrecht Dürer, Hans Holbein, Lucas Cranach und Matthias Grünewald, malten Porträts, Landschaften und Tiere, sie stellten die biblischen Geschichten in ihrer eigenen Umgebung dar und nahmen Menschen ihrer Zeit als Modell für die Heiligen. Ebenso realistisch verfuhren die Holzschnitzer, unter denen Tillman Riemenschneider am bekanntesten ist.

Die meisten Künstler arbeiteten für die Kirche. Die größen Dome wurden im späteren Mittelalter nicht mehr vom Kaiser gebaut, sondern von den Bürgern selbst; und ihnen verdanken wir die Bauten der gotischen Kunst in Deutschland: die Dome und Münster in Köln, Straßburg, Ulm, Freiburg, Nürnberg, Lübeck, die Frauenkirche in München, die Marienkirche in Danzig—um nur einige zu nennen. Ebenso prächtig waren die Rathäuser der Städte. Für die Ausstattung der Kirchen stifteten die Bürger Geld und gaben den Künstlern Gelegenheit zu ihren Schöpfungen.° *creations*

Die Hausmacht

Kaiser Friedrich II. hatte angefangen, den Territorialherren und Städten mehr Rechte zu geben. Inzwischen zerfiel das Reich in immer mehr Territorien, und die Fürsten wurden immer unabhängiger. Es gab nun keine Kämpfe mehr zwischen mächtigen Herzögen und gewaltigen Kaisern, sondern lokale und territoriale Auseinandersetzungen. Da das Land so zersplittert war, wollten tatkräftige Herrscher ihre „Hausmacht", ihr eigenes Territorium, vergrößern. Dem gegenüber gab es Versuche, die Verwaltung des Reiches zu verbessern und die Einheit zu bewahren. Die komplizierte politische Struktur und die wirtschaftliche Entwicklung veränderten die Beziehungen der Menschen und der Institutionen. Das alte Gewohnheitsrecht° reichte nicht mehr aus, geschriebene Gesetze und Verträge traten immer mehr an die Stelle der mündlichen. Juristen° bekamen mehr Gewicht und sorgten für die Einführung der Prinzipien des Römischen Rechts. Gesetze und Verträge° wurden jetzt auf deutsch geschrieben. Für den Kaiser und seine Kanzlei, seine Verwaltung, entstand das Problem: welches Deutsch? Denn eine wirkliche gemeinsame Sprache gab es nicht.

common law

lawyers

contracts

Eine wichtige Reform kam 1356, die „Goldene Bulle". Kaiser Karl IV. aus der Familie der Luxemburger, der Prag zu seiner Hauptstadt machte, setzte eine neue Wahlordnung durch. Der deutsche König und römische Kaiser wurde von sieben „Kurfürsten" gewählt, nicht etwa von allen Reichsständen. Es waren vier „weltliche" Kurfürsten: der König von Böhmen, der Pfalzgraf vom Rhein und die Markgrafen oder Herzöge von Brandenburg

Kaiser Karl IV. und die Kurfürsten

und Sachsen; dazu drei „geistliche" Fürsten, die Erzbischöfe von Mainz, Köln und Trier.

Es war kein Zufall, daß drei von vier weltlichen Kurfürsten aus dem Osten kamen. Hier konnten sich größere Staaten bilden. Auch war die Macht der anderen Stände, des Adels, der Bürger und der Bauern, weniger stark, so daß die Herrscher ihre Verwaltung leichter zentralisieren konnten. Am bemerkenswertesten unter diesen Territorien im späten Mittelalter ist die Entwicklung Österreichs.

Österreich

Im 13. Jahrhundert, 1246, starb der letzte Babenberger. Österreich war eine willkommene Beute° für neue ehrgeizige Herrscherfamilien. Zuerst war es der König von Böhmen, Ottokar II., der Österreich an sich riß. Dann aber sah Rudolf von Habsburg aus der Schweiz, deutscher Kaiser von 1273 bis 1291, hier eine gute Gelegenheit, eine Hausmacht zu gründen. Er besiegte Ottokar 1278 auf dem Marchfeld bei Wien und verteilte die österreichischen Herzogtümer an seine Söhne. Außer dem eigentlichen Österreich, Nieder- und Oberösterreich, handelte es sich um die Herzogtümer Kärnten, Krain und die Steiermark. 1363 kam noch Tirol hinzu. Allmählich erwarb Österreich auch Vorarlberg, meistens durch Kauf. Es dehnte° sich ebenfalls nach Süden, nach Triest und Istrien, aus. 1437 erbten die Habsburger Länder der Luxemburger Familie, vor allem Böhmen und Ungarn.

prey

***sich ausdehnen** to expand*

Im späten 15. Jahrhundert verwickelten Heiraten die Habsburger in die Weltpolitik, nämlich Verbindungen mit dem burgundischen und dann mit dem spanischen Herrscherhause. Ab 1438 bis zum Ende des Heiligen Römischen Reiches Deutscher Nation stellten die Habsburger die deutschen Kaiser.

Das ist eine außerordentliche Erfolgslinie, wobei es keineswegs nur tüchtige und tatkräftige Herrscher gab. Auf die Dauer konzentrierte sich die Macht des Habsburger Reiches allerdings in Südosteuropa, wo der Konflikt mit den Türken jahrhundertelang dominierte. 1453 hatten die Türken Konstantinopel erobert. Durch den Sieg bei Mohacs 1526 beherrschten sie dann große Teile von Ungarn. 1529 belagerten° sie Wien, ohne es jedoch erobern zu können. Österreich stand damit an der Spitze des Kampfes gegen die „Ungläubigen".

belagern *to besiege*

Eine unerwartete Niederlage erlitt die Habsburger Familie in ihrem Stammland, der Schweiz. In dem Versuch, die Verwaltung zu verbessern und modernere Verbindungsstraßen durch die Alpen nach Süden zu schaffen, trafen sie auf den Widerstand der rückständigen° Bauern. Unerwarteterweise behaupteten sich die Waldkantone gegen Österreichs starke Macht. Der Sieg der Schweizer bei Morgarten im Jahre 1315 über ein starkes Ritterheer hatte weitreichende Folgen. Er signalisierte entscheidende Änderungen in der Waffentechnik. Die Ritterrüstungen mußten immer fester und schwerer werden, um gegen immer stärkere Geschosse° zu schützen. Doch jetzt wurden die Ritter zu unbeweglich gegen ein Infanterieheer mit langen Spießen. Für die

backward

missiles

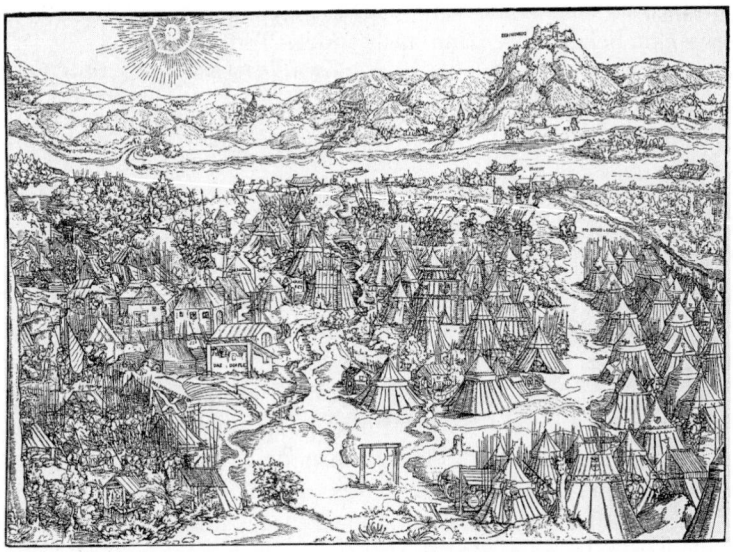

Die Türken belagern Wien im Jahre 1529. Holzschnitt aus dem 16. Jahrhundert

Sclacht bei Morgarten 1315, Sieg der Schweizer Infanterie über ein Ritterheer

Nachbarn der Waldkantone war der Sieg eine Ermutigung, sich ihnen anzuschließen. 1332 kam Luzern dazu, 1351 als die erste Reichsstadt Zürich, 1352 Glarus und 1353 Bern. Es waren diese acht alten Kantone, die im 14. Jahrhundert gegen Burgund kämpften. Da das Deutsche Reich von den Habsburgern vertreten wurde, lockerte sich die Verbindung der Schweizer zum Reich immer mehr. 1481 wurden Freiburg und Solothurn aufgenommen, 1501 Basel und Schaffhausen, 1513 Appenzell.

Die Eidgenossenschaft beherrschte dann auch andere Territorien außerhalb der Kantone. Macht, Reichtum und Prestige bezog sie ganz besonders aus dem Ruf der Schweizer Infanterie, die als Söldnertruppe° zu einem wichtigen Faktor der europäischen Machtpolitik wurde.

mercenary force

Universitäten

Kaiser Karl IV. gründete 1348 in Prag die erste Universität des Reiches nördlich der Alpen. Auch diese Gründung war ein Zeichen des wachsenden Nationalismus in Europa. Bisher waren die deutschen Studenten zu den italienischen Universitäten des Reiches, Padua und Bologna, oder nach Paris gegangen. Jetzt spielten die „Nationen" unter ihnen, das heißt die Gruppen der Landsmannschaften,° eine wachsende Rolle. In Prag wurde das auch nicht anders. 1409 zogen die „deutschen" Studenten nach einem Nationalitätenstreit aus und gründeten die Universität Leipzig. Zu dieser Zeit gab es im Deutschen Reich bereits die Universitäten Wien (1365), Heidelberg (1386), Köln (1388) und Erfurt (1392), und etliche

groups from the same country

andere folgten dann im 15. Jahrhundert, wie Tübingen, Freiburg, Rostock und Basel.

Die Verwaltung der Universitäten lag weitgehend° in den Händen der Studenten, die oft lange Jahre an den Universitäten blieben. Die Sprache war Latein. Nach einem Kurs in den Artes Liberales, der zum Bakkalaureat (B.A.) führte, konnte der Student in die höheren Fakultäten, Theologie, Jura und Medizin, aufsteigen. Gelernt wurde nach Autoritäten, nach vorgeschriebenen° Lehrbüchern. Der Professor las das Buch vor und kommentierte es, die Studenten schrieben mit und lernten ihre Lektionen auswendig. Auch damals gab es nicht wenige Studenten, die Geldschwierigkeiten hatten und solche, die ein lustiges Leben dem Studium vorzogen. Wir kennen Studentenlieder aus dem Mittelalter, die von einem solchen Leben erzählen, vor allem die „Carmina Burana", die Lieder, die im Kloster Benediktbeuern in Bayern gefunden worden sind.

mostly

vorschreiben *to prescribe*

Lebenslust und Totentanz

Der Lebensstandard in den Städten stieg, während er auf dem Lande sank. Doch die Häuser waren überall voll von Menschen, und es gab kaum eine „private" Sphäre: alles spielte sich in der ganzen Hausgemeinschaft ab. Hygiene, Wasserversorgung und Kanalisation hielten nicht Schritt mit der Vergrößerung der Städte. Das Leben wurde freizügiger, zumal im sexuellen Bereich; aber der enge Kontakt brachte auch Seuchen°, Krankheitsepidemien. Die schlimmste war die Pest um 1350, die weite Teile Europas heimsuchte° und die Bevölkerung dezimierte.

epidemics

heimsuchen *to afflict*

Die Pest führte zu religiösen Massenbewegungen und Exzessen, etwa der Bewegung der Flagellanten, der Geißler. Opfer des religiösen Fanatismus wurden vor allem die Juden, die in den deutschen Städten lebten. In den deutschen Städten am Rhein hatte es seit der Römerzeit jüdische Gemeinden gegeben. Eine erste Verfolgungswelle hatten sie in der Zeit der Kreuzzüge zu erdulden. Allmählich wurden sie durch Gesetze aus den meisten Beschäftigungen hinausgedrängt. Gebraucht wurden sie für das Geldleihen, da Christen keine Zinsen nehmen durften. Das jüdische Proletariat überlebte dann durch Hausieren°, also Verkauf von Waren von Dorf zu Dorf. Im späten Mittelalter wurde eine Judentracht festgelegt, und aus Judengassen wurden Ghettos. Viele Juden zogen es vor, in die toleranteren Länder in Osteuropa, wie Litauen und Polen, auszuwandern, wo sie ihre Kleidung, ihre Sitten und ihre aus dem Deutschen stammende Sprache, das Jiddische, beibehielten.

peddling

Trotz der Epidemien, der Unsicherheit der Straßen und der Kriege wurde im späteren Mittelalter mehr gereist. Die Straßen waren besser, es gab mehr Städte, die Schutz boten, und die Menschen waren wohlhabender. Beliebt waren Heilquellen, Kurorte,

Der Totentanz von Lübeck

wo sich oft ein reges Leben entwickelten. Auch die Frauen hatten mehr Bewegungsfreiheit und Rechte, vor allem Witwen. Die satirische Literatur der Zeit findet, daß Frauen putzsüchtig° sind, leichtgläubig, gern Streit anfangen, und längst nicht genug ihren Männern gehorchen. Vor allem aber fehlte es wohl bei beiden Geschlechtern nicht selten an der ehelichen Treue. Auch gegessen wurde reichlich, und noch mehr Bier und Wein getrunken. Eine Änderung der Sitten brachte besonders die Angst vor der Ansteckung° mit der „Franzosenkrankheit", der Syphilis, die sich seit dem Ende des 15. Jahrhunderts verbreitete.

addicted to expensive dresses

infection

Die Angst vor dem Tode wuchs. Überall am Hauptportal der Kathedralen finden wir furchterregende° Darstellungen des Jüngsten Gerichtes.° Die Verdammten werden von den Teufeln in den Höllenrachen° hinabgestoßen, während die Geretteten in den Himmel emporsteigen. Gott der Richter steht majestätisch im Mittelpunkt. Noch deutlicher machen die „Totentänze"° das Lebensgefühl der Zeit sichtbar. Es sind Wandmalereien oder Tafelmalereien in der Kirche, auf denen zu sehen ist, wie der Tod alle Menschen bei der Hand führt: den Papst, den Kaiser, die Fürsten, den Adel, den Bürger, den Bauern, Mann, Frau, selbst das kleine Kind in der Wiege. Die Menschen waren eben, wie die Satire sagte, nur Narren.° Die einzigen ewigen Werte schienen innen zu liegen, in der Seele selbst, wie es die Mystiker ausdrückten. Die Unordnung des Reiches und der Zweifel an den Autoritäten trugen daher zur Beschäftigung mit der Religion bei und zur großen Veränderung Deutschlands durch die Reformation.

horrifying
Last Judgment
jaws of hell

dances of death

fools

KAPITEL 5

Martin Luther

Die Reformation

1517	Anschlag der 95 Thesen Martin Luthers über den Ablaßhandel in Wittenberg, Beginn der Reformation in Deutschland.
1521	Reichstag in Worms, Reichsacht gegen Luther.
1521–1534	Luthers Bibelübersetzung.
1524–1525	Der große Bauernkrieg.
1529	Erste Belagerung Wiens durch die Türken.
1534	Gründung des Ordens der Jesuiten in Spanien.
1534–1535	Wiedertäufer in Münster.
1546–1547	Schmalkaldischer Krieg.
1546	Luther stirbt.
1555	Religionsfriede in Augsburg.
1556	Abdankung Kaiser Karls V.
1545–1563	Konzil von Trient.
1568	Beginn des Freiheitskampfes der Niederländer gegen Spanien.

Martin Luther

Die Reformation, das eine große Ereignis des 16. Jahrhunderts, neben der europäischen Entdeckung und Kolonisierung der Erde, kam nicht unvorbereitet. Reformbewegungen und Rebellionen gegen die Autorität der Kirche und des Papstes hatte es immer wieder gegeben. Jan Hus (1370–1415), Priester und Professor an der Universität Prag, schlug neue Reformen vor. Außerdem förderte er die Nationalisierung der tschechischen Kirche. Auf dem Konzil° in Konstanz, 1414–1418, wurden seine Lehren verurteilt, er selber wurde als Ketzer° verbrannt. Das führte zu langen Kriegen in Böhmen und Deutschland, den Hussitenkriegen. Auch das folgende Kirchenkonzil in Basel, 1431–1449, fand keine Lösungen für die großen Probleme der Kirche. Immer mehr suchten die Menschen Hilfe in einem persönlichen Glauben und nicht bei der Autorität der Kirche. Die politischen Interessen der Kirchenfürsten und die religiösen Bedürfnisse der Menschen gingen in verschiedene Richtungen.

church council
heretic

Die Reformation Martin Luthers ist eines der wichtigsten Ereignisse der deutschen Geschichte; ganz gleich, ob man mehr die positiven oder die negativen Folgen der Kirchenspaltung° ins Auge faßt. Martin Luther hatte dabei eigentlich gar nicht die Absicht, sich vom Katholizismus zu trennen und eine eigene Kirche zu gründen. Er schlug nur am 31. Oktober 1517 an der Schloßkirche in Wittenberg an der Elbe 95 Thesen über den Ablaßhandel an. Dabei folgte er dem akademischen Brauch seiner Zeit, indem er mit diesen lateinisch geschriebenen Thesen zu einer akademischen Disputation über ein umstrittenes° Thema aufforderte.° Doch ohne es zu wollen, wurde Luther durch diese Thesen eine weltgeschichtliche Persönlichkeit.

schism

controversial
***auffordern** to invite*

Luther wurde am 10. November 1483 in Eisleben am östlichen Rand des Harzes geboren. Eisleben, heute eine Stadt von etwa 32.000 Einwohnern, liegt in einer wirtschaftlich wichtigen Gegend. Der gute Lößboden schafft vorteilhafte Bedingungen für die Landwirtschaft. Die Kupfervorkommen° werden immer noch abgebaut. Luthers Vater, der aus Thüringen stammte, hatte sich hier vom Bauernsohn zum Mitbesitzer von Kupferbergwerken, also zu einigem Wohlstand, emporgearbeitet. Er konnte daher seinen hochbegabten Sohn Martin auf gute Schulen in Magdeburg und Eisenach schicken, und dann auf die Universität Erfurt.

copper deposits

Zu Luthers Zeit war der Einfluß der Humanisten an den deutschen Universitäten groß. Die Humanisten waren Lehrer der antiken Sprachen und der literarischen Bildung. Sie lehrten das klassische Latein im Gegensatz zum Latein der mittelalterlichen Mönche. Sie lehrten auch antike Philosophie und Moral. Manche von ihnen waren sehr angesehen,° wie Erasmus von Rotterdam

respected

oder Luthers Freund Philipp Melanchthon; andere zogen als Abenteurer umher, wie Dr. Faust, das Vorbild zur Faustsage. In Erfurt hatten die Humanisten zu Luthers Zeit viel Einfluß, und sie verschafften der Universität für kurze Zeit einen bedeutenden Ruf.

Luther erwarb hier, wie es damals üblich war, sein Bakkalaureat und seinen Magistergrad (M.A.) Er sollte dann Jura studieren, denn Juristen hatten die besten beruflichen Aussichten.° Ein Dr. jur. wurde oft einem Adelstitel gleichgesetzt.° Auf diese Weise sollte Luther den sozialen Aufstieg seiner Familie vollenden.

chances
***gleichsetzen** to consider equal to*

Der junge Mann wurde jedoch, wie viele Menschen in dieser unruhigen Zeit, von starken Glaubenszweifeln° gequält. Er wußte keine Antwort auf die Frage: Wie kann der Mensch wirklich ein Leben führen, das Gott wohlgefällig° ist? Nun geschah etwas, was wie eine Legende klingt, aber historisch bezeugt ist: Auf einer Fahrt von Mansfeld nach Erfurt geriet Luther in ein heftiges Gewitter; da gelobte er: „Hilf, heilige Anna, ich will ein Mönch werden!" Die heilige Anna, die Mutter Marias, wurde damals allgemein verehrt, besonders als Schutzpatronin der Bergleute und Kaufleute.

doubts in matters of faith
agreeable, pleasing

Luther trat alsbald ins Augustinerkloster in Erfurt ein. Er war ein eifriger Mönch und befolgte genau die strengen Regeln. Man ließ ihn Theologie studieren, und er wurde zum Priester geweiht. Der Orden gebrauchte ihn bei wichtigen Verhandlungen und schickte ihn 1510–11 als Abgesandten nach Rom. Aber Rom wurde eine große Enttäuschung° für Luther. Er suchte Frömmigkeit, und fand große Pracht und ein sehr weltliches Leben.

disappointment

Als Professor für Exegese, Bibelauslegung, an der Universität Wittenberg vertiefte sich Luther weiter in die katholischen Glaubenslehren° und in die Bücher spätmittelalterlicher Mystiker. Er kam dabei zu einigen Auffassungen, die den Dogmen der Kirche widersprachen. Er glaubte, daß der Mensch nicht von sich aus durch gute Werke und die Vermittlung der Kirche die Erbsünde° abschütteln könne. Nur Gott allein durch seine Gnade könne dem Menschen Erlösung° geben. Das ist eine harte Lehre. Sie nimmt alle Mittelspersonen° zwischen Gott und dem einzelnen Menschen fort. Kein Priester, kein Papst, kein Konzil kann die Autorität sein, nur Gott selbst kann dem Menschen helfen, und nur sein eigenes Gewissen kann den Menschen leiten.

dogmas
original sin
redemption
intermediaries

Bei alledem dachte Luther keineswegs an eine Trennung von der Kirche und noch weniger an die Gründung einer eigenen Kirche. Es war damals eine allgemein verbreitete Ansicht, daß eine Reform der katholischen Kirche notwendig sei, und es hatten bereits mehrere Reformkonzilien° stattgefunden. Doch etwas Enscheidendes war nicht geschehen. Der Anlaß, der den Zusammenstoß des Mönchs und Theologieprofessors mit den kirchlichen

reform councils

Autoritäten brachte, schien ziemlich geringfügig zu sein. Der Papst brauchte Geld für seine großen Bauten, besonders die Peterskirche in Rom. Eine seiner Einnahmequellen° war der Ablaßhandel.° Es sah so aus, als könnte man sich die Befreiung von seinen Sünden erkaufen. Menschen mit einem so innerlichen Glauben wie Luther mußte das empören. Daß Luther keineswegs der einzige Mensch war, den der Ablaßhandel störte, zeigte der völlig unerwartete Erfolg seiner Thesen. Sie wurden—von einem Unbekannten—ins Deutsche übersetzt, gedruckt und als Flugblatt° in ganz Deutschland verbreitet. Die Disputation wurde ganz und gar unakademisch.

sources of income
selling of indulgences
pamphlet

Zeitalter des Umbruchs°

drastic changes

Die Kirche griff erst ein,° als es nicht mehr zu vermeiden war. Sie behandelte Luther nicht als Reformator, sondern als Rebellen gegen die kirchliche Autorität. Ihr Ziel war: Er sollte widerrufen.° Luther wurde verhört, man disputierte mit ihm. Man war mild und entgegenkommend genug, ihn nicht einmal nach Rom vorzuladen. Der päpstliche Kämmerer° von Miltitz und Luthers Landesherr, der mächtige und reiche Kurfürst Friedrich der Weise von Sachsen, versuchten zu vermitteln. Doch Luther beharrte auf seinen Lehren, und die Gegensätze verschärften sich. Als der Papst seine Autorität mit Gewalt behauptete und in einer päpstlichen Bulle Luther den Bann androhte, falls er nicht widerrufen würde, verbrannte Luther öffentlich die päpstliche Bulle und trennte sich damit von der Kirche.

***eingreifen** to intervene*
***widerrufen** to retract*
chamberlain

Jetzt mußte der Kaiser eingreifen. Seit Mitte des 15. Jahrhunderts war die Krone bei der Familie der Habsburger geblieben. Kaiser Maximilian I., genannt „der letzte Ritter", bemühte sich um eine Reform des Reiches. Deutschland war ja nichts als eine Anhäufung° von weltlichen und geistlichen Fürstentümern, von Freien Städten und kleinen Ländern von Reichsrittern. Das Reich brauchte eine einheitliche Verwaltung; es brauchte eine eigene Armee, inneren Frieden, bessere Gesetze und Gerichte und vor allem einen starken mächtigen Kaiser. Doch wie war das möglich, wenn der Kaiser von den Fürsten abhängig war? Die sieben Kurfürsten nutzten ihre Macht aus und stellten jedesmal allerhand Bedingungen, bevor sie ihre Zustimmung zur Wahl des Kaisers gaben. Sie hatten auch nichts gegen Geldgeschenke.

accumulation

Ganz besonders schlimm wurde dieser Handel bei der Wahl des Nachfolgers von Maximilian, nachdem er 1519 gestorben war. Mit ihm starb nämlich der deutsche Zweig der Habsburger Familie aus. Einige deutsche Fürsten wollten den französischen König wählen, andere Maximilians Enkel, den spanischen König Karl. Besonders einflußreich in der „spanischen Partei" war Kurfürst Friedrich der Weise. Karl wurde gewählt, aber nur mit Hilfe der Gelder des Augsburger Bankiers Fugger.

Zu den Angelegenheiten, die Kaiser Karl V. 1521 auf seinem ersten Reichstag in Worms erledigen wollte, gehörte auch der Streit zwischen Luther und der Kirche. Luther war in großer Gefahr, als er nach Worms fuhr. Hundert Jahre vorher hatte Kaiser Sigismund den tschechischen Reformator Johannes Hus nach Konstanz zum Konzil vorgeladen und hatte ihm freies Geleit° versprochen. Trotzdem wurde Hus verurteilt und verbrannt. Luther fuhr jedoch nach Worms und hielt eine mutige Rede. Der Schluß dieser Rede: „Hier stehe ich, ich kann nicht anders. Gott helfe mir. Amen," ist in Deutschland ein „geflügeltes Wort"° geworden. Kaiser Karl war auf der Seite der Kirche. Er belegte Luther mit der Reichsacht.°

safe conduct

commonly known quotation

Imperial ban

Kurfürst Friedrich der Weise schützte den Reformator. Er ließ ihn auf die Wartburg in Thüringen bringen, und dort lebte er verkleidet als „Junker Jörg". Er benutzte die erzwungene Ruhepause, um seine Bibelübersetzung zu beginnen. Seine Übersetzung des Neuen Testaments wurde schnell gedruckt und noch schneller verkauft. Es war ein großer Vorteil für Luther, daß Johann Gutenberg in Mainz um 1450 den Buchdruck° erfunden hatte, und daß sich diese Erfindung seitdem verbreitet hatte. Zu Luthers Zeit konnte man Bücher schneller und billiger herstellen. Noch mehr als bei den Büchern wirkte sich die Erfindung für Flugblätter aus. Der Kampf für und gegen den neuen Glauben wurde ganz besonders mit solchen Flugblättern geführt.

book printing

Um sich in allen Teilen des deutschen Sprachgebietes verständlich zu machen, mußte Luther erst eine einheitliche deutsche Sprache schaffen. Die Sprache der mittelhochdeutschen Dichtung

„Hier stehe ich, ich kann nicht anders. Gott helfe mir. Amen." Martin Luther vor Kaiser Karl V. auf dem Reichstag in Worms, 1521

der Stauferzeit war eine reine Literatursprache gewesen. Im späteren Mittelalter wurde eine deutsche Verwaltungssprache° nötig; aber auch diese wurde nicht die Umgangssprache° im Alltagsleben. Die Menschen sprachen und schrieben ihren Dialekt. Luther nahm sich die Verwaltungssprache in den Formen zum Vorbild. Wittenberg, wo er lebte, ist eine Gegend mit mitteldeutschen Sprachformen. Eisleben, sein Geburtsort, lag jedoch noch im niederdeutschen° Sprachgebiet. So nahm Luther seinen Wortschatz nicht nur aus einem Teil des deutschen Sprachgebietes, sondern aus mehreren. Seine Sprache war leicht verständlich, und sie wurde das Muster für die hochdeutsche Einheitssprache.

administrative language
colloquial language
Low German

Luther schrieb eine ganze Reihe von Streitschriften.° Seine Sprache ist nicht elegant und gar nicht prüde, aber außerordentlich bilderreich,° kräftig und lebendig. Seine Gegner mußten diese Sprache annehmen, wenn sie ihn bekämpfen wollten. Allerdings—ein Mißtrauen gegen diese Sprache des Ketzers und Rebellen Luther blieb bei den Katholiken zurück. Es hat bis zur Mitte des 18. Jahrhunderts gedauert, bis die Deutschen sich endgültig über die Form ihrer Sprache einig waren.

polemic treatises
full of imagery

Der Buchdruck war längst nicht die einzige Erfindung dieses

Titelblatt der ersten Gesamtausgabe der Luther-Bibel von 1534

Zeitalters. Die Menschen suchten damals die Geheimnisse der Natur zu enträtseln und neue Länder der Erde zu entdecken. Es war das Zeitalter der Entdeckungen und Erfindungen. Vasco da Gama fand den Seeweg nach Indien um Afrika herum, Kolumbus entdeckte Amerika. Kopernikus in Thorn beschrieb, wie sich die Erde um die Sonne dreht.

In der Kriegstechnik begann das Schießpulver° eine Rolle zu spielen, aus Nürnberg kamen die ersten Taschenuhren.° Der Arzt Theophrastus Bombastus von Hohenheim, genannt Paracelsus (1494–1541), scheute sich nicht, als akademischer Arzt chirurgische Operationen auszuführen. Er erforschte Gewerbekrankheiten,° seelische Krankheiten und benutzte chemische Medikamente. Das naturwissenschaftliche und technische Wissen wurde auch in der Wirtschaft angewendet, und es half den reichen Leuten, wie den Fuggern, noch reicher zu werden. Die armen Leute jedoch blieben arm. Die Ritter hatten keinen Einfluß mehr auf die Gesellschaft. Der letzte von ihnen, der eine Rolle spielen wollte, war Franz von Sickingen, der einen Ritterbund gegen den Erzbischof von Trier führte. Er unterlag. Noch schlimmer stand es mit dem Volk, den Handwerkern und vor allem mit den Bauern.

gunpowder
pocket watches
occupational diseases

Luthers Lehre wurde sofort als Evangelium des kleinen Mannes aufgefaßt. Wer die Gesellschaft verändern wollte, hoffte auf Luther. Luther dachte in erster Linie an die Religion, aber die Bauern und Handwerker verstanden ihn anders. So führte die Reformation mit zu dem großen Bauernkrieg, der 1524 ausbrach. Luther ermahnte die Fürsten und Adligen, den Bauern bessere Lebensbedingungen zu geben. Währenddessen verbreitete sich der Krieg durch ganz Franken und Schwaben, denn jetzt wollten sich die Bauern mit Gewalt nehmen, was man ihnen nicht geben wollte. Ihre Führer waren in ihren Forderungen gemäßigt; allerdings gab es unter ihnen auch radikale Sozialrevolutionäre, wie Thomas Müntzer, der eine Wirtschaftsordnung mit gemeinsamem Eigentum einführen wollte; und das Bibelchristentum der Anabaptisten, der „Wiedertäufer", führte manchmal zu ähnlichen Richtungen, wie etwa 1534 in Münster in Westfalen, wo revolutionäre Wiedertäufer 16 Monate lang regierten.

Die Gewalttaten,° die Unordnung und solche revolutionären Ideen erschreckten nicht nur die Adligen, sondern auch die Bürger. Luther trat auf die Seite der Fürsten und wandte sich gegen die Bauern. Die Bauern wurden völlig besiegt und gewaltsam unterdrückt. Luthers Kirche wurde aus einer revolutionären Volkskirche° jetzt eine Landeskirche unter dem Schutz der Landesfürsten. „Gebet dem Kaiser, was des Kaisers ist, und Gott, was Gottes ist", war ihr Grundsatz. Luther brauchte Zeit, um seine neue Kirche aufzubauen, und die Fürsten waren die einzigen, die ihn gegen den Papst und Kaiser schützen konnten. Damit wurden die Landesherren zum Oberhaupt ihrer Landeskirche.

violent actions
church of the (common) people

Freiheitsfahne aus dem Bauernkrieg. Holzschnitt, unbekannter Meister

Der alte und der neue Glaube

Während die deutschen Fürsten sich um Kirche, Religion und das Eigentum der Kirche stritten, während der Herrscher von Österreich versuchte, seine Länder gegen die Türken zu verteidigen, eroberten die westeuropäischen Länder neue Kontinente. Portugal und Spanien gingen voran, England, Frankreich und die Niederlande folgten. Sie sicherten sich Stützpunkte° in Indien und Ostasien, sie bauten Festungen in Afrika, und vor allem erkundeten die Spanier, auf der Suche nach Gold und Silber, den neuentdeckten Kontinent Amerika. Karl V. beherrschte ein Weltreich. Es gehörten nicht nur große Teile Europas dazu, sondern Besitzungen in Afrika, Ostasien und das weite Land von Mexiko bis Chile. Mit Recht konnte er sagen: „In meinem Reich geht die Sonne nicht unter." Die einzige deutsche Beteiligung an dieser kolonialen Expansion im 16. Jahrhundert kam nicht von den Fürsten, sondern von dem Handelshaus der Welser in Augsburg, die 1528 Expeditionen nach Venezuela schickten und dort bis zum Tode Karls V. ihr Eroberungsrecht und Handelsprivileg behaupteten.

footholds, bases

In Europa kämpfte Karl V. gegen den französischen König Franz I. um die Vorherrschaft. Auch in dieser Auseinandersetzung war Deutschland eigentlich unwichtig. Wichtig war allein, daß es den Kaiser unterstützte und nicht störte. Doch es war schwer, bei

Kaiser Karl V.

den deutschen Fürsten Ruhe und Unterstützung zu erhalten. Sie fanden in der Kirchenspaltung neue Möglichkeiten für mehr Macht, Besitz und Unabhängigkeit. Im Todesjahr Luthers, 1546, begann der erste Krieg zwischen den protestantischen und katholischen Fürsten, der Schmalkaldische Krieg genannt. Der Kaiser und seine katholischen Verbündeten siegten ohne Mühe. Das aber paßte Moritz von Sachsen nicht. Er war Protestant, aber er unterstützte den Kaiser, um den Kurfürstentitel seines Vetters Friedrich zu bekommen. Als Moritz Kurfürst war, wandte er sich gegen den Kaiser und erzwang° einen Kompromiß zugunsten der Protestanten. Karl V. verzweifelte an der Welt und zog sich 1556 in ein spanisches Kloster zurück.

erzwingen *to win by force*

Der Religionsfriede wurde 1555 in Augsburg geschlossen. Die katholische und die lutherische Kirche waren von jetzt an in Deutschland gleichberechtigt,° nicht jedoch die kalvinistische Kirche. Der Grundsatz des Augsburger Friedens hieß „cuius regio, eius religio", das heißt übersetzt: Wessen Land, dessen Religion; und das bedeutete: Wenn der Fürst katholisch war, blieben die Untertanen katholisch. Die Untertanen eines protestantischen Herrschers mußten protestantisch werden. Nur für die Untertanen in den geistlichen Fürstentümern war die Wahl der Konfession frei, da ja ein Bischof nicht gut Protestant werden konnte. So konnten jeder Fürst, jeder Reichsritter und jede Stadt entscheiden, zu welchem Glauben sie gehören wollten.

having equal rights

Luthers Lehre fand viele Anhänger. Die meisten Deutschen bekannten sich zu ihr. Sogar ein Kaiser aus dem Hause Habsburg, Maximilian II. (1564–1576), dachte an den Übertritt.° Inzwischen aber hatte die katholische Kirche in dem großen Reformkonzil

conversion

von Trient (1545–1563) die Glaubenslehren neu bestimmt und festigte ihre Organisation. Sie begann, verlorene oder strittige° Gebiete wieder für sich zu gewinnen. Dieser Vorgang heißt in Deutschland die Gegenreformation.°

disputed

counterreformation

Der wichtigste Träger der Gegenreformation war der 1534 gegründete Orden der Jesuiten. Die Jesuiten bekamen Einfluß auf viele Fürsten; sie übernahmen die katholischen Universitäten, und sie hatten ausgezeichnete Schulen, in denen sie die Elite der Länder erzogen. Außerdem arbeiteten sie mit Massenveranstaltungen,° wozu ihre Theateraufführungen gehörten, die sehr wirkungsvoll waren. Besonders erfolgreich benutzten sie Lichteffekte, die den Glanz des Himmels auf die Erde zu bringen schienen. Viele indifferente Katholiken wurden von ihnen zur Frömmigkeit und viele Protestanten zum katholischen Glauben bekehrt.

events for the masses

Die Entdeckung Amerikas und die Glaubenskriege hatten eine negative Wirkung auf die deutsche Wirtschaft. Der Handel verlagerte° sich nach Spanien und Portugal, und dann nach England und Holland, das sich in einem langen Krieg ab 1568 von der spanischen Herrschaft befreite. Die deutschen Länder hatten keine Kolonien; die deutsche Industrie blieb zurück; die Silberbergwerke in Ungarn und Böhmen waren längst nicht so reich wie die amerikanischen. Der Kirchenkonflikt stand im Mittelpunkt des Interesses. Trotz des Augsburger Friedens wollten die Streitigkeiten nicht enden. Sie führten schließlich zu einer der schrecklichsten Perioden der deutschen Geschichte, zum Dreißigjährigen Krieg.

***sich verlagern** to shift, to change places*

KAPITEL 6

Albrecht von Wallenstein, Herzog von Friedland. Stich nach dem Porträt von Anton von Dyck.

Der Fenstersturz von Prag

1618–1648	Dreißigjähriger Krieg.
1632	Schlacht bei Lützen. Der schwedische König Gustav Adolf fällt.
1634	Wallenstein in Eger ermordet.
1640–1688	Regierung des Kurfürsten Friedrich Wilhelm von Brandenburg („der Große Kurfürst").
1683	Belagerung Wiens durch die Türken.
1688–1697	Kriege Frankreichs (Ludwig XIV.) gegen Deutschland, besonders um die Pfalz und das Elsaß.

Der Dreißigjährige Krieg

Die Habsburger gehörten zu den Fürsten, die besonders eifrig versuchten, ihr Land wieder katholisch zu machen. In Böhmen gehörten viele Adlige einer Kirche an, die den Protestanten nahestand. Sie hatten das Recht bekommen, eigene Kirchen zu bauen, doch das wollte der Kaiser ihnen entziehen. Als im Mai 1618 in der Prager Burg darüber verhandelt wurde, wurden in der Leidenschaft° des Streites zwei Statthalter° und ein Geheimschreiber° des Kaisers aus dem Fenster geworfen. Obwohl alle drei unverletzt blieben, war diese Tat eine Majestätsbeleidigung und wurde der Anlaß für den Dreißigjährigen Krieg. 1619 wurde nicht Kaiser Ferdinand II. zum König von Böhmen gewählt, sondern der Kalvinist Kurfürst Friedrich V. von der Pfalz. Friedrich V. wird der „Winterkönig" genannt, denn bereits im Jahr 1620 war seine Herrschaft zu Ende, als die kaiserlichen Truppen ihn in der entscheidenden Schlacht bei Prag besiegten. Damit begann der eigentliche Krieg. Nacheinander beteiligten sich Dänemark, Schweden und Frankreich auf der protestantischen Seite daran, und Spanien auf der katholischen Seite. Ganz Europa nahm also an dem Krieg teil, doch er spielte sich vorwiegend auf deutschem Boden ab. Die Zivilbevölkerung war ebenso davon betroffen° wie die Soldaten. Der Krieg wurde sehr grausam geführt. Städte und Dörfer wurden zerstört, Menschen gefoltert und getötet. In weiten Gegenden kam die Hälfte der Bevölkerung um.

passion, heat
governors / private secretary

***betreffen** to affect*

Der bekannteste Heerführer der Protestanten war der schwedische König Gustav Adolf, der 1632 in der Schlacht bei Lützen gegen die kaiserlichen Truppen fiel; bei den Katholiken war es Albrecht von Wallenstein aus Böhmen, später Herzog von Friedland. Wallenstein wurde 1634 in Eger ermordet, als er dabei war, sich mit den Schweden gegen den Kaiser zu verbünden.

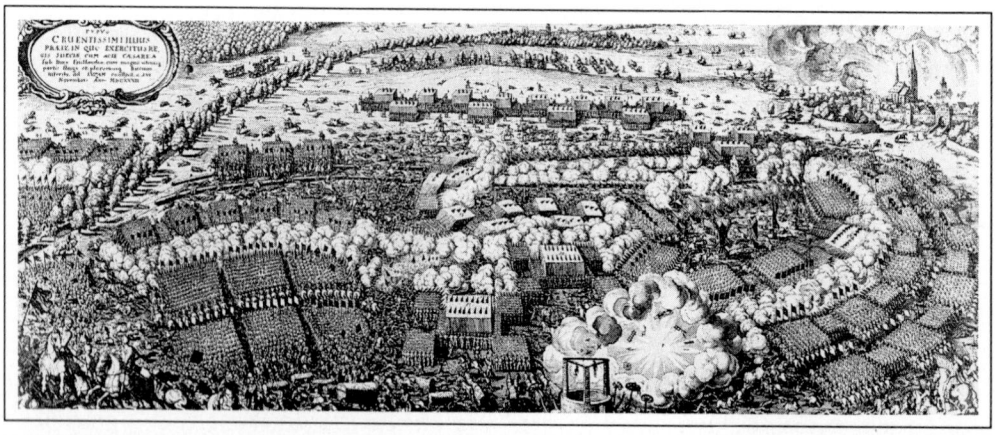

Schlacht bei Lützen am 16. November 1632. Tod des schwedischen Königs Gustav Adolf

Friedrich Schiller hat das Ende Wallensteins in einer Dramentrilogie dargestellt.

1644 wurden die Friedensverhandlungen in Münster und Osnabrück eingeleitet. Es dauerte jedoch vier Jahre, bis der Friedensschluß° zustande kam und der Dreißigjährige Krieg durch den Westfälischen Frieden beendet wurde. Die Menschen atmeten auf, denn die Heere waren durch das Land gezogen und hatten geplündert°; überall herrschte Armut, niemand war seines Lebens sicher. Endlich, nach dreißig Jahren, sollte man wieder ruhig leben können.

conclusion of the peace treaty

***plündern** to loot*

Deutschland im 17. Jahrhundert

Der Friedensschluß war sehr nachteilig für das Deutsche Reich. Die Landesfürsten erhielten volle Souveränität, so war das Reich kaum mehr als ein Name. Holland und die Schweiz, seit langem praktisch unabhängig, lösten sich jetzt auch staatsrechtlich° vom Reich. Schweden und Frankreich erzielten bedeutende Gewinne; auch einige deutsche Landesfürsten kamen gut dabei weg, vor allem Sachsen, Bayern und Brandenburg. In Brandenburg regierte seit 1640 Friedrich Wilhelm I., der Große Kurfürst. Dieser energische Hohenzoller richtete eine moderne Verwaltung ein, setzte die Macht des Fürsten gegen Adel und Bürger durch, erwarb Hinterpommern und Magdeburg, besiegte sogar die Schweden und entwickelte sein kleines Land zu einem Machtfaktor° in der europäischen Politik.

constitutionally, officially

power factor

Die konfessionellen Verhältnisse waren 1648 im wesentlichen die gleichen wie 1618. Manche Fürsten wie Ludwig XIV. von Frankreich und der Erzbischof von Salzburg verfolgten auch später noch Protestanten; und die Mitglieder von Sekten hatten ein unsicheres Leben, aber die Zeit der großen Religionskriege war vorbei. Es begann die Zeit der Staatsräson.° Der Fürst beachtete die alten Privilegien und Traditionen nur noch wenig; er regierte absolut. Der Adel wurde zum Hofadel° und damit vom Fürsten abhängig.

reason of state

court nobility

Der Dreißigjährige Krieg führte in der europäischen Politik zu einem Gleichgewicht der Mächte. Zu den Großmächten gehörten England, Holland, Frankreich, Spanien, Schweden, während Deutschland als Ganzes keine Rolle mehr spielte. Seine größeren Länder Österreich, Bayern, Hannover, Sachsen und Brandenburg traten selbständig auf—für oder gegen das Reich, wie es der Vorteil verlangte. Nur bei einer Gelegenheit demonstrierte das Reich seine Einheit: als die Türken 1683 zum letzten Mal Wien belagerten. Den Österreichern kam außer dem polnischen Heer auch die Reichsarmee zu Hilfe, und es gelang, nicht nur Wien zu befreien, sondern auch Ungarn endgültig den Türken zu entreißen.° Weniger einig waren sich die deutschen Fürsten bei den dauernden Kriegen

***entreißen** to snatch away*

gegen Frankreich. Während der letzten großen Auseinandersetzung, dem Spanischen Erbfolgekrieg,° der 1701 bis 1714 dauerte, stand Bayern auf der Seite Frankreichs gegen den Kaiser.

war of succession

Der Fürstenstaat

Insgesamt verlor Deutschland durch den Dreißigjährigen Krieg die Hälfte der Bevölkerung und die Hälfte des Volksvermögens.° Einige Gebiete, wie der Nordwesten oder das Alpenland, blieben weitgehend verschont; andere Gebiete litten umso mehr. Es gibt Gegenden in Deutschland, die erst im 20. Jahrhundert die Bevölkerungsdichte des 16. Jahrhunderts erreichten. Städte und vor allem Dörfer waren entvölkert,° und Ackerland blieb ungenutzt und wurde zur Wildnis. Um den Wiederaufbau zu ermöglichen, mußten die Fürsten planen und zentrale Maßnahmen treffen. Nicht mehr die einzelnen Gemeinden, sondern die Zentralregierungen bestimmten, was geschehen sollte. Die lokale Selbstverwaltung verlor ihre traditionelle Bedeutung.

national wealth

depopulated

In dem neuen europäischen Staatensystem brauchten die Fürsten auch ein stehendes Heer, eine Berufsarmee. Dafür waren höhere Staatseinnahmen wichtig. Es entwickelte sich der Stand der Beamten, und der Staat verlangte regelmäßige Abgaben, nämlich Steuern.° Wenn der Fürst repräsentieren, militärisch stark sein und noch wirtschaftlich investieren wollte, brauchte er immer mehr Geld. Der Staat verlangte Zölle von Einfuhrwaren, Steuern auf Luxusgegenstände und Einkommensteuern. Allerdings waren die Steuern nie gerecht. Die Kirchen und der Adel waren befreit oder zahlten wenig Steuern. Während die Landstände,° die Vertretung des Adels (und manchmal der Bürger), ihre allgemeine Bedeutung verloren, behielten sie noch Rechte, Steuern festzulegen. Die Konflikte zwischen den Fürsten und dem Adel im 17. und 18. Jahrhundert hatten gewöhnlich ihre Ursache in Steuerproblemen.

taxes

estates

Es war wichtig für die Fürsten, bessere Informationen über die Bevölkerung und die Wirtschaft zu erhalten. So begann die Zeit der Statistiken. Die Fürsten sahen die Vermehrung der Bevölkerung und die Gründung von Manufakturen als vordringlich° an. Auch wurden die Finanzen besser geregelt: Staatsbanken überwachten den Geldumlauf. Die menschenleeren Gegenden lockten Einwanderer an.° Schweizer wanderten nach Südwestdeutschland; österreichische Protestanten zogen in andere protestantische Länder. Als die französischen Protestanten, die Hugenotten, Ende des 17. Jahrhunderts ihr Land verlassen mußten, fanden sie in Deutschland Aufnahme, ganz besonders in Brandenburg-Preußen.

urgent, a priority

***anlocken** to attract*

Alle diese Maßnahmen verlangten Geld, viel Geld; staatliche Manufakturen, Straßenbau, Armeen und vor allem teure Schloßbauten und ein großer Hofstaat waren schwer zu finanzieren. Die Fürsten gingen oft an die Grenze des Möglichen mit ihren Steuern und Zöllen; denn eine arme Bevölkerung konnte ja keine Steuern zahlen. Am schlimmsten war es auf dem Lande: erst im späteren 18. Jahrhundert setzten sich hier wirksame Reformen durch. Auch die Städte blieben klein; bis weit ins 18. Jahrhundert standen viele Häuser leer.

In dieser Zeit der fürstlichen Machtpolitik und zentralisierten Verwaltung, des Absolutismus also, hatten die deutschen Staaten immer noch keinen Anteil am Kolonialsystem und am Welthandel. Das brandenburgische Fort Großfriedrichsburg an der Küste von Guinea in Afrika blieb eine kurze Episode. Der Ostseehandel ging zurück; Hamburg wurde vor allem für die Einfuhr englischer Waren wichtig.

Die Hierarchie der Gesellschaft übertrug sich auf die Lebensformen. Neue Anredeformen kamen auf, von denen sich die „Sie"-Form, eigentlich die dritte Person Plural, erhalten hat. Die „Höflichkeit" des Hofes wurde Vorbild des Benehmens, und sie bedeutete oft die Nachahmung ausländischer Sitten. Frankreich wurde vorbildlich, und die Höfe begannen Französisch zu sprechen. Erst allmählich im 18. Jahrhundert gewannen die Bürger neuen Wohlstand und neues Selbstvertrauen, und noch viel später die Bauern. Armut und Menschenmangel halfen dazu, den allmächtigen Staat und die Gesellschaftshierarchie zu bilden.

Barockkultur

Der Tod war der ständige Gedanke vieler Menschen des 17. Jahrhunderts. Ihr Leben war von der Idee erfüllt, daß alles vergeht und nichts auf dieser Erde bleiben kann. Während der Mensch vergänglich° ist, ist Gott jedoch ewig; und Gott hat der Welt eine feste Ordnung gegeben. Für die Gesellschaft war der Fürst Gott; er regierte absolut; er stand im Mittelpunkt. Die Kunst des 17. Jahrhunderts, deren Stil Barockstil genannt wird, zeigt die Ordnung und Spannungen° der Gesellschaft. Es ist ein festlicher Stil, der den Glanz Gottes oder des Fürsten zeigen soll. Die Macht des Fürsten zeigt sich in den Stadtplänen der damals gegründeten Residenzstädte. Sie sind regeemäßig angelegt, und in ihrem Mittelpunkt steht das Schloß. Deutsche Beispiele sind Mannheim, Karlsruhe, Erlangen und Ludwigsburg, Ebenso regelmäßig und prunkvoll waren die Schlösser, die die deutschen Fürsten anlegten; Schönbrunn bei Wien, Nymphenburg bei München und der Zwinger in Dresden sind die bekanntesten. Ihr Vorbild war das Schloß des französischen Königs in Versailles. Ludwig XIV. von Frankreich, der Sonnenkönig, gab in seiner Lebensweise das Beispiel, das von allen deutschen Fürsten im 17. Jahrhundert nachgeahmt wurde.

transitory

tensions

Die Barockschlösser des Absolutismus: Schönbrunn bei Wien

Nicht nur die Fürsten bauten sich festliche Gebäude, auch Gott wurden große festliche Dome gebaut, wie der Salzburger Dom, die Frauenkirche in Dresden und die Theatinerkirche in München. Und die älteren Kirchen wurden, so weit es ging, im Innern im Barockstil umgestaltet.

Auch die Dichtung wurde zum Fürstenlob;° sie diente der Verherrlichung° des Herrschers oder Gottes. Das war ein großer Unterschied zur Literatur des 16. Jahrhunderts, die die kräftige Sprache Luthers benutzt hatte und für das ganze Volk bestimmt war. Typisch waren dafür die „Teufelsbücher"° gewesen,und ganz besonders das 1587 erschienene „Volksbuch" vom Doktor Faustus, seinem Teufelspakt° und seinem schrecklichen Ende. Die Humanistenliteratur des 16. Jahrhunderts im „höheren" Stil war durchweg auf Latein abgefaßt. Jetzt im 17. Jahrhundert sollte die deutsche Literatur elegant und „hoffähig"° werden und dadurch Anschluß an die bedeutende Nationalliteratur in Frankreich, Italien, Holland und England gewinnen.

praise for the prince
glorification
"devil books"
compact with the devil
presentable at court

Die Musik war gleichfalls zur Erhöhung des fürstlichen Glanzes bestimmt. Höhepunkt fürstlicher Feste waren Aufführungen von Balletten oder von Opern. Heinrich Schütz (1586–1672), der als Komponist von Kirchenmusik bekannt ist, komponierte 1627 die Musik zur ersten deutschen Oper, „Daphne". Der Textdichter war Martin Opitz (1597–1639), allerdings war sein Text eine Übersetzung aus dem Italienischen. Martin Opitz stammte aus Schlesien. Schlesien gehörte zu Österreich, doch ursprünglich hatte es aus mehreren Ländern bestanden. Die Bevölkerung war konfessionell gemischt; es gab sogar Anhänger verschiedener Sekten. Es hatte einen mächtigen Adel und in den Städten ein selbstbewußtes Bürgertum, denn es war wirtschaftlich wichtig. Da es an der deutsch-polnischen und der deutsch-tschechischen Sprachgrenze lag, bestand viel kultureller Austausch und eigenes Kulturbewußtsein. Die österreichische Regierung versuchte, die Protestanten zu verdrängen oder zu bekehren. Sie hatten zum Beispiel keine eigene Universität im Land; also waren sie gezwungen, im Ausland zu studieren. Wer genug Geld hatte, studierte an der Universität Leiden in Holland, wo die modernen Naturwissenschaften gelehrt wurden, und wo religiöse Toleranz herrschte. Martin Opitz lernte durch diese Kontakte die europäische Literatur kennen. Sein Werk besteht vorwiegend aus Übersetzungen. Damit gab er das Vorbild für eine neue Dichtung in rein deutscher Sprache für ein gebildetes Publikum und zeigte den deutschen Dichtern eine neue Richtung, die zum Anschluß an die europäische Tradition führte.

Die späteren schlesischen Dichter blieben auf dieser Bahn. Der bedeutendste unter ihnen ist Andreas Gryphius (1616–1664), der auch in Leiden studierte, dort sogar Dozent für Naturwissenschaften wurde, dann aber nach längeren Reisen durch Frankreich und Italien in seine Heimatstadt Glogau zurückkehrte, um als Syndikus° der Stände für die Protestanten zu kämpfen. Gryphius' wichtigstes Thema ist die Vergänglichkeit, viele seiner Dichtungen handeln davon.

trustee, representative

In der Tradition der volkstümlichen° Literatur steht die größte Dichtung des 17. Jahrhunderts: der Roman „Simplicius Simplicissimus" von Hans Jakob Christoph von Grimmelshausen (1621–1676), in dem das Leben während des Dreißigjährigen Krieges beschrieben wird. Der Roman handelt von einem Jungen, der bei Bauern und Einsiedlern aufwächst, dann als Soldat den grausamen Krieg erlebt, bis er sich am Ende von der Welt zurückzieht und schließlich als frommer Robinson auf einer Insel bei Ostafrika sein Leben beschließt.

popular

Grimmelshausen hatte viel Erfolg mit diesem Roman und schrieb daher noch mehrere derartige Geschichten, darunter „Die Landstörtzerin Courasche", deren Namen Bert Brecht für sein Theaterstück „Mutter Courage und ihre Kinder" benutzt hat, das im Dreißigjährigen Krieg spielt und die Atmosphäre der Bücher Grimmelshausens wiedergibt.°

***wiedergeben** to render*

KAPITEL 7

Die Tafelrunde von Sanssouci, Gemälde von Adolf von Menzel

Die Staatsräson

1701-1714	Spanischer Erbfolgekrieg.
1701	Königreich Preußen.
1717	Eroberung Belgrads durch Prinz Eugen von Savoyen.
1740-1786	Regierung Friedrichs II. in Preußen.
1740-1780	Maria Theresia Kaiserin in Österreich.
1756-1763	Siebenjähriger Krieg.
1781	Immanuel Kant veröffentlicht die „Kritik der reinen Vernunft".
1789	Beginn der Französischen Revolution.

Die Aufklärung°

Enlightenment

Mit dem 18. Jahrhundert fängt die moderne Zeit an. Die Menschen wollten nicht mehr so leben und denken wie ihre Vorfahren; sie wollten die Welt verändern und das Leben verbessern. Das Selbstbewußtsein° der Menschen wuchs. Sie fühlten sich nicht mehr als reuige° Sünder, sondern als Höhepunkt von Gottes großartiger Schöpfung. Diese Würde° ist allen Menschen gemeinsam, dem König wie dem Bettler.°

self-confidence
repentant
dignity
beggar

Die Tendenzen der Kultur des 18. Jahrhunderts werden gewöhnlich unter dem Begriff „Aufklärung" zusammengefaßt. Das Symbol der Aufklärung war die aufgehende Sonne. Die Vernunft gibt dem Menschen seine Würde, und das Licht der Vernunft sollte möglichst vielen Menschen gebracht werden. Die Menschen sollten gebildet, aufgeklärt werden; sie sollten lernen, ihren eigenen Verstand zu gebrauchen und sich nicht mehr auf Autoritäten zu verlassen. Die Menschen waren überzeugt, daß Gott in seiner Güte und Weisheit den Menschen gut geschaffen hat. Der Mensch ist von Natur gut, nur muß er seine Vorurteile° überwinden. Wenn alle Menschen vernünftig handeln, kann ein Paradies auf der Erde entstehen.

prejudices

In England, Holland und Frankreich stand hinter dieser Säkularisierung und Emanzipationsbewegung ein wohlhabendes und mächtiges Bürgertum, das dabei war, die Methoden der modernen Industrie zu entwickeln. Es dachte rational und wollte die Naturwissenschaften für die Wirtschaft ausnutzen. Um sich weiterentwickeln zu können, brauchte man wirtschaftliche und politische Freiheit. In Frankreich, wo am wenigsten von dieser Freiheit vorhanden war, waren die Ideen am radikalsten. Jean-Jacques Rousseau gewann großen Einfluß durch seine Kulturkritik.° Schließlich befreiten sich die Franzosen 1789 durch eine Revolution und proklamierten den Grundsatz, daß alle Menschen frei und gleich sind und Brüder sein sollen.

criticism of civilization

Das deutsche Bürgertum

In Deutschland lagen die Verhältnisse anders. Das Reich war in über 300 Einzelstaaten zersplittert.° Viele mittelalterliche Lebensformen hatten sich erhalten. Das Bürgertum war weder wohlhabend noch mächtig. Die Industrialisierung hat in Deutschland erst im 19. Jahrhundert stattgefunden. Politische Freiheit gab es nicht. Nicht einmal eine wirkliche Hauptstadt, wie Paris oder London, war vorhanden.

fragmented

Um 1700 war die französische Kultur in Deutschland vorherrschend. An den Höfen wurde nur Französisch gesprochen. Es wurde in Frage gestellt,° ob die deutsche Sprache zu einer bedeutenden Literatur geeignet sei. Die Sprache der Universitäten

in Frage stellen
to question

war Latein. Christian Thomasius (1655–1728) erregte großen Unwillen,° als er 1687 in Leipzig eine öffentliche Vorlesung in deutscher Sprache abhielt. Er verließ Leipzig und ging an die neugegründete Universität Halle, wo er seine neuen Ideen leichter durchsetzen konnte.

indignation

Der größte deutsche Wissenschaftler und Philosoph dieses Zeitalters, Gottfried Wilhelm Leibniz (1646–1716), schrieb ein gutes Deutsch und setzte sich für den Gebrauch der deutschen Sprache ein; aber auch er mußte seine Hauptwerke auf Latein und Französisch abfassen. Leibniz war ein Mensch, der alle Wissensgebiete beherrschte: Er war Philosoph, Mathematiker, Sprachwissenschaftler, Naturwissenschaftler, Historiker, Jurist und Theologe. Er war als Diplomat tätig, und er gründete 1700 die Akademie der Wissenschaften in Berlin, um das wissenschaftliche Leben in Deutschland zu entwickein.

Die neue deutsche Literatur hatte also wichtige gesellschaftliche Aufgaben. Sie sollte die kulturelle Einheit Deutschlands demonstrieren und verstärken, aber auch das Ansehen° der Deutschen in Europa heben und ihnen Selbstvertrauen° geben. Da der Adel als Stand an dieser Aufgabe nicht interessiert war, fiel sie dem Bürgertum zu. Das Bürgertum benutzte dabei seine literarische Bildung auch, um die Standesschranken° zu überwinden. Zwar konnte dieses deutsche Bürgertum nicht daran denken, die Gesellschaft radikal zu verändern und die politische Macht an sich zu reißen, aber es konnte versuchen, mehr Freiheit und Gleichberechtigung im Reich des Geistes zu erkämpfen. Handelsstädte mit wohlhabenden und politisch aktiven Bürgern waren die ersten Zentren dieser neuen Literatur, vor allem Hamburg, Zürich und Leipzig.

prestige
self-confidence
social barriers

Leipzig wurde dabei besonders einflußreich. Es hatte eine wichtige Universität, galt als die Stadt der Mode, und war nicht nur das Zentrum der Pelzindustrie, sondern auch des Buchhandels. Zweimal im Jahr reisten die deutschen Buchhändler nach Leipzig, um neue Bücher zu verkaufen und zu kaufen, und um zu erfahren, was es im Reich des Geistes Neues gab. An der Universität lehrte Johann Christoph Gottsched (1700–1766), der nicht nur „Weltweisheit", Philosophie, auf deutsch und gemeinverständlich erklärte, sondern vor allem Lehrbücher für die deutsche Sprache und Literatur schrieb: eine Grammatik, eine Redekunst und eine „kritische Dichtkunst". In Zeitschriften vom Typ der „moralischen Wochenschriften" verbreitete er Bildung und Muster° für richtiges Verhalten° in einem weiteren Kreis. Ganz besonders lag ihm das Theater am Herzen. Er versuchte, es nach französischem Muster zu verbessern und verbannte den beliebten Clown, den Hanswurst, von der Bühne.

models
behavior

So sehr Gottscheds Lehren und Regeln Eindruck machten, so wenig überzeugten seine eigenen Dichtungen. Sehr beliebt wurde hingegen ein anderer Leipziger Professor, Christian Fürchtegott Gellert (1715–1769), durch Fabeln, Erzählungen und Gedichte und durch seine praktische Moral. Er wußte lebendig zu schreiben, und er zeigte an einfachen Beispielen, wie der Mensch sich im Leben verhalten soll.

Solche Beispiele wie die von Gottsched und Gellert halfen, die deutsche Sprache zu bereichern und sie wieder zur Literatursprache zu entwickeln. Der Fortschritt und die neuen Ideen kamen dabei zuerst in den protestantischen Teilen Deutschlands auf. Dabei spielten die Pfarrhäuser° eine wichtige Rolle. Der Pfarrer im Dorf oder in der Kleinstadt war gewöhnlich der einzige Mensch, der Bücher kaufte und las. Seine geistliche° Autorität gab ihm einige geistige Freiheit. Er war zwar selten wohlhabend, hatte aber genug Zeit, sich mit wissenschaftlichen oder literarischen Fragen zu beschäftigen. Theologie war das einzige Fach, für das die begabten Söhne armer Eltern Stipendien bekommen konnten. So gab es unter den Pfarrern viele lebendige und fortschrittliche Geister.

parsonages

clerical, ecclesiastic

Allerdings war es nicht leicht, Pfarrer zu werden. Ein Theologe verließ die Universität als „Kandidat". Gewöhnlich begann er sein Berufsleben als Lehrer. Die Dorfschulen und die Gymnasien standen damals unter der Aufsicht der Kirche, und viele Gymnasiallehrer strebten eine Pfarrstelle an. Wer nicht in einer öffentlichen Schule unterrichtete, wurde meistens Hofmeister.° Die Adligen und die reichen Bürger ließen nämlich ihre Kinder nicht auf öffentliche Schulen gehen, sondern privat durch Hauslehrer, Hofmeister genannt, erziehen. Da die Pfarrstellen auf dem Land von den Gutsherren° und die in der Stadt von den reichen und mächtigen Bürgern vergeben wurden, hatte ein Hofmeister gute Aussichten, eine Stellung zu bekommen. Allerdings mußte er dafür hinnehmen, daß er mißachtet und als Bedienter behandelt wurde. Das war für das Selbstbewußtsein vieler intelligenter, unabhängig denkender junger Theologen sehr hart, und es kam zu Konflikten. Das bedeutete gewöhnlich, daß der Hofmeister entlassen wurde. Jedoch waren es nicht nur diese praktischen Schwierigkeiten, die den Weg zum Pfarrberuf versperrten. Obwohl die protestantische Kirche im 18. Jahrhundert viel Diskussion gestattete und sich in ihren Anschauungen der Aufklärung näherte, hatte ihre Toleranz deutliche Grenzen. Wirklich unabbhängige Geister mußten sich anders durchschlagen,° als freie Schriftsteller, Übersetzer, Buchhändler, Journalisten, Lehrer oder Universitätsdozenten. Wer in diesen unsicheren Berufen kein Glück hatte, mochte gar als Schauspieler oder als Soldat enden—ein klarer sozialer Abstieg.

private tutor

lords of the manor, landed proprietors

***sich durchschlagen** to fight one's way through*

Erziehung, Bildung des Menschen, wurde ein entscheidender Punkt der Aufklärung in Deutschland. Durch Bildung kämpften die Aufklärer für eine neue Menschenwürde und Freiheit; Bildung sollte die starren° Standesgrenzen überwinden. Statt der ererbten Privilegien des Geburtsadels° sollten die Verdienste eines geistigen Adels gelten. Die Einteilung der Gesellschaft in Adel, Bürgertum und Bauern mit vielen Unterteilungen sollte durch die Einteilung in „Gebildete" und „Ungebildete" ersetzt werden. Die Gebildeten hatten die Aufgabe, Wohlfahrt und Glückseligkeit° zu verbreiten.

rigid
nobility by birth
happiness

Der bürgerliche Lebensstil

Der bürgerliche Lebensstil wurde im Laufe des 18. Jahrhunderts vorherrschend. Man spricht davon, daß auch der Adel „verbürgerlichte". Aber was bedeutet das? Wichtig wurde vor allem die stärkere Trennung des Lebens in eine private und eine öffentliche Sphäre. In den Häusern wurden Schlafzimmer und Badezimmer, sobald es sie gab, von den Wohnräumen getrennt. Das Familienleben bekam eine zentrale Bedeutung. Es war noch nicht die Kleinfamilie des 20. Jahrhunderts, von der die Rede ist; aber die Pflicht der Eltern, sich selbet um ihre Kinder zu kümmern, wurde betont. Rousseau brachte große Veränderungen in der französischen Oberschicht hervor, als er forderte, daß die Mütter ihre Kinder selbst nähren° sollten. Das Leben sollte „natürlicher" werden. Wichtige Änderungen zeigten sich auch in der Ehe. Es war vorher keine Frage gewesen, daß Ehen aus gesellschaftlichen, wirtschaftlichen und praktischen Gründen geschlossen wurden. Die Tochter eines Handwerksmeisters heiratete den Nachfolger° des Vaters. Zwei Adelsfamilien suchten

***nähren** to nurse*
successor

„Häusliche Lektion," von Daniel Chodowiecki, dem bekanntesten Buchillustrator der Zeit

eine politisch wichtige Verbindung. Ein Kaufmann brauchte eine Frau mit einer Mitgift,° mit Kapital. Diese Gründe blieben bestehen; aber die Partner sollten jetzt auch verträglich° sein, oder sogar einander lieben. Viele Romane des Jahrhunderts stellen solche Konflikte dar.

dowry
compatible

Die Lage der Frau kam überhaupt mehr ins öffentliche Bewußtsein. In den letzten Jahrhunderten hatte sich die rechtliche Stellung der Frau verschlechtert. Auch als Witwe brauchte sie jetzt einen Vormund° für die Erziehung der Kinder. Schlimm war das Schicksal von weiblichen Dienstboten. Die Zahl der unehelichen Kinder war groß, und ein uneheliches Kind bedeutete oft Elend und Ausstoßung.° Daher die Zahl der Kindesmorde, durch die sich die armen Mädchen retten wollten. An diesem Beispiel, das Goethe später im „Faust" dramatisierte, knüpften die Reformer an,° um eine humanere Justizverwaltung zu erreichen.

guardian
expulsion
***anknüpfen** to refer to*

Geldfragen spielten natürlich eine große Rolle. Für den Bürger war Sparsamkeit° wichtiger als Repräsentation und Luxus. Sein Einkommen sollte aus Arbeit kommen. Nicht plötzlicher Reichtum war erwünscht, sondern langsam wachsender solider Wohlstand. Sicherheit ging vor Spekulation. Besonders schlimm fanden die Bürger das Glücksspiel,° das an den Höfen und im Adel weit verbreitet war und oft Riesensummen kostete. Das bürgerliche Ideal dieser Zeit fand nicht nur große Armut schädlich, sondern auch allzu großen Reichtum.

economy, money saving
gambling

Der Bürger war durchaus berechtigt, ja verpflichtet, seine Interessen zu wahren, für sich und seine Familie zu sorgen. Aber das durfte nicht Selbstsucht, Egoismus, sein. Er hatte gleichfalls die Pflicht, „gemeinnützig", für seine Gemeinde und Gesellschaft zu wirken. Dieser Ausgleich der eigenen und allgemeinen Interessen bildete die Grundlage der städtischen Selbstverwaltung und des kulturellen Lebens in den Städten, ebenso wie der Wohltätigkeit.

Diese Werte und Ideale waren keineswegs neu; neu war allerdings die Idee der Familie und des Einzelmenschen, des Individuums. Die Menschen empfanden mehr ihre individuelle Würde, und die Gefühle wurden wichtiger in den menschlichen Beziehungen.

Österreich und Preußen

Unter den deutschen Staaten war Österreich die einzige europäische Großmacht. Wien war die einzige Großstadt im Deutschen Reich. Andere deutsche Fürsten mußten ins Ausland gehen, um größere Macht zu gewinnen. Der Kurfürst von Hannover wurde König von England, der Kurfürst von Sachsen König von Polen. Der Kurfürst von Brandenburg wollte nicht zurückbleiben, und er machte sich 1701 selbst zum König von Preußen.

Ostpreußen gehörte zwar zu Brandenburg, aber es lag außerhalb des Deutschen Reiches, und so brauchte der Kurfürst von Brandenburg nicht die Zustimmung des Kaisers zu seiner neuen Würde. Es war das Zeitalter der Staatsräson, in dem die Wünsche der Untertanen wenig galten. Auch von einem nationalen Interesse war nicht die Rede, nur von dem Interesse des Fürsten und seines Staates. Die Großmächte bildeten in Europa ein Gleichgewicht,° und sie achteten darauf, daß keine Macht zu stark wurde. Im Spanischen Erbfolgekrieg von 1701 bis 1714 sorgten Österreich und England dafür, daß Frankreich nicht die Vorherrschaft in Europa bekam. Obwohl Frankreich militärisch besiegt war, endete der Krieg mit einem Kompromiß: Auch Österreich sollte nicht zu stark werden.

balance of power

Der Held dieses Krieges war außer dem englischen Herzog von Marlborough der österreichische Heerführer Prinz Eugen von Savoyen. Prinz Eugen hatte als Nachbar Frankreichs zuerst in die französische Armee eintreten wollen, aber weil er sehr klein, fast verwachsen° war, wurde er in Versailles nicht ernst genommen. So ging er nach Österreich, und er war es dann, der bei Höchstädt, Oudenaarde und Malplaquet die Franzosen schlug. Später führte er die österreichische Armee auch gegen die Türken, wobei ihm die Eroberung von Belgrad gelang. In seinem letzten Krieg führte er 1738 am Oberrhein den späteren Preußenkönig Friedrich II. in die Kriegskunst ein.

deformed

Prinz Eugen baute sich in Wien das Belvedere, eines der schönsten Schlösser Österreichs. Er war an den neuen Ideen seiner Zeit interessiert; Leibniz zum Beispiel schrieb seine „Monadologie" auf, um dem Prinzen Eugen eine kurze Zusammenfassung seiner Philosophie zu geben. Auf seinen Gütern versuchte Prinz Eugen, neue Methoden in der Landwirtschaft zu entwickeln.

Friedrich II.

Zwei große Veränderungen fanden während des 18. Jahrhunderts im europäischen Staatensystem statt: Im Nordischen Krieg am Anfang des Jahrhunderts schied Schweden als Großmacht aus, und an seine Stelle trat Rußland. Die zweite Veränderung betrifft Deutschland. Während der Regierungszeit des Königs Friedrich II. von Preußen (1740–1786) wurde Preußen eine europäische Großmacht. Preußen war 1740 noch ein eher kleiner and vor allem armer Staat. Friedrichs Vater, Friedrich Wilhelm I., hatte eine wirksame und staatstreue° Verwaltung eingeführt. Er hatte eine große Armee aufgebaut und durch fanatische Sparsamkeit viel Geld in der Staatskasse gesammelt. Friedrich Wilhelm I. war ein ungebildeter, naiv gläubiger, dabei brutaler und herrschsüchtiger° Mann. Sein Sohn Friedrich hingegen war sehr musikalisch; er

devoted to the state

domineering

Friedrich II., der Große

wurde ein ausgezeichneter Flötenspieler und ein guter Komponist. Er sprach und schrieb sehr gut Französisch, ja er hatte großen Ehrgeiz als Schriftsteller. Das Militär schien ihn überhaupt nicht zu interessieren und die Verwaltung nicht viel mehr. Dem einfachen Christenglauben seines Vaters stand er sehr früh mit rationalistischer Skepsis gegenüber. Vater und Sohn verstanden sich gar nicht, und es kam zu Konflikten, als Friedrich sich gegen den Willen des Vaters mit einer englischen Prinzessin verheiraten wollte. Schließlich versuchte er, aus Preußen zu fliehen. Die Flucht mißlang ihm, und er wurde gefangen gesetzt, sein Begleiter Katte sogar hingerichtet.

Jetzt gab der Prinz äußerlich nach. Er arbeitete in der Verwaltung mit, und er akzeptierte die vorgeschlagene Heirat mit Elisabeth von Braunschweig-Bevern. Der Vater gab ihm die Freiheit wieder, und der Prinz konnte im Schloß Rheinsberg in der Mark ungezwungen° seinen eigenen Hof halten. In dieser Zeit schrieb er ein Werk über den idealen Herrscher. Er schien der Fürst zu sein, den die Aufklärung erträumte: Ein Herrscher, der gebildet ist, der Kunst und Wissenschaft fördert, der die Schulen verbessert, der die Wirtschaft seines Landes entwickelt, der Freiheit der Meinung und der Religion duldet; kurz, der ein Paradies auf Erden erstrebt—und der keine Kriege führt.

unconstrained

Solch ein Herrscher ist Friedrich nicht geworden. 1740, als er an die Regierung kam, starb auch der Kaiser Karl VI.; und Friedrich gehörte sofort zu denen, die der Kaiserin Maria Theresia Schwierigkeiten bereiteten: Er marschierte in Schlesien ein und eroberte es. Damit erwarb er eine reiche Provinz, die er als Grundlage

Breslau (Wroclaw) um 1740

für eine europäische Politik unbedingt brauchte. Preußen wurde Großmacht, und es entstand in Deutschland der Dualismus der zwei Länder Österreich und Preußen, der mehr als hundert Jahre dauerte, nämlich bis Österreich im Jahre 1866 aus Deutschland ausschied.° Für Österreich war diese Konkurrenz Preußens unerträglich,° und deshalb folgten diesem ersten schlesischen Krieg noch zwei weitere. Der letzte dieser Kriege (1756–1763) heißt der Siebenjährige Krieg. Preußen hatte sich gegen Österreich, Frankreich, Rußland, Sachsen und Schweden zu wehren; nur England war mit ihm verbündet. Es war nicht nur ein europäischer Krieg; England und Frankreich kämpften auch um den Besitz von Kanada und von Indien. Friedrich errang bedeutende Siege und erlitt ebenso schwere Niederlagen.° Wirtschaftlich konnte er den Krieg nur durchhalten, weil er das reiche Sachsen besetzt hielt und Kriegssteuern° erhob. Er wurde dadurch gerettet, daß die russische Zarin Elisabeth starb und Rußland sich vom Krieg zurückzog. Friedrich behielt Schlesien; Preußens Stellung war gesichert.

Nach dem Siebenjährigen Krieg beschäftigte sich Friedrich fast nur noch mit der Verwaltung seines Landes. Diese preußische Verwaltung wurde bald in anderen Staaten nachgeahmt.° Die preußische Armee war jetzt berühmt und gefürchtet. Friedrich leitete

ausscheiden *to separate*
intolerable
defeats
war contributions
nachahmen *to imitate*

die Reform der Justiz in Preußen ein; er übte religiöse Toleranz und ließ jeden Untertan „nach seiner Fasson selig werden". Er kümmerte sich um die Preußische Akademie der Wissenchaften; kurzum, Friedrich betrachtete sich als den „ersten Diener seines Staates". Die Meinungsfreiheit° hatte in seinem Staat allerdings ihre Grenzen: Nachdem er am Anfang seiner Regierung die Zensur für die Zeitungen aufgehoben hatte, führte er sie bald wieder ein.

freedom of opinion

Zur Zeit Friedrichs entwickelte sich Berlin zu einem kulturellen Zentrum, in dem Buchhandlungen, Theater und Schulen einen guten Ruf bekamen. Berlin trat damit an die Seite von Leipzig. Friedrichs Leistungen, die Heldentaten der preußischen Armee, die wirtschaftliche Entwicklung Preußens machten das Land zu einem Musterland° für das deutsche Bürgertum. Die preußischen Siege wurden als patriotische Taten gefeiert, obwohl Friedrich ja Gegner des Kaisers und damit eigentlich ein Rebell gegen das Reich war, und obwohl durch seine Politik das Reich noch mehr auseinander fiel. Der Siebenjährige Krieg stärkte das Selbstbewußtsein der Deutschen. Friedrich „der Große" wurde Hauptfigur vieler Anekdoten, die ihn zu dem erträumten idealen Herrscher machten. Dabei stand Friedrich den Deutschen und besonders der deutschen Kultur kritisch gegenüber. Er sprach und schrieb Französisch; sein Vorbild war Voltaire, mit dem er korrespondierte und den er nach Berlin einlud. Eine klassische Dichtung in deutscher Sprache hielt er für unmöglich, wie er noch 1780 in einer französischen Streitschrift schrieb.

model country

Friedrichs mangelndes° Verständnis für die deutsche Kultur zeigt sich an seiner Beziehung zu Gotthold Ephraim Lessing (1729–1781). Lessing stammte aus Sachsen, ließ sich aber nach dem Studium in Leipzig in Berlin nieder und trug zusammen mit dem Buchhändler Friedrich Nicolai und dem Philosophen Moses Mendelssohn viel zur Entwicklung Berlins als Mittelpunkt der Literatur bei. Die schriftstellerische Tätigkeit Mendelssohns stellte den Beginn einer folgenschweren° Entwicklung dar: Mit ihm begannen auch die jüdischen Einwohner am deutschen Kulturleben teilzunehmen, und zwar sogleich in eindrucksvoller Weise.

lacking, missing

of great consequence

Obwohl Lessing während des Siebenjährigen Krieges bei der Militärverwaltung in Schlesien tätig war, ignorierte ihn der König vollständig. Die Stelle des Hofbibliothekars° in Berlin ging weder an Lessing noch an Johann Joachim Winckelmann, den Wiederentdecker der griechischen Kunst, der in Preußen geboren war, sondern an irgendeinen Franzosen. Lessing vollendete Gottscheds Werk. Er setzte nicht nur als Kritiker und Theoretiker der deutschen Literatur neue Maßstäbe,° er gab ihr nicht nur eine neue Orientierung im Anschluß an die englische Literatur, er gab auch dem deutschen Theater die ersten Beispiele eines bedeutenden

court librarian

Maßstäbe setzen
to set standards

Gotthold Ephraim Lessing

Dramas. Seine Komödie „Minna von Barnhelm" behandelte aktuelle Probleme nach dem Siebenjährigen Krieg, die Tragödie
110 „Emilia Galotti" stellte despotische Herrscher dar, und am Ende seines Lebens forderte er in „Nathan der Weise" die Verwirklichung der Aufklärungsideale der Menschlichkeit, der religiösen und gesellschaftlichen Toleranz und der klugen und weisen Regierung zum Wohl der Menschheit. Lessings Leben war eine

Moses Mendelssohn, kurz vor seinem Tode 1786

Kette von Kämpfen und Schwierigkeiten; er lebte am Ende müde und resigniert im abgelegenen° Wolfenbüttel bei Braunschweig, überzeugt, daß seine Zeit noch nicht reif sei für die Ideale der Aufklärung, aber ebenso sicher, daß die Menschheit einer besseren Zukunft entgegengehe.

remote

Auch im Reich Friedrichs des Großen mußte sich also die Kultur abseits° von der Regierung oder in Opposition zu ihr entwikkeln. Ein ebenso deutliches Beispiel wie das Leben von Lessing ist das Leben des Philosophen Immanuel Kant (1724–1804). Kant war in Königsberg geboren, wo er außer einigen Jahren als Hauslehrer sein ganzes Leben verbrachte. Obwohl seine Begabung früh bekannt wurde, mußte er sich mühsam als Privatdozent° und Hilfsbibliothekar durchschlagen, bis er endlich eine Professur erhielt, die ihm erlaubte, sich mit der Abfassung° seiner Hauptwerke zu beschäftigen. Seine „Kritik der reinen Vernunft", die 1781 veröffentlicht wurde, leitete eine neue Epoche der Philosophie ein.

apart

private lecturer

writing

Trotz der wirtschaftlichen Schwierigkeiten, trotz der mangelnden Hilfe der Fürsten, entwickelte sich diese bürgerliche Kultur außerordentlich schnell; sie führte um das Jahr 1800 zu einem Höhepunkt, zur Goethezeit.

Deutsche in Amerika

Schon frühzeitig waren einzelne Deutsche nach Nordamerika ausgewandert. Peter Minnewit oder Minuit, der 1626 Manhattan von den Indianern kaufte, stammte aus Wesel. Unter den Holländern in Nordamerika waren nicht wenige Deutsche; denn die Grenzen waren ja offen. Auch unter den Einwohnern von Jamestown waren deutsche Handwerker. Die erste organisierte Auswandergruppe kam allerdings mit dem Schiff „Concord" 1683 nach Philadelphia. Diese Auswanderer stammten aus Krefeld nahe der holländischen Grenze, und einige von ihnen hatten holländische Namen. Unter Führung von Franz Daniel Pastorius (1651–1720) aus Sommerhausen bei Würzburg gründeten sie Germantown in der Nähe von Philadelphia. Im 18. Jahrhundert folgten viele andere Gruppen; besonders christliche Gemeinschaften, die mit den Staatskirchen in Konflikt kamen: Mennoniten, Herrnhuter und andere Pietisten, darunter auch die Amischen. Die Religionsfreiheit in Pennsylvanien brachte es mit sich, daß die deutsche Einwanderung im 18. Jahrhundert vor allem dorthin ging. Zur Zeit des amerikanischen Unabhängigkeitskrieges° bestand ein Drittel der Bevölkerung Pennsylvaniens aus Deutschen. Es gab wenige Deutsche in Neuengland, aber etliche Gruppen in den südlichen Staaten bis Georgia.

war of independence

Die Deutschen, so weit sie nicht in Kommunen lebten, waren Bauern und Handwerker. Sie hatten kaum Bedarf für Sklaven

Altes Haus—Germantown Avenue

und waren meistens gegen Sklaverei. Schon 1688 veröffentlichte
25 Pastorius einen Protest gegen die Sklaverei.

Der Unabhängigkeitskrieg der Vereinigten Staaten fand ein lebhaftes Echo in Deutschland. Durch die Deutschen in Philadelphia kamen die Dokumente, wie die Unabhängigkeitserklärung, und die Nachrichten schnell nach Deutschland. Franklin und Washington

Friedrich Wilhelm von Steuben in Amerika

wurden auch in Deutschland populär. Die sich gerade entwikkelnde politische Presse fand darin ein gutes Thema, um den deutschen Absolutismus indirekt zu kritisieren. Ein besonders empörendes Kapitel deutscher Fürstenpolitik war der Verkauf von Soldaten an England für den Militärdienst in Amerika. Zu diesen Fürsten gehörten die Herrscher von Braunschweig, Ansbach-Bayreuth, Württemberg und vor allem Hessen-Kassel. Diese Soldaten, in Amerika „Hessen" genannt, kämpften sehr ungern. Nicht wenige von ihnen desertierten und blieben in Amerika.

Die Begeisterung für die gute Sache brachte einen preußischen Offizier in die Vereinigten Staaten: Friedrich Wilhelm von Steuben (1730–1794). Er hatte unter Friedrich II. in zwei Kriegen gedient. 1777 kam er nach Amerika, und 1778 wurde er Generalinspekteur von Washingtons Armee. Sein Hauptverdienst ist die Organisation der amerikanischen Armee.

Um das Jahr 1825 wurde ein Antrag im Landtag von Pennsylvanien eingebracht, die deutsche Sprache als zweite offizielle Sprache neben der englischen zuzulassen. Der Antrag wurde mit einer Stimme Mehrheit abgelehnt. Aus dieser Episode entstand die in Deutschland lange verbreitete Sage, Deutsch sei beinahe die Nationalsprache der Vereinigten Staaten geworden! In Pennsylvanien wurde im 19. Jahrhundert trotzdem Deutsch neben Englisch in manchen amtlichen Dokumenten benutzt.

KAPITEL 8

Johann Wolfgang von Goethe

Die Goethezeit

1749–1832	Johann Wolfgang von Goethe.
1775	Goethe kommt nach Weimar.
1789	Französische Revolution.
1806	Ende des Heiligen Römischen Reiches Deutscher Nation.
1806–1807	Krieg zwischen Frankreich und Preußen, Niederlage Preußens.
1807	Beginn der preußischen Reformen.
1811	Gründung der Universität Berlin.
1813–1815	Befreiungskriege gegen Frankreich.
1814–1815	Wiener Kongreß.

Goethe

Johann Wolfgang von Goethe, 1782 durch Kaiser Joseph II. geadelt, wurde am 28. August 1749 in Frankfurt am Main geboren. Frankfurt, eine der Freien Städte, war die deutsche Krönungsstadt,° und Goethe erlebte als junger Mensch die letzten bedeutenden Zeremonien des Heiligen Römischen Reiches Deutscher Nation mit. Frankfurt war ein bedeutendes Zentrum des Handels und der Industrie. Im Gegensatz zu anderen deutschen Dichtern dieser Zeit stammte Goethe nicht aus dem Kleinbürgertum,° sondern aus einer wohlhabenden Familie. Sein Vater hatte Jura studiert und promoviert, und er hatte die Tochter des Frankfurter Schultheißen° geheiratet. Allerdings verhinderten die Persönlichkeit und die Umstände eine berufliche Laufbahn; er hatte den Titel eines Kaiserlichen Rates und beschäftigte sich mit der Verwaltung seines Vermögens und der Erziehung seiner Kinder.

place of coronation

petty bourgeoisie

chief magistrate

Der junge Wolfgang erhielt Privatunterricht und wurde bereits mit sechzehn Jahren nach Leipzig auf die Universität geschickt, um Jura zu studieren. Hier lernte er zeichnen, befaßte sich bei Professor Gellert mit deutscher Stilistik, bemühte sich um gesellschaftliche Eleganz und veröffentlichte seine ersten Gedichte. Als er drei Jahre später krank nach Hause zurückkehren mußte, hatte er nur wenig Jura gelernt. Das wurde auch auf der Universität Straßburg nicht anders, wo Goethe 1770 bis 1771 studierte. Hier begegnete er Johann Gottfried Herder (1744–1803), der aus Ostpreußen stammte, bei Kant studiert hatte, Theologe und Lehrer war, aber sich vor allem als Literaturkritiker und Geschichtsphilosoph° einen Namen machte. Herder vermittelte° Goethe einen neuen Begriff von der Dichtung, ja vom Leben überhaupt. Goethe begeisterte sich für Homer, Shakespeare, für die dichterischen Vorzüge der Bibel und vertiefte sich in das Zeitalter der Renaissance.

philosopher of history

***vermitteln** to communicate*

Er beendete sein Studium als Lizentiat der Rechte° und begründete nach dem Wunsch seines Vaters in Frankfurt ein Rechtsanwaltsbüro.° Doch er hatte nur wenig Interesse an seiner Praxis und der Rechtswissenschaft; das änderte sich auch nicht, als der Vater ihn zur weiteren Ausbildung an das oberste deutsche Gericht, das Reichskammergericht in Wetzlar, schickte. Er dramatisierte die Geschichte des Götz von Berlichingen, und er verfaßte den Briefroman° „Die Leiden des jungen Werthers", der ihm europäischen Ruhm brachte. Die berühmten Männer, ja die Fürsten kamen nach Frankfurt, um Goethe zu besuchen. Unter ihnen war der Herzog Carl August von Sachsen-Weimar. Carl August war etwas jünger als Goethe, ein ehrgeiziger, weitdenkender° Fürst mit einem kleinen Land von etwa 100.000 Einwohnern, dessen Hauptstadt Weimar etwa 6.000 Einwohner hatte und dessen Universitätsstadt Jena noch kleiner war. Carl Augusts Erzieher war der

graduate of law

attorney's office, law practice

epistolary novel

far-thinking

Schriftsteller Christoph Martin Wieland (1733–1813) gewesen, dessen Verserzählungen° und Romane das Beispiel eines vorbildlichen deutschen Stils gegeben hatten. Wieland suchte, wie alle Schriftsteller seiner Zeit, die Hilfe eines Fürsten, um von der Schriftstellerei leben zu können; denn bei den kleinen Auflagen° waren die Honorare damals sehr klein. Wie Lessing fand Wieland weder in Preußen noch in Österreich eine Stellung; nur das kleine unbedeutende° Sachsen-Weimar bot ihm eine Lebensmöglichkeit.

stories in verse

editions

insignificant

Carl August forderte jetzt Goethe auf, nach Weimar zu kommen. Goethe folgte 1775 diesem Ruf, und damit wurde Weimar zum Mittelpunkt der deutschen Literatur. Goethe bekam bald als Minister Carl Augusts eine wichtige Stellung im Lande. Er holte Herder nach Weimar und half mit bei Berufungen an die Universität Jena.

Die deutsche Klassik und Romantik

Nachdem Goethe mehr als zehn Jahre in der Verwaltung des Herzogtums gearbeitet hatte, brach er im Sommer 1786 heimlich nach Italien auf.° Er brauchte neue Anregung,° und er wollte wieder zur Dichtung zurückkehren. In Italien erlebte Goethe die Welt der Antike und der Renaissance: ebenfalls die klare Landschaft und die südliche Sonne. Alles das wollte er in der Dichtung auf den deutschen Boden verpflanzen. Goethe lernte Friedrich von Schiller (1759–1805) kennen, der damals Professor für Geschichte in Jena war und als Dramatiker und Literaturtheoretiker bekannt wurde. 1794 begann die enge Freundschaft dieser beiden Männer, die bis zum Tod Schillers im Jahre 1805 dauerte. Gemeinsam versuchten die beiden, den Deutschen klassische Werke zu geben, in denen echte Menschlichkeit in einer vollendeten° Form dargestellt werden sollte. Zu Schillers Dramen aus dieser Zeit gehören außer „Wallenstein" auch „Maria Stuart", „Die Jungfrau von Orleans" und „Wilhelm Tell". Goethe veröffentlichte seinen Bildungsroman° „Wilhelm Meisters Lehrjahre", und er beendete den ersten Teil seines Dramas „Faust". Den zweiten Teil dieses großen Werkes schloß er erst kurz vor seinem Tod im Jahre 1832 ab.

***aufbrechen** to depart / stimulation*

accomplished, perfect

novel of educational development

Französischen und englischen Kritikern erscheinen „Faust" und „Wilhelm Meister" romantisch. Tatsächlich waren die deutschen Romantiker von diesen beiden Werken begeistert. Die deutsche Romantik entwickelte sich zur gleichen Zeit wie die Klassik, und ebenfalls in Jena. Die erste Gruppe von Romantikern, zu denen Friedrich von Hardenberg, genannt Novalis, Friedrich Schlegel und August Wilhelm Schlegel gehörten, fand sich in Jena zusammen, wo sie studierten. Sie waren eine Generation jünger als Goethe. In Jena trafen sie zusammen mit den Philosophen, die dabei waren, die Philosophie Kants zu dem System zu entwickeln, das der

„deutsche Idealismus" genannt wird: Johann Gottlieb Fichte (1762–1814), Friedrich Wilhelm Schelling (1775–1854) und schließlich Georg Wilhelm Friedrich Hegel (1770–1831), der zwar älter war als Schelling, aber erst später seine dialektische Methode und sein idealistisches System ausarbeitete. Schelling und Hegel hatten zusammen in Tübingen studiert, und mit ihnen der Dichter Friedrich Hölderlin (1770–1843), der den Briefroman „Hyperion", große Hymnen und Elegien schrieb.

Die Romantik stand im Gegensatz zum beschränkten° Bürgertum und der Auffassung der Aufklärung, daß der Mensch mit seinem Verstand° die Welt erfassen kann. Was der Verstand begreifen kann, ist nicht wichtig zu wissen, argumentierten die Romantiker; gerade was über den Verstand hinausgeht, ist das Entscheidende. Die Romantiker sahen die ganze Welt im Zusammenhang, in einer fortwährenden Entwicklung. Auch die Menschheit entwickelt sich zu einer höheren Stufe, und die Romantiker träumten von einer Religion und einer Gesellschaft der Zukunft, die sie schaffen wollten. Das waren kühne Ideen und Pläne, von denen sich nicht viel verwirklicht hat, aber die Ideen sind bis heute noch wirksam.

narrow-minded

intellect

Erstaunlich war, daß sich solche Ideen in so engen Verhältnissen entwickeln konnten. Das fiel besonders der französischen Schriftstellerin Germaine de Staël auf, als sie in den ersten Jahren des 19. Jahrhunderts durch Deutschland reiste und erstaunt diese neue deutsche Kultur entdeckte. Im Vergleich mit Frankreich schien ihr das Land eine friedliche Idylle zu sein. Die Wirtschaft war rückständig;° von Militär war—außer in Preußen—nicht viel die Rede; die Städte waren klein und ruhig; die Menschen beschäftigten sich mit Religion, Philosophie und Dichtung. So jedenfalls stellte sie es in ihrem vielgelesenen Buch „Über Deutschland" dar, in dem sie Deutschland das „Land der Dichter und Denker" nennt.

backward

Das traf nicht ganz zu, und die Idylle bestand vor allem aus Enge und Armut und wenig politischer Freiheit. Finanzielle Schwierigkeiten waren das tägliche Brot, nicht nur der Bürger, sondern auch der Fürsten. Carl August von Sachsen-Weimar konnte den Professoren in Jena kein ausreichendes Gehalt bezahlen, und so dauerte die Blütezeit° der Universität nicht lange. Er gewährte viel Freiheit, und deshalb kamen so viele Dichter und Gelehrte in sein Land. Anderswo war die Zensur streng, und die Regierung duldete keine Meinungsfreiheit. Das Bürgertum war nirgendwo an der Regierung beteiligt. So ist es kein Wunder, daß 1789 viele der gebildeten Deutschen die Französische Revolution begrüßten. Auch sie hatten Voltaire und Rousseau gelesen; ihre Ideale waren denen der Franzosen ähnlich. Allerdings schienen ihnen die Methoden nicht immer richtig zu sein; die Deutschen erhofften sich mehr von friedlichen Reformen als von einer Revolution. Als die

golden age

Franzosen ihren König Ludwig XVI. verurteilten und hinrichteten,° wandten sich in Deutschland die meisten Anhänger der neuen Ideen von der Französischen Revolution ab.°

Die strenge Polizei und Zensur in den deutschen Ländern brachte es mit sich, daß sich die Kultur, besonders Philosophie und Literatur, ganz verschieden entwickelte. Die katholischen Länder setzten der Aufklärung am meisten Widerstand° entgegen, und an der Klassik und Romantik hatte Wien wenig Anteil. Wien wurde jedoch die Hauptstadt der Musik. Hier findet man die neue Form der Kammermusik, die Sonate, die Symphonie als die herrschende Form der Orchestermusik und die neue Oper. Der erste bekannte Komponist in Wien war Joseph Haydn (1732–1809). Christoph Willibald Ritter von Gluck (1714–1787), der Begründer eines neuen Stils in der Oper, wirkte viele Jahre lang in Wien. Das Genie der Wiener Musik war jedoch der in Salzburg geborene Wolfgang Amadeus Mozart (1756–1791), ein Wunderkind° und ungemein schöpferischer Geist, der auf allen Gebieten der Musik tätig war und besonders durch seine großen Opern wie „Die Hochzeit des Figaro", „Don Giovanni" und „Die Zauberflöte" bekannt ist. Nach Wien zog der in Bonn geborene Ludwig van Beethoven (1770–1827), der hier seine neun Symphonien und seine Oper „Fidelio" komponierte. In Wien entstand die musikalische Romantik, besonders mit dem Werk von Franz Schubert (1797–1828), der vor allem durch seine Lieder bekannt ist, aber auch Symphonien und Kammermusik komponiert hat.

***hinrichten** to execute / **sich abwenden** to turn away*

resistance

child prodigy

Wolfgang Amadeus Mozart, das Wunderkind, im Alter von 12 Jahren

Napoleon und die Freiheitskriege

Seit 1789 stand die deutsche Idylle im Gegensatz zu den Kämpfen der Französischen Revolution und Napoleons, und die Ideen der deutschen Klassik und Romantik, ja selbst die Musik der Zeit, bilden eine Auseinandersetzung° mit diesen Ereignissen. Direkt berührt wurden die Deutschen jedoch erst durch die Kriege Napoleons gegen Österreich, die dazu führten, daß sich das Deutsche Reich auflöste. 1806 dankte der Kaiser ab,° und das Heilige Römische Reich Deutscher Nation bestand nicht mehr.

critical reaction

***abdanken** to abdicate*

Vom Heiligen Römischen Reich hatten die Deutschen selbst nicht viel gehalten, aber ihr Nationalstolz° wurde durch die österreichischen Niederlagen gegen Frankreich getroffen, und noch mehr durch den Krieg Preußens gegen Frankreich 1806–1807, der nach der Schlacht bei Jena und Auerstädt mit einer vollständigen Niederlage endete. Napoleon hatte nun nicht nur das Prestige des preußischen Militärs zerstört, er wollte auch Preußen als Machtfaktor ausschalten.° Preußen mußte denkbar harte Friedensbedingungen hinnehmen. Kein Wunder, daß Napoleon sich damit keine Freunde machte.

national pride

***ausschalten** to eliminate*

In dem Widerstand gegen Napoleons Frankreich entdeckten die Deutschen ihre politische Gemeinsamkeit. Sie begannen jetzt, unter „Vaterland" mehr zu verstehen als Preußen, Sachsen, Hessen-Nassau oder Schaumburg-Lippe. Deutschland sollte nicht

„Märchenerzählerin". Radierung für die Ausgabe von Grimms Märchen

nur kulturell, sondern auch politisch eine Einheit werden. Ein neues Deutsches Reich wurde zum großen politischen Ziel der progressiven Schichten. Dabei besann man sich auf die gemeinsame Vergangenheit, und besonders die Romantiker wurden aus Weltbürgern° zu deutschen Patrioten, die gegen Frankreich kämpfen wollten. Die Dichter Achim von Arnim und Clemens Brentano sammelten Volkslieder, die sie in der Sammlung „Des Knaben Wunderhorn" veröffentlichten; die Brüder Grimm schrieben Volksmärchen auf; Sagen wurden gesammelt, und man begann die deutsche Geschichte, besonders das Mittelalter, zu erforschen. Dieser neue Nationalismus des Bürgertums verband sich mit den fortschrittlichen liberalen Ideen, wie sie der Französischen Revolution entsprachen,° und so versuchten die Deutschen, eine Verbindung ihrer alten Traditionen mit der modernen Zeit zu schaffen.

cosmopolites

entsprechen *to agree with*

Die fortschrittlichen Nationalisten bekamen nach 1807 die Oberhand in Preußen. Der bedeutendste Politiker dieser Richtung war der Reichsfreiherr° Karl vom und zum Stein. Er stammte aus Nassau und war der Abkömmling° eines Reichsrittergeschlechts mit souveränen Rechten. Er studierte Jura an der englisch beeinflußten Universität Göttingen und trat, angezogen von der großen Persönlichkeit Friedrichs II., in den preußischen Staatsdienst ein. Doch auch als preußischer Beamter fühlte er sich als ein freier Deutscher und nicht als ein Untertan des Königs. Freiherr vom Stein zeichnete sich als Finanz- und Wirtschaftsexperte aus.° Er verwaltete die preußischen Teile Westfalens und legte dort den Grund zur späteren Entwicklung des Ruhrgebietes. Er galt als unbequemer° Beamter; doch wegen seiner hervorragenden Sachkenntnis wurde er zum Finanzminister ernannt. Bei der katastrophalen Niederlage Preußens lebte er zurückgezogen in Nassau—seine Anschauungen unterschieden sich zu sehr von denen der anderen Minister. 1807 jedoch war es klar, daß nur radikale Reformen Preußen retten und auf eine spätere Revanche vorbereiten konnten. Freiherr vom Stein wurde zum verantwortlichen Staatsminister berufen, und mit ihm andere vorher kaltgestellte° Reformer: Scharnhorst und Gneisenau für die Armee, Wilhelm von Humboldt für das Schulwesen. Stein konnte nur wenig mehr als ein Jahr als Minister tätig sein, da er zu offen gegen Napoleon konspirierte. In diesem Jahr leitete er die entscheidenden Reformen ein: Die Erbuntertänigkeit° der Bauern wurde aufgehoben; die Städte erhielten Selbstverwaltung; die Verwaltung wurde modernisiert. Dazu kamen größere Gewerbefreiheit,° bürgerliche Gleichstellung der Juden (1812) und die Reform des Schulwesens. Vorbildlich wurde die 1811 gegründete Universität Berlin, deren erster Rektor Fichte war, und die für eine Elite geplant wurde. Zu ihrem Lehrsystem gehörte die „akademische Freiheit": Freiheit des Forschens, Lehrens und Lernens. Nicht ausgeführt wurde Steins Plan einer Volksvertretung, also eines Parlaments.

baron of the (Holy Roman) Empire I descendant

sich auszeichnen *to excel*

troublesome

kaltstellen *to remove from power*

serfdom

freedom for private enterprise

Die Teilnehmer des Wiener Kongresses 1815, darunter Wellington, Metternich, Talleyrand, Hardenberg

Stein war kein Preuße, sondern ein deutscher Patriot. Er hoffte auf einen deutschen Einheitsstaat. Es gab einigen Grund zu dieser Hoffnung, denn viele deutsche Fürsten waren ja Verbündete Napoleons, und nachdem Napoleon 1813 bis 1815 in den Freiheitskriegen besiegt worden war, war zu erwarten, daß sie ihre Länder verlieren würden. Aber es kam anders. Auf dem Wiener Kongreß 1814–1815, wo die europäische Landkarte und gleichfalls die deutsche Landkarte neu gestaltet wurde, wurden die meisten Fürsten wieder in ihre Rechte eingesetzt. Es gab kein Deutsches Reich, sondern nur einen „Deutschen Bund", einen Staatenbund° von 39 souveränen Fürstenstaaten und Freien Städten. In diesem Deutschen Bund war Österreich die führende Macht, und der österreichische Staatskanzler Fürst Metternich, auch ein Reichsritter vom Rhein, die beherrschende Gestalt. Freiherr vom Stein schied 1815 aus der Politik aus.° Reformer waren nicht mehr erwünscht. Die Fürsten, die vorher eine liberale Verfassung versprochen hatten, wollten sich jetzt nicht mehr daran erinnern. Nur wenige Fürsten hielten ihr Versprechen. Zu ihnen gehörte, außer den Herrschern der süddeutschen Staaten Bayern, Württemberg und Baden, auch wieder Carl August von Sachsen-Weimar.

confederation

***ausscheiden** to withdraw*

Auf die konfliktreiche Zeit der Französischen Revolution und der Befreiungskriege folgte die äußerlich ruhige Epoche der „Restauration". Das europäische Gleichgewicht war wie vor 1789; die Fürsten regierten; die Menschen schienen ruhig. Aber das täuschte. Die moderne Zeit ließ sich nicht aufhalten.°

***aufhalten** to stop, to retard*

KAPITEL 9

Die Deutsche Nationalversammlung in der Paulskirche, Frankfurt am Main, 1848, das erste gesamtdeutsche Parlament

Der deutsche Nationalstaat

1817	Wartburgfest.
1833	Deutscher Zollverein.
1835	Erste deutsche Eisenbahn Nürnberg-Fürth.
1848	Liberale Umsturzversuche, Nationalversammlung in Frankfurt.
1848	Kommunistisches Manifest von Karl Marx und Friedrich Engels.
1862	Otto von Bismarck preußischer Ministerpräsident.
1863	Allgemeiner deutscher Arbeiterverein.
1870–1871	Krieg der deutschen Länder gegen Frankreich.
1871	Gründung des deutschen Kaiserreiches („Zweites Reich") in Versailles, Bismarck Reichskanzler.
1881	Beginn der Sozialgesetzgebung in Deutschland.
1890	Ausscheiden Bismarcks als Reichskanzler.

Das Wartburgfest

1817 war die dreihundertjährige Wiederkehr der Reformation Luthers. Luther wurde als Freiheitskämpfer gefeiert, und wenn die Deutschen den Namen „Luther" aussprachen, so dachten sie an die Gegenwart: an die Fürsten, die keine Verfassung geben wollten; an die Polizei, die jede politische Tätigkeit verfolgte; an die Zensur. Sie dachten daran, daß Deutschland immer noch kein einheitliches Reich geworden war. Die Studenten waren in Verbindungen° zusammengefaßt, die „Burschenschaften" hießen; hier wurden diese Ideen besonders leidenschaftlich diskutiert. Viele dieser Studenten und ihre Professoren waren schließlich 1813 freiwillig in den Krieg gezogen! Anläßlich des Jubiläums der Reformation wollten die Studenten wenigstens demonstrieren, welche Gesinnung° sie hatten. Die Studenten in Jena erhielten von Carl August die Erlaubnis, eine Feier auf der Wartburg zu veranstalten, wo Luther das Neue Testament übersetzt hatte. Nach Abschluß der offiziellen Feier zündeten die Studenten ein Feuer an und verbrannten Gegenstände, die den Militär- und Polizeistaat symbolisierten, und außerdem Bücher, die sie verabscheuten.°

associations, fraternities

conviction

***verabscheuen** to detest*

Diese Demonstration wurde zum Anlaß genommen, die studentischen Burschenschaften zu verbieten, die Universitäten streng zu beaufsichtigen,° die Bücherzensur allgemein einzuführen, ja sogar das Turnen° zu verbieten, das der „Turnvater" Ludwig Jahn nach 1807 in Berlin zur Stärkung der Jugend eingeführt hatte.

***beaufsichtigen** to supervise*

gymnastics

Bei einer solchen Unterdrückung der öffentlichen Meinung gab es viele Bürger, die sich in ihr Privatleben zurückzogen. Sie taten ihre Pflicht im Beruf; sie richteten ihre Wohnung schön ein, genossen die Natur, pflegten ihren Garten, gingen ins Wirtshaus und fanden sich mit Freunden in einem Verein° zusammen, zum Beispiel in einem Gesangverein, wo Volkslieder und klassische Chorwerke gesungen wurden.

club, society

„Biedermeier" nennen wir diesen Rückzug in die Freuden des Privatlebens, die der Maler Carl Spitzweg (1808–1885) mit hintergründigem° Humor erfaßt hat. Biedermeier-Atmosphäre haben auch die literarischen Werke der späten Romantik, wie die Novelle „Aus dem Leben eines Taugenichts" von Joseph von Eichendorff (1788–1857) oder die Gedichte von Eduard Mörike (1804–1875) aus Württemberg. Auf der anderen Seite gab es viele Dichter und Wissenschaftler, die sich nicht mit den Zuständen in Deutschland zufrieden geben wollten und die für eine bessere Gesellschaft kämpften. Zu ihnen gehörte der Dramatiker Georg Büchner (1813–1837), der nach einer Flugblattaktion° aus Hessen fliehen mußte und mit 23 Jahren in der Emigration in Zürich starb. Einige Schriftsteller dieser Richtung sammelten sich in der Gruppe „Das Junge Deutschland". Ihnen stand Heinrich Heine (1797–1856)

subtle, profound

campaign by means of leaflets

Das Wartburgfest 1817, Verbrennung der Symbole des Despotismus

nahe. Heine sprach besonders eindrucksvoll das zwiespältige° Lebensgefühl seiner Epoche aus. Die Mitglieder seiner Generation fühlten sich als Erben der Klassik und Romantik; aber sie waren sich darüber klar, daß sie nicht bloße Epigonen bleiben konnten, sondern neue Ideen, neue literarische Formen und ein neues Lebensgefühl ausdrücken mußten. Heine fühlte diese „Zerrissenheit"° besonders deutlich, da er Jude war und trotz der offiziellen Gleichberechtigung der Juden ein Außenseiter° in der bürgerlichen Gesellschaft blieb, und da er später als Emigrant in Paris auch zwischen den Nationen stand. In seinen Gedichten, von denen das „Buch der Lieder" sehr großen Erfolg hatte, drückte Heine die Sehnsucht aus, in den romantischen Gefühlen leben zu können—und die Gewißheit, daß das nicht mehr möglich war, woraus seine Ironie entstand. Seine Reisebücher beschreiben das Europa seiner Zeit und nehmen Stellung zu den Tagesfragen. Solche Urteile waren im damaligen Deutschland unerwünscht, so daß Heine emigrieren mußte. In den letzten Jahren seines Lebens, als er krank im Bett lag, entstanden seine bedeutendsten Gedichte.

ambivalent

contradictions

outsider

Industrie und soziale Probleme

1831 starb Hegel, 1832 Goethe, 1835 wurde die erste Eisenbahn in Deutschland zwischen den Städten Nürnberg und Fürth eröffnet. Heine sagte voraus, daß nun ein neues Zeitalter beginne. Das neue Zeitalter wurde zuerst in der Wirtschaft spürbar. Für die deutsche Industrie war die Frage der Verkehrswege entscheidend wichtig. So war der Kampf um den Bau von Eisenbahnen ein Kampf um den Fortschritt der Industrie. Einer der Kämpfer für diesen Fortschritt war der Nationalökonom Friedrich List (1789–1846), der wegen seiner Ideen als Professor in Tübingen abgesetzt wurde, als württembergischer Abgeordneter wegen „staatsfeindlicher Aufreizung"° ins Gefängnis kam und nur befreit wurde, weil er versprach, in die USA auszuwandern. In Amerika kam er zu einigem Wohlstand, und 1830 kehrte er als amerikanischer Konsul nach Deutschland zurück, um seine Ideen zu verwirklichen. Er entwarf° ein deutsches Eisenbahnnetz, er kämpfte um den Bau der Linie von Leipzig nach Dresden und um die deutsche Zollunion. List war Nationalist und kritisierte den wirtschaftlichen Liberalismus. Er hatte wenig unmittelbare Erfolge, und unzufrieden und unglücklich endete er sein Leben durch Selbstmord.°

instigation

***entwerfen** to devise, to plan*

suicide

Daß eine moderne Wirtschaftspolitik nötig war, wurde von vielen deutschen Ländern eingesehen. Man mußte ja noch Zoll bezahlen, wenn man von einem deutschen Staat in den anderen wollte. So betrieb Preußen ab 1818 eine deutsche Zollunion, die 1833 zum Deutschen Zollverein wurde, dem so wichtige Länder wie Bayern, Württemberg und Sachsen beitraten. Mit der Entwicklung der Industrie entstanden jedoch gleichzeitig soziale Probleme. Wie in anderen Ländern Europas vermehrte sich auch in Deutschland die Bevölkerung während des 19. Jahrhunderts beträchtlich. Aus knapp 30 Millionen Menschen um 1800 wurden 65 Millionen um das Jahr 1900. Dabei ist noch zu berücksichtigen, daß viele Deutsche während des 19. Jahrhunderts auswanderten, weil sie in Deutschland keine Arbeit finden konnten. Die meisten von ihnen gingen in die USA, und es wird geschätzt, daß zwischen 1820 und 1930 6.5 Millionen Deutsche in die Vereinigten Staaten gekommen sind. Die Mehrzahl von ihnen waren Bauern, die eigenes Land suchten. Sie gingen vor allem in die nördlichen Grenzländer, also in den Mittleren Westen: zuerst nach Ohio, später nach Wisconsin, Illinois, Missouri, Iowa, und dann nach Nebraska und in die Dakotas. Aber deutsche Ortschaften gab es bald auch anderswo, z.B. in Texas.

In Deutschland vergrößerten sich die Städte, denn die Industrie lockte viele Bauernsöhne und Landarbeiter an. Die Umstellung° war jedoch sehr schwer. Obwohl die deutsche Industrie sich schnell, ja überstürzt entwickelte, gab es nicht genug Arbeitsplätze. Die Fabrikanten zahlten niedrige Löhne, die Arbeitsstunden waren lang; nicht nur die Männer arbeiteten, auch Frauen und Kinder. Die Konkurrenz der Fabrikanten, erst aus England, dann aus Deutschland, führte zu einer Krise in der deutschen Hausindustrie.° In den gebirgigen Gegenden, wo die Menschen nicht von der Landwirtschaft allein leben konnten, wie zum Beispiel in Schlesien, Thüringen und Württemberg, hatten die Bewohner eine

adaptation

home industry

Deutsche Auswanderer im Hamburger Hafen; Holzschnitt, Harper's Weekly vom 7. November 1874

Hausindustrie entwickelt: Sie hatten zu Hause Linnen gesponnen, Stoffe gewebt, Spielzeug gebaut und Holzwaren wie Kuckucksuhren, Möbel und Musikinstrumente angefertigt. Die Fabrikwaren waren natürlich billiger, und so mußten sich auch diese Heimarbeiter umstellen und ihre Waren mit modernen Methoden herstellen.

Die Entwicklung der Industrie führte daher zu Krisen. Die Menschen mußten sich fragen, ob die liberale Idee, daß unbeschränkte Freiheit von selbst zum Fortschritt und Wohlstand führen würde, richtig sei. Dabei kämpfte das liberale Bürgertum immer noch um diese Freiheit; es hatte sie noch nicht erreicht.

Jeder Umsturzversuch° in Frankreich hatte sofort Folgen in Deutschland. Nach kleineren Unruhen um 1830 führte das Jahr 1848 zu vielen Auseinandersetzungen, vor allem in den größeren Staaten Deutschlands. Die Bürger forderten liberale Verfassungen; in München und Wien wurden nicht nur die Regierungen, sondern auch die Herrscher selbst gestürzt. Die politische Einheit Deutschlands blieb oberstes Ziel. Eine Nationalversammlung° wurde nach Frankfurt am Main einberufen, die eine Zentralregierung einsetzen und eine Verfassung ausarbeiten sollte. Die Nationalversammlung wurde auch „Professorenparlament" genannt, weil in ihr Deutschlands geistige Elite versammelt war. Sie hat die versprochene Verfassung ausgearbeitet, aber nie die Macht gewonnen, eine wirkliche Zentralregierung zu bilden.

revolutionary attempt

constitutional assembly

Auf die liberale Revolution folgte sehr schnell die konservative Reaktion. Die liberalen Regierungen in den Einzelstaaten wurden durch konservative abgelöst; an etlichen Orten sorgte das Militär für Ruhe und Ordnung. Es waren vor allem preußische Truppen, die den Versuch einer Republik in Baden und in der Pfalz im Jahr 1849 unterdrückten. Versuche von Preußen, einen „kleindeutschen" Bund mit Ausschluß° von Österreich zu bilden, scheiterten am Widerstand Österreichs. Der Vielvölkerstaat° Österreich-Ungarn hatte eine besonders schwere Krise durchgemacht, denn die Tschechen, Ungarn und Italiener wollten sich selbständig machen. Der Aufstand in Ungarn wurde mit russischer Hilfe niedergeworfen.

exclusion
multiethnic country

Das Frankfurter Parlament bildete die erste Übung in der Demokratie für die Deutschen. Seine Verfassung gab das Vorbild für spätere Reichsverfassungen ab. In Frankfurt bildeten sich auch bereits Gruppen, aus denen dann politische Parteien entstanden: die Liberalen, die Konservativen und eine Gruppe mit katholischen Interessen, die später das Zentrum hieß. Manche der liberalen Führer mußten das Land verlassen und emigrierten vor allem in die USA. Hier haben die „Achtundvierziger" einige Jahrzehnte lang als Politiker, Journalisten und Erzieher unter den deutschen Einwanderern meinungsbildend gewirkt und wirkliches politisches Gewicht besessen, vor allem bei der Wahl Lincolns und im Bürgerkrieg. Der bekannteste „Achtundvierziger" war der Journalist, Diplomat, Senator und Innenminister Carl Schurz. Die Deutschen waren für die Abschaffung der Sklaverei und kämpften lieber auf der Seite des Nordens. Carl Schurz versuchte als Innenminister die Rechte der Indianer zu schützen.

1848 waren zum ersten Mal in einem deutschen Land—in Sachsen—mehr Menschen in der Industrie beschäftigt als in der Landwirtschaft. 1848 veröffentlichte Karl Marx zusammen mit seinem Freund Friedrich Engels „Das Kommunistische Manifest". Die Ungerechtigkeiten in der neuen Industriegesellschaft führten zu einer grundsätzlichen Kritik am liberalistischen Wirtschaftssystem, nämlich zum Sozialismus. Die Arbeiter begannen, um ihre Gleichberechtigung zu kämpfen. 1847 gründete Marx in Brüssel als erste politische Organisation der Arbeiter den „Deutschen Arbeiter-Bildungsverein". Aus Bildungsvereinen° wurden in den darauffolgenden Jahren Gewerkschaften° und 1863 der „Allgemeine deutsche Arbeiterverein", die erste sozialistische Partei.

educational societies / trade unions

Karl Marx (1818–1883), der entscheidende Theoretiker des Sozialismus, verbrachte den größten Teil seines Lebens in der Emigration. Er stammte aus Trier und war Sohn eines Juristen, der vom Judentum zum Christentum übergetreten° war. Marx studierte in Berlin, wo die Schüler Hegels ihn beeinflußten und ihn in die dialektische Methode einführten. Ludwig Feuerbach (1804–1872), ebenfalls ein Schüler Hegels, beeindruckte ihn durch seinen

übertreten *to convert*

Karl Marx

Materialismus. Marx glaubte nicht mehr an die Macht der Idee. Die Auseinandersetzungen im Reich des Geistes waren nur der „Überbau"° der wirklichen Konflikte in der Geschichte, nämlich der ökonomischen. Die Aufgabe des Philosophen war es, diese Prozesse bewußt zu machen und sich an die Spitze der aufstrebenden, progressiven Klasse, der Proletarier, zu stellen.

superstructure

Nach der Niederlage der Liberalen in Deutschland war dort erst recht kein Platz mehr für Sozialisten. Nach Aufenthalten in Brüssel und Paris blieb Marx im permanenten Exil in London, wo er unermüdlich° an dem nie vollendeten Hauptwerk „Das Kapital" schrieb und mit Rat und Tat den Aufbau sozialistischer Parteien förderte. Er war besonders scharf in der Polemik gegen Sozialisten anderer Richtungen, aber er war gewiß kein „Marxist", der aus seinen Gedanken ein geschlossenes Dogma machen wollte. Seine nachgelassenen° Papiere zeigen viele „unorthodoxe" Ideen.

tirelessly

posthumous

Während der Sozialismus an den Fortschritt glaubte und den Kapitalismus und Imperialismus durch soziale Gerechtigkeit und Weltfrieden überwinden wollte, gab es andere Gegner der Industriegesellschaft, die die Entfremdung° von der Natur bedauerten. Sie beklagten die Entwurzelung° des Menschen in der Großstadt. Ihr Ideal waren die dörfliche Tradition, das Handwerk und die bäuerliche Gemeinschaft mit ihren festen Regeln, Trachten,° Volksbräuchen und Volksdichtung. Diese konservative Kritik an der Industriegesellschaft führte nicht nur zur Gründung von Heimatvereinen und zu neuem Interesse an der Volkskunde,° sie drückte auch gefährliche Ressentiments aus. Die Stadt war böse, das Dorf hingegen gut. Die konservativen Kritiker wollten nicht

alienation
deracination, uprooting
costumes
ethnic studies

sehen, daß die Entwicklung der Industrie eine Lebensnotwendigkeit° für Deutschland war. Zwar wußten sie sehr wohl, daß die große Bevölkerungsdichte bisher Millionen Deutsche zur Auswanderung gezwungen hatte; aber auch dafür gab es eine gefährliche Lösung: die Schaffung von neuem „Lebensraum"° für die Deutschen in Osteuropa. Der aggressive Nationalismus und „Volkstumskampf"° gegen andere Rassen wurde seit der Industrialisierung ein politischer Faktor.

vital necessity

living space

ethnic struggle

Bismarcks Deutsches Reich

Das Deutsche Reich entstand nicht als Ergebnis einer Revolution, sondern durch die Politik des preußischen Ministerpräsidenten Otto von Bismarck.

Otto von Bismarck, 1815 geboren, aus einem alten Adelsgeschlecht, hatte nach wilden Studentenjahren einsehen müssen, daß er nicht zum Beamten geeignet war. So wurde er Gutsbesitzer in Pommern und begann, von hier aus eine Rolle im öffentlichen Leben zu spielen. Er vertrat konservative Ansichten, trat aber 1848 für einen realpolitisch günstigen Kompromiß ein. Seine diplomatischen Fähigkeiten brachten ihm die Ernennung zum Vertreter Preußens beim Bundestag° in Frankfurt, später die Ernennung zum Gesandten in Rußland und Frankreich. Bei seiner großen Begabung galt Bismarck als schwieriger Mensch mit extremen Ansichten, und König Wilhelm I. berief ihn 1862 nur deshalb zum Ministerpräsidenten, weil er keinen Ausweg° mehr aus seinem Konflikt mit dem liberalen Landtag sah. Das Abgeordnetenhaus° lehnte das vorgeschlagene Budget ab, da es eine Modernisierung und Vergrößerung der Armee vorsah. Bismarck regierte ohne Budget, unterstützt von seinem jüdischen Bankier Bleichröder, der mit der Familie Rothschild eng verbunden war. Außenpolitische Erfolge lösten schließlich das innenpolitische Problem: Preußen eroberte 1864 zusammen mit Österreich Schleswig-Holstein von Dänemark zurück, und 1866 besiegte die preußische Armee in einer entscheidenden Schlacht bei Königgrätz die österreichische Armee. Helmuth von Moltke, Preußens außergewöhnlicher Stratege, der Enthusiasmus der Soldaten und die modernen Waffen brachten den Sieg und überzeugten die Mehrzahl der liberalen Abgeordneten, daß Bismarcks „Realpolitik" zum Ziel führte. Das wichtigste Ziel war immer noch die Einigung Deutschlands.

Diet of the German Confederation

way out, solution

House of Representatives

Der Krieg von 1866, der letzte innerdeutsche Krieg, machte Preußen zum stärksten Staat Deutschlands. Österreich trennte sich vom Reich, und der Weg für ein „Kleindeutschland", die Vereinigung der deutschen Länder außer Österreich, war frei. Bismarck bot jedoch Österreich großzügige Friedensbedingungen an, so daß es schnell wieder Alliierter von Preußen werden konnte. Preußen annektierte in Nord- und Mitteldeutschland Hannover,

Die Ausrufung des Königs von Preußen zum deutschen Kaiser und Proklamation des neuen deutschen Reiches in Versailles, 1871; im Mittelpunkt Bismarck

Hessen-Nassau und die Freie Stadt Frankfurt. Anderen Gegnern, Bayern, Württemberg, Baden und Sachsen, kam es so weit entgegen, daß alle deutschen Länder 1870 zusammen gegen Frankreich in den Krieg zogen und Österreich neutral blieb.

Kaiser Napoleon III. war mit Recht über Preußens Expansion beunruhigt, und Bismarck tat nichts, um einen Konflikt zu vermeiden, auch wenn er diplomatisch geschickt vorging, um seinen Gegner zu isolieren. Im Krieg von 1870 bis 1871 dauerte es nicht lange, bis Kaiser Napoleon III. seinen Thron verlor. Hartnäckiger war der Widerstand der dritten französischen Republik, doch die deutsche Kriegstechnik blieb überlegen.° Im französischen Königsschloß von Versailles wurde am 18. Januar 1871 der preußische König Wilhelm von den deutschen Fürsten zum Kaiser ausgerufen.° Der Friedensvertrag mit Frankreich brachte Deutschland die „Reichslande" Elsaß-Lothringen und eine bedeutende Geldentschädigung.° Der Traum der Deutschen von einem neuen Deutschen Reich war Wirklichkeit geworden; aber nicht durch eine Entscheidung des Volkes, sondern durch militärische Siege, Bismarcks Diplomatie und die Einigung der Fürsten.

superior

***ausrufen** to proclaim*

monetary compensation

Die Verspätete Nation

Es läßt sich ein deutlicher Wandel des Lebensgefühls° der Zeit vor und nach 1870 feststellen. Nach 1848 hatte das deutsche Bürgertum politisch resigniert; es verfolgte seine wirtschaftlichen Ziele

vital consciousness, attitude toward life

und nahm seinen Idealismus zurück. Der Pessimismus des Philosophen Arthur Schopenhauer (1788–1860) fand Anhänger. In seinen satirischen Bildergeschichten° entwarf Wilhelm Busch (1832–1908) ein wenig schmeichelhaftes Bild des deutschen Bürgers; vor allem aber hielt er nicht viel von der menschlichen Natur, und Millionen von Lesern müssen ihm seitdem zugestimmt haben. Die Generation der meist vor 1820 geborenen realistischen Schriftsteller sprach die Angst vor dem Tod und das Unbehagen° vor der modernen Welt aus, wenn auch mit einem ausgleichenden° Humor. Schriftsteller wie Theodor Storm, Gottfried Keller, Theodor Fontane und Wilhelm Raabe bevorzugten kleinere Prosaformen wie die Novelle oder schrieben kürzere Romane mit eng begrenzten Schauplätzen. Ihre Beschreibungen waren genau und sorgfältig, sie hielten eigene Urteile zurück. Resignation war der Grundton° dieser Werke, selbst bei Gottfried Keller, der allerdings die Entwicklung der Schweiz optimistischer beurteilte.

picture stories, cartoons

uneasiness

counterbalancing

basic tenor

Wenn auch viele Werke dieser Schriftsteller erst nach 1870 erschienen, so paßten sie eher in die vorhergehenden Jahre. Im neuen Reich wurde großes Pathos modern. Der Mensch sollte nicht mehr Opfer, sondern Held sein. Richard Wagners Opern, die germanisches Heldentum zu erneuern schienen, paßten in diese Zeit, ebenso die pompösen Schlösser von König Ludwig II. von Bayern, der das Mittelalter und das 17. Jahrhundert sichtbar erneuern wollte. Die Deutschen bekamen Vertrauen in ihre Leistungen, und sie leisteten in der Tat viel in Naturwissenschaft, Medizin und Technik. Andererseits kann man nicht übersehen, wie künstlich und übertrieben° das neue Pathos war. Die Unsicherheit war genau so groß wie die Begeisterung. Der pessimistische Unterton wich nicht mehr aus der deutschen Kultur.

exaggerated

Bismarck sah, daß diese neue und so dynamische Großmacht Deutschland das europäische Gleichgewicht erschüttern mußte. Er glaubte an dieses Gleichgewicht, und er sah mit großer Sorge in die Zukunft. Sein ganzes Streben war von jetzt an darauf gerichtet, den Frieden in Europa zu erhalten und Deutschland vor einer Einkreisung,° vor einem Zweifrontenkrieg° zu bewahren. Er war der Überzeugung, daß Frankreich immer Deutschlands Feind bleiben würde. Deshalb bemühte sich Bismarck, Frankreich zu isolieren, um es an einer Revanche zu hindern. Er schloß Bündnisse mit verschiedenen Staaten, die untereinander keineswegs Freunde waren: mit Österreich, Italien, Rußland, England. Er bemühte sich, die Eifersucht° der älteren Großmächte zu vermeiden, indem er keine Kolonien erwarb—es nützte ihm nichts: Ab 1884 übernahm das Reich mehrere Gebiete in Afrika und im Pazifik, die deutsche Kaufleute und Forscher erworben hatten. Immerhin gelang es Bismarck, das labile Gleichgewicht der Mächte zu erhalten und bei Konflikten eine Vermittlerrolle zu spielen.

encirclement / war on two fronts

jealousy

Cosima und Richard Wagner mit Franz Liszt und dem Dirigenten Hans von Wolzogen

Innenpolitisch wurde Bismarck der Ausgleich° schwerer. Obwohl die Mehrheit der Deutschen mit dem Reich einverstanden war, gab es viele Widerstände. Bismarcks Verfassung von 1871 war ein Kompromiß. Der Bundesrat, das heißt die Versammlung der Fürsten, hatte die eigentliche gesetzgebende Macht. Daneben stand der Reichstag, ein Parlament, dessen Abgeordnete in freien, gleichen und geheimen Wahlen gewählt wurden. Die Reichsregierung war jedoch nicht dem Reichstag verantwortlich, sondern dem Kaiser. Der Reichskanzler wurde vom Kaiser ernannt und nicht vom Parlament. Bismarck gehörte keiner politischen Partei an. Er arbeitete mit verschiedenen Parteien zusammen, am meisten mit den gemäßigten Liberalen und den gemäßigten Konservativen. Die Liberalen unterstützten ihn, als er die wirtschaftliche Freiheit durchsetzte und neue, einheitliche Gesetzbücher einführte; die Konservativen waren für seine Militärpolitik. Starker Widerstand erhob sich, als Bismarck die enge Verbindung zwischen Kirche und Staat lockern, vor allem die Einrichtungen der katholischen Kirche der Aufsicht° des Staates unterstellen° wollte. Bismarck führte die Zivilehe° ein; er brachte das Schulwesen unter die Aufsicht des Staates; ja er wollte auch die Priesterausbildung° beaufsichtigen. Das führte zu einer heftigen Opposition des katholischen Teils Deutschlands und der katholischen Partei, des Zentrums. Der Streit, der „Kulturkampf" genannt wurde, weil es sich dabei um kulturelle Fragen handelte, war sehr bitter und zog sich lange hin. Bismarck mußte verschiedene Gesetze widerrufen und sich mit einem Kompromiß begnügen.

compromise, balance

supervision
***unterstellen** to subordinate / civil marriage / training of priests*

Die Industrialisierung brachte ein neues Verhältnis von Adel und Bürgertum. Es fand eine Annäherung, ja Vermischung des höheren Bürgertums mit dem Adel statt, so daß eine neue Oberschicht entstand, die sich mit dem Staat identifizierte. Die Gesellschaft war eine Klassengesellschaft, der deutsche Staat ein Obrigkeitsstaat.° *authoritarian state* Deutschland war eine konstitutionelle Monarchie, in der viel Freiheit, Gerechtigkeit, Wohlstand und Aufstiegsmöglichkeiten vorhanden waren; aber es war keine Demokratie. Der Reichstag hatte eine Opposition; doch diese Opposition konnte nie damit rechnen, selbst zur Regierung zu kommen. Der Reichstag kontrollierte nur die Finanzen, nicht die Politik der Regierung. Die staatlichen Organe begünstigten offen die Parteien, die der Regierung nahestanden, und sie behinderten die Opposition. Die Gegensätze waren also scharf und oft stärker als die Gemeinsamkeiten.

Vor allem die Arbeiterklasse stand sozial und politisch im Gegensatz zum Bürgertum und Adel und damit zur Regierung. Sie hatte inzwischen in der Sozialdemokratischen Partei Deutschlands (SPD) und den ihr nahestehenden Freien Gewerkschaften mächtige und oft erfolgreiche Organisationen aufgebaut. Bismarck versuchte, mit Ausnahmegesetzen° *emergency laws* die Arbeit der Sozialdemokratischen Partei und der Gewerkschaften zu behindern. Als das nichts nützte, gebrauchte er eine andere Taktik: Er erfüllte einige Forderungen der Sozialisten, indem er ab 1881 eine Reihe von Sozialgesetzen erließ, Gesetze über Krankenversicherung, Unfallversicherung,° *accident insurance* Altersversorgung, Sonntagsruhe und Schutz für Frauen und Kinder. Mit diesen Gesetzen, von denen das letzte 1891 verabschiedet wurde, wurde Deutschland der erste Staat mit einer modernen Sozialgesetzgebung. Wenn Bismarck gedacht hatte, die Arbeiter würden jetzt nicht mehr sozialdemokratische Abgeordnete wählen, so hatte er sich getäuscht; aber da die Sozialdemokraten sahen, daß sie innerhalb des parlamentarischen Systems Reformen erreichen konnten, begannen sie, ihren revolutionären Sozialismus in einen Reformsozialismus zu verändern.

Bismarck hielt mit seiner mächtigen Persönlichkeit das Reich zusammen. Kaiser Wilhelm I. unterstützte ihn dabei, so lange er lebte. Er starb 1888, und sein Sohn, Kaiser Friedrich III., war todkrank und lebte nur noch 100 Tage. Ihm folgte der junge, hochbegabte, aber labile und unreife Wilhelm II. Er wollte selbst entscheiden und nicht mehr dem alten Kanzler folgen. 1890 nahm Bismarck seinen Abschied. „Der Lotse verläßt das Schiff", sagte damals eine weit verbreitete englische Karikatur.

Bismarck, nun zum Fürstenstand erhoben, zog sich auf sein Gut Friedrichsruh bei Hamburg zurück. Jetzt, nachdem er aus dem politischen Kampf ausgeschieden war, wurde er als „eiserner Kanzler" ein wirklicher Volksheld,° *popular hero* dessen Bild überall im Wohnzimmer

Bismarck-Denkmal in Hamburg

hing, von dem Anekdoten erfunden und erzählt wurden. Ähnlich wie König Friedrich II. wurde er fast eine Sagenfigur.° Die Menschen pilgerten° nach Friedrichsruh, und als er 1898 starb, herrschte allgemeine Trauer. Sein Reich und sein System des
125 europäischen Gleichgewichts überlebten ihn nur 20 Jahre.

legendary figure
***pilgern** to make a pilgrimage*

KAPITEL 10

Otto Dix (1891–1963), Radierung aus der Serie „Der Krieg"

Weltpolitik

1885	Auto von Carl Benz.
1888–1918	Regierung Wilhelm II.
1904, 1911	Marokkokrisen.
1905	Relativitätstheorie Albert Einsteins.
1914–1918	Erster Weltkrieg.
1917	Revolution in Rußland.

Made in Germany

Die 26 Jahre, die Kaiser Wilhelm II. bis zum Ausbruch des Ersten Weltkriegs regierte, gehörten äußerlich zu den glanzvollsten Epochen der deutschen Geschichte. Die Naturwissenschaften und Technik kamen der Industrie zugute, die großen Teilen der Bevölkerung wachsenden Wohlstand brachte. Eisenbahnen und Kanäle stellten ein gutes Transportsystem dar. Gas und später Elektrizität wurden für immer neue Zwecke benutzt. Deutsche Erfinder taten sich in der Elektroindustrie hervor, zum Beispiel Werner von Siemens in Berlin, und ebenso in der optischen Industrie. Der Handwerksmeister Carl Zeiß hatte in Jena mit Hilfe des Professors Ernst Abbe damit angefangen, optische Meßinstrumente° zu verbessern und auf dieser Basis eine Fabrik aufzubauen. Die Erfindung künstlicher, d. h. chemischer Farben trug zur Entwicklung der deutschen chemischen Industrie bei. Carl Benz und Gottlieb Daimler konstruierten, unabhängig voneinander, einen Verbrennungsmotor°, und Carl Benz gelang es 1885, mit einem solchen 1 PS-Motor einen Wagen zu bewegen. Dieses erste Auto steht heute im Deutschen Museum in München. Viele andere historische Automobile kann man im Museum der Daimler-Benz AG in Stuttgart besichtigen—die Fabrik, zu der diese Erfindung geführt hatte; sie baut heute die „Mercedes"-Wagen.

instruments of measurement

internal combustion engine

In ihrer Entwicklung mußte die deutsche Industrie eine schwierige Phase durchlaufen. Am Anfang wurden in Deutschland

Carl Benz am Steuer eines „Phaeton", 1895

die damals führenden englischen Produkte nachgeahmt, und zwar billiger und schlechter. Das erregte den Zorn der englischen Wirtschaft, die verlangte, daß man ihre soliden Produkte von den deutschen Nachahmungen unterscheiden konnte. Die deutschen Produkte hatten daraufhin die Aufschrift° zu tragen: Made in Germany. Jedoch bewies die deutsche Industrie bald, daß man aus einem Schimpfwort° einen Ehrennamen machen kann. Nach kurzer Zeit wurde „Made in Germany" ein Zeichen für gute Qualität. In Deutschland zählte jetzt die Leistung, und man war ehrgeizig genug, es besser machen zu wollen als die anderen.

inscription, label

insult

Gesellschaftskritik

Der erfolgreiche deutsche Bürger wurde zu einer beliebten Karikatur, die man heute noch oft genug findet. Der „typische Deutsche" war in dieser Zeit nicht mehr der weltfremde Dichter und Denker, sondern der Neureiche.° Dieser Neureiche ißt Wurst und fettes Fleisch mit Sauerkraut, trinkt Unmengen° Bier, ist sehr eingebildet, laut, humorlos und taktlos. Im Dienst oder Geschäft ist er stets korrekt gekleidet und handelt ebenso korrekt—bis zur Unmenschlichkeit. Außer Dienst will er nichts als „Gemütlichkeit" in Hemdsärmeln.° Er ist sehr devot gegenüber seinen Vorgesetzten, dem Militär (und überhaupt jeder Uniform) und der Staatsgewalt. Seine Untergebenen° beherrscht er wie ein Diktator. Widerspruch gibt es nicht. Zu seinen Untergebenen gehören auch Frau und Kinder. Sie haben zu schweigen und zu gehorchen. Als Lehrer beherrscht er ebenso die Schüler: Sie sitzen stramm auf ihrer Bank und reden nur, wenn sie gefragt werden. Dann aber springen sie auf wie der Blitz und reden laut und im ganzen Satz.

nouveau riche

large quantities

shirt sleeves

subordinates

Das ist eine Karikatur, also eine Übertreibung. Doch daß jedenfalls um 1900 diese Karikatur der Wirklichkeit nahe kam, beweisen die vielen Satiren und ebenso verschiedene Reformbewegungen. Die Literatur hatte sich in der Richtung des Naturalismus endlich der Großstadt und den Problemen der Arbeiter zugewandt. Die jüngeren Schriftsteller sahen ein, daß das Leben in der Großstadt nicht schön war, und ihnen wurde Wahrheit wichtiger als Schönheit und Trost. In Deutschland hat der Naturalismus selbst keine großen Werke hervorgebracht, doch er hat neue Ideen und Formen bekannt gemacht. Die bedeutenden Schriftsteller dieser Zeit haben alle vom Naturalismus gelernt. Das gilt besonders für den Dramatiker Gerhart Hauptmann (1862–1946), der die Konflikte von Menschen aus dem Volk ergreifend° darzustellen verstand. Auch die Brüder Heinrich und Thomas Mann gingen in ihren Darstellungen des deutschen Bürgertums von den Voraussetzungen des Naturalismus aus. Heinrich Mann schuf mit seinem Roman „Der Untertan" die treffendste Satire der deutschen Gesellschaft um

movingly

1900. Oft dargestellt wurden die Verhältnisse an den deutschen Oberschulen. Die Erlebnisse im Gymnasium nehmen in Thomas Manns „Buddenbrooks" breiten Raum ein, und Heinrich Manns „Professor Unrat", später als „Der blaue Engel" verfilmt, machte den Typ des Schultyrannen weltbekannt. Auch Hermann Hesse schilderte in einem seiner ersten Romane, „Unterm Rad", die quälenden Ereignisse der Schulzeit.

Die Gesellschaft hatte ihre glanzvolle Fassade, einen zur Schau gestellten Optimismus und Reichtum—und dem standen Armut und ungelöste Konflikte gegenüber. Die großen Bauten der Zeit, durchweg im neuromanischen, neugotischen oder nachgeahmten Renaissancestil, wirken inzwischen unecht und überladen.° Mehr Verständnis hat die heutige Zeit für den ornamentalen Jugendstil, der sich neben Architektur und Malerei vor allem in der neuen Kunst der Plakate durchsetzte. Der Jugendstil brachte viele Neuerungen und verarbeitete nicht zuletzt außereuropäische Anregungen. Das frühe 20. Jahrhundert fand besonderen Geschmack an der fernöstlichen Kunst.

florid, overdone

Die doppelte Moral der herrschenden Schichten wurde nicht nur von den Sozialisten angegriffen. Der Psychiater Sigmund Freud in Wien stellte fest, daß viele der seelischen Konflikte und Krankheiten seiner Patienten mit der bürgerlichen Moral zusammenhingen, die nicht nur unnatürlich war, sondern auch verbot, über viele Themen zu sprechen, so daß die Menschen mit sich selbst unehrlich wurden.

Jugendstil: Gartenhaus in Potsdam, 1910

Freud stellte ebenfalls fest, daß viele Konflikte aus der Kindheit stammen. Die Erziehung und der Gegensatz der Generationen bildeten ein Hauptthema dieser Zeit. Vielen jungen Leuten war die Lebensweise der Väter unerträglich;° sie wollten sich nicht mehr der Diktatur des Vaters beugen, und sie wollten eigene Gruppen bilden. 1899 entstand in Berlin die erste Gruppe von „Wandervögeln",° der viele andere folgten. Diese Wanderbewegung der Jugend, die in vielem den Pfadfindern ähnlich war, wird „Jugendbewegung" genannt und hat bis 1933 die junge Generation in Deutschland sehr beeinflußt.

intolerable

"migratory birds," wanderers

Die jungen Leute wanderten; sie entdeckten die Natur; sie bauten sich Jugendherbergen;° sie sangen Volkslieder zur Gitarre; sie fühlten sich als die kommende Elite einer neuen Gesellschaft. Sie hatten klare moralische und pädagogische Ideen; weniger klar waren ihre politischen Vorstellungen, zumal viele Jugendliche mit den bürgerlichen Konventionen und Einrichtungen wie der Bürokratie auch die moderne Welt der Industrie überhaupt ablehnten. Freiheit war die Hauptidee, und so war die Jugendbewegung immer in kleine Gruppen aufgespalten, deren Verbindungen untereinander sehr locker waren. Selten kam es zu gemeinsamen Aktionen und Demonstrationen; erst kurz vor 1933, als die nationalsozialistische Gefahr akut wurde, entstand eine festere Organisation.

youth hostels

Bedeutenden Einfluß hatte die Jugendbewegung auf die Pädagogik, wo sie mit anderen Reformideen zusammentraf. Die dadurch entstandene Reformpädagogik wollte aus dem Schultyrannen° den Freund der Schüler machen; Lehrer und Schüler sollten zusammen eine Lerngemeinschaft° bilden. Ein freier, dem einzelnen Schüler angepaßter Lehrplan sollte den Drill ersetzen. Die Schüler sollten nicht mehr auswendig lernen, sondern zu einem Verständnis der Probleme geführt werden. Im staatlichen Schulwesen in Deutschland setzten sich diese Ideen erst nach 1918 allmählich durch, jedoch gibt es private Gründungen aus der Zeit vorher, wie die Odenwaldschule, die die neuen Ideen ausprobierten und die bis heute ihre Anziehungskraft bewahrt haben.

school tyrant

learning community

Sehr stark war damals der Einfluß der Philosphie von Friedrich Nietzsche (1844–1900). Nietzsche stammte aus Thüringen. Er wurde sehr jung als Professor für griechische Sprache und Literatur an die Universität Basel berufen. Auch er träumte vom neuen Deutschen Reich und nahm 1870 freiwillig als Krankenpfleger° am Krieg teil. Aber das Reich Bismarcks entsprach nicht seinen Erwartungen, und seine Kritik an Deutschland wurde immer beißender. Er war ein empfindlicher, kranker Mensch, und er erkannte, wieviel in der Kultur und Lebensform seiner Zeit auf Schwäche, Ressentiment und Krankheit beruhte. Nietzsche pries dagegen die Lebenskraft,° und in seinem Werk „Also sprach Zarathustra", das in einem biblischen Stil seine Philosophie enthält,

(male) nurse; medic

vitality

Friedrich Nietzsche

schilderte er den „Übermenschen"° der Zukunft; und dieser Übermensch, die „blonde Bestie", voll Vitalität und Willenskraft, machte großen Eindruck auf die Zeitgenossen. Ebenso beeindruckt waren die Menschen von Nietzsches Ruf „Gott ist tot!" und von seiner Prophezeiung des nihilistischen Zeitalters. Er schrieb in Aphorismen und in Hymnen; so war es leicht, einige Teile seiner Philosophie zu isolieren und für jeden beliebigen Zweck zu benutzen. Das taten besonders die Rassenideologen und Antisemiten, allen voran Nietzsches Schwester Elisabeth, die seine Werke herausgab und dabei manche judenfreundliche und antideutsche Bemerkung wegließ.° Nietzsche fühlte sich mit Heine verwandt und hob die kulturelle Bedeutung der Juden hervor—er wurde dennoch zum Propheten der Antisemiten. Thomas Mann, der sich sein Leben lang mit Nietzsche beschäftigte, hat ihm 1947 im Roman „Doktor Faustus" eine bedeutende Würdigung° gegeben und Nietzsches Leben mit der Entwicklung Deutschlands in Parallele gesetzt.

superman

***weglassen** to leave out*

appreciation

Die deutsche Frauenbewegung

Nach langer mühsamer Arbeit hatte jetzt auch die deutsche Frauenbewegung entscheidende Erfolge. Seit der Goethezeit war die Frage der Frauenbildung ein ständiges Diskussionsthema geblieben. Zunächst ging es darum, ob Mädchen überhaupt in öffentliche Schulen gehen sollten. Dann verlagerte sich° die Diskussion auf die Frage, ob es so etwas wie eine „Frauenbildung"

***sich verlagern** to shift*

gab, und schließlich, ob Mädchen Schulen besuchen durften, die zum Abitur und damit zum Studium an der Universität führten. Erst 1889 begründete Helene Lange in Berlin das erste Mädchengymnasium, und erst um 1900 begannen Frauen in größerer Zahl an den Universitäten zu studieren. Andere Länder, wie z.B. die Schweiz, waren Deutschland darin vorausgegangen.

Auf dem Wege zur politischen Gleichberechtigung° bedeutete die Revolution von 1848 einen wichtigen Schritt, auch wenn sie keine unmittelbaren Folgen hatte. 1865 wurde der Allgemeine Deutsche Frauenverein gegründet, dessen treibende Kraft Luise Otto-Peters war. Luise Otto-Peters (1819–1895) hatte 1848–1850 die erste „Frauenzeitung" herausgegeben. Ihre Ziele waren Gleichberechtigung in der Bildung und als Staatsbürgerinnen und humane Gesetze für die Frauenarbeit. Die elende Lage der Arbeiterinnen war ebenso ein Hauptmotiv der Frauenemanzipation wie die versperrte° Bildung. Luise Otto-Peters war als Journalistin tätig und schrieb auch Romane und politische Bücher.

equal rights

***versperren** to block, deny*

In den achtziger und neunziger Jahren des 19. Jahrhunderts vermehrten sich die Frauenvereine, so daß 1894 ein Bund deutscher Frauenvereine entstehen konnte. Einen Höhepunkt der Bewegung bildete der Deutsche Frauenkongreß im Jahre 1912. Der Erste Weltkrieg zwang viele Frauen in die Berufsarbeit; aber dadurch entstand auch der entscheidende Druck, so daß die Weimarer Verfassung von 1919 die politische Gleichberechtigung der Frau festlegte. Diese Gleichberechtigung war jedoch noch keine juristische Gleichberechtigung. Die Gesetzbücher, die zwischen 1871 und

Presseempfang eines Berliner Frauenvereins um 1909

1914 geschrieben wurden, insbesondere das Bürgerliche Gesetzbuch, das 1900 in Kraft trat, enthielten viele Beschränkungen für Frauen. Dennoch begann das neue 20. Jahrhundert mit einer neuen Idee für das Verhältnis von Mann und Frau: sie sollten in der Zukunft Partner sein, und die Sphäre der Frau war nicht mehr allein das Haus und der Haushalt.

Die Moderne

Nach 1900 begann der Lebensrhythmus sich schnell zu ändern. Die Autos traten an die Stelle der Pferdekutschen;° der Mensch verwirklichte den alten Traum zu fliegen. Auf die Erfindung des Telefons und der Telegrafie folgte die des Radios. Man begann, Häuser aus Beton zu bauen. Die Entdeckung des Radiums, die Relativitätstheorie von Albert Einstein und die neuen Atomtheorien veränderten die Grundbegriffe° der Naturwissenschaften. Bisher ungeahnte° Möglichkeiten wurden sichtbar. Zugleich bekamen die Menschen ein Gefühl der Unsicherheit, der Entfremdung, der Bedrohung, ja der Angst. Die neue Zeit war ihnen unheimlich° wie ein Ungeheuer.°

horse carriages

basic concepts
unthought of

uncanny
monster

Die Kunst gestaltete sehr bald dieses neue Lebensgefühl. Nach 1910 stellte die Gruppe des „Blauen Reiters" in München, zu der Franz Marc, Wassily Kandinsky und Paul Klee gehörten, abstrakte Bilder aus. Arnold Schönberg entwickelte seine „Zwölftonmusik". Lyriker wie Georg Trakl und Georg Heym schrieben neuartige Gedichte, die den Expressionismus einleiteten, und Franz Kafkas erste Geschichten entstanden.

Albert Einstein

Foto eines Kinos in Berlin, Frankfurter Allee, 1903

Neue Kunstformen begannen aus den technischen Möglichkeiten zu entstehen, vor allem die Fotografie und der Film. Auf Schallplatten konnte man Musik und Stimmen von Menschen aufnehmen und aufbewahren.° Die Technik drang also in die Kunst selbst ein.

aufbewahren *to keep, preserve*

Das Lebensgefühl kam einer Krise gleich. Man spürte die Bedrohung,° man fühlte sich machtlos, ja passiv. Die Menschen sehnten sich nach der Möglichkeit der großen befreienden Tat. Die Luft war schwer und drückend; man erhoffte geradezu das gewaltige Unwetter, das die Atmosphäre reinigen sollte. So wirkte der Erste Weltkrieg 1914 zuerst wie eine Befreiung, und viele Menschen zogen jubelnd in den Krieg. Sie opferten sich für ihr Land, ohne auch nur nach dem militärischen Wert des Opfers zu fragen. Erst allmählich wurden sie sich bewußt, daß die Kriegstechnik den Krieg völlig verändert hatte: Nicht mehr der persönliche Heldenmut° entschied die Schlachten, sondern die technische Vorbereitung und das Kriegsmaterial.

threat

bravery

Die große Krise

Kaiser Wilhelm II. war nicht die Persönlichkeit, die ein Land führen konnte, besonders in einer Zeit der Krise. Er war ein glänzender° Redner; er wollte überall bewundert werden. Er trug gern prächtige Uniformen und reiste viel in der Welt herum. Es klingt wie ein Symbol seiner Herrschaft, wenn man daran denkt, daß er einen Geburtsfehler hatte, nämlich einen verkrüppelten°

brilliant

crippled

Arm, den er bei jedem öffentlichen Auftreten verstecken mußte. Er war sehr launenhaft und sagte viele Dinge, die politisch nicht zu verantworten waren. Da die Verfassung ihm sehr viel Macht gab und er das Staatsoberhaupt war, wurden seine Reden im Ausland ernst genommen und brachten Deutschland oft diplomatische Schwierigkeiten. Wilhelm II. hatte weder die Vorsicht noch die klare außenpolitische Linie Bismarcks; er wollte „Weltpolitik" treiben.

Die schnelle Expansion der Schwerindustrie, die stärkere Finanzkraft Deutschlands und die immer noch stark wachsende Bevölkerung gaben die Basis für vermehrte imperialistische Tendenzen. Der Aufbau einer starken deutschen Kriegsflotte° unter Führung des Admirals Alfred von Tirpitz, 1898 und 1900 vom deutschen Reichstag bewilligt, wurde als Schutz des deutschen Welthandels und der deutschen Kolonien in Afrika und im Pazifik deklariert; aber Großbritannien sah darin eine große Gefahr. Rechtsstehende Kreise in Deutschland, wie der „Alldeutsche Verband", hofften, nordfranzösische Bodenschätze und Gebiete im Osten zu annektieren. Die sozialen Spannungen in Deutschland waren noch stark und brachten politische Frontstellungen zwischen den konservativen Parteien und den Sozialdemokraten, wobei die liberalen Parteien des Bürgertums immer schwächer wurden. Eine Verfassungsreform schien notwendig; aber kam nicht zustande. Sogar das „Dreiklassenwahlrecht" in Preußen bei den Landtagswahlen blieb bestehen. Die Wähler waren hier nach ihrem Einkommen in drei Klassen eingeteilt: ein einziger Wähler der ersten Klasse konnte ebenso viel Gewicht haben wie hunderte von Wählern der dritten Klasse. Die starke Armee und der dreijährige Militärdienst führten zu stärkerer „Militarisierung" der Gesellschaft. Das wiederum beklagten° weite Kreise des Bürgertums und der Arbeiterklasse.

navy

***beklagen** to lament, complain about*

Deutschlands Stärke und seine expansive und unberechenbare° Politik führten zu wachsender außenpolitischer Isolierung; das konnte man bei allen politischen Krisen ab 1900 bemerken. Als ab 1911 das Türkische Reich wiederholt besiegt wurde, erst von Italien in Libyen, dann auf dem Balkan, begann das europäische Staatensystem zu schwanken. Zwar hatten sich die Diplomaten bereits an Krisen gewöhnt, und die Ermordung° des österreichischen Thronfolgers° in Sarajewo schien nichts Schlimmeres als die Kriege auf dem Balkan oder der Kampf um Marokko 1904 und 1911—wo Deutschland gegenüber Frankreich nachgeben mußte—; aber nun war niemand mehr zum Kompromiß geneigt, und plötzlich war im Sommer 1914 ein Weltkrieg ausgebrochen. Obgleich die imperialistischen Kräfte in verschiedenen Ländern, auch Deutschland, bedeutend waren, kam der Krieg dennoch eher durch Zufall und Unachtsamkeit° zustande als mit Absicht. Die politische Lage machte ihn jedenfalls nicht notwendig.

unpredictable

assassination

successor to the throne

carelessness

Erster Weltkrieg: Schützengraben in Frankreich, November 1915

Als der Krieg einmal im Gang war, offenbarte er schnell die Schwächen des europäischen Herrschaftssystems. Der russische Staat stand auf ebenso schwachen Füßen wie der österreichische. Deutschland, Österreichs Verbündeter, schien hingegen siegreich zu bleiben. Die Deutschen drangen weit nach Frankreich vor, und sie siegten gegen die russische Armee. In Frankreich allerdings wurde der Krieg zu einem Stellungskrieg° ohne entscheidende Schlachten. Neue Gegner traten auf: Italien, Rumänien und schließlich die Vereinigten Staaten von Amerika. 1917 brach in Rußland die Revolution aus, und der Krieg an der Ostfront endete. Aber die Versuche, durch große Offensiven im Frühjahr 1918 in Frankreich eine Entscheidung zu erzielen, scheiterten. Im Herbst 1918 wurde es deutlich, daß Deutschland den Krieg militärisch nicht gewinnen konnte.

trench warfare

Die ganze Zeit während des Krieges hatte es Friedensversuche gegeben. In Deutschland war die öffentliche Meinung geteilt. Die Konservativen verlangten einen „Sieg-Frieden"; sie wollten noch weitere Gebiete Frankreichs annektieren. Die Liberalen und Sozialisten verlangten einen „Verständigungsfrieden",° einen Frieden ohne Sieger und Besiegte. Die Opposition konnte sich aber nicht durchsetzen. Ja, nicht einmal die Zivilregierung traf die Entscheidungen, sondern die militärische Führung, besonders ab 1916, als Paul von Hindenburg Oberbefehlshaber wurde und Erich von Ludendorff sein Generalstabschef.° Der Kaiser trat in den Hintergrund. Die Regierung näherte sich dem Reichstag, und es wurden die ersten Schritte zu einer Verfassungsreform unternommen, die dem Reichstag mehr Macht geben sollte. Doch die Reformen kamen zu spät.

peace by compromise

chief of general staff

Als 1918 der Krieg verloren war, streikten die Matrosen auf den deutschen Kriegsschiffen. Überall bildeten sich Arbeiter- und Soldatenräte,° wie es in Rußland der Fall gewesen war. Der Kaiser mußte abdanken. Der Sozialdemokrat Philipp Scheidemann rief in Berlin die Republik aus. Die Monarchie in Deutschland hatte zu spät an Reformen gedacht und mußte nun verschwinden. Dem Kaiser folgten die Landesfürsten.° Unerwartet fiel also plötzlich der Opposition, den Sozialdemokraten vor allem, die Macht in die Hände. Und als der letzte Kanzler des Kaisers, Prinz Max von Baden, am 9. November 1918 dem Vorsitzenden der Sozialdemokratischen Partei, Friedrich Ebert, die Regierung übergab und ihn mit bewegten° Worten bat, Deutschland zu erhalten, konnte Ebert antworten, daß er ein ebenso guter Patriot war wie die Fürsten, und daß zwei seiner Söhne für Deutschland gefallen waren. Ebert hat sein Versprechen gehalten und die Einheit des Reiches bewahrt.°

workers' and soldiers' councils

rulers of a state

emotional

***bewahren** to preserve*

KAPITEL 11

Ausrufung der deutschen Republik, November 1918

Weimar und Potsdam

9. Nov. 1918	Ausrufung der deutschen Republik.
1919	Nationalversammlung, Weimarer Verfassung.
1919	Friedensvertrag von Versailles.
1923	Inflation, Stresemann Reichskanzler.
1925	Vertrag von Locarno.
1925	Hindenburg Reichspräsident.
1930	Beginn der großen Wirtschaftskrise.
1933	Adolf Hitler Reichskanzler.

Die Nationalversammlung

Die SPD war Ende 1918 nicht mehr die revolutionäre Massenpartei, die sie früher gewesen war. Sie hatte sich in die „Mehrheitssozialisten" unter Eberts Führung, die „Unabhängige Sozialdemokratische Partei Deutschlands" (USPD) und die „Kommunistische Partei Deutschlands" (KPD) gespalten. Die SPD erstrebte eine neue Gesellschaftsordnung und soziale Reformen; aber sie wollte die parlamentarische Demokratie erhalten und den Willen der Mehrheit des Volkes respektieren. Ebert ließ eine Nationalversammlung wählen, die die Verfassung ausarbeiten sollte. Die Nationalversammlung tagte 1919 in Weimar, und die neue Verfassung des Reiches wurde deshalb oft „Weimarer Verfassung" genannt. Weimar bedeutete gleichfalls die geistige Tradition Deutschlands im Sinn Goethes und Schillers; es bedeutete Humanität und Freiheit.

Die Weimarer Verfassung bemühte sich um möglichst viel Freiheit und Gerechtigkeit. Das Wahlsystem war bisher sehr ungerecht gewesen, denn die Wahlkreise° waren verschieden groß. So wurde das Verhältniswahlrecht° eingeführt, so daß jede Partei genau die Zahl der Sitze im Parlament bekam, die der Zahl der Stimmen entsprach. Die Regierung war dem Parlament verantwortlich. Um die Rechte des einzelnen Menschen zu garantieren, enthielt die Verfassung die Grundrechte.° Die Macht des Reichspräsidenten, der an die Stelle des Kaisers trat, war zwar begrenzt, aber immer noch sehr groß. Vor allem konnte der Reichspräsident in Notzeiten das Parlament zeitweise ausschalten und mit „Notverordnungen"° regieren.

electoral districts, precincts
proportional representation system
basic human rights
emergency decrees

Es war nicht nur die Tradition der deutschen Klassik, die die Nationalversammlung nach Weimar brachte. Das Land war in Unordnung. Kommunisten und Rechtsradikale versuchten Aufstände. In Berlin konnte eine Nationalversammlung nicht ruhig und sicher tagen. Die Idee der „Notverordnung" entsprach der Zeit, aus der die Verfassung geboren wurde. Um die Ordnung zu erhalten, verbündete sich die Regierung mit der Armee. Die Armee sorgte für die Ordnung in Deutschland; aber sie tat es nicht, weil sie die Republik schützen wollte. Im Gegenteil, die meisten Offiziere und Generäle der Armee dachten monarchistisch. Sie lebten in der militärischen Tradition Preußens, die in der Soldatenstadt Potsdam bei Berlin entstanden war und jetzt mit dem Wort „Potsdam" bezeichnet wurde. So war die Armee geneigt, gegen kommunistische Revolutionäre viel schärfer vorzugehen als gegen rechtsradikale. Das zeigte sich bei der sinnlosen Ermordung der Kommunistenführer Rosa Luxemburg und Karl Liebknecht im Januar 1919. Das zeigte sich ebenfalls, als 1920 die Armee bei dem rechtsradikalen „Kapp-Putsch" in Berlin nicht eingriff.° Die Republik wurde durch einen

eingreifen *to intervene*

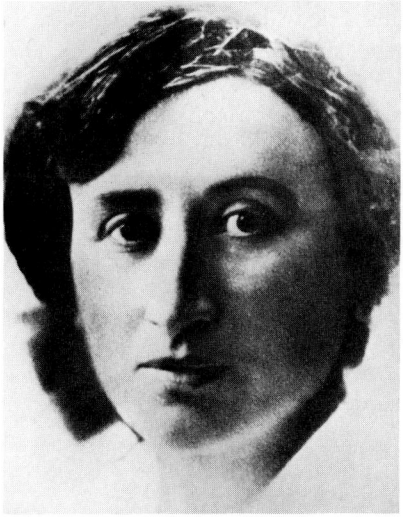

Rosa Luxemburg

Generalstreik der Arbeiter und Angestellten gerettet. Das Bündnis der Sozialdemokraten mit der Armee war ein Bündnis ungleicher Partner, und es zeigte, wie viele Menschen und Einrichtungen es in Deutschland gab, die die neue Staatsform grundsätzlich ablehnten.

Die Inflation

Die Gegner der Republik hatten es nicht schwer, die Schwächen des Systems zu zeigen. Das Verhältniswahlsystem brachte viele kleine Parteien in den Reichstag. Es gab nie klare Mehrheiten, und alle Regierungen von 1919 bis 1933 waren Koalitionsregierungen, die stets in Gefahr waren, wegen unwichtiger Meinungsverschiedenheiten° auseinanderzubrechen. Außerdem hatte Deutschland den Krieg verloren. Die Deutschen setzten große Hoffnungen auf die „14 Punkte" des amerikanischen Präsidenten Wilson. Aber bei den Friedensverhandlungen in Versailles gab es Gleichberechtigung° und Selbstbestimmung° nur für die Sieger, nicht für die Besiegten. In Osteuropa wurden auf dem Gebiet von Rußland und Österreich neue Staaten gebildet: Estland, Lettland, Litauen, Polen, die Tschechoslowakei, Jugoslawien, Ungarn. Es wurden Abstimmungen° abgehalten, welche deutschen Gebiete sich Dänemark oder Polen anschließen wollten, doch Danzig durfte nicht deutsch bleiben, und den Deutsch-Österreichern wurde verboten, sich mit Deutschland zu verbinden. Die Deutschen wurden als „schuldig" am Ersten Weltkrieg erklärt, und sie mußten Reparationen zahlen. Die deutschen Kolonien und bisher türkische Gebiete wurden als „Mandate" anderen Staaten, vor allem England und Frankreich, übergeben. Die Friedensbedingungen waren also für Deutschland

differences of opinion

equal rights / self-determination

plebiscites

sehr hart und entwürdigend,° und der Versailler Friede hieß in Deutschland nur das „Friedensdiktat". Revanche für Versailles wurde in den rechtsgerichteten Kreisen der erste Programmpunkt.

degrading

Die deutsche Armee durfte nicht mehr als 100.000 Mann haben. Schwere Waffen, Flugzeuge und große Kriegsschiffe waren verboten. So erprobte die deutsche Armee verbotene Waffen insgeheim in der Sowjetunion, und neben der regulären gab es auch eine „schwarze" Reichswehr. Außerdem zogen „Freikorps" durch das Land, Söldnertruppen, die dort kämpften, wo es Krieg gab: in den baltischen Staaten, an der deutsch-polnischen Grenze, innerhalb Deutschlands gegen die Kommunisten. Diese ehemaligen Soldaten fanden nicht mehr den Weg zurück ins Zivilleben und schon gar nicht in einen demokratischen Staat; sie wurden militärische Abenteurer, bereit, für den zu kämpfen, der sie bezahlte, und stets auf der Suche nach einem neuen Krieg.

Schwierigkeiten hatte auch die deutsche Wirtschaft. Sie verlor durch den Friedensvertrag alle ihre Patente, und sie wurde auf dem Weltmarkt diskriminiert. Gerade jetzt aber war der Export wichtig, denn Deutschland sollte ja Reparationen bezahlen. Das Reich hatte jedoch viele Rohstoffe verloren, sowohl in den Kolonien als auch in den verlorenen deutschen Provinzen wie Elsaß-Lothringen und Oberschlesien. Industriewaren waren aber nicht erwünscht.

Die deutsche Wirtschaft stagnierte. Der deutsche Staat konnte weder die Kriegsschulden in Deutschland noch Reparationen zahlen, und so verlor die deutsche Reichsmark an Wert. Die Inflation stieg bis zu grotesken Höhen, als 1923 die Franzosen den Rhein überschritten und als Sanktion für nicht bezahlte Reparationen außer dem linken Rheinufer auch das Ruhrgebiet besetzten. Die Reichsregierung rief zu einem „passiven Widerstand" auf. Das Geld verlor täglich an Wert; Löhne und Gehälter wurden jeden Tag gezahlt, da die Menschen sonst nichts mehr für ihr Geld kaufen konnten. Der deutsche Mittelstand verlor sein Vermögen und sein Selbstvertrauen; viele kleine Firmen gingen zugrunde. Die Großindustrie allerdings profitierte eher von der Geldentwertung.°

monetary devaluation

Die wirtschaftliche Krise hatte unmittelbare politische Auswirkungen.° Eine „Separatistenbewegung" versuchte, das Rheinland vom Reich zu trennen und rief sogar eine unabhängige rheinische Republik aus. Die deutsche Reichswehr unterdrückte die linksradikalen Parteien und Regierungen in Sachsen, Thüringen und Hamburg. Ein Putsch der Nationalsozialisten unter Adolf Hitler in München schlug fehl, weil das Militär auf der Seite der Regierung blieb.

consequences

Im Sommer 1923 hatte Reichspräsident Ebert Gustav Stresemann zum Reichskanzler berufen. Stresemann, der bedeutendste deutsche Politiker der Zeit, erhielt die Einheit des Reiches, seine parlamentarische Regierungsform und führte am 1. Januar 1924

Die Inflation im Herbst 1923: ein Gutschein der Eisenbahn

eine neue Währung ein, die „Rentenmark".° Die deutsche Reichsmark wurde im Verhältnis 1:1 Billion abgewertet. Diese Maßnahmen beendeten die Zeit der Revolution und Putschversuche und leiteten eine Periode der Ruhe und relativen Stabilität ein. Auf die Politik der Konfrontation mit den Alliierten folgte ein Versuch der Versöhnung° mit den ehemaligen Gegnern.

monetary unit based on land values

reconciliation

Locarno

Stresemann blieb bis zu seinem Tod im Jahr 1929 Deutschlands Außenminister. Um eine Verständigung° mit Frankreich zu erreichen, akzeptierte er im Westen die in Versailles geschaffenen Tatsachen und erkannte die neuen Grenzen an. Frankreich hingegen verzichtete auf weitere Gewaltakte, wie die Besetzung des Ruhrgebiets, und zog seine Truppen vorzeitig vom linken Rheinufer zurück. Deutschland wurde als Mitglied in den Völkerbund° aufgenommen, und neue Abmachungen° über die Reparationszahlungen wurden erreicht. Der Höhepunkt dieser Verständigungspolitik war der Vertrag von Locarno 1926. Jetzt schien eine Epoche der Verständigung, ja der Freundschaft, anzubrechen. Die Deutschen und Franzosen bemühten sich, ihre Feindschaft zu überwinden.

agreement, understanding

League of Nations

agreements

Die internationale Anerkennung machte Deutschland wieder kreditfähig. Die deutschen Länder und Gemeinden brauchten viel Geld. Sie wollten nicht nur nachholen, was seit 1914 liegengeblieben war, sondern viele ehrgeizige Pläne verwirklichen: neue Straßen für den modernen Verkehr und Schulen, in denen Lehrer und Schüler in einer neuen Weise zusammenarbeiten konnten. Sie wollten die alten Städte sanieren und statt der „Mietskasernen"°

large tenements

Außenminister Stresemann vor dem Völkerbund in Genf, September 1926

Siedlungen bauen, in denen sich die Menschen wohlfühlten. Sie brauchten Altersheime, Ferienheime, Kindergärten. Die Idee des sozialen Staates verband sich mit dem Konzept einer Stadt, in der die Menschen freier und gesünder leben konnten.

Das waren große Pläne für ein armes Land wie Deutschland; doch die Länder und Gemeinden borgten in ihrem Optimismus viel Geld, besonders aus den USA. Während sich die Sozialdemokraten in der Reichspolitik nur selten durchsetzen konnten, hatten sie in vielen Ländern und Städten die Mehrheit und konnten ihre kulturpolitischen und sozialpolitischen Pläne durchführen. Damit versöhnten sie zwar nicht die Gegner der Republik; aber sie schafften eine größere Stabilität. Wie wenig Vertrauen die Deutschen zu ihrer Republik hatten, zeigte sich 1925, als Reichspräsident Ebert starb und Generalfeldmarschall Paul von Hindenburg zu seinem Nachfolger gewählt wurde. Hindenburg war gewiß kein Demokrat, und er stand der Republik und der parlamentarischen Regierungsform fern. Jedoch versuchte er, mit preußischer Pflichttreue° sein Amt zu verwalten, und damit enttäuschte er vorerst die Gegner der Republik, die gehofft hatten, er würde helfen, die Monarchie wieder einzuführen. Konnte jedoch ein so alter Mann das richtige Staatsoberhaupt° in einer Krise sein?

dutifulness

head of state

Die Goldenen Zwanziger Jahre

Kulturell war die Zeit zwischen 1918 und 1933 eine der interessantesten Epochen in Deutschland. Im Rückblick ist deshalb die

Bezeichnung „die Goldenen Zwanziger Jahre" üblich geworden. Bei den vielen politischen und wirtschaftlichen Schwierigkeiten ist die Bezeichnung „golden" eher problematisch. Doch die politische Freiheit begünstigte kühne und großartige Experimente in allen Künsten. Im Theater setzte sich die Glanzzeit von vor 1914 fort, ja sie gipfelte jetzt in vielen neuen Ideen im Zeichen des Expressionismus, die auch auf die neue Kunst, den Film, übertragen wurden. Die Theaterkultur kam gleichfalls dem Rundfunk zugute, der ab 1923 ein regelmäßiges Programm sendete und im Hörspiel° eine eigene literarische Form entwickelte. Auch die Schriftsteller experimentierten mit den Formen, mit den Themen, ja mit der Sprache selbst. Sie wollten in ihren Dichtungen das neue Lebensgefühl des Menschen in der Großstadt ausdrücken, und sie wollten Visionen einer besseren Zukunft und eines neuen Menschen geben. In den späteren zwanziger Jahren wandten sich die Schriftsteller mehr der Gegenwart zu und nahmen Stellung zu politischen und sozialen Fragen. Hermann Hesse begeisterte die Jugend mit „Demian" und „Steppenwolf". Alfred Döblin schrieb den Großstadtroman „Berlin Alexanderplatz"; Thomas Manns „Zauberberg" wurde ein unerwartet großer Erfolg; Bert Brecht gewann durch seine „Dreigroschenoper" Weltruhm. Carl Zuckmayer schrieb in seiner Komödie „Der Hauptmann von Köpenick" eine Satire auf den deutschen Polizeistaat; Erich Kästner schilderte im Roman „Fabian" die moralische Unordnung seiner Zeit und in seinen Gedichten die Lächerlichkeiten des Bürgertums. Der Stil dieser Werke wurde „Neue Sachlichkeit" genannt.

radio play

Nicht nur die Literatur suchte nach neuen Formen. Die Architektur entdeckte die vielen Möglichkeiten des Betonbaus. Die bildenden Künste fanden einen Mittelpunkt im „Bauhaus", einer Schule für alle bildenden Künste; nicht nur Malerei, Bildhauerei, Architektur, sondern auch Industrieform,° Weben, Drucken, Innenarchitektur, Möbelherstellung. Das Bauhaus betonte den Zusammenhang von Handwerk und Kunst; es bemühte sich um klare, funktionelle Formen und bekämpfte alle überflüssigen° Dekorationen. Das Bauhaus hatte viele Gegner, bereits in den zwanziger Jahren, und so mußte es von Weimar nach Dessau umziehen, und schließlich nach Berlin, wo es 1934 aufgelöst wurde. Seine Architekten wie Gropius und Mies van der Rohe emigrierten, ebenso Maler wie Klee und Kandinsky; sie verbreiteten die Ideen und Stilvorstellungen des Bauhauses in der ganzen Welt.

industrial design

superfluous

Die Tiefenpsychologie Freuds wurde jetzt angewandt und weiter entwickelt; in der Philosophie begründeten Karl Jaspers und Martin Heidegger mit dem Existentialismus eine neue Denkrichtung,° die erst viel später, auf dem Weg über Frankreich, in das allgemeine Bewußtsein dringen sollte. In der Physik waren Max Plancks Schüler auf dem Weg zu entscheidenden

philosophical movement, trend

Uraufführung der „Dreigroschenoper" 1928: Polly (Roma Bahn) und der Moritatensänger (Erich Ponto)

Fortschritten in der Atomphysik. Überall war eine starke Dynamik zu spüren.

Als 1930 in Deutschland die wirtschaftliche und politische Krise begann, mußten die Künstler und Wissenschaftler Partei ergreifen. Die Mehrzahl von ihnen hat nach 1933 Deutschland verlassen und anderswo, vor allem in den USA, eine neue Heimat gefunden. Man könnte sagen, daß zwischen 1941 und 1945 Los Angeles der eigentliche Mittelpunkt der deutschen Literatur war, wo Heinrich und Thomas Mann, Franz Werfel, Alfred Döblin, Bert Brecht und viele andere Schriftsteller lebten. In der Architektur, den bildenden Künsten, der Musik und verschiedenen Wissenschaftszweigen hat die Emigration der Welt manche Anregungen und neue Ideen gebracht. Schwieriger war es im Theater, denn der deutsche Stil paßte nicht auf den Broadway; manche Emigranten hatten jedoch in Hollywood Erfolg.

Mit dieser Emigration ist in Deutschland eine kulturelle Tradition abgebrochen. Es hat in Deutschland nach 1945 eine langwierige,° mühsame und oft indirekte Rezeption der Ideen und Formen der Weimarer Zeit gegeben, aber von einer Kontinuität kann man auf keinen Fall sprechen. Insbesondere fehlte nach 1945 ein entscheidendes Element: die Weimarer Zeit brachte durch die politische Gleichstellung der Juden die eigentliche Blütezeit der „deutschjüdischen Symbiose", und der kreative Anteil der jüdischen Mitbürger war außerordentlich. Ebenfalls gab es bis 1933 eine kulturelle „Hauptstadt": es war die große Zeit von Berlin als Zentrum der Modernität. Demgegenüber war die Kultur nach 1945 wieder viel regionaler, manchmal provinzieller.

lengthy, protracted

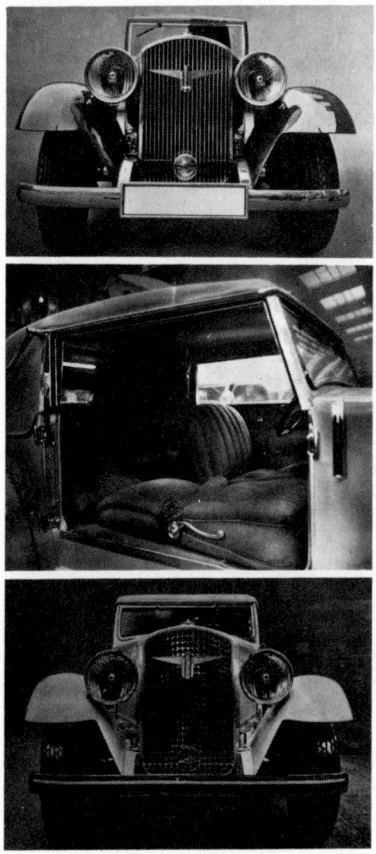

Das Bauhaus bemühte sich um klare , funktionelle Formen.

Das Ende der Republik

Die amerikanische Wirtschaftskrise hatte unmittelbare Folgen in Deutschland, da viele Kredite gekündigt wurden. Banken stellten ihre Zahlungen ein, und die Arbeitslosigkeit° wuchs. Politisch blieb das Land bis 1930 verhältnismäßig ruhig, da die Parteien eine „große Koalition" gebildet hatten, um eine stärkere Regierung zu bekommen. 1930 fiel diese Koalition auseinander, und es gab keinen Staatsmann, der wie Ebert und Stresemann fähig gewesen wäre, die Krise zu meistern. Bei den Reichstagswahlen von 1930 errangen die radikalen Parteien große Erfolge, und zwar außer den Kommunisten vor allem die Nationalsozialisten, Hitlers Partei, die bis dahin im Reichstag eine unbedeutende Splittergruppe° gewesen war. Hitlers Ziel war es, zu zeigen, daß das parlamentarische System schlecht war. Die politischen Auseinandersetzungen wurden zu Straßenkämpfen und Saalschlachten,° die Regierung hatte Mühe, sich gegen den Terror von links und rechts durchzusetzen. Die Republik mußte um ihre Existenz kämpfen. Die nationalsozialistische Fraktion im Reichstag stimmte gewöhnlich gegen die

unemployment

splinter group

indoor brawls, battles

Gesetze, aber brachte selbst keine positiven Vorschläge; ähnlich machten es oft die Kommunisten, und so entstanden „negative Mehrheiten", nämlich Mehrheiten, um ein Gesetz abzulehnen, aber ohne eine positive Alternative. Der Reichskanzler Heinrich Brüning von der Zentrumspartei konnte daher nur mit Notverordnungen regieren. Da der Reichspräsident die Notverordnungen erlassen mußte, wurde Hindenburg zu einer entscheidenden Figur. 1932 war seine Amtszeit zu Ende. und er schien der einzige, der eine Wahl Hitlers verhindern konnte, also unterstützten alle demokratischen Parteien von den Sozialdemokraten bis zu den Konservativen seine Wiederwahl.° Hindenburg wurde in zwei Wahlgängen° wiedergewählt.

reelection ballots

Die Wirtschaftskrise war keineswegs überwunden. Die Regierung Brüning erlitt eine außenpolitische Niederlage, als Frankreich 1931 eine Zollunion von Deutschland und Österreich verhinderte. Die Zahl der Arbeitslosen stieg auf 7 Millionen. Zwar hätte Brünings Politik der Sparsamkeit auf die Dauer die Wirtschaft sanieren können, doch die Arbeitslosen merkten nichts davon. Die jungen Leute hatten keine Berufschancen und verloren das Vertrauen zur Republik. So ging es nicht weiter. Vielleicht hatten die Kommunisten recht, die eine radikale Änderung versprachen, vielleicht die Nationalsozialisten, die von einer „nationalen Revolution" redeten.

Kurz nach seiner Wiederwahl entließ der Reichspräsident seinen Kanzler Brüning. Damit begann das letzte und turbulenteste Jahr der Republik. Hindenburg stützte sich jetzt auf die Konservativen, die seinen Anschauungen am nächsten standen. Aber sie waren noch weniger imstande die Krise zu meistern als Brüning. Es gab mehrere Reichstagswahlen kurz hintereinander. Dabei wurden die Nationalsozialisten zur stärksten Reichstagsfraktion.° Hitler hatte nicht nur die unzufriedenen Massen hinter sich; er verstand auch, einen modernen Wahlkampf zu organisieren. Viele der konservativen Politiker und Industriellen, die mit manchen seiner Ideen übereinstimmten, begannen jetzt zu denken, es sei besser, Hitler in die Regierung aufzunehmen, um seine laute Opposition loszuwerden. Nur dann konnte man hoffen, wieder Ruhe und Ordnung im Land zu bekommen. Außerdem, so hoffte man, würde der wilde Hitler sich beruhigen, wenn er einmal in der Regierung sei und Verantwortung zu tragen habe. Obendrein wußten die Konservativen die Armee auf ihrer Seite. Gemeinsam, durch ihre Politiker, Industriellen, Generäle und mit der Hilfe des Reichspräsidenten wollten die Konservativen Hitler kontrollieren. Er sollte das tun, was sie nicht konnten, nämlich das Volk beruhigen, und im übrigen ihre Politik ausführen. Diese konservative Richtung, deren Partei die Deutschnationale Volkspartei war, erstrebte einen autoritären Staat mit einer aristokratischen Herrschaft, soweit ihre Anhänger nicht einfach die Monarchie wiederherstellen wollten.

parliamentary group of the Reichstag

Hitler durchschaute° die Ziele seiner Partner und nutzte sie aus. Er merkte, wie wenige der Politiker die Weimarer Republik ernsthaft verteidigten. Er sagte und schrieb ja immer wieder, daß er das parlamentarische System zerstören wollte, und trotzdem suchte man die Koalition mit ihm. So fühlte er sich ermutigt, die Verfassung umzustoßen.°

Hindenburg sträubte° sich längere Zeit, Hitler als Reichskanzler zu berufen. Endlich jedoch, am 30. Januar 1933, übernahm Hitler als Reichskanzler in einer Koalitionsregierung mit den Deutschnationalen die Regierung. Kaum war er an der Macht, da kümmerte er sich um seine Partner überhaupt nicht mehr. Alfred Hugenberg, der Führer der Deutschnationalen, trat nach wenigen Monaten als Minister zurück; Franz von Papen, der zweite prominente Konservative, verlor schnell alle Macht und wurde als Botschafter kaltgestellt.° Die Armee setzte sich nicht gegen Hitler durch. Hindenburg starb bereits im August 1934. Die Konservativen hatten Hitler zur Macht verholfen; aber sie hatten nicht erwartet, daß er in wenigen Monaten eine Diktatur errichten konnte, in der sie selbst machtlos waren. So mußten die Konservativen den bitteren Weg von der erträumten Macht zur illegalen Opposition gehen. Unter den Verschwörern° des 20. Juli 1944 waren neben Liberalen, Christen und Sozialisten auch Konservative.

durchschauen *to see through*

umstoßen *to overthrow /* ***sich sträuben*** *to resist*

removed from the center of power

conspirators

KAPITEL 12

Der Geburtstag des Führers 1939: Die SS-Leibstandarte Totenkopf marschiert an Hitler vorbei.

Der Nationalsozialismus

30. Jan. 1933	Adolf Hitler wird Reichskanzler.
1934	Tod Hindenburgs, Hitler „Führer" und Reichskanzler.
1938	Anschluß Österreichs.
9. Nov. 1938	Kristallnacht.
1939–1945	Zweiter Weltkrieg.
1941	Krieg Deutschlands gegen die Sowjetunion und die USA.
1942	Beginn der „Endlösung" der Judenfrage.
1944	Invasion der Alliierten in Frankreich.
20. Juli 1944	Attentat gegen Hitler, Umsturzversuch.
8. Mai 1945	Kapitulation der deutschen Truppen, Waffenstillstand.

Adolf Hitler

Adolf Hitler, Deutschlands „Führer", wurde 1889 in Braunau am Inn als Sohn eines österreichischen Zollbeamten° geboren. Hitlers Vater war der uneheliche° Sohn einer Bauernmagd gewesen; er hatte sich mit bemerkenswerter Energie und Intelligenz zum mittleren Beamten und zu einigem Wohlstand hochgearbeitet. Dabei half ihm mit, daß er seinen mütterlichen Namen Schickelgruber in den seines vermutlichen Vaters Hitler umändern konnte. Er heiratete dreimal; sein Sohn Adolf stammte aus der letzten Ehe. Adolf war ein guter Schüler, bis er auf die Realschule in Linz kam, wo der Vater nach seiner Pensionierung lebte. Hier blieb er sitzen° und mußte schließlich die Schule verlassen. Inzwischen war sein Vater gestorben, und seine Mutter ließ ihm die Freiheit, nichts zu tun als von gigantischen Opern im Stil Richard Wagners und von gewaltigen Städtebauten zu träumen. Adolf Hitler bewarb sich an der Kunstakademie in Wien; aber er wurde abgewiesen. Er hatte das Ziel, Architekt zu werden, doch dafür fehlte ihm die Schulbildung. Also blieb er in Wien, ohne einen Beruf zu erlernen. Er lebte erst vom Erbteil° seiner Familie, dann, als das Geld seiner Mutter und seiner Tante zu Ende war, geriet er in Not. Er malte Ansichtskarten,° die von jüdischen Händlern verkauft wurden. Er mußte längere Zeit in einem „Männerheim"° wohnen. In seinem Buch „Mein Kampf" hat er später diese Notzeit dramatisch geschildert, ohne allerdings zu erklären, warum er in Not geraten war.

customs official
illegitimate
***sitzenbleiben** to have to repeat a grade in school*
inheritance
picture postcards
asylum for men

In seiner Wiener Zeit las Hitler sehr viel, und zwar besonders Broschüren, die damals von politischen Agitatoren verteilt wurden. Zum Beispiel gab es einen Mann, der sich Lanz von Liebenfels nannte, auf einer Burg wohnte und von blonden und blauäugigen Ariern träumte—solche Schriften haben Hitler beeindruckt. Er bildete sich eine eigene Weltanschauung. Alle Kultur, alles Wertvolle und Positive sei von nordischen Ariern geschaffen worden. Der Todfeind° der Arier sei das Judentum, das die Weltherrschaft anstrebe und die Arier vernichten wolle. Die Juden seien eine negative, zersetzende° Rasse. In der Zukunft werde es einen entscheidenden Kampf zwischen den arischen Lichtmenschen° und den jüdischen Untermenschen geben. Die Arier seien heroisch; sie liebten Kampf, Krieg und Tod; sie kämpften um ihre Ehre. Die Arier bildeten Gemeinschaften, die aus Führer und Gefolgschaft bestehen. Die Führer seien Ausnahmemenschen° und die Massen, die Gefolgsleute,° seien verpflichtet, ihnen blind zu folgen. Ihre höchsten Tugenden seien Treue und Gehorsam. Unsere Zeit sei dekadent, und die nordische Rasse habe sich mit anderen Rassen gemischt. Das müsse geändert werden. Die neue Elite der Arier sei bewußt auszuwählen, ja zu züchten.° Hitler selbst war

deadly enemy
destructive
"men of light"
exceptional human beings / followers
***züchten** to breed*

keineswegs groß, blond und blauäugig, doch er hielt sich ohne Zweifel für den von der Vorsehung auserwählten Führer, der die Arier zur Weltherrschaft führen und die Juden vernichten sollte.

Hitler wollte dem österreichischen Militärdienst entgehen, und so zog er 1913 nach München. 1914 jedoch, als der Weltkrieg ausbrach, wurde auch Hitler von der großen Begeisterung ergriffen; er wurde als Freiwilliger in ein bayrisches Regiment aufgenommen. Unter den Soldaten war er ein Einzelgänger,° verschlossen, humorlos. Er war tapfer und bekam das Eiserne Kreuz 1. Klasse. Führungseigenschaften° besaß er wohl nicht, denn er wurde nur Gefreiter, nicht einmal Unteroffizier. Bei Kriegsende lag er, für kurze Zeit erblindet, mit einer Gasvergiftung° im Lazarett. Nach seiner Rückkehr nach München beschäftigte ihn die Armee in ihrer politischen Abteilung: Er erstattete Berichte über die vielen politischen Parteien, die damals neu entstanden. Eine solche Partei war die „Deutsche Arbeiterpartei", eine rechtsradikale Splittergruppe, die vorwiegend aus Handwerkern bestand. Hitler trat dieser Partei bei; er wurde in den Vorstand gewählt und schließlich ihr Führer. Er organisierte die Partei um und begann, Massenversammlungen abzuhalten, in denen er durch seine wilden Reden und durch die Saalschlachten seiner „Sturm-Abteilungen" (SA) Aufsehen° erregte.

loner

leadership abilities

gas poisoning

sensation, stir

Hitlers Aufstieg zur Macht

Hitlers Ziel war es, die parlamentarische Demokratie zu beseitigen. Die Nationalsozialistische Deutsche Arbeiterpartei (NSDAP), wie sie jetzt hieß, war keine Partei, sondern eine „Bewegung".° Sie hatte eine „Weltanschauung" und benutzte viele religiöse Zeremonien und Symbole. Ein Parteiprogramm hingegen hatte die NSDAP eigentlich nicht. Ganz zu Anfang wurden einmal „20 Punkte" verkündet, die sehr allgemein und vage waren. Aber Hitler sprach von „Rache für Versailles". Er lockte die Bauern mit der Idee von „Blut und Boden", das heißt, der bäuerliche Grundbesitz° sollte geschützt werden. Er sprach von einer neuen nordischen Elite. Den Arbeitern bot er den Satz an: „Gemeinnutz° geht vor Eigennutz",° die „Arbeiter der Stirn und der Faust" sollten eine Gemeinschaft bilden, das heißt, die Klassen der Gesellschaft sollten verschwinden. Außerdem versprach er Ruhe und Ordnung. Er prophezeite, das „Dritte Reich", das tausend Jahre dauern sollte, herbeizuführen und den Todfeind, die Juden, aus Deutschland zu vertreiben.

movement

landed property

public utility

private use

In der unruhigen Anfangszeit versuchte es auch Hitler mit einem Putsch. Aber sein Putsch vom 9. November 1923 in München, an dem Erich von Ludendorff teilnahm, brach schnell zusammen. Hitler wurde gefangen genommen und verurteilt; jedoch nicht, wie zu erwarten war, als Ausländer ausgewiesen.° Hitler ist übrigens

ausweisen *to expel*

erst 1932 deutscher Staatsbürger geworden. 1925, als Hitler aus dem Gefängnis kam und die Partei neu organisierte, änderte er die Taktik: Er wollte „legal" an die Macht kommen. Die Wirtschaftskrise gab Hitlers Propaganda Glaubwürdigkeit.° Ab 1930 gewann die NSDAP in den Reichstagswahlen immer mehr Sitze, und trotz einer Krise im Jahr 1932 blieb sie die stärkste Partei. Hitlers Berufung zum Reichskanzler im Jahr 1933 war nach den Regeln des parlamentarischen Staates richtig. Nur hatte Hitler das demokratische System lediglich benutzt, um es zu zerstören.

credibility

In den ersten Monaten seiner Regierung erließ er Gesetze, die der Regierung die Macht gaben, alles zu tun was sie wollte. Er brauchte formell die Weimarer Verfassung nicht aufzuheben. Sie ist auch bis zum Ende von Hitlers Herrschaft in Kraft geblieben, obwohl alle wesentlichen Bestimmungen,° die Grundrechte der Bevölkerung und die Teilung der Gewalten, mißachtet wurden.

provisions

Die Diktatur

Hitler verbot alle Parteien außer der NSDAP; ebenfalls die Gewerkschaften, an deren Stelle er die „Deutsche Arbeitsfront" setzte. Er sorgte dafür, daß alle Länder in Deutschland nationalsozialistische Regierungen bekamen, und er zentralisierte die Verwaltung. Er beschäftigte die Massen durch ständige Veranstaltungen: Aufmärsche,° Demonstrationen, Volksabstimmungen, in denen 99% für die Regierung waren, und seine Reden. Die politischen Gegner wurden durch die Folterungen° der „Gestapo" (Geheime Staatspolizei) und durch die Einrichtung von Konzentrationslagern terrorisiert. Im Reichstag waren nur noch Abgeordnete der NSDAP. Sie hörten sich Reden an, stimmten mit „Ja" und sangen zum Schluß die deutsche Nationalhymne, weshalb der Reichstag der „teuerste Gesangverein der Welt" genannt wurde. Um die Arbeitslosigkeit zu beseitigen, unternahm die Regierung neue öffentliche Arbeiten. Deutschland kümmerte sich nicht mehr um das internationale Währungssystem und finanzierte mit Krediten ohne viel Sicherheit. Moore wurden entwässert, Arbeitersiedlungen gebaut, und Hitler machte Ernst mit dem Bau der Autobahnen, die bereits geplant worden waren. Die erste Strecke zwischen Bonn und Köln war auf Initiative des Oberbürgermeisters von Köln, Konrad Adenauer, fertiggestellt worden. Für Hitler waren die Autobahnen nicht nur Verkehrswege, sondern auch Transportwege für die neue Armee. Er kümmerte sich nicht mehr um die Bestimmungen des Versailler Vertrags und begann mit der Wiederaufrüstung° Deutschlands. Da Hitler in vielen technischen Fragen modern und unvoreingenommen° dachte, gefiel ihm auch die Idee des „Volkswagens", eines billigen Autos für weniger als 1000 Mark, das sich jeder Arbeiter leisten könnte. Für den Bau dieses Autos wurde eine

parades

tortures

rearmament

unprejudiced

neue Fabrik und für die Fabrik eine neue Stadt, Wolfsburg, gebaut. Die Leistungen und Hoffnungen während der ersten Jahre von Hitlers Regierung überzeugten viele Menschen, besonders weil Hitler und sein Propagandaminister Goebbels es verstanden, alle Kommunikationsmittel so zu manipulieren, daß die Taten der NSDAP dauernd gelobt wurden. Selbst viele Ausländer waren beeindruckt, als 1936 in Berlin die Olympischen Spiele abgehalten wurden.

Hitler verstand es, die Schwächen seiner außenpolitischen Gegner ebenso auszunutzen wie die seiner Gegner in Deutschland. In England und Frankreich war das Bewußtsein weit verbreitet, daß der Friedensvertrag von Versailles nicht gerecht gewesen war. So hinderte niemand Hitler daran, gegen die Friedensbestimmungen das entmilitarisierte Rheinland zu besetzen; niemand verhinderte die Aufrüstung, ja nicht einmal den „Anschluß"° Österreichs an Deutschland im Jahr 1938, der 1919 verboten worden war. Zu einer ersten Krise kam es, als Deutschland im Herbst 1938 von der Tschechoslowakei die Abtretung° der deutschsprachigen Grenzgebiete, des „Sudetenlandes", verlangte. Überall in den Ländern Osteuropas und Südosteuropas, besonders im früheren Österreich-Ungarn, gab es deutschsprachige Minderheiten, Volksdeutsche° genannt, da sie nicht die deutsche Staatsangehörigkeit besaßen. Auch diese Deutschen waren von Hitlers Versprechungen beeindruckt, denn er verkündete,° er wolle Großdeutschland errichten und alle Deutschen „heim ins Reich" holen. Da England und

joining, annexation

cession

ethnic Germans

***verkünden** to proclaim*

Die deutschen Truppen rücken im Herbst 1938 im Sudetenland ein.

Frankreich der Friede wichtiger war als die Tschechoslowakei, erhielt Hitler das Sudetenland. Bis jetzt konnte er behaupten, daß er nur deutschsprachige Gebiete angliedern wollte. Aber im Frühjahr 1939 besetzte er „Böhmen und Mähren" und errichtete eine faschistische Diktatur in der Slowakei. Als Deutschland im September 1939 Polen angriff, erklärten Frankreich und England dem Deutschen Reich den Krieg.

Der Zweite Weltkrieg

Die Deutschen eroberten Polen in einem „Blitzkrieg"° von wenigen Wochen. 1940 führten sie weitere Blitzkriege gegen Dänemark, Norwegen, Frankreich, Belgien, Luxemburg und Holland. Es machte Hitler nichts aus, daß alle Länder außer Frankreich neutral gewesen waren. Die Deutschen gewannen jedoch nicht die Luftschlacht über England, und Hitler wagte keine Invasion Englands. 1941 eroberten die Deutschen Jugoslawien und Griechenland, und mit ihren italienischen Verbündeten kämpften deutsche Soldaten in Libyen und Ägypten gegen die Engländer, ohne jedoch ihr Ziel, den Suezkanal, zu erreichen.

"lightning war"

1941 griff Deutschland auch seinen bisherigen Verbündeten,° die Sowjetunion, an, und im gleichen Jahr traten die USA nach dem japanischen Angriff auf Pearl Harbor in den Krieg. Jetzt wurde der Krieg zum Weltkrieg, in dem Deutschland und Japan versuchten, ihre Kräfte mit den USA und der Sowjetunion zu messen. Die Deutschen kamen in Rußland bis kurz vor Moskau und Leningrad, bis an die Wolga und in den Kaukasus. Doch nach der Niederlage von Stalingrad um die Jahreswende 1942–1943, wo eine deutsche Armee eingeschlossen und dann zur Kapitulation gezwungen wurde, begann der deutsche Rückzug. Auch in Afrika wurden die Deutschen geschlagen, und die Alliierten landeten zuerst in Italien und im Juni 1944 auch in Frankreich.

ally

Der Krieg war nicht nur auf die Fronten beschränkt. Die Deutschen begannen mit Luftangriffen auf englische Städte, um die Zivilbevölkerung zu erschrecken; die Alliierten antworteten mit immer stärkeren Luftangriffen, bis 1945 fast alle größeren deutschen Städte weitgehend zerstört waren.

Je länger das Regime Hitlers dauerte, desto schlimmer wurde die Unterdrückung der innenpolitischen Feinde. Die Judenverfolgungen° begannen bereits 1933, aber sie fanden noch einigen Widerstand. Das erste Ziel der Nazis war, die Juden zur Auswanderung zu zwingen. Die „Nürnberger Gesetze" von 1935 verboten Heiraten zwischen Juden und Deutschen. Allmählich wurden den Juden immer mehr berufliche Beschränkungen auferlegt.° Der Terror begann mit der Zerstörung von Geschäften und Synagogen in der „Kristallnacht"° im November 1938, die wegen des

persecution of Jews

***auferlegen** to impose*

"crystal night"

Mahnmal im Konzentrationslager Dachau bei München

zerbrochenen Glases so genannt wird. 1941 wurden alle Juden gezwungen, einen gelben „Judenstern"° zu tragen, und im gleichen Jahr wurde die „Endlösung"° beschlossen, alle europäischen Juden zu töten. In den „Vernichtungslagern"° wie Auschwitz wurden dabei Methoden entwickelt, die es möglich machten, in der kurzen Zeit bis 1944 mehr als 6 Millionen Menschen umzubringen. Die Existenz dieser Todeslager und der Vernichtungsmethoden wurde geheim gehalten; bei den Deportationen hieß es offiziell, die Juden würden nach Polen „umgesiedelt".° Der Terror und die Angst vor Denunziationen verhinderten, daß über diese schrecklichen Vorgänge geredet wurde. Auch was in den anderen Konzentrationslagern wie Buchenwald, Dachau oder Bergen-Belsen, deren Existenz bekannt war, geschah, wurde nicht verbreitet. Zudem waren viele dieser Vorgänge so unglaublich,° daß sich Deutsche weigerten zu glauben, daß ihre Landsleute so etwas tun könnten—bis sie es nach 1945 glauben mußten. In den Konzentrationslagern kamen politische Gegner Hitlers, Juden, religiöse Gegner, Zigeuner° und Schwerverbrecher° unterschiedslos zusammen. Hier wurden Hunderttausende von Menschen durch Hunger, Folterungen, Hinrichtungen oder diabolische medizinische Eperimente umgebracht.

Star of David
"final solution"
extermination camps
***umsiedeln** to resettle*
unbelievable
gypsies / hardened criminals

Die deutsche Polizei unterstand dem Reichsführer der SS, Heinrich Himmler. Die SS (Schutz-Staffel) hatte sich nach 1933 aus der Leibwache° Hitlers zu einer der mächtigsten Organisationen

bodyguard

Julius Leber, einer der führenden Widerstandskämpfer gegen Hitler, vor dem Volksgerichtshof

entwickelt. Sie wollte die neue Elite erziehen. Sie bildete auch eine eigene Armee, die Waffen-SS, die neben der bisherigen Armee bestand. Sie verwaltete die Konzentrationslager. Ihr Terror machte jede Opposition in Deutschland aussichtslos, ja fast unmöglich. Zwar bestanden illegale Gruppen der Kommunisten und Sozialdemokraten, doch ihre Wirksamkeit war sehr begrenzt. Nur die Armee konnte hoffen, die nationalsozialistische Herrschaft zu beseitigen. Im Lauf des Krieges verstärkte sich der Widerstand in der Armee, wie auch die Opposition innerhalb der christlichen Kirchen stärker wurde. Frühere Nationalsozialisten begannen, an ihrer Weltanschauung und an Hitler zu zweifeln. Schließlich fand sich diese Opposition nach mühseligen° und gefährlichen Vorbereitungen zu einer Verschwörung zusammen, an der alle politischen Richtungen beteiligt waren. Das Attentat auf Hitler am 20. Juli 1944 mißlang; der größte Teil der Verschwörer wurde gefangen und hingerichtet.

difficult

Obwohl der Krieg verloren war, gaben die Nationalsozialisten nicht auf, bis ganz Deutschland von den alliierten Truppen besetzt war. Erst am 8. Mai 1945 wurde die bedingungslose° Kapitulation der deutschen Wehrmacht unterzeichnet.

unconditional

Hitler hatte am 30. April in Berlin Selbstmord begangen, kurz bevor die sowjetischen Truppen den Führerbunker erreichten. Die Herrschaft der Nationalsozialisten unter Hitlers Führung dauerte zwölf Jahre. Sein Traum von Großdeutschland, von der Weltherrschaft des nordischen Menschen und sein Haß gegen andere Rassen führten die Deutschen in die totale militärische Niederlage, die Zerstörung ihres Landes, und brachten für Jahrzehnte das Ende des Deutschen Reiches.

Wie war es möglich?

Noch heute ist die Frage akut: Wie war es möglich? Oft wird die Frage in dieser Form gestellt: Wie konnte das Volk von Luther, Kant, Goethe und Beethoven solche Untaten° begehen? Darauf gibt es keine Antwort, denn die Fragestellung° ist falsch. In ihrer großen Mehrheit glaubten die Deutschen während der Nazizeit und des Krieges, nur ihre Pflicht zu tun. Als die Alliierten 1945 die Kollektivschuld° aller Deutschen proklamierten, fühlten sich die meisten Deutschen unschuldig. Der erste Bundespräsident Theodor Heuß sprach statt dessen von „Kollektivscham";° aber gewiß kann weder Scham noch Schuldgefühl befohlen werden. Alle guten Vorsätze und Ansätze zur „Bewältigung° der Vergangenheit" sind nach 1945 schnell vergessen worden. Wichtige Fragen bleiben immer noch ungeklärt, wie zum Beispiel: Wieviel hat der einzelne Deutsche wirklich von den Verbrechen seines Volkes gewußt? Lange Zeit benutzten die Deutschen Hitler als Alibi: Er sei der Verbrecher gewesen und habe sie verführt. Der wirtschaftliche Aufstieg Deutschlands nach 1949 hat dazu beigetragen, die peinliche Vergangenheit zu verdrängen. Die Deutschen konzentrierten sich auf ihr Privatleben. Es waren vor allem Schriftsteller und Intellektuelle, die die unbequemen Themen zur Sprache brachten. In den sechziger Jahren begann auch die Jugend, die erste Nachkriegsgeneration, Fragen zu stellen. Sie wollte wissen, was die Eltern getan und gedacht hatten und warum die Lehrer in der Schule das Thema vermieden.° Seitdem wird das Thema in den Schulen behandelt, und Wissenschaftler packen peinliche Fragen an. Museen veranstalten Ausstellungen darüber. Seit den achtziger Jahren hat sich das Interesse auf die Lokalgeschichte und die Rolle des einzelnen Menschen verlagert. Insbesondere gibt es immer mehr Geschichten über die jüdischen Gemeinden in Deutschland.

Mit wachsendem zeitlichem Abstand ändert sich zwangsläufig auch die Perspektive. Die Jagd nach nationalsozialistischen Verbrechern, denen es gelungen war, sich zu verstecken, verschwindet aus den Schlagzeilen.° Wer 1933 alt genug war, um für Hitler zu wählen, muß inzwischen schon über 80 Jahre alt sein. Die Deutschen, die heute in Deutschland leben, können fast durchweg von sich sagen, daß sie persönlich keinen Anteil an Deutschlands Aggression und Völkermord gehabt haben.

misdeeds
(formulation of the) question
collective guilt
collective (sense of) shame
overcoming
***vermeiden** to avoid*
headlines

Das heißt aber nicht, daß das deutsche Volk „freigesprochen"° worden ist. Jeder Deutsche, der mit Ausländern umgeht und ausländische Zeitungen liest, weiß, daß „Hitler" und „Nazi" sprichwörtlich° für Verbrechen gegen die Menschheit geworden sind. Selbst diejenigen, die wenig oder nichts von Geschichte wissen, kennen diese beiden Wörter und auch „Auschwitz". Die Deutschen hoffen, daß sie eines Tages wie andere Menschen unter den Völkern leben werden; aber noch ist es nicht so weit. Immer wieder werden sie an die Nazizeit erinnert. Jede politische Veränderung, wie die Wiedervereinigung des Landes, weckt die Ängste der Nachbarn. Bei jeder deutschen Wahl wird gefragt, ob nicht etwa eine Neonazi-Partei eine nennenswerte Zahl von Stimmen erhalten habe.

freisprechen *to acquit, absolve*

proverbial

Für die Deutschen hat das Trauma der Nazizeit und der Erinnerung daran eine radikale Änderung in der Einstellung zur Gesellschaft gebracht. Während vorher das Ideal des Staates die „Gemeinschaft" war, eine Gruppe von Menschen, die durch positive Bindungen zusammengehört, wo der Gemeingeist regiert und nicht eine zahlenmäßige Mehrheit, sehen die meisten Deutschen heute im Staat nur ein notwendiges Übel, und sie finden, daß die parlamentarische Regierungsform noch am besten für das Privatleben des Einzelnen ist. Patriotismus äußert sich eigentlich nur bei Sportveranstaltungen, und die Lebensziele der Deutschen sind ganz individuell und privat geworden—außer daß sie für den Frieden und die Erhaltung der Umwelt sind. Der Nationalsozialismus hat die Deutschen zu einem sehr pragmatischen und nüchternen Volk gemacht.

Wie war es möglich? Es gab viele Ursachen, politische, wirtschaftliche, moralische. Es hatte mit den Institutionen zu tun, auf jeder Ebene; die Ablehnung der parlamentarischen Demokratie gehörte dazu, und genau so der traditionelle Rassismus. Je mehr Nachdenken und Forschung, desto differenzierter werden die Gründe. Und eine einfache Antwort gibt es eben nicht. Hingegen wissen die Deutschen, daß das, was geschehen ist, nicht wieder geschehen darf und soll. Unter diesem Vorzeichen steht viel, was in Deutschland seit 1945 geschehen ist und noch geschieht.

KAPITEL 13

Das zerstörte Stadtzentrum von Frankfurt am Main mit dem Römer im Jahr 1945

Wiederaufgebaute historische und moderne Bauten am Römerberg in Frankfurt am Main

Das Wirtschaftswunder

1945	Potsdamer Konferenz, vier Besatzungszonen, Oder-Neiße-Linie als Ostgrenze.
1948	Währungsreform der Westzonen.
1948–1949	Blockade Berlins, Luftbrücke.
1949	Gründung der BRD und der DDR.
17. Juni 1953	Streiks und Aufstand in der DDR.
1955	Souveränität der BRD, Mitglied der NATO.
1957	Gründung der EWG.
13. Aug. 1961	Bau der Mauer in Berlin.

Die Stunde Null

Das Jahr 1945 wird in Deutschland auch „die Stunde Null" genannt, da der Aufbau des Landes in diesem Jahr begann und ebenfalls eine ganz neue Epoche der deutschen Geschichte.

1918, als der Kaiser abdankte, gab es eine Opposition, die die Regierung übernehmen konnte; 1945 lag die Macht allein bei den Alliierten USA, Großbritannien, Frankreich und Sowjetunion. Die vier Mächte hatten gemeinsome Ziele: Deutschland sollte daran gehindert werden, jemals wieder eine Gefahr für den Weltfrieden zu werden. So sollte es nicht nur vom Nationalsozialismus „gereinigt" werden, sondern auch vom Militarismus. Außerdem sollte Deutschland nach Möglichkeit die ungeheuren Kriegsschäden° bezahlen. Wie diese Ziele zu erreichen seien, und wie Deutschland verwaltet werden sollte, ja über die Grenzen eines zukünftigen Deutschland gab es verschiedene Ansichten.

war damages

Im Juli und August 1945 trafen die Regierungschefs der USA, Großbritanniens und der Sowjetunion—Frankreich war nicht vertreten—auf Schloß Cecilienhof bei Potsdam zu einer Konferenz zusammen. Sie beschlossen, Deutschland in vier Besatzungszonen°

occupation zones

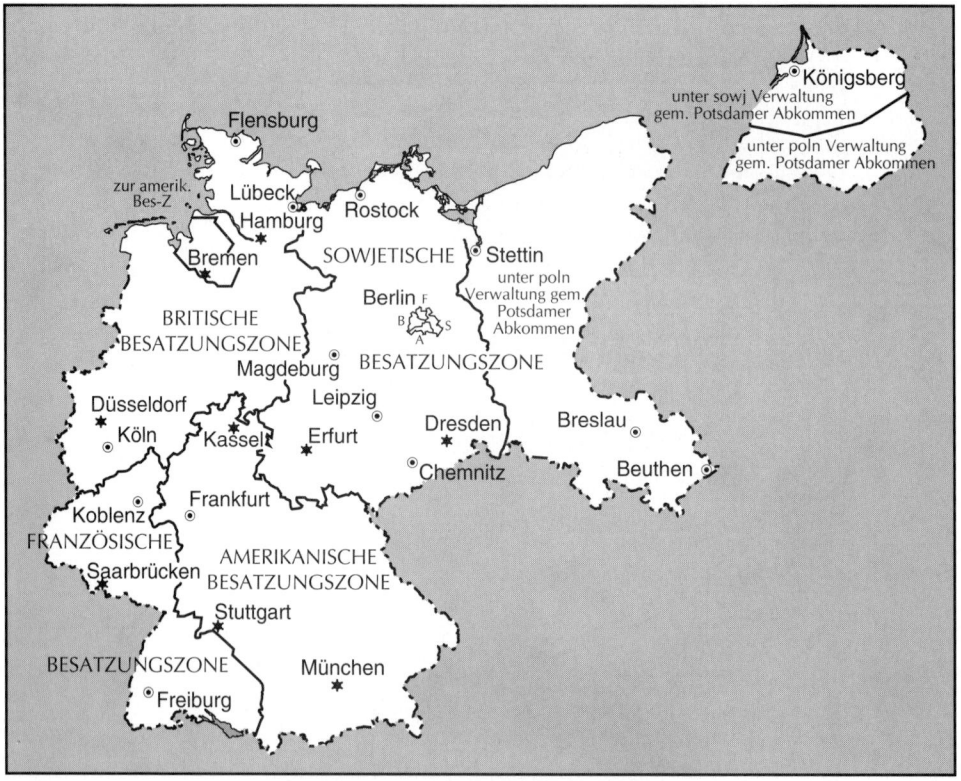

aufzuteilen und innerhalb der Besatzungszonen neue Länder zu bilden. Preußen wurde aufgelöst.° In Berlin, der Hauptstadt, sollte eine deutsche Zentralverwaltung eingerichtet werden, die die Anordnungen der gemeinsamen Militärregierung der Alliierten auszuführen hatte. Berlin sollte deshalb gemeinsam von allen vier Alliierten besetzt werden. Die Grenzen der Besatzungszonen entsprachen° nicht ganz den Linien, die die einzelnen Armeen erreicht hatten: Die Amerikaner zogen sich aus Sachsen und Thüringen nach Westen zurück. Die Volksdeutschen in Ost- und Südosteuropa, so wurde beschlossen, sollten nach Deutschland umgesiedelt werden, damit das Minderheitenproblem, das zu Hitlers Zeit viele Probleme schaffte, endgültig gelöst würde. Diese Umsiedlung hat in den ersten Nachkriegsjahren, teilweise unter sehr schlechten Bedingungen, stattgefunden, und es sind viele Menschen dabei umgekommen oder verschollen,° sicherlich mehr als eine Million. So leben heute kaum noch Volksdeutsche in Polen, Jugoslawien und der Tschechoslowakei, während Ungarn und Rumänien noch immer deutschsprachige Minderheiten haben.

auflösen *to dissolve*

entsprechen *to correspond with*

missing

Die Frage der deutschen Ostgrenzen wurde auf der Konferenz zwar nicht juristisch, aber doch praktisch entschieden. Die Sowjetunion hatte 1939 als Verbündeter Deutschlands Ostpolen annektiert, jetzt sollte Polen durch deutsche Gebiete entschädigt° werden. Die Sowjetunion erhielt das nördliche Ostpreußen, Polen das restliche Ostpreußen und alle Gebiete bis zur Oder und der Lausitzer Neiße, d. h. die Provinzen Schlesien, Hinterpommern und einen Teil der Mark Brandenburg. Auch die „Freie Stadt" Danzig, zwischen den beiden Weltkriegen ein eigenes Land, wurde Teil von Polen. Die meisten deutschen Einwohner verließen diese Gebiete oder wurden ausgewiesen.

entschädigen *to recompense*

Ein eigentlicher Friedensvertrag, der die Frage der Grenzen geregelt hätte, wurde nie abgeschlossen. Jedoch gibt es eine Reihe von Verträgen mit den vier Alliierten, und das wiedervereinigte Deutschland hat die deutsch-polnische Grenze anerkannt.

Die Teilung Deutschlands

Die Militärregierung der vier Alliierten konnte keine gemeinsame Politik ausarbeiten, da die Regierungen der vier Länder völlig verschiedene Auffassungen über die Zukunft Deutschlands hatten. Eine deutsche Zentralverwaltung wurde nicht eingerichtet. Neben den Militärgouverneuren bemühten sich die vier Außenminister in vielen Konferenzen um eine Lösung des Deutschland-Problems.

Währenddessen regierte jedes Land seine Besatzungszone nach seinen eigenen Vorstellungen. Viele der noch vorhandenen Industrieanlagen wurden als Reparationsleistungen abmontiert und abtransportiert. Die Wirtschaft in Deutschland entwickelte sich gar

DIE POLITISCHEN PARTEIEN

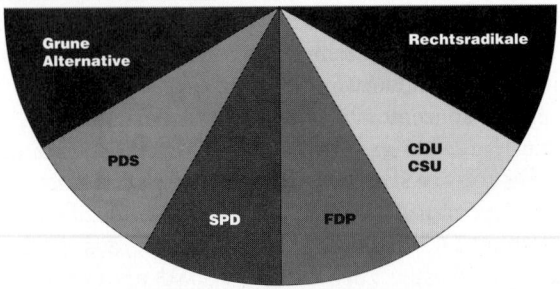

Die politische Tradition in Deutschland kennt Parteien mit den folgenden Richtungen: Konservative, Liberale, Christliche, Sozialistische, Unabhängige Linke und Rechtsradikale Parteien. Die Namen dieser Parteien haben oft gewechselt, und mit dem Wechsel der Zeiten änderten sich auch die Programme. Doch die Orientierung ist gleich geblieben. Sie entspricht den Parteien der meisten anderen Länder Europas.

Hier die wichtigsten Namen nach 1945 bis heute:

UNABHÄNGIGE LINKE	SOZIALISTISCHE	LIBERALE	CHRISTLICHE	KONSERVATIVE	RECHTSRADIKALE
Die Grünen, Umweltparei mit dem Programm einer Basisdemokratie	Sozialdemokratische Partei Deutschlands (SPD), ab 1946 nicht mehr in der Sowjetzone und DDR vorhanden; Partei eines Reform-sozialismus	Freie Demokratische Partei (FDP)	Zentrum: katholische Partei, absorbiert von der CDU	Deutsche Partei (DP), absorbiert von der CDU	Sozialistische Reichspartei (SRP), 1952 verboten
Bündnis 90, Vereinigung von Gruppen der früheren DDR, die in Opposition zum SED-Regime standen	Kommunistische Partei Deutschlands (KPD), bis 1946 in der Sowjetzone; in der BRD 1956 verboten	Liberal-demokratische Partei Deutschlands (LDPD) in der DDR, nach 1989 absorbiert von der FDP	Christlich-Demokratische Union (CDU), christliche Partei für alle Konfessionen, mit konservativen Tendenzen		Nationaldemokratische Partei Deutschlands (NPD), zweitweise stark um 1970
Alternative Listen, Gruppe unabhängiger Sozialisten, die sich in einigen Städten und Ländern zusammenschließen	Deutsche Kommunistische Partei (DKP), kommunistische Partei in der BRD ab 1968		Christlich-Soziale Union (CSU), eigen-ständige Organisation der CDU in Bayern		Die Republikaner
	Sozialistische Einheitspartei Deutschlands (SED) führende Partei der DDR ab 1946, entstanden durch den Zusummenschluß von SPD und KPD				Deutsche Volksunion (DVU)
	Partei für demokratischen Sozialismus (PDS), sozialistische Partei, vor allem im östlichen Deutschland, nach der Auflösung der SED				

nicht. Die Währung,° die Reichsmark, besaß kaum noch Wert. Die eigentliche Währung war die des Schwarzen Marktes, die „Zigarettenwährung", denn der Wert einer Ware wurde meistens nach der Zahl der Zigaretten berechnet, die man dafür geben mußte. Alle Lebensmittel, Textilien und Haushaltswaren waren rationiert und sehr knapp; so entwickelte sich ein Schwarzer Markt, auf dem andere Preise galten, und der meistens als Tauschhandel funktionierte. Die große Not in Deutschland rief im Ausland, vor allem in den USA, das Mitleid wach: Hilfsprogramme und private Sendungen retteten viele Menschen.

currency, money

Bereits im Jahr 1945 entstanden wieder politische Parteien, zuerst in der sowjetischen Zone: die Sozialdemokratische Partei Deutschlands (SPD), die Kommunistische Partei Deutschlands (KPD), die Freie Demokratische Partei (FDP), in der sowjetischen Zone Liberaldemokratische Partei (LDPD) genannt, da sie die liberale Tradition fortsetzte, und schließlich die Christlich-Demokratische Union (CDU), eine Partei, die in der Tradition der Zentrumspartei steht, aber nicht rein katholisch ist, sondern mehrere Konfessionen vereinigt und allgemein eine christliche Weltanschauung vertritt. Rechtsparteien gab es zunächst nicht. In jeder Besatzungszone bildete die Besatzungsmacht neue Länder, und sie ließ Wahlen abhalten; zuerst Gemeindewahlen, dann Landtagswahlen.° Die große Überraschung bei diesen Wahlen war der Mißerfolg der KPD. Man hatte erwartet, daß sie eine der stärksten Parteien würde. Am meisten Stimmen bekamen jedoch die SPD und die CDU. Das war selbst bei den Gemeindewahlen in der Sowjetzone so, wo die Besatzungsmacht die KPD unterstützte. Da die Sowjetregierung entschlossen war, ihr eigenes System in ihrer Zone einzuführen, änderte sie ihre Taktik. Zuerst wurden die Arbeiterparteien vereinigt: aus der KPD und SPD entstand die SED, die Sozialistische Einheitspartei Deutschlands. Sie setzte die Politik der „Volksfront"° aus der Zeit des Antifaschismus fort, und zwar eindeutig unter der Führung der Kommunisten. Die Wahlen wurden jetzt nach einer Einheitsliste° abgehalten: Es wurde vorher festgelegt, wie viele Kandidaten jeder Partei aufgestellt und gewählt würden, und die Wähler konnten nur „Ja" oder „Nein" zu der Liste sagen. So gab es auch in der Volkskammer, dem Parlament der DDR, Abgeordnete der CDU und LDPD und anderer Parteien neben denen der SED; aber die SED bestimmte die Politik.

state legislature elections

popular front

unified list

In Berlin, das ja von den vier Alliierten gemeinsam verwaltet wurde, lehnte die SPD die Vereinigung mit der KPD ab, ebenso in den Besatzungszonen der drei Westmächte. Damit endete die Hoffnung der Russen, ganz Deutschland kommunistisch zu machen, am Widerstand der SPD. Zugleich vertiefte sich jedoch die Spaltung Deutschlands; denn nun entwickelte sich die Sowjetzone ganz anders als die drei westlichen Zonen. Die USA und Großbritannien, ungeduldig über den Stillstand der Verhandlungen mit den Russen und über die katastrophale wirtschaftliche Lage Deutschlands, richteten bereits 1946 eine gemeinsame wirtschaftliche Verwaltung ihrer Zonen ein, die den Deutschen übertragen wurde und die allmählich mehr Befugnisse° bekam. Schließlich schlossen sich die Franzosen dieser Verwaltung an. Im Juni 1948 wurde eine neue Währung, die „Deutsche Mark", eingeführt. Die Reichsmark wurde 10:1 abgewertet. Jeder Deutsche bekam 40 DM „Kopfgeld", mit dem er neu anfangen sollte. Der deutsche Wirtschaftsdirektor Ludwig Erhard setzte es durch, daß bald nach dieser Währungsreform° die Rationierungen und Produktionsplanungen aufgehoben° wurden; denn er war der Ansicht, nur eine freie, nicht vom Staat gelenkte Wirtschaft könne funktionieren. Das Chaos, das die Experten daraufhin erwarteten, trat nicht ein; es gab weder Inflation noch Hungersnot, sondern im Gegenteil, es begann ein wirtschaftlicher Aufbau, den man bald das „Wirstschaftswunder" nannte.

authority

currency reform
***aufheben** to lift*

1948 gaben die westlichen Alliierten auch die Zustimmung,° eine Verfassung für einen neuen deutschen Staat auf dem Gebiet ihrer Besatzungszonen auszuarbeiten. Und so tagte in der Pädagogischen Akademie in Bonn der „Parlamentarische Rat" unter dem Vorsitz von Konrad Adenauer und verfaßte das „Grundgesetz",° das eine provisorische Verfassung für diesen provisorischen Staat bilden sollte. Im Mai 1949 wurde diese Verfassung von den Länderparlamenten angenommen, und so konnten am 14. August 1949 die ersten Wahlen zum Bundestag stattfinden. Diese Politik der westlichen Alliierten und der westdeutschen Politiker stieß auf hartnäckigen Widerstand im Osten. Berlin, das mitten in der Sowjetzone lag, war am leichtesten anzugreifen.

consent

"basic law"

1948 war ein Jahr der kommunistischen Offensive auf der ganzen Welt; in China und in der Tschechoslowakei etablierten sich kommunistische Regierungen, in Griechenland kämpften kommunistische Partisanen—und jetzt kam Berlin hinzu. Berlin hatte eine gemeinsame deutsche Verwaltung für alle vier Sektoren; es hatte ein gemeinsames Stadtparlament. Das Rathaus lag im sowjetischen Sektor der Stadt, und die Kommunisten hatten es leicht, die Arbeit des Parlaments und der Stadtregierung zu behindern. 1948 wurde Ernst Reuter von der SPD zum Oberbürgermeister gewählt; die SED wollte seine Wahl nicht anerkennen, denn Reuter hatte verhindert, daß sich die Berliner SPD der SED anschloß. Schließlich zogen die Abgeordneten außer denen der SED in das Rathaus von Schöneberg in West-Berlin um, und nun gab es zwei Stadtparlamente in Berlin. Ähnlich war es an der Universität. Die Humboldt-Universität lag im Ostsektor, und als im Sommer 1948 der politische Druck zu stark wurde, zogen Professoren und Studenten aus und gründeten in Dahlem eine neue, „Freie Universität". Die Währungsreform beantworteten die

1948–1949 wurde Berlin neun Monate lang über die „Luftbrücke" versorgt.

Russen damit, daß alle Zufahrtsstraßen° von Berlin nach Westdeutschland gesperrt wurden. Daraufhin versorgten die Amerikaner und Engländer die Stadt neun Monate lang durch die Luft, und die „Luftbrücke"° war so erfolgreich, daß die Russen nachgeben mußten.

access roads

airlift

Die Russen akzeptierten jetzt West-Berlin und den neuen westdeutschen Staat, die Bundesrepublik. Sie führten ebenfalls eine neue Währung in ihrer Zone ein, die „Deutsche Mark (Ost)", und am 7. Oktober 1949 wurde die Deutsche Demokratische Republik, abgekürzt DDR, gegründet.

Die deutsche Bevölkerung nach dem Krieg

Die vielen Anforderungen° und Leiden des Krieges waren eine schwere Last für alle Deutschen. Als der Krieg zu Ende war, waren die Deutschen erleichtert. Endlich konnte man wieder ruhig schlafen. Man hatte den Krieg überlebt. Etwa 7 Millionen haben den Krieg oder die Vertreibung nicht überlebt. Es wird oft gesagt, die Deutschen seien 1945 verzweifelt gewesen, ohne Hoffnung. Das ist nicht wahr. Gewiß, die Nachrichten über die nationalsozialistischen Verbrechen im Namen des deutschen Volkes waren schrecklich. Jeder, der bis zuletzt an den Nationalsozialismus geglaubt hatte, mußte tief enttäuscht sein. Aber viele Deutsche hatten schon vorher diesen Glauben verloren, auch junge Leute. Sie waren enttäuscht, erschüttert,° voller Zweifel. Aber das Leben ging weiter. Natürlich waren die Jahre nach 1945 schwer; aber

demands

moved, shaken

waren die Kriegsjahre nicht auch schwer gewesen? Die Deutschen dachten 1945 nicht nur daran, wie man physisch überleben konnte. Gewiß, das war schwierig genug; denn von den Rationen konnte man nicht existieren. Aber es fing auch ein neues Leben an. Die Theater, Konzerte und Vorträge waren voll, in ungeheizten° und oft behelfsmäßigen° Sälen. Es bestand Hoffnung auf eine neue Gesellschaft. Von Politik wollten die meisten Deutschen noch nichts wissen. Sie waren gebrannte Kinder, und sie trauten den Alliierten nicht. Nur wer vor 1933 schon aktiv gewesen war, fing an, die alten Parteien aufzubauen. Über einen Punkt waren sich alle Deutschen einig: nie wieder Krieg, nie wieder Militär. Da brauchten die Alliierten keine Propaganda der Demilitarisierung in Gang zu bringen.

not heated
makeshift

Die ersten Hoffnungen wurden schnell enttäuscht, jedenfalls in den westlichen Zonen. Die alten Nazis, die man kannte, wurden nicht bestraft, die Beamten blieben die gleichen, die Parteien waren die alten: Kurz, eine Erneuerung des politischen und gesellschaftlichen Lebens fand nicht statt. Ab 1948 deuteten alle Zeichen auf „Restauration" , auf eine konservative Wiederherstellung alter Zustände. Die Regierung bestand aus alten Männern. Die junge Generation wandte sich von der Politik ab. Jeder sagte sich: Ich will doch wenigstens mein Privatleben genießen so weit ich kann, und das tun, was mir Spaß macht. Das „Wirtschaftswunder" wurde dadurch vorangetrieben, daß jeder Deutsche das wieder haben wollte, was er einmal gehabt hatte: Eine schöne Wohnung oder gar ein Haus, hübsche Möbel, genug Geld zu Ferienreisen. Als er das hatte, wollte er mehr: Ein Auto, einen Eisschrank und eine Waschmaschine, eine bessere Wohnung. Der deutsche „Materialismus" , von dem viel die Rede ist, hat vor allem zwei Wurzeln: Die Enttäuschung über die Richtung der deutschen Gesellschaft ab 1948 und das Bestreben,° die Deklassierung durch Krieg, Flucht und Vertreibung wieder auszugleichen.

endeavor

Die deutschen Schriftsteller haben nach dem Krieg die Stimmung der deutschen Bevölkerung präzise geschildert. Wer Werke von Wolfgang Borchert, Heinrich Böll, Wolfgang Koeppen, Gerd Gaiser, Günter Grass, Martin Walser und Günter Eich liest, bekommt einen Eindruck von den Zweifeln und Problemen der Bevölkerung. Die Politik der neuen Regierung war zwar sehr erfolgreich, aber sie war auch demoralisierend. Wie konnte ein Deutscher um 1950 akzeptieren, daß Deutschland wieder eine Armee aufbauen sollte? Wie konnte er verstehen, daß die alten Nazis besser behandelt wurden als die Opfer des Nationalsozialismus? Von dem „Mann auf der Straße" her gesehen waren die fünfziger Jahre, die Jahre des Wirtschaftswunders, eine Zeit des Zweifels. Man kümmerte sich um seine persönlichen Angelegenheiten und glaubte

1949: die ersten Volkswagen werden exportiert.

nicht an den Rest. Es dauerte bis nach 1960, bevor die Bevölkerung begann, an der Politik der Bundesrepublik Anteil zu nehmen.

Natürlich waren die Verhältnisse in der „Ostzone", der Deutschen Demokratischen Republik, anders. Hier sollte nun wirklich eine ganz neue Gesellschaft entstehen. Die alten Nazis, die Kapitalisten und die Großgrundbesitzer° verloren Macht und Reichtum, die Regierung lag in den Händen von Gegnern der Nationalsozialisten, die aus der Emigration zurückkehrten oder die Konzentrationslager überlebt hatten. Doch auch hier gab es Schwierigkeiten, die es verhinderten, eine wirklich neue Gesellschaft aufzubauen: Die stalinistische Politik erlaubte es nicht, einen eigenen deutschen Weg zum Kommunismus zu beschreiten.° Unabhängig denkende Kommunisten gerieten bald in Schwierigkeiten. Die Funktionäre und die russische Besatzungsmacht machten viele psychologische und taktische Fehler. Sie gewannen die Masse der Bevölkerung nicht für sich. Und wer unzufrieden war, „stimmte mit den Füßen ab". Er verließ seine Heimat und ging in die westlichen Zonen bzw. die Bundesrepublik. Die Umwandlung zum sozialistischen Land führte zur Enteignung° von Bauern, Unternehmern und Geschäftsinhabern. Warum sollten sie bleiben? Die Gesamtzahl dieser Flüchtlinge° oder Zuwanderer beträgt mehr als 3,5 Millionen.

large landowners

***beschreiten** to enter, to take*

expropriation

refugees

So war der Anfang des neuen Lebens nach 1945 nicht sehr hoffnungsvoll. Für die deutsche Bevölkerung war das Leben weitergegangen. Aber gab es noch eine „deutsche Nation"? Was sollte die Orientierung der neuen deutschen Gesellschaft sein?

Der Kalte Krieg in Deutschland

Seit 1949 gab es also zwei deutsche Staaten, die Bundesrepublik Deutschland (BRD) und die Deutsche Demokratische Republik (DDR). Beide Staaten integrierten sich in ein anderes, gegensätzliches Staatensystem, beide Staaten entwickelten eine gegensätzliche Wirtschafts- und Gesellschaftsordnung. Der „Eiserne Vorhang" des Kalten Krieges ging quer durch Deutschland. Die Grenze zwischen den beiden deutschen Staaten war willkürlich und zerriß ein zusammengehöriges Land. Doch je länger die Teilung dauerte, und das wurden schließlich mehr als vierzig Jahre, desto größer wurden die Unterschiede, und desto fremder wurden sich die Menschen. Die politische Möglichkeit für eine Wiedervereinigung schien immer geringer zu werden. Die Menschen richteten sich in ihrem Teil Deutschlands ein und versuchten, die Grenze zu ignorieren.

Dabei wäre es möglicherweise auch anders gegangen. So zeigte es jedenfalls das Beispiel Österreich. Österreich konnte sich allerdings auf eine Erklärung der Alliierten stützen, die besagte, daß das Land in den Grenzen von 1938 wiederhergestellt werden sollte. 1945 wurde sofort eine österreichische Bundesregierung gebildet. Doch zunächst blieb das Land von den alliierten Truppen besetzt. Es gab vier Besatzungszonen und vier Sektoren in der Hauptstadt Wien. Die österreichische Regierung konnte 1955 einen „Staatsvertrag" mit den Alliierten abschließen. Die alliierten Truppen, auch die der Sowjetunion, zogen ab. Österreich nahm an keinem Militärbündnis teil und blieb neutral im Ost-West-Konflikt.

Eine ähnliche Lösung hatte die Sowjetunion 1952 für Deutschland vorgeschlagen, und bis 1960 erneuerte sie ihre verschiedenen Vorschläge zur Wiedervereinigung. Der Westen, sowohl die Alliierten als auch die Bundesregierung, lehnte ab. Sie mißtrauten dem Konzept der Neutralisierung. Bei den ersten Wahlen zum Bundestag errang überraschenderweise die CDU den Sieg, und ihr Vorsitzender° Konrad Adenauer wurde Bundeskanzler. Im Gegensatz zur SPD war Adenauers Politik nicht in erster Linie auf das Ziel der Wiedervereinigung gerichtet, sondern auf die Versöhnung und Gleichberechtigung mit den westlichen Nationen.

chairman

Adenauers Politik war erfolgreich. 1955 bekam die Bundesrepublik ihre volle Souveränität. Sie baute eine neue Armee auf, die Bundeswehr, und integrierte ihre Truppen in die NATO. 1957 wurde sie Mitglied der ursprünglichen EWG, der Europäischen Wirtschaftsgemeinschaft, und anderer europäischer Gremien. Trotz der Vorbehalte° gegen den verabscheuten° Feind von gestern wurde die Bundesrepublik als Partner akzeptiert. Das geschah natürlich nicht aus Freundschaft und Menschenliebe, sondern aus politischer Notwendigkeit. Der Westen brauchte in Mitteleuropa ein starkes Bollwerk° gegen den Feind im Osten.

*reservations/**verabscheuen** to detest*

bastion

„Der deutsche Zeigefinger": Ludwig Erhard und Konrad Adenauer

Unerwarteterweise entwickelte sich nämlich die Bundesrepublik schnell zu einem Land mit einer starken Wirtschaft. Ludwig Erhard, Adenauers Wirtschaftsminister, galt als der Vater des Wirtschaftswunders. Seine Erfolge verhalfen der CDU zu weiteren Siegen bei den Bundestagswahlen von 1953 und 1957. Natürlich gibt es kein „Wirtschaftswunder". In der Bundesrepublik half eine Kombination von günstigen Bedingungen und praktischer Wirtschaftspolitik. Es gab mehr als genug erfahrene Fachleute° in Deutschland, die nur darauf warteten, wieder arbeiten zu können. Alle waren es gewohnt, auch mit den schwierigsten Bedingungen fertig zu werden, war es doch seit der Wirtschaftskrise um 1930 nie mehr „normal" in Deutschland zugegangen. 1944, als die Zerstörungen des Krieges ihren Höhepunkt erreichten, hatte die industrielle Produktion ihren höchsten Stand. In dieser Hinsicht war der Luftkrieg der Alliierten ein Fehlschlag° gewesen. Jetzt hatten diese Fachleute nicht nur den Wunsch, das Land wieder aufzubauen, sondern vor allem Geld zu verdienen, um ihre eigenen Wünsche zu befriedigen. Da jeder Deutsche sich neu einzurichten wünschte, da Millionen Häuser und öffentliche Gebäude zu bauen waren, war der Binnenmarkt denkbar aufnahmefähig. Aber auch die Bedingungen für den Export waren gut. Die deutsche Industrie war gezwungen, sich die neuesten Anlagen anzuschaffen, denn die alten waren zerstört oder von den Alliierten demontiert worden. Also produzierte man besser und billiger. Der Korea-Krieg kam zur rechten Zeit, um der deutschen Industrie den Zugang zum Weltmarkt zu erleichtern.

specialists

failure

Aufstand am 17. Juni 1953: Demonstranten am Potsdamer Platz in Ost-Berlin bewerfen sowjetische Panzer mit Steinen.

Das größte Problem hätte das Anfangskapital sein können. Der deutsche Staat war arm, und der Industrie fehlte es an Geld. Hier sprangen die USA ein; die Kredite des Marshall-Plans kamen gerade zur rechten Zeit. Nachdem einmal der Anfang gemacht war, „lief" die Wirtschaft. Sie erlaubte es dem Staat, die vielen Millionen von Flüchtlingen und Vertriebenen° zu integrieren und zu entschädigen, und ebenfalls Entschädigung für zerstörte Gebäude zu leisten. Die Bundesrepublik honorierte die deutschen Schulden der Vergangenheit und wurde ein solider und zuverlässiger Partner.

expellees

Viel schwieriger war der Anfang in der sowjetischen Zone und dann in der DDR. Die DDR hatte viel weniger wirtschaftliche Möglichkeiten als die BRD. Die Sowjetunion, die der Zweite Weltkrieg 20 Millionen Menschenleben und gewaltige Schäden gekostet hatte, demontierte mehr Fabriken als die westlichen Alliierten, verlangte Lieferungen aus der laufenden Produktion und holte Fachleute aus Deutschland zur Anleitung russischer Arbeiter. Schwerindustrie gab es viel weniger als in Westdeutschland. Die Wirtschaftsplanung war oft alles andere als zweckmäßig. Die Bevölkerung ließ sich nicht so leicht für den Sozialismus begeistern. Der Vergleich mit dem Westen machte die Menschen oft unzufrieden.

Eine Erhöhung der Arbeitsnormen° führte am 17. Juni 1953 zu Streiks in Ost-Berlin und dann einem allgemeinen Aufstand in der DDR. Die Bevölkerung forderte eine Änderung des Regimes. Die Sowjetarmee griff ein, und die SED-Regierung stabilisierte sich.

norms for average workload

Am 13. August 1961 wird die Mauer in Berlin gebaut.

Doch die Unzufriedenheit der Menschen war nicht beseitigt. In der Bundesrepublik gab es viel Arbeit. Immer mehr Menschen verließen die DDR. Die DDR sperrte die deutsch-deutsche Grenze mit Stacheldraht, Wachttürmen und Minenfeldern ab. Dazu kam ein Streifen Niemandsland und Sperrgebiete. Doch Berlin, die Vier-Mächte-Stadt, war immer noch offen. Als um 1960 neue Maßnahmen auf dem Wege zum Sozialismus weitere Menschengruppen betrafen und die Zahl der Flüchtlinge wuchs, mußte die DDR zu einer radikalen Maßnahme greifen: am 13. August 1961 baute sie eine Mauer quer durch Berlin. Trotz aller dramatischen Fluchtversuche machte das für die meisten Menschen die Flucht aus der DDR unmöglich.

Das Brandenburger Tor in Berlin, vom Westen her gesehen: zur Zeit der Teilung der Stadt und, als das Volk die Mauer überkletterte.

KAPITEL 14

Die Berliner Mauer und ihr Fall

1969	Willy Brandt Bundeskanzler, Koalition der SPD und FDP.
1970	Verträge der BRD mit Polen und der Sowjetunion.
1972	Grundvertrag zwischen BRD und DDR.
1973	BRD und DDR Mitglieder der UNO.
1976	Erich Honecker, erster Parteisekretär seit 1971, wird Staatsratsvorsitzender.
1982	Koalitionsregierung der CDU/CSU und FDP, Bundeskanzler Helmut Kohl.
1989	9. November: Öffnung der Berliner Mauer und der deutsch-deutschen Grenze.
1990	18. März: Wahlen in der DDR.
	1. Juli: Währungseinheit der BRD und DDR.
	3. Oktober: Wiedervereinigung Deutschlands.
	2. Dezember: erste Wahlen zum gesamtdeutschen Bundestag, Wahlsieg der CDU/CSU, neue Regierung Helmut Kohl.
1991	20. Juni: der Bundestag stimmt für Berlin als Sitz der Regierung und des Bundestages.

Das deutsch-deutsche Verhältnis auf dem Weg zur Entspannung

Das Jahr 1961 brachte den Beginn einer Neuorientierung der deutschen Politik. Der Bau der Mauer in Berlin machte deutlich, daß die Politik der Bundesregierung nicht die Wiedervereinigung bringen konnte, wie die Propaganda der CDU es der Bevölkerung erzählt hatte. Die Teilung Deutschlands schien unwiderruflich.° Die SPD, die die wichtigen Entscheidungen Adenauers, vor allem die Bundeswehr und Integration in den Westen, abgelehnt hatte, akzeptierte jetzt die neue Situation. Ihr „Godesberger Programm" machte aus ihr eine moderne, reformistische Volkspartei. Bei den Bundestagswahlen 1961 hieß ihr Kanzlerkandidat Willy Brandt, der Regierende Bürgermeister von Berlin. Er fand die aktive Unterstützung vieler Schriftsteller und Professoren und der jungen Generation. Adenauer gewann die Wahl, aber seine Autorität war in Frage gestellt. Es gab eine Alternative zur CDU und ihrer Politik. 1962 führten Übergriffe° des damaligen Verteidigungsministers Franz-Josef Strauß gegen die Zeitschrift „Der Spiegel" zu den ersten politischen Demonstrationen von Studenten. Adenauer trat 1963 zurück. Sein Nachfolger Ludwig Erhard mußte bereits 1966 aufgeben, ausgerechnet wegen einer Wirtschaftskrise. Ihm folgte eine „Große Koalition" der CDU und SPD, und 1969 gelang es der SPD, in einer Koalition mit der FDP die Bundesregierung zu bilden. Der Bundeskanzler hieß Willy Brandt.

irrevocable

encroachments, illegal actions

„Der Warschauer Kniefall": Bundeskanzler Willy Brandt 1970 am Denkmal des früheren Ghettos in Warschau

Ähnlich wie Adenauers Regierung im Jahr 1949 stellte Brandts erste Regierung die Weichen° für die folgende Entwicklung. Die Integration in den Westen war vollzogen; sie hatte mit zur Entwicklung der Europäischen Gemeinschaft geführt, der inzwischen außer der Bundesrepublik auch Frankreich, Belgien, die Niederlande, Luxemburg, Dänemark, Italien, Großbritannien, Griechenland, Irland, Spanien und Portugal angehören. Sie hatte die Bundesrepublik zum Mitglied der NATO gemacht. Sie hatte eine Versöhnung mit Frankreich bewirkt und eine friedliche Lösung des Saarproblems. Das Saarland war 1957 nach einer Abstimmung Bundesland geworden.

die Weichen stellen *used here: to make the basic decisions*

Hingegen waren die Beziehungen zum Ostblock rein negativ. 1955 war Konrad Adenauer mit einer Delegation nach Moskau gefahren, und die Bundesrepublik hatte diplomatische Beziehungen zur Sowjetunion aufgenommen. Dafür kamen die restlichen Kriegsgefangenen aus der Sowjetunion nach Deutschland zurück. Aber vorherrschend blieb die „Hallstein-Doktrin". Die Bundesrepublik erkannte die DDR nicht an. Offiziell war sie nicht vorhanden. Es gab nur die „sogenannte DDR". Jedes Land, das diplomatische Beziehungen zur DDR aufnahm, wurde von der Bundesrepublik ignoriert, Wirtschaftshilfe wurde abgeschnitten.° Diese defensive und negative Politik wurde ab 1966 vorsichtig revidiert, aber erst ab 1969 wagte die Regierung Brandt ihre neue „Ostpolitik". Sie schloß 1970 Verträge mit der Sowjetunion und Polen ab, in denen die Bundesrepublik sich verpflichtete, die deutschen Ostgrenzen nicht mit Gewalt zu ändern. Das bedeutete eine faktische Anerkennung der heutigen Staatsgebiete. Diese Anerkennung bedeutete die Grundlage für eine Politik der Entspannung, der Détente. Volksdeutsche aus Polen und der Sowjetunion konnten jetzt die Erlaubnis bekommen, zu ihren Angehörigen° in der Bundesrepublik umzusiedeln. Die Verträge sahen bessere wirtschaftliche Beziehungen und kulturellen Austausch vor. Den diplomatischen Beziehungen zu Polen folgten die zu den anderen Ländern Ost- und Südosteuropas.

abschneiden *to cut off*

relatives

Gleichzeitig änderten sich auch die deutsch-deutschen Beziehungen. Eine neue Epoche begann mit dem Grundvertrag von 1972. Diesem war 1971 ein Vier-Mächte-Vertrag über den Status von Berlin vorausgegangen. Auch hier sollte Entspannung an die Stelle der Konfrontation treten. Es wurden neue Möglichkeiten geschaffen, daß Bundesdeutsche, und vor allem West-Berliner, nach Ost-Berlin und in die DDR reisen konnten. Auch hier waren Austausch und Zusammenarbeit vorgesehen.

Der real existierende Sozialismus der DDR

Die DDR hatte einiges Interesse daran, auf diese Ostpolitik einzugehen. In den fünfziger Jahren hatte es noch Auseinandersetzungen in der Führung der SED um den richtigen Kurs gegeben;

aber nach der letzten Krise von 1957 war Walter Ulbricht die unbestrittene° Führerfigur. 1960 starb der Staatspräsident Wilhelm Pieck. Jetzt wurde Ulbricht auch der Vorsitzende des Staatsrats und damit der Repräsentant des Staates nach außen. Der staatliche Aufbau der DDR war eher verwirrend: es gab ein Parlament, die Volkskammer. In ihr waren fünf politische Parteien vertreten, außer der SED, der CDU und der LDPD die Demokratische Bauernpartei Deutschlands (DBD) und die Nationaldemokratische Partei Deutschlands (NDPD). Auch die sogenannten „Massenorganisationen", die „Freie Deutsche Jugend" (FDJ), die Gewerkschaften, der Demokratische Frauenbund und der Deutsche Kulturbund, schickten Abgeordnete in die Volkskammer. Die Zahl der Abgeordneten für jede Partei und Organisation war vorher festgelegt, denn sie bildeten zusammen eine „Nationale Front"; aber die Wähler konnten ihren Abgeordneten als Person ablehnen. Es gab einen Ministerrat, der die Beschlüsse° der Volkskammer ausführte und das Land verwaltete. Die Volkskammer tagte nur selten. In der Zwischenzeit machte der Staatsrat die Gesetze und bestimmte die Politik. Diese Politik kam aus der Führung der SED, und deren Generalsekretär wurde der Erste Vorsitzende des Staatsrats.

undisputed

decrees

Manchmal gab es allerdings Änderungen. 1971 verlor Walter Ulbricht seine Führungsposition in der SED, aber blieb Vorsitzender des Staatsrats. Erst einige Jahre nach seinem Tod 1973 konnte sein Nachfolger Erich Honecker wieder die Staats- und Parteiämter vereinigen.

Der Bau der Mauer in Berlin war ein wichtiges Datum für die DDR. Jetzt konzentrierte sie sich auf den Aufbau einer sozialistischen Wirtschaft. Dabei gab die Regierung ab 1963 den Wirtschaftsexperten mehr freie Hand bei der Planung und Wirtschaftsorganisation. In den sechziger und siebziger Jahren wurde die DDR zu einer beachtlichen wirtschaftlichen Macht, an zweiter Stelle im Ostblock hinter der Sowjetunion. Die bessere Versorgung mit Konsumgütern machte die Bevölkerung zufriedener; aber sie verstärkte auch die Tendenz, sich vor allem um die eigenen privaten Angelegenheiten zu kümmern. Der Sozialismus, das hatte die Partei immer gelehrt, verlangte einen „neuen Menschen", einen Menschen, der zuerst an die Gemeinschaft dachte und begriff, daß der Fortschritt der Gemeinschaft am Ende auch das individuelle Glück bringen würde. Diesen neuen Menschen und den Aufbau des Sozialismus darzustellen sollte die Aufgabe der Literatur sein.

Für ein sozialistisches Deutschland hatten vor 1933 viele Schriftsteller gearbeitet. 1933 wurden sie verfolgt und mußten emigrieren. Nun waren sie zurückgekommen und hofften, ihren Traum zu verwirklichen. Jedoch der real existierende Sozialismus war nicht unbedingt so, wie sie es sich gedacht hatten. Dennoch lebten etliche prominente Schriftsteller in der DDR und vertraten ihren Sozialismus, vor allem Bert Brecht (1898–1956) und Anna Seghers (1900–1983). Die Partei wollte nun, daß diese Rückkehrer und die neue Generation über die Gegenwart schrieb, und zwar realistisch, aber positiv. In den späten fünfziger Jahren animierte die Partei auch die Arbeiter dazu, selbst zu schreiben. Etliche jüngere Schriftsteller arbeiteten eine Zeitlang in Fabriken. In den sechziger Jahren erschienen Bücher, die das neue Leben interessant darstellten, darunter „Der geteilte Himmel" von Christa Wolf (1963), „Die Aula" von Hermann Kant und „Ole Bienkopp" von Erwin Strittmatter. Aber bald behandelten die Schriftsteller vorzugsweise die Menschen, die nicht richtig in die Gesellschaft paßten, und ihre oft sehr privaten Probleme. Solche kritischen oder nicht „positiven" Bücher wurden nicht gern gedruckt und erschienen manchmal nur im Westen. Sogar Christa Wolf „enttäuschte" durch ihren nächsten Roman „Nachdenken über Christa T." (1968). Der Bestseller unter den nicht angepaßten Büchern wurde „Die neuen Leiden des jungen W." von Ulrich Plenzdorf (1971), in zwei Fassungen als Theaterstück und Erzählung. In den siebziger Jahren drang das Phantastische in die DDR-Literatur ein, und in den realistischen Werken wurde die Wendung zu privaten Problemen deutlich.

Das war kein Zufall. Die „Ostpolitik" brachte für die DDR zuerst große Vorteile, aber sie hatte einen Preis. Der wichtigste Vorteil war die internationale Anerkennung. Die Bundesrepublik gab ihre bisherige Politik auf. Sie erkannte die Existenz zweier deutscher Staaten an, blieb aber dabei, daß es nur eine deutsche Nation gebe; während die DDR darauf bestand, die beiden deutschen Staaten seien endgültig getrennt. Ein Deutscher, der von der DDR in die BRD kam, besaß automatisch ihre Staatsangehörigkeit, nicht aber umgekehrt. Nun gab es Botschaften der DDR in den westlichen Ländern, und beide deutschen Staaten wurden Mitglied der UNO.

Der Preis, den die DDR zahlte, war der Reiseverkehr in Deutschland. Deutsche aus der BRD konnten Visen nach Ost-Berlin und in die DDR erhalten. Allmählich gab es auch mehr Möglichkeiten für Deutsche aus der DDR. Zuerst erlaubte die Regierung den Rentnern, einmal im Jahr vier Wochen in den Westen zu reisen. Später gab es Reiseerlaubnis für wichtige Familienanlässe.° Durch solche Reisen und durch das Fernsehen aus dem Westen, das man in großen Teilen der DDR empfangen konnte, erfuhren die Bewohner der DDR, was es alles im Westen zu kaufen gab. Die Regierung richtete sogar in der DDR „Intershops" ein, wo man westliche Waren kaufen konnte, wenn man westliches Geld hatte. So stand die Regierung ständig unter dem Druck der Bevölkerung, mehr Konsumgüter zu beschaffen. Warum sollte

family occasions

man sieben, ja zehn Jahre warten, bis man sich ein Auto kaufen konnte? Warum fehlten so oft Ersatzteile?° Die Unzufriedenheit der Menschen wuchs mit dem Wohlstand. Zu lange hatte man ihnen gesagt, daß in der Zukunft, „in Kürze", alles so reichlich vorhanden sein würde wie im Westen.

spare parts

In den sechziger Jahren war die Wirtschaft neu organisiert und modernisiert worden. In den siebziger Jahren begann jedoch im Westen die elektronische Revolution, und ebenfalls begannen immer mehr Menschen, sich über die Erhaltung der Umwelt Gedanken zu machen. Die Planer und Verwalter der DDR, wie der anderen Ostblockstaaten, kümmerten sich kaum um Umweltprobleme, und die Elektronik war zu teuer. Das Wirtschaftssystem des Ostblocks funktionierte irgendwie, und innerhalb dieses Systems hatte die DDR einen gesicherten Platz. Doch die Produktivität, verglichen mit dem Westen, war niedrig. Die Verfassung der DDR enthielt das Recht auf Arbeit. Es wurden viele Menschen in Stellungen beschäftigt, die nicht unbedingt nötig waren. Außerdem gab es zu viel Arbeitsausfall.° Entweder kam das Material nicht, oder die Maschinen mußten repariert werden. Offensichtlich wurde nicht genug Geld für neue Maschinen und neue Entwicklungen ausgegeben.

loss of work hours

Die Probleme einer zentral geplanten Wirtschaft zeigten sich besonders im Wohnungsbau. Es gab nicht genug Wohnungen. Die Regierung konzentrierte sich auf Hochhäuser am Rande der Städte, die im schnellen Fertigbau° errichtet werden konnten. Währenddessen verfielen° die Innenstädte. So weit es noch Privathäuser waren, bekamen die Besitzer nicht das Geld, sie zu erneuern. Die Mieten waren sehr niedrig und von der Regierung festgelegt. Je länger das dauerte, desto schlimmer sahen die Häuser aus.

construction with prefabricated elements

***verfallen** to fall into disrepair*

Reformen und Krisen

Brandts Reformen in der Bundesrepublik betrafen keineswegs nur die Deutschlandpolitik. Die sechziger Jahre waren die Zeit der Studentenbewegung. Die neue Generation der Studenten wollte nicht mehr von den Ordinarien,° den alten Professoren abhängig sein. Die Zahl der Studenten vergrößerte sich rapide, und die Studenten wollten bestimmen oder wenigstens mitbestimmen, was in der Universität geschah. Neue Universitäten waren notwendig, und sie sollten anders aussehen. Jeder sollte eine Chance bekommen. Neben die Universitäten traten die „Gesamthochschulen", so wie neben die traditionellen Gymnasien auch „Gesamtschulen" traten. Gegen Ende der sechziger Jahre wurde die Studentenbewegung immer mehr politisiert. Der Vietnamkrieg brachte auch in Deutschland viele Proteste hervor. Die Studenten erstrebten eine radikale Änderung der Gesellschaft.

full professors

Dazu ist es nicht gekommen. Doch der Lebensstil in Deutschland hat sich merklich verändert. Das Privatleben ist freier geworden. Sexuelle Tabus sind gefallen. Eine neue Partei ging gleichfalls aus diesen und ähnlichen Bestrebungen hervor: die Grünen. Es ist eine Gruppe, die zum Schutz der Umwelt entstand. Sie versuchte auch gleichfalls, ein Ideal der sechziger Jahre zu verwirklichen: die „Basisdemokratie". Die Grünen wollten nicht, daß ihre Abgeordneten in Bonn und in den Landtagen eine Beamtenhierarchie bilden sollten. Diese Abgeordneten sollten der Basis verantwortlich bleiben und nach kurzer Zeit abgelöst° werden. Leider funktioniert das in der praktischen Politik nicht so gut. Insgesamt sind die Grünen, die viele Stimmen junger Wähler bekommen, ein wichtiges und belebendes Element der deutschen Politik geworden.

ablösen *to replace*

Einige der sozialistisch gesinnten Idealisten gaben es auf, diese Gesellschaft reformieren zu wollen, sei es in den Institutionen, sei es durch eine „außerparlamentarische Opposition". Sie glaubten, nur durch Gewalt und Terror könne die Gesellschaft destabilisiert und die Bevölkerung aufgerüttelt° werden. So gibt es seit den frühen siebziger Jahren in Deutschland eine Verschwörergruppe, die durch Bombenanschläge oder Entführungen° und Ermordungen prominenter Politiker und Wirtschaftsführer von sich reden macht. Diese Aktivitäten gehen bis heute fort; aber sie hatten ihren Höhepunkt um 1970, unter der Führung von Andreas Baader und Ulrike Meinhof, die in einem langen Prozeß in Stuttgart-Stammheim 1975/1976 verurteilt wurden. Die Aktionen dieser Gruppen, so störend sie manchmal waren, hätten die Gesellschaft kaum erschüttern können; aber die Regierungen, die Polizei und große Teile der Bevölkerung antworteten darauf mit einem Verfolgungseifer,° der manchmal die Freiheit des Rechtsstaates in Frage stellte. Die guten Absichten der Politik Willy Brandts wurden dadurch auch in Frage gestellt. Die Justizreform kam ins Stocken, und alle Reformen wurden verdächtig. Das Verbot der kommunistischen Partei in der BRD war aufgehoben worden; aber linksradikale „Elemente" waren inzwischen verdächtig. Die Länderregierungen beschlossen 1972, daß Bewerber für den Öffentlichen Dienst, also auch Lehrer, abgewiesen werden konnten, wenn ihre „Verfassungstreue"° nicht sicher war. Durch diesen „Radikalenerlaß" wurde eine Atmosphäre der Verdächtigung° geschaffen. Die Beteiligung an Demonstrationen konnte schon Grund für Untersuchungen sein. Die Zahl der Bewerber, die effektiv abgelehnt wurden, war klein; aber der Schaden war groß.

aufrütteln *to shock into action*
kidnappings
eagerness of persecution
loyalty to the constitution
suspicion

Inzwischen hat sich herausgestellt, daß auch die DDR dabei ihre Rolle gespielt hat. Sie hat Terroristen unterstützt oder ausgebildet, sie hatte ein dichtes Agenten- und Spionagenetz in der BRD. 1974 stellte sich heraus, daß ein enger Mitarbeiter von Willy Brandt Spion für die DDR war. Willy Brandt trat zurück. Sein Nachfolger wurde Helmut Schmidt, der bis 1982 eine Koalition der SPD und FDP führte. Helmut Schmidt hatte vor allem zwei Problemkomplexe zu bewältigen: massive Wirtschaftsprobleme und die neue außenpolitische Lage der Bundesrepublik. Die BRD war ein „Wirtschaftsriese", aber hatte sich aus vielen Problemen der Weltpolitik herausgehalten. Das wurde ihr jetzt nicht mehr erlaubt. Die wachsende Macht der Europäischen Gemeinschaft verlangte neue Entscheidungen von der Bundesrepublik, die nicht mehr einfach im Schlepptau° der westlichen Alliierten segeln konnte. Die BRD hatte ein besonderes Interesse daran, die Entspannungspolitik fortzusetzen und die Konfrontation mit dem Ostblock nicht zu hart werden zu lassen. Es bildete sich ein immer engeres Verhältnis mit Frankreich aus, das oft zu Differenzen mit den USA führte. In der Innenpolitik begann eine Reaktion gegen die vorherige Liberalisierung, und wirtschaftliche Schockwellen, wie die Ölkrise von 1974, verunsicherten auch die deutsche Bevölkerung. Das schwierigste Problem war die wachsende Arbeitslosigkeit, die auch mit den Strukturveränderungen der Wirtschaft zusammenhing. Sie betraf ganz besonders die Jugend, die keine Lehrstellen oder Studienplätze mehr bekommen konnte und das Vertrauen zu ihrem Staat zu verlieren drohte. Nach den Hoffnungen der Reformbewegung der sechziger Jahre trat jetzt eine Vertrauenskrise ein, obwohl trotz allem die Demokratie in Deutschland funktionierte und das Land nach wie vor im Wohlstand lebte.

in tow

Die „Wende" der achtziger Jahre

Der konservative Trend führte dazu, daß im Herbst 1982 die Koalition der SPD und FDP auseinanderbrach. Stattdessen regierte eine Koalition der CUD/CSU mit der FDP. Dieser Regierungswechsel, der Helmut Kohl zum Bundeskanzler machte, wurde im März 1983 von den Wählern bestätigt. Die CDU sprach gern von einer „Wende". Sie wollte den Sozialstaat einschränken. Sie fürchtete zum Beispiel weitere Beschränkungen für die Arbeitgeber. Eines der wichtigen Gesetze der siebziger Jahre war die Anordnung über die Mitbestimmung.° Alle größeren Betriebe mußten jetzt Angestellte in den Vorstand und Aufsichtsrat aufnehmen. Die Bevölkerung war auch beunruhigt über die Reform der Schulen und Berufsschulen. Viele Eltern lehnten die Gesamtschulen ab, in denen Schüler der Hauptschulen, Realschulen und Gymnasien zusammenkamen. Manche Eltern verlangten strengere Disziplin in den Schulen. Der Staat, Bundesregierung und Länderregierungen, mußte sparen und begann, die Sozialausgaben zurückzuschneiden.

codetermination

Es zeigt sich, daß die deutsche Bevölkerung ganz bestimmte, aber widersprüchliche Wünsche hat. Die Stabilität der Währung

Bundeskanzler Helmut Kohl

liegt allen Menschen am Herzen. Jeder der beiden Weltkriege hat in Deutschland eine Inflation zur Folge gehabt, durch die Millionen Menschen ihr Vermögen verloren haben. Dieses Trauma sitzt tief. Soziale Gerechtigkeit ist ein zweiter Wunsch, der weit verbreitet ist, Sicherheit vor allem. Man wünscht sich Sicherheit des Arbeitsplatzes, des Vermögens, der sozialen Verhältnisse. „Keine Experimente", ein Schlagwort der CDU aus den fünfziger Jahren, taucht immer wieder auf. Die CDU wird als konservativ, die SPD als reformistisch angesehen. Und doch wird die Sozialpolitik der SPD und zum Teil sogar ihre Bildungspolitik geschätzt. Man würdigt auch, daß die SPD es mit der Gleichberechtigung der Frau ernst meint. Zwar steht die Gleichberechtigung im Grundgesetz; aber erst durch die Regierungen von Brandt und Schmidt ist diese Idee der Wirklichkeit näher gekommen. Die Wähler haben die Tendenz, in Landtagswahlen die SPD vorzuziehen; aber nicht so sehr in der Bundespolitik.

Nun hat die Weltpolitik Helmut Kohl und seiner Regierung in den achtziger Jahren sehr geholfen. Die wachsende Verflechtung° der EG-Länder war bisher für Deutschland günstig. Im Vergleich zu anderen Ländern ist die deutsche Wirtschaft stabil geblieben. Vor allem aber hat das Wettrüsten der USA und der UdSSR zur Demontage des Kalten Krieges geführt. 1985 begann eine neue Entspannung und Annäherung der Supermächte. Im Verlauf dieser neuen Entspannung hat sich die politische Landkarte der Erde radikal verändert.

intertwinement, integration

Gastarbeiter, Rückwanderer, Einwanderer, Asylbewerber

Das heutige Deutschland wird von neuartigen sozialen Problemen geplagt, die Einwanderungsländern, wie es die USA sind, gut bekannt sind. In den sechziger Jahren, einer Zeit der Vollbeschäftigung, kamen Gastarbeiter ins Land. Bis zum Bau der Berliner Mauer hatte die Wirtschaft der BRD viele Flüchtlinge aus der DDR absorbiert. Das war kein soziales oder kulturelles Problem, und die Wirtschaft florierte ja. Nun kamen Ausländer ins Land, die meistens aus ländlichen Gebieten stammten, wenig Schulbildung hatten und kein Deutsch sprachen. Sie sollten die Arbeiten verrichten, die die Deutschen nicht mehr tun wollten. Die Gastarbeiter kamen aus dem südlichen Italien, aus Spanien, aus Jugoslawien, besonders den nördlichen Teilen, aus Griechenland und dann vor allem aus der Türkei. Nicht wenige dieser Gastarbeiter haben sich eine gute Existenz aufgebaut, andere jedoch, unter ihnen am meisten Türken, bilden ein neues Proletariat in Deutschland. Sie sollten eigentlich nur für einige Jahre kommen; aber viele von ihnen blieben, holten ihre Familien nach, und ihre Kinder wuchsen in Deutschland auf. Auch hier gibt es viele Beispiele, daß die zweite Generation sich ganz in die deutsche Gesellschaft integriert. Das Gegenteil kommt vor allem dort vor, wo Ausländer in geschlossenen Gruppen und Stadtbezirken leben, und das sind besonders die Türken, wo die Eltern ihren Kindern, zumal Mädchen, nicht erlauben, wie deutsche Kinder und Jugendliche zu leben.

Eine neue Einwanderungswelle kam mit den Ostverträgen in der Zeit der Regierung Willy Brandts. Menschen deutscher Herkunft in Polen und der Sowjetunion durften jetzt nach Deutschland auswandern, besonders wenn sie dort noch Familie hatten. Die BRD absorbierte auch diese Einwanderung; doch mit wachsender Arbeitslosigkeit wuchsen die Probleme, und die Bevölkerung der BRD begann zu fragen, warum diese Zuwanderer Geld für Sprachkurse (viele mußten erst richtig Deutsch lernen), eine Berufsausbildung, Wohnungszuschüsse und andere Hilfe bekamen, wo auch Einwohner des Landes Hilfe brauchten. Vor allem wurde die Frage akut, warum die Millionen Gastarbeiter im Lande blieben, wenn es Arbeitslose gab.

Diese Situation hat sich inzwischen in mehreren Phasen verschärft. Deutschland ist nicht das einzige Land im westlichen Europa, das heute Probleme eines Einwanderungslandes anpacken muß. In Frankreich und England sind ähnliche Fragen akut. Zunächst kam ein wachsender Strom von Deutschen aus der DDR, legal und illegal, bis dann 1989 die Dämme brachen. Aber anders als vor 1961 waren die neuen Zuwanderer nicht unbedingt bereit, die Arbeitsbedingungen der BRD zu akzeptieren. So gab es und gibt es erhebliche Anpassungsprobleme in Deutschland.

Doch ungleich gravierender ist die Situation der Ausländer in Deutschland. Unter diesen sind weniger die Gastarbeiter als die vielen Asylbewerber im Kreuzfeuer der Kritik. 1949, als das Grundgesetz formuliert wurde, dachten seine Verfasser an die Verbrechen und das Unrecht der Nazizeit. So enthielt das Grundgesetz auch ein unbeschränktes Recht auf politisches Asyl für Verfolgte. Niemand konnte sich vorstellen, daß diese großzügige Bestimmung so große Probleme schaffen würde. Jeder Asylbewerber, der behauptet, aus politischen Gründen geflohen zu sein, hat das Recht auf ein Aufnahmeverfahren, das seinen Status in Deutschland entscheidet. Dieses Verfahren ist gut und gerechtfertigt, wenn es sich wie in der Vergangenheit um Einzelfälle handelt. Der Bürgerkrieg in Jugoslawien 1991/1992 hat jedoch Hunderttausende nach Deutschland gebracht. Auch aus Osteuropa, aus Asien und Afrika kommen viele Menschen nach Deutschland, bei denen entschieden werden muß, ob sie kommen, um ein leichteres Leben zu haben, oder ob sie in ihrem Lande politisch verfolgt wurden und in Gefahr waren. Das ist nicht leicht festzustellen.

Deutschland ist ein dicht besiedeltes Land. Fast 6 Millionen Menschen, und so viele Ausländer gibt es inzwischen, machen mehr als 7% der Bevölkerung aus. Die Regierungen haben nicht genug Geld, den Wiederaufbau im östlichen Deutschland zu finanzieren. Die Steuern werden höher, die Sozialleistungen werden geringer. Warum sollen Ausländer Geld und Wohnungen bekommen, die den Deutschen fehlen? Manche Leute haben eine einfache Antwort und schreiben an die Hauswände: „Ausländer 'raus!" Sie wählen politische Parteien, die das versprechen. Doch die Mehrheit des Volkes versteht, daß solche Lösungen nicht nur brutal, sondern auch unmöglich sind. Deutschland ist in Europa integriert und in die Weltwirtschaft verflochten. Kirchen, Gewerkschaften und Bürgergruppen kämpfen gegen die „Ausländerfeindlichkeit". Solche Ausländerfeindlichkeit hängt auch von der sozialen Lage und dem Bildungsstand ab. Oft hat jemand, der „Ausländer 'raus!" schreit, persönliche Freunde, die Ausländer sind. Der gesamte Problemkomplex ist neu für die Deutschen. Sie haben bisher meistens in einer homogenen Gesellschaft gelebt. Sie müssen sich erst daran gewöhnen, mit „Fremden" zusammen zu sein. Besonders die Ostdeutschen hatten wenig Kontakt mit fremdartigen Menschen. Selbst die Gastarbeiter, die es auch bei ihnen gab, z.B. aus Vietnam, waren ganz isoliert. Jetzt muß man sich daran gewöhnen, sein Leben mit Menschen anderer Kultur und Muttersprache zu teilen. Das ist ein Hauptproblem für Europa insgesamt; doch vor allem für Deutschland. Der Strom von

Einwanderern und Asylbewerbern wird anhalten, solange die Erde aus reichen und armen Ländern besteht.

Die Wiedervereinigung Deutschlands

Die Entspannungspolitik der Supermächte förderte auch die deutsch-deutsche Annäherung und Zusammenarbeit. Obgleich die Politik, zumal der DDR, die Abgrenzung° betonte, gab es doch immer mehr praktische Zusammenarbeit. Die DDR brauchte dringend westliche Hilfe und war darauf angewiesen,° das Geld der BRD anzunehmen. Die Interzonenautobahnen und -eisenbahnen mußten ausgebaut und modernisiert werden. Die Existenz von West-Berlin zwang zu gemeinsamen Aktionen. Die Bevölkerung der DDR forderte mehr und bessere Konsumgüter; aber sie war vor allem reisehungrig. Zwangsläufig lockerten sich die Reisebestimmungen für die Bürger der DDR, und es war nicht mehr unmöglich, in die BRD umzuziehen, obwohl die Entscheidungen oft willkürlich° getroffen wurden. Andere Staaten im Ostblock, Ungarn vor allem, ließen mehr Privatwirtschaft zu und öffneten die Grenzen.

difference

angewiesen sein *to depend on*

arbitrary

Die SED und die Regierung der DDR wußten immer weniger, wie sie diesen Tendenzen begegnen sollten. In der Sowjetunion begann sogar eine Reformpolitik, die die SED als gefährlich ansah. 1987 feierte Berlin sein 750jähriges Bestehen, und Ost-Berlin wurde dafür restauriert. Die SED machte Pläne für Feiern zum 40jährigen Bestehen der DDR 1989. Aber die Bevölkerung dachte anders. Es schien eine günstige Gelegenheit zu kommen, in den Westen zu gehen, und die Gefahr bestand, daß allzubald dieses „Fenster" wieder zugemacht würde—wie 1961 mit der Mauer. So versuchten Ausreisewillige den Weg über Ungarn und Österreich, dann über die Tschechoslowakei. Die Brüdernationen der DDR waren nicht gewillt, die Probleme der DDR zu lösen: Ungarn öffnete die Grenzen. Eine Ausreisewelle folgte.

Inzwischen fühlten sich die reformwilligen Kräfte in der DDR ermutigt, öffentlich gegen das Regime der SED aufzutreten. Neue politische Gruppen bildeten sich, wie das „Neue Forum". Sie versammelten sich meistens in Kirchen und bestanden aus reformwilligen Sozialisten und sozial orientierten Christen. Aus den Zusammenkünften und Diskussionen wurden Straßendemonstrationen, die rasch anwuchsen. Zu brenzligen° Situationen kam es vor allem Anfang Oktober 1989 in Leipzig, wo die Gefahr bestand, daß die Truppen auf Demonstranten schießen würden. Der Sieg der Demonstranten mit ihrem Wahlspruch „Wir sind das Volk" bedeutete das Ende der SED-Herrschaft. Erich Honecker trat zurück und machte Egon Krenz Platz, der ebenfalls nur eine kurze Zeit bleiben konnte. Frühere Reformer innerhalb der SED, wie

explosive

1989: Jeder möchte selbst ein Loch in die Berliner Mauer schlagen.

Hans Modrow, versuchten jetzt, einen neuen Sozialismus, einen freiheitlichen, demokratischen, aufzubauen; aber sie wurden von den Ereignissen mitgerissen.°

mitreißen *to drag along, catch*

45 Der Drang ging offensichtlich nicht nach einem neuen Sozialismus, nach dem „Dritten Weg", sondern einfach nach dem Wohlstand, den der Kapitalismus zu garantieren schien. Am 9. November 1989 erlaubte die Regierung die Öffnung der Grenze. Zuerst fiel die Berliner Mauer, das sichtbarste und am meisten besprochene Symbol des Kalten Krieges und der deutschen Teilung. Jubelnd schlug die Bevölkerung Löcher in die Mauer und überkletterte sie. Versuche, die Flut der Menschen von beiden Seiten einzudämmen, waren fruchtlos. Der Öffnung der Grenze in Berlin folgte die der ganzen deutsch-deutschen Grenze. Demokratische Wahlen nach westlichem Muster wurden für die DDR geplant. Die DDR-Parteien, wie die CDU und LDPD, erneuerten sich, neue Parteien entstanden, die SED kam in neue Hände und bekam einen neuen Namen: Partei für demokratischen Sozialismus, PDS. Die SPD tauchte wieder in der DDR auf.

Es war offensichtlich, daß nach der Öffnung der Grenzen irgendeine Art Zusammenschluß der beiden deutschen Staaten erfolgen würde: eine Konföderation oder eine Wirtschaftsunion. Es war ebenso klar, daß eine deutsche Wiedervereinigung Ängste hervorrufen würde. Die vier Alliierten des Zweiten Weltkriegs, die USA, die Sowjetunion, Großbritannien und Frankreich, traten

November 1989: Jetzt können wir wieder zueinander! Der erste Jubel in Ost und West war groß.

wieder auf den Plan. Verhandlungen der „Zwei" (deutschen Staaten) mit den „Vier" wurden geplant. Nachbarländer wie Polen äußerten ihre Besorgnisse. Längere und schwierige Verhandlungen wurden erwartet. Doch auch hier wurden die Politiker von den Ereignissen mitgerissen. Die Wahlen in der DDR im März 1990 brachten eine unerwartet klare Mehrheit für die CDU, allerdings mit energischer Wahlhilfe von Helmut Kohl, der schnellen Wohlstand versprach. Die neue DDR-Regierung war schnell damit einverstanden, in allen wesentlichen Punkten das System der Bundesrepublik und ihre Verfassung zu übernehmen. Die DDR bildete die fünf Länder neu, die bis zur Zentralisierung von 1952 bestanden: Sachsen, Thüringen, Sachsen-Anhalt, Brandenburg und Mecklenburg-Vorpommern. Berlin sollte vereinigt und ein eigenes Land werden. Ein „Einigungsvertrag" wurde ausgearbeitet, der den Übergang zum westlichen System regeln und der Bevölkerung dabei einige Sicherheit geben sollte. Das hat er nicht geleistet, ja, manche Leute glauben, die letzte DDR-Regierung habe ihr Volk „verraten". Tatsächlich gab es sehr schnell Einigkeit über das Programm. Es gab einige Streitpunkte, zum Beispiel um die Abtreibung.° Die DDR hatte sehr viel liberalere Bestimmungen als die BRD. Das Problem wurde eher aufgeschoben° als gelöst. Insgesamt hat es einen „Anschluß" der DDR an die BRD gegeben. Das Wort Anschluß darf natürlich nicht benutzt werden; denn damit bezeichnete Adolf Hitler die Annektierung Österreichs

abortion
***aufschieben** to postpone*

im Jahre 1938. Nachdem zuerst von einer „Revolution" in der DDR die Rede gewesen ist, hat man sich inzwischen auf den Ausdruck „Wende" geeinigt.

Die Wiedervereinigung Deutschlands begann mit der Währungsänderung. Nach einem bestimmten Schlüssel wurde die Mark der DDR 1:1 oder 1:2 in westliche D-Mark umgetauscht. Die Verhandlungen mit den vier Mächten gingen vor allem um Geld: Wieviel mußte Deutschland dafür bezahlen, daß die sowjetischen Truppen aus dem Gebiet der DDR abzögen? Die Frage der Militärpakte erübrigte sich, als der Warschauer Pakt aufhörte zu existieren. Diese Wiedervereinigung ging sehr schnell, viel zu schnell, fanden viele Beobachter. Aber die Regierungen waren nicht sicher, wie lange die günstige Gelegenheit dauern würde. Und am 3. Oktober 1990 wurde Deutschland wieder zu einem Staat. Dem folgten am 2. Dezember 1990 die ersten gesamtdeutschen Wahlen zum Bundestag, die wieder eine Mehrheit der CDU/CSU und FDP brachten. Helmut Kohl wurde der erste Bundeskanzler des neuen Deutschland.

Der lange Marsch in die Zukunft

Das Erbe der SED-Herrschaft ist schwer, und zwar in einem doppelten Sinne. Die DDR war ein perfekter Sozialstaat. Alles war sicher, alles war geregelt: Krankenversicherung, Altersversorgung, das Recht auf einen Arbeitsplatz. Der einzelne Bürger bekam, was ihm zustand.° Die Preise waren nach sozialen Kriterien geregelt: die Miete war niedrig, ebenso kosteten Lebensnotwendigkeiten, Arbeitskleidung und Nahrungsmittel wenig, Luxus, oder was dafür galt, hingegen viel. Kein westliches Land kann das leisten, nicht einmal Schweden. So bedeutete die Wende einen Verlust an sozialer Sicherheit. Wenn auch die Bundesrepublik ein Sozialstaat ist, so hängt doch viel von der Initiative des Einzelnen ab, und daran war in der DDR niemand gewöhnt.

zustehen *to be entitled to*

Die Erbschaft ist jedoch vor allem schwer, weil die Wirtschaftslage viel schlechter war, als erwartet wurde. Nicht nur mußte die gesamte Infrastruktur erneuert werden: Straßen, Telefon, Wasserversorgung, Energieversorgung, das Verkehrssystem, die Verwaltung, sondern auch die Industrie war durchweg viel mehr veraltet als gedacht. Waren, die für den Ostblock gepaßt hatten, waren nicht mehr auf dem Weltmarkt verkäuflich. Die Produktivität war zu niedrig. Es gab gewaltige Umweltschäden. Besonders schwierig wurde die Eigentumsfrage. Die sozialistische Herrschaft hatte das Land, die meisten Produktionsmittel und die großen Geschäfte sozialisiert. Sie waren VEBs, Volkseigene Betriebe, geworden. Die Landwirtschaft wurde zumeist von LPGs, Landwirtschaftschaftlichen Produktionsgenossenschaften, betrieben.

Nun kamen die früheren Besitzer zurück und wollten ihr Eigentum. Und wie konnte man VEBs privatisieren? Denn es war klar, daß das Land eine sehr massive „Kapitalspritze" brauchte.

Es wurde eine neue Institution gegründet, die „Treuhandanstalt", die die Aufgabe bekam, VEBs zu privatisieren, d.h. Käufer für die Betriebe zu finden. Bis sich solche Käufer fanden, mußte aber die Treuhandanstalt diese Betriebe selbst verwalten. Damit bekam sie plötzlich eine gewaltige soziale Verantwortung, denn meistens stellte sich die Frage, wie schnell unproduktive Betriebe geschlossen oder reduziert werden sollten. Natürlich wurden die produktivsten Betriebe zuerst verkauft, und die schwierigsten Fälle blieben in den Händen der Treuhand. Vor allem verzögerte der Streit um Eigentumsrechte die Investitionen. Der Staat investierte eher als die Privatwirtschaft. Die Löhne und Gehälter stiegen schneller auf westliches Niveau als es eigentlich die Produktivität erlaubte. Der Industriestandort Ostdeutschland war kein „Billigland". Die Folge war massive Arbeitslosigkeit. Viele tüchtige „Ossis" wanderten nach dem Westen oder wurden Pendler. Wie auch in der Vergangenheit, so blieb der Vergleich mit dem Westen nach 1990 zugleich ein Vorteil und ein Nachteil. Daß dabei sehr viele psychologische und soziale Probleme für die einzelnen Menschen auftraten, ist mehr als klar.

Zusätzlich wurde die Atmosphäre dadurch vergiftet,° daß die Akten der berüchtigten Staatssicherheit,° „Stasi", ans Licht kamen. Es stellte sich heraus, wie viele Informanten und Mitarbeiter es gegeben hatte, darunter Menschen, von denen das nie zu vermuten war. Wer bisher im Öffentlichen Dienst gearbeitet hatte, auch Lehrer und Professoren, wurde nun geprüft, ob derjenige auch fachliche Qualifikation besaß oder nur aus politischen Gründen in die Stellung gekommen sei. Solche „Säuberungen" sind selten gerecht und bringen oft Unsicherheit und Bitterkeit.

poisoned
state security

Solche Probleme waren natürlich zu erwarten. Immerhin konnte sich Ostdeutschland, oder die „fünf neuen Bundesländer", darauf verlassen, Hilfe vom anderen Deutschland zu erhalten. Schwierig wurde die Lage dadurch, daß falsche Erwartungen bestanden. Optimisten glaubten, die Umstellung sei leicht, schmerzlos und schnell. Kohl hatte der BRD versprochen, keine Steuererhöhungen würden notwendig werden. Außerdem brachte der Zusammenbruch der alten Ordnung zunächst ein Machtvakuum. Die Polizei scheute sich zu autoritär aufzutreten. Die Bevölkerung, ungeübt in der freien Luft einer westlichen Demokratie, neigte zu Gewalttätigkeiten.° Oft waren die Aussichten trübe; nur Arbeitslosigkeit stand ins Haus.

violence

Nach dem ersten Enthusiasmus über den Fall der Mauer und die Öffnung der Grenzen begannen in der „alten" Bundesrepublik die Bedenken zu wachsen. Es wurde klar, daß jemand, und zwar

Berlin: Leipziger Straße mit dem Stadtzentrum im Hintergrund

der Steuerzahler, den Wiederaufbau in der bisherigen DDR finanzieren mußte. Während die ältere Generation eher gewillt war, mitzuhelfen und auch Opfer zu bringen, bedeutete die Wiedervereinigung für die jüngere Generation viel weniger. Der Osten Deutschlands war für sie ein fremdes Land. Andererseits war es wiederum die ältere Generation, die meinte, man dürfe es den „Ossis" auch nicht zu leicht machen. Man habe selbst nach 1948 ja auch mit nichts angefangen und schwer gearbeitet. Es ist klar, daß dieser Vergleich nicht paßt; aber er ist trotzdem weit verbreitet. Dazu kommt die Vorstellung, die „Ossis" seien nicht gewillt schwer zu arbeiten. Darüber liefen viele Anekdoten um. Von der Perspektive der „Ossis" hingegen sind die „Wessis" arrogant, herablassend und taktlos, sie sind „Besserwessis".

Es dauert auch geraume Zeit, bis sich die Deutschen wieder als ein Volk fühlen. Zwar sind viele „Wessis" in den Osten gefahren, schon aus Neugier, aber wenn die Hotels und Restaurants noch nicht ihren Ansprüchen genügten, gaben sie es wieder auf. Im Westen gelten die Touristen aus dem Osten als die armen Verwandten. Ehe natürliche, ungehemmte Beziehungen entstehen, wird noch einige Zeit vergehen.

Deutschland ist in vieler Hinsicht in einem Übergangsstadium. Die EG, die Europäische Gemeinschaft, ist dabei zusammenzuwachsen, wenn auch mit Mühen und Schmerzen. Dennoch sind nicht nur der gemeinsame europäische Arbeitsmarkt, ein gemeinsames Bildungssystem und gemeinsame Sozialgesetze, sondern auch eine gemeinsame Währung und eine gemeinsame Außenpolitik unvermeidlich. Deutschland ist nun einmal die stärkste Wirtschaftsmacht, in dieser Gemeinschaft. Es muß eine führende Rolle spielen. Und Deutschland liegt ganz im Osten dieser Gemeinschaft. Es bildet die natürliche Brücke nach Osteuropa. Die osteuropäischen Länder wollen ein Teil eines vereinten Europas sein. Auch dabei steht Deutschland im Mittelpunkt, schon durch seine geographische Lage. Diese Faktoren machen es unmöglich, daß in Deutschland ein extremer Nationalismus regiert. Aber die gleichen Faktoren bringen mehr Ausländer ins Land und schüren° Angst und Ausländerfeindlichkeit.

schüren *to incite*

Der Bankrott des Sozialismus nach dem sowjetischen Muster hat dem kapitalistischen Wirtschaftssystem neuen Auftrieb gegeben. Auch die Bevölkerung der neuen Bundesländer erwartet ihr Heil von der Privatwirtschaft. Aber es ist klar, daß die Deutschen nicht bereit sind, auf soziale Sicherheit zu verzichten. Und es ist ebenso klar, daß die Sicherheit der Arbeitsplätze in der Zukunft immer weniger garantiert werden kann. So wird Planung notwendig sein, um der Gesellschaft im 21. Jahrhundert ein menschenwürdiges Leben zu bieten. Die Integration der fünf neuen Bundesländer in die Bundesrepublik ist eine Frage der Zeit. Wie Deutschland innerhalb Europas das nächste Jahrhundert angehen wird, bleibt eine offene Frage.

Die Geschichte Deutschlands im 20. Jahrhundert war voller Überraschungen und Extreme. Das deutsche Volk hat es nicht leicht gehabt, vor allem mit seinen Politikern und Führern—die es selbst gewählt hat. Trotz alledem hat es verstanden, jedesmal wieder auf die Beine zu kommen, Zeichen einer beachtlichen Vitalität. Es hat—hoffentlich—viel gelernt in diesem Jahrhundert, nicht nur viel erfahren und erlitten. Vielleicht kann Europa und die Welt im nächsten Jahrhundert davon Nutzen ziehen.

BÜCHER ZUM NACHSCHLAGEN UND WEITERLESEN

Vergangenheit

Deutsche Geschichte, herausgegeben von Heinrich Pleticha. Gütersloh: Bertelsmann/Lexikothek, 12 Bände, 1987. Eine umfassende Geschichte bis etwa 1970, in allgemeinverständlichem Stil, mit Kapiteln über Sozial- und Kulturgeschichte, von vielen Mitarbeitern verfaßt, viele Literaturangaben.

Deutsche Geschichte von den Anfängen bis zur Wiedervereinigung, herausgegeben von Martin Vogt. Stuttgart: Metzler, 1991. Deutsche Geschichte in einem Band, viel Information.

Gordon Craig. *Deutsche Geschichte von 1866 bis 1945*. München: Beck, 1983 Deutsche Fassung einer der am meisten benutzten Geschichten Deutschlands im 19. und 20. Jahrhundert.

Der kleine Ploetz. Hauptdaten der Weltgeschichte. Freiburg/Würzburg: Ploetz Verlag, 1991. Das alte Standardwerk zum Nachschlagen.

Der Ploetz-Verlag veröffentlicht auch Übersichtsdarstellungen, zum Beispiel: Martin Broszat und Norbert Frei. *Das Dritte Reich. Ursachen Wirkungen Ereignisse.*

Ein anderer Band ist: Thomas Eltwein und Wolfgang Bruder. *Die Bundesrepublik. Daten Fakten Analysen.*

Der Harenberg Chronik Verlag Dortmund veröffentlicht *Chronik*-Bände, die die Vergangenheit einer Stadt, Region usw. im Chronikstil lebendig machen. Außer *Chronik der Deutschen* gibt es z.B. Bände über das Ruhrgebiet, Hessen, Hamburg, Köln usw.

Bildbände zur deutschen Geschichte sind z.B.:

Hellmuth G. Dahms. *Deutsche Geschichte im Bild*. Berlin: Ullstein, 1991, 430 Photos.

Klaus Schulz. *Deutsche Geschichte und Kultur. 500 Bilder aus 2000 Jahren*. Königstein, 1991. Dieser Band gehört zur bekannten Reihe „Die blauen Bücher".

Viele Illustrationen gibt es auch in *Chronik des 20. Jahrhunderts*, Braunschweig: Westermann, 1982.

Einen begrenzten Zeitraum erfassen Hermann Glaser und Walther Pützstück. *Ein deutsches Bilderbuch 1870 – 1918*. München: Beck, 1982.

Verschiedene Formen und Aspekte der Kultur- und Sozialgeschichte finden sich bei:

Als das Gestern heute war, herausgegeben von Rosemarie Wildermuth, München: Ellermann, 1978, Dokumente verschiedener Art mit Einführung und Kommentar, für die Zeit von 1789 bis 1949.

Die Fortsetzung in der gleichen Art ist *Heute—und die 30 Jahre vorher*, über Deutschland von 1949 bis 1979.

Dieselbe Herausgeberin hat auch veröffentlicht *Aus 100 Jahren. Jugend 1887–1987*. Baden-Baden: Signal, 1988.

Eine ähnliche Sammlung ist bei dtv in München erschienen: *Vom Gestern zum Heute. 200 Jahre deutsche Geschichte in Texten und Dokumenten* (1987).

Zur Kulturgeschichte ferner:

Ernst Johann und Berthold Spangenberg. *Deutsche Kulturgeschichte 1860 bis zur Gegenwart*. München: Nymphenburger Verlagsbuchhandlung, 1984.

Speziell zur Bundesrepublik: Hermann Glaser. *Die Kulturgeschichte der Bundesrepublik Deutschland*, 3 Bände, Frankfurt: Fischer Taschenbuch, 1990.

Eine Chronik der Bundesrepublik ist *Aufbrüche. Die Chronik der Republik 1961 bis 1986*, herausgegeben von Freimut Duwe, Reinbek: rororo aktuell, 1986. Chronik der Ereignisse vom Bau der Berliner Mauer, mit Kommentaren.

Andere Aspekte:

Monika Richarz. *Jüdisches Leben in Deutschland*, 3 Bände, Stuttgart: DVA, 1976; eine Dokumentation aus dem Leo-Baeck-Institut.

Rachel Salamander. *Die jüdische Welt von gestern, 1860 – 1938*, Wien: Brandstätter, 1990.

Über Ausländer in Deutschland bis zu den heutigen Gastarbeitern: Herbert Spaich. *Fremde in Deutschland. Unbequeme Kapitel unserer Geschichte*. Weinheim/Basel: Beltz, 1981; Kapitel über verschiedene Gruppen von Einwanderern und „Fremden" im Laufe der Geschichte und ihre Schwierigkeiten.

Zur Frauenbewegung vgl. *Die deutsche Frauenbewegung* herausgegeben von Ingeborg Drewitz, Bonn: Hohwacht, 1983.

Einen zentralen Aspekt behandelt Ingeborg Weber-Kellermann. *Die Familie. Geschichte — Geschichten und Bilder*, Frankfurt: Insel, 1976.

Einen Überblick zur Sozialgeschichte bietet Rolf Engelsing. *Sozial- und Wirtschaftsgeschichte Deutschlands*, Göttingen: Vandenhoeck & Ruprecht, 1983.

GEGENWART

ZUR EINFÜHRUNG

Wie sehen die deutschsprachigen Länder heute aus, und wie leben ihre Bewohner heute? Diese Fragen soll der Teil „Gegenwart" beantworten. Er bringt eine Beschreibung Deutschlands, Österreichs und der Schweiz. Er folgt dem Leben des einzelnen Menschen in Deutschland und fragt nach seinen Lebensgewohnheiten, seiner Familie, seiner Bildung und Berufstätigkeit, seinen Vereinen und Kirchen, seinen Ferien, Festen und seinem Verhältnis zum Staat. Die gleichen Fragen über die Schweiz und Österreich hätten zu teilweise verschiedenen Antworten geführt. Die Menschen der deutschsprachigen Länder in Mitteleuropa haben eine gemeinsame kulturelle Herkunft und teilweise eine gemeinsame Geschichte. Doch sie leben heute in verschiedenen Ländern mit verschiedenen Einrichtungen und Einstellungen. Der Teil „Gegenwart" konzentriert sich auf Deutschland, versucht aber die anderen Länder im Auge zu behalten.

KAPITEL 1

Ferien an der Ostsee mit einem deutschen Strandkorb

Die deutschen Länder

Deutschland, offiziell Bundesrepublik Deutschland genannt, besteht aus 16 Ländern. Die Länder sind sehr unterschiedlich in ihrem Charakter, ihrer Größe und ihren Traditionen. Sie sind auch wesentlich durch ihre Landschaft geprägt. Sie sollen im folgenden kurz beschrieben werden.

Norddeutschland

Das nördlichste Land Deutschlands ist Schleswig-Holstein. Es grenzt im Norden an Dänemark; im Süden reicht es bis zur Elbe. Im Westen wird es von der Nordsee begrenzt, im Osten von der Ostsee; im Südosten hat es eine Grenze mit Mecklenburg. Der höchste „Berg" des Landes ist etwa 150 Meter hoch; das Land ist also eine Ebene. Ganz flach ist die Landschaft bei der Nordseeküste, Marsch genannt. Man sieht wenig Bäume, fast nur Wiesen mit Kühen und Pferden. Die Marsch wird vor dem Meer

durch große Deiche° geschützt. Vor der Küste ist das Wattenmeer,° das bei Ebbe trocken liegt, aber bei Flut überschwemmt wird. Im Wattenmeer liegen kleinere und größere Inseln. Die kleinen Inseln nennt man Halligen. Die größte Insel, ganz im Norden, heißt Sylt; sie ist eine beliebte Sommerfrische.°

dikes / shallow sea, tidelands

summer resort

Im Innern des Landes kommt man zur Geest° mit vielen sandigen Flächen und Nadelwäldern. Entlang der Ostsee findet man Hügel, Seen und schöne Laubwälder. Die größten Städte liegen an der Ostsee: Kiel, die Landeshauptstadt, Universität und Kriegshafen,° zugleich ein Zentrum des Schiffsbaus; Lübeck, die traditionsreiche Hansestadt, heute wichtig als kultureller Mittelpunkt, Handelshafen

dry land

naval base

Die Stubbenkammer, Insel Rügen

und Industrieort; Flensburg, Hafen und Industriestadt an der dänischen Grenze; dazu kommt im Innern des Landes die Industriestadt Neumünster. Die Industrie ist auf die großen Städte beschränkt; der wichtigste Teil der Wirtschaft ist die Landwirtschaft. Quer durch das Land verläuft der Nord-Ostsee-Kanal; von Süden nach Norden laufen Verbindungsstraßen° nach Skandinavien. *connecting routes*

Das Land Mecklenburg-Vorpommern ist aus zwei früheren Ländern zusammengesetzt. Pommern war eine preußische Provinz mit der Hauptstadt Stettin an der Oder. 1945 kam der östliche Teil Pommerns, auch Hinterpommern genannt, zu Polen. Die Grenze bildet meistens die Oder; aber Polen erhielt ebenfalls die westlich der Oder gelegene Stadt Stettin und ihre Umgebung. So blieb nur Vorderpommern oder Vorpommern bei Deutschland. Zu Vorpommern gehören die alten Hansestädte Stralsund und Greifswald, die zweite bekam ebenso wie die mecklenburgische Stadt Rostock schon im 15. Jahrhundert eine Universität. Außer der Insel Usedom ist vor allem die Insel Rügen wichtig, die größte deutsche Insel in der Ostsee, seit langem als Ferienort beliebt. Rügen hat nicht nur schönen Strand, sondern auch Steilufer mit malerischen Kreidefelsen.° *chalk cliffs*

Ein großer Teil der Ostseeküste dient als Badestrand, ebenfalls in Mecklenburg. In der Zeit der DDR wurde der Hafen von Rostock stark erweitert und ausgebaut; zugleich wurde Rostock zum Zentrum des Schiffsbaus. Mecklenburg ist traditionell ein Gebiet für Landwirtschaft. Es hat keine eigentlichen Großstädte. Außer

Rostock ist vor allem die Hauptstadt Schwerin zu nennen. Bis zum Ersten Weltkrieg bestand Mecklenburg aus zwei Großherzogtümern, Mecklenburg-Schwerin, dem größeren Land im Westen und dem kleinen Mecklenburg-Strelitz mit der Hauptstadt Neustrelitz. Neustrelitz liegt am östlichen Ende der Mecklenburger Seenplatte in der Mitte des Landes. Der größte See, die Müritz, hat 115 km² und ist der zweitgrößte See in Deutschland. Er wird von der Elde, einem Nebenfluß der Elbe gebildet. Im Südwesten reicht Mecklenburg bis an die Elbe und grenzt also an Niedersachsen. Das Land südlich von Mecklenburg ist die Mark Brandenburg.

Während Lübeck ein Teil von Schleswig-Holstein wurde, haben zwei andere Hansestädte ihre Unabhängigkeit als Stadtstaaten bewahrt: die beiden Nordseehäfen Hamburg und Bremen. Das heutige Land Hamburg ist aus mehreren Städten nördlich und südlich der Elbe entstanden, und zwar aus Hamburg, Harburg, Wandsbek und Altona. Groß-Hamburg erstreckt sich heute, vor allem im Norden, weit über die Landesgrenzen hinaus. Hamburg ist der wichtigste deutsche Seehafen, mit vielen Werften° für den Schiffsbau; es beherbergt jedoch noch viele andere Industrien, vor allem Industrien, die importierte Waren verarbeiten, z.B. Gummi oder Tabak.° Aus einer Schule für afrikanische und asiatische Sprachen entwickelte sich am Anfang unseres Jahrhunderts die Universität; daneben gibt es wichtige Hochschulen. Hamburg macht den Eindruck einer großzügig angelegten, modernen Stadt; in Bremen ist der mittelalterliche Stadtkern° noch vorhanden, besonders das Rathaus mit der Rolandsäule° davor. Bremen liegt an der Weser. Zum Land Bremen gehört neben der alten Stadt auch die Stadt Bremerhaven an der Wesermündung, Mittelpunkt der Fischindustrie. Die moderne Hafenanlage Bremens, nach 1945 neu erbaut, zieht sich nördlich der Stadt an der unteren Weser hin. In Bremen ist die deutsche Kaffee- und Baumwollbörse; Bremen war der Hafen, durch den im 19. Jahrhundert die meisten Auswanderer nach den USA ihre Heimat verließen.

shipyards

center of town
statue of Roland (symbol of Imperial rights)

Den größten Teil Nordwestdeutschlands, von der holländischen Grenze bis Sachsen-Anhalt, nimmt heute das Land Niedersachsen ein. Hauptstadt und wirtschaftlicher Mittelpunkt des Landes ist Hannover, bekannt durch seine moderne Städteplanung.° Andere große Städte im Osten sind Braunschweig, einer der wichtigen Orte im Mittelalter, und die beiden modernen Industriestädte Wolfsburg und Salzgitter; hier ist ein bedeutendes Industriegebiet entstanden. Südlich davon kommt man in den Harz. In der Nähe des Harzes liegen die alte Bischofsstadt Hildesheim und die Universitätsstadt Göttingen—seit dem 18. Jahrhundert führend in den Naturwissenschaften. Hildesheim hat jetzt eine neue Universität. Im Westen des Landes war früher das Land Oldenburg mit der Hauptstadt gleichen Namens; an der Nordsee liegt die als Kriegshafen gegründete Stadt Wilhelmshaven. Von

urban planning

Die Innenstadt von Hamburg mit Elbe und Alster

dort bis zur holländischen Grenze erstrecken sich weite Moore,° wo nach Erdöl und Erdgas gebohrt wird. Emden an der Ems, dem Fluß nahe der Grenze mit Holland, hat sich zu einem bedeutenden Hafen entwickelt. Niedersachsen umfaßt vor allem die Tiefebene, doch reicht es auch bis in die Mittelgebirge. Zu Niedersachsen gehören noch die alte Reichsstadt Osnabrück und Hameln an der Weser, die Stadt des Rattenfängers.°

swamps, marshes

Pied Piper

Brandenburg und Berlin

Die Deutschen, die im 13. Jahrhundert endgültig° die Mark° Brandenburg besiedelten, kamen zumeist aus dem Westen. Das kann man an Städtenamen wie Frankfurt (an der Oder) sehen. Auch an der Spree wurden zwei Städte gegründet, Berlin und Kölln, die sich später zu einer Stadt vereinigten. Die Kurfürsten° von Brandenburg machten Berlin zu ihrer Hauptstadt. Seit 1701 nannte sich der Kurfürst von Brandenburg König von Preußen. Das Königreich Preußen wuchs und wurde die beherrschende Macht in Deutschland. 1871 wurde Berlin die Hauptstadt des Deutschen Reiches. Es blieb zugleich die Hauptstadt des Landes Preußen. 1945 lösten die Alliierten das Land Preußen auf. Heute ist Berlin ein Land, ein Stadtstaat, und Brandenburg mit der Hauptstadt Potsdam ist ebenfalls ein Land.

finally
Territory
colonized
est.
elected people
also, too

Der Kalte Krieg nach 1945 machte Berlin zum Symbol der deutschen Teilung° und des westlichen Widerstands° gegen den Kommunismus. Aber Berlin erinnert auch an die umstrittene°

opposition
division
controversial
remembers

preußische Erbschaft. Der Kern von Berlin war eine Handels- und Industriestadt der Bürger; doch dann wurden neue Viertel und Schlösser von den Kurfürsten geplant, zum Beispiel Charlottenburg. Im 19. Jahrhundert kam mit der wachsenden Macht des Königreiches und Kaiserreiches nicht nur eine große Zahl von Beamten und Diplomaten nach Berlin, es entwickelten sich hier auch wichtige Verarbeitungsindustrien: Maschinenfabriken (Borsig), Elektroindustrie (Siemens, AEG), Medikamente, chemische Industrien. Berlin wurde einer der größten Eisenbahnknotenpunkte und bekam Kanalverbindungen. Das gewaltige Wachstum der Stadt in der zweiten Hälfte des 19. Jahrhunderts brachte viele Zuwanderer nach Berlin, vor allem aus Schlesien und aus Ost- und Westpreußen. Die Stadt schluckte° die umliegenden Dörfer auf und machte sie zu Stadtbezirken. Heute findet man in manchen Bezirken, zum Beispiel in Dahlem, noch die alten Dorfkirchen. Diese sehr schnelle Industrialisierung brachte den Bau billiger „Mietskasernen"° mit Hinterhöfen. Berlin wurde die erste deutsche Großstadt mit allen modernen Großstadtproblemen, aber auch mit der Dynamik der Großstadt. Berlin wurde nach 1871 die Stadt der Presse und vieler Verlage. Berlin war die Stadt der wichtigsten Theater. Hier baute Preußen-Deutschland die größten Museen. Die Universität bekam und behielt eine prominente Stellung. Forschungsinstitute wurden gegründet. Berlin wurde der Schauplatz der Großstadtliteratur; in Berlin entwickelte sich die Vergnügungsindustrie. Berlin war die Stadt der Filmindustrie und des Radios. Der Höhepunkt des Großstadtlebens Berlins war während der Weimarer Republik nach 1918, als Berlin auch seine S-Bahn und U-Bahn baute.

aufschlucken *to absorb*

tenements looking like barracks

Diese Geschichte macht es verständlich, daß Berlin die Zerstörung im Zweiten Weltkrieg und die Jahrzehnte der Teilung so gut überlebte. West-Berlin hatte große Schwierigkeiten als Industriestandort; doch es blieb der Standort wichtiger Universitäten, eine Weltstadt der Kultur und wurde ein attraktiver Fremdenverkehrsort. Ost-Berlin wurde voll in die DDR integriert und fungierte als Hauptstadt und wichtigste Industriestadt des Landes. Auch Ost-Berlin behauptete seinen Rang im kulturellen Bereich. Es hatte die Humboldt-Universität und war der Sitz der Akademie der Wissenschaften der DDR.

Der Bundestag hat 1991 Berlin erneut zum Sitz der Regierung und des Parlaments gewählt. Berlin wird einmal wieder Stadt der Regierung, der Beamten und Diplomaten sein. Dann werden auch die Massenmedien erneut ihr Zentrum in dieser Stadt haben, und es wird nicht schwer sein, das kulturelle Leben lebendig zu erhalten. Berlin ist eine weiträumig angelegte Stadt mit moderner Verkehrsplanung. Die Stadt wirkt groß, modern und geplant. Nur wenig ist vom alten Stadtkern noch zu sehen. Das barocke Schloß

Tag der Wiedervereinigung im Zentrum Berlins; im Hintergrund der Dom und die frühere Volkskammer, der Palast der Republik

wurde von der DDR abgerissen. In der breiten Straße „Unter den Linden", die zum Brandenburger Tor führt, dominieren klassizistische Gebäude aus dem 19. Jahrhundert. Seit 1945 sind in Berlin viele repräsentative neue Bauten entstanden, im westlichen und östlichen Stil. Man darf neugierig sein, wie sich das neue Deutschland in seiner Hauptstadt Berlin im 21. Jahrhundert der Welt zeigen wird.

Berlin liegt in der Mitte des Landes Brandenburg. Die Spree, Berlins Fluß, kommt von der tschechischen Grenze und fließt durch die Niederlausitz im Südosten der Mark. Hier im Spreewald, wo die Spree in viele Arme geteilt ist, wohnen die Sorben, eine slawische Minderheit in Deutschland. Ihre Sprache steht zwischen dem Polnischen und Tschechischen. Es gibt etwa 60.000 Sorben in Brandenburg und Sachsen. Sie sind zweisprachig und haben eigene Schulen. Es gibt sorbische Literatur. Die größte Stadt dieser Gegend ist Cottbus. Östlich von Berlin liegt Frankfurt, von 1506 bis 1811 Sitz der brandenburgischen Universität, Grenzübergang und wichtiger Flußhafen. Im Kern Brandenburgs um Berlin findet man viele Seen und Wälder. Westlich von Berlin, bei Spandau, fließt die Spree in die Havel, die einige Seen bildet. An die feudalistische Vergangenheit erinnern viele kleine Adelssitze und Schlösser in der Mark Brandenburg, die im 19. Jahrhundert der Schriftsteller Theodor Fontane beschrieben hat. An die Vergangenheit erinnern auch mittelalterliche Städte wie Brandenburg, Havelberg und Rathenow. Hauptstadt von Brandenburg wurde Potsdam südwestlich von Berlin, 993 gegründet und dann Residenz der

Sorbischer Hochzeitstanz in alten Trachten. Tage der sorbischen Kultur in der Niederlausitz

preußischen Herrscher, die dort ihre Sommerschlösser bauten und die Stadt zur Garnisonsstadt des Militärs machten. Das bekannteste dieser Schlösser im ausgedehnten Park ist Sanssouci, Lieblingsort des Königs Friedrich II. im 18. Jahrhundert.

Auch der größte Teil des Landes Sachsen-Anhalt westlich der Mark Brandenburg war eine preußische Provinz gewesen. Es besteht allerdings aus recht verschiedenen Teilen. Der Norden, die Altmark westlich der Elbe, setzt das norddeutsche Tiefland fort. Daran schließt sich im Süden die Magdeburger Börde an, ein besonders fruchtbarer Lößboden.° Magdeburg, die Hauptstadt, liegt an der Strecke von Berlin nach Braunschweig und Hannover und war eine der wichtigsten Handelsstädte des Mittelalters, lange Zeit auch Sitz eines Erzbischofs. Weiter südlich nahe der Elbe liegen Dessau, Hauptstadt eines eigenen Fürstentums, heute vor allem Industriestadt, und Wittenberg, ehemalige Universitätsstadt, in der Martin Luther lehrte und lebte und die Reformation begann. Das Land reicht im Südwesten bis in den Harz und umfaßt also auch die alten Städte des Ostharzes wie Quedlinburg und Wernigerode. Im Süden des Landes kommt man schließlich in ein Industriegebiet. Am unteren Lauf der Saale, vor allem um Merseburg und die große Stadt Halle, ist viel chemische Industrie konzentriert, am bekanntesten ist das Leunawerk, in dem zuerst Benzin aus Kohle produziert wurde.

loess soil

Am Rhein

Alle jetzt folgenden Länder, ausgenommen Bayern, liegen in Mittelgebirgslandschaften. Der Rhein ist nicht nur Deutschlands bekanntester Fluß, sondern auch seit dem Mittelalter ein wichtiger Wasserweg für den Verkehr, heute Europas verkehrsreichster Fluß. Am Rhein und seinen Nebenflüssen liegen die wichtigsten Industriegebiete der Bundesrepublik. Nordrhein-Westfalen ist die Zusammenfassung° von zwei früheren preußischen Provinzen. Zu Westfalen mit seiner Hauptstadt Münster gehören heute auch der Teutoburger Wald und andere Teile des Weserberglandes, bekannt wegen ihrer Kurorte und Heilbäder° und auch wegen ihrer Industrie, besonders im Umkreis von Bielefeld. „Nordrhein" enthält vor allem das Ruhrgebiet, das bekannte Industriegebiet, das nach einem Nebenfluß des Rheins benannt ist. Heute hat sich die Industrie teilweise von den Steinkohlenbergwerken° entfernt, und so findet man von Köln bis zur Lippe eine Kette von Industriegebieten. Im Kern des Ruhrgebiets sind die Städte zusammengewachsen, und es ist manchmal schwer zu sagen, wo eine Stadt aufhört und die andere anfängt. Während der Kohlenbergbau und die Stahlindustrie im Ruhrgebiet sich im 19. Jahrhundert entwickelten, gab es zu beiden Seiten des Rheins schon längst vorher Textilindustrie und Eisenindustrie: um Aachen und Krefeld links des Rheins und an der Wupper und im Siegerland rechts des Rheins. Die größten Städte des Ruhrgebiets sind Essen, Dortmund, Bochum, Duisburg, Oberhausen und Recklinghausen.

combination

spas

pit coal mines

Interessant ist, daß die Industrie in einer reizvollen Mittelgebirgslandschaft liegt, und daß bald hinter den dichtbesiedelten Industriegegenden die einsamen Wälder des Sauerlands und der Eifel beginnen. Nordrhein-Westfalen ist das Land mit der höchsten Einwohnerzahl und dem größten Einkommen. Auf seinem Gebiet liegt die Bundeshauptstadt Bonn. Der Doppelname des Landes entspricht dem Charakter der Bevölkerung: die ruhigen Westfalen treffen mit den lebhaften Rheinländern zusammen. Und natürlich, hat die Industrie im 19. Jahrhundert viele Zuwanderer° angelockt, besonders aus dem Osten, so daß man im Ruhrgebiet häufig polnische Namen findet. Das Gebiet am Niederrhein gehört schon seit dem frühen Mittelalter zu den wirtschaftlich wichtigsten Deutschlands. Sein traditioneller Mittelpunkt ist Köln, Residenz eines Erzbischofs. Romanische and gotische Dome kontrastieren heute mit modernen Hochhäusern und Fabriken. Nordrhein-Westfalen ist ebenfalls das Land, das sich am meisten um den Ausbau der Universitäten bemüht hat: zu den alten Hochschulen Bonn, Köln und Münster sind Universitäten oder Gesamthochschulen in Aachen, Bochum, Düsseldorf, Bielefeld, Essen, Dortmund, Duisburg, Paderborn, Siegen und Wuppertal gekommen. Nordrhein-Westfalen

immigrants

Krupp Stahl AG Rheinhausen am Rhein

grenzt an Holland und Belgien; Handelsbeziehungen und industrielle Verbindungen sind eng.

Südlich von Bonn, wo die „romantische" Strecke des Rheins beginnt, fängt ein neues Land an: Rheinland-Pfalz. Während die Pfalz eine lange Geschichte als eigenes Land hatte, war das Rheinland zuletzt ebenfalls eine preußische Provinz gewesen. Das Land bildete den nördlichen Teil der französischen Zone. Die meisten größeren Städte liegen am Rand des Gebietes: die Soldatenstadt Koblenz am Rhein; Trier, römische Gründung und Residenz eines Erzbischofs; Ludwigshafen am Rhein, Zentrum der chemischen Industrie; und die Hauptstadt Mainz, Universitätsstadt, gleichfalls Residenz eines Erzbischofs, gegenüber der Mündung des Mains in den Rhein. Nur die Pfalz hat ein Industriegebiet in der Mitte des Landes mit dem Mittelpunkt Kaiserslautern.

Rheinland-Pfalz vereinigt die meisten berühmten Weinbaugebiete° Deutschlands, am Rhein, an der Mosel, der Saar, der Nahe, der Ahr und in den Tälern der Pfalz. Die Landschaft besteht aus Mittelgebirgen mit viel Wald und schönen Flußtälern.

wine-growing regions

Das Saarland, früher ein Teil der Pfalz, wurde aus wirtschaftlichen Gründen zu einem politischen Problem. Es hat reiche Steinkohlenvorkommen, und so hat sich ein Industriegebiet entlang der Saar enwickelt, dessen Hauptstadt Saarbrücken ist. Im Gegensatz zum Ruhrgebiet haben sich nur wenige Großstädte gebildet. Viele Arbeiter wohnen in den umliegenden Dörfern und Kleinstädten. Zwischen den Industrieanlagen° findet man Landwirtschaft und Weinbau.

industrial plants

An der Mosel: Burgruinen, Weinberge und Fachwerkhäuser

Nach dem Ersten Weltkrieg blieb das Saarland wirtschaftlich und politisch eng mit Frankreich verbunden, bis die Bevölkerung sich 1935 in einer Volksabstimmung für die Rückkehr nach Deutschland entschied. Ähnlich geschah es nach dem Zweiten Weltkrieg. Das Saarland wurde autonom; es hatte eine eigene Regierung, bei enger Verbindung mit Frankreich. 1955 lehnte die Bevölkerung das vorgeschlagene Saarstatut ab; 1956 beschloß der Landtag die Angliederung° an die Bundesrepublik Deutschland. Trotzdem sind die wirtschaftlichen Beziehungen zum benachbarten Lothringen eng geblieben. Man kann sogar sagen, daß in dieser Gegend die Grenzen bedeutungslos geworden sind. Hier ist die Integration zwischen Frankreich, Belgien, Luxemburg und Deutschland Wirklichkeit geworden.

incorporation

Mitteldeutschland

Die Länder Hessen, Thüringen und Sachsen gehören zu den traditionsreichsten in Deutschland. Hier ist der geographische Mittelpunkt des Landes. Es ist kein Zufall, daß Thüringen „das grüne Herz Deutschlands" genannt wird. Vor allem die Mittelgebirge gelten als die „typische" deutsche Landschaft, und die Fachwerkhäuser der alten Dörfer und Städte als typische deutsche Häuser.

Hessen reicht bis an den Rhein und den Neckar südlich des Mains. Darmstadt zwischen Frankfurt und Heidelberg war die

Frankfurt am Main: die moderne Stadt rund um den restaurierten alten Kern

Hauptstadt des südlichen Teils von Hessen. Die Hauptstadt Hessens ist der Kurort Wiesbaden, aber der wirtschaftliche und kulturelle Mittelpunkt bleibt Frankfurt am Main, die alte Freie Stadt, in der die deutschen Kaiser gewählt und gekrönt wurden, und in der das erste deutsche Parlament im Jahre 1848 tagte. Frankfurt ist die Stadt der Banken und der deutschen Börse,° es ist das wichtigste Verkehrszentrum und Hauptort des Industriegebiets am unteren Main und am Rhein, Stadt wichtiger Verlage und Zeitungen. Der größere Teil Hessens liegt nördlich des Mains, bis zur Lahn und zur Fulda und Werra, die die Weser bilden. Kassel liegt an der Nordgrenze des Landes. Alte hessische Universitäten sind Marburg und Gießen an der Lahn. Zu den hessischen Mittelgebirgen gehören der Taunus, die Rhön, der Vogelsberg, der Knüll und der Habichtswald. Auch Teile des Odenwalds und des Spessarts südlich des Mains sind noch in Hessen. Der überwiegende Teil der Bevölkerung ist protestantisch; aber im Norden des Landes liegt die traditionsreiche katholische Stadt Fulda, wo der heilige Bonifatius, der große Missionar, begraben liegt. Fulda war einer der Ausgangspunkte der christlichen Kultur des Mittelalters in Deutschland. Hessen ist reich an Heilquellen und Kurorten.

stock exchange

Östlich der Werra kommt man nach Thüringen. Die Geschichte Thüringens ist dadurch gekennzeichnet, daß hier viele kleine Fürstentümer entstanden, meist durch Erbteilung.° Infolgedessen wurden mehrere kleine Städte: Meiningen, Hildburghausen, Eisenach, Gotha, Weimar Residenzstädte kleiner Staaten. Man findet

division among heirs

daher viele Schlösser. Durch den südlichen Teil des Landes zieht sich der Thüringer Wald und Frankenwald, daran schließt sich eine Ebene, das Thüringer Becken an, bis man im Nordwesten Ausläufer des Harzes wie das Ohmgebirge und den Kyffhäuser erreicht. Das Eisenerz im Thüringer Wald war weniger ergiebig als anderswo; Thüringen war jedoch wegen seiner strategischen Lage immer wichtig. Zentrum des Landes war im Mittelalter die gewaltige Wartburg bei Eisenach, wo der Landgraf residierte. Neben den Fürstentümern gab es auch Freie Städte wie Mühlhausen und Nordhausen, und geistliche Gebiete, wie Erfurt, das zum Erzbistum Mainz gehörte. Die wichtigste Residenzstadt wurde Weimar, und zwar als Kulturzentrum. Hier hatte in der Reformationszeit der Maler Lucas Cranach (1472–1553) seine Werkstatt; hier lebte und arbeitete Johann Sebastian Bach, dessen Familie aus Thüringen stammte, von 1708 bis 1717. Die große Zeit Weimars kam am Ende des 18. Jahrhunderts, als Johann Wolfgang von Goethe hier lebte und mitregierte, und als Weimar und die benachbarte Universität Jena zeitweise die eigentlichen Mittelpunkte der deutschen Literatur und Philosophie darstellten. Im 19. Jahrhundert verbrachte der Komponist, Dirigent und Pianist Franz Liszt (1811–1886) hier den letzten Teil seines Lebens. Friedrich Nietzsche lebte nach seinem geistigen Zusammenbruch hier bei seiner Schwester.

Weimar wurde momentan Mittelpunkt der deutschen Politik, als 1919 hier die Nationalversammlung tagte, die die neue deutsche Verfassung beriet. Durch seine Archive und literarischen Gedenkstätten, vor allem das Goethe-Haus, ist Weimar Anziehungspunkt für viele Besucher. Es ist dabei eine Kleinstadt geblieben, während Jena sich durch seine Industrie sehr vergrößert hat. Die Universität Jena war 1547 als eine der ersten protestantischen Universitäten gegründet worden. Die Zusammenarbeit von Forschern, Universitätsprofessoren also, und Handwerksmeistern brachte im 19. Jahrhundert die Industrie hervor, Glasindustrie und ganz besonders die Zeiß-Werke, Pioniere der optischen Industrie. Thüringen ist auch bekannt für andere Industriewaren, die ursprünglich aus der Hausindustrie hervorgegangen waren, Textilien, Spielzeug, aber auch Jagdwaffen. Es ist auch ein Land intensiver Landwirtschaft. Die Blumenfelder um Erfurt sind berühmt. Der Thüringer Wald bringt im Sommer und Winter Touristen ins Land. Die Schiefervorkommen° sind seit jeher für den Häuserbau genutzt worden.

slate deposits

Die Verbindungen zwischen Sachsen und Thüringen sind eng. Die Fürstenfamilien waren verwandt, und der offizielle Name des Staates in Weimar war Sachsen-Weimar. Hier regierten die Wettiner. Sachsen, im Gegensatz zu Thüringen, blieb politisch eine Einheit und spielte eine Rolle in der europäischen Politik, nicht

Weimar: Goethes Gartenhaus an der Ilm

immer zu seinem Nutzen. Im 17. und 18. Jahrhundert war der Kurfürst von Sachsen auch König von Polen. Sachsen war ein relativ wohlhabendes Land, das auch die Extravaganzen seiner Herrscher nicht ruinieren konnten. Die heutigen Grenzen des Landes sind das Ergebnis des Wiener Kongresses 1814/1815, das Sachsen als Verbündeten Napoleons verkleinerte.

Der größte Teil das Landes ist eine Ebene. Nach Süden kommt man ins Erzgebirge, das sich entlang der Grenze zur Tschechoslowakei erstreckt und von der bayerischen Grenze bis zur Elbe reicht, wo es sich im Elbsandsteingebirge fortsetzt. Das Erzgebirge ist, wie der Name sagt, ein altes Bergwerkgebiet, in dem das Erz zu Eisen verhüttet° wurde, und wo frühzeitig Industrie entstand. Der eigentliche wirtschaftliche Mittelpunket des Landes ist jedoch die Industrie- und Handelsstadt Leipzig, Sachsens größte Stadt, der wichtigste Verkehrsknotenpunkt im Osten außer Berlin. Leipzig bekam 1409 eine der ersten deutschen Universitäten, die später ein Zentrum der Philologie, Philosophie und protestantischen Theologie wurde. Leipzig war die Stadt der Kürschner,° der Pelzmacher und Pelzhändler, und es wurde im 18. Jahrhundert die Stadt der deutschen Buchmessen und Buchdruckereien, auch vieler Verlage. Leipzig wurde die Stadt der Mode. Schon zur Zeit Goethes, der hier studierte, hieß es ein „Klein-Paris". Leipzig veranstaltete die ersten Industrieausstellungen, die Leipziger „Muster-Messen". Durch die Teilung Deutschlands nach 1945 verlor die Stadt allerdings die Stellung in der Verlagsindustrie, und

verhütten *to smelt*

furriers

die jährliche Buchmesse wanderte nach Frankfurt am Main. Aber Leipzig blieb neben Ost-Berlin die wichtigste Industriestadt der DDR und veranstaltete die Industriemessen für den Import und Export.

Als Kulturstadt hat Leipzig neben der Universität und Buchindustrie eine ehrwürdige Tradition in der Musik. Hier fand Johann Sebastian Bach an der Thomaskirche seine endgültige Stellung, hier wirkten im 19. Jahrhundert Felix-Mendelssohn-Bartholdy und Robert Schumann. Hier begann später Gustav Mahler seine Laufbahn. Das Gewandhausorchester Leipzigs gehört zu den berühmten Orchestern der Welt, der Knabenchor der Thomaskirche, die Thomaner, ist ebenfalls weltbekannt.

Im Gegensatz zur Bürgerstadt Leipzig wurde Dresden als Residenzstadt der sächsischen Herrscher geprägt. Es waren vor allem die Prachtbauten des 17. und 18. Jahrhunderts, die der Stadt ihren einmaligen Charakter gaben und sie zum „Florenz an der Elbe" machten. Dresden liegt eindrucksvoll an der Elbe sozusagen am Eingang zum Elbsandsteingebirge, einer der Lieblingslandschaften der Romantiker. Leider wurde die Stadt kurz vor dem Ende des Zweiten Weltkriegs, im Februar 1945, durch den schlimmsten Luftangriff des Krieges fast vollständig zerstört. Es fiel schwer, zumal unter den Bedingungen der DDR, die Stadt wieder adäquat aufzubauen. Dresden ist die Hauptstadt des Landes und beherbergt auch eine der ältesten Technischen Universitäten Deutschlands, 1828 gegründet. Sachsen war im 19. Jahrhundert eines der fortschrittlichsten Industrieländer in Deutschland. Im

Der Zwinger in Dresden, das berühmte Rokoko-Schloß, mit Graben und Park

Südwesten des Landes, besonders um Chemnitz, ist die Textilindustrie zu Hause. Chemnitz ist traditionell die Stadt der Strumpfindustrie. An der Elbe nördlich von Dresden liegt Meißen, dessen Ursprung bis ins 10. Jahrhundert zurückgeht, und das Ausgangspunkt der deutschen Expansion in diesem Bereich wurde. Meißen wurde erneut berühmt, als der Kurfürst hier 1710 die Manufaktur des soeben für Europa neu entdeckten Porzellans ansiedelte, das noch immer hergestellt wird. Die alte Bergwerkstadt Freiberg zwischen Dresden und Chemnitz wurde bekannt durch ihre Hochschule für Bergbau, die erste ihrer Art in Deutschland, 1765 gegründet. Im Osten des Landes ist bei Aue nach 1945 unter sowjetischer Kontrolle Uran abgebaut worden.

Süddeutschland

Seit 1815 bestand Süddeutschland aus drei Ländern: Bayern, Württemberg und Baden. Baden und Württemberg wurden 1945 aufgeteilt, da die Grenze zwischen der amerikanischen und der französischen Besatzungszone quer durch die beiden Länder lief. 1952 wurden diese Teile nach einer Volksabstimmung° zu dem Land Baden-Württemberg vereinigt. Die Vereinigung fand vor allem im südlichen Teil Badens Widerspruch.

plebiscite

Baden-Württemberg umfaßt den Schwarzwald, den deutschen Teil der oberrheinischen Tiefebene, die Schwäbische Alb, Teile des Stufenlandes zwischen Stuttgart und Nürnberg und die Hochebene von Oberschwaben zwischen der Donau und dem Bodensee. Im Westen grenzt das Land an Frankreich, im Süden an die Schweiz. Die benachbarten Elsässer und Schweizer gehören gleichfalls zum Stamm der Alemannen und sprechen einen ähnlichen Dialekt. Die Grenze bilden der Rhein und der Bodensee, auch das „schwäbische Meer" genannt. Der größte Nebenfluß des Rheins in Baden-Württemberg ist der Neckar. Am Neckar liegen die Hauptstadt Stuttgart, die Universitätsstädte Tübingen und Heidelberg, die Industriestädte Mannheim und Heilbronn. Andere große Städte liegen in der Nähe des Rheins: Karlsruhe, die frühere Haupstadt Badens, Sitz des deutschen Bundesverfassungsgerichts° und Industriestadt, Offenburg und die Universitätsstadt Freiburg im Breisgau.

federal constitutional court

Das Bodenseegebiet ist eines der traditionsreichsten Kulturgebiete Deutschlands, mit einem milden Klima, Wein- und Obstbau, alten Kirchen, Burgen und Städten, ja sogar Resten von Pfahlbauten° der Menschen aus der Steinzeit. In Konstanz am Bodensee ist eine neue Universität gegründet worden.

lake dwellings on stilts

Im Schwarzwald entspringt die Donau, die nach Osten fließt. Bei Ulm, der alten Reichsstadt mit dem großen Münster, kommt man an die bayerische Grenze. Baden-Württemberg ist voll von

Schloß Meersburg am Bodensee

alten Städten und Burgen. Aus Württemberg kamen bekannte Fürstenfamilien, deren Stammburgen° man noch finden kann, wie die der Hohenstaufen und der Hohenzollern. Unter den alten Städten sind den Touristen die an der Grenze von Württemberg und Bayern, nämlich im Frankenland, am besten bekannt: Nördlingen, Dinkelsbühl und Rothenberg ob der Tauber; doch im Schwabenland gäbe es genug andere zu entdecken.

family castles

Auch Baden-Württemberg hat, wie andere deutsche Länder, ein mildes Klima in den Tälern und ein rauhes im Gebirge. In den Tälern wachsen Wein, Obst, Hopfen,° in der oberrheinischen Hochebene auch Tabak. Um das Einkommen zu verbessern, haben die Bauern des Schwarzwalds und der Schwäbischen Alb mit Hausindustrie begonnen, die die Grundlage des heutigen Industriegebiets um Stuttgart herum bildet. Charakteristisch ist die Verarbeitungsindustrie,° z.B. Uhrenindustrie, Schmuckindustrie, Elektroindustrie, Kleineisenindustrie, Musikindustrie und Elektronik und natürlich Autoindustrie.

hops

manufacturing industry

Bayern, das Land im Südosten der Bundesrepublik, ist der Fläche nach das größte Bundesland. Es war im Jahr 900 eines der ursprünglichen fünf deutschen Herzogtümer, hat also eine lange Tradition als Staat. Das heutige Bayern umfaßt neben den von Bayern bewohnten Gebieten wesentliche Teile von Franken mit Nürnberg, Würzburg, Bamberg und Bayreuth und die oberschwäbischen Gebiete um Augsburg. Hauptstadt des Landes und Mittelpunkt des eigentlichen Bayern ist München. Es liegt auf der Hochebene, im

Fußgängerzone bei dem Marienplatz in Müchen mit St. Michael und Frauenkirche

Alpenvorland, und südlich davon erstrecken sich mehrere Seen, südlich von denen die Bayerischen Alpen beginnen. Der größte See in Bayern ist der Chiemsee, und die landschaftlich reizvollsten Seen
60 sind der Königssee bei Berchtesgaden und der Tegernsee. Die Landschaft südlich von München heißt Oberbayern und besteht vorwiegend aus Hochgebirge. Oberbayern ist im Sommer und Winter eines der bevorzugten Fremdenverkehrsgebiete° in Deutschland. Nordöstlich von München beginnt Niederbayern, das
65 Alpenvorland zwischen der Isar und dem Inn mit alten Städten wie Freising und Landshut und der Bischofsstadt Passau an der Mündung des Inn in die Donau. Bayern grenzt im Westen an Württemberg, im Süden und Südosten an Österreich, im Osten an die Tschechoslowakei und im Norden an Hessen und an Thüringen
70 und Sachsen. An der Grenze zur Tschechoslowakei befinden sich zwei Mittelgebirge: der Bayerische Wald und das Fichtelgebirge. Mittelpunkt des fränkischen Bayern ist Nürnberg, das heute mit der Nachbarstadt Fürth zu einer Doppelstadt geworden ist. Nördlich von Nürnberg liegt die Universitätsstadt Erlangen, neben
75 München und Würzburg die dritte traditionelle bayerische Universität. Universitäten und Gesamthochschulen gibt es inzwischen in Regensburg, Augsburg, Bamberg, Passau, Bayreuth, Eichstätt. Bamberg, Würzburg und Eichstätt sind frühere Bischofsstädte; Regensburg, die römische Gründung an der Donau, war im Mittel-
80 alter die Stadt der Reichstage° des Heiligen Römischen Reiches. In Ansbach und Bayreuth—bekannt durch die Opernfestspiele von

tourist areas

Imperial Diets

Richard Wagner und seinen Erben—residierten Markgrafen. Nürnberg war eine Freie Reichsstadt, ebenso wie Regensburg und Augsburg. Überall in Bayern findet man bedeutende Kirchen und Schlösser im Barockstil.

Die Industrie Bayerns ist auf die großen Städte konzentriert. München ist heute, was Augsburg einmal war, der wirtschaftliche Mittelpunkt südlich der Donau. Elektroindustrie und Elektronik, vor allem die Firma Siemens, und Fahrzeugbau, besonders BMW, die Bayerischen Motorenwerke, geben die Grundlage der Industrie; aber München ist ja auch Fremdenverkehrsstadt, Kongreßstadt, Kulturzentrum, Sportzentrum, Landeshauptstadt und Verkehrsmittelpunkt. Die Landwirtschaft im Süden ist vor allem auf Viehzucht und Milchwirtschaft spezialisiert. In Bayern wächst Hopfen, der zum Bierbrauen benötigt wird, in Niederbayern auch viel Korn. Zuwanderer haben nach 1945 die Glas-, Porzellan- und Schmuckindustrie sehr vergrößert. Der Rhein-Main-Donau-Kanal hat Verkehrsvorteile gebracht. Die Öffnung der Grenzen nach dem Osten, besonders zur Tschechoslowakei, bringt auch für die bayerischen Grenzgebiete neue Möglichkeiten.

Bayern ist besonders stolz auf seine Eigenart und betont die besondere Stellung des „Freistaats Bayern". Es hat seine eigene politische Partei, die CSU, die immer wieder die Mehrheit bekommt.

An Feiertagen trägt man in Garmisch die alten Trachten, auch ohne Touristen

Die Deutschen von heute

Niemand kann beschreiben, wie „die Deutschen" heute leben. Es gibt große regionale Unterschiede, verschiedene Gesellschaftsschichten, mehrere Generationen und unterschiedliche Lebensansichten. Die Religion, die Herkunft, der Beruf, die Politik beeinflussen die Menschen. In Berlin sieht die Welt anders aus als in München, in der Großstadt anders als auf dem Lande. Es gibt jedoch einige allgemeine Punkte des deutschen Lebens, die man hervorheben kann. Ebenso kann man es mit Österreich und der Schweiz tun, wo es Unterschiede neben vielen Gemeinsamkeiten mit dem Leben in Deutschland gibt.

Ein eiliger Tourist aus den USA wird feststellen, daß ein Deutscher ganz ähnlich lebt wie ein Amerikaner: die Mode ist ähnlich; die Warenhäuser sehen ähnlich aus; es gibt Supermärkte und

Einkaufszentren;° amerikanische Restaurant- und Hotelketten haben Niederlassungen° gegründet; die Kinos spielen amerikanische Filme; im Fernsehen laufen sogar bekannte Serien des amerikanischen Fernsehens. Mancher Amerikaner wird dadurch überrascht sein. Er hatte vielleicht gedacht, daß die deutschen Mädchen blond sind, lange Zöpfe haben und Volkstrachten° tragen. Das findet man in Restaurants, die ausländische Touristen anziehen wollen. In den „romantischen" alten Städten herrscht ein modernes Tempo. Die Menschen müssen schwer arbeiten, bevor sie sich ausruhen können und gemütlich ihr Bier oder ihren Wein trinken. Karneval und Oktoberfest finden nur einmal im Jahr statt. Die Studenten in Heidelberg haben ebenso schwere Prüfungen wie anderswo.

shopping centers
establishments, branches
national costumes

Deutschland ist ein Industrieland. Es hat die Lebensbedingungen und die Probleme aller Industrieländer. Trotzdem gibt es Unterschiede zwischen Deutschland und den USA. Die Bundesrepublik ist ein kleines Land, das sehr dicht bevölkert ist. Land ist knapp. Wer sich ein eigenes Haus kaufen will, muß sehr viel für den Grund und Boden° ausgeben. Wer sich einmal ein Haus kauft, hat vor, den Rest seines Lebens darin zu wohnen. Die Entfernungen sind klein, verglichen mit den USA. Mehr als 1.000 Kilometer, das sind 600 Meilen, kann man gar nicht in einer Richtung fahren, ohne daß man an eine Grenze kommt. Gewöhnlich kommt man sehr viel früher an eine Grenze. Allerdings sind diese Grenzen heute kein Problem mehr. Sie sind offen. Nur wird gewöhnlich auf der anderen Seite der Grenze eine andere Sprache gesprochen. Die Menschen sind es gewohnt, „auf der anderen Seite" andere Menschen, eine andere Sprache, anderes Geld und eine andere Lebensweise zu finden. Man muß schon in ein sehr großes Land kommen, die USA zum Beispiel, oder Rußland, um ein Gefühl von „unbegrenzten Möglichkeiten" zu bekommen.

real estate

Europa insgesamt ist ein kleiner Kontinent. Die Europäer sind viel länger an einem Ort, viel mehr in ihren Sitten und Traditionen verwurzelt als die meisten Amerikaner. Nicht wenige Deutsche ziehen es vor, in der Heimat zu bleiben, auch wenn sie anderswo bessere Berufschancen hätten. Allerdings arbeiten immer mehr Menschen an anderen Orten als wo sie wohnen. Die Deutschen sind in ihrer Mehrheit ehrgeizig; aber sie erwarten nicht immer, an die Spitze zu kommen; und noch weniger rechnen sie damit, plötzlich durch einen Glückszufall reich zu werden. Natürlich wetten und spielen die Deutschen auch gern; aber sie erwarten, daß der Wohlstand langsam, nach Arbeit und Mühe, kommt. Die deutsche Gesellschaft wirkt moderner als etwa die österreichische; aber auch die deutsche Gesellschaft ist ebenso an der Vergangenheit orientiert wie an der Zukunft.

Nationalcharakter

Man spricht manchmal von einem „Nationalcharakter". Die Frage ist allerdings: Ist dieser Nationalcharakter nur eine Karikatur, die Ausländer erfunden haben, oder umfaßt der Nationalcharakter wirklich die Eigenschaften, die das Volk selbst für wertvoll und positiv hält? Es gibt natürlich viele ausländische Karikaturen und Vorurteile über die Deutschen, denn die Deutschen haben sich in zwei Weltkriegen viele Feinde gemacht. Wie sehen sich die Deutschen selbst?

Sie sehen zuerst ihre eigenen Unterschiede. Ein „Norddeutscher" unterscheidet sich von einem „Süddeutschen". Für einen Hamburger beginnt der Süden allerdings schon im Harz; für den Bayern ist der Main die Grenze zwischen Süden und Norden. Die Deutschen unterscheiden sich nach den alten Stämmen,° oder genauer nach den Dialekten. In Bayern leben Bayern, Schwaben und Franken; Badener und Württemberger unterscheiden sich sehr; im Ruhrgebiet treffen die lebhaften Rheinländer und die schwerfälligen Westfalen zusammen. Die Deutschen der verschiedenen Gegenden sprechen nicht nur verschiedene Dialekte; sie haben auch einen verschiedenen Charakter; ja, ihre Art des Humors ist verschieden. Die Deutschen selbst verspotten° einander aus diesem Grund, und sie schreiben dem anderen bestimmte Eigenschaften zu: Die Bayern sind—für die anderen Deutschen—grob und sauflustig; die Schwaben ehrgeizig und (zu) fleißig; die Niedersachsen sind langsam und worktkarg;° die Rheinländer leichtsinnig und unzuverlässig. Besonders dort, wo verschiedene Menschentypen zusammenkommen, wie im Ruhrgebiet, ist solcher Spott beliebt.

tribes, ethnic groups

***verspotten** to mock, to make fun of*

taciturn

Dabei vergessen die Deutschen heute bei allem Partikularismus nicht ihre Gemeinsamkeit. Was ist also „typisch deutsch"?

Der Deutsche liebt ohne Zweifel die Ordnung. Jeder Mensch sollte dort sein, wo er hingehört; jedes Ding hat seinen „richtigen" Platz. Das gilt auch für die Ordnung der Gesellschaft. Die Gesellschaft besitzt also eine Hierarchie. Die Kehrseite des Ordnungsbewußtseins ist der Dünkel.° Wer einen höheren Rang erreicht hat, fühlt sich besser und läßt es die anderen Menschen spüren. Wer ein Recht hat oder zu haben glaubt, macht es geltend—zum Beispiel im Autoverkehr.

conceit, arrogance

Das Ziel eines Deutschen in seinem Auftreten und seinen Umgangsformen° ist es, „korrekt" zu sein und zu handeln. Er tut seine Pflicht und gibt jedem Menschen, was ihm gebührt.° Die Regeln und Vorschriften werden genau eingehalten.

manners

***gebühren** to be due to*

Während das öffentliche Verhalten Korrektheit verlangt, möchte der Deutsche in seinem privaten Kreis ungezwungen°

relaxed

Weiberfastnacht auf dem Marktplatz Köln. Am letzten Donnerstag im Karneval übernehmen die Frauen das Regiment.

sein. Er fühlt sich dann nicht mehr als „Beamter",° sondern als „Mensch"; und er sucht dann Gemütlichkeit. Er ist gern mit Freunden zusammen. Er redet frei, achtet nicht zu sehr auf konventionelle Formen und möchte gern Vertrauen zu den anderen Menschen haben können. So bildet er einen Freundeskreis, und Freunde sind für ihn etwas ganz anderes als „Bekannte". Er nennt sie beim Vornamen und duzt sie, und er bespricht offen seine Sorgen mit ihnen. Bekannten gegenüber verhält er sich mit einer gewissen Distanz.

state official

Die Gründlichkeit° zeigt sich im Berufsleben. Traditionell unterscheidet sich der „Beruf" von einem bloßen „Job". Ein Job ist zum Geldverdienen, einen Beruf hat man gelernt. Man beherrscht sein Fach, kann gute Arbeit leisten und ist stolz darauf. Die moderne Arbeitsteilung° und Automatisierung bringt es mit sich, daß ein Arbeiter in den meisten Berufen kein „Werkstück"° mehr anfertigt; er sieht das Ergebnis seiner Arbeit nicht mehr. Damit ist auch das Interesse an der Arbeit gesunken; aber viele Arbeiter sind nicht damit zufrieden. Das Gefühl, gut gearbeitet zu haben, ist ihnen für ihre Selbstachtung° wichtig. Die moderne Industrie muß sehen, wie sie sich die Gründlichkeit, das Pflichtbewußstein und das Bedürfnis nach einem „Werk" zunutze machen kann. Eine Zeit, der es um schnellere Produktion und höhere Profite geht, wird auf diese Charakterzüge weniger Wert legen. So findet man öfter einen gewissen Zynismus, wie: wenn ich sowieso nicht richtig arbeiten kann, ist es mir egal, wie es wird.

thoroughness

division of labor

independent piece of work

self-respect

Obwohl der Deutsche im konventionellen Umgang sehr formell ist, betrachtet er die Höflichkeit nicht als einen großen Wert. Ehrlichkeit, Wahrhaftigkeit sind ihm viel wichtiger. „Deutsch reden" bedeutet frei seine Meinung sagen, selbst wenn diese Meinung dem anderen Partner unangenehm ist.

Auch die Bildung betont bis jetzt die Hierarchie. Der Universitätsprofessor hat ein hohes Prestige in Deutschland, da er die Spitze dieser Hierarchie bildet. Ein erfolgreicher Mann ohne Abitur wird sich einem Universitätsabsolventen gegenüber stets unsicher fühlen. „Bildung" ist dabei traditionell mehr als Wissen oder Tüchtigkeit, es ist ein Lebensstil, ein Sinn für „geistige Werte". Es ist unverkennbar, daß die Idee der Bildung nicht mehr den Werten der heutigen Gesellschaft entspricht. Es ist aber ebenso klar, daß die Tradition der Bildung noch immer im kulturellen Leben wirksam ist.

Der Deutsche ist häuslich. Er pflegt seinen Besitz. Ihm liegt an einer individuellen Wohnungseinrichtung,° er pflegt und putzt sein Auto, er hält die Umgebung des Hauses sauber und kümmert sich um seinen Garten. Jedem Besucher fallen die vielen Blumen in Vorgärten und Blumenkästen am Fenster auf. Das ist nicht nur Liebe zur Natur, sondern auch das Bedürfnis, seine Sachen in Ordnung zu halten. Wer das nicht von selbst tut, kann Schwierigkeiten mit seinen Nachbarn bekommen. Ganz besonders wer sich ein eigenes Haus gekauft oder gebaut hat, wird dafür sorgen, daß es auch einladend aussieht. Um den Garten ist ein Zaun oder eine Hecke.° Man möchte doch nicht, daß einem die Nachbarn in den Garten sehen.

furnishings

hedge

Der Deutsche hat ein starkes Heimatgefühl.° „Heimat" ist dabei nicht ganz Deutschland, sondern nur ein bestimmter Teil davon, gewöhnlich eine bestimmte Landschaft oder vielleicht nur eine bestimmte Stadt. Leicht ergreift ihn das „Heimweh", wenn er in der Fremde ist. Er liebt alte Städte und Burgen und hat ein Gefühl für die Natur. Ebenso stark wie das Heimatgefühl ist in Deutschland die „Wanderlust", das „Fernweh". Ein Deutscher hat das Gefühl, er müßte die Welt kennenlernen. Es gibt genug deutsche Abenteurer, die mit dem Fahrrad oder mit dem Motorrad um die Welt fahren, und die meisten Deutschen reisen und wandern gern. Man kann diese Wanderlust einen Freiheitsdrang° nennen. Der Deutsche schätzt die feste Ordnung und die Tradition, aber er liebt ebenso seine Unabhängigkeit. Alle jungen Menschen ergreift einmal die Abenteuerlust.° Jedoch erwartet die Gesellschaft in Deutschland von ihnen, daß sie nach ihren „Wanderjahren" zur Heimat zurückkehren und sich dort fest niederlassen.

attachment to one's home area

thirst for freedom

desire for adventure

Insgesamt wirken die Deutschen tüchtig, gründlich, zuverlässig, ernst, aber auch schwerfällig, pedantisch, rechthaberisch.° Ausländer wünschen ihnen meistens mehr Heiterkeit, mehr Leichtigkeit.

stubborn (in one's views)

Zwar benutzen die Deutschen jede Gelegenheit zum Feiern und sind gern lustig; aber auch da fehlt oft genug die leichte Note. Wer hätte sich nicht schon gewünscht, daß ein Deutscher es auch einmal weniger genau und weniger ernst nehmen möchte? Die Deutschen sind die ersten, die das sagen; sie geben sich ja Mühe, selbstkritisch zu sein, aber es fällt ihnen schwer, das Leben leichter zu nehmen.

Ein Deutscher hat das Bedürfnis, Anerkennung zu finden und gut Freund mit allen Menschen zu sein. Er vermeidet Konflikte, wenn er kann; denn er weiß, ein Konflikt wird ernst genommen und kann ein Leben ruinieren. So ist es besser, einen Ausgleich oder eine Synthese zu finden und gut zusammenzuarbeiten.

Solche Charakterzüge sind immer sehr allgemein, und man wird bei den einzelnen Deutschen viele davon nicht finden. Doch sie geben ein Bild davon, wie die Deutschen sich selbst sehen oder wie sie sein möchten.

Deutsche in der Welt

Deutschland liegt in der Mitte Europas. Die Deutschen werden von vielen fremden Konflikten mitbetroffen. Es war kein Zufall, daß der Eiserne Vorhang quer durch Deutschland ging. Nach 1945 sind die Deutschen nicht sehr zufrieden mit ihrem traditionellen Image gewesen. Sie wollten lieber anders sein, als es die Franzosen, Italiener, Engländer von ihnen erwarteten. Vor allem die westlichen Deutschen versuchten, weniger „preußisch" zu wirken, weniger steif, laut und militärisch. Sogar in ihrer Sprechweise gewöhnten sie sich eine Art „understatement" an. Die Selbstkritik ging allerdings nicht bis zum Sport, wo die Deutschen, genau wie andere Völker, oft von nationaler Leidenschaft gepackt werden, ganz besonders beim Fußball.

Bis 1989 war es deutlich, daß die Deutschen der DDR, die viel isolierter leben mußten, auch traditioneller „deutsch" in ihrem Auftreten waren. Doch wenn auch hin und wieder deutscher Dünkel erscheint und der erhobene Zeigefinger sichtbar wird, so hat doch das nüchterne und selbstkritische Verhältnis zur eigenen Nation auch ein sachliches und weniger formelles Auftreten mit sich gebracht. In Deutschland gebraucht man nicht so leicht Superlative wie in den USA, das „typische" Amerikaner als das beste, großartigste, freieste, demokratischste Land ansehen, das es jemals gegeben hat.

Seit dem späteren 19. Jahrhundert ist Deutschland ein unbequemer Machtfaktor, manchmal bewundert, oft gefürchtet, immer mit gemischten Gefühlen angesehen. Es ist nach Rußland das Land mit der größten Bevölkerung in Europa, und ein Land mit unheimlicher Wirtschaftskraft. Die Deutschen bemühen sich, zu leben und aufzutreten wie andere Menschen und verträglich zu erscheinen. Es ist zu hoffen, ja zu erwarten, daß die lockere Lebensweise der letzten Jahrzehnte das Normale wird.

Deutsch und deutschsprachig

Lange Zeit haben die Deutschen an einen „kulturellen Nationalismus" geglaubt, der besagte, daß Menschen gleicher Sprache und Tradition zu einer Nation gehörten, also zu einem Staat. Doch es hat niemals ein Deutsches Reich gegeben, in dem alle Menschen deutscher Sprache lebten, und das nur Menschen deutscher Sprache umfaßte. In Europa scheint es unmöglich, ethnische und politische Grenzen zur Übereinstimmung zu bringen. Deutsch ist offielle Sprache in Deutschland, der Schweiz, Österreich, Liechtenstein; es hat ebenfalls offiziellen Status in Luxemburg und im italienischen Tirol. Deutsche Minderheiten gibt es in Elsaß und Lothringen, in Belgien, Dänemark, Ungarn und Rumänien, sowie in verschiedenen Nachfolgestaaten der früheren Sowjetunion. Seit 1945 gibt es nur noch sehr wenige Deutschsprechende in Polen, der Tschechoslowakei und den jugoslawischen Ländern.

Die große Auswanderung nach Übersee, vor allem im 19. Jahrhundert, führte zur Gründung deutscher Städte und Siedlungen in manchen Ländern Amerikas. Im südlichen Brasilien, in Chile und Argentinien gibt es noch Orte und Gegenden, in denen Deutsch als Umgangssprache vorherrscht. In den USA und Kanada hingegen ist das selten geworden, außer in Gemeinschaften, die sich aus religiösen Gründen absondern, wie etwa die Amischen. Die einzige Kolonie des Deutschen Reiches, in die vor dem Ersten Weltkrieg eine nennenswerte Zahl Deutscher auswanderte, war das heutige Namibia, wo Deutsch auch als eine der Sprachen gebräuchlich ist.

Im Gegensatz zu den Engländern und Franzosen mußten die Deutschen immer in Länder auswandern, deren offizielle Sprache nicht deutsch war. Die Auswanderer standen daher vor der Alternative, die neue Sprache und Kultur anzunehmen oder sich von ihrer neuen Umgebung abzusondern. In Rumänien gab es allerdings jahrhundertelang ein geschlossenes Gebiet deutschsprachiger Menschen, das die Deutschen Siebenbürgen nannten, ebenfalls an der Wolga in Rußland, das in der frühen Zeit der Sowjetunion als eigene Sowjetrepublik, die Republik der Wolgadeutschen, erklärt wurde. Dazu kommen „Sprachinseln" in Ungarn, Jugoslawien, der Tschechoslowakei und der Ukraine, während in vielen Gebieten an der deutsch-polnischen Grenze die Bevölkerung durcheinander wohnte. Verschiedene Pläne, deutschsprachige Gebiete in Nordamerika zu etablieren, in Missouri, Wisconsin oder Texas, kamen nicht zur Ausführung.

In der Zeit eines selbstbewußten deutschen Nationalismus fühlten sich auch die „Auslandsdeutschen" als Teil der deutschen Nation, ganz gleich, was ihre Staatsangehörigkeit war. Die nationalistischen Exzesse der Nazizeit provozierten nicht selten die Völker, unter denen die Deutschen lebten, z.B. die Brasilianer, und führten zur Einschränkung oder Abschaffung° ihrer kulturellen Institutionen, vor allem von Schulen und Vereinen. Inzwischen sind solche Kämpfe um kulturelle Identität bei deutschsprachigen Minderheiten eher Ausnahme geworden. Am schärfsten war nach 1945 der Kampf der deutschsprachigen Bevölkerung im italienischen Tirol um ihre Rechte und Eigenständigkeit.

abolition

Deutschland, immer dicht besiedelt, war selten ein Land für Einwanderer. Nach dem Dreißigjährigen Krieg kamen viele Schweizer nach Südwestdeutschland, und die französischen Hugenotten ließen sich im protestantischen Deutschland nieder, vor allem in Brandenburg-Preußen. Im 19. Jahrhundert brachte die Industrialisierung viele polnische Arbeiter ins Ruhrgebiet, wo sie meistens blieben. Das heutige Phänomen einer massiven Einwanderung nach Deutschland ist eine neuartige und denkbar ungewohnte Situation.

KAPITEL 3

Ein Familientreffen

Die Familie

Die Familie früher und heute

Die durchschnittliche Familie der Bundesrepublik hat ein oder zwei Kinder. Mehr als die Hälfte der Frauen arbeiten außerhalb des Hauses (in der DDR waren es über 90%!). Diese „Klein-Familie", wie die Soziologen sagen, besteht aus den Eltern und den zu Hause lebenden Kindern. Andere Verwandte, die zu der „Groß-Familie"° gehören, Großeltern, Onkel, Tanten etwa, wohnen gewöhnlich nicht im gleichen Haushalt.

extended family

Natürlich waren die Familien nicht immer so klein. Noch bis ins 20. Jahrhundert lebten oft Großeltern und andere Verwandte im gleichen Haus oder im gleichen Haushalt; zumindest aber in der Nachbarschaft. Die Kinder wuchsen mit dem Bewußtsein einer Groß-Familie auf; Großeltern, Onkel, Tanten, Vettern, Kusinen gehörten ebenso zum täglichen Leben wie Eltern und Geschwister. Noch immer gibt es ein deutliches Zeichen für die Verbundenheit° der Groß-Familie: alle Verwandten duzen sich. Wenn die Schwiegereltern dem zukünftigen Schwiegersohn oder

ties, unity

der Schwiegertochter das „Du" anbieten, so heißt es: jetzt gehörst du zur Familie. 1945, als die bisherigen gesellschaftlichen und staatlichen Einrichtungen nicht mehr funktionierten, stellte sich heraus, daß die Familie die stabilste soziale Gruppe ist: Eltern und Kinder hielten in der Not zusammen und halfen einander zu überleben und eine neue Existenz aufzubauen. Dabei haben sich seitdem, in Deutschland wie anderswo, die Sitten geändert. Meistens wohnen die Großeltern nicht mehr um die Ecke, so daß die Kinder sie nicht mehr jeden Tag sehen können. Die Wohnungen sind zu klein für Groß-Familien. Unabhängigkeit ist der Wunsch der meisten Menschen, und so leben die Generationen für sich, Mann und Frau verfolgen verschiedene Interessen, die Kinder bauen sich ihre eigene Welt. Wenn die Mutter berufstätig ist, trifft die Familie vielleicht nur abends kurz zusammen. Die Deutschen erleben ihre Variante der heutigen Industrie- und Fernsehgesellschaft.

Mann und Frau

Die deutsche Familie hat eine starke patriarchalische Tradition. Sie geht auf die Zeit zurück, wo der Haushalt mit dem Arbeitsplatz verbunden war: das Haus war Werkstatt eines Handwerkers, Geschäft oder Bauernhof. Der Hausherr war gleichzeitig Chef eines Betriebes. Im Hause lebten außer der Familie auch die Angestellten und „Dienstboten".° Während der Mann am Arbeitsplatz regierte, hatte die Frau die „Schlüsselgewalt":° sie beaufsichtigte die Arbeiten im Hause. Es wurde damals noch viel im Hause selbst hergestellt: Lebensmittel aller Art, Kerzen, Seife; die Frauen spannen, webten, stickten, strickten, nähten.

servants
"power of the keys"

Die Industrialisierung des späteren 19. Jahrhunderts brachte die Wanderung in die neuen Großstädte, wo es kleinere Wohnungen und wenige Dienstboten gab. Gerade in dieser Zeit aber, besonders ab 1871, wurde der Mann und Vater besonders autoritär. Er allein entschied, sein Mittagsschlaf war heilig, man durfte sein Arbeitszimmer nicht betreten, er bekam etwas Besseres zum Mittagessen als der Rest der Familie, wenn das Geld knapp war. Manche dieser Väter, die im Beruf einem starken Druck ausgesetzt waren, wurden zu Hause „Haustyrannen", die keinen Widerspruch duldeten.

Die Reaktion ließ nicht auf sich warten. Es gab bereits im 19. Jahrhundert eine Frauenbewegung, die für bessere Bildungschancen, bessere Bedingungen am Arbeitsplatz und politische Rechte für die Frauen kämpfte. Um 1900 begann man allgemein, den Mädchen den Zugang zum Abitur und damit zur Universität zu eröffnen, natürlich in eigenen Mädchengymnasien, Lyzeen genannt. Paradoxerweise waren es die beiden Weltkriege, besonders der erste, die die Gleichberechtigung° der Frauen entscheidend gefördert haben. Die Männer waren an der Front, also mußten die Frauen nicht nur zu Hause die Verantwortung übernehmen und

equal rights

allein die Kinder erziehen, sondern auch anstelle der Männer ins Büro und in die Fabrik gehen.

Dies gab den Frauen den Geschmack an der Selbständigkeit und Berufstätigkeit. Es handelte sich nicht mehr um die frühere Ausbeutung° der Frauen in der Arbeiterklasse, von welcher die Sozialisten sie befreien wollten; vielmehr sahen die Frauen jetzt ihre Chance, einen Beruf zu lernen und auf eigenen Füßen zu stehen, auch und gerade in den bürgerlichen Schichten. Seit dem Ersten Weltkrieg setzte sich die Ansicht durch, daß Mädchen genau wie die Jungen eine Berufsausbildung brauchten. Allerdings drängte man die Frauen zuerst in „Frauenberufe": Sekretärin, Kindergärtnerin, Krankenschwester.

exploitation

Die Weimarer Verfassung von 1919 gab den Frauen das Wahlrecht. Auch im Familienleben begannen sich Veränderungen zu zeigen. Unter dem Einfluß der Jugendbewegung wurde das Ideal einer Ehe aufgestellt, die nicht von der Autorität des Vaters getragen ist, sondern von der Freundschaft und Kameradschaft der beiden Partner. Immer noch lag praktisch—und juristisch—die letzte Entscheidung beim Mann.

Die Nationalsozialisten proklamierten, daß die Frau ins Haus und in die Küche gehörte und in erster Linie Mutter sein sollte. Sie wollten viele Kinder, mit denen neue Gebiete im Osten Europas besiedelt werden sollten. Sie gaben hohe Kinderzulagen° und verteilten „Mutterkreuze"° an Mütter mit vier und mehr Kindern. Aber praktisch führte die Naziherrschaft dazu, daß noch mehr Frauen als vorher berufstätig wurden, spätestens im Zweiten Weltkrieg. Die

child allowances
"mother's cross"

Frauen bei monotoner Fabrikarbeit: Anfertigung von Sicherheitsgurten

Verfassungen der Bundesrepublik und der DDR legten seit 1949 fest, daß Mann und Frau gleichberechtigt sind. Aber es hat noch lange gedauert, bis diese Garantie praktische Folgen bekommen hat. Erst seit 1977 hat die Frau ihre völlige juristische Gleichstellung erreicht. Jetzt müssen sich die beiden Partner einigen, welchen Namen sie führen wollen und wie sie die Hausarbeit verteilen.

Wieviel sich in der Bundesrepublik geändert hat, zeigt sich zum Beispiel daran, daß der Anteil der Studentinnen innerhalb von 20 Jahren von einem Fünftel auf zwei Fünftel der gesamten Studentenschaft gewachsen ist. Allmählich verändern sich die Lebensgewohnheiten. Früher wurde eine Frau gewöhnlich nur dann Unternehmerin, wenn sie als Witwe oder Tochter eines Unternehmers einen Familienbetrieb der Familie für den nächsten männlichen Erben erhalten wollte. Die meisten Frauen arbeiteten in ihrem Beruf nur, bis sie das erste Kind bekamen, auch in einem akademischen Beruf. Inzwischen gehen die Frauen auf eine eigene Karriere aus, die sie nicht unterbrechen wollen. So wie alle Frauen mit „Frau" angeredet werden müssen—und nicht mehr mit „Fräulein"—, ganz gleich ob sie verheiratet sind oder nicht, sind auch unverheiratete Mütter mit den verheirateten gleichgestellt. Die früher sehr starken Vorurteile gegen eine unverheiratete Mutter sind weitgehend verschwunden.

Wie überall gibt es auch in Deutschland oft finanzielle Gründe, zwei Einkommen zu haben. Insbesondere in den östlichen Bundesländern ist der Geldbedarf° groß; aber auch die Arbeitslosigkeit. Dazu kommt, daß in der DDR Arbeit und Laufbahn der Frau gefördert wurde, so daß es mehr Frauen in führenden Stellungen gab als in der BRD. Allerdings sind die Grünen und die SPD entschlossen, Benachteiligungen° der Frauen in der Politik aufzuheben. Doch am Arbeitsplatz besteht durchaus noch die Konkurrenzangst der Männer vor den Frauen. Das schwierige Thema „Gleichberechtigung" ist noch keineswegs abgeschlossen.

need for money

discrimination, disadvantages

Eltern und Kinder

Dem Kinderreichtum des 19. Jahrhunderts folgten die kleineren Familien des 20. Jahrhunderts. Die Nazipropaganda für viele Kinder hat diesen Trend nur kurz unterbrochen. Seit 1945 ist die typische deutsche Familie klein geworden. Die deutsche Bevölkerung begann zu sinken, und auch großzügige Kinderzulagen waren kein Anreiz, mehr Kinder zu haben. In der DDR war die Regierung allerdings erfolgreicher als in der BRD. Das hing auch damit zusammen, daß es den Müttern kleiner Kinder leicht gemacht wurde, ihre Kinder in Tagesstätten° unterzubringen. Seit dem „Pillenknick"° der sechziger Jahre gibt es nicht nur weit weniger Kinder, sondern vor allem Kinder von älteren Eltern. Es ist jetzt eine bewußte Entscheidung der Eltern geworden, ob und wann sie Kinder wollen. Der Konflikt zwischen der beruflichen Laufbahn der Frau

day care centers

drop of birth rate due to the pill

und ihrer Rolle als Mutter ist in Deutschland wie anderswo nicht gelöst. Je mehr Einsatz° ein Beruf erfordert, desto schwieriger werden solche Entscheidungen. *commitment*

Es gibt auch andere, eher psychologische Gründe, die die geringe Zahl der Kinder erklären. Es gibt heutzutage weniger Bereitschaft, für Kinder Opfer zu bringen. Man kann hier von Egoismus sprechen. Es ist vielleicht sogar noch mehr: immer wieder fällt das Wort „Kinderfeindlichkeit". In Deutschland will man nicht durch Kinder gestört werden. Viele Menschen haben nicht genug Verständnis für die Lebensweise der Kinder. Andere Gründe kommen aus dem allgemeinen Lebensgefühl: obwohl die Deutschen sich einen erheblichen Wohlstand erarbeitet haben, sind sie nicht unbedingt optimistisch. Sie blicken mit Skepsis in die Zukunft und erwarten eher das Schlimmere als das Bessere. So fragen sich manche, ob es sich lohne, ob es verantwortlich sei, Kinder in diese schlimme Welt zu setzen. Der Wende von 1989 folgte in den neuen Bundesländern eine Senkung der Geburtsrate. Bei manchen Frauen spielt auch noch ein Paradox eine Rolle: sie fühlen die Last der Verantwortung, sie nehmen die Idee der Kindererziehung ernst—und gerade deshalb scheuen sie sich Kinder zu haben. Und schließlich gibt es genug Leute, die selbst eine unschöne Kindheit hinter sich haben und deshalb an keinen Nachwuchs° denken. *offspring*

Natürlich gibt es ebenso viele gute, aufmerksame und opferbereite Eltern. Aber der Trend, eigene Wege zu gehen und die

Kindergarten der Gemeinde Roßbach bei Merseburg, im Land Sachsen-Anhalt

Familie nicht mehr so sehr wie sonst als Einheit zu sehen, ist auch in Deutschland klar zu bemerken. Allerdings: je kleiner die Familien sind, desto mehr wird von jedem einzelnen erwartet. Ein einzelner Sohn soll den Vater nicht enttäuschen. Er soll zumindest die Bildungsstufe des Vaters erreichen und eine entsprechende Laufbahn einschlagen. Schließlich verpflichten sogar die deutschen Gesetze die Eltern, den Kindern finanziell zu helfen, bis sie die Bildungsstufe der Eltern erreicht haben. Aber heute wird die traditionelle Bildungshierarchie längst nicht mehr von allen jungen Menschen akzeptiert, und die Berufschancen sind oft ungewiß. In einer so komplexen Welt ist es nicht immer leicht, sich für eine Laufbahn wirklich zu entscheiden. Familienkonflikte kommen nicht zuletzt daher, daß der deutsche Begriff des Berufs in der nachindustriellen Epoche eine große Veränderung erfährt.

Die Beziehung der Generationen zueinander ist seit 1945 durch mehrere Phasen gegangen. Die frühe Nachkriegsgeneration wurde die „skeptische Generation" genannt; sie galt als mißtrauisch, abwartend, kühl und verschlossen gegenüber den Eltern, die ihrerseits oft Grund hatten, über vieles zu schweigen. Die skeptische Generation, die sich nicht so leicht engagierte und schon gar nicht begeistern ließ, wurde abgelöst von der Jugend der sechziger Jahre, der ersten nach dem Krieg geborenen Generation, die die Gesellschaft verändern wollte. Doch diese Jugend, die eine bessere Zukunft vor sich sah und dafür kämpfen wollte, machte die Erfahrung einer weitgehend gescheiterten° Revolution und fügte sich unter Protest in eine nüchternere und sehr pragmatische Gesellschaft der siebziger Jahre ein, die viel mehr an ihr Privatleben als an das Wohl der Menschheit dachte. Die achtziger Jahre brachten neues Engagement für den Frieden und den Umweltschutz, und dann die kurze Hoffnung einer wirklichen „Wende". Der lähmende Druck des Kalten Krieges mit der gewaltigen Konzentration von Atomwaffen in Deutschland beginnt zu weichen, und es könnte so aussehen, als ob die Menschheit wirklich an ihre Probleme herangehen wollte. Aber die Jugend, zumindest in Deutschland, bleibt eher skeptisch jeder Autorität gegenüber und mißtraut schönklingenden Programmen.

scheitern *to fail*

Von einem Generationskonflikt in Deutschland kann man eigentlich nicht sprechen; aber es gibt auch oft kein enges Zusammengehörigkeitsgefühl. Die Eltern stehen vor der Frage, wie weit sie Autorität durchsetzen wollen oder darauf verzichten. Manche Eltern sind bewußt „anti-autoritär", andere jedoch gehen eher Konflikten aus dem Weg, und das tut noch mehr die Jugend. Die Tendenz, seine eigenen Wege zu gehen, ist unmißverständlich. Das heutige Leben ist anstrengender geworden. Das Wort „Streß", „stressig" und „gestreßt" ist auch in Deutschland beliebt. Die Erfahrung haben ebenfalls die Ostdeutschen gemacht, als die westliche Lebensweise sie überwältigte:° der enge Verkehr im Familien- und Freundeskreise lockerte sich; denn oft fehlte einfach Zeit und Energie.

überwältigen *to overwhelm*

Andererseits ist die Unsicherheit der Jugend dem Leben gegenüber vielleicht noch größer geworden als früher. Eine Reaktion dagegen sind Gruppenbildungen. Furcht vor dem Alleinsein ist allgemein verbreitet. Das deutsche Schulsystem fördert informelle Gruppenbildungen, denn die Schüler sind bis zu den letzten zwei Jahren immer mit derselben kleinen Gruppe zusammen. Das Gruppengefühl überträgt sich auch auf die Lebensweise. Eigentliche Kommunen sind zwar selten geblieben, hingegen sind Wohngemeinschaften beliebt, mit verschieden engen Formen des Zusammenlebens, von gemeinsamer Wohnung bis zu gemeinsamen Mahlzeiten.

Das Gemeinschaftsgefühl der kleinen Gruppe einer Generation berührt sich mit dem traditionellen Begriff der Freundschaft. Die Deutschen machen allgemein Unterschiede zwischen „Kameraden" in der Schule oder im Militär, einem „Kollegen" im Betrieb, einem „Bekannten" und einem „Freund". Freunde duzen sich. Freunde sollen offen zueinander sein. Sie sollen einander helfen, wenn Hilfe nötig wird, auch finanzielle Hilfe. Es gibt gleichaltrige Freunde und Freundinnen; aber es gibt auch ältere Vertrauenspersonen, Onkel, Tante, Jugendleiter, Lehrer, die Freunde werden können—manchmal auch die Eltern! Individuelle Freundschaft ist etwas

Freizeit unter Freunden

Fes

Das W

Ein La
heiten w
denen di
eine Tren
spielt im
ihre kirch
bezahlte
Reklame
Novembe
liken sch
Allerheili
Advent d
ihr „Buß-
für die T

Zum 1. Advent hat jede Familie einen Adventskranz,° der auf den Tisch gestellt wird und den vier Kerzen schmücken. Am 1. Advent wird die erste Kerze angezündet und jeden Adventssonntag eine weitere. Die Familie sitzt am Sonntagnachmittag zusammen, singt Advents- und Weihnachtslieder und bereitet sich so auf das kommende Fest vor. Am 6. Dezember ist der Nikolaustag. Der Nikolaus kommt nachts und bringt braven Kindern Geschenke, böse bekommen eine Rute.° Die Kinder stellen am Abend vorher ihre Schuhe auf die Fensterbank.° Dort wo der Nikolaustag nicht mehr gefeiert wird, wie zum Beispiel in manchen norddeutschen Gegenden, kommt der Nikolaus trotzdem, und zwar an einem Adventssonntag. Weihnachten ist das eigentliche Familienfest in Deutschland. Man bedauert jeden Menschen, der am 24. Dezember, am Heiligen Abend, nicht bei seiner Familie sein kann. Das eigentliche Weihnachtsfest wird an diesem Abend gefeiert. Man schmückt an diesem Tag den Weihnachtsbaum, auch Christbaum genannt. Zur Freude des Festes gehört auch, besonders wenn Kinder im Haus sind, die Überraschung über den schönen Baum. Wenn die Kerzen brennen, öffnen die Eltern die Tür, die Kinder bekommen ihre Geschenke, und man öffnet die Geschenkpakete von Verwandten und Freunden. Draußen ist es ruhig, Geschäfte, Kinos, Restaurants schließen; alle Leute versuchen, bei ihrer Familie zu sein. Natürlich fehlt es nicht am Fortschritt der modernen Zeit; man sieht genug Bäume mit elektrischen Kerzen, ja künstliche Weihnachtsbäume. Dabei bleibt allerdings das Bewußtsein, daß so etwas eigentlich nicht „das Richtige" ist. Natürliche Kerzen sind keineswegs verboten, und man hat nicht solche Angst vor Feuer wie in den USA, auch wenn natürlich Zimmerbrände° vorkommen.

Advent wreath

switch, rod
windowsill

fires contained in the room

Der 25. und 26. Dezember sind volle Feiertage. Am 25. Dezember ißt man seine Weihnachtsgans, seinen Puter° oder seinen Weihnachtskarpfen,° und man besucht Verwandte und Freunde. Der Karpfen gehört in diese Jahreszeit; wenn er nicht zu Weihnachten auf den Tisch kommt, dann sicherlich zu Silvester oder Neujahr.

turkey
Christmas carp

Die Tage zwischen Weihnachten und Neujahr sind zwar keine Feiertage, doch wird eigentlich, wenn es geht, nur „mit halber Kraft" gearbeitet. Auf die feierliche Stimmung von Weihnachten folgt die lustige Stimmung von Silvester. Alle Restaurants sind voll. Viele Leute feiern bei sich zu Haus. Man will das alte Jahr hinaustanzen und das neue Jahr mit Prosit und Feuerwerk begrüßen. Man möchte auch prophezeien, was das kommende Jahr bringt. Eine Art Prophezeiung ist das „Bleigießen": man gießt glühendes, flüssiges Blei in kaltes Wasser und versucht die Formen der Figuren, die dabei entstehen, zu deuten; daraus prophezeit man, ob sich im kommenden Jahr die Wünsche und Hoffnungen erfüllen. Das neue Jahr wird mit Sekt und „Prosit Neujahr" begrüßt.

Die Weihnachtszeit geht bis zum 6. Januar, dem Fest der Heiligen Drei Könige, auch Erscheinungsfest° genannt. Früher war es üblich, daß sich die Kinder abends in die Heiligen Drei Könige verkleideten, von Haus zu Haus zogen und um Süßigkeiten baten. Das ist heute nur noch in einigen ländlichen Gegenden der Brauch, besonders in Bayern.

Epiphany

Karneval und Ostern

Für die Katholiken besteht die Zeit zwischen Weihnachten und Ostern aus zwei Abschnitten: die Zeit bis zum Karneval und die Fastenzeit. Der Karneval wird in Südwestdeutschland Fastnacht und in Bayern Fasching genannt. Die Art, diese Wochen vor der Fastenzeit zu feiern, ist in den verschiedenen Teilen Deutschlands verschieden. In den katholischen Teilen gehört der Karneval zur Tradition; heute allerdings feiern auch gern die Protestanten mit. Den Höhepunkt dieser „tollen" Zeit bilden die großen Umzüge.° Am Rhein und in Südwestdeutschland finden sie am Rosenmontag statt, in München am Faschingsdienstag. Die meisten Feste sind Maskenfeste, und bei den Umzügen sind die Masken am wichtigsten. Der Karneval gibt die Gelegenheit, das Leben zu genießen und die anderen Menschen, auch die Politiker und die Regierung, zu verspotten, ohne daß sie es übelnehmen° dürfen. Der Dienstag ist zugleich das Ende der fröhlichen Zeit; um Mitternacht beginnt der Aschermittwoch und die traurige Fastenzeit, die bis Ostern dauert.

processions, parades

***übelnehmen** to be offended*

Zu den Fastnachtsumzügen in Baden und Württemberg gehören gewöhnlich auch die Hexen mit ihren Besen. Sie fegen bereits den Winter weg, was sonst erst zu Ostern geschieht. Bei dem Osterfest verbinden sich alte Bräuche im Frühling mit der christlichen Bedeutung. Der Karfreitag wird besonders von den Protestanten als Trauertag und Fastentag angesehen. Das Osterfest selbst ist ein fröhliches Fest, denn der Winter ist nun vorbei. Bei den Katholiken kommt noch hinzu, daß die Fastenzeit jetzt vorüber ist. Auch in Deutschland kommt der Osterhase, der im Garten oder im Wald seine Ostereier legt, die die Kinder suchen müssen. Viele Familien machen einen Spaziergang in den Wald, wenn das Wetter gut genug ist. Auch das Osterfest, ebenso wie das Pfingstfest dauert zwei Tage, denn der Montag zählt als Feiertag. Alle diese Feste sind Familienfeste. Zu Pfingsten, wenn das Wetter wirklich schön wird, unternehmen die Leute gern Ausflüge oder weitere Reisen: wenn sie können, über die Alpen nach Süden, der warmen Sonne entgegen.

Zwischen Ostern und Pfingsten sind noch mehrere Feste, die den Alltag angenehm unterbrechen. Zum Kirchenkalender gehört das Himmelfahrtsfest° zehn Tage vor Pfingsten. Der Brauch ist allerdings, daß dieser Tag als „Vatertag" gefeiert wird. Die Männer ziehen allein los und vergnügen sich. Natürlich wird dabei viel

Ascension Day

Das Funkenmariechen auf dem Karneval in Köln

getrunken; doch an diesem Tag darf es nicht einmal eine streitsüchtige Ehefrau übelnehmen, wenn der Mann sehr spät und ziemlich schwankend heimkehrt.

Ein bedeutendes katholisches Fest ist Fronleichnam,° zehn Tage nach Pfingsten. Mit großen Prozessionen ziehen die Menschen hinaus, um dabei zu sein, wenn die Altäre neu geweiht° werden. Die ganze Stadt oder das ganze Dorf ist dabei, mindestens als Zuschauer. Die Fenster und Türen der Häuser werden mit grünen Birkenzweigen° geschmückt; auf den Straßen werden schön gestaltete Blumenteppiche ausgelegt. Der Frühling ist die Zeit für mancherlei Bräuche, die manchmal vorchristlichen Ursprung haben. Die Bauern umreiten die Felder; sie pflanzen Maibäume auf; Brunnen werden mit Blumen geschmückt und geweiht. Die Nationalsozialisten haben einige dieser Bräuche benutzt und mit einem politischen Sinn versehen, vor allem das Sonnwendfeuer,° das man am längsten Tag, dem 21. Juni, abends auf Berggipfeln anzuzünden pflegte. Dabei wurden Lieder gesungen, Sprüche gesagt—oft satirische—und schließlich sprangen die jungen Leute über das Feuer. Heute sind diese Sonnwendfeuer wegen dieses politischen Mißbrauches selten geworden. Im Schwarzwald zündet man sie im Frühling an, um den Winter zu vertreiben.

Corpus Christi

***weihen** to consecrate*

birch branches

solstice fire

Nationalfeiertage

Mit Nationalfeiertagen haben die Deutschen im 20. Jahrhundert Pech gehabt. Kein Wunder, da ihre Geschichte sich dauernd veränderte. Bis 1918 feierten die Deutschen den Geburtstag ihres Kaisers,

Bemalung von Ostereiern nach alter Tradition in Hessen

den Tag der Reichsgründung 1871 und den Sieg über die Franzosen bei Sedan 1870. Die Weimarer Republik feierte wenig außer dem 1. Mai, dem Tag der Arbeiterbewegung. Umso mehr versuchte der Nationalsozialismus die Bevölkerung durch Aufmärsche, Paraden, Reden und Zeremonien zu beeindrucken. Die Feiern gingen vom Tag der „Machtübernahme"° über den Geburtstag des Führers, den 1. Mai, die Sommersonnenwende,° das Erntedankfest° bis zum 9. November, dem Tag des mißglückten Putsches in München 1923.

assumption of power
summer solstice
thanksgiving for the harvest
oversupply

Nach dem Überangebot° an Feiern folgte nach 1945 zunächst eine Leere. Nur der 1. Mai, kein eigentlicher Nationalfeiertag, wurde beibehalten. Die DDR feierte auch den Gründungstag ihrer Republik, den 7. Oktober. In der BRD wurde der 17. Juni als Nationalfeiertag eingeführt, als „Tag der deutschen Einheit" zum Andenken an den Aufstand in der DDR im Jahre 1953 und als Erinnerung an die Teilung Deutschlands. Nur die DDR feierte den 8. Mai 1945 als „Tag der Befreiung".

Mit welchem Fest an welchem Tag soll das wiedervereinigte Deutschland seine neugewonnene Identität feiern? Das wurde eine schwierige Frage. Der 9. November, der Tag, an dem die Berliner Mauer geöffnet wurde, schied aus. Zu viele Erinnerungen waren mit dem Tag verknüpft: der Hitler-Putsch von 1923, die „Kristallnacht" von 1938, ja sogar das Ende des Ersten Weltkriegs 1918. Auch der 3. Oktober, der Tag der offiziellen Wiedervereinigung 1990, hat seine Probleme. Es gibt eben keinen 4. Juli wie in den USA oder 14. Juli wie in Frankreich. Oder werden die Deutschen den 3. Oktober einmal wirklich feiern?

Vor dem Reichstagsgebäude in Berlin wird am 3. Oktober 1990 die deutsche Einheit gefeiert.

Im Haus und im Büro

Natürlich gibt es viele Feste im Leben des einzelnen Menschen: Geburtstag oder Namenstag,° Hochzeit und Hochzeitstag, Taufe, Konfirmation oder Erstkommunion,° Jubiläum. Die meisten Deutschen feiern gern mit viel gutem Essen und viel Alkohol; sie wollen lustig sein, wenn sie feiern. Sie werden laut; sie lachen viel; sie sind informell, ungezwungen. Das nennen sie „Gemütlichkeit", und das ist ihre Vorstellung von einer Feier. Oft gehören Reden und andere Programmpunkte zu einer Festlichkeit, dann gibt es einen „ernsten" und einen „heiteren" Teil. Der heitere Teil fehlt nie. Die öffentlichen Feste, die die Deutschen sich geschaffen haben, sind alle so, daß es dabei laut und gemütlich werden kann. Laut und gemütlich sind die vielen „Volksfeste",° die es vor allem im Sommer und im Herbst gibt, und die sehr oft mit Erntefesten oder Landwirtschaftsausstellungen verbunden sind. Das bekannteste davon ist das Oktoberfest in München, das im September und Oktober stattfindet und das ziemlich „jung" ist—es wird erst seit dem Beginn des 19. Jahrhunderts gefeiert. Typisch für diesen Geschmack der Deutschen ist auch der „Betriebsausflug".° Jede Firma, jede Behörde sogar, unternimmt einmal im Jahr einen gemeinsamen Tagesausflug, den der Betrieb bezahlt. Dieser Ausflug endet am Abend mit einem Trinkfest. Natürlich gibt es richtige Trinkfeste, zum Beispiel die Weinfeste in den Weinbaugegenden, die nach der Weinernte gefeiert werden, oder die Bierfeste, zum Beispiel in München. Jeder Verein hat ein Jahresfest;

name day
First Communion
fun fairs
company's outing

die Studentenverbindungen haben ihre Stiftungsfeste.° Auf allen diesen Festen essen, trinken, tanzen und lachen die Menschen, und wer gern nüchtern ist und Ruhe braucht, wird wenig Geschmack daran finden. Die Deutschen sind richtig ernst, wenn sie ernst sein müssen, besonders bei der Arbeit—vielleicht zu ernst, wie manche Ausländer sagen; wenn sie feiern, wollen sie richtig lustig sein. Dabei gibt es keinen Unterschied mehr zwischen Armen und Reichen, zwischen dem Chef und dem Bürodiener.° Schnell ist man auf du und du. Am nächsten Morgen ist jedoch alles wieder „normal", höchstens, daß man seinen „Kater"° überwinden muß. Arbeit und Feiern sind zwei streng getrennte Bereiche. „Dienst ist Dienst, und Schnaps ist Schnaps", hieß es in der deutschen Armee. Allerdings—wer nicht richtig feiern, nicht richtig lustig sein kann, erweckt Mißtrauen. Wenn es der Chef ist, so muß er damit rechnen, daß ihn seine Angestellten auch im Dienst nicht ganz akzeptieren und ernst nehmen.

annual conventions

office boy

hangover

Der Tourist also, der die Deutschen beim Karneval oder beim Oktoberfest trinken und lachen sieht, sieht nur eine Seite von ihnen. Andere Seiten entdeckt er erst, wenn er in eine Familie kommt, oder wenn er die Menschen bei der Arbeit kennenlernt.

KAPITEL 5

Auf dem Heimweg von der Schule. Es regnet wieder einmal.

Die Schule

Das Schulsystem

Jedes Land hat sein eigenes Schulsystem, das sich langsam entwickelt hat und das mit den Traditionen des Landes eng zusammenhängt. Das deutsche Schulsystem hat mehrere Eigenheiten, die es von dem System der USA unterscheiden. Es kennt nämlich nicht die Einheitsschule° der USA; es hat sehr wenige Privatschulen; die Kirche ist nicht vom Staat getrennt; und schließlich werden die Schulen von den einzelnen Ländern verwaltet.

unified comprehensive school

Die Bundesregierung hat kein Erziehungsministerium.° Jedes einzelne Land hat ein Ministerium, das gewöhnlich den Namen trägt: Ministerium für Unterricht und Kultus. Die Schule und die kirchlichen Angelegenheiten werden also vom selben Minister verwaltet, der sich außerdem mit allen anderen kulturellen Angelegenheiten beschäftigt. Alle Kinder haben die Gelegenheit, in der Schule Religionsunterricht zu erhalten, ihrer Konfession entsprechend. Ein lange dauernder Streit entstand um die Frage, ob die Schüler in den ersten Jahren nach der Konfession getrennt

department of education

werden sollten. In Bayern war das lange Zeit der Fall: Es gab Klassen für katholische Schüler, Klassen für Protestanten und schließlich Klassen für Kinder mehrerer Konfessionen, die „Gemeinschaftsschule".° Auch in Rheinland-Pfalz und in Niedersachsen gab es Streit um die Konfessionsschule.° Die „Gemeinschaftsschule" hat sich durchgesetzt; in Bayern wurde sie nach einer Volksabstimmung beschlossen. So darf jetzt auch der evangelische Lehrer im Dorf den katholischen Lehrer vertreten. Es muß nicht mehr der katholische Lehrer aus dem nächsten Dorf die Vertretung übernehmen. Die Schulen sind staatlich oder städtisch; der Lehrplan und das Gehalt der Lehrer sind jedoch einheitlich. Die Schulen werden aus den allgemeinen Staatseinnahmen° und nicht aus den Gemeindesteuern° bezahlt. Es gibt einige Privatschulen; außer Klosterschulen und Schulen der Anthroposophen,° Waldorfschulen genannt, sind es vor allem Schulen für Kinder, die nicht zu Hause bei den Eltern wohnen können oder die Schwierigkeiten in den öffentlichen Schulen haben.

school for children of all denominations
school divided according to church affiliation
state revenues / local taxes
anthroposophists

Das deutsche Schulsystem hat sich aus zwei Typen entwickelt: Erstens die Volksschule, heute Hauptschule genannt, also die allgemeine Schule für jedermann; sie dauerte früher 8 Jahre, inzwischen 9 und wahrscheinlich bald 10 Jahre. Dann gab es Schulen zur Vorbereitung auf die Universität. Eine solche Schule heißt ein Gymnasium, eine Oberschule, oder eine Höhere Schule, und der Schüler hat insgesamt 13 Jahre bis zum Abschluß. Daneben hat sich schließlich seit dem späteren 19. Jahrhundert die Real- oder Mittelschule entwickelt: eine Schule mit 10 Schuljahren, die für höhere Stellungen im praktischen Leben Voraussetzung° ist. Ein Schüler, dessen Noten schlecht sind, muß das Jahr wiederholen, er „bleibt sitzen". Der Ausdruck stammt aus der Zeit, wo der Schüler im gleichen Klassenzimmer sitzen blieb, während seine Kameraden in das nächste Klassenzimmer umzogen. Wer zu oft sitzen bleibt, kann nicht auf dem Gymnasium oder der Realschule bleiben; er muß „nach unten" wechseln oder ganz die Schule verlassen.

prerequisite

Dieses Schulsystem, das den traditionellen Gesellschaftsklassen entspricht, schien nach dem Zweiten Weltkrieg nicht mehr zeitgemäß. Die Eltern müssen ja, nachdem das Kind vier Jahre die „Grundschule" besucht hat, zusammen mit der Schule entscheiden, ob das Kind ins Gymnasium, in die Realschule oder in die Hauptschule gehen soll. Das ist eine Entscheidung für das ganze Leben, und es ist in vielen Fällen verfrüht, sie bereits zu treffen, wenn das Kind erst 10 Jahre alt ist. So gelten jetzt das 5. und 6. Schuljahr als „Orientierungsstufe".° Der strengen Trennung der drei Schultypen sollen „Gesamtschulen"° entgegenwirken, bei denen alle Schularten im gleichen Gebäude zusammen sind, und wo man leichter überwechseln kann. Theoretisch war es schon immer möglich, daß begabte Kinder auch später von der

orientation level
comprehensive schools

Hauptschule zur Realschule und zum Gymnasium wechseln konnten. Praktisch war das bei der Verschiedenheit der Lehrpläne sehr schwierig.

Die DDR wollte Chancengleichheit einführen und sah sie am besten in der Einheitsschule verwirklicht, ähnlich der amerikanischen Schule. Es war eine zwölfjährige Schule; allerdings gab es nach 10 Schuljahren zwei Möglichkeiten: entweder blieb man in der Schule oder man kombinierte Schule und Lehre.° In der BRD wurden stattdessen die Berufsschulen ausgebaut. Es gibt inzwischen Fachoberschulen und ein „Fachabitur".

apprenticeship

Über die Schulbildung gibt es sehr unterschiedliche Auffassungen. Es gibt die konservative Auffassung, die Trennung der Schularten zu erhalten. Die von der CDU regierten Länder haben die wenigsten Experimente gemacht. Die Befürworter° der Gesamtschule sind meistens in der SPD zu finden. Die SPD-Länder haben daher mehr Gesamtschulen und schaffen mehr Möglichkeiten der Weiterbildung. Die Gesamtschule hat auch eine gesellschaftliche Funktion; die Schüler kommen mit viel mehr anderen und andersartigen Schülern zusammen. Sie lernen, wie in den USA, mehr das richtige Verhalten in der Gesellschaft und nicht nur akademisches Wissen. Die Eltern entscheiden sich jedoch oft nach den Leistungen der Kinder. Ein sehr intelligentes Kind wird ins Gymnasium geschickt; ein etwas weniger begabtes in die Gesamtschule.

advocates

Die Reformen waren eigentlich als Anfang einer Umbildung° des Erziehungssystems gedacht. Inzwischen besteht das Neue neben dem Alten. Die neuen Bundesländer im Osten haben diese Formen des Schulsystems übernommen. Es gab allerdings erhebliche Übergangsprobleme, bei den Schülern und bei den Lehrern. Auch dort wird es Unterschiede von Land zu Land geben, auch wenn das System insgesamt gleich ist. Einige Länder experimentieren mit sechs Jahren Grundschule statt vier Jahren. In allen Ländern hat sich die Reform der Oberstufe des Gymnasiums durchgesetzt: die letzten zwei Jahre des Gymnasiums sehen inzwischen eher wie die ersten Jahre in einem amerikanischen College aus. Dadurch daß es viele neue Wege zum Abitur gibt, hat das System eine Flexibilität bekommen, die ihm vorher fehlte.

transformation

Die Grundschule

Seit dem Ende des Ersten Weltkriegs verbringen alle Schüler die ersten vier Jahre zusammen in der „Grundschule". Die Kindergärten sind bis jetzt noch kein Teil des Schulsystems. Es gibt städtische, kirchliche und private Kindergärten, und meistens dienen sie als Tagesaufenthalt° für Kinder arbeitender Mütter. Zu den geplanten Reformen gehört jedoch auch die Integrierung des

day care

letzten Jahres im Kindergarten. Die Schule, das wirkliche Lernen, soll mit 5 Jahren beginnen, anstatt wie bisher mit 6 Jahren. Die Kindergärten nehmen Kinder im Alter von 3 bis 6 Jahren.

Bis jetzt beginnt der „Ernst des Lebens" mit dem ersten Schultag im Alter von 6 Jahren. Die Kinder bekommen zu diesem Anlaß eine große Papptüte mit Süßigkeiten, Schultüte° genannt. Ihre Schulsachen tragen sie in einem Ranzen° auf dem Rücken. Früher fing das neue Schuljahr nach Ostern an, doch jetzt hat sich die Bundesrepublik den anderen europäischen Ländern angeglichen, und die Schule beginnt nach den Sommerferien. Schule ist in den meisten Ländern nur am Vormittag, allerdings auch jeden zweiten Sonnabend. Arbeitsgemeinschaften am Nachmittag, besonders für größere Schüler, sind die Ausnahme. Bei den „ABC-Schützen" der ersten Klasse beginnt es sehr bald, ernst zu werden. Sie lernen lesen und schreiben, und sie fangen sofort mit dem Rechnen an. Außerdem haben sie Religionsunterricht, Sport, Zeichnen und Musik. Die deutsche Rechtschreibung° ist einigermaßen regelmäßig, so wird von den Kindern erwartet, daß sie nach einem Jahr Schule alle Wörter, die zu ihrem Wortschatz° gehören, lesen und schreiben können. In der zweiten Klasse bekommen sie also bereits Lesestücke als Diktate und nicht einzelne Wörter.

"school bag" (filled with candy)
satchel
spelling system
vocabulary

In der dritten Klasse lernen die Kinder auch Heimatkunde° und etwas Naturkunde. Jede Klasse hat einen Klassenlehrer, und die Kinder haben die meisten Fächer bei ihm. Zu den Ausbauplänen°

geography of one's own region
plans for reform

Schüler lernen Englisch

gehört zum Beispiel, bereits in der dritten Klasse mit dem Unterricht einer Fremdsprache zu beginnen.

Die Hauptschule

Schulbildung ist der Schlüssel zum Berufserfolg. Die Eltern haben mehr Ehrgeiz für ihre Kinder entwickelt. Die Zahl der Gymnasiasten nimmt immer mehr zu, ebenso die der Realschüler. Die Zahl der Hauptschüler nimmt hingegen ab, auf alle Fälle die Prozentzahl. Es sind etwa ein Drittel der Schüler, die auf der Hauptschule bleiben. Manche Eltern versuchen auch die Hauptschule zu vermeiden, weil hier der Anteil an Ausländerkindern höher ist als in den anderen Schularten. Der Andrang zu den „höheren" Schularten bedeutet allerdings auch, daß das Niveau angepaßt wird. Während früher in der Arbeiterklasse die Ansicht weit verbreitet war, Kinder sollten möglichst früh Geld verdienen, also schnell mit der Schule fertig sein, ist das inzwischen ganz anders geworden. Der Besuch des Gymansiums oder der Realschule gibt auch für praktische Berufe bessere Chancen.

Die Hauptschule vermittelt also eine Allgemeinbildung, die für das praktische Leben vorbereiten soll. Dabei hat sich in den letzten dreißig Jahren auch an diesen Schulen sehr viel geändert. Die entscheidende Änderung war, daß in den sechziger Jahren endlich die einklassigen Dorfschulen abgeschafft wurden, zuerst für die höheren Klassen. Die Dorfschule, in der Schüler von der ersten bis zur achten Klasse mit einem Lehrer zusammen waren, mußte wirklich durch „Mittelpunktsschulen" ersetzt werden. Auch in Deutschland fahren jetzt die Schüler mit Bussen zur Schule. Nicht immer sind es allerdings besondere Schulbusse, und schon gar keine gelben.

Die Mittelpunktsschulen bedeuteten auch, daß die Schüler von Fachlehrern unterrichtet werden. Man kann Englisch lernen, und es gibt Flexibilität im Lehrplan, um begabtere Kinder zu fördern. Auch in der Hauptschule werden die Schüler nicht automatisch „versetzt"; wer schlechte Leistungen hat, muß die Klasse wiederholen, und längst nicht alle Schüler erreichen den Abschluß der Hauptschule.

Die Schulpflicht geht auch in Deutschland bis zum Alter von 18 Jahren. Doch wer mit 15 oder 16 Jahren den Abschluß der Hauptschule oder Realschule erreicht, geht nur noch teilweise, zusammen mit der Berufsausbildung, zu einer Schule. Dieses System soll in Kapitel 7 erklärt werden.

Die Realschule

Die Real- oder Mittelschule hat sich zuerst in Großstädten und Industriegegenden entwickelt, wo das Bedürfnis für qualifizierte

Fachleute im mittleren Bereich vorhanden war. Nach insgesamt 10 Jahren Schule endet die Realschule mit der „mittleren Reife". Einer mittleren Reife entsprechen auch 6 Jahre am Gymnasium. Um bessere Aufstiegsmöglichkeiten° zu schaffen, gibt es heute außer den Gesamtschulen auch Realschulkurse an manchen Hauptschulen.

chances for advancement

Die Realschule ist wie die Hauptschule praktisch ausgerichtet; aber sie bietet mehr und verlangt mehr vom Schüler. Er kann außer Englisch auch eine zweite Fremdsprache lernen, z.B. Französisch. In der Mathematik und den Naturwissenschaften denkt man an die selbständige praktische Verwendung der Kenntnisse. Wer die Realschule besucht hat, kann die „mittlere Laufbahn" im Staatsdienst einschlagen; er kann zum Beispiel das Geschäft oder den Handwerksbetrieb des Vaters übernehmen; er kann auch auf eine Fachschule gehen und Ingenieur oder Architekt werden. Die Realschule ist die Vorbereitung für Berufe, in denen eine Kombination von theoretischen und praktischen Kenntnissen verlangt wird, und die eigene Verantwortung mit sich bringen. Die Lehrer an diesen Schulen sind Fachlehrer, die an der Universität studiert haben.

Traditionell ist der Anteil von Mädchen in der Realschule besonders hoch, denn sie war die Voraussetzung für typische „Frauenberufe" wie Fürsorgerin und Kindergärtnerin. Auch Sekretärinnen gingen von der Realschule auf eine „Handelsschule". Das ist jedoch in den letzten Jahrzehnten und Jahren anders geworden. Die Zahl der Mädchen im Gymnasium ist erheblich gestiegen, und die Trennung von Frauen- und Männerberufen stimmt nicht mehr.

Das Gymnasium

Das Gymnasium ist zum größten Schultyp geworden. Mehr Schüler besuchen das Gymnasium als die Realschule oder Hauptschule. Das ist ein radikaler Bruch mit der Tradition. Bis vor kurzem war das Gymnasium eine Eliteschule. Ähnlich ist es an den Universitäten, wo in den letzten dreißig Jahren eine enorme Expansion stattgefunden hat. Dieser Wechsel in der Zahl der Schüler und Studenten hat natürlich große Konsequenzen für den Charakter der Institutionen und die Lehrweise. Bei kleinen Zahlen ist der individuelle Kontakt genau so wichtig wie der formelle Unterricht. Man braucht weit weniger Vorschriften° und Sicherungen.° Die Lehrer konnten davon ausgehen, daß die Schüler nicht nur lernten, was sie zur Prüfung brauchten, sondern auch eigene Interessen verfolgten. Selbst mittelmäßige Schüler hatten ein bestimmtes Niveau. Heute müssen alle Anforderungen genau, juristisch genau, definiert werden. Die Zensuren sind so viel wichtiger

guidelines
safety checks

Eine Schuleklasse besichtigt Martin Luthers Wohnhaus in Wittenberg.

geworden als früher, besonders in den oberen Klassen, und die Durchschnittsnoten° sind viel höher geworden.

average grades

Natürlich hat die Öffnung der Gymnasien für breitere Schichten ihre positiven Folgen. Das deutsche Schulsystem ist demokratischer geworden. Klagte man früher darüber, daß zu wenige Arbeiterkinder auf die Gymnasien gingen, so kommen heute die Schüler aus allen Schichten. Das Gymnasium ist immer noch der Schlüssel zu höheren Laufbahnen, vor allem zum Studium an einer wissenschaftlichen Hochschule, aber auch zu höheren Posten im Staat und in der Industrie. Es ist immer noch entscheidend, das Abiturzeugnis (in Österreich heißt das Abitur Matura) in der Hand zu haben, wenn möglich mit guten Noten. Wenn die Wirtschaftslage schlecht ist und es wenig Möglichkeiten für die Berufsausbildung gibt, haben Abiturienten meist die Vorhand. Als die Gesamtschule eingeführt wurde, in der die verschiedenen Schultypen unter einem Dach sind, hoffte man, dadurch das Schulsystem demokratischer zu machen. Das ist inzwischen geschehen; aber anders als erwartet, nämlich durch eine Umwandlung der Gymnasien selbst. Die Gesamtschulen bestehen dabei als Alternative neben den Gymnasien.

Entwickelt hat sich das Gymnasium aus der Lateinschule, die für die Universität vorbereiten sollte. Es gibt Gymnasien, deren Tradition bis zur Reformation oder gar ins Mittelalter zurückreicht. Dieses „humanistische" Gymnasium betonte die klassische Bildung. Latein war die erste Fremdsprache, das klassische Griechisch die zweite. Geisteswissenschaften waren wichtiger als

Das Christinaneum, ein Gymnasium in Hamburg-Groß-Flottbek

Naturwissenschaften. Dafür ist heute weniger Bedarf. Das humanistische Gymnasium ist den meisten Schülern und Eltern nicht praktisch genug, und es hat sich auch modernisiert. Vor allem aber sind die anderen zwei Typen des Gymnasiums vorherrschend geworden: das Realgymnasium und die Oberrealschule. Das Realgymnasium verzichtete auf Griechisch, aber nicht auf Latein, und betonte mehr die modernen Fremdsprachen, besonders Englisch und Französisch, und wollte auch ein Gleichgewicht zwischen Geistes- und Naturwissenschaften herstellen. Die Oberrealschule, aus der Realschule entstanden, war die modernste Form und betonte mehr die Naturwissenschaften und modernen Sprachen. Beide Formen wurden im späteren 19. Jahrhundert entwickelt. Um 1900 begannen sich auch Gymnasien für Mädchen zu verbreiten, Lyzeen genannt. Vorher konnten Mädchen in Deutschland kein Abitur machen und also nicht an einer Universität studieren. Die meisten Mädchenoberschulen waren Oberrealschulen. Lange Zeit blieben die Schulen für Jungen und Mädchen getrennt, erst in der Weimarer Republik gab es einige Experimente mit „Gemeinschaftsschulen". Allmählich ist seit dem Zweiten Weltkrieg, vor allem seit den sechziger Jahren, diese Trennung meistens abgeschafft worden. Die Mädchengymnasien hatten, entsprechend der Berufserwartung, den Zweig der „Frauenschule", wo auch Hauswirtschaft gelehrt wurde.

Die drei Typen des Gymnasiums sind inzwischen nicht mehr so klar getrennt. Es ist jedoch immer noch typisch, daß Gymnasiasten drei Fremdsprachen lernen, und in der ersten Fremdsprache mindestens sieben Jahre Unterricht haben, und daß neben Englisch eine der Fremdsprachen Latein ist. Es ist ebenso typisch, daß die Wahl zwischen stärkerer Betonung der Naturwissenschaften oder Geisteswissenschaften möglich ist.

Aus der älteren Zeit stammen die lateinischen Bezeichnungen für die Klassen des Gymnasiums: Sexta, Quinta, Quarta, Tertia, Sekunda und Prima. Die letzten drei Klassen wurden geteilt, und zwar in Untertertia und Obertertia, ebenso Untersekunda und Obersekunda, Unterprima und Oberprima. Ein „Primaner" hält sich bereits für etwas Besonderes.

Das Gymnasium ist eine Bastion der Allgemeinbildung. Die Pädagogen haben jedoch einsehen müssen, daß sich heute viele Schüler bereits im Gymnasialalter spezialisieren, und daß die Schulen auch neue Fächer, wie ganz besonders sozialwissenschaftliche Fächer, also Volkswirtschaft, Soziologie, Psychologie, lehren müßten. Deshalb hat in den letzten Jahren eine Umwandlung der letzten zwei oder drei Schuljahre in eine „Kollegstufe" stattgefunden. Das Modell dafür war das amerikanische College bzw. die Vorstellung der Deutschen vom College. Hier haben die Oberschüler weniger Klassen. Sie sind nicht mehr in festen Klassengemeinschaften, was manche Schüler sehr bedauern. Sie nehmen Kurse, und sie müssen eine bestimmte Zahl von Punkten erreicht haben, um die Schule zu beenden. Diese Punkte pro Kurs richten sich nach dem Charakter der Kurse. Es gibt Pflicht- und Wahlkurse, und die Klassen sind

Sporthalle einer Schule in Berlin

gleichfalls in der Schwierigkeit gestaffelt: es gibt Grundkurse und Leistungskurse,° das sind Kurse für interessierte und fortgeschrittene Teilnehmer. Von jedem Typ muß der Schüler eine bestimmte Zahl nehmen, ebenso ein Minimum auf jedem Gebiet erfüllen: Deutsch, Geisteswissenschaften, Sozialwissenschaften, Naturwissenschaften, Mathematik. Auf diese Weise hofft man, den Übergang zur Universität und zum Fachstudium zu erleichtern. Ebenso glaubt man, Schüler in ihren speziellen Begabungen besser zu fördern.

advanced courses

Es ist heute ja auch sehr wichtig, mit welchen Noten ein Schüler das Gymnasium verläßt. Während im traditionellen deutschen System das Abitur die Zulassung° zur Universität bedeutete, ganz gleich welche Zensuren der Schüler bekommen hatte, ist heute der Andrang° zu den Universitäten so groß, daß ein „Numerus clausus" für manche Fächer eingeführt werden mußte. Die Zulassung zu Fachgebieten wie Medizin, Biologie usw. wurde beschränkt. Dabei spielen die Abiturnoten eine entscheidende Rolle, denn Aufnahmetests oder -prüfungen an den Universitäten gibt es bis jetzt nicht.

admission

rush

Ein großer Reiz des Gymnasiums für die Schüler war die Gemeinschaft einer kleinen Klasse. Man blieb oft neun Jahre mit der gleichen Gruppe zusammen. Es sind in Deutschland nicht so sehr Studentenjahrgänge, die sich später wieder treffen, sondern Abiturklassen. Durch die Oberstufenreform ist einiges von dem Gemeinschaftsleben verloren gegangen, denn jetzt haben die Schüler in den letzten zwei Jahren Unterricht mit jeweils verschiedenen Gruppen, genau wie in den USA. Auch hat die Betonung der Zensuren eine Konkurrenzsituation geschaffen, die es vorher kaum gab. Und die Schüler arbeiten viel mehr für bestimmte Prüfungen und Zensuren als für eine „Allgemeinbildung". In der heutigen Welt sind solche Entwicklungen offenbar unvermeidlich. „Bildung" ist primär Erwerb eines Diploms, das den Schlüssel für die berufliche Laufbahn bedeutet, nicht aber die Entwicklung einer Persönlichkeit und erst in zweiter Linie die Orientierung im geistigen und sozialen Leben der Zeit. Wie überall, so ist auch die deutsche Schule mit der Grundfrage konfrontiert, wozu die Schüler eigentlich erzogen und geschult werden sollen.

Neue Wege zum Abitur

Es war schon immer ein Problem im deutschen Schulsystem, wie jemand, der nicht zum Gymnasium gehen konnte oder wollte, später sein Abitur nachholen kann. Als erste Möglichkeit wurden Abendgymnasien° eingerichtet, an denen Berufstätige sich abends nach ihrer Arbeit auf das Abitur vorbereiten können, gewöhnlich in zwei oder drei Jahren. Inzwischen gibt es auch Abendrealschulen, die zur mittleren Reife führen. Für künstlerisch begabte Kinder hat man in einigen Städten „musische" Gymnasien

*night schools preparing for the **Abitur***

eingerichtet, die künstlerische Talente fördern und auch auf die Eigenarten solcher Schüler Rücksicht nehmen. Vor allem aber ist in den letzten Jahren der Weg zum Abitur über die Berufsbildung, d.h. eine Verbindung von Berufsausbildung und Schule, viel leichter gemacht worden. Es gibt jetzt Fachoberschulen und -gymnasien, es gibt Berufsoberschulen, und vor allem ist es nicht mehr kompliziert, sich dafür zu qualifizieren und solche Schulen zu besuchen. Davon wird im Kapitel 7 genauer die Rede sein.

Sonderprobleme

Jedes Schulsystem muß sich um körperlich oder geistig behinderte Schüler kümmern. Man findet überall Sonderschulen,° an denen speziell ausgebildete Lehrer unterrichten. Immerhin handelt es sich in der Bundesrepublik dabei um fast 400.000 Schüler.

special education schools

Ein neues Problem, mit dem die Schulen noch nicht immer fertig werden, sind die vielen ausländischen Kinder. Die „Gastarbeiter"° aus Italien, Spanien, Griechenland, Jugoslawien und der Türkei, die seit Jahren hier arbeiten, haben inzwischen ihre Familien geholt und brauchen eine Schulbildung für ihre Kinder. Die Kinder können in der Sprache der Eltern unterrichtet werden, aber viele gehen in deutsche Schulen. Beides schafft Probleme der Anpassung° und der Zweisprachigkeit, die in Deutschland früher nicht vorhanden waren, aber jetzt gelöst werden müssen.

foreign workers

adaptation

Ein besonderes Problem ergab sich auch durch ausländische Studenten. Manche von ihnen brachten nicht die Voraussetzungen für ein Studium an einer deutschen Hochschule mit, hatten jedoch die Oberschule ihres eigenen Landes beendet. Für solche Studenten wurden „Studienkollegs"° eingerichtet, in denen sie Deutsch lernten und gleichfalls die Kenntnisse erwerben konnten, die ein deutscher Student haben soll, wenn er sein Studium beginnt.

preparatory courses for foreign students

Die Ausbildung der Lehrer

Der Lehrerberuf ist in Deutschland sehr angesehen. Eine Laufbahn als Lehrer an allen Schultypen verspricht ein gutes Gehalt, eine feste und sichere Stellung, eine gute Pension am Lebensabend und zufriedenstellende Arbeitsbedingungen. Die Männer und Frauen, die sich für diesen Beruf entscheiden, sehen ihn als Lebensberuf und nicht als vorübergehende Beschäftigung an. Der Lehrerstand ist stolz auf den Beruf, nimmt ihn ernst und verteidigt auch die Interessen des Standes, wenn es nötig ist. Lehrer sind Beamte (der Begriff wird in Kapitel 8 erklärt); sie sind nicht von lokalen Bedingungen und Interessen abhängig, sondern vom Land angestellt.

Da ein Lehrer damit rechnet, bis zu seiner Pensionierung im Beruf zu verbleiben, ist die Ausbildung gründlich. Zuerst kommt das Studium an der Universität. Früher gab es „Pädagogische Hochschulen", an denen Lehrer für die Hauptschulen und Realschulen ausgebildet wurden. Heute sind diese Hochschulen in die Universitäten integriert, und die Fachbereiche der Universitäten lehren auch Didaktik. Ein Gymnasiallehrer hat gewöhnlich zwei Hauptfächer, die er lehrt. Die Lehrer an Haupt- und Realschulen qualifizieren sich ebenfalls als Fachlehrer für ein oder zwei Fächer. Neben ihren Fächern belegen die Studenten auch Vorlesungen und Seminare in Pädagogik, Psychologie und Philosophie. Die Studenten schließen ihr Studium mit einem „Staatsexamen" ab, in dem sie von Professoren und Vertretern des Kultusministeriums geprüft werden. Dann beginnt die praktische Ausbildung. Die angehenden° Gymnasiallehrer heißen Referendare. Sie werden später, wenn sie fest angestellt sind, Studienräte. Die Ausbildungs- und Probezeit ist etwa zwei Jahre. In dieser Zeit hospitieren und unterrichten die neuen Lehrer, sie nehmen Seminare in Fachdidaktik, und sie müssen eine große didaktische Arbeit schreiben, die einen Lehrversuch darstellt. Diese Arbeit, Lehrproben° und eine Prüfung entscheiden über die endgültige Anstellung.

beginning

trial lessons

Die praktische Ausbildung der Lehrer und Lehrerinnen wird also sehr ernst genommen. Das Staatsexamen verlangt ein Studium, das mindestens einem amerikanischen M.A. entspricht. Es gibt sogar Gymnasiallehrer, die einen Dr. phil. erworben haben. Dann jedoch kommt die eigentliche Ausbildung, die in der Hand der Fachleute liegt. Später gibt es sehr viele Möglichkeiten der Weiterbildung. Die Leiter der Schulen, Direktoren und Rektoren, ebenso die Schulräte der Städte und Kreise, und die Beamten der Ministerien rekrutieren sich aus Lehrern. Lehrer mit Fernweh können beurlaubt werden, um einige Jahre an einer deutschen Schule im Ausland zu unterrichten.

Der Lehrerberuf ist beliebt und begehrt. In den achtziger Jahren gab es einen Mangel an freien Stellen, und viele Studenten mußten ihre Berufspläne ändern. Ein Lehrerstand mit Tradition und Selbstbewußtsein bleibt die beste Garantie für die Qualität des Unterrichts, und es spricht manches dafür, eher Geld für Gehälter auszugeben als unbedingt die neuesten Apparate zu haben.

Es ist unvermeidlich, daß eine gewisse Routine einsetzt, wenn jemand Jahr für Jahr unterrichtet. Das deutsche System versucht jedoch, solcher bloßen Routine etwas entgegen zu arbeiten. Es gibt keine Lehrer für bestimmte Altersstufen; jeder Lehrer wechselt jedes Jahr die Stufen, so daß er einmal kleinere, einmal größere Schüler unterrichtet. Die Oberstufe, vor allem die der Gymnasien, fordert viel neue Vorbereitung. Besonders Leistungskurse der Gymnasien verlangen auch vom Lehrer eine gründliche Qualifikation und Forschungsinteresse.

KAPITEL 6

Studenten zwischen den Vorlesungen

Studium in Deutschland

Die neue Universität

In den letzten dreißig Jahren haben sich die deutschen Universitäten grundlegend geändert. Das sieht man bereits an den Studentenzahlen. 1960 besuchten weniger als 300.000 Studenten die Hochschulen und Universitäten aller Art im Bereich der damaligen Bundesrepublik. 1991 waren es 1,6 Millionen und die Gesamtzahl für Deutschland näherte sich 2 Millionen. Besonders dramatisch war der Ausbau der Fachhochschulen, früher Ingenieurschulen. Von bloßen 44.000 Studenten im Jahre 1960 kletterten hier die Zahlen auf 350.000. Früher kamen 7% der Schüler eines Jahrgangs bis zum Abitur, heute sind es mehr als 30%. Es wird damit gerechnet, daß bis zu 40% der Schüler zukünftig studieren wollen. Die Tage der Elite-Universität sind vorüber; Universitäten und Fachhochschulen sind allgemeine Institutionen geworden.

Natürlich gab es bei diesem schnellen Wechsel erhebliche Schwierigkeiten. Es wurden zwar viele neue Universitäten gegründet oder ausgebaut, wobei man versuchte, Fachhochschulen und Universitäten zu „Gesamthochschulen" zusammenzufassen, aber die Planung hatte ihre Schwächen. Lange Zeit gab es nicht genug Studienplätze; dann erwarteten die Regierungen eine Abnahme der Studentenzahlen, weil geburtenschwache° Jahrgänge kamen. Doch die Zahlen sind nicht gesunken, und die Länder haben gespart, so daß wieder einmal, wie in den frühen sechziger Jahren, zu wenige Professoren zu viele Studenten lehren müssen.

with a low birth-rate

Auch die Studenten hatten es nicht leicht sich umzustellen. Traditionelle Studiengänge, besonders die Ausbildung zum Lehrer, wurden Sackgassen, denn die Länder stellten weniger Lehrer an, und es gab bald keine Stellen mehr. In der neuartigen Konkurrenzsituation, wie am Gymnasium, spielen die Noten bei den Prüfungen eine wichtige Rolle. Die Studenten studieren mehr für die Prüfungen und Noten, und sie brauchen länger, um wirklich vorbereitet zu sein. Überhaupt können Universitäten mit 25.000 Studenten nicht funktionieren wie Universitäten mit 3000 Studenten. Es gibt also viel weniger Freiheit, viel mehr Prüfungen, und der Studiengang ist viel genauer festgelegt. Damit ist die Universität mehr wie eine Schule geworden; wie ihre amerikanischen Kollegen denken die deutschen Studenten meistens an Noten und Prüfungen. Sie studieren weit weniger, was sie interessiert, als was vorgeschrieben° ist, um das Diplom zu bekommen, das sie brauchen.

required

Es gibt naturgemäß eine gewisse Nostalgie der guten alten Zeit. Doch so gut war die alte Zeit nicht; sonst hätte es nicht so tiefgreifende Reformen gegeben. Und die heutige Massenuniversität war unaufhaltsam. Nur, wo früher die wenigen Studenten von selbst lernten, weil sie wußten, was alles dazu gehörte, sind für die vielen Studenten bestimmte Lehrmethoden, Vorschriften und genaue Richtlinien nötig. Das ist gut für Fachleute; aber die Kreativität wird dabei nicht entwickelt. Nun gibt es allerdings in Deutschland große und kleine Universitäten. Manche der neuen Universitäten in kleineren Orten sind klein geblieben. In Bayreuth oder in Siegen ist paradoxerweise mehr Gelegenheit zum „alten" individuellen Studium als in München und Heidelberg. Auf jeden Fall ist es wichtig, einen Blick in die Vergangenheit zu werfen, um zu verstehen, wie es zum heutigen Zustand gekommen ist. Wer weiß, vielleicht sehen die alten Konzepte einmal wieder neu aus.

Universitätsreform

1806/7 wurde Preußen von Napoleons Frankreich in einem kurzen Krieg besiegt, der das deutsche Selbstbewußtsein sehr erschütterte. Preußen unterzog sich einer radikalen Änderung seiner Gesellschaft, um für den nächsten Krieg bereit zu sein. In diesem Zusammenhang wurde auch eine neue Konzeption der Universität versucht. Wie in Kapitel 8 des Teiles „Vergangenheit" geschildert, hatten Schriftsteller und Philosophen der deutschen Klassik und Romantik Ideen zur Reform der Universität entwickelt.

Wilhelm von Humboldt konnte als zuständiger Beamter bei der Verwirklichung helfen, und 1811 wurde die neue Universität in Berlin gegründet, deren erster Rektor der Philosoph Fichte war.

Die Universität nach den Ideen Humboldts, Schillers, Fichtes und anderer Zeitgenossen beruhte auf dem Prinzip der Selbstverwaltung und der akademischen Freiheit. Der Staat sollte so wenig wie möglich in die Angelegenheiten der Universität eingreifen. Den Professoren wird die Freiheit der Lehre und Forschung zugebilligt;° sie lehren nicht nach vorgeschriebenen Lehrbüchern und können die Themen ihrer Kurse frei bestimmen. Ihre Forschung ist gleichfalls frei; der Staat gibt die finanziellen Mittel, hat aber keinen Einfluß auf die Interessen und Spezialisierung eines Professors. Die Studenten bestimmen ihren Studiengang selbst; sie wählen selbst die Vorlesungen,° die sie besuchen wollen, und sie bestimmen selbst, wie lange sie an der Universität bleiben. Sie haben keine Semesterprüfungen oder Zwischenprüfungen,° sondern nur Abschlußprüfungen am Ende des gesamten Studiums. Ein Student meldet sich zu dieser Prüfung, wenn er glaubt, genügend vorbereitet zu sein.

zubilligen *to grant*

lecture courses

intermediate examinations

Das Ziel der Universität ist nicht Ausbildung zu einem bestimmten Beruf, damals auch „Brotstudium" genannt, sondern „Bildung". Die Studenten sollen zum Forschen und kritischen Denken angeleitet° werden; nicht Einzelfakten werden betont, sondern die Beherrschung des Fachgebietes insgesamt sowie die Allgemeinbildung. Die Vorlesungen und Seminare der Professoren sollen die Studenten mit neuen Forschungen bekanntmachen, die nicht in Büchern zu finden sind. Während ihrer Universitätszeit sollen die Studenten ihre Persönlichkeit entwickeln, sie sollen selbstverantwortliche „geistige" Menschen werden. Professoren und Studenten bilden eine freie Lehr- und Lerngemeinschaft; die Universität ist frei von politischem und finanziellem Druck.

anleiten *to guide*

Dieses ideale Konzept war nicht für alle Universitäten gedacht, sondern für die Bildung einer neuen Elite der Gesellschaft. Jedoch setzte sich das Konzept im 19. Jahrhundert überall in Deutschland durch, wenn auch mit Einschränkungen.° Es gab immer wieder Auseinandersetzungen um die politische Freiheit, und bald zeigte sich eine interne Grenze der freien Gemeinschaft. Unter den Professoren bestand nämlich eine Hierarchie. Neben den ordentlichen Professoren gab es außerordentliche Professoren und Dozenten. Damals waren diese Dozenten sogenannte „Privatdozenten", Dozenten ohne Gehalt, die nur verdienten, was ihre Hörer für ihre Kurse an Gebühren° bezahlten. Die Verwaltung der Universität lag allein in den Händen der ordentlichen Professoren, also der älteren, etablierten Professoren, die nicht immer aufgeschlossen für moderne Ideen waren.

restrictions

dues, tuition

Außerdem änderte sich die Gesellschaft in Deutschland. Die Industrie verlangte in der zweiten Hälfte des 19. Jahrhunderts

Die Philipps-Universität in Marburg an der Lahn, 1527 als erste protestantische Universität gegründet

immer mehr Fachleute. Es wuchs nicht nur die Zahl der Studenten an den Universitäten, auch ihre Interessen waren anders. Und vor allem entwickelten sich neben den Universitäten Technische Hochschulen, die weniger an Bildung als an einer soliden fachlichen° Ausbildung interessiert waren.

professional

Die Ansätze zur Demokratisierung und Modernisierung der Universitäten nach dem Ersten Weltkrieg blieben stecken. Die politische Tendenz der Mehrheit der Professoren und Studenten ging zur konservativen und nationalistischen Seite. So kamen die Universitäten ohne viel Widerstand in die Abhängigkeit vom Nationalsozialismus; die jüdischen und demokratischen Professoren mußten emigrieren. Es war klar, daß nach 1945 eine Reform notwendig war; aber die Hierarchie der Universitäten und die konservative Richtung der Regierungen verzögerten die notwendigen Änderungen, bis eine neue Studentengeneration sich in den sechziger Jahren die schlechten Verhältnisse nicht mehr bieten ließ.°

sich bieten lassen *to put up with*

Die wichtigsten Forderungen der Studenten waren: Demokratisierung der Universität, also Abbau° der Hierarchie. Alle Teile der akademischen Bevölkerung sollten Anteil an der Verwaltung der Universität haben. Die Studenten haben dieses Ziel erreicht. Studenten und Assistenten sind inzwischen Mitglieder des Senats und aller wichtigen Komitees. Der Senat ist das Gremium, das die wichtigen Entscheidungen für die Universität

abolition

trifft. Studenten wirken mit bei der Verteilung von Forschungsgeldern und bei der Besetzung der Stellen.

Der zweite Punkt der Forderungen war eine bessere Strukturierung des Studienganges. Ein Student, der neu an die Universität kam, hatte es schwer, sich zu orientieren. Es gab keine Richtlinien für die Studiengänge, keine Studienberatung, und die meisten Professoren nahmen keine Rücksicht auf Anfänger. Kein Wunder, daß viele Studenten ihr Studium wechselten oder ganz aufgaben. Das Studium war sehr angenehm für sehr begabte Studenten, aber sehr schwer für weniger begabte. Das sollte sich ändern. Die Studenten verlangten bessere Einführungskurse,° Zwischenprüfungen und genaue Richtlinien. Zwischenprüfungen schienen deshalb praktisch, weil vorher Studenten nicht selten jahrelang ein Fach studiert hatten, bis sie merkten, daß sie es nicht schafften.

introductory courses

Auch dieses Ziel ist erreicht worden. Der Student nimmt zuerst Grundkurse seiner Wissenschaft, er hat Prüfungen und Arbeiten im Semester, und er muß nach einigen Semestern eine Zwischenprüfung bestehen, um weiterstudieren zu können. Didaktik wird viel mehr betont, und neben den Professoren sind „akademische Räte" angestellt worden, deren Aufgabe nicht eigene Forschung, sondern Unterricht ist.

Drittens wollten die Studenten die Universitäten in die Gesellschaft einbeziehen. Die Vorlesungen sollten gesellschaftlich „relevant" werden. Man erhoffte einen fortschrittlicheren und offeneren Geist. Die Mittel, um diese Forderung zu erreichen, weckten allerdings nicht überall Sympathie. Vielfach störten Studenten Vorlesungen und hinderten die Professoren am Lesen. Besonders um 1970 waren viele Universitäten auf Konfrontation eingestellt. Es stellte sich eine Polarisierung von linksradikalen und konservativen Gruppen ein, während gemäßigte Gruppen keine Macht zu haben schienen. Nach einigen turbulenten Jahren beruhigte sich das Universitätsleben, ohne daß man sagen könnte, das dritte Ziel sei erreicht.

Die Kehrseiten der Reformen sind inzwischen deutlich geworden. Die Demokratisierung der Universitäten hat ihre unpraktischen Seiten. Professoren, Assistenten und Studenten verbringen lange Stunden in Ausschußsitzungen.° Während die Entscheidungen innerhalb der Universitäten demokratischer geworden sind, haben die Kultusministerien der Länder mehr Einfluß bekommen, so daß die Selbstverwaltung der Universitäten insgesamt weniger wichtig geworden ist. Die Strukturierung der Studiengänge hat für Professoren und Studenten eine große Zahl von Examen gebracht, die den Charakter des Studiums verändert haben. Auch hier sind die Bürokraten mächtiger geworden; denn sie sind es, die Vorschriften und Richtlinien entwerfen. Um bei der Überfüllung°

committee meetings

overcrowding

der Universitäten unnötig lange Studienzeiten zu vermeiden, führten die Ministerien Regelzeiten° für das Studium ein, legten also die Zeit fest, die ein Student auf der Universität bleiben darf. Das hat noch einmal zu Studentendemonstrationen und -streiks geführt. Doch Pläne, die Studienzeiten zu verkürzen, werden immer wieder vorgebracht, ebenso die Idee, ein deutsches Äquivalent des B.A., ein „Kurzstudium", zu schaffen. Auch die Professoren sind strenger unter der Kontrolle der Ministerien. Ihre Aufgaben sind genauer festgelegt, ihre Lehrverpflichtungen sind höher geworden, und die Freiheit ihrer Forschung beschränkt. So hat der Ruf der Studenten nach Freiheit, Demokratie und Fortschritt vorerst in vieler Hinsicht zur „Verschulung",° zur Einschränkung der traditionellen Freiheiten geführt.

average times

turning into a high school-like institution

Auch die Forschung der Professoren steht unter neuen Bedingungen. In den Naturwissenschaften und der Technik, sogar in manchen Sozialwissenschaften, reicht es nicht aus, in seinem eigenen Labor mit dem üblichen Budget zu experimentieren. Es gibt viele Projekte, die riesige Gelder verlangen. Hier spielt inzwischen die Bundesregierung und ihr Forschungsministerium eine erhebliche Rolle. Für viele Projekte, auch Beihilfen° zu Reisen und Konferenzen, ist die Deutsche Forschungsgemeinschaft (DFG) zuständig, die ihre Entscheidungen durch Komitees von Fachleuten trifft. Und auch private Stiftungen, zum Beispiel die Volkswagenstiftung, bekommen immer mehr Bedeutung. Neben den Universitäten bestehen staatlich finanzierte Forschungsinstitute, Max-Planck-Institute genannt, die bestimmte Schwerpunkte setzen.

subsidies

Die DDR hatte die Forschung weitgehend von der Lehre in den Universitäten getrennt und in der Akademie der Wissenschaften und ihren vielen Abteilungen konzentriert. Neben den bekannten Universitäten, wie Berlin, Leipzig, Jena, Halle, Rostock, Greifswald, entwickelte sie eine Vielzahl kleinerer spezialisierter Hochschulen zur Fachausbildung. Der Studiengang war viel genauer festgelegt als in der BRD und hatte natürlich eine politische Komponente. Inzwischen sind die Universitäten und die Forschungsinstitute in das System der Bundesrepublik eingegliedert bzw. an dieses System angepaßt worden.

Je mehr Gelder die Forschung verlangt, desto mehr dringt die Politik in die Entscheidungen ein, und desto komplizierter wird die Organisation. Auf etlichen Gebieten ist die Forschung inzwischen eine europäische Angelegenheit geworden, und übernationale Teams treten an die Stelle der einzelnen Universitäten oder nationaler Forschungsinstitute.

Die Europäisierung der Universitäten ist noch eine Aufgabe der Zukunft. Die europäischen Universitäten waren bis jetzt nicht offen genug für Professoren und Studenten anderer Länder. Eine solche Offenheit wird jedoch bald notwendig werden. Während die deutschen Universitäten im 19. Jahrhundert einmal ein Vorbild für Amerika waren, nach deren Muster „graduate schools" aufgebaut wurden, so haben die deutschen Universitäten seit dem Zweiten Weltkrieg oft nach Amerika geblickt, um ein Muster für die Förderung der Graduierten und der Forschung zu finden. Das schien besonders akut, als in den fünfziger und sechziger Jahren etliche junge deutsche Wissenschaftler in die USA abwanderten. Inzwischen ist das weniger der Fall; doch das Ideal eines freien internationalen Austauschs der Wissenschaft und der Wissenschaftler ist noch weit von der Verwirklichung.

Das Studium

Ein Schüler des Gymnasiums wird auf einer Hochschule zum Studenten. Eine Schülerin wird zur Studentin. Das ist nicht immer ganz einfach. Während es früher genügte, ein Abiturzeugnis vorzuweisen, muß sich der angehende Student heute bei einer Zentralstelle bewerben, die ihn nach seinen Qualifikationen einstuft und, wenn sie ausreichen, ihn einer der von ihm gewünschten Universitäten zuteilt—oder auch einer anderen, wo noch Plätze frei sind. Das ist jedenfalls in Fächern mit einem „Numerus clausus", mit einer Zulassungsbeschränkung, so. Während früher der Student gewöhnlich ein- oder zweimal die Universität wechselte, ist das heute auch nicht so leicht, und er bleibt dann lieber, wo er ist.

Das Niveau der verschiedenen Hochschulen ist allerdings etwa gleich. Natürlich reden die Studenten über „leichtere" und „Pauk-universitäten",° aber die Unterschiede können nicht sehr groß sein. Wer die Wahl hat, sucht sich die Universität eher nach seinen Freizeitwünschen aus: nahe am Gebirge zum Wandern und Schilaufen, in der Nähe des Meeres, eine Großstadt oder lieber eine Kleinstadt. Mancher möchte zu Hause bleiben, jemand anders möglichst weit weg. Hin und wieder hat ein Student von einem berühmten Professor oder einem interessanten Forschungsinstitut gehört, und das bestimmt die Wahl der Universität—wenn man es schafft, dorthin zu kommen.

universities known for cramming

Ein wichtiges Problem ist die Wohnung. Manche Studenten wohnen noch in der üblichen „Bude"; sie mieten ein Zimmer bei einer Familie. Andere finden einen Platz in einem Studentenwohnheim oder tun sich mit Freunden zusammen, um eine Wohnung zu mieten. Es gibt keine Studiengebühren. Alle Universitäten sind staatlich und unterstehen den Ländern. Privatuniversitäten gibt es nicht. Die wichtigsten Kosten sind also für Wohnung und Essen. Die „Mensa" der Universitäten bietet immer noch billiges Essen, aber die Wohnung kann teuer sein. Ein Gesetz von 1971, aus der Zeit der großen Reformen, hat den Studenten staatliche Beihilfen gegeben, wenn ihre Eltern nicht genug verdienen, daß sie sich ein Studium leisten können. Der vorher verbreitete Typ des „Werkstudenten", der sich sein Studium selbst verdienen mußte, ist verschwunden. Die Studenten empfinden es mittlerweile als ein Recht, diese staatliche Unterstützung zu bekommen. Sie kämpften dagegen, daß dieses Bundes-Ausbildungsförderungsgesetz (BAFöG) geändert werden sollte. Bei der Knappheit der staatlichen Mittel reißt natürlich die Diskussion nicht ab, ob diese großzügige Unterstützung nicht gekürzt werden muß, besonders wenn es viele Akademiker gibt, die keine Stellung in ihrem Fachgebiet finden können. Während die Vertreter der Studenten einmal optimistisch davon sprachen, daß ein Student während des Studiums ein staatliches Gehalt bekommen sollte, geht es seitdem um die Erhaltung des BAFöG. Die BAFöG-Unterstützung besteht inzwischen nicht nur aus Zuschüssen, sondern auch aus Darlehen.° Bekamen einmal ein Drittel der Studenten solche Unterstützung, so sind es inzwischen nur wenig über 20%.

loans

Trotz der Hilfen und Richtlinien ist der Schritt vom Schüler zum Studenten immer noch groß. Der Student muß sich selbst zurechtfinden. Er braucht keine Entschuldigung, wenn er in den Kursen fehlt. Zwar muß er bestimmte Kurse nehmen und Prüfungen bestehen, aber die Verantwortung dafür liegt bei ihm. Er wird nicht mehr abgefragt und kontrolliert. Er lernt nicht mehr, er studiert.

Ein Student schreibt sich für eine Fakultät ein. Die alten Fakultäten sind die theologische, juristische, medizinische und philosophische Fakultät. Wenn eine Institution nicht diese vier Fakultäten hatte, war es keine Universität, sondern eine Hochschule. Inzwischen gibt es viel mehr Fakultäten, vor allem die naturwissenschaftliche und die sozialwissenschaftliche Fakultät, aber natürlich auch Fakultäten oder Hochschulen für Spezialisten: forstwissenschaftliche, tierärztliche, landwirtschaftliche usw., und neuerdings sind auch die pädagogischen Fakultäten Teile der Universität. Technische Hochschulen sind zu „Technischen Universitäten" geworden, manche anderen Hochschulen zu „Gesamthochschulen".

Ein Student ist „stud. phil." oder stud. theol., stud. jur., stud. rer. nat., stud. med., oder stud. med. vet. usw. Er muß herausfinden, welche Kurse es gibt, die für ihn in Frage kommen. Das steht in einem gedruckten Vorlesungsverzeichnis;° aber was darin steht, ist nicht immer richtig. Man muß am „Schwarzen Brett"° des betreffenden Instituts nachsehen. Kurse beginnen gewöhnlich „c.t.", „cum tempore", das bedeutet eine Viertelstunde nach der vollen Uhrzeit. Wenn jemand in Deutschland vom „akademischen Viertel" spricht, so meint er, daß man eine Viertelstunde zu spät kommt. Wenn der Professor den Hörsaal betritt, klopfen die Studenten, ebenso am Schluß. Klopfen bedeutet Beifall; wenn die Studenten mit den Füßen scharren, drücken sie ihr Mißfallen aus. Während die Studenten sonst viele Vorlesungen „hörten", wo der

catalogue
bulletin board

Professor „las" und wo keine Fragen gestellt wurden, gibt es seit den Reformen mehr Kurse nach dem amerikanischen Typ.

Der Abschluß

Bis jetzt gibt es nur eine Minimalzahl von Semestern, die ein Student an der Universität verbringen muß, um seine Abschlußprüfungen nehmen zu können, keine feste Begrenzung der Studienzeit. Frei ist er allerdings nicht mehr, es werden Minimalleistungen verlangt. Alle Studenten betreiben ihr Fachstudium. Es gibt keinen B.A. im amerikanischen Sinn; wer Medizin oder Jura studiert, fängt gleich nach dem Abitur damit an. Wer an die Universität geht, soll eine ausreichende Allgemeinbildung besitzen. Seit langem gibt es eine Zwischenprüfung für die Mediziner, das „Physikum". Das Physikum trennt die vorklinischen von den klinischen Semestern. Zwischenprüfungen in den anderen Gebieten sind neu.

Am Ende des Studiums steht eine große Abschlußprüfung. Um sich dafür zu qualifizieren, muß man eine bestimmte Zahl von Kursen in seinem Fach oder seinen Fächern mit Erfolg absolviert haben. Man muß also Examen bestanden, Arbeiten geschrieben oder Referate gehalten haben. In Seminaren besteht noch das System, daß der Student entweder eine ausreichende (oder gute) Note bekommt oder gar keine. Der Student besteht den Kurs, oder der Kurs zählt nicht. Ein „F" gibt es nicht. Heute müssen die Studenten allerdings in einer bestimmten Zeit eine bestimmte Zahl von Noten in ihren Fächern bekommen haben. Früher konnte ein Student es sich leisten, hin und wieder zu „bummeln";° er konnte sogar ein ganzes Semester „verbummeln". Und es gab an allen Universitäten verbummelte Studenten, die nie bis zu einem Examen kamen. Aber das ist inzwischen nicht mehr so leicht. Die Studenten sind fleißiger, und die verbummelten Originale sterben aus.

***bummeln** to take it easy, to loaf*

Wer genügend „Scheine"° mit Noten gesammelt hat, kann sich zum Abschlußexamen melden. Es gibt zwei Typen von Examen: Staatsexamen und Universitätsgrade. In beiden Fällen genügt es nicht einfach, daß der Student bestimmte Kurse genommen hat: es wird ein umfassendes Examen abgehalten, gewöhnlich schriftlich und mündlich. Staatsexamen sind für alle Mediziner und Juristen erforderlich, aber auch für Studenten anderer Fakultäten, die eine staatliche Laufbahn einschlagen wollen, z.B. Lehrer, Bibliothekare, Förster. Theologen werden von der Kirche geprüft. Im Staatsexamen besteht die Kommission neben Universitätsprofessoren auch aus Vertretern des Landes, also des Kultusministeriums. Es wird geprüft, ob der Kandidat sein Fachgebiet beherrscht. Neben Tatsachenwissen° fragt man auch nach der wissenschaftlichen Vorbildung, nämlich, ob ein Student selbständig wissenschaftlich arbeiten könnte.

certificates

factual knowledge

Vorlesung über anorganische Chemie, TU Berlin

Dieser Punkt ist bei Universitätsgraden der ausschlaggebende.° An Universitätsgraden gibt es vor allem das „Diplom", und zwar in den technischen, naturwissenschaftlichen und sozialwissenschaftlichen Gebieten. Man wird Diplomphysiker, Diplomingenieur, Diplomarchitekt, Diplomlandwirt, oder etwa Diplompsychologe. In den Geisteswissenschaften ist neuerdings wieder der Magister, abgekürzt M.A., eingeführt worden. Während diese Grade erforderlich sind, wenn man in der Industrie oder sonst in der freien Wirtschaft arbeiten will, ist der begehrteste Grad immer noch der Doktorgrad. Ein Dr. phil., Dr. jur., Dr. med., Dr. rer. nat. usw. hat mehr Prestige; ja, der Doktortitel wird offiziell zum Teil des Namens und steht im Paß oder Personalausweis. „Herr Doktor" und „Herr Professor" (natürlich auch „Frau Doktor" und „Frau Professor"!) sind die beiden Titel, die offiziell als Anrede benutzt werden. Zur Promotion braucht man vor allem eine Dissertation, eine schriftliche Arbeit, die eine eigene Forschung darstellt. Wenn diese Arbeit von der Fakultät akzeptiert worden ist, muß der Kandidat eine mündliche Prüfung, das „Rigorosum", bestehen.

decisive

Wer selbst Professor werden will, muß nach der Promotion noch eine zweite große Arbeit schreiben. Mit dieser Arbeit kann er sich „habilitieren".° Im Zug der Reformen wurde das strenge System der Habilitation etwas gelockert: man konnte die offizielle Habilitierung durch eine gleichwertige Zahl von wissenschaftlichen Veröffentlichungen ersetzen. Inzwischen kehren die Universitäten jedoch zum früheren System zurück. Wer sich habilitieren will,

sich habilitieren *to qualify as a professor*

wird gewöhnlich Assistent in einem Institut der Universität. Er darf jedoch nur eine begrenzte Zahl von Jahren Assistent bleiben.

Traditionen des Studentenlebens

Wie überall bei jahrhundertealten Institutionen haben sich in Deutschland bestimmte Formen des Studentenlebens entwickelt. Zu den Traditionen, die einem Besucher an einer deutschen Universität auffallen, gehören vor allem die Studentenverbindungen.° *fraternities*
Sie sind zuerst im Mittelalter als Gruppen aus dem Heimatland, als Landsmannschaften, entstanden. Die Studenten wurden damals sogar nach ihrer „Nation" immatrikuliert und eingeteilt. Aus dem liberalen Nationalismus des frühen 19. Jahrhunderts entstanden die „Burschenschaften" und dann die „Turnerschaften". Die Burschenschaften wurden nach 1815 zeitweilig verboten.

Heute gelten alle Verbindungen politisch als konservativ. Es gibt unter ihnen noch „schlagende"° Verbindungen, in denen rituelle *fighting duels*
Duelle gefochten werden, mit einer Gesichtsmaske, so daß niemand gefährlich verletzt werden kann. Manche Verbindungen sind konfessionell, manche traditioneller oder moderner als andere. Studenten von Verbindungen tragen gewöhnlich „Farben", nämlich Mützen und Bänder in bestimmten Farben, besonders bei ihren „Stiftungsfesten",° wo auch die „Alten Herren", die früheren Studenten, zu *annual conventions*
Besuch kommen. Es gibt keine Verbindungen dieser Art für Studentinnen. Das Gemeinschaftsleben der Verbindungen ist eng und meistens genau geregelt. Oft wohnen die Mitglieder der Verbindungen zusammen in einem Wohnheim, das der Verbindung gehört. Die gegenseitige Freundschaft und Hilfe dauert das ganze Leben, und Alte Herren können den Studenten bei ihrer Karriere sehr behilflich sein. Es gibt Fachgebiete, in denen es schwer ist, ohne die „Verbindung" eine gute Stellung zu bekommen.

Eine Verbindung bietet Hilfe und Schutz. Das ist verlockend, denn ein Student ist am Anfang an der Universität oft einsam. Er ist nicht mehr mit seinen Schulfreunden zusammen, er hat vielleicht Schwierigkeiten bei der Wohnungssuche. Es dauert eine Weile, bis er eine Gruppe mit seinen Interessen und Anschauungen findet. Allerdings sind die Studenten recht ungezwungen in ihrem Umgang. Sie duzen einander meistens, während es früher am Anfang formell „Herr Kollege" oder „Herr Kommilitone" hieß. Es gibt Gruppen der verschiedensten politischen Richtungen, von rechts bis zur radikalen Linken, und es gibt viele Interessengruppen: Musik, Theater, Sport, Hobbies; auch kann man zu Studentengemeinden der verschiedenen Konfessionen gehören. Typische Studentengruppen sind klein und entwickeln ein exklusives Gemeinschaftsgefühl. Auch dieses Gruppengefühl ist ein wichtiger Teil des Studentenlebens.

Studentenverbindungen

Der größte Teil der Studentenschaft ist allerdings nicht in solchen Gruppen organisiert. Die Mehrzahl der Studenten nimmt auch wenig Anteil an der Selbstverwaltung der Studenten, dem Allgemeinen Studentenausschuß (AStA). Die Wahlbeteiligung° bei den AStA-Wahlen ist gering. so daß kleine, gut organisierte Gruppen von rechts oder links ihre Kandidaten durchbringen° können.

voter turnout

***durchbringen** to push through*

Viele Studenten empfinden, daß die Verbindungen mit ihren Trinkzeremonien° und ihrer exklusiven Männlichkeit nicht mehr zeitgemäß sind. Immerhin sind zwei Fünftel der Studenten inzwischen Frauen. Aber es haben sich, obwohl es seit der Zeit nach 1945 Opposition gegen die Verbindungen gibt, keine neuen Gemeinschaftsformen gebildet, die allgemeine Bedeutung erlangt hätten.

drinking ceremonies

Die größere Zahl der Prüfungen bringt es mit sich, daß Studenten ihre Zeit genauer planen und von Anfang an an den Studienabschluß denken. Für alle staatlichen Stellungen sind die Noten im Staatsexamen entscheidend wichtig. Es gibt also nicht mehr das unbeschwerte Studentenleben, das die ersten Jahre des Studiums früher kennzeichnete. Man berechnet realistisch seine Chancen und ist lieber vorsichtig. So werden die Studienzeiten länger. Manchmal steckt in der Verzögerung° des Abschlusses auch die Angst vor der Konkurrenz im Berufsleben. Es fällt immer mehr Studenten schwer, sich endgültig für eine Laufbahn zu entscheiden; aber es kommt ebenso oft vor, daß die angestrebte Laufbahn nicht möglich ist. Doch nicht jeder Student interessiert sich für Elektronik, Computer oder Betriebswirtschaft. Zwar werden tüchtige

delay

Fachleute immer begehrt sein; doch wie das Berufsleben in der Zukunft aussehen wird, ist recht ungewiß. So bietet die Studentenzeit eine Art Übergangsperiode. Es gibt noch eine gewisse Freiheit und Schutz und Wärme durch eine Gemeinschaft; aber die großen Entscheidungen des Lebens rücken immer näher. Die Universitäten bieten den Studenten eine gute Ausbildung, aber kaum eine Hilfe für die Orientierung im kommenden 21. Jahrhundert. „Bildung", wenn das Wort einen neuen Inhalt bekommen soll, müßte wohl vor allem eine Hilfe sein, sich selbständig und individuell in der so verwirrenden Welt zu orientieren und humane Entscheidungen zu treffen. Die deutsche Universität (und nicht nur sie allein) bildet Forscher aus, die zuweilen zu „Fachidioten"° werden, mit wenig Orientierung außerhalb ihres Forschungsgebietes. Wird die Universität als Universität überleben, also als Institution, die nicht nur Fachleute ausbildet, sondern Menschen, die bereit sind, sich mit dem Leben insgesamt auseinanderzusetzen?

"specialized idiot", expert in a narrow field without knowledge of anything else

KAPITEL 7

Meister und Lehrlinge bei Siemens in München

Berufsausbildung

Traditionen

Die Deutschen haben einen anderen Begriff von der Berufsausbildung als die Amerikaner. In Deutschland muß man einen Beruf gelernt haben, ein Zeugnis bekommen haben, ehe man eine Stellung erhält. Die Bezahlung richtet sich oft nicht (nur) nach der Leistung, sondern nach der Vorbildung.° Eine Berufsausbildung gibt bestimmte Rechte, Schutz und Sicherheit. Jeder Deutsche bemüht sich, einen Beruf zu haben.

training, education

Die Berufsausbildung ist theoretisch und praktisch. Wer die Hauptschule oder Realschule beendet hat, erhält eine weitere Ausbildung. Man kann daher nicht sagen, daß es in den USA 12 Jahre Schulzeit gibt und in der Bundesrepublik nur 9 oder 10 Jahre. Nach der Absolvierung der Haupt- oder Realschule müssen die jungen Leute auf eine Berufsschule° gehen, allerdings nur einen Tag oder zwei Tage in der Woche. Die anderen Tage sind für praktische Arbeit gedacht.

vocational school

Die Berufsausbildung wird in Deutschland sehr ernst genommen. In der Berufsausbildung verbinden sich mittelalterliche Traditionen mit modernen Ideen. Das Mittelalter hatte feste Regeln, wie man einen Beruf erlernen kann. Diese Regeln haben sich geändert, aber feste Regeln gibt es noch heute. Manche passen nicht mehr sehr gut in unsere Zeit, und oft arbeitet jemand später in einem anderen Beruf als dem, den er gelernt hat. Die alten Regeln sind also manchmal ein Hindernis. Auf der anderen Seite hat die gründliche Ausbildung der deutschen Industrie geholfen, ihre tüchtigen Facharbeiter° zu bekommen; und von diesen Facharbeitern hängt die Qualität der Produkte ab.

qualified workers

Die Idee des erlernten Berufs gehört zum Leben in Deutschland. Wer einen Beruf gelernt hat, hat viel mehr Presitge als ein Hilfsarbeiter.° Wer nichts gelernt hat, bleibt sein Leben lang Hilfsarbeiter. Jede Karriere beginnt damit, daß man einen Beruf lernt. Wer arbeitslos ist, braucht nicht irgend eine Stellung anzunehmen. Das Arbeitsamt° darf ihn nur in seinem eigenen Beruf vermitteln. Er erhält seine Arbeitslosenunterstützung° so lange, allerdings oft nicht mehr als ein Jahr, bis er eine akzeptable Stelle in seinem Beruf findet, unabhängig davon, ob er Mitglied der Gewerkschaft ist oder nicht.

unskilled worker

employment office

unemployment compensation

Lehrling, Geselle und Meister

Die Berufsausbildung beginnt mit der Lehrzeit. Der junge Mensch beginnt als Lehrling. Jedenfalls wird er bei den Handwerkern, den Kaufleuten und in der Industrie so genannt. Heute vermeidet man manchmal das alte Wort „Lehrling" und „Lehre" und spricht von „Ausbildung". Der Lehrling ist der „Auszubildende", der „Azubi". Auch nach dem Abitur oder nach dem Studium muß man jedoch eine „Lehrzeit" ableisten. Man heißt dann Referendar, Volontär oder Praktikant. Der Zweck ist der gleiche. Der Lehrling kommt in den praktischen Betrieb, und er arbeitet unter der Aufsicht eines Meisters. Nur ein Meister kann Lehrlinge ausbilden. Wenn ein Betrieb keinen Meister hat, darf er keine Lehrlinge anstellen. Größere Firmen haben besondere Lehrlingswerkstätten° mit besonders ausgebildeten Meistern, ja sogar ihre eigenen Berufsschulen.

training workshops

Auch große Staatsbetriebe mit sehr vielen Angestellten, wie die Bundespost und die Bundesbahn, haben ihre Ausbildungsstätten und ihre spezialisierten Ausbildungswege, die sie finanzieren. In kleineren Firmen wird der Lehrling im normalen Betrieb angelernt.

Die Lehrzeit dauert durchschnittlich drei Jahre. Bei Abiturienten wird sie gewöhnlich auf zwei Jahre verkürzt. Die Lehrlinge bekommen bereits Taschengeld; am Anfang wenig, in jedem Jahr jedoch mehr. Es gibt besondere Jugendschutzgesetze;° die Arbeitsstunden sind dadurch festgelegt, ebenso die Urlaubszeiten. Die jungen Leute bekommen mehr Urlaub als die Erwachsenen. Jeder Betrieb ist verpflichtet, die Lehrlinge in die Berufsschule zu

laws for the protection of minors

schicken und ihnen für diese Zeit Lohn zu zahlen. Das Ziel der Ausbildung ist in einem sogenannten „Berufsbild"° festgelegt, nach dem sich der Betrieb und die Berufsschule richten. In der Berufsschule haben die Lehrlinge Deutsch, Mathematik, Staatsbürgerkunde, manchmal eine Fremdsprache und „Berufskunde". Sie lernen, was für ihren Beruf wichtig ist. Das hängt natürlich vom Beruf ab. Es kann mit Elektrizität, Chemie, Volkswirtschaft und Marktforschung oder mit Jura zusammenhängen. Am Ende der Lehrzeit findet eine theoretische und praktische Prüfung vor der Handelskammer,° beziehungsweise Handwerkskammer statt. Handwerker sollen ein „Gesellenstück",° eine selbständige Arbeit, vorweisen; das ist nicht mehr in allen Berufen möglich. Jedenfalls muß der Handwerker beweisen, daß er selbständig arbeiten kann. Wer diese Prüfung besteht, wird Geselle oder Gehilfe.

definition of trade

chamber of commerce

independent piece of work

In früheren Zeiten mußte ein Geselle auf die Wanderschaft gehen. Er sollte lernen, wie man anderswo arbeitete. Jeder Meister seines Faches mußte ihn aufnehmen und ihm wenigstens ein Nachtlager bieten, wenn er keine Arbeit hatte. Heute gibt es diese Tradition nur noch bei den Maurern° und Zimmerleuten.° Sie verpflichten sich, zwei Jahre auf der Wanderschaft zu bleiben. Es besteht kein Zwang zur Wanderschaft, aber wer sich verpflichtet, muß die Regeln einhalten. Während ihrer Wanderschaft tragen diese Gesellen besondere Trachten. Die Zimmerleute haben schwarze Samtjacken mit schwarzen Hosen; die Maurer weiße Hosen. Dazu tragen sie schwarze Hüte.

bricklayers / carpenters

Nicht jeder Geselle oder Gehilfe hat den Ehrgeiz, Meister zu werden. Meister wird vor allem derjenige, der einen eigenen Betrieb eröffnen will. Ein Meister muß mindestens fünf Jahre als Geselle gearbeitet haben. In manchen Berufen muß er auch eine besondere Schule besuchen. Nach der Meisterprüfung bekommt er einen „Meisterbrief"; und diese Meisterbriefe kann man schön eingerahmt in jedem Handwerksbetrieb an der Wand hängen sehen.

Probleme

Das System der Lehrlingsausbildung paßt für die handwerkliche Arbeit. Es ist jedoch nicht mehr am Platz bei der Fließbandarbeit° oder der Automatisierung in der Industrie. Es müssen neue Wege gefunden werden, um das alte System der heutigen Zeit anzupassen. Auch sind die Lehrlinge nicht mehr so wie früher. Sie sind älter, und sie haben mehr in der Schule gelernt. Vor allem aber sind sie nicht bereit, sich wie früher in den Betrieb einzufügen. Sie sehen nicht ein, wozu es gut ist, wenn sie die Werkstatt ausfegen° müssen. Manche Meister und Geschäftsinhaber benutzen andererseits ihre Lehrlinge als billige Arbeitskräfte. Lehrlinge im

assembly-line work

***ausfegen** to sweep*

Drei Jahre und einen Tag auf der Wanderschaft: Handwerksgesellen in der obligaten Tracht

letzten Ausbildungsjahr können oft so gut arbeiten wie Gesellen, bekommen aber viel weniger bezahlt. Manche Lehrlinge sagen, sie lernen nicht genug. Es hat Fälle gegeben, in denen Lehrlinge gegen ihren Meister geklagt haben, da sie bei ihm nicht genug gelernt hätten. Und der Lehrvertrag° verpflichtet den Meister, die Lehrlinge so auszubilden, daß sie die Gesellenprüfung bestehen können.

apprenticeship contract

Der Staat ist gezwungen, sich mehr und mehr mit Fragen der Berufsausbildung zu befassen. Die Berufsschulen sind ein wichtiger Teil der Bildungsreform geworden. Auch in den Berufsschulen gibt es nämlich viel zu verbessern. So steht auf dem Programm, das Niveau der Berufsschulen zu heben und einen größeren Teil der Ausbildung von der Werkstatt in die Schule zu verlegen. Ebenfalls wird es leichter gemacht, auf dem Weg über die Berufsausbildung sich für ein Studium an einer Hochschule zu qualifizieren.

Der Andrang zu den Universitäten und der Numerus clausus haben es mit sich gebracht, daß mehr Abiturienten als sonst Lehrlinge werden. Auch diese Tatsache führt zu Spannungen in der Lehrlingswerkstatt, denn Abiturienten sind kritischer und anspruchsvoller° als Absolventen der Hauptschule. So erzwingt die längere Schulbildung Verbesserungen in der Berufsausbildung. Eine neue Einrichtung ist das „Berufsgrundbildungsjahr",° in dem vor der eigentlichen Ausbildung Kenntnisse der Berufswelt vermittelt werden.

more demanding

vocational basic preparatory year

Weiterbildung

Es gibt inzwischen eine ganze Reihe von Möglichkeiten zur Weiterbildung. Das deutsche Schulsystem kennt nicht nur die Berufsschulen für Lehrlinge, sondern noch mehrere andere Typen von Fachschulen. Die Berufsfachschulen° sind Schulen, in denen man seine gesamte Berufsausbildung erhält. Sie sind vor allem bei „Frauenberufen" üblich. Es gehören nämlich die Handelsschulen dazu, die Sekretärinnen ausbilden; ebenfalls Haushaltungs- und landwirtschaftliche Schulen; auch Ausbildungsstätten für Krankenschwestern. Es gibt private und öffentliche Berufsfachschulen.

vocational schools giving skills for a job

Lehrlinge im letzten Jahr oder Gesellen und Gehilfen können eine Berufsaufbauschule° besuchen, entweder dreieinwalb Jahre lang neben ihrer Berufstätigkeit oder anderthalb Jahre lang ausschließlich. Hier erwerben sie die „Fachschulreife".

vocational training qualifying for higher skills

Fachschulen dienen zur Ausbildung von Meistern und für eine besondere Spezialisierung. Sie setzen gewöhnlich neben der Berufsausbildung auch Berufserfahrung voraus. Aus den Fachschulen haben sich die Fachhochschulen entwickelt, die vor allem Ingenieure und Architekten ausbilden. Es gibt also neben den Diplomingenieuren der Technischen Hochschulen auch Ingenieure der Fachhochschulen, die gewöhnlich einen Handwerksberuf erlernt haben und praktische Berufserfahrung mit der theoretischen Ausbildung vereinigen. Zur Reform der Hochschulen gehört es, den Übergang von den Fachhochschulen zu den Technischen Hochschulen zu erleichtern.

Um mehr junge Leute für die Fachhochschulen zu qualifizieren, sind Fachoberschulen eingerichtet worden. Wer die mittlere Reife besitzt, kann hier in zwei Jahren die „Fachhochschulreife" bekommen. Das ist nach dem Konzept der Regierungen eine Übergangslösung. In der Zukunft sollen diese Fachoberschulen in die anderen Oberschulen integriert werden. Auch gibt es einige „Technische Gymnasien", die in dreijährigen Kursen den Zugang zu technischen und naturwissenschaftlichen Hochschulstudien ermöglichen. Ja, die Reformen gehen sogar weiter: die Bedeutung des Abiturs wird weiter eingeschränkt. Die Pläne, besonders von der SPD, gehen dahin, den Zugang zum Studium ohne Abitur zu ermöglichen, bei genügender Berufsausbildung. Einerseits wird der Andrang zum Gymnasium stärker, andererseits verliert das Abitur an Bedeutung. Spezialisierung und Fachausbildung ist immer mehr erwünscht.

Dieses System der Kombination von Berufsausbildung und Schulbildung sieht sehr kompliziert aus; es ermöglicht jedoch vielen Leuten, die verpaßte Realschul- oder Gymnasialbildung nachzuholen und sich für höhere Stellungen zu qualifizieren. Die verschiedenen Schultypen erfassen etwa 2,7 Millionen Menschen.

Ein Baukasten mit Software: Spiele der Zukunft

Knapp 2 Millionen gehören zu den Berufsschulen. Umso wichtiger ist die Reform der Berufsschulen. Der Staat hat die Kontrolle dieser Schulen; aber er hat sie nicht immer ausgeübt. Die Privatindustrie hat bisher viel Geld in die Lehrlingsausbildung investiert. Das funktioniert, so lange der Betrieb damit rechnet, daß die meisten der Lehrlinge im eigenen Betrieb bleiben werden, wie es oft in großen Firmen der Fall ist. Aber der einzelne Handwerksmeister ist naturgemäß weniger an den Lehrlingen interessiert. Doch der Berufsstand insgesamt und die Gesellschaft verlangen, daß das Niveau eingehalten oder erhöht wird.

Die Kombination von Theorie und Praxis ist typisch für die deutsche Berufsausbildung. Sie findet auch bei akademischen Berufen statt. Ein Arzt wird nach dem Examen im Krankenhaus ausgebildet, ein Jurist braucht drei Jahre Praxis bis zu seinem zweiten Examen. Beamte müssen nach einer bestimmten Zeit ebenfalls ein Examen im Verwaltungsdienst bestehen, bevor sie fest angestellt werden.

Die moderne Industrie hat viele Tätigkeiten, für die man keine lange Lehrzeit braucht, sondern die man nach kurzer Zeit beherrschen kann. Es ist typisch, daß solche „Anlernberufe"° besonders bei den ausländischen „Gastarbeitern" beliebt sind, von denen gut 2 Millionen in der Bundesrepublik tätig sind. Einige Jahre lang war es schwer, deutsche Arbeiter dafür zu bekommen; nicht weil die Bezahlung schlecht war, sondern weil es eben keine richtigen „Berufe" waren. Natürlich haben auch viele Deutsche

positions with on-the-job training

einen solchen „Job" zum Geldverdienen. Doch selbst jemand, der nicht in seinem erlernten Beruf arbeitet, bleibt stolz darauf, daß er einen Beruf gelernt hat. Das Ideal des deutschen Arbeiters bleibt nach wie vor, bei der gleichen Firma zu arbeiten, das zu tun, was er gelernt hat, und in dieser Spezialisierung Anerkennung zu finden. Die Ideale der Handwerker: Gründlichkeit,° Ehrlichkeit, Fachkenntnis sind immer noch wirksam. Sie kommen teilweise der Tendenz der deutschen Industrie entgegen, mehr auf lange Sicht zu planen, als an augenblickliche hohe Profite zu denken, und vor allem Arbeiter heranzubilden, die mit der Firma verbunden sind. Doch das System der Automatisierung, der Fließbandarbeit und die scharfe internationale Konkurrenz haben auch daran viel geändert. Die Industrie hat bisher viel von der Tradition des deutschen Handwerks profitiert; was davon nach den notwendigen Modernisierungen übrig bleiben wird, ist abzuwarten.

thoroughness

Vor allem wird es nötig sein, mehr Flexibilität in das System zu bringen. Immer mehr Menschen müssen ihren Beruf wechseln, weil sich die Verhältnisse ändern. Es ist vor allem wichtig, daß die Menschen beweglich bleiben und unabhängig denken und arbeiten können. Daher ist es nötig, viel mehr als bisher ein System der Weiterbildung nach der Berufsausbildung aufzubauen. Der erste große Test solcher Notwendigkeit ergab sich mit der deutschen Wiedervereinigung. Während auch vorher Arbeitslose eine neue Ausbildung bekommen konnten, was jedoch eher in kleinerem Rahmen geschah, so mußte ab 1990 in den östlichen Ländern

Bei Daimler-Benz werden Autos gebaut.

Deutschlands ein massives Ausbildungsprogramm in großem Umfang durchgeführt werden. Das war nur teilweise erfolgreich; denn zu viele private Firmen drängten sich ein, die auf schnellen Profit aus waren. Doch insgesamt zeigte sich, daß Ausbildung, Umschulung und Weiterbildung der Schlüssel zum Erfolg einer Wirtschaft sind.

Die Schüler von heute verstehen, daß eine gründliche Ausbildung entscheidend wichtig ist. Aber sie wollen eine moderne, eine zeitgemäße Ausbildung, nicht alte Methoden und Traditionen. Sie wollen für das elektronische Zeitalter richtig vorbereitet sein. Dazu ist ihnen die Berufsschule und Ausbildung nicht ausreichend. Wenn sie aber in der Schule bleiben, um aus praktischen Gründen das Abitur zu bekommen, so verzahnt sich Schule und Berufsausbildung in neuer Weise, und das Gymnasium könnte viel mehr praxisorientiert werden.

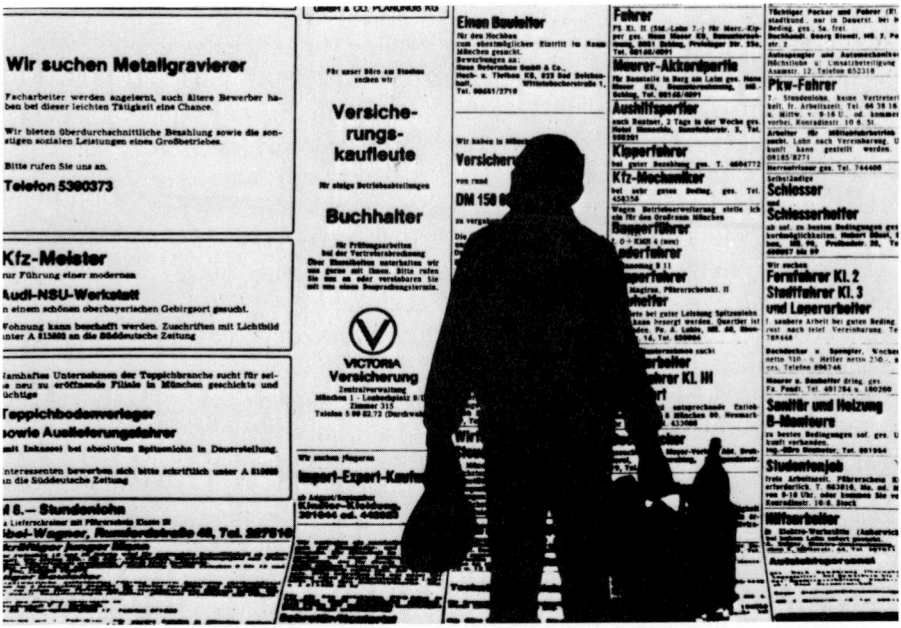

Immer mehr Arbeitsplätze werden gesucht.

Berufstätigkeit

Ein Landwirt

In allen westlichen Ländern ist heute die Landwirtschaft ein Sorgenkind° der Wirtschaft; und Subventionen für viele Produkte sind die Regel. Der Zwang zu höherer Produktivität gefährdet die früher üblichen Bauernhöfe und ihre Wirtschaftsmethoden. Monokulturen und große Felder bringen mehr Geld. Andererseits hat die „Industrialisierung" der Landwirtschaft unangenehme Nebenwirkungen gehabt: die chemischen Düngemittel und Pflanzenschutzmittel° hinterlassen Gift im Boden, Monokulturen machen den Boden arm, und die Auflösung der Dorfgemeinschaft hat negative soziale Folgen. In Deutschland ist seit dem Zweiten Weltkrieg die Zahl der in der Landwirtschaft Beschäftigten ständig gesunken, in der BRD fiel sie von etwa 5 Millionen um 1950 auf unter eine Million kurz vor der Wiedervereinigung. Ebenfalls verringerte sich die Zahl der Betriebe. Die kleineren Betriebe verschwinden, es sei denn, es sind ganz kleine Betriebe, die man neben der Berufsarbeit bewirtschaften kann. Die Bauern spezialisieren sich, und sie pflanzen, was am meisten Geld bringt.

problem child

pesticides

Am leichtesten hatten es die Bauern, die ohnehin spezialisiert waren: Weinbauern, Obst- und Gemüsebetriebe, Viehzüchter.

Am schwersten sind Entscheidungen für den früher verbreitetsten Typ des Bauernhofes, die Gemischtwirtschaft.

Die Landwirtschaft, zumal die deutsche, muß mit einem oft unlösbaren Widerspruch leben. Das Klima ist nicht besonders günstig, der Boden ist meistens nicht sehr gut. Der Bauer muß gut planen und sorgfältig mit seinem Land umgehen. Das kann er am besten mit einer Fruchtfolge von etwa sieben Jahren: er wechselt ab zwischen Winter- und Sommergetreide, Kartoffeln, Futterpflanzen, anderem Gemüse und Wiese. Bei einer solchen Folge regeneriert sich der Boden, und nur wenig Dünger ist erforderlich. Aber der Markt erlaubt eine solche vernünftige Wirtschaft eigentlich nicht. Vielleicht wird das in der Zukunft anders, denn Bauern, die organische Produkte anbauen, sind auf solche Fruchtfolgen wieder angewiesen. Der Markt hingegen, die finanziellen Bedingungen, verlangt das, was am meisten bezahlt wird. So ist es oft finanziell günstig, Mais anzubauen, der dem Boden nicht gut tut; oder Ölplanzen, wie Raps, sind gefragt, und Rapsfelder erstrecken sich durch das ganze Land.

Ein Hauptproblem der Landwirtschaft sind die Arbeitskräfte. Die Natur verlangt lange und unregelmäßige, oft nicht sehr angenehme Arbeitsstunden; und die Arbeit auf dem Lande ist schwer. Daher hat man mechanisiert, was mechanisierbar ist. Doch das ist teuer und oft nicht besonders wirtschaftlich, wenn Maschinen nur selten benutzt werden. Eine gewisse Abhilfe sind Genossenschaften.° Vieles in der Landwirtschaft ist Gemeinschaftsarbeit° und Gemeinschaftsbesitz. Der Weinbau und die Milchwirtschaft zum Beispiel könnten nicht ohne Genossenschaften existieren. Es wäre Unsinn, wenn jeder Bauer selbst Butter produzierte und seine Milch vermarktete.

cooperatives
communal work

Die modernen Marktbedingungen haben nicht nur die Vergrößerung der Höfe erzwungen, sondern auch ihre Arrondierung, die „Flurbereinigung". Bauernhöfe bleiben manchmal jahrhundertelang im Besitz einer Familie. Während in vielen Teilen Deutschlands der älteste Sohn den Hof erbt, gab es auch Erbteilungen. Diese führten zu immer kleineren Höfen und vor allem zu einem weit zerstreuten Landbesitz. Die langen Wege und kleinen Felder machten die Arbeit unproduktiv. So wurde es nötig, das Land so zu tauschen, daß jeder Besitzer eine geschlossene Fläche bekam. Das war natürlich alles andere als leicht. Land ist ohnehin knapp in Deutschland. Es gibt kaum Brachland.° 30% des Landes ist Wald, über die Hälfte wird für die Landwirtschaft genutzt. Ackerland und Weiden stehen in Verhältnis 3:2. Es ist daher nötig, das Land so intensiv wie möglich zu bebauen.

fallow land

Der Arbeitstag auf dem Lande ist lang, er dauert mindestens von Sonnenaufgang bis Sonnenuntergang. Doch Kühe müssen oft

Der neue Frankenwein: Weinlese in Randersacker bei Würzburg

schon früher gemolken werden. Viehhaltung und Milchwirtschaft verlangt Spezialwissen. Dafür ist ein „Schweizer", ein Milchkuhexperte, zuständig. Auf den Feldern ist das ganze Jahr zu tun. Die Jahreszeiten wechseln schnell, und das Wetter ist sehr veränderlich. Alles kommt darauf an, den richtigen Zeitpunkt zu wählen: zum Säen und Pflanzen, und zum Ernten. Der Landwirt muß möglichst viel mit Maschinen tun, und er braucht Maschinen, die für verschiedene Arbeiten kombiniert werden können. Er muß sich auch mit Maschinen auskennen, um selbst zu reparieren, was an kleineren Schäden vorfällt. Natürlich muß er wissen, was dem Boden gut tut und also Kenntnisse der Biochemie und Chemie haben. Er muß seine Buchhaltung führen, und er muß ein Auge auf die Marktbedingungen haben. Da genügt es oft nicht mehr anzuwenden, was man vom Vater gelernt hat. Es gibt landwirtschaftliche Fachschulen, und man kann an einer landwirtschaftlichen Hochschule bzw. an der Universität studieren und Diplomlandwirt werden. Der Bauer liest Fachzeitschriften, besucht landwirtschaftliche Ausstellungen, wo neue Geräte gezeigt und neue Methoden erklärt werden, und besucht Veranstaltungen zur Weiterbildung. Es gehört also sowohl Vielseitigkeit als auch Spezialwissen zur Landwirtschaft.

Die meisten Bauern in Deutschland leben in Dörfern, die teilweise sehr alt sind. Nur an der Nordseeküste und in den Gebirgen sind Einzelhöfe verbreitet. Das Leben auf dem Dorf war natürlich eintöniger als in der Stadt. Zusammen mit den langen Arbeitsstunden und niedrigerem Lohn führte das zu einer „Landflucht".° Auch Gemeinschaftshäuser, die das Wochenende in den Dörfern beleben sollten, halfen nicht sehr viel. Die Landflucht, sonst ein Problem der Arbeitskräfte, betrifft inzwischen den Besitz selbst: will der Sohn des Hofbesitzers auf dem Lande bleiben oder nicht? Viele wollen es nicht. Bauernhöfe, die viele Generationen im Besitz einer Familie waren, stehen zum Verkauf. Heute sieht es allerdings schon wieder etwas anders aus. Das Fernsehen und die Autos haben das Leben auf dem Dorf verändert. Es ist jetzt die Stadt, die aufs Land zurückkommt, und zwar in zweierlei Weise: der Wohlstand erweckt den Wunsch, ein eigenes Haus zu besitzen; aber in der Stadt ist das für viele zu teuer. Also ziehen sie aufs Land. Die meisten Dörfer in der Nähe größerer Städte sind Pendlerdörfer,° wo es vielleicht nur noch einen oder zwei Bauern gibt. Und zweitens stellen sich nicht wenige Bauern auf Dienstleistungen° für die Städter ein. In Oberbayern ist oft der Fremdenverkehr für ein Dorf wichtiger als die Landwirtschaft. Aber ein Bauer kann etwa die Gelegenheit zum Reiten geben und Pferde aufziehen und pflegen. Der Bauer kann vielleicht am Wochenende mit frischen Eiern und Honig oder einem kleinen Café mehr verdienen als mit Kartoffeln und Getreide. Stadt und Land greifen immer mehr ineinander über. Es besteht die Angst, daß das ganze Land „zersiedelt"° wird.

migration from rural areas

commuter villages

services

***zersiedeln** to cut up in small lots*

Die Hauptprodukte der deutschen Landwirtschaft bleiben jedoch immer noch Roggen, Weizen, Gerste, Hafer, Kartoffeln,

Schafschur in der Lüneburger Heide

Futter- und Zuckerrüben; dazu kommt der Weinbau, Obst: besonders Äpfel, Kirschen und Pflaumen, Gemüse: Bohnen, Erbsen, Karotten, Kohl, der oben erwähnte Raps, Futterpflanzen wie Lupinen, und in besonderen Gegenden etwa Hopfen für Bier und Tabak. Die Rinderzucht und Milchwirtschaft (Butter und Käse) bleibt am wichtigsten, daneben die Schweinezucht. Neuerdings lohnt sich die Schafzucht wieder, und die Zahl der Pferde ist gestiegen. Mais findet man in Süddeutschland, en wird als Futterpflanze angebaut. Der amerikanische Typ der Hühnerfarmen ist auch in Deutschland übernommen worden.

Die deutsche Landwirtschaft hat starke Konkurrenz aus den anderen Ländern Europas und von Übersee. Die anspruchsvollen Verbraucher sehen inzwischen vor allem auf die Qualität. Es besteht in Deutschland ein immer stärkerer Wunsch nach gut schmeckender und gesunder Nahrung. Gemüse aus dem Treibhaus,° Obst, das nicht draußen reif geworden ist, Kühlhauseier verlieren ihre Kunden. Die Chance der deutschen Landwirtschaft ist es, ihre unmittelbaren Kunden zu bedienen, wahrscheinlich mit immer mehr organischen Produkten und immer weniger chemischen Düngemitteln und Pflanzenschutzmitteln. Die Wege vom Produzenten zum Verbraucher sind kurz, oft nähert man sich wieder der alten Zeit, wo die Verbraucher direkt vom Bauern kauften. Selbst die Supermärkte locken die Kunden mit „hausgemachter" Wurst und frischem Obst und Gemüse aus der Umgebung. Das Bauernbrot scheint besser zu schmecken.

greenhouse

Ein erhebliches Problem bedeutet die Integrierung der ostdeutschen Landwirtschaft. Der Osten Deutschlands war immer besonders wichtig für die Landwirtschaft. Er hat die fruchtbarsten Böden. Zum größten Teil wurde der Privatbesitz durch Kollektivbesitz abgelöst. Die Landwirtschaft wurde durch LPGs (Landwirtschaftliche Produktionsgenossenschaften) betrieben. Die LPGs hatten große Flächen und trieben oft Monokultur wie in den USA und der Sowjetunion, mit viel Düngemitteln. Da die Preise festgelegt waren, konnten die LPGs ohne Konkurrenz wirtschaften und standen sich meistens gut. Die Wiedervereinigung stellte die grundlegende Frage der Besitzverhältnisse. Sollte Privatbesitz oder Genossenschaften die Form der Zukunft sein? Zweitens wurde die Umweltfrage nach der Erhaltung oder Vergiftung des Bodens gestellt. Und drittens sind natürlich die Marktbedingungen zu beachten: was will der deutsche Verbraucher? Was könnte man exportieren? Die Umstellung ist alles andere als leicht, auch wenn das Eigentumsproblem geklärt ist. Die ostdeutsche Landwirtschaft muß etliche der Stadien durchlaufen, die die westdeutsche Landwirtschaft schon hinter sich gebracht hat.

Hinter der deutschen Landwirtschaft steht eine lange und starke Tradition. Bauern sind hartnäckig. Sie lassen sich nicht gern verdrängen.° Sie denken an längere Zeiträume. Sie sind an ihr Land gebunden. Was auch die Politik der Regierungen und der Europäischen Gemeinschaft sein wird, die dabei ist, Unterstützungen immer mehr abzubauen, die deutschen Landwirte werden nicht aufgeben. Es sind nicht die großen Grüter, die die Szene beherrschen, wie es vor 1945 war, sondern mittelgroße Höfe. Der Verbraucher will keine „Industriegüter" von der Landwirtschaft mehr. Drei Viertel der in der Landwirtschaft Arbeitenden sind selbständig; die Zahl der Angestellten ist also auf ein Minimum gesunken. Das bedeutet, daß die Landwirtschaft um den eigenen Besitz und den eigenen Bestand kämpft.

verdrängen *to displace, push out*

Eine Zeit, die Angst vor den sozialen Folgen der Industrialisierung hatte, hat das Dorfleben idealisiert und das Leben auf dem Lande als romantisch dargestellt. Viele Touristen glauben immer noch daran. Doch für den Landwirt ist nüchternes Rechnen Grundbedingung. Viele Bauern hängen an dem Land und dem Besitz, der ihnen oft von den Vorfahren überkam, und sie bleiben dabei, auch wenn sie sonst leichter leben und vielleicht mehr verdienen könnten. Dennoch müssen sie realistisch sein, und das Dorfleben ist auch nicht nur gesund. Das heutige Leben stellt den Landwirt vor viele Probleme, und er muß mit Widersprüchen in den Bedingungen und Wünschen der Gesellschaft leben, die seine Existenz mit bestimmen.

Ein Fabrikarbeiter

Die Sorgen des Bauern hat der Arbeiter nicht. Er bekommt jede Stunde, die er tätig ist, genau nach Tarif bezahlt, und wenn er Überstunden° macht, am Sonntag oder an Feiertagen arbeitet, so bekommt er ebenfalls genau festgelegte Zulagen. Er kann sich genau ausrechnen, wieviel von seinem Verdienst ihm die Steuer wegnimmt, und ob es sich wirklich lohnt, Überstunden zu machen. Arbeiter verbringen viel Zeit mit solchen Rechenaufgaben, und so mancher Arbeiter ärgert sich über die Steuer und arbeitet in seiner freien Zeit „schwarz", nämlich privat und außerhalb der Firma, ohne es dem Finanzamt mitzuteilen. Das ist natürlich verboten.

overtime

Vor dem Ersten Weltkrieg hatte der Arbeiter solche Probleme noch nicht. Damals arbeitete man durchschnittlich 12 Stunden am Tag. Die Weimarer Republik nach 1918 setzte den 8-Stunden-Tag mit 48 Arbeitsstunden in der Woche durch. Heute liegt die Arbeitszeit bei weniger als 40 Stunden pro Woche Allerdings wird heute auch intensiver gearbeitet, und in der automatisierten Industrie verlangen die meisten Tätigkeiten eine dauernde Aufmerksamkeit, damit die Maschinen laufen. Der Arbeiter ist also vielleicht nach 7 Stunden Arbeit ebenso müde wie vor 80 Jahren nach 12 Stunden Arbeit.

Arbeiter bei Thyssen in Duisburg.

Schichtarbeit° ist weit verbreitet. Aus zwei Schichten sind drei oder gar vier Schichten am Tag geworden. Schichtarbeit wird manchmal angesetzt, wenn die Firma viele Aufträge hat. Durch die Schichtarbeit kann sich das Leben des Arbeiters sehr ändern. Wochenlang sieht er seine Freunde nicht, oder höchstens, wenn sie einander am Arbeitsplatz ablösen. Wenn er Spätschicht hat, fallen für ihn alle geselligen und kulturellen Veranstaltungen aus. Auch das Familienleben leidet darunter, wenn der Vater am Tag schlafen muß und seine Kinder selten sieht. In einer Stadt wie Wolfsburg, wo die meisten Arbeiter in Schichten tätig sind, muß sich das ganze Leben darauf umstellen.

work in shifts

Der Arbeiter bekommt entweder Stundenlohn oder Akkordlohn.° Akkordlohn gibt es in vielen Formen: als Entlohnung für die individuelle Leistung, als Entlohnung für die Leistung einer Arbeitsgruppe oder als Entlohnung für die monatliche Produktion. Wenn die Leistung der Gruppe bezahlt wird, paßt natürlich jeder Arbeiter auf, daß seine Kollegen schnell genug arbeiten. Solch ein Akkordlohn bringt gewöhnlich höhere Leistungen, ohne daß der Betrieb die Arbeiter kontrollieren muß, und daher sind die Akkordlöhne weit verbreitet.

piece wages

Ein Arbeiter verdient über 3.000 DM brutto im Monat. Vorbei sind die Tage, wo der Wochenlohn in einer „Lohntüte"° ausgeteilt wurde, und wo die Ehefrauen am Zahltag vor den Fabriktoren warteten, um noch einkaufen zu können. Die Arbeiter haben eine erhebliche Steigerung° ihres Einkommens erreicht. Heute versuchen sie zu verteidigen, was sie erreicht haben. Angesichts der

(little) bag for wages

increase

Arbeitslosigkeit und der wachsenden Ersetzung° des Menschen durch Computer, Roboter und Maschinen haben es die Arbeiter nicht leicht. Die Diskussion geht vor allem darum, wie eine weitere Verkürzung der Arbeitszeit ohne Verminderung des Einkommens erreicht werden kann. Auch wird die Frage diskutiert, ob es besser ist, die Wochenarbeitszeit zu verkürzen oder die Lebensarbeitszeit, d.h. eine frühere Pensionierung anzustreben.

replacement

Ebenso wichtig wie der Lohn ist für einen Arbeiter, was er noch bekommt, also die Sozialleistungen. Außer den Steuern zahlt der Arbeiter einen Prozentsatz seines Lohnes für die Krankenversicherung, Unfallversicherung und Altersrente. Der Arbeiter und seine Familie sind voll versichert; sie haben keine Arztkosten und keine Krankenhauskosten, ja sie bekommen sogar eine Kur bezahlt, wenn es nötig ist. Wenn der Arbeiter länger krank ist, bekommt er statt des Lohnes ein „Krankengeld", das 80% seines bisherigen Lohnes beträgt und das sein Arbeitgeber und die Krankenversicherung zusammen bezahlen müssen.

Wichtig sind auch die freiwilligen Sozialleistungen der einzelnen Firmen. Viele größere Firmen bauen Werkswohnungen,° also Mietwohnungen oder Einzelhäuser, die sie für wenig Geld ihren Angestellten und Arbeitern überlassen—so lange sie bei der Firma sind. Das hilft beiden Teilen: Der Arbeiter hat eine billige Wohnung, und die Firma hat einen Arbeiter, der bei dieser Firma bleibt. Die Firmen geben auch besondere Altersrenten für Arbeiter und Angestellte, die lange genug bei ihnen gearbeitet haben. Auch Naturalleistungen sind noch weit verbreitet: Die Firmen geben ihren Angestellten besonderen Rabatt bei ihren eigenen Produkten; sie besorgen auch billig Kohlen, Holz, Kartoffeln, und andere Lebensmittel. Manche Sozialleistungen der Firmen, die früher wichtig waren, sind heute wenig gefragt: zum Beispiel die Ferienheime.° Die meisten Arbeiter bezahlen lieber selbst ihre Ferienreise, als daß sie umsonst oder für wenig Geld im Ferienheim der Firma wohnen. Sie möchten gern einmal hinaus aus dem Bereich der Firma.

company-owned apartments

vacation homes

In vielen Firmen sind die Betriebsangehörigen am Gewinn beteiligt. Sie bekommen einmal im Jahr, gewöhnlich zu Weihnachten, eine Summe Geld, die einen bestimmten Prozentsatz des jährlichen Profits der Firma darstellt. Natürlich geben die Firmen auch Prämien, wenn Arbeiter Vorschläge zur Verbesserung der Arbeit einreichen, die akzeptiert werden.

Die Firma gibt meistens den Rahmen für das Leben der Arbeiter ab. Ihre Freunde und Nachbarn sind Arbeitskollegen. Wenn sie Sport treiben, so tun sie es im Sportklub der Firma, in Sportanlagen, die die Firma bezahlt hat. In der Bundesrepublik sind es nicht die Universitäten, die am meisten Geld für Sport ausgeben, sondern die Industriebetriebe. In den Vereinen wird der Arbeiter gleichfalls Kollegen aus der Firma wiedertreffen.

Reihenhäuser mit Hintergarten, eine moderne Siedlung für Familien.

Viele Arbeiter bleiben bei der gleichen Firma, und sie haben das Gefühl, daß sie „dazu gehören", ganz gleich, ob es sich um einen kleinen Familienbetrieb handelt oder um einen großen Konzern. Die Aufstiegschancen eines Arbeiters sind allerdings beschränkt. Wer als Arbeiter anfängt, bleibt sein Leben lang Arbeiter. Ein gelernter Arbeiter wird vielleicht Vorarbeiter° und schließlich Meister, und unter den Meistern gibt es mehrere Stufen. Doch wer Verwaltungsangestellter oder wer Ingenieur werden will, muß mit einer anderen Schulbildung und Ausbildung anfangen. Das führt zu einem Klassenbewußtsein.° Arbeiter sagen „du" zueinander. Die „da oben" sind eine andere Welt. Einmal im Jahr gibt es einen Betriebsausflug, bei dem die „Chefs" mit den Arbeitern reden, essen, trinken und lachen. Aber sonst ist die Hierarchie intakt. Durch Jahrzehnte Wohlstand und sparsames Wirtschaften sind jedoch viele Arbeiter in die Mittelklasse aufgerückt und führen ein durchaus bürgerliches Leben. Ihre Kinder gehen ins Gymnasium und wollen studieren. Vorbei ist die Zeit, wo Arbeiter darauf bestanden, daß ihre Kinder mit 15 oder 16 Jahren Geld verdienen mußten. Oft ist die Arbeit nicht so, daß man sie für seine Kinder wünschen möchte. Nicht wenige Arbeiter haben ja einen Beruf gelernt, ein Handwerk, das sie nicht ausüben können, d.h. nur in der Freizeit. Das Hobby, die eigene Beschäftigung in der Freizeit, ist oft wichtiger als die Arbeit.

foreman

class consciousness

Daß Kinder später in die Firma eintreten, in der die Eltern arbeiten, ist weit verbreitet. In manchen Firmen gibt es Angestellte in der dritten oder vierten Generation. Der Ehrgeiz der Eltern ist natürlich, daß die Kinder eine höhere Laufbahn beginnen und zu Spitzenpositionen aufsteigen. Man findet nicht selten Verwaltungschefs oder Ingenieure, die Arbeiterkinder sind.

So sind die deutschen Arbeiter, Facharbeiter ganz besonders, alles andere als ein „Proletariat", sondern eine selbstbewußte Schicht, die ihre Rechte verteidigt und ihre Ansprüche mit Hilfe der Gewerkschaften durchsetzt. In den letzten Jahrhzehnten hat sich jedoch in Deutschland ein Mechanismus ergeben, der dem der USA ähnlich ist. Mit der Vollbeschäftigung des Wirtschaftswunders kamen „Gastarbeiter" ins Land, Ausländer, die die Arbeit machten, die die Deutschen nicht mehr machen wollten. Es waren Italiener, Jugoslawen, Spanier, Griechen und dann sehr viele Türken. Nach den Ostverträgen der Regierung Brandt war es möglich, daß Menschen deutscher Herkunft aus Polen und der damaligen Sowjetunion umsiedeln° konnten. In den achtziger Jahren begann wieder, wie früher in den fünfziger Jahren, der Zuzug aus der DDR. Inzwischen kommen immer noch Umsiedler, auch aus Rumänien. Der deutsche Arbeitsmarkt ist also auch durch Einwanderer geprägt. Bei wachsender Arbeitslosigkeit erzeugt das Spannungen, zumal unter Arbeitern. Alle Einwanderer und Gastarbeiter bekommen die gleiche Bezahlung und die gleichen Sozialleistungen. Millionen Gastarbeiter sind seit langem in Deutschland, und ihre Kinder sind dort aufgewachsen und zur Schule gegangen. Deutschland ist kein Einwanderungsland; aber die Deutschen müssen sich daran gewöhnen, mit mehr Fremden zusammenzuleben.

umsiedeln *to resettle*

Ausländische Arbeiter im BMW-Werk in München

Ein Beamter

Es gibt in Deutschland viele Arten von Beamten. Man unterscheidet eine untere, eine mittlere, eine „gehobene" und eine höhere Beamtenlaufbahn. Ein höherer Beamter hat gewöhnlich eine akademische Vorbildung. Alle Beamten haben etwas gemeinsam: Der Staat stellt einen Beamten auf Lebenszeit an. Der Staat, das ist die Bundesrepublik, das Land oder die Kommunalbehörde. Der Staat gibt dem Beamten Sicherheit. Er kann nicht entlassen werden; er hat mit 65 Jahren eine gute Pension; seine Witwe und seine Kinder sind versorgt, wenn er stirbt. Er hat ein festes Gehalt und hat ein Anrecht auf bestimmte Gehaltserhöhungen. Sein Gehalt besteht aus dem Grundgehalt, Familienzulagen° und Wohnungszulagen, so daß man darauf Rücksicht nimmt, wie viele Personen er versorgen muß und wie die Lebenshaltungskosten an seinem Wohnort sind. Der Beamte kann sich ausrechnen, welchen Rang er auf alle Fälle erreichen wird; sein Leben ist also genau geregelt, gesichert und festgelegt. Dafür ist der Beamte dem Staat auch besonders verpflichtet. Er vertritt den Staat; er soll ihm dienen und seine Pflicht tun. Er verdient weniger, als er in einer ähnlichen Stellung in der Privatindustrie verdienen könnte.

family allocations

Neben den Gehaltsbedingungen ist auch die Tätigkeit festgelegt; ein Beamter hat in einem bestimmten Rang Anspruch auf eine bestimmte Art von Büro und eine bestimmte Art von Tätigkeit.

Dieser deutsche Begriff vom Beamtentum entwickelte sich zuerst in Preußen. Er beruhte auf einem gegenseitigen Vertrauen zwischen Staat und Staatsdiener. Auch der Minister, Kanzler, ja der König oder Kaiser fühlten sich als „Diener ihres Staates". Beamte waren also gleichzeitig Diener der Allgemeinheit und Vertreter der Autorität. Sie fühlten sich als eigene Kaste und hatten ein starkes Berufsbewußtsein. „Als Beamter" waren sie zu manchen Dingen verpflichtet, die sie „als Mensch" nicht gern taten.

Während des 20. Jahrhunderts ist die Politik mehr und mehr in die Verwaltung eingedrungen. 1933 wurden Beamte entlassen, weil sie gegen den Nationalsozialismus waren; 1945 wurde entlassen, wer aktiver Nationalsozialist war. Dabei ging das Vertrauen zum Staat verloren. Heute gibt es Parteipolitiker als Beamte, und ein Beamter kann Abgeordneter werden. Die Beamten fühlen sich weniger dem Staat verpflichtet. Sie stellen Gehaltsforderungen,° ja sie drohen mit Streiks, was bis 1914 undenkbar gewesen wäre. Auf der anderen Seite fühlt sich ein Beamter heute mehr als Diener der Allgemeinheit und weniger als Vertreter der Autorität als früher. Aus dem „Obrigkeitsstaat" ist die Demokratie geworden.

salary demands

Die Deutschen lieben die Sicherheit. Beamte gibt es daher in vielen Berufszweigen. Die Bundespost und die Bundesbahn° haben

federal railway

als staatliche Einrichtungen Beamte. Die Richter sind Beamte. In der Verwaltung findet man Beamte. Die Lehrer bis zu den Universitätsprofessoren sind Beamte. Ja, selbst Musiker und Schauspieler bei staatlichen oder städtischen Theatern können Beamte werden.

Von dem Beamten wird auch heute eine bestimmte Lebensweise erwartet, obwohl sein Privatleben viel freier ist als früher, wo er ein Vorbild für seine Umgebung sein sollte. Aber auch heute gehört dazu, daß ein Beamter pünktlich ist, seine Arbeit gut erledigt, im Dienst die Finanzen gut verwaltet und privat nicht zu viele Schulden hat, daß er unbestechlich ist und daß er bereit ist, auch Überstunden zu machen, wenn es nötig ist. So steht sein Leben immer noch im Zeichen der Pflicht und ist ein Dienst an der Allgemeinheit.

Ein Angestellter

Angestellte gibt es sowohl im öffentlichen Dienst als auch in der Privatwirtschaft. Angestellte bekommen ein Monatsgehalt. Sie haben längere Arbeitsverträge; je länger sie bei einer Firma oder im Staatsdienst sind, desto länger ist die Kündigungsfrist.° Wer mehr als zehn Jahre für eine Firma oder Institution arbeitet, kann nur noch aus außerordentlichen Gründen entlassen werden. Es gibt in Deutschland viele Einrichtungen, die nicht staatlich sind, die aber im öffentlichen Interesse arbeiten, manchmal auch mit öffentlichen Geldern. Dazu gehören z.B. die Rundfunkanstalten. Wer bei ihnen arbeitet, ist ebenfalls Angestellter.

period to give notice

Angestellte im öffentlichen Dienst werden nach einem Angestellten-Tarif bezahlt und haben gleichfalls das Recht auf andere Sozialleistungen. Sie müssen selbst zu ihrer Altersversorgung beitragen, die von der Angestellten-Versicherung verwaltet wird. Auch diese Angestelltenrente ist inflationssicher; sie wird den Lebensbedingungen angepaßt, richtet sich allerdings nach dem eingezahlten Betrag, d.h. den Dienstjahren und der Höhe des Verdienstes. Angestellte sind manchmal neidisch auf die Beamten, die mehr Sicherheit haben und nichts für ihre Pension bezahlen müssen.

40% der 5,5 Millionen Beschäftigten im Öffentlichen Dienst sind Beamte, die anderen Angestellte. Der größte Teil der Beschäftigten im Privatsektor hat den Status von Angestellten: alle Bürokräfte und alle leitenden Angestellten. Das ist auch in Dienstleistungsbetrieben so. Die Zahl der Angestellten wächst, die der Arbeiter verringert sich, genau wie die der Landwirte. Die Vermehrung der Angestellten und ihre Differenzierung sind ein Phänomen des 20. Jahrhunderts. Die Weimarer Republik erließ die Gesetze, die den eigenen Status der Angestellten anerkannten.

Der Arbeitstag des Angestellten und seine Lebenseinstellung° haben viel Ähnlichkeit mit dem der Beamten. Angestellte sind

attitude (toward life)

jedoch nicht ganz so festgelegt wie Beamte. Sie können daran denken, die Stellung zu wechseln; sie haben etwas weniger Sicherheit. Sie fühlen sich nicht in gleicher Weise als Vertreter ihrer Institution. Die Tendenz ist allerdings vorherrschend, bei einer Institution oder Firma zu bleiben.

Die offiziellen Arbeitsstunden haben sich ständig verringert; aber damit noch nicht die wirklichen Arbeitsstunden. Auch in Deutschland wird von leitenden Angestellten viel Arbeitsleistung verlangt, die oft viele Stunden in Anspruch nimmt. Nur eines ist allen Deutschen, seien sie Beamte, Angestellte oder Arbeiter, heilig: ihr Urlaub. Bei 18 Arbeitstagen als gesetzliches Minimum, und einem normalen bezahlten Urlaub von sechs Wochen pro Jahr ist der Urlaub ein wichtiger Punkt.

Die Zukunft kann gerade für Angestellte ganz anders aussehen, und die Zukunft hat schon begonnen. Gleitende Arbeitszeiten° sind in vielen Betrieben eingeführt worden, und der Computer macht es möglich, daß Arbeit zu Hause verrichtet werden kann, was oft lange Reisezeiten spart. Aber das elektronische Zeitalter bringt es ebenfalls mit sich, daß manche Experten nur zeitweise gebraucht werden, also selbständig für verschiedene Firmen arbeiten. Die Zahl der voll Beschäftigten wird einmal wieder fallen, und Einzelverträge für bestimmte Arbeiten können den festen Arbeitsplatz ersetzen.

individualized work hours

Nicht nur die Frauenbewegung, auch das postindustrielle Zeitalter bringt es mit sich, daß der Unterschied der Frauen- und Männerberufe in diesem Bereich verschwindet. Der Beruf der Sekretärin verliert den bisherigen Charakter. Frauen sind in leitende Positionen aufgestiegen. Sie können genau wie Männer Experten in der Betriebsführung sein. Genau so richtig ist, daß die Vorbildung und Ausbildung allein an Wichtigkeit verliert, und daß es darauf ankommt, sich auf das umzustellen, was heute und in der Zukunft verlangt wird. In diesem weiten und verschiedenartigen Bereich ist die Tradition der deutschen Berufsausbildung bis jetzt am wenigsten am Platze.

Freie Berufe

„Freie Berufe" heißen selbständige Stellungen ohne ein festes Gehalt. Ein Kaufmann und ein Bauer sind im freien Beruf, wenn sie ihren eigenen Betrieb haben, ebenso ein Arzt, ein Rechtsanwalt, auch ein Schriftsteller oder ein Maler. Der Staat hat allerdings seinen Einfluß auch in diesem Bereich. Ein Maler ist vielleicht Professor an einer Kunstakademie und dadurch Beamter; ein Schriftsteller arbeitet bei einer Rundfunkanstalt, also einer öffentlichen Einrichtung, mit.

Wenn wir einen Arzt als Beispiel nehmen, so sehen wir diesen Zusammenhang ganz deutlich. Der Arzt macht am Ende seines

Medizinstudiums ein Staatsexamen, dann muß er als Assistent in einem Krankenhaus arbeiten. Wenn er Facharzt werden will, muß er noch weitere Jahre der Ausbildung in einem Krankenhaus verbringen. Wenn er dann selbständig sein und eine Praxis eröffnen will, kann er sich als „Facharzt"° bezeichnen, sonst ist er „praktischer Arzt". Nun hat dieser Arzt verschiedene Arten von Patienten. Es gibt für die Arbeiter die „Allgemeine Ortskrankenkasse", für bestimmte Angestellte die „Ersatzkasse" und für Leute mit höherem Gehalt private Krankenkassen. Die privaten Kassen sind für den Arzt am besten; denn der Patient zahlt die Rechnung selbst und bekommt dann das Geld (oder einen Teil des Geldes) von der Krankenkasse ersetzt. Von solchen Privatpatienten hat der Arzt meistens nicht allzu viele. Die anderen „Kassenpatienten"° bringen ihm viel weniger Geld, denn die Krankenkassen zahlen nur bestimmte Summen für die Behandlung, ganz gleich, wieviel Zeit der Arzt damit verbringt. Der Arzt braucht also viele Patienten, um genug zu verdienen. Also muß er sehr viel arbeiten. Ein praktischer Arzt verbringt immer noch manche Zeit mit Hausbesuchen. Ein Facharzt hat es im allgemeinen besser. Er wird weniger ins Haus gerufen, und er hat, wenn er bekannt ist, mehr Privatpatienten. Ein Arzt braucht also die Kassenpatienten, ganz besonders, wenn er anfängt. Die Krankenkassen haben aber nur eine bestimmte Anzahl von Ärzten, die bei ihnen zugelassen sind. Jeder Arzt schreibt an sein Türschild, bei welchen Kassen er zugelassen ist.

medical specialist

patients for whom the public insurance pays

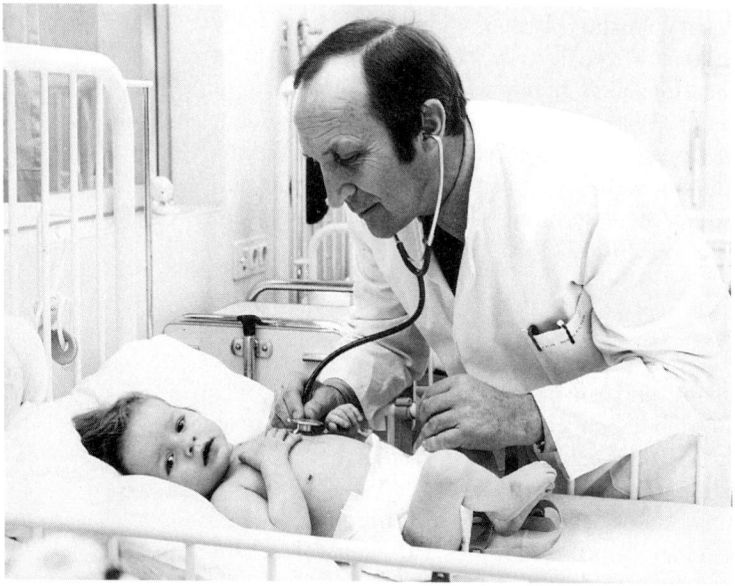

Professor Bühlmeyer, München, untersucht ein Kleinkind nach einer Herzoperation.

Natürlich kann ein Arzt auch, wenn er wissenschaftlich begabt ist, an einem Universitätskrankenhaus bleiben, sich habilitieren und Professor werden. Ein Professor kann neben seiner Tätigkeit als Chef des Krankenhauses, als Dozent und bei der Ausbildung der jungen Ärzte auch für teures Geld Privatpatienten behandeln. Er verdient viel Geld dabei, doch für sein Privatleben bleibt ihm kaum Zeit übrig. Ein durchschnittlicher Arzt hat also weniger Verdienstmöglichkeiten als in einem Land ohne ein solches System der Krankenversicherung. Er muß länger arbeiten, um einen guten Lebensstandard zu erreichen. So sind in Deutschland die Arbeitszeiten für die Arbeiter und Angestellten immer kürzer geworden, für die Freien Berufe oder für die leitenden Beamten und Angestellten hingegen wird der Arbeitstag immer länger und anstrengender. Seit 1945 hat sich die „Managerkrankheit" verbreitet. „Manager" bedeutet im Deutschen nicht nur einfach „Chef" oder „Direktor", sondern der eilige, überlastete und überhastete Chef in der Wirtschaft, in der Verwaltung, im kulturellen Leben und in der Politik. Diese Manager stehen ständig unter Druck und spüren den „Streß" ihres Berufes. Trotz ihres hohen Gehalts fühlen sie sich nicht selten unzufrieden und suchen ein weniger anstrengendes Leben. „Streß" ist ein Lieblingswort der heutigen deutschen Sprache geworden.

KAPITEL 9

Bundeswirtschaftsminister, später Bundeskanzler Ludwig Erhard mit seinem Buch Wohlstand für Alle *und seiner unvermeidlichen Zigarre*

Die deutsche Wirtschaft

Was tun die Menschen in einem Land, das dicht bevölkert oder übervölkert ist, nicht viele Bodenschätze hat, auch kein sehr günstiges Klima? Wie bauen sie eine Wirtschaft auf, die ihnen Wohlstand bringt? Erst die Industrie hat das eigentlich möglich gemacht. Vorher mußten die Menschen auswandern, wenn die Bevölkerung zu groß wurde. Die deutsche Industrie ist eine Verarbeitungsindustrie,° und das Land ist auf Exportüberschüsse angewiesen. Alles hängt ab von Erfindungen, Produktivität und Arbeit. Weil die Deutschen das einsahen, leisteten sie mehr als andere, jedenfalls genug, um zu Wohlstand zu kommen. Doch mit dem Wohlstand steigen die Ansprüche° und Bedürfnisse. Die Deutschen haben ein dichtes Netz sozialer Sicherheit entwickelt, und zugleich verdienen sie gut. Dadurch ist Deutschland einer der teuersten Industriestandorte geworden, teurer z.B. als die USA. Und damit kommen die Probleme des Erfolgs: die Firmen exportieren jetzt Arbeitsplätze und nicht mehr Güter.

manufacturing industry

demands

Soziale Marktwirtschaft

Die zwei Weltkriege, die Krisenjahre der Weimarer Republik und die Aufrüstungspolitik des Nationalsozialismus brachten immer mehr staatliche Vorschriften und Beschränkungen. So war es radikal, als, wie im Teil *Vergangenheit* geschildert, Ludwig Erhard 1948 eine neue Marktwirtschaft proklamierte. Doch von Anfang an sollte diese Marktwirtschaft kein laisser faire—System werden. Der Staat hatte seine feste Rolle. Er sollte zwischen den Sozialpartnern ausgleichen, er sollte helfen, wo Hilfe nötig ist, und er sollte eine Wirtschafts- und Finanzpolitik planen. Der Mechanismus des Marktes sollte innerhalb eines sozialen Netzes und einer langfristigen Planung funktionieren. Die Marktwirtschaft florierte, weil etliche günstige Bedingungen vorhanden waren. Sie floriert weiter, weil die Deutschen Disziplin wahren und in Krisenzeiten zusammenhalten. Das tun sie, weil sie die Alternativen kennen und zu ihrem Leidwesen ausprobiert haben. Nicht nur Erhard und die CDU, auch die anderen demokratischen Parteien kamen zu der Überzeugung, daß Zusammenarbeit der Partner die beste Wirtschaftspolitik sei. Nachdem Erhard seine Politik als „soziale Martkwirtschaft" deklariert hatte und als Ziel „Wohlstand für Alle" erklärte, definierte sich die Bundesrepublik in ihrer Verfassung, dem Grundgesetz, als einen sozialen Staat. Der Staat hat in Deutschland die Verpflichtung zur sozialen Gesetzgebung und Fürsorge. Soziale Verpflichtungen sind Verpflichtungen auf lange Zeit. Wenn die Wirtschaft solche Verpflichtungen übernimmt, muß sie auf längere Sicht planen. Die Zeit des Wirtschaftswunders nach 1948 schien wie geschaffen für schnellen Reichtum, und das gab es in der Tat auch. Aber etablierte Firmen dominierten, und sie honorierten ihre Verpflichtungen, gerade auch die sozialen Verpflichtungen. Die deutsche Wirtschaft und der deutsche Staat fuhren besser damit, die Lasten der Vergangenheit zu tragen als sie abzuschütteln, wie es auch nach 1989 der Fall gewesen ist. Im 20. Jahrhundert hat das deutsche Volk dreimal teuer für politische Irrwege° bezahlt; aber es hat auch begriffen, daß eine Gesellschaft von Reichen und Armen keinen Bestand hat. „Wohlstand für Alle" ist das herrschende Prinzip geblieben.

wrong ways, wrong ideas

Diese Erkenntnis kommt nicht über Nacht, und die Sozialpartner müssen umdenken,° bevor sie sich darauf einigen. Deutschland ist nicht das einzige Land, das nach diesem Prinzip verfährt. Die Sozialgesetzgebung und Wirtschaftspolitik der Europäischen Gemeinschaft verfolgt ebenfalls diese Ziele und paßt die allgemeinen Gesetze denen der fortschrittlichen Länder an. Ja, auf die Dauer wird es nötig sein, das Prinzip der sozialen Marktwirtschaft allgemein zu machen, wenn die Menschheit ohne katastrophale Konflikte überleben will.

umdenken *to change one's thinking*

Große und kleine Firmen

Auch in Deutschland sind die meisten Betriebe klein; dreiviertel der Firmen haben weniger als 100 Angestellte. Nur 2% der Firmen haben mehr als 1000 Angestellte. Die größten Unternehmen findet man in der Autoindustrie, Elektroindustrie und Elektronik, Chemie, Maschinenindustrie, Stahlproduktion und Ölproduktion und -verarbeitung. Längst nicht alle dieser Großfirmen sind „deutsche Firmen". Neben Daimler-Benz, VW und BMW treten Opel und die deutsche Fordfirma. IBM Deutschland ist genau so eine Großfirma wie Siemens. Im Erdölbereich und z.B. bei Lebensmitteln sind ausländische Firmen vorherrschend, während in der chemischen Industrie deutsche Firmen am wichtigsten sind.

Der Motor der Industrialisierung in Deutschland im 19. Jahrhundert war die Stahlindustrie und der Maschinenbau. Die Stahlindustrie siedelte sich dort an, wo es Kohlenbergwerke gab: im Ruhrgebiet, im Saarland (und Lothringen) und in Oberschlesien. Die Firma Krupp im Ruhrgebiet wurde besonders bekannt, weil sie sich auf Waffenproduktion spezialisierte. Aber auch andere Industriebereiche wurden wichtig: die chemische und pharmazeutische Industrie, die optische Industrie und die Elektrotechnik sowie der Fahrzeugbau, Lokomotiven und Eisenbahnwagen zum Beispiel. Siemens, Bayer, Zeiss und Borsig gehören zu diesen älteren Firmen, und ihr Standort hing mehr von Transportmöglichkeiten und Arbeitskräften ab als von Bodenschätzen. Der Verlust vieler Patente und die Wirtschaftskrise nach 1918 brachten Zusammenschlüsse von Firmen. Die chemische Industrie bildete z.B. die „IG Farben", eine Gemeinschaft der wichtigsten Firmen. Die Aufrüstung nach 1933 brachte neue staatliche Firmen und eine weitere Konzentration. Nach 1945 beschlossen die Alliierten, diese Großbetriebe zu „entflechten",° um eine zukünftige Kriegsindustrie zu verhindern. Aus den IG Farben wurden Firmen wie Bayer, Höchst, BASF. Inzwischen ist allerdings der Prozeß der Konzentration auch in Deutschland wieder weitergegangen. Immerhin gibt es nur zehn Firmen, die mehr als 100.000 Angestellte haben. Die größte Konzentration der Industrie ist immer noch im Korridor zwischen dem Ruhrgebiet, dem Rheinland, der Gegend um Frankfurt bis nach Württemberg. Eine Verschiebung der Gewichte wird stattfinden, wenn die Produktion in Berlin und in Sachsen-Thüringen wieder voll entwickelt ist.

decartelize

Immer noch dominieren Fahrzeuge (1991: knapp 5 Millionen), Maschinen, chemische Produkte, Medikamente, Elektroartikel und Elektronik. Manche Industriezweige, wie die optische Industrie, Textilien und Schuhe, sind durch die ausländische Konkurrenz sehr geschrumpft.° Stahlarbeiter und Bergleute haben neue Arbeit finden müssen. Die Strukturveränderungen gehen weiter. Immer

***schrumpfen** to shrink*

Das Verwaltungsgebäude von BMW in München

weniger Menschen werden in der Industrie benötigt, und immer mehr in Dienstleistungen, Werbung und Verwaltung. Bis jetzt bleibt jedoch das Netz von großen und kleinen Firmen erhalten.

Verbindungsstraßen

Wie wird aus einem lokalen Markt ein größeres Wirtschaftsgebiet, eine nationale Wirtschaft? Man muß die Güter transportieren können. Die alten deutschen Städte liegen an Flüssen, nahe am Meer, an Flußübergängen von Handelsstraßen. Die Flüsse boten schon immer günstige Möglichkeiten. Die deutsche Wirtschaft konzentriert sich immer noch um den wichtigsten Fluß, den Rhein. Seit dem frühen Mittelalter dachte man an Kanalverbindungen. Doch erst die Eisenbahn des 19. Jahrhunderts hat die deutsche Großindustrie ermöglicht. Und ohne die Autobahn ware kein Wirtschaftswunder nach dem Zweiten Weltkrieg möglich geuesen. Verkehrsprobleme sind Fragen des Alltags, und die Verkehrsplanung beschäftigt alle Menschen. Jede neue Autobahn wird ein politisches Problem. In vielen Ortschaften protestieren die Einwohner gegen zu viel Durchgangsverkehr. Der wachsende Handel mit Osteuropa bringt immer mehr Verkehr durch Deutschland.

Damit ist das Paradox der deutschen Situation gekennzeichnet: Deutschland hat eine zentrale Lage. Diese Lage bringt viele Vorteile. Es ist der Markt zwischen Ost und West, Süd und Nord. Doch zu viel Verkehr verstopft° die Straßen. Je mehr Wohlstand,

verstopfen *to clog*

desto mehr Verdienst für die Autoindustrie, und desto weniger Platz auf den Straßen, desto mehr Staus.° *traffic jams*

Das Auto ist also nicht in jedem Fall ideal. In den Großstädten braucht man es nicht unbedingt. Sie haben U-Bahnen, S-Bahnen, Busse und manchmal noch Straßenbahnen. In den Stadtzentren sind überall Fußgängerzonen. Parken ist schwierig und teuer. P + R, Park and Ride, hat in Deutschland Erfolg. Geschäftsreisende, die in andere Städte fahren, benutzen gewöhnlich den Zug. Fliegen ist ziemlich teuer und spart nicht immer Zeit. Die Deutsche Bundesbahn (DB) bemüht sich, mehr Strecken für Züge mit hoher Geschwindigkeit auszubauen. Doch auch Intercity (IC)-Züge sind schnell und bequem. Schwieriger wird es auf den Nebenstrecken zu den kleineren Orten. Die Bundesbahn betreibt noch viele Strecken, die alles andere als profitabel sind. Dort, wo sich keine Züge lohnen, setzt sie Busse ein. Doch diese Züge und Busse fahren selten und halten oft. Reisen auf kleinen Strecken kann umständlich sein.

Auch in Europa hat sich viel von den Transporten von der Schiene und dem Wasser auf die Straße verlagert. Die Autobahnen sind voll von Lasttransporten, so daß das Wochenende für sie gesperrt ist. Das ist schneller und meistens praktischer, aber nicht gut für die Umwelt und die Straßen. Auf den Straßen wird inzwischen mehr transportiert als auf Schiffen und Eisenbahnen zusammen.

Deutschland als Wirtschaftsmacht

Das Bruttosozialprodukt der „alten" Bundesrepublik war 1990 über 2,5 Billionen DM. Je knapp eine Billion kam aus der Industrieproduktion und Dienstleistungen, 350 Milliarden aus Handel und Transport, 39 Milliarden aus Land- und Forstwirtschaft. Die Hälfte davon wurde privat ausgegeben, wobei die Deutschen etwa 14% ihres Einkommens sparten. Über 28 Millionen waren beschäftigt, die Arbeitslosenrate lag bei etwa 6%. Im Osten Deutschland gab es über 8 Millionen Beschäftigte, doch das Bruttosozialprodukt war weniger als ein Zehntel des westdeutschen.

Mehr als die Hälfte des Exports und Imports war zwischen Deutschland und anderen Ländern der Europäischen Gemeinschaft. Die USA sind mit knapp 7% nach den EG-Ländern Frankreich, Italien, Niederlande, Großbritannien, Belgien der wichtigste Handelspartner. Das deutsche Sozialprodukt ist gut ein Viertel der EG, das der USA weniger als das der EG. Das Volumen des deutschen und des amerikanischen Exports ist etwa gleich, die USA importieren jedoch sehr viel mehr.

Die Zahlen in der Produktion und im Verbrauch ähneln sich. Die USA haben trotz allem höhere öffentliche Ausgaben und verbrauchen mehr. Deutschland ist die größte Wirtschaftsmacht der

EG; aber Frankreich und Italien produzieren ebenso viel im Vergleich zur Bevölkerungszahl. Der Wohlstand ist in Deutschland etwas größer; doch die Unterschiede sind nicht sehr erheblich. Die europäische Integration, die 1993 ihr entscheidendes Stadium beginnt, muß auch für die Deutschen keine besonderen sozialen Spannungen bringen.

Während die wirtschaftliche Verflechtung zwischen Japan und den USA weitergeht, investiert die deutsche Industrie und das deutsche Kapital vor allem in Europa, in den EG-Ländern und neuerdings in Osteuropa. Viel Kapitalbedarf ist nötig für die deutschen Bundesländer im Osten; doch daran ist die öffentliche Hand ebenso beteiligt wie die Privatwirtschaft.

Immer noch gibt es weit mehr große amerikanische Firmen in Deutschland, wie Ford, Opel und IBM, als deutsche Firmen in den USA, wo Siemens und BASF die meisten Beschäftigten haben. Allerdings exportiert Deutschland mehr in die USA als es aus den USA importiert.

Deutschland ist ein wichtiger Faktor der europäischen und der Weltwirtschaft; aber seine Produktion und Stärke entspricht durchaus der der anderen Industrieländer im Vergleich zu ihrer Bevölkerung. Deutschland kann auch mit dem Geld weder Europa noch die Welt „erobern".

Der Finanzmarkt

Deutschland ist ein kapitalistisches Land wie die USA, aber es hat auch im Geldwesen seine Besonderheiten. Die Bundesbank, die deutsche „Federal Reserve" Bank, ist eine offizielle Institution, doch unabhängig von der Regierung. Sie kontrolliert den Geldumlauf° und hat besonders darauf geachtet, daß die Inflationsraten niedrig bleiben. Sie arbeitet durch die Landeszentralbanken der einzelnen Länder. Die größten Banken sind private Institute, wie die Deutsche Bank, die Dresdner Bank und die Commerzbank; aber es gibt öffentlich-rechtliche Banken, etwa von den Gewerkschaften. Vor allem werden Sparkassen von den Gemeinden betrieben. Die weitaus größte Sparkasse ist jedoch die Bundespost. Schon in der „alten" Bundesrepublik verwaltete die Post mehr als 20 Millionen Sparbücher, ein Sparbuch für jede drei Einwohner.

money circulation

Die Deutschen bezahlen viel weniger mit Schecks, als das in den USA üblich ist. Manchmal schicken sie Verrechnungsschecks;° aber meistens überweisen sie Geld von ihrem Konto, also von Bank zu Bank. Man kann der Bank Daueraufträge geben, die Miete, Versicherungen und bestimmte Rechnungen zu bezahlen. Die meisten Kontoinhaber haben einen bestimmten Dispositionskredit,° sie können ihr Konto „überziehen" , ohne daß die Bank die Zahlung verweigert. Kreditkarten sind in Deutschland immer noch weniger üblich als in den USA. Hingegen sind „Eurocheques"

collection-only checks

available credit beyond the balance of the account

weit verbreitet, Schecks, die man in allen Ländern Europas einlösen kann. Es sind keine Kreditkarten, sondern Reiseschecks, die man in verschiedenen Währungen ausstellen kann. Auch Postsparbücher kann man in anderen Ländern benutzen.

Die Bundesbank, die deutsche Effektenbörse und viele Banken sind in Frankfurt am Main, wo man auch Filialen ausländischer Banken findet. Nur die Banken sind an der Börse zugelassen. Es gibt in Deutschland viele Angestellten großer Firmen, die Aktien der Firma haben und meistens längere Zeit behalten. Die deutsche Börse ist ruhiger als Wall Street. Daneben gibt es natürlich Produktenbörsen für landwirtschaftliche Produkte.

Mitbestimmung

Kleinere Firmen haben entweder einen individuellen Besitzer, sie sind Offene Handelsgesellschaften (OHG) mit mehreren Besitzern, oder sie sind Kommanditgesellschaften (KG), wo einige Partner nur mit dem eingebrachten Kapital haften.° Eine größere Firma wird meistens zu einer Gesellschaft mit beschränkter Haftung (GmbH), wo die Miteigentümer ebenfalls nur mit dem eingebrachten Kapital haften. Mit einem Mindest-Kapital von 100.000 DM und fünf Gründern kann man eine Aktiengesellschaft (AG) gründen, deren Anteile, also Aktien, gekauft und verkauft werden können. Aktiengesellschaften haben einen Vorstand, der den Betrieb leitet, und einen Aufsichtsrat°; die Hauptversammlung der Aktionäre bestimmt über die Verwendung des Gewinns und über Kapitalbeschaffung. Sie wählt ebenfalls einen Teil des Aufsichtsrates, die Hälfte oder drei Viertel der Mitglieder.

haften *to be liable*

supervisory board

Größere Firmen sind also normalerweise Aktiengesellschaften, obwohl es auch größere Familienbetriebe gibt, die nicht zur AG werden wollen. Für Aktiengesellschaften, und zwar besonders solche mit mehr als 2000 Angestellten, gilt das Mitbestimmungsgesetz von 1976. Es bestimmt, daß die Angestellten im Vorstand durch einen „Arbeitsdirektor" vertreten sind. Im Aufsichtsrat stellen sie die Hälfte der Mitglieder. Allerdings können die Besitzer die entscheidende Stimme abgeben, wenn wirklich Stimmengleichheit herrscht.

Die Angestellten sind also nicht nur informiert, wie es mit der Firma steht, sie entscheiden mit. In den fünfziger Jahren gab die SPD das Konzept der Verstaatlichung von Betrieben auf und verlangte eine stärkere Beteiligung an geschäftlichen Entscheidungen. Das ist inzwischen Wirklichkeit geworden. Diese Mitwirkung der Angestellten hat viele Formen. In allen Betrieben, groß oder klein, wählen die Angestellten einen Betriebsrat. Der Betriebsrat kümmert sich natürlich um Personalfragen: Einstellungen, Kündigungen, Entlassungen. Doch Sicherheit am Arbeitsplatz, Arbeitsorganisation und Gestaltung des Arbeitsplatzes gehen ihn auch an, ja sogar die allgemeine Planung. Der Betriebsrat ist unabhängig von den Gewerkschaften. Die Gewerkschaften sind jedoch bereit zur Information und Hilfe. Es besteht in Deutschland kein Zwang, Mitglied der Gewerkschaft zu werden. Ungefähr ein Drittel der Arbeitnehmer sind Mitglied. Es gibt eine Einheitsgewerkschaft, den Deutschen Gewerkschaftsbund (DGB), der nach Berufssparten° eingeteilt ist; daneben die Deutsche Angestellten-Gewerkschaft (DAG) und den Deutschen Beamtenbund (DBB). Die Gewerkschaften handeln Tarifverträge aus.

professional branches

Außer dem Betriebsrat (in öffentlichen Betrieben heißt er Personalrat) und den Gewerkschaften sind die Angestellten noch in vielfacher Weise mit der Firma verbunden. Die Firmen haben großes Interesse an einer dauerhaften Bindung. Also bauen sie Werkswohnungen oder geben Mietzuschüsse und Firmenpensionen. Vor allem aber bieten sie Gewinnbeteiligung und Aktien für Arbeitnehmer. Sie möchten, daß die Arbeitnehmer daran interessiert sind, daß die Firma floriert. Zwar fehlt es in Deutschland auch nicht an Konflikten und Konfrontationen, aber insgesamt besteht eher der Wunsch nach Zusammenarbeit im gemeinsamen Interesse.

Zu der Atmosphäre der Zusammenarbeit trägt wesentlich der Kündigungsschutz bei. Je länger jemand bei einer Firma arbeitet, desto länger ist die Kündigungsfrist, und desto schwerer ist die Kündigung überhaupt. Es ist nicht möglich, langjährige Angestellte einfach auf die Straße zu setzen. Für Vertreter der Arbeitnehmer, wie den Betriebsrat, gilt noch ein besonderer Kündigungsschutz. Natürlich muß eine Firma Angestellte entlassen, wenn sie Verluste hat; doch die Angestellten müssen dabei gefragt werden. Es gibt jedoch keine plötzliche Entlassung aus rein persönlichen Gründen. Die Arbeitsgerichte in Deutschland stehen auf der Seite der Arbeitnehmer, so lange nicht das Gegenteil bewiesen wird.

Soziale Sicherheit

Sicherheit ist für die Deutschen ein entscheidend wichtiger Punkt ihres Berufslebens. Deshalb gibt es Versicherungen für alle möglichen Notfälle. Gewöhnlich zahlen die Arbeitgeber und die Arbeitnehmer je die Hälfte der Beiträge.

Krankenversicherung: die meisten Arbeitnehmer werden durch die öffentliche Versicherung, die Allgeimeine Ortskrankenkasse (AOK), versichert. Für manche Angestellte gibt es die Ersatzkassen. Höher Verdienende sind privat versichert. Sie bekommen jedoch oft Beihilfen für Krankenkosten, wenn sie im öffentlichen Dienst sind; aber auch bei vielen Privatfirmen. Die AOK zahlt alle Kranken- und Arztkosten, auch Pflege zu Hause. Bei längerer Krankheit geht der volle Verdienst 6 Wochen weiter, dann kommt ein Krankengeld von 80%, über ein Jahr lang.

Werdende Mütter bekommen Mutterschaftsurlaub° 6 Wochen vor der Entbindung° bis 8 Wochen nach der Entbindung. Sie dürfen nicht gekündigt werden. Sie können anschließend einen „Erziehungsurlaub" nehmen, für den der Staat 600,– DM im Monat zahlt. Diesen Urlaub kann auch der Vater nehmen.

pregnancy leave
delivery, birth

Es gibt Unfallversicherung und Invalidenversicherung für alle. Jeder größere Betrieb muß 6% der Arbeitsplätze für Schwerbehinderte° freihalten oder Gebühren bezahlen.

severely handicapped

Alle Deutschen haben eine Altersversorgung. Es gibt eine Pension für Beamte, Angestelltenrenten durch die Angestelltenversicherung und allgemeine Renten. Neuerdings werden nicht nur Militär-, Arbeitslosen- und Studienzeiten angerechnet, sondern auch für Frauen die Jahre, in denen sie zu Hause ihre Kinder erziehen. Die Renten und Pensionen sind „dynamisch", d.h. sie steigen mit der Inflation bzw. den Lebenshaltungskosten.

Arbeitslose erhalten zuerst ein Arbeitslosengeld, etwa zwei Drittel des letzten Verdienstes. Wie lange man das Arbeitslosengeld erhält, richtet sich nach dem Alter. Es geht von einem Jahr bis zu 32 Monaten. Wenn diese Zeit vorbei ist, kann man eine Arbeitslosenhilfe beantragen, die 58% des letzten Verdienstes beträgt. Hier wird allerdings auch das Vermögen der Familie berücksichtigt. Das Arbeitsamt bemüht sich nicht nur um Arbeitsvermittlung, sondern hat auch Gelder für die Umschulung und für befristete Anstellungen als Arbeitsbeschaffungsmaßnahmen (ABM).° Im Notfall gibt es dann die Sozialhilfe.

measures to procure jobs

Alle Familien haben ein Recht auf Kindergeld. Die Höhe des Geldes richtet sich nach dem Verdienst. Für das erste Kind bekommt man mindestens 50,– DM, für das zweite 70,–. für das dritte 140,– (bis zu 266,–). Das Kindergeld läuft 16 Jahre, wenn das Kind studiert, bis zu 27 Jahren. Die deutschen Eltern sind ja gesetzlich verpflichtet, ihren Kindern eine Berufsausbildung oder ein Studium zu finanzieren.

Die Kosten für so viel Sicherheit sind hoch. Die Arbeitnehmer haben hohe Abgaben, die Arbeitgeber bezahlen pro Arbeitskraft fast so viel extra wie das Gehalt beträgt. Auch laden die großzügigen Bestimmungen zum Mißbrauch ein. Längst nicht alle Arbeitnehmer, die „krank feiern", sind krank. Die meisten Arbeitnehmer haben etwa sechs Wochen bezahlten Urlaub. Oft bestehen sie darauf, den Urlaub zu nehmen, wenn es für die Firma schlecht paßt. Kleine Firmen haben am meisten mit diesen Problemen zu kämpfen. Die hohen Krankenkosten haben auch in Deutschland zu Beschränkungen und mehr Selbstbeteiligung° geführt. Andererseits wissen die Arbeitnehmer inzwischen, daß die Veränderungen der Wirtschaft mehr Arbeitslosigkeit mit sich bringen. Die große Arbeitslosigkeit im Osten Deutschlands nach der Wiedervereinigung ist eine deutliche Warnung geworden. Die bequemen Zeiten, wenn es sie je gegeben hat, sind vorüber.

participation in the costs

Die östlichen Bundesländer

Das zentrale Problem der Wirtschaftsplanung Deutschlands ist heute und in der nahen Zukunft die Integrierung der neuen Bundesländer im Osten. Alle Planer gehen davon aus, daß eines Tages die Lebensverhältnisse in Deutschland überall gleich sein werden. Wann das sein wird, bleibt die Frage. Der Zeitpunkt wird von den Planern immer weiter in die Zukunft hinausgeschoben. Die wirtschaftlichen und sozialen Probleme verzahnen sich mehr als man gedacht hatte. Die Löhne und Gehälter steigen schneller als die Produktivität. Die ehemalige DDR ist kein „Billigland" für eine kapitalistische Industrie, selbst wenn Grund und Boden billiger ist. Die Industrie und die Verwaltungen der Länder tragen auch viele „Altlasten", Umweltschäden, alte Gebäude, die man abreißen muß, eine unbrauchbare Infrastruktur. Die Großindustrie zeigt sich vorsichtig im Investieren. Viel mehr Geld als gedacht kommt von der öffentlichen Hand. 1991 waren öffentliche Gelder 130% im Vergleich zu 70% privater Gelder.

Nach anfänglicher Unsicherheit gab es recht viel Initiative von Individuen: die Zahl neuer Kleinbetriebe war groß. Die eigentlich schwierigen Fragen ergaben sich bei größeren Betrieben, die von der Treuhandanstalt privatisiert, d.h. verkauft werden sollten. Auch hier gab es Erfolge, wo z.B. Angestellte den Betrieb übernahmen. Doch immer wieder traten die Widersprüche zwischen den berechtigten sozialen Forderungen der Arbeitnehmer und den wirtschaftlichen Möglichkeiten zutage. Lähmend wirkten sich die Unsicherheit über das Eigentum und die Unerfahrenheit der Verwaltungen aus. In dieser Lage kamen auch die schlechten Vertreter des Kapitalismus ins Land, die mit Versprechungen aus naiven und vertrauensvollen Partnern viel Profit herausholten. Schon bei dem Umtausch des Geldes im Jahre 1990 kamen Betrügereien in Höhe von Milliarden DM vor.

Immerhin gab es auch viele positive Seiten dieser „Wende". Doch wo die „Ossis" zwischen Unsicherheit und Hoffnung schwankten, wurden die „Wessis" immer mürrischer. Je höher die Zahlen wurden, die man für die neuen Bundesländer brauchte, desto mehr sank die Stimmung in der alten Bundesrepublik, denn jede Sparmaßnahme wurde auf das Konto des Ostens geschrieben. Die Umstellung der östlichen Bundesländer auf das westliche System ist ein Musterfall für die enormen Schwierigkeiten dieses Prozesses. Doch diese Schwierigkeiten sind keineswegs nur wirtschaftlich-objektiver Art: sie sind ebenso psychologisch wie wirtschaftlich. Sollte tatsächlich die Ansicht vorherrschend werden, das östliche Deutschland würde zu einem „Kolonialland" des Westens herabgedrückt, so wären die sozialen und politischen Folgen katastrophal. Hier steht also die eigentliche Bewährungsprobe der sozialen Marktwirtschaft bevor.

Wirtschaftsplanung

Deutschland ist eng verflochten in die gesamteuropäische Wirtschaft und die Weltwirtschaft. Es ist abhängig von Import und Export. Es lebt von seiner Produktivität und technischen Innovation. Selbst bei freier Marktwirtschaft kann das Land ohne langfristige Planung nicht existieren. Sowohl die Firmen als auch der Staat müssen an die Zukunft denken. Einige der Probleme, die inzwischen diskutiert werden, sind: die „Lebensarbeitszeit".° Wenn weniger Arbeit für die Produktion nötig ist, wie soll die vorhandene Arbeit verteilt werden? Sollen die Arbeitszeiten pro Woche gesenkt oder die Jahre der Berufstätigkeit verkürzt werden? Andererseits: die Lebenserwartung° steigt; die Menschen werden älter. Warum sollen sie noch früher aus dem Berufsleben ausscheiden?

one's life working hours

life expectancy

Wie die Menschen ihre Freizeit verbringen, ist auch in Deutschland eine wachsende Sorge. Je mehr Freizeit, desto mehr Dienstleistungen sind nötig.

Die moderne Technik macht es zunehmend möglich, daß die Firmen gleitende Arbeitszeiten einführen, die Arbeitnehmer also ihre Zeit selbst planen, oder daß sie zu Hause arbeiten können. Oft wird auch jemand für mehrere Firmen zusammen arbeiten müssen, da eine Firma seine Expertise nur für einige Stunden braucht.

Traditionell haben sich die Universitäten mit Grundlagenforschung befaßt, und die Wirtschaft hat für mögliche Anwendungen gesorgt. Heute wird mehr Druck darauf gelegt, Forschung zu unterstützen, die direkt anwendbar ist, besonders wenn die Forschung staatliche Gelder benutzt oder von der Wirtschaft finanziert wird. Durch die immer stärkere Planung der Forschung ist bereits eine Lenkung der Wirtschaft gegeben.

Zusammenarbeit der Universitäten, der Wirtschaft und des Staates ist nichts Neues in Deutschland. Neu ist, daß die Summen, die für die Forschung nötig sind, so hoch geworden sind, daß alles Geld für Schwerpunktprojekte° gebraucht wird. Die freie individuelle Forschung und Kreativität bleibt im Hintertreffen.°

priority projects

***im Hintertreffen bleiben** to be neglected*

Vor allem aber verlangt der Umweltschutz ständige Planung und Überlegung. Immer mehr Menschen fragen, wie hoch die Umweltkosten sind. Wie „sauber" ist eine Industrie und Produktion?

Die Marktwirtschaft hat sich im 20. Jahrhundert als der Planwirtschaft überlegen gezeigt. Doch die Marktwirtschaft soll nicht nur sozial sein, wie es das deutsche System verlangt, sondern umweltbewußt und langfristig planend. Das sind Kriterien, die oft miteinander in Konflikt kommen. Schon heute gibt es ständige Konflikte zwischen der Erhaltung der Umwelt und der Erhaltung von Arbeitsplätzen. Wie auch die Gesellschaft ihre vielen Probleme bewältigen wird, der einzelne Mensch wird gezwungen sein,

sein Leben ganz anders als bisher zu planen. Hatte die Industrie die Trennung von Familie und Wohnung auf der einen Seite, und Arbeitsplatz auf der anderen Seite gebracht, so kommt in der Zukunft Wohnung, Studienplatz und Arbeitsplatz wieder zusam-
50 men. Das nächste Jahrhundert wartet.

KAPITEL 10

Die Fußball-Bundesliga: Duisburg gegen VfB Stuttgart

Sport in Deutschland

Sportvereine

Es gab 1990 in der „alten" Bundesrepublik über 66.000 Sportvereine mit mehr als 18 Millionen Mitgliedern. Die sich bildenden Sportvereine der östlichen Länder bringen das wohl auf 80.000 Vereine mit vielleicht 21 Millionen Mitgliedern. Sind die Deutschen ein sportliches Volk? Nicht unbedingt. Bei Befragungen: „Was tun Sie am liebsten in Ihrer Freizeit?" kommt „Lesen" und „Haus-und Gartenarbeit" noch vor dem Sport. Außerdem: die Deutschen unterscheiden genau Freizeitbeschäftigung° von Leistungssport.° Nur wenige haben sportlichen Ehrgeiz in der Freizeit, die meisten wollen eine angenehme, aber nicht zu anstrengende körperliche Betätigung. Der Wohlstand in der Bundesrepublik hat es mit sich gebracht, daß viele Menschen einen Ausgleichssport° für ihre Gesundheit brauchen, und daß etliche Leute sich Sportarten leisten können, die sonst als exklusiv galten, zum Beispiel Tennis, Segeln oder Reiten. Unter den Millionen Vereinsmitgliedern treiben manche auch nur „Zuschauersport"° und gehen zu Fußballspielen oder ähnlichen Veranstaltungen.

leisure-time hobby
competitive sport
recreational sport
"spectator sport"

Sport hat es natürlich in jeder menschlichen Gesellschaft gegeben. Der moderne Sport in Deutschland fing mit dem „Turnvater" Ludwig Jahn an, der nach 1807 in Preußen Turnübungen°

gymnastic exercises

veranstaltete, um junge Männer körperlich für den Krieg vorzubereiten. Das Turnen und die Turnerbünde behielten im 19. Jahrhundert eine politische Bedeutung, auch unter den liberalen Deutschen, die nach 1848 in die USA kamen. Die Turnvereine, wie später die Leichtathletik- und Fußballvereine, waren freiwillige Amateurgruppen. Sie taten mehr als die Schulen und Hochschulen, um den Sport zu fördern. Gegen Ende des Jahrhunderts war das Interesse an Sport allgemein geworden, und überall gründete man Sportvereine. Wegen dieser langen Tradition des Volkssports ist es den Deutschen schwergefallen, sich auf Berufssport und Hochleistungssport umzustellen, besonders darauf, daß man mit dem Sport Geschäfte macht.

Die meisten der Millionen Mitglieder der Sportvereine sind nicht selbst aktiv, es sind „Fans" . Sie interessieren sich vor allem für den Fußball. Fußball ist der Volkssport in Deutschland. Die Kinder spielen auf der Straße Fußball; sie sammeln Bilder und Autogramme der Fußballspieler. Die Fußballspiele haben die größten Zuschauerzahlen; für die Fußballspiele werden die großen Stadien gebaut. Bei sehr wichtigen. Fußballspielen müssen auch die Bundestagssitzungen° ausfallen. Jeder Ort hat seinen Fußballverein. Es gibt viele kleinere und größere Fußball-Ligen; es gibt Jugendmannschaften und Mannschaften der „Alten Herren". Eines hat der Fußball mit den anderen Sportarten gemein: Überall gibt es Wettkämpfe und Meisterschaften in den kleineren und größeren Bezirken, durchweg mit großer Beteiligung der Bevölkerung. Die

sessions of the Bundestag

Steffi Graf auf der Höhe ihres Könnens

Schulen haben Turnunterricht für alle Kinder; hingegen ist an den Hochschulen der Sport für die Allgemeinheit unwichtig. Der einzelne Student weiß kaum, ob seine Universität eine Fußballmannschaft hat. Es sind hingegen die Vereine, die die Talente im Sport fördern.

Berufssportler und Amateure

Bei einer so starken Tradition des Amateursports dauerte es lange, bis die Idee des Berufssports akzeptabel wurde. Auch der Nationalismus spielte eine Rolle: bei den Nazis hatte der Sport eine politische Funktion, und die deutschen Erfolge in der Olympiade von 1936 wurden als Beweis für die rassische Überlegenheit der Deutschen gewertet. Es ist auch keine Frage, daß sportliche Erfolge nach 1945 das Selbstbewußtsein der Deutschen hoben, z.B. die deutsche Weltmeisterschaft im Fußball im Jahre 1954. Die DDR benutzte systematisch sportliche Erfolge, um internationales Ansehen zu gewinnen. Sie entwickelte dafür ein außerordentliches System der Auslese° und Förderung. Schon im frühen Alter wurden talentierte Kinder auf besondere Schulen geschickt. Später bekamen Leistungssportler die günstigsten Bedingungen, um sich ganz auf den Sport konzentrieren zu können, selbst wenn sie offiziell einen anderen Beruf hatten und als Amateure galten. So hatte die DDR ungewöhnliche Erfolge in Olympischen Spielen und Weltmeisterschaften.

selection

In der BRD stellte sich heraus, daß die bisherige Arbeit in den Vereinen nicht mehr genügte. Einige Firmen waren bereit, Geld zu geben; aber schließlich mußte auch die Bundesregierung helfen. Der Übergang zum Berufssport im Fußball, im Wintersport, im Tennis und in der Leichtathletik ging langsam und mühsam vor sich. Viele Vorschriften und Beschränkungen sind mit denen der amerikanischen Universitäten zu vergleichen, deren Sportler Amateure und Studenten sein sollen, aber oft nichts anderes als Berufssportler sind. So gab es im Fußball zuerst „Vertragsspieler", die nur eine bestimmte Summe verdienen durften. Die Sportvereine sind keine Unternehmen, die Profit machen dürfen, sondern gemeinnützige° Vereine, deren Vorstand früher ehrenamtlich° arbeitete. Noch immer sind die Vereine keine Geschäftsunternehmen, aber sie müssen wie Geschäftsunternehmen geführt werden.

nonprofit / non-salaried

Der Arbeitsmarkt im Fußball ist inzwischen international geworden. Deutsche Fußballstars spielen in Italien und Spanien. Die deutschen Mannschaften sind international besetzt. Die höchste Fußballliga ist die Bundesliga, die durch die ostdeutschen Vereine jetzt auf 20 angewachsen ist. Jede der Mannschaften spielt zweimal gegen jede andere. Die Saison geht vom Herbst bis zum Frühjahr. Die zweite Bundesliga ist in eine Nord- und Süd-Liga mit

Die Große Sprungschanze für Schispringen in Oberstdorf

je 12 Mannschaften geteilt. Dann folgen Regionalligen, Landesligen usw. Die zwei schlechtesten Mannschaften jeder Liga, auch der Bundesliga, müssen „absteigen", also in die nächst niedrigere Liga. Dafür können die zwei besten Mannschaften dieser Liga „aufsteigen". Das ist ein sinnvolles System, indem es die Konkurrenz erhält; aber es kann große finanzielle Probleme für die Vereine bringen. „Reiche" Vereine können teure Spieler einkaufen, die andere Vereine sich nicht leisten können. Jedes Jahr wird auch ein europäischer Meister der Vereinsmannschaften ermittelt, und es gibt andere internationale Wettbewerbe, abgesehen von den Spielen der Nationalmannschaften.

Die Spiele finden gewöhnlich an Sonntagen und Feiertagen statt. Sie werden im Fernsehen übertragen, und Millionen Deutsche wetten im Fußball-TOTO, welche Mannschaften gewinnen werden. Am Montag werden dann die Ergebnisse der Spiele heftig diskutiert.

Sportarten wie Football und Baseball gibt es in Deutschland nicht. An den Schulen wurde früher einmal ein Baseball-ähnliches Spiel gespielt, das Schlagball hieß. Es gibt auch kein Kricket und nur wenig Rugby. Basketball ist neu eingeführt worden und steht in Konkurrenz mit dem traditionell beliebten Handballspiel. Handball ist ein Mannschaftssport, der in der Halle oder draußen gespielt werden kann und auch in anderen europäischen Ländern üblich ist.

Populär ist Eishockey, das auch Berufssport geworden ist. Auch Schispringen und Schilaufen haben immer mehr an Popularität gewonnen. Auch die Deutschen sehen gern Eiskunstlauf. Fans gibt

„Trimm dich": Bewegung ist gut für die Gesundheit.

es ebenfalls für Autorennen, Motorradrennen und Fahrradsport. Allerdings ist der Fahrradsport weit weniger volkstümlich als in Frankreich oder Italien. Eine deutsche Einrichtung waren die „Sechstagerennen", Fahrradrennen in der Halle, bei denen sich die Fahrer des gleichen Team ablösten, so daß das Rennen sechs Tage und sechs Nächte dauern konnte, wobei es viele Preise neben dem Schlußgewinn gab. Deutschland hat seine Pferderennplätze; aber besonders beliebt sind Dressurreiten und Springwettbewerbe. Durch die Erfolge seiner Sportler hat Tennis und sogar Golf in Deutschland viele Anhänger gefunden. Golf hat Bernhard Langer in Deutschland sozusagen „eingeführt". Der Tennisspieler Boris Becker wurde über Nacht zum „Nationalhelden", danach kam Steffi Graf und inzwischen Michael Stich. Durch ihre Erfolge haben sie viele andere Sportler ermutigt. Leichtathletikveranstaltungen können erhebliche Zuschauermengen anlocken. Es gibt auch immer noch Sportarten, die exklusiv und reine Amateursache geblieben sind, z.B. Hockey. Boxkämpfe und Ringkampfveranstaltungen gibt es natürlich auch, obwohl es schon lange keinen berühmten Boxkämpfer aus Deutschland mehr gegeben hat.

Leistungssport und Freizeitbeschäftigung

Wie in so vielen Ländern verbindet sich auch in Deutschland der Nationalstolz mit internationalen Sportwettkämpfen. Die Zahl der Medaillen, die ein Land in den Olympischen Spielen gewinnt, das Abschneiden° bei Weltmeisterschaften in vielen Sportarten wird als Gradmesser der Leistungen eines Landes gesehen. Mißerfolge betrachten die ehrgeizigen Deutschen als nationale Katastrophen. Je mehr aber der Leistungssport zum Geschäft geworden ist, desto weniger Platz gibt es für Amateure. Bastionen des Amateursports,

success, achievement

Leichtathletik, das Turnen, die meisten Ballspiele und Mannschaftsportarten, sind eine nach der anderen gefallen. Überall regiert das Geld, und wenn Leistung gefordert ist, so braucht man systematisches Training, das viel Zeit und Geld erfordert. Sport ist längst kein Spiel mehr; man will nicht teilnehmen, sondern gewinnen.

Damit verändern die Sportvereine ihren Charakter. Talente werden besonders gefördert. Das Training für bestimmte Sportarten ist an einzelnen Plätzen zentralisiert. Das System der DDR hat, mit den entsprechenden Modifikationen, ganz Deutschland in Besitz genommen. Diese Hochleistungszentren stehen unter dem Zwang zum Erfolg. Zwar gibt es noch das Turnen zum Spaß, und in vielen Amateurmannschaften wird Fußball zum Spaß gespielt; doch der Leistungssport und die Freizeitbeschäftigung gehen immer mehr auseinander. Die meisten Deutschen wollen sich nicht zu sehr anstrengen in ihrer Freizeit, sie wollen sich entspannen und schon gar an keinen Wettbewerb denken. Sie gehen segeln, schwimmen, schifahren, reiten, sie spielen Tennis, wenn sie sehr exklusiv sind, sogar Golf (das ist noch selten und teuer); aber ohne besonderen Ehrgeiz. Allerdings gibt es noch Sportarten, die etwas in der Mitte stehen, besonders die, die in den Schulen geübt werden. Dazu gehört außer dem Mannschaftssport besonders die Leichtathletik; aber auch ein Sport wie Rudern, das als Leistungssport betrieben wird.

Soweit es einen richtigen Winter gibt, ist Eislaufen und Schlittenfahren bei der Jugend sehr beliebt. Auch das Schifahren ist inzwischen allgemein üblich geworden. Wintersportveranstaltungen, wie Schispringen, locken große Zuschauermengen an. Die Bayern haben einen besonderen Wintersport, das Eisstockschießen.° *curling*

Breitensport und Wandern

In ihrem eigenen Leben betrachten die Deutschen Sport als Freizeitbeschäftigung oder als gut für die Gesundheit. Leistungsdruck bei ihrer eigenen Betätigung liegt ihnen weniger. Mit dem guten Essen und Trinken kam auch die Notwendigkeit, einen Ausgleichssport zu treiben. Das Autofahren ersetzte auch in der Bundesrepublik das Gehen; also wurde es nötig, sich Bewegung zu verschaffen, z.B. das Wandern. So kam eine „Trimm-dich"°-Bewegung zustande, mit Gruppenwanderungen, Gruppenläufen und Gruppenschwimmen. In vielen Gegenden gibt es „Trimm-dich-Pfade" zum Laufen und Wandern. *reduce your weight*

Inzwischen können sich viele Leute einen Sport leisten, der Geld kostet. Segeln zum Beispiel oder Reiten, Schifahren natürlich auch, obwohl Schifahren schon immer ein Volkssport war. Jagen ist immer noch wenigen Leuten vorbehalten, denn es kostet nicht nur viel Geld und ist erst nach Kursen und einer Jägerprüfung erlaubt, sondern man bekommt nur sehr schwer ein Revier, wo man jagen kann. Viel weniger verbreitet als in den USA ist das Angeln und Fischen.

Wanderungen sind eine deutsche Tradition; nicht nur Wanderungen zu Fuß, sondern auch Wanderungen auf dem Wasser mit einem Paddelboot oder Schiwanderungen im Winter. Hier hat die Motorisierung viel geändert. Immer noch gibt es jedoch überall gut markierte Wanderwege, in den Gebirgen findet man „Hütten", wo man billig übernachten kann, und für die Jugend gibt es viele Jugendherbergen.° Allerdings brauchen die Jugendherbergen immer größere Parkplätze.

youth hostels

Die Deutschen haben immer noch die Gewohnheit spazierenzugehen, besonders am Sonntag. So leere Straßen wie in den Vororten der USA findet man in Deutschland selten. Die Möglichkeiten der sportlichen Betätigung sind in den letzten Jahren immer größer geworden, denn die Gemeinden und Schulen haben viele Sportanlagen gebaut. Es gibt sehr viel mehr Schwimmbäder als früher, besonders Hallenbäder,° und Fremdenverkehrsorte können es sich nicht leisten, kein Hallenschwimmbad zu haben. Die Ferien sind bei den Deutschen gewöhnlich für körperliche Betätigung gedacht, wenn auch mit Maßen. Entsprechend suchen sie ihre Ferienziele. Sonst gibt es natürlich die gleichen Moden wie anderswo, etwa Aerobics, wobei rhythmische Gymnastik schon lange geübt wurde.

indoor swimming pools

Die Deutschen sind ein sportinteressiertes Volk, und es gibt den entsprechenden Anteil an Fans und Fanatikern. Doch nicht nur die Rolle des Sports in Schulen und Universitäten ist ganz anders als in den USA, auch die Idee des Geschäfts mit Sport, und die persönliche Einstellung.

KAPITEL 11

Ballonflug über die Allgäuer Alpen südlich von Oberstdorf

Urlaubsreisen

Die Tradition

Nicht alle Leute pflegten im Urlaub oder in den Ferien eine Reise zu machen. Wenn sie es taten, so hatten sie folgende Auswahl: Die Familie konnte zur Großmutter oder zu Verwandten aufs Land fahren. Gewöhnlich gab es eine solche Großmutter oder einen Onkel, was heutzutage in Deutschland kaum mehr der Fall ist.

Manche Familien, besonders wohlhabendere, hatten ihr Ferienhaus,° vor allem am Meer oder in den Bergen. Dort verbrachte man dann den ganzen Urlaub, und die Kinder blieben die ganzen Sommerferien dort. Wer es sich leisten konnte und kein eigenes Ferienhaus hatte, ging in eine Familienpension.° Oder man ging zu Bauern oder anderen Einheimischen, die Sommergäste aufnahmen. Schließlich gab es Ferienhäuser, die man mieten konnte. Durchweg war es Sitte, jedes Jahr an den gleichen Ort zu fahren.

vacation home

boarding house for families

Daneben gab es natürlich auch richtige Reisen. Die Jugend begann sich ab 1900 für das Wandern zu interessieren. Man übernachtete bei Bauern, und falls es sie gab, in den Jugendherbergen. Manche Gruppen hatten Zelte bei sich. Dann gingen sie zu einem Bauern und fragten, ob sie nicht auf seiner Wiese zelten konnten.

Und natürlich unternahmen manche Leute größere Reisen, um etwas von der Welt zu sehen. Die beliebtesten Ziele waren dabei Italien und Frankreich, vor allem Paris, wenn man nicht im eigenen Land blieb, was noch häufiger war. Diese Reisen waren meistens „Bildungsreisen".° Man bereitete sich darauf vor; man arbeitete einen Reiseplan aus; man beschäftigte sich mit Geschichte und Kunstgeschichte, und man lernte die Sprache, wenn man ins Ausland fuhr.

educational trips

Heutzutage unternehmen viele der Deutschen eine Urlaubsreise. Die Reiseziele und Gewohnheiten haben sich geändert. Wie sieht es jetzt aus?

Das Camping

Nach dem Zweiten Weltkrieg begann die Jugend, viel mehr als vorher zu reisen, zuerst mit dem Fahrrad, dann mit dem Motorrad, schließlich mit dem Auto. Übernachtet wurde im Zelt. Zuerst schlug man das Zelt einfach im Wald auf oder beim Bauern auf der Wiese. Als zu viele Leute kamen, begann der Bauer, Geld zu nehmen, und die Wiese wurde zum Campingplatz. Seitdem haben sich viele Familien daran gewöhnt, mit dem Zelt oder Wohnwagen° zu reisen. Es gibt große und bequeme Zelte zu kaufen, Campingmöbel und was man sonst braucht, so daß es eigentlich praktischer ist, mit dem Zelt zu reisen. Mit dem Wohnwagen hat man nämlich nicht nur das Problem, daß man seine Reiseroute gut planen muß—manchmal kann man Schwierigkeiten auf engen Straßen oder bei Ortsdurchfahrten° haben—, sondern vor allem, daß man nicht weiß, wo man den Wohnwagen den Rest des Jahres lassen soll. Nur wenige Leute haben Platz für einen Wohnwagen, also lassen sie ihn auf einem anderen Campingplatz in der Nähe ihrer Stadt. Das kostet natürlich Miete, er kann jedoch als Wochenendhaus° dienen.

house trailer

passages through a town

weekend home

Campingplätze sind gewöhnlich hübsch angelegt und werden sauber gehalten. Wer gern Gesellschaft hat, wird auf dem Campingplatz gewiß auf seine Kosten kommen. Wer gern für sich allein bleibt, wird das Camping bald aufgeben, denn gewöhnlich sind die Zelte oder Wohnwagen sehr dicht nebeneinander. Aber solche Eigenbrötler° sind wohl selten. Typischerweise fahren die Leute in den Ferien zu einem bestimmten Campingplatz, wo sie sich vorher angemeldet haben, und bleiben dort zwei oder drei Wochen, am liebsten am Meer, und das Meer bedeutet für die Deutschen vor allem das Mittelmeer.°

eccentric individualists

Mediterranean Sea

Die Urlaubsziele

Mehr als die Hälfte der Deutschen über 14 Jahre unternimmt mindestens eine Urlaubsreise im Jahr. Bei fünf oder sechs Wochen bezahltem Urlaub lohnt es sich, die Ferien in Sommer- und

Gemeinschaftsleben auf dem Campingplatz

Winterreisen zu teilen. Es ist immer noch das Übliche, an einen Ort zu fahren und dort zu bleiben, sofern man nicht andere Kontinente erforschen will. Die Deutschen zieht es vor allem ins Gebirge oder ans Meer, und da sie sonnenhungrig° sind, lockt am meisten das Mittelmeer. Österreich ist immer noch das beliebteste Reiseland, gefolgt von Italien und Spanien; aber andere Länder am Mittelmeer sind gleichfalls begehrt: Frankreich, Griechenland, die Türkei, Tunesien. Wer es sich leisten kann, kauft sich an der Mittelmeerküste ein Ferienhaus.

hungry for sunshine

Auch manche Länder in Ost- und Südosteuropa sind attraktive Reiseziele geworden: der Plattensee in Ungarn oder bestimmte Gegenden in Polen und der Tschechoslowakei. Hier verbindet sich die Ferienreise manchmal mit dem Wunsch, die alte Heimat der Familie wiederzusehen.

Während man im allgemeinen den Wunsch hat, sich gründlich zu entspannen, zu baden oder zu wandern, gut zu essen, ein paar Bücher zu lesen, in einer angenehmen Umgebung zu sein, folgen manche Leute bestimmten Interessen: sie wollen segeln, Tennis spielen, reiten, eine Fremdsprache üben oder alte Kirchen studieren. Hin und wieder möchte man auch etwas ganz Neues erleben. Man fährt nach Indien, Japan, Mexiko, quer durch die Sahara oder gar mit der Transsibirischen Bahn durch Rußland, neuerdings sind die USA als Reiseland attraktiv geworden. Hier braucht man oft die Hilfe eines Reisebüros, oder es sind Gruppenfahrten,° bei denen das Programm mehr oder weniger festgelegt ist.

group trips, guided tours

Schihang am Kreuzeck mit Blick auf die Alpspitze

Inzwischen zieht es auch manche Deutsche nach dem Norden; Dänemark ist beliebt, aber auch Reisen nach Norwegen, Irland und dem nördlichen Großbritannien finden Interessenten.

Neben dem Sommerurlaub nimmt man gern einen Winterurlaub, den die meisten Deutschen zum Schifahren in den Bergen benutzen, besonders gern wieder in den Alpen.

Die deutsche Wanderlust ist dabei nach wie vor lebendig. Die Urlaubsreisen sind ein bevorzugtes Gesprächsthema, und man möchte auch gern seine Kollegen und Nachbarn mit exotischen Reisezielen beeindrucken. Individuelle Reisen gehen in die ganze Welt; man findet Deutsche von Kanada bis Chile, von Nepal bis Südafrika, und von Island bis Madagaskar. Wer die Reisebücher ansieht, die in einer größeren Buchhandlung ausliegen, wird finden, daß kein attraktiver Ort der Erde ausgelassen ist.

Für die Deutschen aus den östlichen Bundesländern, denen so lange die Welt verschlossen war, ist vieles neu, was die westlichen Deutschen schon längst kennen. Sie gehen durch das Stadium, wo sie viel Neues erkunden und möglichst viel in möglichst kurzer Zeit sehen wollen. Für viele ist der Urlaub auch die Gelegenheit auszuprobieren, wie gut das neue Auto ist und wie schnell und weit es fahren kann. Dabei setzt auch hier eine Routine ein, die sich an die Tradition anschließt und die der anderen Deutschen ähnelt.

Gesellschaftsreisen

Wer für zwei oder drei Wochen ans Mittelmeer, auf die Kanarischen Inseln oder die Bahamas will, will und kann sich nicht lange vorbereiten und möchte gern sicher sein, seine Bequemlichkeit und eine angenehme Umgebung zu finden. Er braucht die Sicherheit, daß ihm am Ort geholfen wird, wenn er Probleme bekommt oder mit der Unterkunft nicht zufrieden ist. Er geht zu einer Reisegesellschaft, die solche Reisen für einen Pauschalpreis anbietet. Die Gruppe reist zusammen hin und zurück, mit dem Flugzeug, Bussen oder der Eisenbahn, aber ist während des Aufenthalts weitgehend unabhängig. Allerdings sind dann bestimmte Hotels ganz von Deutschen besetzt, und das Essen und Sonstiges wird auch deutsch—ganz gleich, ob man in der Türkei, in Marokko oder auf einer griechischen Insel ist. Auf diese Weise fahren viele Touristen ins Ausland, ohne eigentlich ins Ausland zu fahren. Natürlich gibt es auch Gesellschaftsreisen mit einem festen Programm für bestimmte Interessen. Die Reiseindustrie weiß, daß Touristen zwei einander widersprechende Wünsche haben: sie wollen nicht ihre täglichen Gewohnheiten aufgeben; aber sie suchen auch Exotik. In dem Punkt sind die Deutschen wie alle Touristen. Es gibt vielleicht mehr Individualisten unter ihnen, die selbst bei solchen Reisen eigene Wünsche und Interesse an dem anderen Land entwickeln.

Gruppenfahrten sind auch typisch für Senioren, die Zeit (und meistens auch Geld) zum Reisen haben und dabei Gesellschaft suchen. Es gibt immer mehr ältere Menschen und immer mehr Seniorenprogramme und -gruppen, also auch immer mehr Reiseveranstaltungen für sie.

Bildungsreisen

Heute wird die Tradition der Bildungsreise auch in der Form von Gesellschaftsreisen und Gruppenfahrten weitergeführt. Wieviel Bildung die Teilnehmer dabei wirklich erwerben, ist natürlich sehr verschieden. Manche Reisenden nehmen die Bildung nur als Vorwand; andere Gruppen meinen es ernst. Dazu gehören zum Beispiel Reisegruppen von Volkshochschulen,° die sich gewöhnlich vorher in einem Kurs auf die Reise vorbereiten. Und es gibt natürlich Studienfahrten von Studentengruppen. Den deutschen Bildungsidealen° entsprechend sind die traditionellen Ziele solcher Bildungsreisen vor allem Italien und das klassische Griechenland und an dritter Stelle Frankreich. Anderen Menschen fällt auf, daß diese deutschen Bildungsreisenden es wirklich ernst meinen—manchmal zu ernst; dann vergessen sie vor Kirchen, Tempeln und Museen das Leben der Gegenwart. Eine besondere Art von Bildungsreisen sind Klassenfahrten° älterer Schüler, die zum regulären Jahresprogramm der Schulen gehören und typischerweise eine Woche dauern. In der Vergangenheit war, z.B. Berlin, ein typisches Ziel solcher Studienfahrten. Heute helfen diese Fahrten den Schülern (und Lehrern),

adult education institutions

educational ideals

trip or excursion with the school (homeroom) group

Deutsche Touristen sind überall, auch im Palast von Knossos auf der Insel Kreta.

ihnen bisher unbekannte Gegenden Deutschlands und Europas kennenzulernen.

Deutschland als Reiseland

Viele Deutsche fahren ins Ausland; aber viele Ausländer kommen nach Deutschland. Die meisten von ihnen allerdings, Skandinavier, Holländer und Engländer zum Beispiel, benutzen Deutschland nur als „Durchreiseland",° um nach dem Süden zu kommen. Deutschland bietet ja kein besonders angenehmes Klima, aber es bietet schöne Landschaften, alte Städte und Burgen und alte Bräuche. Das gilt im Ausland gewöhnlich als „romantisch", und dazu gehören der Kölner Dom, die Rheinlandschaft mit der Lorelei, Heidelberg, Rothenburg ob der Tauber, München und sein Hofbräuhaus, Oberammergau und die Schlösser des Bayernkönigs Ludwig II. im Allgäu. Das sind gewöhnlich Objekte für eilige Touristen, die sich schnell besichtigen und fotografieren lassen. Zu diesen Touristen gehören besonders Reisende aus den USA, rund 2 Millionen pro Jahr.

country one passes through

Wer eher an einen Ferienaufenthalt denkt als an eine Reise, sucht gewöhnlich entweder die Küste auf oder die Gebirgslandschaft im Süden, die Bayerischen Alpen, den Schwarzwald oder die Gegend um den Bodensee. Natürlich gibt es viele andere reizvolle Gegenden in der Bundesrepublik, und Ausländer wie Deutsche

Rothenburg ob der Tauber: Tore, Mauern, Fachwerkhäuser, ein Magnet für amerikanische Touristen

kommen dann und wann auf die Idee, etwas Unbekanntes zu entdecken. Es kann viel angenehmer sein, dorthin zu fahren, wo nicht so viele Touristen sind. Die Gäste werden nicht nur aufmerksamer bedient, sondern sie können auch mehr vom Leben der Menschen kennenlernen. Es gibt eine ganze Reihe von alten Burgen und Schlössern, die zu Hotels geworden sind, und es gibt Dorf- und Kleinstadtgasthöfe, in denen man gern bleibt. Jeder Ort hat seine eigene Atmosphäre und seine Sehenswürdigkeiten.° *sights*

Deutschland, das Durchreiseland, das Land für eilige Touristen, ist also gleichzeitig das Land, in dem es sich lohnt, sich Zeit zu lassen und abseits der Autobahn kleinere Orte und reizvolle Landschaften zu entdecken. Natürlich braucht man dazu Zeit. Und so sehr die Deutschen jede Gelegenheit benutzen, ihre Fremdsprachenkenntnisse zu zeigen, es lohnt sich bei solch einer Reise, Deutsch zu können.

Wenn auch Touristen oft nicht die besten Vertreter ihrer Kultur sind, so haben doch die vielen Ferienreisen auf die Dauer die Europäer einander näher gebracht. Wer regelmäßig in ein Land oder gar an denselben Ort fährt, fühlt sich dort schließlich ein wenig zu Hause. Das Programm der „Schwesterstädte"° oder Partnerstädte in Europa hat solche Kontakte noch weiter gefördert. Es hat besonders Menschen aus kleineren Ortschaften miteinander in *"sister cities"*

Beziehung gebracht. So haben die Ferienreisen ihren Teil dazu getan, daß die Europäer mehr und mehr ihren Kontinent als eine Einheit betrachten.

Deutsche Touristen geben mehr als 50 Milliarden DM pro Jahr im Ausland aus; ausländische Touristen knapp 20 Milliarden in Deutschland. 1991 gab es 34 Millionen Übernachtungen von Ausländern in Deutschland. Zusammen mit den Amerikanern bleiben die Deutschen das reiselustigste Volk. Urlaubs- und Ferienreisen sind ein Teil des deutschen Lebens geworden.

Symphoniekonzert der Berliner Philharmoniker

Das kulturelle Leben in Deutschland

In einer mittelgroßen Stadt

Eine Stadt von 100 000 Einwohnern gilt in Deutschland als eine „Großstadt". Von solchen Städten gibt es 82. Nun hatte die Bundesrepublik neben 80 Privattheatern über 300 öffentliche Theater, d.h. „Spielstätten", nicht Institutionen. Und in der DDR gab es sogar etwa 150. So viel großzügige Unterstützung können sich allerdings die neuen Bundesländer und ihre Gemeinden nicht mehr leisten. Doch es ist nicht nur das Geld, das eine Rolle spielt. Das Publikum ist anspruchsvoller und verlangt erstklassige Aufführungen. Trotzdem: mit knapp 400 öffentlichen Theatern und 80 Symphonieorchestern ist es sicher, daß eine Stadt von etwa 200 000 Einwohnern ihr städtisches Symphonieorchester hat. Das Orchester spielt außer den Konzerten auch in der Oper; denn das Stadttheater bietet neben dem Drama auch Oper und Operette. Regelmäßig finden Kammermusikabende° statt mit bekannten Solisten oder Ensembles von auswärts. Die Stadt hat ein heimatgeschichtliches,° ein naturkundliches und ein Kunstmuseum. Das

concerts of chamber music
for local history

Kunstmuseum ist vielleicht nicht groß, und es hat nicht viele Meisterwerke, aber es stärkt das Interesse an Kunst, und es veranstaltet regelmäßig besondere Ausstellungen, vor allem moderner Kunst. Es gibt mehrere Chorvereinigungen,° darunter eine große, die mit dem Symphonieorchester Oratorien aufführt. Die Stadt hat auch Kirchenchöre, die Konzerte geben, und in den Kirchen finden Orgelkonzerte statt. Wenn die Stadt keine Hochschule hat, bestehen wenigstens einige wissenschaftliche Gesellschaften: eine naturkundliche Gesellschaft, eine Gesellschaft für Heimatgeschichte, vielleicht eine geographische Gesellschaft. Diese Gesellschaften veranstalten Vorträge und Exkursionen. Daneben gibt es die Volkshochschule, oder Volksbildungswerk genannt, die außer den Kursen auch Vorträge und Bildungsreisen veranstaltet.

choral societies

Das Angebot ist also vielseitig. Man müßte ja noch die Kinos hinzurechnen und eine Reihe von Amateurveranstaltungen: Schulkonzerte und -aufführungen, Volkstheater im Dialekt, Hauskonzerte und die eigentlichen Liebhabervereine.° Heute kommt vor allem das Fernsehen dazu, das dem Kino so heftige Konkurrenz macht.

hobby groups

Ein solches Angebot beruht auf einer Tradition. Zur kulturellen Tradition in Deutschland gehört der Föderalismus. Bis um das Jahr 1800 bestand Deutschland aus mehr als 300 Staaten, und jeder Staat hatte seinen eigenen kulturellen und politischen Mittelpunkt. Viele kleine Residenzstädte entwickelten ein reiches kulturelles Leben, und manche von ihnen haben diese Tradition bewahren können: Bayreuth hat heute seine Richard-Wagner-Festspiele; das kleine Donaueschingen hat jedes Jahr seine Tage der modernen Musik; Kassel veranstaltet die „Documenta", eine der wichtigsten Ausstellungen für moderne Kunst; eine mittelgroße Stadt wie Darmstadt hat eine Künstlerkolonie und eine beachtliche Theatertradition. Das beste Beispiel ist natürlich Weimar, das es fertigbrachte, Mittelpunkt der literarischen Kultur Deutschlands zu werden. Es waren nicht nur die Fürsten, die sich für die Kultur eingesetzt haben; auch die Bürger haben Interesse daran gezeigt, wie man an der Geschichte von Hamburg oder Nürnberg sehen kann.

In der zweiten Hälfte des 18. Jahrhunderts kam das deutsche Bürgertum zu neuer Bedeutung, nachdem es im 17. Jahrhundert verarmt und herabgesunken war. Das Bürgertum von 1750 strebte nach einer deutschen Nationalkultur. Es wollte sich bilden, und es wollte die deutsche Kultur heben. Sein Kampf war erfolgreich. Die deutsche Kultur hatte in der „Goethezeit" vor und nach 1800 einen Höhepunkt, und „Bildung" wurde ein entscheidender Faktor des deutschen Lebens. In der ersten Hälfte des 19. Jahrhunderts wurden Musikvereine gegründet, und die Orchester und Chöre gaben regelmäßige öffentliche Konzerte. Das Theater hatte vorher ein sehr niedriges Niveau gehabt. Jetzt, dank Lessing, Goethe und Schiller, gab es klassische Dramen; der Schauspielerstand° wurde gehoben; aus den Wandertruppen° wurden feste Theater. Kunstsammlungen wurden öffentlich zugänglich, und so entstanden die Museen. In ihrer freien Zeit trieben viele Bürger Hausmusik. Liederabende waren häufig, ebenso Rezitationen.

actors' profession
traveling theaters

In dieser Zeit, im frühen 19. Jahrhundert, bekamen die Deutschen von den Ausländern, zuerst von Madame de Staël in ihrem Deutschlandbuch, den Namen „das Volk der Dichter und Denker", und darauf waren sie sehr stolz. Die Literatur spielte eine große Rolle, und das kulturelle Leben wurde ernst genommen. Es stand unter dem Zeichen der Bildung. Das hat sich bis heute erhalten. Das kulturelle Leben wird nicht mehr von bürgerlichen Mäzenen finanziert, sondern von den Gemeinden und den Ländern; aber auch heute ist „Bildung" der Grund, wenn die Städte und Länder viele Millionen als Zuschuß für ihre Theater geben.

Als im späteren 19. Jahrhundert die Arbeiter selbstbewußter wurden, bildeten sie „Arbeiterbildungsvereine", aus denen die sozialistischen Parteien hervorgingen. Die „Freie Bühne" in Berlin, ein solcher Bildungsverein, hat den Naturalismus auf dem deutschen Theater durchgesetzt.

Ein Stadttheater

Jede größere Stadt in der Bundesrepublik hat also ein Theater. Die meisten Theater sind städtische Theater. Es gibt einige „Staatstheater" in den Großstädten, die vom Land finanziert werden, und natürlich gibt es Privattheater, und zwar von zweierlei Art: entweder Theater für „leichte Unterhaltung", also Operetten und Musicals oder Komödien, mit bekannten Schauspielern und Sängern; oder kleine Avantgarde-Theater, meistens „Kellertheater",° die selten mehr als hundert Plätze haben. Während die berühmten Schauspieler nur in den Hauptstädten auftreten, gibt es Kellertheater oder Zimmertheater auch in kleineren Orten, vor allem in Universitätsstädten.

basement theater

Was aber bringt ein Stadttheater? Nur in Städten wie München, Stuttgart, Düsseldorf, Berlin, Dresden oder Hamburg sind Schauspiel, Oper und Operette getrennt. Sonst bietet ein Stadttheater einen gemischten Spielplan. Auch in jeder Abteilung versucht es, eine Mischung, oder einen Querschnitt, zu bringen. Es bringt ernste und heitere Stücke, Klassiker und moderne Autoren, Deutsche und Ausländer. Das Publikum ist sehr verschieden. Das Theater gibt nämlich Abonnements° aus. Solche Abonnements werden auch von den Gewerkschaften als „Volksbühne" verkauft. Manche Firmen besorgen Abonnements für ihre Angestellten, und in manchen Gegenden werden Theaterfahrten

subscriptions

Richard Wagners Oper Lohengrin *bei den Festspielen in Bayreuth*

für die Bauern organisiert. Schüler und Studenten bekommen verbilligte Karten.

Natürlich geht nicht jeder aus Interesse ins Theater, sondern weil er nun einmal die Abonnementkarte hat, weil andere Leute hingehen, und weil mancher in seiner Jugend mitbekommen hat, man sollte eigentlich ins Theater gehen. Die Idee der Bildung wird allerdings in Frage gestellt. Das sieht man deutlich an den Klassikeraufführungen. Von einem Stadttheater wird ja erwartet, daß es regelmäßig Klassiker spielt, zu denen außer etwa Lessing, Goethe und Schiller vor allem auch Shakespeare gehört. Die Frage ist wie. Und so bemühen sich die Theater, Klassiker so zu bringen, daß der Zuschauer eine Beziehung zu ihnen findet, also wie moderne Stücke. Moderne Stücke erscheinen in großer Zahl in den Spielplänen, und die Zahl der kleinen Avantgardetheater vermehrt sich. Das Publikum geht mehr aus Interesse ins Theater und weniger aus Tradition, und das kommt den Spielplänen zugute.

Auch ist die Qualität der Stadttheater gestiegen. Das hängt vor allem damit zusammen, daß die Kritiker und Zuschauer bessere Vergleichsmöglichkeiten haben. Das Fernsehen bringt gute Theateraufführungen, und bei den kurzen Entfernungen ist es nicht schwer, zur nächsten Großstadt zu fahren und dort erstklassiges Theater zu sehen. Das Publikum ist also anspruchsvoller geworden, ebenso die Kritik. Auch kommen Kritiker der großen Zeitungen in eine kleinere Stadt, wenn es dort Uraufführungen oder sonst interessante Ereignisse gibt.

Wenn ein Stadttheater experimentieren will, richtet es eine „Studiobühne" ein, denn es hat gewöhnlich neben seiner großen Bühne noch einen kleinen Saal, der sich für solche Versuche eignet. Doch Experimente sind in der letzten Zeit eher die Regel geworden; das bürgerliche Bildungstheater verschwindet. An seine Stelle rückt ein gesellschaftlich engagiertes Theater, das versucht, einen wirklichen Faktor im Leben des Landes zu bilden. Daher gibt es auch viel mehr Kontroversen und politische Auseinandersetzungen, die das Theater betreffen. Eines ist gewiß gelungen: das deutsche Theater ist nicht langweilig.

Die Mischung des Alten und Neuen im Theater zeigt sich an den Zuschauern. Man pflegte sich für das Theater gut anzuziehen; doch heute sieht man ein Gemisch jeder Art Kleidung. Die Zuschauer pflegten sich auf einen Theaterbesuch vorzubereiten; auch darin findet man eine bunte Mischung. Immer noch gibt es in manchen Opernhäusern besondere Plätze, wo jemand die Partitur° mitlesen kann, und in Konzerten findet man Hörer mit Partituren. Die Theater rechnen mit Kennern unter ihren Zuschauern und Kritikern.

musical score

Das Fernsehen

Das Kino ist in Deutschland nie zu einer „Bildungseinrichtung" geworden. Im Kino braucht man nicht den Mantel abzugeben, und man geht in Alltagskleidung dorthin. Als sich in Deutschland das Fernsehen ausbreitete, gingen die Leute weiter ins Theater und ins Konzert; aber sie gingen viel weniger ins Kino. Für den Deutschen besteht ein großer Unterschied zwischen „Kino" und „Theater", und obwohl sich Kinos gern „Filmtheater" nennen, würde es einem Deutschen nie einfallen zu sagen, „ich gehe ins Theater", wenn er das Kino meint. Das Fernsehen verursachte ein „Kinosterben",° viele Vorstadtkinos mußten schließen. Nur die Kinos, die Erstaufführungen bringen, und die meistens im Stadtzentrum liegen, haben genug Publikum. So hat denn das Fernsehen den Spitznamen „Pantoffelkino" bekommen, weil man sich einen Film in Hausschuhen° ansehen kann.

closing of film theaters

slippers

Das Fernsehen bringt allerdings nicht nur Filme, keineswegs. Die Rundfunkanstalten° sind in der Bundesrepublik keine Privatfirmen. Es sind aber auch keine staatlichen Einrichtungen. Es sind „Anstalten des öffentlichen Rechts". Die meisten Länder haben ihre eigene Rundfunkanstalt. Die Rundfunkanstalt arbeitet selbständig und im öffentlichen Interesse. Sie ist also unabhängig von der Regierung, aber sie macht keine Profite. Jeder Radiohörer und Fernsehbesitzer zahlt eine monatliche Gebühr.° Dadurch ist der Rundfunk finanziell unabhängig. Er bringt zwar auch Reklame, doch er ist finanziell nicht allein auf sie angewiesen.

radio networks

fee

Jede Rundfunkanstalt hat Aufsichtsgremien, in denen die Öffentlichkeit vertreten ist. Neben den politischen Parteien haben auch die Kirchen, die Gewerkschaften und andere Interessengruppen ihre Vertreter darin. Die deutschen Rundfunkanstalten betreiben zwei Fernsehprogramme gemeinsam. Das „1. Programm" hat außer einigen lokalen Sendungen abwechselnd Sendungen von den verschiedenen Stationen: Hamburg, Köln, München, Berlin u.a. Das „2. Programm" wird von allen Rundfunkanstalten gemeinsam finanziert, hat aber eigene Studios und eine eigene Verwaltung in Mainz. Außerdem haben die einzelnen Stationen als „3. Programm" jede für sich ein Bildungsfernsehen entwickelt. Das Programm enthält außer Sendungen, wie sie das amerikanische Fernsehen kennt, und die zum Teil aus den USA übernommen werden, auch regelmäßig Opern, Theaterstücke, Fernsehspiele und Vorträge. Und natürlich auch viel Sport: Fußballspiele, Wintersport, Reiten, Leichtathletik vor allem. Die Reklame kommt nie innerhalb der einzelnen Sendungen, sondern in bestimmten Reklamesendungen, die eine Viertelstunde dauern können. Wer keine Reklame sehen will, kann abschalten, ohne etwas anderes zu verpassen. Die meisten Zuschauer schalten ihr Fernsehgerät nur an, um bestimmte Sendungen anzusehen. Das Fernsehen fühlt sich also verpflichtet, neben der Unterhaltung und Information auch zum kulturellen Leben beizutragen.

Es spielen selbstverständlich politische Sendungen und Dokumentarfilme eine große Rolle. Das Fernsehen soll politisch neutral und unparteiisch° sein. Oft sind jedoch die politischen Parteien und die Regierung mit der Berichterstattung unzufrieden. Besonders die CDU hat immer wieder über das „linke" Fernsehen geklagt.

nonpartisan

Das Fernsehen ist sehr teuer. Bevor es das Fernsehen gab, konnte der Rundfunk sehr viel billiger wirtschaften. Er hatte nicht nur besonders gute Musikgruppen, Symphonieorchester, Unterhaltungsorchester und Jazzbands, er bezahlte auch gut für Beiträge° von Schriftstellern, Kritikern und Wissenschaftlern. Dabei hatten die Rundfunkanstalten regelmäßig Überschüsse° und konnten soziale Hilfe leisten und auch als Mäzen auftreten und kulturelle Einrichtungen unterstützen: Privatorchester, Privattheater, Museen. Das müssen inzwischen die Städte, der Staat oder große Firmen tun. Rundfunk und Fernsehen sind ein höchst wichtiger kultureller Faktor, aber kein Mäzen mehr—sie können es sich nicht leisten.

contributions

surplus

Politischer Druck der Industrie und das Unterhaltungsbedürfnis° haben dazu geführt, daß es inzwischen neben diesem öffentlichen Fernsehen wie in England auch kommerzielle Kanäle gibt, die dem amerikanischen Fernsehen ähnlicher sind. Gleichzeitig ist Deutschland „verkabelt" worden; das Kabelfernsehen hat seinen Einzug genommen. Die Programme internationalisieren sich, und die verschiedenen Stationen richten sich mehr nach einzelnen Gruppen

need to be entertained

Nachrichten im Zweiten Deutschen Fernsehen

von Interessenten, allerdings noch nicht so ausschließlich wie in den USA. Bei den kurzen Entfernungen in Europa ist es auch ohne Kabel oft möglich, ausländische Stationen zu empfangen. Es ist deutlich, daß das Fernsehen weniger national und mehr europäisch wird. Auch MTV und amerikanische Nachrichten sind zugänglich.° *accessible*

Kultur und Unterhaltung

Die Unterhaltungsindustrie breitet sich aus. Im Fernsehen setzt sie sich ebenso durch wie in den Hallen und Theatern, wo große Menschenmengen zu Rockkonzerten, Shows und Musicals strömen. Die amerikanischen Importe haben hier wie auf anderen Gebieten frühere deutsche Traditionen beiseite gedrängt. Natürlich gibt es deutsche Rock- und Popstars, die gern englisch singen. Varieté und Zirkus existieren weiter; aber ihr Stil richtet sich sehr nach amerikanischen Vorbildern. Die Operetten, von denen die Musicals herkamen, ahmen heute eher die Musicals nach. Die Internationalisierung des Kulturlebens und der Unterhaltungsindustrie bedeutet meistens, daß das Geld immer entscheidender wird. Es gibt bald auf allen Gebieten Stars mit hohen Gagen und dann die anderen „namenlosen". Es ist der kommerzielle Zwang, der die Basis der eigenen Kultur aushöhlt.° Selbst Großstädte wie Köln und München stehen unter dem Zwang, entweder sehr viel Geld in Kultur und Unterhaltung zu investieren, was dann die Stadt attraktiver macht und Touristen anlockt, oder aber auf Stars

aushöhlen *to undermine, destroy*

zu verzichten. Noch kämpfen die beiden Tendenzen, die Fixierung auf die Stars, und die Pflege der eigenen Tradition, miteinander. Jedoch, je weniger Geld die Gemeinden und Länder haben, desto mehr ist das einheimische Kulturleben gefährdet.

Ein besonders krasser Fall sind die neuen Bundesländer im Osten. Die DDR hatte eine großzügige Pflege und Unterstützung der Kultur und der Kulturschaffenden, natürlich mit politischen Beschränkungen und oft kleinlicher Zensur. Theater und Orchester in kleineren Städten blieben vielfach recht provinziell; sie hatten kaum die Gelegenheit, sich mit anderen Theatern zu messen. Dieses wohl zu sehr behütete° Leben war plötzlich zu Ende, ersetzt durch den scharfen Wind westlicher Konkurrenz und den Geldmangel der Länder und Gemeinden. Das führt nicht immer zu einer positiven Auslese, wie behauptet wird. Wenn Kultur Profit bringen muß, verändert sie ihren Charakter. Die Mischung und Vielfalt, die bisher das deutsche Leben charakterisierte, kann nur überleben, wenn das Interesse der Bevölkerung erhalten bleibt. Sicherlich wird Berlin wieder eine dominierende Stellung im Kulturleben bekommen, zumal wenn es tatsächlich Sitz der Bundesregierung ist; doch es wäre zu beklagen, wenn es eine ähnliche Rolle spielte wie Paris, London und New York. Und es wäre eine Verarmung des Lebens in Deutschland, wenn sich die amerikanischen Begriffe von Kultur und Entertainment hier durchsetzten.

protected, shielded

Musik

Begeisterung für Musik ist in Deutschland allgemein verbreitet. Massenmedien unterscheiden „E-Musik" und „U-Musik".° E-Musik, ernste Musik zum Zuhören, findet viele Kenner und Liebhaber. Die Symphoniekonzerte und CD-Produzenten können sich nicht damit begnügen, Lieblingsstücke des Publikums zu wiederholen; sie müssen Gutes und Neues bieten. Das gilt auch für moderne und modernste Musik. Es gibt Liebhaber für alle Arten und Epochen, und die Musiker können damit rechnen, für ein sachverständiges und anspruchsvolles Publikum zu spielen. Wie überall ist dieses Publikum an erstklassige Aufführungen gewöhnt und verlangt auch vom Symphonieorchester der eigenen Stadt ein gutes Niveau. Auch Opernaufführungen werden kritisch begutachtet, besonders der musikalische Teil.

"serious" and entertainment music

Auffallend ist die Vorliebe der Deutschen für Kammerorchester und Kammermusik. Das Streichquartett ist nicht nur im Konzertsaal beliebt, sondern auch als Hausmusik. Allerdings hat das elektronische Zeitalter der Hausmusik nicht gut getan, und CDs ersetzten eigene Liederabende und Trios oder das „stillvergnügte Streichquartett"; aber so ganz sind die Dilettanten nicht verschwunden. Vor allem gibt es unter den Orchestermusikern viele, deren Traum eigentlich die Kammermusik ist, und die privat und öffentlich diese Musik pflegen.

Das Chorsingen ist bis jetzt weniger vom Trend zum passiven Zuhören beeinträchtigt als die Kammermusik. Es gibt einige berühmte Knabenchöre; die anderen Chorvereinigungen sind gemischte Chöre und Liebhabergruppen, manchmal auf hohem Niveau. Im 19. Jahrhundert waren einmal Männerchöre vorherrschend; das ist schon längst nicht mehr der Fall.

Die U-Musik-Szene ist international. Jedes Land hat seine eigene Tradition der Unterhaltungsmusik, doch die amerikanischen Muster haben überall in der Welt gewirkt. Die erste „Invasion" amerikanischer Musik, vor allem des Jazz, kam nach dem Ersten Weltkrieg, und die Weimarer Republik war nicht nur von Boxkämpfen und Finanzspekulationen, sondern auch von Jazzbands fasziniert. Die Nationalsozialisten erklärten solche Musik natürlich als „undeutsch"; Jazz spielen, sogar hören, konnte bestraft werden. Das Einfallstor° für Musik aus Amerika nach 1945 war AFN, der Rundfunksender für das amerikanische Militär. Hier wurden die Deutschen mit der Musik bekannt, die in Amerika gerade populär war.

opening, place of "invasion"

Allmählich entwickelte sich in Deutschland eine eigene Art des Jazz, und auch auf dem Gebiet der Rock- und Popmusik folgten deutsche Gruppen und das deutsche Publikum den herrschenden Trends. Außerhalb Deutschlands sind Sänger wie Nina Hagen und

Klassische Musik in der Fußgängerzone

Klaus Doldinger bekannt, oder auch Gruppen wie „Tangerine Dream" und „Nena".

Eine deutsche Tradition sind die sozialkritischen und politischen Liedermacher. Sie sind verwandt mit den Songs, die in den politischen Kabaretts vorgetragen werden. Der bekannteste deutsche Liedermacher ist Wolf Biermann, der in der DDR immer drükkendere Verbote erlebte und schließlich 1976 bei einem Auftritt in der Bundesrepublik von der DDR ausgebürgert wurde. Aber es gibt auch andere Liedermacher, wie Franz Josef Degenhardt und Reinhard Mey, die durch Kritik und Protest bekannt geworden sind. Auch Pop-Sänger, wie Udo Lindenberg, der nicht auf Englisch, sondern auf Deutsch singt, betonen soziale Probleme.

Neben den modernen Trends bestehen auch lokale Traditionen weiter, Volksmusikgruppen zum Beispiel, die oft bei Touristen ein gutes Publikum finden. Alle Feste haben ihre Musik, wie zum Beispiel die deutschen Blaskapellen, die Tanzmusik spielen. Was bemerkenswert bleibt im deutschen Musikleben, ist die große Vielfalt und die große Zahl von Menschen, die sich aktiv beteiligen. Dabei gibt es Liebhaber für jede Art von Musik in allen Altersgruppen. Natürlich haben die Teenager ihre Hits, die gerade am meisten gehört und gekauft werden, und die Texte sind durchweg englisch; aber hinter der schnell wechselnden Hit-Szene bleibt eine weite Streuung° des Geschmacks.

spread, distribution

Die Buchhandlung

Ein Buch kauft man in Deutschland nicht in der Drogerie und im Lebensmittelgeschäft, sondern in der Buchhandlung. Buchläden gibt es überall. Wer Buchhändler werden will, muß den Beruf lernen; er ist drei Jahre Lehrling in einer Buchhandlung, anschließend geht er auf die Buchhändlerschule, um sich für die Prüfung vorzubereiten. Jedes Jahr im Herbst findet in Frankfurt/Main (früher in Leipzig) die Buchmesse° statt, wo die Buchhändler die Neuerscheinungen sehen und bestellen können. Durch die große Zahl der Buchhändler in Deutschland ist diese Buchmesse eine international wichtige Angelegenheit geworden.

book fair

Eine Buchhandlung ist nicht nur ein Geschäft, sondern auch eine kulturelle Einrichtung. Ein Buchhändler soll imstande sein, seine Kunden zu beraten; er soll versuchen, den Geschmack seiner Kunden zu beeinflussen, sie auf Neuerscheinungen° aufmerksam zu machen. Es gibt viele große Buchhandlungen, die Vorträge und Dichterlesungen veranstalten, ja einzelne sogar Konzerte. Buchhandlungen haben gewöhnlich ein großes Lager; sie bieten etwas aus allen Gebieten und für jeden Geschmack—vielleicht nicht für den ganz bescheidenen Geschmack; dafür gibt es vor allem die Bahnhofsbuchhandlungen und manchmal die Warenhäuser.

new publications

Medizin für den Laien in einer größeren Buchhandlung

Wieviel die Deutschen lesen, ist natürlich schwer festzustellen. Irgend jemand muß die über 70.000 neuen Bücher oder Neuauflagen pro Jahr kaufen. Besonders reichhaltig ist das Angebot an Taschenbüchern° aller Arten und Qualitäten. Man kann sagen, daß viele Deutsche den Wunsch haben, eine eigene Büchersammlung zu besitzen. Man schenkt sich Bücher, die man gelesen haben muß; man redet über Bücher. Auch Lokalzeitungen bringen regelmäßig Buchbesprechungen.°

paperbacks

book reviews

Zwar haben auch in Deutschland fast die Hälfte der Einwohner keine Bücher zu Hause; andererseits sagen 30%, daß sie in ihrer Freizeit am liebsten lesen. Sie lesen gewiß nicht nur Zeitungen und Zeitschriften, sondern auch Bücher. Die Buchhändler erfüllen also eine wichtige Funktion.

Viele Leute bestellen ihre Bücher nicht in der Buchhandlung. Sie sind Mitglied einer Buchgemeinschaft.° Es gibt Buchgemeinschaften für jeden Geschmack; die meisten Mitglieder hat der Bertelsmann-Lesering, der gute Unterhaltung und leichtfaßliche° Literatur bietet und durch seine hohen Auflagen sehr billig sein kann.

book club

easily understood

Denkmäler und Ausstellungen

Moderne Kunst wird in der Bundesrepublik viel gefördert. Ein junger Maler hat es natürlich nicht ganz leicht, sich durchzusetzen. Er wird daher meistens versuchen, eine feste Stelle zu bekommen: als Lehrer in einem Gymnasium, als Dozent an einer

Kunstschule oder Kunsthochschule—oder er versucht es mit der „angewandten" Kunst, der „Gebrauchsgraphik".° Er arbeitet dann für die Reklame; er entwirft Plakate;° er zeichnet Buchillustrationen. Vielleicht kann er auch eine private Galerie dafür interessieren, eine Ausstellung von seinen Bildern zu veranstalten. Wenigstens möchte er mit einigen Bildern in Sammelausstellungen° vertreten sein, und er versucht, einen Preis für junge Künstler zu gewinnen, der ihm nicht nur Geld bringt, sondern der ihn auch bekannt macht. Dann kommt vielleicht die Zeit, wo ein städtisches Museum eine Ausstellung von ihm veranstaltet, und wo nicht nur Privatleute, sondern auch Museen Bilder von ihm kaufen.

industrial art
posters
collective exhibitions

Für einen Bildhauer ist das nicht ganz so einfach. Seine Plastiken sind größere und teurere Objekte, und eine Ausstellung bekommt er nicht so schnell. Hingegen hat ein Bildhauer die Möglichkeit, daß seine Werke in Innenhöfen von Gebäuden, vor einem öffentlichen Gebäude oder auf einem Platz und in einem Park aufgestellt werden. Viele Städte haben Vorschriften, die „Kunst am Bau" verlangen. Auf Plätzen stehen meistens Denkmäler, und es gibt Bildhauer, die vor allem Denkmäler geschaffen haben. Eine Gemeinde, eine Kirche oder ein Verein, die Denkmäler aufstellen, möchten sich nicht gern lächerlich machen und gegen den herrschenden Geschmack verstoßen. Dieser Geschmack ist seit 1945 schon ziemlich modern geworden.

Besonders wichtige Auftraggeber° für die bildende Kunst sind immer noch die Kirchen. Seit 1945 hat sich nicht nur eine moderne Kirchenarchitektur in Deutschland entwickelt, sondern auch eine neue Art der Ausstattung° dieser Kirchen: moderne Glasmalerei, moderne Fresken und moderne Skulpturen vor allem.

customers
decoration

Der Geschmack der Künstler ist nicht nur auf die Kunst im engeren Sinn beschränkt. Als in der zweiten. Hälfte des 19. Jahrhunderts sich die Industrie so rasch entwickelte, waren ihre Produkte billig, aber meist häßlich. Das führte zu einer Reformbewegung, die versuchte, auch Industrieformen schön aussehen zu lassen. Diese Bewegung gipfelte im „Bauhaus", der Kunstschule nach 1918, wo nicht nur Malerei, Skulptur und Architektur betrieben wurden, sondern wo neue Möbelformen und neue Formen für Gebrauchsgegenstände° entwickelt wurden. Nach 1945 hat die „Hochschule für Gestaltung" in Ulm einen gewissen Einfluß gehabt. Jedenfalls versucht die Industrie, nicht nur praktische Gegenstände herzustellen, sondern ihnen auch schöne und moderne Formen zu geben. Damit hat die Industrie die Tradition des Handwerks übernommen. Ein Handwerker in der Zeit vor der Industrialisierung wollte mit jedem Werk, das er baute, eine Art Kunstwerk schaffen, wie man an den alten Möbeln und an altem Geschirr sehen kann. Heute fehlen dazu Zeit und Geld, aber es

objects of daily use

gibt noch das „Kunsthandwerk":° Tischler, die Einlegearbeiten machen können; Goldschmiede und Juweliere; Schmiede, die aus Eisen schöne Gitter und Schlösser° herstellen; Hersteller von Musikinstrumenten, wie die Geigenbauer° in Mittenwald; ja selbst manche Spielzeugmacher. Auch die Glasbläserei und die Porzellanmalerei gehören zu diesen Berufen. Dieses Kunsthandwerk ist nicht nur eine Tradition; es bekommt neue Aufgaben, und Künstler und Kunsthandwerker arbeiten gewöhnlich eng zusammen. Die Künstler lernen von den Handwerkern technische Fertigkeiten, und die Handwerker bekommen Anregungen für neue Formen.

artistic crafts

locks
violin makers

Eine sehr aktive Rolle im Kunstleben spielen die Museen. Sie sind nicht nur der Ort, wo ältere Kunst zu sehen ist, sondern sie versuchen bewußt, die heutige Kunst zu fördern. Ein aktiver Museumsdirektor kann daher auch in einer kleineren Stadt interessante Ausstellungen bringen. Er kann außerdem damit rechnen, daß die Kritiker der bekannten Zeitungen zu diesen Austellungen kommen, und daß so der Name seines Museums bekannt wird. Das wiederum bringt bekannte Künstler dazu, bei ihm auszustellen.

Museen sind inzwischen nicht nur für die Verbreitung der Kunst wichtig. Geschichtsmuseen und Heimatmuseen haben sich der Sozialgeschichte zugewandt und wichtige Themen der deutschen Vergangenheit visuell dargestellt. Sie haben sich mit politischen Außenseitern befaßt, mit der Lage der Frauen und der Frauenbewegung, mit der Familie, mit den Arbeitsbedingungen und nicht zuletzt mit der Geschichte der Juden in Deutschland. Der Trend zum Bild und zur Sozialgeschichte hat die Museen wieder aktuell werden lassen. Auch die Kunstmuseen zeigen oft Ausstellungen mit sozialgeschichtlichen Themen, zum Beispiel

August Macke: Vier Mädchen, Bonner Kunstmuseum

Familienporträts aus verschiedenen Jahrhunderten. So haben viele Ausstellungen Kontroversen hervorgerufen und politische Konflikte gebracht.

Der deutsche Film

Der deutsche Film hat seine „neue Welle" gehabt ebenso wie der französische. Filmregisseure wie Volker Schlöndorff, Werner Herzog, Wim Wenders, Hans Jürgen Syberberg, Margarethe von Trotta und der verstorbene Rainer Werner Fassbinder sind überall bekannt. Es ist nichts Ungewöhnliches mehr, wenn deutsche Filme internationale Preise bekommen. Man kann sich kaum noch vorstellen, daß es um 1960 keine nennenswerten deutschen Filme gab, und daß man damals wehmütig an die große Zeit des deutschen Films in der Weimarer Republik dachte. Allerdings haben ab 1933 viele bedeutende Filmschauspieler und -regisseure Deutschland verlassen, und der Film der Nazizeit wurde vielfach zu politischer Propaganda. Nach 1945 gab es bemerkenswerte Ansätze,° aber eine Filmindustrie mit einer soliden finanziellen Grundlage kam nicht zustande. So mußte der künstlerische Film sozusagen aus dem Nichts beginnen. In einem „Manifest" bei den Kurzfilmfestspielen° in Oberhausen 1962 verlangten die jungen Filmmacher Hilfe von der Bundesregierung. Sie hatten bis dahin nur Dokumentar- und Werbefilme drehen können. Die Hilfe kam, und in der Tat begann damit eine neue Epoche des deutschen Films.

beginnings

short-film festival

Autor Günter Grass und Hauptdarsteller David Bennent während der Dreharbeiten von Volker Schlöndorffs Verfilmung des Romans „Die Blechtrommel"

Die meisten der neuen Filme sind allerdings nicht oft zu sehen. Die Kinos zeigen weit mehr amerikanische als deutsche Filme. Das liegt zum Teil an den Verleihfirmen,° die offensichtlich amerikanische Filme bevorzugen. Es hängt aber auch mit dem Charakter der deutschen Filme selbst zusammen. Sie sind in der Mehrzahl gesellschaftskritisch, sie haben einen langsamen Rhythmus und eine distanzierte Perspektive. Sie sollen nicht so sehr Spannung erregen als zum Nachdenken bringen. Immerhin sind Filme wie „Die Blechtrommel" von Schlöndorff oder „Lili Marleen" von Fassbinder und neuerdings auch „Das schreckliche Mädchen" von Michael Verhoeven Publikumserfolge geworden.

distributors

Das häufigste Thema dieses neuen deutschen Films ist immer noch die Nazizeit und ihre Folgen, gefolgt von den Fragen und Konflikten der heutigen Gesellschaft der Bundesrepublik, die auch auf die Nazivergangenheit zurückgehen können. Es gibt aber auch Filme wie Wim Wenders' „Engel über Berlin", in denen aktuelle Probleme, hier die Berliner Mauer, in einer leichteren Art angefaßt werden. Weiter in die Vergangenheit zurück reichen Filme wie Hans Jürgen Syberbergs Film über den Bayernkönig Ludwig II. und Margarethe von Trottas Film über Rosa Luxemburg. Populär wurde die Fernsehserie „Heimat" von Edgar Reitz; andere erfolgreiche Filme wurden „Männer" von Doris Dörrie und „Das Boot" von Wolfgang Petersen. Besonders erfolgreich waren auch Filme nach wichtigen Werken der Literatur, „Effi Briest" von Fassbinder, „Woyzeck" von Herzog, Schlöndorffs „Der junge Törless" und „Die verlorene Ehre der Katharina Blum", oder auch

Hanna Schygulla singt das Lied „Lili Marleen" in Fassbinders gleichnamigem Film.

Bei dem Aufnahmen für Das Schreckliche Mädchen: *Lena Stolze geht durch die Stadt.*

Fassbinders langer Fernsehfilm über „Berlin Alexanderplatz". Fassbinder neigte zum Melodramatischen, Schlöndorff ist oft aggressiv, Herzog arbeitet mehr Stimmungen heraus, ganz besonders in seinem Kaspar Hauser-Film „Jeder für sich und Gott gegen alle".

Nach dem Ernst und Engagement der Kriegs- und Nachkriegsgeneration ist bei den jüngeren Filmemachern auch Spiel und Komödie wieder dominanter geworden, wie man an „Männer" und „Das schreckliche Mädchen" sehen kann.

Nach 1989 ist nun auch das traditionsreiche Filmgelände von Babelsberg bei Berlin wieder verfügbar geworden. Hier hatte die UFA in den zwanziger Jahren ihre große Produktion, hier lief die Propagandamaschine der Nazis, hier entstanden die Filme der DDR. Wenn jetzt die Anlagen modernisiert sind, ist hier eine neue Basis für eine deutsche und europäische Filmindustrie, die auch kommerziell Erfolge haben will.

Festspiele

Das kulturelle Leben hat seine Höhepunkte. Das sind gewöhnlich die „Festspiele". Richard Wagner baute in Bayreuth ein Festspielhaus, um seine Opern im richtigen Rahmen aufführen zu können, und seit 1876 finden in Bayreuth die Wagner-Festspiele statt. In Österreich hat Salzburg jeden Sommer seine Festspiele. München lockt die Besucher im Sommer mit Opern-Festspielen, bei denen „Münchener" Komponisten, wie Richard Strauß und Carl Orff, besonders im Mittelpunkt stehen. Berlin hat im Juni seine Filmfestspiele; Mannheim und Donaueschingen haben ihre Tage der modernen Musik.

Jesus und die Jünger beim Abendmahl in Oberammergau, wo das Passionsspiel alle zehn Jahre stattfindet.

Einen festlichen Rahmen haben auch die Freilichtspiele° im Sommer, die die Deutschen sehr lieben, obwohl es oft draußen kalt wird und nicht selten regnet. In Oberammergau, wo nach einem Gelübde° aus dem 17. Jahrhundert alle zehn Jahre Passionsspiele stattfinden, sitzen die Zuschauer in einer Halle. In Bad Hersfeld bei Fulda werden Theaterstücke in der alten Klosterruine aufgeführt, die nur noch Mauern, aber kein Dach mehr hat. In Schwäbisch Hall spielen die Schauspieler auf einer großen Treppe, die zur Kirche hinaufführt. In Jagsthausen findet Goethes „Götz von Berlichingen" in der Burg statt, in der der historische Götz gewohnt hat, und die noch heute den Herren von Berlichingen gehört.

open-air theaters

vow

Kulturelle Veranstaltungen im Sommer gehören zu den beliebtesten Darbietungen. Es gibt ja so viele alte Städte, Schlösser, Burgen, Parks und Freilichtbühnen, bei denen sich historische Bauten oder schöne Landschaften mit dem Inhalt und Charakter des dargestellten Stückes oder der Musik verbinden können. Festspiele und Freilichtaufführungen sind Attraktionen für Touristen. Gleichzeitig bieten Sommertheater und Sommerkonzerte den Künstlern gute Gelegenheiten, in einer anderen Umgebung ihre Talente zu zeigen.

Berühmte Namen

Allerdings ist auch gerade im kulturellen Bereich die Frage zu stellen: Was ist „deutsch"? Wer ist „Deutscher"? Ein Schriftsteller, der in der deutschen Sprache schreibt, kann Staatsbürger° von

citizen

drei verschiedenen Staaten sein. Peter Handke, einer der meistdiskutierten deutschsprachigen Schriftsteller, kommt aus Österreich. Die international wohl bekanntesten deutschsprachigen Dramatiker nach Bert Brecht waren zwei Schweizer, Max Frisch und Friedrich Dürrenmatt. Es ist sogar noch komplizierter, da einige der bekanntesten Autoren der Nachkriegszeit Emigranten waren, die in keinem deutschsprachigen Land lebten: Peter Weiss, Dramatiker und Erzähler, in Schweden, der Lyriker Erich Fried in England, der Lyriker Paul Celan in Paris. Der Nobelpreisträger Elias Canetti lebte vor der Emigration nach England in Österreich, stammte jedoch aus dem Grenzgebiet zwischen Rumänien und Bulgarien.

Heinrich Böll, der 1972 den Nobelpreis erhalten hatte, starb 1985. Zu den bekanntesten Autoren der Nachkriegsgeneration zählen Günter Grass, Martin Walser, Siegfried Lenz und der Lyriker und Essayist Hans Magnus Enzensberger. Zu den inzwischen verstorbenen wichtigen Nachkriegsautoren gehören auch Uwe Johnson und Günter Eich. Von früher in der DDR lebenden Autoren haben sich Christa Wolf, Günter Kunert, Reiner Kunze, Sarah Kirsch, Volker Braun und Günter de Bruyn einen Namen gemacht. Zurückgekehrt aus der Emigration waren z.B. Anna Seghers, Erich Arendt und Stefan Heym. Wichtig für das deutsche Theater sind z.B. Botho Strauss, Franz Xaver Kroetz und Heiner Müller. Es gibt weit über zweitausend „Schriftsteller", und eine solche Liste ist immer willkürlich.

Anselm Kiefer: Adelaide—Ashes of my Heart, *1990*

Experimentelle Musik erwartet man von den Komponisten Karlheinz Stockhausen, Dieter Schnebel und Helmut Lachenmann. Hans Werner Henze gehört inzwischen zur älteren Generation. Einige in Deutschland lebende Einwanderer sind prominent geworden, vor allem der Argentinier Mauricio Kagel und der Koreaner Isang Yun.

In der bildenden Kunst hat der verstorbene Joseph Beuys, dessen Werk nach wie vor umstritten ist, am meisten Aufsehen gemacht. Bekannte Maler sind etwa Horst Antes, Horst Janssen, Konrad Klapheck und neuerdings Anselm Kieffer. In der Skulptur denkt man zuerst an Namen wie Norbert Kricke und Erich Hauser.

Die Architektur und Städteplanung tritt auch in Deutschland allmählich aus dem Schatten der großen Namen des Bauhauses, wie Gropius und Mies van der Rohe, heraus. Bekannte Bauten und Konzeptionen der letzten Jahrzehnte stammen unter anderem von Egon Eiermann, Ernst May, Sep Ruf und Friedrich Wilhelm Kraemer.

Man kann solche Listen kurz halten oder beliebig verlängern. Bekannte oder berühmte Künstler sind Exponenten der Kultur, einer Kultur, deren Grundlage das allgemeine Leben und Interesse ist, wie es dieses Kapitel zu beschreiben versuchte.

KAPITEL 13

Schachspiel im Freien

Vereine in Deutschland

Geselligkeit

Die Deutschen sind im allgemeinen gesellige Menschen. Sie leben nicht nur in der eigenen Familie. Zur Familie kommt der Freundeskreis hinzu. Und meistens ist ein Deutscher noch Mitglied einer weiteren Gruppe: eines Vereins. Die Vereine spielen eine bedeutende Rolle im gesellschaftlichen Leben in Deutschland. In allen Bereichen sind sie zu finden: im Sport, in der Wirtschaft, bei den Bildungseinrichtungen. Menschen gleicher Herkunft bilden einen Heimatverein; ehemalige Soldaten haben ihre Vereine. Liebhabergruppen bilden ihre Vereine: Gesangvereine, Bienenzüchtervereine,° Kleingärtnervereine, Schützenvereine.° Auch die Altersgruppen haben ihre Vereine: es gibt Jugendgruppen, Gruppen für Senioren, Frauenvereine. Wandervereine, Vereine für Vogelkunde, Turnvereine. Wer alle Vereine aufführen will, braucht dazu ein ganzes Buch.

beekeeper clubs / rifle associations

Vereine sind im Vereinsregister eingetragen. Hinter dem Namen der Gruppe steht deshalb „e.V."; das bedeutet: „eingetragener Verein". Ein Verein muß eine Mindestzahl von Mitgliedern haben; er braucht außerdem einen Vorstand.° Der Vorstand

executive committee

besteht mindestens aus dem Vorsitzenden, auch Präsident genannt, dem Kassenwart und dem Schriftführer; gewöhnlich hat er einen zweiten Vorsitzenden und einige Beisitzer. Der Verein hat ordentliche Mitglieder, außerdem Ehrenmitglieder und manchmal fördernde° Mitglieder. Fördernde Mitglieder sind Geldgeber, die sich nicht aktiv beteiligen; Ehrenmitglied wird man durch viele Jahre Arbeit für den Verein, durch besondere Förderung seiner Ziele oder überhaupt durch Verdienste um den Zweck des Vereins. Ein Verein hat gewöhnlich Ehrennadeln für solche Verdienste und lange Mitgliedschaft.

sustaining

Der Verein hat regelmäßige Sitzungen und eine Jahresversammlung, bei der der Vorstand die Mitglieder über die wichtigsten Ereignisse informiert und das Geld abrechnet. Die meisten Vereine sind „gemeinnützig";° sie arbeiten nicht auf kommerzieller Basis, sondern für das öffentliche Interesse. Sie brauchen daher keine Steuern zu bezahlen. Vereine gehören gewöhnlich zu einem Bundesverband,° der auch eine Jahresversammlung oder eine Jahresveranstaltung hat, zum Beispiel eine Ausstellung, ein Sängerfest oder ein Turnfest; er gibt gewöhnlich eine Zeitschrift für die Mitglieder heraus. In ihrem Vereinsleben sind jedoch die örtlichen Gruppen ganz frei und unabhängig.

nonprofit

federal association

Eine Zusammenkunft des Vereins besteht gewöhnlich aus zwei Teilen. Der erste Teil ist der „ernste Teil", mit einem Vortrag, einer Geschäftssitzung, einer Vorführung oder einer Diskussion. Bei Musikvereinen sind das die Proben.° Ein Verein tagt meistens in einem Gasthof, in seinem „Vereinslokal", wo manche Vereine ihr besonderes Zimmer haben. Nach dem Ende der Sitzung oder Probe folgt das „gemütliche Beisammensein",° der „heitere Teil". Man trinkt, man lacht, man spielt Karten, man unterhält sich. Viele Vereinsmitglieder sind auf „du und du"; sie kennen sich gut; sie haben Vertrauen zueinander; sie benehmen sich ungezwungen; sie fühlen sich wie zu Hause. Während der Deutsche sich in der Öffentlichkeit gern bemüht, „korrekt" zu erscheinen und zu handeln, fühlt er sich hier im Verein „als Mensch". Vereinsmitglieder kommen oft von verschiedenen Berufen, wenn es sich nicht um reine Berufsgruppen handelt, und so werden natürlich dabei auch Geschäftsverbindungen angeknüpft. Wichtiger aber ist die Geselligkeit selbst. Man hat eine Gruppe von gleichgesinnten° Menschen, man kommt regelmäßig zusammen und fühlt sich in der Gruppe wohl. Nicht alle Gruppen sind feste Vereine mit Mitgliedschaft. Es gibt den Stammtisch in der Kneipe, der sich regelmäßig trifft, es gibt die Runde der Kartenspieler, es gibt Gruppen, die am Wochenende etwas gemeinsam unternehmen, und es gibt Gruppen mit formeller Mitgliedschaft. Die Übergänge sind fließend.

rehearsals

being together

like-minded

Stammtisch von schwäbischen Weinbauern: ein Viertel Wein und ein Kartenspiel

Die Vereinstradition

Die Vereinstradition, so wie sie heute noch vorhanden ist, entstand im frühen 19. Jahrhundert. Die Bürger hatten sich emanzipiert; sie fühlten sich unabhängig; sie hatten genug Geld und Freizeit, um ihren Liebhabereien nachzugehen; und so gründeten sie eigene Gruppen. Die Gruppen waren klein, denn die Städte waren noch klein; außerdem lebte man in einem Polizeistaat, wo Politik verboten war, und wo man deshalb kleine geschlossene Gruppen bildete, die harmlos aussahen. Der Verein war ein Mittel, sich von der großen Gesellschaft abzuschließen. Aber es gab auch andere Vereine. Bildungsvereine, besonders Arbeiterbildungsvereine, waren Gruppen mit starkem politischem Interesse, und je mehr die Politik das Leben erfaßte, desto mehr Vereine mit politischer Bedeutung gab es.

Vereine waren durchweg Männersache. Die Männer waren unter sich, und das bestimmte den Ton. Es war gut, einmal nicht mehr Autorität in der Familie sein zu müssen und die häuslichen Sorgen zu vergessen. Außerdem hat ein Verein Posten zu vergeben. Ein Mann, der sonst im Leben nicht viel erreicht hat, kann dabei sein Selbstgefühl entwickeln. Er wird zum „Vereinsmeier",° der im Verein und für den Verein lebt und stirbt. Solche Vereinsmeier gibt es in jeder Gruppe. Man lächelt manchmal

"joiner," club fanatic

über sie, aber sie tun die Arbeit, die notwendig ist, damit der Verein funktioniert.

Vereinsleben heute

Auch Gruppen, die keine eigentlichen Vereine sind, sehen oft wie Vereine aus: die örtlichen Gruppen der politischen Parteien zum Beispiel, die Gewerkschaften, oder auch die Handels- und Handwerkskammern. Man trifft sich, erledigt die Geschäfte, hört Vorträge, diskutiert, und anschließend folgt der „gemütliche Teil". Man kennt einander gut, und man fühlt sich in diesem Kreis zu Hause.

Trotzdem gibt es Veränderungen im Vereinsleben. Viele Vereine oder Bundesverbände von Vereinen sind Interessengruppen° geworden, die bei der Bundesregierung und beim Bundestag bestimmte Ziele durchsetzen wollen. Fußballvereine werden durch den Berufssport zu Geschäftsunternehmen, in denen für Vereinsmeier kein Platz mehr ist. Aus den Bildungsvereinen werden Abendschulen oder Anstalten zur Fachausbildung und Weiterbildung oder auch wissenschaftliche Gesellschaften. Viele Mitglieder sind nicht mehr so sehr an der „Gemütlichkeit" interessiert, und der Verein ist nicht mehr die kleine intime geschlossene Gruppe, die er war. Viele Einrichtungen und Gruppen, die sich „Verein" nennen, sind gar keine Vereine in diesem Sinne. Sie benutzen die juristische Form des Vereins, weil sie bequem ist; und die Mitglieder spielen dabei keine wichtige Rolle. So umfaßt der Begriff „Verein" ganz verschiedene Gruppen, doch das Wort „Verein" bezeichnet am besten die Gruppierungen, die zwischen dem Intimbereich des Menschen und der Gesellschaft im allgemeinen stehen, und die besonders die Freizeitgestaltung beherrschen. Zu dem Charakter dieser Gruppen gehört auch, daß sie in die Politik hineinreichen oder politisch werden können. Hier kann man am leichtesten eine Gruppe mobilisieren, um gemeinsame Interessen zu vertreten. Die Bewegung für den Umweltschutz hat sich zuerst aus solchen Gruppen entwickelt. Heimatvereine kämpfen um die Erhaltung historischer Stadtkerne° und wertvoller Bauten. Wissenschaftliche und literarische Gesellschaften pflegen das kulturelle Erbe und bemühen sich um Ausgaben vergessener Werke. Neben der politischen Zielrichtung steht auch oft die Bewahrung einer Tradition und der Kultur. Vom gemütlichen Beisammensein zum Schutz der Natur und Kultur—hier hat der einzelne Mensch Gelegenheit, seinen Neigungen nachzugehen und die Gesellschaft zu beeinflussen.

pressure groups

city centers

KAPITEL 14

Freie Wahlen in der DDR am 18. März 1990: Eine Kundgebung der CDU in Magdeburg. „Wir sind ein Volk"—wir wollen die Wiedervereinigung!

Der Bürger und sein Staat

Die Verwirrungen der Politik

1987 feierten die USA 200 Jahre staatlicher Kontinuität unter derselben Verfassung. Trotz enormer wirtschaftlicher, sozialer und kultureller Veränderungen, trotz der Umschichtung der Macht von den Einzelstaaten zur Bundesregierung sind die Leitideen gleich geblieben, und wenn auch der Wortlaut der Verfassung anders interpretiert wird, sie hat sich als haltbar erwiesen. Die deutsche Geschichte hingegen zeichnet sich durch den Mangel an Kontinuität aus, und mehr als alles die Geschichte des 20. Jahrhunderts. Am Anfang des Jahrhunderts war Deutschland ein Kaiserreich. 1914 zogen Millionen Soldaten für Kaiser und Vaterland in den Krieg. Nach einem grausamen Krieg und einer demütigenden Niederlage fanden die Rückkehrer ihr Land im Aufruhr.° Es wurde eine Republik, mit der niemand richtig einverstanden war, obwohl sie eine freiheitliche Verfassung und eine vom Volk gewählte Regierung bot. Ihre Geschichte war nicht nur durch politische Unruhen gekennzeichnet, sondern auch durch

revolt

Wirtschaftskrisen, die dem Mittelstand seine wirtschaftliche Sicherheit wegnahmen. In dem Wunsch nach Ruhe und Ordnung und der Sehnsucht nach einem starken Deutschland wählten die Deutschen einen Führer, der alles versprach. Deutschland begann eine aggressive Expansion und verursachte schließlich einen zweiten Weltkrieg, der das ganze Land zu einem Militärlager° machte und mit einer totalen Niederlage endete. Was manche Deutsche gewußt oder geahnt hatten, aber nicht hatten wahrhaben wollen, kam jetzt ans Tageslicht: furchtbare Verbrechen, der Mord von Millionen Menschen im Namen des deutschen Volkes. Darüber hinaus brachte die Niederlage Zerstörung und Hungersnot. Das Deutsche Reich existierte nicht mehr. Deutschland war von den Siegermächten besetzt. Diese alliierten Siegermächte verlangten zunächst, daß die Deutschen friedliebend und demokratisch werden sollten; sie sollten nicht nur den Nationalsozialismus verdammen, nicht nur den Militarismus schlecht finden, sondern auch die Großindustrie, und sich darauf umstellen,° in einer bescheidenen Idylle zu leben. Aber das dauerte nur wenige Jahre, denn der Kalte Krieg machte aus den Alliierten Feinde. Der Eiserne Vorhang ging mitten durch Deutschland. Die westlichen Deutschen sollten jetzt das Abendland verteidigen und eine liberale, kapitalistische Demokratie gut finden; die östlichen Deutschen hingegen sollten sich zu neuen sozialistischen Menschen bilden und sich als Spitze des historischen Fortschritts gegen den dekadenten Westen betrachten. Es wäre wohl unfair gewesen, von den Deutschen Enthusiasmus für eines der Systeme zu verlangen, die ihnen aufoktroyiert wurden. Sie hielten sich zurück, kümmerten sich vor allem um ihr Privatleben und versuchten, mit pragmatischer Haltung das Beste aus ihrem System herauszuholen. Das war im Westen viel leichter als im Osten, besonders da es mehr Geld zu verdienen gab. Für das Vaterland sterben wollte niemand mehr; aber die meisten Deutschen leisteten ihre Wehrpflicht. Patriotismus, Nationalbewußtsein in einer gespaltenen. Nation war allerdings schwer zu erzeugen,° auch als die DDR darauf bestand, endgültig ein eigenes Land zu sein.

military camp

sich umstellen auf *to change one's attitude, accommodate oneself to new conditions*

erzeugen *to generate*

Die Ereignisse von 1989 bis 1990 haben dieses Trauma der Diskontinuität noch einmal an die Oberfläche gebracht: wer sich zu sehr für eine politische Idee engagiert, muß irgendwann darunter leiden. Wer in der Weimarer Republik aktiv war, wurde von den Nationalsozialisten verfolgt. Wer in der Nazizeit einen Posten hatte, hatte hinterher Nachteile. Das Ende der DDR brachte politische Entlassungen, wenn auch weniger als früher. Und immer sind es wendige Opportunisten, die am besten fahren, und die überzeugten Idealisten werden bestraft. Die Wende von der DDR zum wiedervereinigten Deutschland brachte einen bezeichnenden Namen für diese Opportunisten: sie sind „Wendehälse",° das sind Vögel, die ihren Hals um 180 Grad drehen können. Es ist gewiß kein Vorteil für die politische Kultur eines Landes, wenn solche Wendehälse obenauf sind.

"wrynecks", spineless opportunists

Die erste Zeit der Bundesrepublik brachte also ein demokratisch-parlamentarisches System ohne wirkliches Vertrauen der Bevölkerung in die Demokratie. Die Bürger gingen zu den Wahlen, sie informierten sich in der Zeitung, am Radio und später am Fernsehen, und sie warteten ab, was kommen würde. Sie lasen am liebsten Zeitungen, die sich „überparteilich und unabhängig" nannten, und sie wählten die Partei, die ihnen am meisten wirtschaftliche und gesellschaftliche Stabilität zu versprechen schien. Die Zahl der politisch aktiven Staatsbürger war klein, ganz besonders in der jungen Generation. Der typische Deutsche blieb politisch passiv und mißtrauisch.

Auf diese Weise hat sich ein demokratisches System entwickelt, an das sich die Bevölkerung gewöhnt hat. Die junge Generation der sechziger Jahre nahm die Idee der freiheitlichen Demokratie ernst; sie wollte sich beteiligen. Viele der jungen Leute fanden jedoch keinen Platz in den führenden Parteien der Bundesrepublik. Sie kritisierten die herrschende Wirtschaftsordnung und die autoritären Strukturen der Gesellschaft. So kam es zur Bildung einer „radikalen" Linken, einer „außerparlamentarischen Opposition". Einige der Kritiker des Systems traten in die SPD ein und versuchten, das System von innen zu reformieren. Andere gaben es auf. Wieder andere zogen den Schluß, die Gesellschaft müsse radikal verändert werden, und das gehe nur mit Gewalt. Aus dieser Gruppe kamen die Terroristen, die ihre Ziele mit Entführungen,° Morden und Bombenanschlägen° verfolgten.

kidnappings / bomb attacks

Die Zahl der Terroristen war sehr klein, aber ihre Aktivität führte zu einer Krise der Demokratie, weil sie mehr Polizeigewalt° provozierte. Die Abwehr der Terroristen im Namen der demokratischen Freiheit führte zu einer Einschränkung° dieser demokratischen Freiheit und zu einem Klima der Verdächtigung, das Ähnlichkeit mit der Kommunistenjagd in den USA nach dem Zweiten Weltkrieg hatte. Aus dieser Atmosphäre entstand das „Berufsverbot". Es schloß diejenigen Bewerber von Staatsstellungen aus, die an verfassungsfeindlichen° Aktivitäten teilgenommen hatten oder zu gegen die Verfassung gerichteten Organisationen gehörten. Dabei wurden zahlreiche Bewerber untersucht und überwacht, und eine Teilnahme an einer Demonstration konnte den Grund zur Ablehnung bilden. Es war mehr das Klima des Mißtrauens, das schädlich war, als die tatsächliche Zahl der Ablehnungen. Noch immer tendieren staatliche Organe in der Bundesrepublik dazu, mit starker Macht auf jede Provokation zu reagieren. Die letzten Jahre haben viele Demonstrationen und

police power
restriction

anti-constitutional

Auseinandersetzungen um Fragen des Umweltschutzes und des Friedens gebracht. 1983 hat die Bundesregierung versucht, durch ein neues Demonstrationsrecht der Polizei mehr Macht für die Auflösung von Demonstrationen zu geben. So ist immer noch der Gegensatz vorhanden zwischen dem Bedürfnis° nach Ruhe und Ordnung und dem Recht der Bürger, auch außerhalb der Parlamente und der Parteien für ihre Überzeugungen zu kämpfen. Der Mehrheit der Bevölkerung in der Bundesrepublik liegt ohne Zweifel in erster Linie an wirtschaftlicher und sozialer Sicherheit und an Ruhe und Ordnung. Aber es wächst die Zahl derer, die die Freiheiten des Grundgesetzes ernst nehmen, und die ihre oft von der Regierung prinzipiell verschiedenen Ansichten auf jede mögliche Weise gewaltlos zum Ausdruck bringen wollen. Ein Problem, das dabei akut geworden ist: die traditionellen Parteien bieten nicht immer Platz für diese wachsende Zahl von Staatsbürgern. Diese wollen eine Demokratie mit weniger Parteienhierarchie, die dem Volke nahe bleibt, eine „Basisdemokratie".° Die Abgeordneten folgen gewöhnlich der Parteidisziplin und stimmen mit ihrer Partei ab. Daher haben die Wähler eines Wahlkreises weniger Einfluß auf ihren Abgeordneten als in den USA. Sie wünschen sich also Vertreter, die wirklich für die Ideen der Bevölkerung kämpfen, und die wissen, was den Leuten not tut. Eine solche Idee von Basisdemokratie ist natürlich sehr schwer zu verwirklichen; die feste Bindung an die Partei ist einer der Nachteile des parlamentarischen Systems.

need

democracy arising from the basis

Das demokratische System der Bundesrepublik funktioniert: es gibt ein frei gewähltes Parlament auf der Bundesebene und ebenso frei gewählte Landtage und Gemeindevertretungen, das Land hat eine freie Presse, ein von der Regierung unabhängiges Fernsehen, politisch unabhängige Gerichte und alle Rechte und Freiheiten in der Verfassung, die notwendig sind. Aber seit 1949 war ein mühsamer Prozeß nötig, um aus Untertanen Staatsbürger und aus einem autoritär denkenden Staat demokratische Institutionen zu machen. Immer noch kommt es zu extremen Handlungen und zu Intoleranz von beiden Seiten. Autoritäre Maßnahmen begegnen dann einem Radikalismus. Aber demokratische Lebensformen haben sich durchgesetzt.

Viel schwerer noch hatte es die Bevölkerung der DDR. Während die Menschen in der BRD sich sagen konnten, daß das demokratische System ihnen wenigstens einen höheren Lebensstandard gebracht hatte, hatten die Bewohner der DDR trotz deutlicher Fortschritte immer viel zu klagen, zumal sie ihre Lage mit der im Westen verglichen. Was aber ebenso drückend wurde, war die fortdauernde autoritäre Form der Regierung und Verwaltung. Zwar wurden die Bürger zur Mitarbeit aufgerufen; aber Initiative war gefährlich, wie schon die Schüler von klein auf lernten. Es war nicht nur ein System der Planung, sondern auch der

In den frühen achtziger Jahren hatte die Friedensbewegung ihren Höhepunkt. Hier eine Massendemonstration in Bonn 1982

Entmündigung:° die Partei und Regierung wußten, was den Menschen gut tat. Und dazu kam das System der Überwachung durch die Staatssicherheit, „Stasi" genannt, deren Umfang erst nach 1989 deutlich wurde. Ebenso wie im Westen war die junge Generation nicht mehr gewillt, das autoritäre System zu akzeptieren, und daraus erwuchsen laufende Konflikte.

tutelage, denial of self-determination

Der Umschlag von einem so autoritären System zur liberalen Demokratie kam zu plötzlich. Das Interesse galt auch vor allem dem Wohlstand, den man sich vom westlichen System versprach. Die Demokratie im Alltag und in der Verwaltung kommt nicht über Nacht. Das erste Symptom für die Gefahr dieses Übergangs war die Bildung von rechtsradikalen Gruppen, die sich das leichteste Ziel für ihren Terrorismus aussuchten: die in Deutschland lebenden Ausländer. So wie die BRD 15 bis 20 Jahre brauchte, um Demokratie zu lernen, so dauert es auch eine Weile, wenn auch gewiß nicht so lange, bis die Spielregeln des demokratischen Umgangs gelernt werden.

Deutschland hat seit 1949 dieselbe Verfassung, das ist fast so lange wie Bismarcks Reichsverfassung und viel länger als was dazwischen kam. Bismarcks Verfassung brach schon vor 1918 auseinander, die heutige deutsche Verfassung hat sich bewährt. Die BRD hat einen parlamentarischen Sozialstaat entwickelt, der auf der Basis einer Marktwirtschaft funktioniert, die soziale Verpflichtungen hat. Diese deutsche und die amerikanische Demokratie unterscheiden sich in vielen Punkten. Die deutsche Mentalität verlangt immer noch Gerechtigkeit und Sicherheit mehr als Freiheit. Die Deutschen debattieren anders, ihre

Wahlkämpfe sind keine Show, die Politiker diskutieren manchmal wie Professoren miteinander. Pragmatismus bleibt oberstes Prinzip, Zusammenarbeit ist wichtiger als Parteilichkeit. Zwei Generationen nach dem Zweiten Weltkrieg sieht das Ausland immer noch ängstlich darauf, ob es keine Neonazis in Deutschland gibt. Natürlich gibt es Rechtsradikale und auch Linksradikale, und alle gesellschaftlichen und wirtschaftlichen Krisen bringen diesen Gruppen Zulauf. Die Geschichte der BRD zeigt allerdings, daß rechtsradikale Gruppen schnell entstehen und vergehen. Wichtiger ist es zu fragen, was der Durchschnittsdeutsche denkt und fühlt. Und die große Mehrheit der Deutschen denkt nicht daran, einem Diktator zu folgen oder ihr politisches System zu ändern.

Die Verfassung

Die deutsche Verfassung heißt das „Grundgesetz". Das Grundgesetz entstand als eine vorläufige Verfassung für die Länder der drei westlichen Besatzungszonen. Es enthält die Bestimmung, daß auch andere Länder später dem Grundgesetz beitreten konnten. Das ist zweimal geschehen: 1957, als das Saarland Teil der Bundesrepublik wurde, und dann 1990, als die fünf Länder im Osten Deutschlands und Berlin ihren Beitritt erklärten und damit verfassungsrechtlich die Wiedervereinigung vollzogen. Die Wiedervereinigung hätte auch anders vor sich gehen können, mit einer verfassunggebenden Versammlung und einer neuen Verfassung zum Beispiel. Das Grundgesetz ist ja eine kurze, nüchterne und vor allem vorsichtige und mißtrauische Verfassung. Da es nicht für die Dauer sein sollte, wurde sogar das Wort „Verfassung" vermieden. Aber dieses vorläufige Dokument hat sich bewährt, und so wurde es 1990 beibehalten.

Das Grundgesetz beginnt damit, daß es die Grundrechte° definiert, die der einzelne Staatsbürger hat: Freiheit des Glaubens und der Religionsausübung, Meinungsfreiheit, Versammlungsfreiheit, Freiheit der Berufswahl, Postgeheimnis, Freizügigkeit° innerhalb der Bundesrepublik, Gleichheit aller Bürger, auch Gleichheit von Mann und Frau, Schutz des Eigentums und der Familie, Recht auf Staatsangehörigkeit, vor allem aber das Recht auf die freie Entfaltung der Persönlichkeit. Ein Deutscher hat das Recht, Kriegsdienst zu verweigern; er muß allerdings statt dessen einen zivilen Ersatzdienst leisten. Das Grundgesetz definiert nicht nur die Grundrechte, sondern es bestimmt auch, daß diese Grundrechte nicht aufgehoben werden dürfen. Ebenso stellt das Grundgesetz fest, daß politische Parteien, deren Ziel die Zerstörung der Demokratie ist, verboten werden können. In diesen Bestimmungen spiegelt sich die Erfahrung des Nationalsozialismus, doch können sie ebenso gut gegen linksradikale Parteien und Gruppen benutzt werden.

basic rights

free movement

Das Grundgesetz definiert die Bundesrepublik als einen demokratischen und sozialen Staat, und es gibt ihm eine föderalistische Struktur. Das Parlament besteht aus zwei Häusern, dem Bundestag und dem Bundesrat.° Der Bundestag ist ein gewähltes Abgeordnetenhaus; der Bundesrat jedoch besteht aus den Vertretern der Länder. Diese werden von den Länderregierungen bestimmt, also indirekt durch die Landtagswahlen in den einzelnen Ländern. Das Grundgesetz enthält nicht das Wahlgesetz. Es versucht aber, drei Gefahren zu bekämpfen, die der Weimarer Republik schädlich geworden sind: einen zu starken Präsidenten, eine zu schwache Regierung und ein Parlament ohne klare Mehrheiten.

upper house of Parliament, representing the Länder

Der Bundespräsident hat nicht die politische Macht. Er ist das Staatsoberhaupt° und repräsentiert den Staat; die politische Macht aber liegt beim Bundeskanzler. Der Bundeskanzler „bestimmt die Richtlinien der Politik", sagt das Grundgesetz. Der Bundeskanzler wird vom Bundestag gewählt. Wenn der Bundestag dem Bundeskanzler das Mißtrauen ausspricht, also ihn stürzt, muß der Bundestag sofort mit absoluter Mehrheit einen neuen Kanzler wählen, sonst ist das Mißtrauensvotum° ungültig. Das heißt das „konstruktive Mißtrauensvotum". Der Bundestag ist also gezwungen, sich klar für oder gegen die Regierung zu entscheiden; er kann nicht einfach eine „negative Mehrheit" haben, die alles blockiert.

head of state

vote of no-confidence

Um darauf zu achten, daß die Verfassung nicht verletzt wird, sieht das Grundgesetz ein besonderes Gericht vor, das „Bundesverfassungsgericht".° Das Bundesverfassungsgericht entscheidet, ob eine politische Partei verboten werden kann; es entscheidet bei Streitigkeiten zwischen dem Bund und den Ländern; es entscheidet, wenn Grundrechte verletzt werden und ebenfalls, ob ein Gesetz verfassungsgemäß ist.

constitutional court

Alle diese Bestimmungen sollen dafür sorgen, daß das politische Gleichgewicht erhalten bleibt, und daß Ruhe und Ordnung nicht gestört werden. Das ist auch der Zweck des Wahlgesetzes für Bundestagswahlen. Das Wahlsystem ist eine Kombination von Mehrheitswahl und Verhältniswahl.° Jeder Wähler hat zwei Stimmen. Der Kandidat mit den meisten Erststimmen wird gewählt. Im Bundestag wird nur die Hälfte der Abgeordneten, nämlich 331, direkt gewählt. Für die anderen Abgeordneten zählt man die Zweitstimmen, und die Parteien bekommen nach dem Verhältnis der Stimmen weitere Abgeordnetensitze. Aber nur eine Partei, die drei Direktmandate errungen oder die mindestens 5% aller Stimmen in der Bundesrepublik bekommen hat, ist im Bundestag vertreten. Die „Splitterparteien"° werden nicht gezählt. Das Grundgesetz hat der Bundesrepublik geholfen, einen stabilen Staat aufzubauen. Ebenso hat das Wahlsystem bisher für klare

proportional representation

splinter groups

Mehrheiten gesorgt. Der erste Bundestag von 1949 enthielt noch 11 Parteien und unabhängige Abgeordnete; diese Zahl ging bald auf 3 zurück, stieg wieder auf vier, und bei den Wahlen von 1990 auf fünf. Das System fördert Stabilität; aber es gibt auch einen entscheidenen Vorteil für die bestehenden Parteien und macht es schwer, neue Parteien auf der Bundesebene zu etablieren. Geschafft haben das eigentlich bisher nur die Grünen, die 1983 in den Bundestag gelangten, aber 1990 im Bereich der früheren BRD keine 5% mehr bekamen. Ein Zwei-Parteien-System mit Mehrheitswahl wird von den Wählern allerdings abgelehnt. Sie benutzen ihre Zweitstimme immer wieder, um kleinere Parteien in den Bundestag zu bringen.

Die Autorität des Bundespräsidenten hängt vor allem von seiner Persönlichkeit ab. Er kommt zwar von einer Partei, soll aber in seinem Amt das ganze Volk vertreten. Der erste Bundespräsident Theodor Heuß erwarb sich das Vertrauen des Volkes, und nach ihm vor allem Gustav Heinemann, Walter Scheel und Richard von Weizsäcker. Die Verfassung begünstigt, ja verlangt einen starken Bundeskanzler. Konrad Adenauer, Kanzler von 1949 bis 1963, nutzte den Spielraum seines Amtes voll aus. Internationalen Ruf erwarben nach ihm vor allem Willy Brandt (1969–1974), der den Nobelpreis für seine Bemühungen um den Frieden erhielt, und Helmut Schmidt (1974–1982). Seit 1982 heißt der Bundeskanzler Helmut Kohl.

Eine wichtige Institution ist das Bundesverfassungsgericht geworden, das als oberstes Gericht in politischen Fragen wichtige

Bundespräsident Richard von Weizsäcker, Bundeskanzler Helmut Kohl und andere prominente Politiker wie Willy Brandt feiern die Wiedervereinigung am 3. Oktober 1990.

Entscheidungen getroffen und die konkrete Anwendung des Grundgesetzes mitbestimmt hat. Es hat die „Kulturhoheit" der Länder bekräftigt, zum Beispiel, als es der Bundesregierung 1960 untersagte, ein eigenes Fernsehprogramm aufzubauen. Es hat radikale Parteien verboten, und es hat in Fragen der Polizeigewalt und Bekämpfung von Terroristen mäßigend gewirkt. Insgesamt hat das Bundesverfassungsgericht vermieden, politische Entscheidungen für Regierung und Parlament zu treffen, sondern sich darauf beschränkt, die Verfassung zu interpretieren und zu schützen.

Die politischen Parteien

Eine der beiden großen Parteien ist die Christlich-Demokratische Union (CDU), die in Bayern eine eigene Organisation hat und dort Christlich-Soziale Union (CSU) heißt. Die CDU entstand 1945 als Partei für Christen aller Konfessionen. Dadurch unterschied sie sich von einer früheren christlichen Partei, dem Zentrum, das nur die Katholiken vertrat. Während der Zeit des Nationalsozialismus zeigte es sich, daß die Gemeinsamkeiten der Konfessionen wichtiger sind als ihre Unterschiede. Die CDU entschied sich für eine liberale Wirtschaftspolitik. Ludwig Erhard wurde Bundeswirtschaftsminister, und er setzte seine Politik der „sozialen Marktwirtschaft" durch. In dieser Marktwirtschaft hat der Staat lediglich die Aufgabe, dafür zu sorgen, daß alle Wirtschaftspartner gleiche Chancen haben. Der Staat soll also z.B. verhindern, daß eine Firma ein Monopol bekommt, und er soll zwischen den verschiedenen Interessen ausgleichen.

In der CDU/CSU ist der „linke" Flügel, der zu einem christlichen Sozialismus tendierte, schwächer geworden. Die Partei zieht konservative und auf Stabilität ausgerichtete Wähler an. „Keine Experimente" war einer ihrer wirksamsten Wahlsprüche. Als die Wähler der damaligen DDR sich in ihrer ersten (und einzigen) freien Wahl im März 1990 entscheiden sollten, welcher Partei sie ihre Zukunft anvertrauen sollten, wählten sie überraschenderweise die CDU, denn sie schien ihnen einen schnellen Wohlstand zu versprechen. Manche Wähler, auch in der alten BRD, möchten allerdings mehr soziale Einrichtungen und weniger kapitalistische Privatisierung als die CDU, und die Frauen opponieren gegen die harte Linie der CDU in der Frage der Abtreibung.° *abortion*

Eine liberale Partei, die Staat und Religion mehr getrennt halten will, ist die Freie Demokratische Partei (FDP). Sie hat besonders Wähler in Gegenden mit starker liberaler Tradition, wie z.B. Württemberg; im ganzen hat sie gewöhnlich bei den Bundestagswahlen zwischen 6 und 12% der Stimmen erreicht. Da die beiden großen Parteien oft nahezu gleiche Zahlen bekommen, wird die FDP dann zum „Zünglein an der Waage".° Von 1969 bis 1982 war sie in der Bundesregierung und in den meisten Landesregierungen in der Koalition mit der SPD, doch seit 1982 regiert sie in Koalition mit der CDU. Die FDP trat besonders für die Wiedervereinigung ein. Sie vertritt die Interessen der Wirtschaft, ist aber keine „antigewerkschaftliche" Partei. Auch die FDP hat einen rechten und einen linken Flügel.

"tongue of the balance"

Insgesamt sind die heutigen Parteien viel weniger ideologisch festgelegt als die Parteien vor 1933, ja sogar, als die Parteien direkt nach 1945. Konservative Wähler haben keine eigene Partei gegründet, die als Nachfolgerin der Deutschnationalen Volkspartei anzusehen wäre. Es gab einmal die Deutsche Partei (DP), die eine starke regionale Basis in Niedersachsen hatte und die dann in der CDU aufging.

Rechtsradikale Parteien haben immer mit dem Handicap gekämpft, beweisen zu müssen, daß sie keine Nazis seien und nicht die Verfassung umstürzen wollten. 1952 wurde jedoch die Sozialistische Reichspartei als verfassungswidrig verboten. Die Nationaldemokratische Partei Deutschlands (NPD) errang in der Wirtschaftskrise um 1966 Erfolge in Landtagswahlen, erreichte jedoch 1969 nicht die für den Bundestag nötigen 5% und zerfiel daraufhin.

In den achtziger Jahren hatten die Republikaner Erfolge. Sie machten sich die Ausländerfeindlichkeit zunutze. Sie schienen schon wieder zu verschwinden, als der große Andrang von Asylsuchenden ihnen neuen Auftrieb gab. In Schleswig-Holstein hat bei den Landtagswahlen von 1992 eine gleichgerichtete Partei, die Deutsche Volksunion (DVU), Erfolge erzielt.

Diese Parteien profitieren nicht nur von der Unzufriedenheit der Wähler mit dem Zustrom von Ausländern und den hohen Steuern, sondern auch von der Unzufriedenheit mit den großen Parteien. Die Wähler glauben immer weniger, daß die CDU und SPD die Probleme wirklich lösen können. Manche dieser Wähler sind Protestwähler, sie wollen die Regierungen warnen. Dann aber gibt es wirkliche Rechtsradikale. Diese begnügen sich nicht mehr mit Parteien und Wahlen, sie gehen zu direkten Aktionen über. Der faschistische Kampfgeist und die Feindseligkeit gegen alles „Andere", vor allem Ausländer und andere Rassen, setzt sich um in Terroraktionen und Bedrohungen der Ausländer, vor allem der Asylsuchenden. Die Polizei und die Gerichte zeigen sich vorerst eher hilflos. Sie sind Banden, die die Schockwirkung politischer Embleme benutzen, nicht gewohnt. Wie weit hieraus eine wirklich politische Bewegung wird, und wie weit die Ordnung des Landes dadurch gestört wird, bleibt abzuwarten. Es sind Warnzeichen, die eine Krise des politischen System anzeigen könnten. Es ist allerdings die Natur radikaler Gruppen, daß ihre Wirkung größer sein kann als die Zahl der Anhänger. Ob Rechtsradikale Einfluß in der Bundespolitik gewinnen, ist fraglich; aber sie haben z.B. eine „große Koalition" von CDU und SPD im Lande Baden-Württemberg erzwungen. Eine Konjunktur von rechtsradikalen Gruppen drückt Zweifel an der parlamentarischen Demokratie aus, entweder weil sie noch ungewohnt ist, wie in der Weimarer Republik oder jetzt in den östlichen Bundesländern, oder weil sie abgenutzt aussieht. Die Geschichte der BRD erweckt die Zuversicht, daß auch hier eine Krise überwunden werden wird; doch scheinen heute rechtsradikale Gruppen attraktiver als bisher.

Die zweite große Partei der Bundesrepublik ist die Sozialdemokratische Partei Deutschlands (SPD). Die Tradition der SPD geht bis zum „Allgemeinen Deutschen Arbeiterverein" von 1863 zurück, und so ist sie die einzige deutsche Partei mit einer fortlaufenden Geschichte von mehr als hundert Jahren. Die SPD hat sich seit 1945 aus einer Arbeiterpartei zu einer Volkspartei entwickelt; sie tritt für Sozialgesetze und ein fortschrittliches Bildungssystem ein, und sie vertritt eine Außenpolitik der Entspannung. Ihre bekanntesten Führer nach 1945 waren Kurt Schumacher; Ernst Reuter, der Bürgermeister von West-Berlin war; Willy Brandt, Berliner Bürgermeister und Bundeskanzler von 1969 bis 1974; und Helmut Schmidt, sein Nachfolger. Die SPD hat inzwischen einen rechten und einen linken Flügel, der mehr Sozialisierung will, vor allem aber im Umweltschutz und in der Außenpolitik neue Wege verlangt. 13 Jahre, von 1969 bis 1982,

Der Partei-Kongreß der SPD im Kongreß-Zentrum Berlin, September 1990

war die SPD die große Regierungspartei. In dieser Zeit sind manche ihrer Anhänger enttäuscht worden und zu anderen Gruppen gegangen, zum Beispiel zu den Grünen. In der Opposition versucht die SPD, neue Positionen für die dringenden Probleme der Zeit zu finden. Sie bleibt ihrer Tradition treu, eine Partei zu sein, die die Wohlfahrt des Volkes im Auge hat und die „kleinen Leute" vertritt.

Nach wie vor regiert die SPD in der Mehrzahl der Länder, meistens in Koalitionen. Sie hat eine entscheidende Stimme im Bundesrat und blockiert alle Versuche, das Grundgesetz zu ändern, wenn sie nicht einverstanden ist. Zur Überraschung vieler Beobachter hat sie es schwer, in den neuen Bundesländern Fuß zu fassen, wo sie einmal, bis 1933, starke Stützpunkte hatte. Sie hat viel für die deutschen Arbeitnehmer erreicht; aber sie muß heute, in einem europäischen Kontext und im Verhältnis zur Dritten Welt, neue Positionen entwickeln. Die Strukturveränderungen und der Umweltschutz zwingen die Gewerkschaften, nicht einfach auf der Erhaltung der Arbeitsplätze zu bestehen, sondern umzudenken. Mit dem Ende des Kalten Krieges hat sich die intensive Debatte um die NATO und die Friedensbewegung erledigt; umso dringlicher wird der Nord-Süd-Dialog. Auch die SPD hat verschiedene Gruppen und außerdem einen Gegensatz der Generationen, zwischen der alten Arbeiterbewegung und den jungen Pragmatikern.

Die Kommunistische Partei Deutschlands (KPD) wurde ein Opfer des Kalten Krieges, nachdem sie zuerst ein Opfer der Nazis und Stalins geworden war. Ihre Erfolge in den ersten Jahren nach 1945 waren enttäuschend, denn die Deutschen assoziierten sie mit der Sowjetunion. 1946 wurden in der Sowjetischen Besatzungszone die KPD und SPD zur Sozialistischen Einheitspartei Deutschlands (SED) vereinigt. Es sollte eine wahre „Volksfront" sein, war jedoch nur eine stalinistische Partei unter einem neuen Namen. Sie regierte die DDR von 1946 (bzw. 1949) bis 1989 und entwickelte einen großen Funktionärsapparat, da sie auch die Verwaltung des Staates in den Händen hatte. In der BRD war die KPD im ersten Bundestag vertreten, 1953 bekam sie jedoch nur noch 2% der Stimmen. 1956 wurde sie als verfassungswidrig verboten. 1968, in der Zeit der Entspannung, wurde in der BRD eine neue Partei gegründet, die Deutsche Kommunistische Partei (DKP). Sie bekam typischerweise etwa 1% der Stimmen. In der DDR bildeten sich 1989/90 etliche neue Parteien, darunter auch als Nachfolgerin der SED die Partei für demokratischen Sozialismus (PDS), hervorgegangen aus den reformwilligen Gruppen der SED. Die PDS bekam genügend Stimmen für eine Vertretung im gesamtdeutschen Bundestag von 1990. Die Zukunft des Sozialismus in Deutschland ist ungewiß. Die PDS vertritt das, was die DDR an positiven Errungenschaften° erreicht hatte; aber es dauert einige Zeit, bis die Wähler beurteilen können, was sie erhalten oder wieder bekommen möchten. Die PDS ist auch eine Erinnerung an die kurze Übergangszeit von 1989, wo es so aussah, als könnte sich der Sozialismus von innen heraus reformieren.

achievements

Neben den Parteien wie PDS und SPD gibt es noch andere sozialistische Gruppen, vor allem unter den Studenten. Die Gruppen entwickelten sich als Opposition zur Ideologie des Kalten Krieges. Sie vertraten einen „Dritten Weg", besonders für die Deutschen, und wollten Sozialismus ohne den Zwang einer Parteihierarchie. Solche Gruppen gibt es seit den sechziger Jahren; sie haben allerdings viel an Attraktion verloren und bilden auch kaum noch ein Kraftzentrum innerhalb der Universitäten. Sie bildeten jedoch eine der Kernzellen der „Grünen", die die Politik der BRD in den achtziger Jahren mitbestimmt haben. Die Grünen waren eine neuartige Partei. Sie setzten sich aus verschiedenartigen Gruppen zusammen. Es waren drei Ideen, die sie zusammenbrachten und die ihnen Wähler, vor allem junge Wähler, verschafften: der Umweltschutz, die Friedensbewegung und die „Basisdemokratie". Der Umweltschutz, z.B. der Kampf gegen die Benutzung der Atomkraft, die Rettung der deutschen Flüsse und Wälder, sind immer noch heiße Themen; aber sie werden von allen Parteien diskutiert. Die Friedensbewegung muß sich nach dem Ende des Kalten Krieges erst neu orientieren. Der erträumte „dritte Weg" zwischen dem Kapitalismus und dem Sowjetsystem scheint jedenfalls nicht mehr aktuell zu sein. Das Experiment mit der Basisdemokratie hat sich als in der Idee richtig, aber unpraktisch erwiesen. Es bedeutete, daß Bundestagsabgeordnete beispielsweise alle zwei Jahre ausgewechselt werden sollten, und daß die „Basis", die Mitglieder, bestimmen sollte, wie die Abgeordneten sich verhielten. Es kam zu heftigen Auseinandersetzungen unter den Grünen; dabei siegten die „Realos" über die „Fundamentalis", und die Grünen arbeiteten in der praktischen Politik mit, doch immer noch sehr auf ihre Prinzipien bedacht und zu wenig Kompromissen geneigt. 1983 kamen die Grünen zuerst in den Bundestag. In Hessen, Hamburg und Berlin waren sie zuerst an der Regierung beteiligt. Inzwischen gehören sie zu Regierungskoalitionen in Niedersachsen, Berlin und Brandenburg. Aber die Bundestagswahlen von 1990 brachten eine schwere Niederlage. Die Grünen, ebenso wie der linke Flügel der SPD, hatten gegen den einfachen Anschluß der östlichen Länder an die BRD opponiert, sie wollten der Reformbewegung im Osten eine Chance geben. Es ist jedoch sicher, daß auf die Dauer ein Bedürfnis vorhanden sein wird, eine politische Kraft wie die Grünen auch im Bundestag vertreten zu sehen, wenn sie ihre Ziele neu und überzeugend formulieren, besonders für die junge Generation.

Die Sprecher der Grünen in Bonn 1990: Christian Ströbele, Heide Rühle und Renate Damus

Nach mehr als 40 Jahren Parteienherrschaft gibt es eine starke Verfilzung° von Parteien, Regierung, Verwaltung und Wirtschaft. Man spricht von einem „Selbstbedienungsladen", und die Wähler sehen, wie sich Abgeordnete und Regierungsmitglieder persönliche Vorteile verschaffen. Sie profitieren von einem System, das sie deshalb auch nicht ändern wollen. So zeigt sich bei den Wählern eine stärker werdende „Parteiverdrossenheit",° und das führt zur Bereitschaft, einfach „die anderen" Parteien zu wählen, ganz gleich, wer sie sind. Diese Tendenz wird inzwischen klar gesehen und beklagt; aber es ist viel leichter sie zu sehen als zu ändern. Es wird besonders akut, wenn Krisen eintreten und ungewöhnliche Situationen außergewöhnliche Maßnahmen verlangen.

entanglement

vexation, disenchantment with political parties

Leidet die Bundesrepublik an einem Verschleiß° der politischen Parteien und des politischen Systems? Die Symptome sind vorhanden. Damit wird auch denkbar, daß die wechselnden Koalitionen von CDU, SPD und FDP, die das politische Leben beherrscht haben, vielleicht einmal an ihr Ende kommen, jedenfalls wenn sie sich nicht regenerieren.

worn-out condition

Die Mitarbeit der Bürger

Jeder Staat braucht die Mitarbeit seiner Bürger. Die Bürger haben außer ihren Rechten auch Pflichten: sie müssen Steuern zahlen; sie müssen Kriegsdienst oder Zivildienst leisten; sie müssen besondere Pflichten übernehmen, als Vormund z.B. oder als Geschworener.° Schwurgerichte gibt es im deutschen Rechtssystem

juror

Ein Schöffengericht: der Richter, zwei Schöffen und die Schreiberin. Die Fälle vor dem Schöffengericht erfordern mehr gesunden Menschenverstand als juristisches Wissen.

allerdings nur bei Mord und bei Totschlag, so daß solche Pflichten selten sind.

Hingegen sind längst nicht alle Deutschen damit einverstanden, daß sie Kriegsdienst leisten sollen. Die Wehrpflicht ist in der Bundesrepublik gar nicht populär. Es gibt Kriegsdienstverweigerer,° die den Kriegsdienst ablehnen. Das ist eines der Grundrechte des Grundgesetzes. Die meisten Kriegsdienstverweigerer haben keine religiösen, sondern Gewissensgründe. Sie müssen ihre Gründe vor einem Ausschuß verteidigen, der überzeugt werden will, daß die Gründe ehrlich und nicht opportunistisch sind. Doch statt des Kriegsdienstes leisten diese Kriegsdienstverweigerer einen Ersatzdienst in der Sozialarbeit, etwa in Krankenhäusern oder Altersheimen, der oft mehr verlangt als der Dienst in der Armee. Es ist also nicht die Rede davon, daß jemand sich einfach „drückt".° Die Zahl derjenigen, die einen solchen Zivildienst ableisten, der auch drei Monate länger ist als der Militärdienst, ist erheblich. Nach 1989 ist sie auf über 150.000 pro Jahr gestiegen.

conscientious objectors

***sich drücken** to evade a duty*

Wie überall nehmen die Bürger mehr direkten Anteil an der Gemeindepolitik als an Landes- oder Bundespolitik. Allerdings gibt es in den Gemeinden keine Volksabstimmungen° über neue Steuern oder Bauprojekte. Auch sind Richter oder Polizeichefs Beamte, die nicht gewählt werden. Der „Staat" greift mehr in das Leben der Menschen ein, und sie haben weniger den Eindruck, selbst mitbestimmen zu können. Dieser Eindruck wurde noch verstärkt durch eine radikale Gemeindereform. Die Länder

referendum, plebiscite

beschlossen nämlich, im Interesse der Wirtschaftlichkeit kleine Gemeinden zu größeren Einheiten zusammenzulegen. Die Zahl der Gemeinden schrumpfte auf ein Drittel. Das spart Geld; aber es tut weh, wenn jahrhundertealte Orte ihre Selbständigkeit und Identität verlieren; und notwendigerweise muß die Verwaltung unpersönlicher werden.

Auf der anderen Seite existieren inzwischen viel mehr Gruppen von Menschen, die in Fragen der Schulen, der Umwelt oder der Steuern aktiv werden. Das Wort „Bürgerinitiative" ist zum festen Bestandteil des Wortschatzes geworden. Nicht nur Atomkraftwerke und Mülldeponien,° auch neue Flugplätze und Autobahnen werden heftig umkämpft. Während auf diesen Gebieten die Grünen am aktivsten mitgewirkt haben, so gehen die meisten Initiativen nicht von den Parteien aus.

garbage dumps

Die Parteien sind auch deshalb weiter entfernt vom einzelnen Bürger, weil so viele Abgeordnete eine Partei und keinen Wahlbezirk vertreten. Oft kennen die Bürger „ihren" Abgeordneten gar nicht. Die Politik der Länder und des Bundes ist viel mehr von Parteien als von einzelnen Persönlichkeiten beherrscht. Trotzdem begnügen sich die deutschen Wähler nicht mehr einfach damit, ihre Pflicht zu tun (die Wahlbeteiligung ist nach wie vor hoch); sie sind leichter mobilisierbar, und sie sind jederzeit bereit, eine Partei, die zu lange an der Macht ist, abzuwählen.

Wie informiert sich der Deutsche?

Die Deutschen, so wurde bereits gesagt, möchten gern unparteiisch informiert werden. Welche Möglichkeiten haben sie dazu?

Die Deutschen sind die eifrigsten Zeitungsleser in Europa; 4 von 5 Deutschen lesen eine Tageszeitung. Dabei haben sie mehrere Typen von Zeitungen zur Auswahl. Sie haben zuerst einmal die „Lokalzeitung", die man gewöhnlich im Abonnement bezieht, und die morgens ins Haus geliefert wird. Diese Zeitung bringt auf den ersten Seiten die Berichte über die wichtigsten Ereignisse im In- und Ausland, dazu Leitartikel und Kommentare; sie bringt Berichte aus der Wirtschaft, einen Sportteil, Reportagen, das „Feuilleton",° d.h. Kritiken über kulturelle Ereignisse und andere Berichte über das geistige Leben, den Fortsetzungsroman und schließlich den Lokalteil, also die Berichte über die Ereignisse in der Stadt.

cultural section

Der Text überwiegt die Reklame, auch bemüht man sich, wenige oder keine Anzeigen auf den Textseiten zu bringen. Diese Lokalzeitungen haben gewöhnlich eine lange Tradition, aber nicht unbedingt eine hohe Auflage. So sind die meisten von ihnen heute nur noch „Kopfblätter".° Sie haben ihren eigenen Namen behalten, also den „Kopf", sie bringen einen eigenen Lokalteil, aber die ersten Seiten werden ihnen von einer größeren Zeitung geliefert,

local papers affiliated with a larger paper

zu der sie gehören. Es gibt etwa 1.100 Ausgaben von Zeitungen, die insgesamt eine Auflage von fast 20 Millionen Exemplaren haben. Im allgemeinen rechnet man mit gut 350 Tageszeitungen, dazu etwa 50 Wochenzeitungen. Jedoch bestehen nur etwa 120 „Vollredaktionen". So hat die wirtschaftliche Konzentration auch in der Bundesrepublik um sich gegriffen, ohne daß der Zeitungsleser es richtig gemerkt hat.

Neben den Lokalzeitungen, die wirklich oder scheinbar selbständig sind, stehen die größeren Tageszeitungen. Bis 1945 war Berlin das Zentrum der deutschen Presse. Das ist es heute nicht mehr oder noch nicht wieder. Wichtige Zeitungen erscheinen vor allem in Hamburg, Frankfurt und München. Es gibt keine Zeitung, die gleichmäßig in ganz Deutschland gelesen wird, hingegen gibt es „überregionale Zeitungen". Dazu gehören die „Frankfurter Allgemeine Zeitung", „Die Welt", die in Hamburg erscheint, die „Süddeutsche Zeitung" in München und vielleicht noch die „Frankfurter Rundschau". Diese Zeitungen haben Auflagen zwischen 250.000 und 400.000, während eine Lokalzeitung selten mehr als 100.000 Exemplare erreicht. Es gibt allerdings auch regionale Zeitungen mit sehr viel höheren Auflagen, wie die „Westdeutsche Allgemeine" oder die „Rheinische Post". Auch die überregionalen Zeitungen bezieht der Leser gewöhnlich im Abonnement. Sie haben die gleiche Einteilung wie die Lokalzeitungen; aber sie bringen mehr Berichte aus dem Ausland, denn sie können sich eigene Korrespondenten leisten, und ihre Kommentare spielen eine wichtige Rolle für die Meinungsbildung in Deutschland. Alle Kommentare und die meisten Berichte sind von Mitgliedern der eigenen Redaktion geschrieben. So hat jede Zeitung ihr Büro in der Hauptstadt, um über die Bundespolitik zu berichten.

Auf dem Weg zur Arbeit kann der Deutsche sich am Kiosk noch andere Tageszeitungen kaufen, die man gewöhnlich „Boulevardblätter"° nennt. Es sind leicht geschriebene Blätter, die Sensationen zu bringen versuchen. Skandale von Schauspielern, Politikern und dem Adel sind beliebt; ebenso Verbrechen, Sportnachrichten, Unfälle; kurz, alles, was einen Menschen aufregen kann. Am erfolgreichsten ist die „Bild-Zeitung" geworden, die eine Auflage von 4,5 Millionen erreicht hat. Dazu gibt es eine Reihe von anderen Blättern, die gewöhnlich „Morgenpost" oder „Abendpost" heißen.

tabloids

Die meisten Zeitungen sind in der Hand von privaten Zeitungsverlegern. Es gibt auch einige Zeitungen, die politischen Parteien gehören. Vor allem die SPD besitzt eine gewisse Zahl von Tageszeitungen und Wochenzeitungen. Unter den Verlegern hat sich Axel Springer in Hamburg einen Namen gemacht. Er war ein „Zeitungskönig", der große Marktanteile besaß. Seine Blätter, wie „Bild" oder „Die Welt", hatten erheblichen Einfluß, indem sie im Kalten Krieg feste Positionen bezogen und in einem antikommunistischen Geist auch gegen die Ostpolitik opponierten.

Besonders in West-Berlin, wo Springer sein Pressehaus demonstrativ nahe der Mauer errichtete, beeinflußte die Springer-Presse die öffentliche Meinung.

Im allgemeinen ist die Presse gemäßigt. Lokalzeitungen neigen eher nach rechts; von den bekanntesten Zeitungen ist die „Frankfurter Allgemeine" betont unparteiisch, „Die Welt" gehört zum Springer-Konzern, während die „Süddeutsche Zeitung" linksliberal genannt werden kann. Es gibt also einige Gegengewichte gegen Springer.

Ein solches Gegengewicht ist die Wochenzeitung „Der Spiegel", die „Time" und „Newsweek" nachgebildet ist, aber vor allem ihre Aufgabe darin sieht, das zu schreiben, was andere Zeitungen und die Politiker verschweigen wollen. „Der Spiegel" ist dabei sehr erfolgreich, und er reizt dadurch oft den Zorn der Politiker. Franz-Josef Strauß, damals Bundesverteidigungsminister, war 1962 so gereizt, daß er eine Polizeiaktion gegen den „Spiegel" veranlaßte. Die Chefredakteure wurden verhaftet; das Redaktionsgebäude wurde von der Polizei besetzt und durchsucht. Der Anlaß waren Berichte über NATO-Manöver und die Bundeswehr. Alle anderen Zeitungen, auch die Zeitungen Axel Springers, waren sich einig im Protest gegen diese Aktion. Professoren und Studenten demonstrierten. Nach einer heftigen Debatte im Bundestag mußte Strauß zurücktreten. Die Auflage des „Spiegel" stieg beträchtlich. Die Anklagen gegen die Redakteure wurden fallengelassen. In der Bundesrepublik wird die „Spiegel-Affäre" als ein Sieg der Presse angesehen.

Zeitschriften aller Arten. Was interessiert mich?

Neben dem „Spiegel" gibt es eine Reihe von Wochenzeitungen, die sich in ihren Berichten und Kommentaren besonders an informierte und anspruchsvolle Leser wenden. Dazu gehört vor allem „Die Zeit", die auch im Ausland gedruckt wird, außerdem die „Deutsche Zeitung" und „Der Rheinische Merkur" , die erste protestantisch, die zweite katholisch orientiert, ferner die traditionsreiche SPD-Zeitung „Vorwärts". Springer hat mit seinem „Bild am Sonntag" und der „Welt am Sonntag" in Deutschland die Sonntagszeitung durchgesetzt, während es vorher nur Wochenendausgaben der Tageszeitungen gab, die mehr Unterhaltungsseiten und vor allem mehr Inserate° enthalten.

advertisements

Es ist geschildert worden, daß der Rundfunk und also auch das Fernsehen vorwiegend nicht privaten Besitzern gehören. Daher sind die Rundfunkanstalten verpflichtet, politisch unparteiisch zu informieren. Die politischen Parteien, die Kirchen und die Gewerkschaften achten darauf, daß die Berichte und Kommentare nicht einseitig werden. Schwierigkeiten gab es bisher vor allem, wenn Berichte zu sehr gegen die Regierungspolitik gerichtet schienen. In den letzten Jahren haben die Rundfunkanstalten allerlei Angriffe auf ihre politischen Berichte und Kommentare hinnehmen müssen. Es sind vor allem Länderregierungen der CDU, die sich über die Fernsehprogramme ärgern. Zwar kann der Rundfunk kein Instrument des Staates werden, auch nicht das einer Partei; aber bei großem Druck kann die politische Kritik gemildert oder ganz ausgeschalter werden. Der erste Bundeskanzler Konrad Adenauer, der sich sehr über die Fernsehprogramme ärgerte, wollte kurzerhand ein eigenes Bundesfernsehprogramm einrichten, aber auf Antrag der SPD-Länderregierungen stellte das Bundesverfassungsgericht fest, daß ein solches Bundesfernsehen gegen das Grundgesetz sei. So hat seit 1960 die Bundesregierung solche Versuche nicht mehr unternommen.

Ein neues und noch umstrittenes Gebiet ist das Kabelfernsehen mit seinen privaten Kanälen. Das Beispiel Springer hat die Furcht wachgehalten, daß privates Fernsehen mehr politische Propaganda erzeugen kann als der Druck der Regierung. Auch in Deutschland haben konservative Kreise den Eindruck, daß das Fernsehen zu links ist, und sie möchten ein Gegengewicht schaffen. Diese Meinung wird jedoch nicht von der Mehrheit der Bevölkerung geteilt.

Eine starke politische Wirkung hatte das westliche Fernsehen in der DDR, da es die Bewohner laufend über die Ereignisse in der westlichen Welt und ihre Perspektive informierte. Vor allem waren es die Informationen über den Lebensstandard im Westen, die die Unzufriedenheit in der DDR wachhielten und dadurch Druck auf die SED ausübten. Andererseits half das Fernsehen auch dabei, unrealistische Erwartungen vom Wohlstand im Westen zu erwecken.

Ein Fernsehen, das nicht so sehr von der Reklame beherrscht ist wie das amerikanische, spielt auch keine so entscheidende Rolle in Wahlkämpfen, denn die Reklametechnik wird nicht in gleicher Weise auf die Beeinflussung der Wähler übertragen. Das Fernsehen vermittelt den Wahlkampf nur durch die Nachrichten und durch Interviews oder Diskussionen zwischen den Parteien. Es ist also weit weniger Show Business als in den USA.

Andererseits spielen die Dokumentarsendungen des Fernsehens eine wichtige Rolle im politischen Leben. Das Fernsehen begleitet die Handlungen und Unterlassungen° der Politiker mit kritischen Kommentaren und informiert auch regelmäßig über das Ausland. Gerade durch den ruhigeren und sachlichen Ton wirken die Dokumentationen und Kommentare überzeugend und bestimmen das Bild, das sich die Bevölkerung vom Zeitgeschehen macht.

omissions, failure to act

Wallfahrtskirche in Neviges bei Düsseldorf

Die Kirchen und ihre Rolle in der Gesellschaft

Kirche und Staat

1517 begann Martin Luthers Reformation. Seitdem gibt es in Deutschland mehrere christliche Konfessionen. 1555 bestimmte der Religionsfriede von Augsburg, daß die Untertanen die Konfession des Herrschers annehmen mußten. Staat und Kirche waren also eng verbunden. Es gab keine Staatskirche für das gesamte Deutsche Reich, wohl aber Landeskirchen für die einzelnen Länder. Das war besonders stark in den evangelisch-lutherischen und evangelisch-reformierten Ländern, während die Katholiken im Papst eine Autorität über ihren Fürsten hatten. Bis zum 18. Jahrhundert gab es auf diese Weise kaum Länder mit Einwohnern von mehreren Konfessionen, sondern katholische und protestantische Länder. Brandenburg-Preußen, das Einwanderer brauchte, begann zuerst eine Politik der religiösen Toleranz, und der

Preußenkönig Friedrich II. prägte das historische Wort: „In meinen Staaten kann jeder nach seiner Fasson selig werden." Dennoch lockerten sich die Bestimmungen erst um 1800 durch die Wirkungen der Französischen Revolution. Erst dann konnte auch ein protestantischer Bäckermeister in München einen Laden eröffnen.

Kirche und Staat blieben dabei eng verknüpft.° Die Kirche hatte die Aufsicht über das Schulwesen, und der Staat hatte die Aufsicht über die Kirche. Die Schule befreite sich von diesem Einfluß, doch die Verbindung von Staat und Kirche blieb. Noch heute heißen die Erziehungsminister der Länder „Kultusminister", und sie behandeln kirchliche Fragen neben den kulturellen. Wer einer Konfession angehört, zahlt eine Kirchensteuer, die der Staat einzieht, und die einen Prozentsatz seiner Lohnsteuer beträgt. In allen Schulen erhalten die Schüler Religionsunterricht, entsprechend ihrer Konfession. Wer nicht zu einer Kirche gehört, braucht nicht teilzunehmen. Die Universitäten, die ja staatlich sind, haben theologische Fakultäten. In manchen Ländern richtete man die Volksschule als Konfessionsschule ein. Es zeigte sich jedoch, daß dieses System oft unpraktisch ist, und außerdem war die Mehrheit der Bevölkerung dagegen, so daß es schließlich auch in Bayern nach einer Volksabstimmung abgeschafft wurde.

verknüpfen *to tie together*

Seit 1918 verwalten sich die Kirchen selbst, ohne Aufsicht oder Einmischung des Staates. Umgekehrt haben die Kirchen immer noch ein wichtiges Wort in den öffentlichen Angelegenheiten. Die CDU ist immerhin eine christliche Partei; die Kirchen sind in den Rundfunkgremien vertreten; sie sind sozusagen zu Interessengruppen geworden.

Das Verhältnis der Konfessionen

Seit 1815 hatten alle größeren deutschen Länder Einwohner verschiedener Konfessionen. Die Minderheit wurde toleriert, doch das Mißtrauen zwischen den Konfessionen blieb groß. Dasselbe geschah im Deutschen Reich nach 1871. Etwa zwei Drittel der Deutschen waren Protestanten, ein Drittel Katholiken. Die Regierung Bismarcks war protestantisch, und die Katholiken fühlten sich als Minderheit und bildeten ihre Oppositionspartei, das Zentrum. Die Teilung Deutschlands nach 1945 brachte es mit sich, daß die DDR fast ausschließlich von Protestanten bewohnt war, während in der Bundesrepublik die Zahl der Protestanten und Katholiken fast gleich war. Beim Widerstand gegen Hitler entdeckten die Konfessionen ihre Gemeinsamkeiten. Die CDU vertritt nicht mehr eine Konfession, sondern alle Christen. Innerhalb der CDU besteht ein konfessionelles „Proporz-System": die Zahl der Protestanten in den hohen Ämtern soll der der Katholiken entsprechen. Wenn der Bundespräsident katholisch ist, soll der Kanzler evangelisch sein, der Präsident des Bundestages wieder katholisch usw. Das geht nicht immer, doch im allgemeinen wird es beachtet.

Die Zusammenarbeit der Kirchen wurde freier und positiver, auch wenn es zunächst an etlichen Orten Widerstände gab. Nach 1945 waren viele Flüchtlinge und Vertriebene in Gegenden gekommen, wo es vorher nur eine Konfession gegeben hatte, und so ist heute auch in kleinen Städten und auf dem Lande die Bevölkerung konfessionell gemischt. Entsprechend gibt es viele „Mischehen",° gegen die der Widerstand der Kirchen machtlos war. Inzwischen haben sich die Fronten ohnehin verändert. Die Frage ist nicht mehr so sehr, welcher Kirche jemand angehört, sondern ob er einer Kirche angehören will. Es kommt nicht selten vor, daß Kirchengebäude von verschiedenen Konfessionen zusammen benutzt werden. Geistliche verschiedener Konfessionen diskutieren miteinander und arbeiten zusammen.

mixed marriages

Es besteht noch ein gewisser sozialer Druck, Mitglied einer Kirche zu bleiben und Kirchensteuern zu zahlen. Doch die Zahl der Kirchenmitglieder in der BRD ist gesunken. Sehr viel geringer war natürlich der Anteil der Kirchenangehörigen° in der DDR, wo es einen Vorteil brachte, aus der Kirche auszutreten, und wo Aktivitäten in der Kirche Opposition gegen den Staat bedeuteten. Nominell hat sich das Verhältnis von Protestanten und Katholiken durch die Wiedervereinigung wieder verschoben; aber politisch fällt das viel weniger ins Gewicht als in der Vergangenheit. Ins Gewicht fällt jedoch, daß durch die Wiedervereinigung der deutschen evangelisch-lutherischen Kirche das gesellschaftliche Engagement der Kirche noch stärker geworden ist.

church members

Das Leben einer Gemeinde

Das kirchliche Leben in Deutschland unterscheidet sich sehr von dem in den USA. Der größte Teil der Deutschen gehört zu den großen „offiziellen" Kirchen. Das sind die römisch-katholische, die evangelisch-lutherische und die evangelisch-reformierte Kirche, wobei in manchen Ländern „unierte" protestantische Kirchen bestehen, in denen die Lutheraner und die Reformierten zusammengeschlossen sind. Die „Freikirchen", von den übrigen Deutschen meistens als „Sekten" betrachtet, zu denen auch Baptisten und Methodisten gehören, vereinigen etwa 1% der Bevölkerung. Ihr Gemeindeleben ist intensiv, ganz im Gegensatz zu den offiziellen Kirchen. Während in der BRD über 90% Mitglied einer Kirche waren, waren es in der DDR nur wenig über die Hälfte der Bevölkerung. Wie weit die Kirchen neuen Zuwachs bekommen, ist noch nicht recht klar. Was dem entgegensteht,° ist die Verwaltungshierarchie und unpersönliche Betreuung der Gemeinden. In

***entgegenstehen** to stand in the way*

der offiziellen Kirche wählt man nicht die Gemeinde, zu der man gehören möchte, sondern man gehört zur Gemeinde seines Wohnbezirks. Die Pfarrer werden von der Kirchenverwaltung eingesetzt und bezahlt. Der Einfluß des Gemeindemitglieds auf seine Kirche ist gering. Die Pfarrer haben große Gemeinden und daher viele Pflichten und Verwaltungsarbeiten; persönlichen Kontakt haben sie nur mit den Gemeindemitgliedern, die regelmäßig den Gottesdienst besuchen. Niemand interessiert sich dafür, ob sein Nachbar regelmäßig zur Kirche geht, jedenfalls besteht keinerlei sozialer Druck, kirchentreu zu sein. Hingegen ist es konventionell üblich, seine Kirchensteuern zu zahlen, die Kinder taufen zu lassen, sie zur Konfirmation oder Erstkommunion zu schicken und sich kirchlich trauen zu lassen. Auch gehen viele Menschen an den hohen Feiertagen in die Kirche. Die Regeln der katholischen Kirche verlangen regelmäßigen Kirchenbesuch, während es bei den Protestanten vollständig dem einzelnen Menschen überlassen ist, wie er sich zur Kirche und zum Glauben verhält. So predigen die Pfarrer in den großen Domen oft vor leeren Bänken. Nur ein Viertel der Katholiken besucht am Sonntag die Messe, und höchstens 5% der evangelischen Christen findet man im Gottesdienst.

Die Kirchen haben eingesehen, daß sie neue Wege gehen müssen, um die nominellen Christen zu erreichen. Es gibt in jeder Gemeinde eine Gruppe von treuen Mitgliedern, die regelmäßig zum Gottesdienst gehen und an Vortragsabenden° und anderen Veranstaltungen teilnehmen. Aber was tut man für die vielen indifferenten Christen? Beide Kirchen, die katholische und die evangelische, bemühen sich, die Laien mit an der Kirchenverwaltung zu beteiligen. Das intellektuelle Leben der Kirchen ist sehr lebendig. Es konzentriert sich ganz besonders in den „Akademien". Es gibt mehrere evangelische und katholische Akademien, die Tagungen über alle Arten von Themen durchführen, und die ihre Gebäude auch gern für andere Organisationen zur Verfügung stellen. Einige dieser Tagungen sind für einen kleinen Kreis gedacht, andere wenden sich an die Öffentlichkeit.

evening lectures

Daneben hat sich die Kirche ganz besonders mit den seelischen Schwierigkeiten des modernen Menschen beschäftigt. Einfache dogmatische Antworten helfen oft nicht mehr. Die Seelsorge° ist eine außerordentlich wichtige Angelegenheit geworden. Das zeigt zum Beispiel der Erfolg der „Telefonseelsorge":° man kann zu jeder Zeit eine bestimmte Telefonnummer anrufen, und diese Einrichtung hat schon vielen Menschen, die in Schwierigkeiten waren, geholfen.

ministry

telephone answering line

So bemüht sich die Kirche, kleinere Gemeinden zu bilden, kleinere Kirchen zu bauen, in denen sich die Gemeinde mehr zu Hause fühlen kann; vor allem bemüht sie sich, die Menschen zu verstehen und in ihrer Sprache zu ihnen zu sprechen.

Die katholische Kirche

Etwa 26,5 Millionen Deutsche sind Katholiken. Die katholische Kirche hat ihre feste Organisation und ihre Hierarchie. Sie bietet dem Gläubigen glanzvolle Feste, wie die Fronleichnamsprozession; sie hat durch die Beichte eine regelmäßige Verbindung mit dem einzelnen Gläubigen. Am Sonntag sind die katholischen Messen gut besucht; der Einfluß der katholischen Geistlichen auf die Gläubigen kann sehr nachhaltig sein. Die Kirche ist in Bistümer und Erzbistümer eingeteilt, die eine glanzvolle Vergangenheit haben. Ihr Verhältnis zu den einzelnen deutschen Ländern ist in Verträgen, Konkordate genannt, festgelegt.

Die katholische Kirche hat durch diese Organisation eine Macht, die die Protestanten mit Mißtrauen erfüllte. Da sich die moderne deutsche Kultur in den protestantischen Teilen des Landes entwickelte, blieb ihrerseits die katholische Kirche skeptisch gegen viele Neuerungen und neigte zu einer konservativen Haltung. Dadurch kommt es, daß im Verhältnis zu ihrem Anteil an der Bevölkerung viel weniger Katholiken auf Gymnasien und auf den Universitäten sind. Und daher ist es manchmal schwer, qualifizierte katholische Bewerber für höhere Posten zu finden. Die Kirche sieht es heute als ihre Aufgabe an, diesen „Bildungsrückstand"° der Katholiken aufzuholen und dafür zu sorgen, daß sich die Kirche mit dem modernen Leben auseinandersetzt. Dabei hat sich der höhere Klerus als besonders fortschrittlich erwiesen und

educational "lag"

Katholikentag in Düsseldorf

hat mit seinen Anordnungen und seinem Einfluß viele Änderungen erwirkt. Der Diskussion aktueller Probleme dienen die Veranstaltungen der Akademien und die deutschen Katholikentage, die regelmäßig alle zwei Jahre stattfinden.

Die klare Hierarchie und die festeren Regeln der katholischen Kirche haben einerseits den Zusammenhalt der Gemeinden besser aufrechterhalten; andererseits jedoch blieb die Kirche manchen Problemen der heutigen Zeit gegenüber unzugänglich. Sie steht im Gegensatz zur Ansicht der meisten Menschen in Fragen der Abtreibung und Empfängnisverhütung,° und sie brauchte lange, um sich mit der Tatsache abzufinden, daß so viele Heiraten von Mitgliedern verschiedener Kirchen geschlossen werden. Strenge Vorschriften wie bei solchen „Mischheiraten" treiben jedoch die Gläubigen inzwischen aus der Kirche, statt ihre Entscheidungen zu ändern. Ob sie wollte oder nicht, hier mußte sich die Kirche doch der Zeit anpassen. Das höhere Bildungsniveau bringt gleichfalls Menschen in die Kirche, die mehr Zweifel und kompliziertere Fragen haben, und die sich mit Antworten von gestern nicht zufriedengeben. So ist auch hier ein weitgehender Wechsel im Gange.

contraception

Die evangelische Kirche

Viel weniger einheitlich ist die evangelische Kirche. Sie besteht aus Landeskirchen, die sich bis heute noch nicht auf ein gemeinsames Bekenntnis geeinigt haben. Da die evangelische Konfession den Gläubigen nicht in die Kirche zwingen kann, muß sich die Kirche besonders intensiv mit der modernen Zeit auseinandersetzen.

Die evangelische Kirche kam nach 1945 in eine besondere Lage. 81% der Einwohner der DDR waren evangelisch. So gehörte die Kirche zu den wichtigsten gesamtdeutschen Institutionen. Diese enge Verbindung, zusammen mit der Opposition der meisten Pfarrer gegen das Regime, mußte zu erheblichen Spannungen führen. Schließlich konstituierte sich im Herbst 1969 die Kirche der DDR als eigene Organisation. Seitdem lebten SED und Kirche in einem etwas unbehaglichen Miteinander. Der Staat unterstützte die Kirche natürlich nicht finanziell, so daß es oft schwierig war, die Kirchengebäude zu erhalten. Lediglich berühmte Bauwerke wurden mit staatlicher Hilfe restauriert, bei anderen wurde meistens westliche Hilfe nötig. Die SED milderte ihre kirchenfeindliche Rhetorik, die Kirchen versuchten, eine positivere Einstellung zum Sozialismus zu gewinnen. Jedoch blieb der Druck der Partei, die Kirchen zu verlassen, und viele Menschen traten aus. Andererseits wurden die Kirchen, ob sie es wollten oder nicht, Zentren der Opposition. Sie boten einen Freiraum für alternative Jugendgruppen, und sie wurden das Zentrum der inoffiziellen Friedensbewegung der siebziger und vor allem achtziger Jahre, die „Schwerter

Gottesdienst in einer evangelischen Kirche

zu Pflugscharen"° umschmieden wollte. 1989 sammelten sich Protest- und Reformbewegungen in den Kirchen, zumal in Leipzig und Berlin. *ploughshares*

Auch in der BRD blieb das soziale Engagement der Kirche stark. Auch hier kamen die Menschen zu ihr, die den Frieden schützen wollten, und nicht wenige Geistliche, in Ost und West, haben sich für den Umweltschutz engagiert. Die Situation in der DDR hat die Kirche daran erinnert, daß sie keinen Grund hat, selbstsicher zu sein und sich auf offizielle Repräsentation und Amtshandlungen zu beschränken. Sie muß vielmehr zu den Menschen gehen und dort helfen, wo Hilfe nötig ist, z.B. bei der Feindseligkeit gegen Ausländer.

In der evangelischen Kirche treffen sich zwei Tendenzen, die manchmal miteinander in Widerspruch geraten. Martin Luther hatte sie dem Schutz der Fürsten anvertraut, und so wurde sie zur Staatskirche, zu einer Kirche, die Staatshandlungen sanktionierte und offiziell repräsentierte. Doch andererseits blieb sie auch eine Kirche des Widerstands. Luthers Choral „Ein feste Burg ist unser Gott" hat oft in der Geschichte den Widerstand und eine mehr als religiöse Überzeugung einer Gemeinde ausgedrückt. Neben den Pietisten, die sich vom Treiben der großen Welt zurückziehen wollten, um in einem reinen Glauben zu leben, gab es immer mutige evangelische Christen, die moralisch-politischen Widerstand leisteten. Das wurde besonders akut im 20. Jahrhundert,

Synagoge in Berlin

und zum Widerstand gegen den Nationalsozialismus gehörte ein starkes evangelisch-christliches Element, so sehr auch andere „Deutsche Christen" Kompromisse machten. Dietrich Bonhoeffer, einer der bedeutendsten Theologen, starb 1945 im Konzentrationslager; Martin Niemöller, ein prominenter Vertreter dieser „Bekennenden Kirche", kam für seine mutigen Predigten ebenfalls ins Konzentrationslager.

Nach der Abschaffung bewußt atheistischer Staatsideologien ist es nicht mehr Widerstand, der erfordert ist, sondern Hilfe, Ermutigung und gutes Beispiel. Die Kirche kämpft gegen die Indifferenz und Skepsis der Menschen. Sie soll ein Beispiel bleiben für moralisches Handeln, tätige Hilfe und Beförderung einer wahrhaften Toleranz. In einer Gesellschaft, die die Menschen oft brutalisiert und vereinsamt, hat sie viele Aufgaben.

Andere Religionsgemeinschaften

Auch wenn die Zahl der Christen, die nicht einer der offiziellen Kirchen angehören, klein ist, so gehören sie doch zum Gesamtbild. Es gibt Methodisten und Baptisten, vor allem Mormonen, die in Deutschland wie anderswo missionieren; es gibt Gruppen von Mennoniten und Christengemeinden, die meistens in der pietistischen Tradition stehen. Der wachsende Zuzug von Ausländern hat neue Religionen nach Deutschland gebracht. Man findet etwa griechisch-orthodoxe Kirchen; vor allem aber Moscheen für die

Moslems, besonders die Türken. In Städten wie Berlin oder Köln sind türkische Viertel und Moscheen Bestandteil des Lebens geworden. Manche der zerstörten Synagogen wurden nach 1945 wieder aufgebaut; aber die Zahl der jüdischen Gemeindemitglieder ist klein geblieben, etwa 30.000 gegenüber 600.000 vor 1933.

Religionen wie der Islam und kleinere christliche Religionsgemeinschaften bringen mehr Vielfalt in das religiöse Leben in Deutschland; sie unterscheiden sich in ihrem Gemeindeleben wesentlich von den offiziellen Kirchen. Sie widersprechen jedoch nicht dem Gesamteindruck, den ein Außenstehender in Deutschland bekommt, daß die Kirchen zwar an vielen öffentlichen Institutionen und Anlässen beteiligt sind, auch viel Achtung genießen, aber das Leben der meisten Menschen doch ziemlich wenig beeinflussen. Die meisten Menschen halten sich für religiös, glauben aber nicht, daß sie eine Kirche brauchen, außer für „Amtshandlungen", wie Taufen, Hochzeiten und Beerdigungen. Die Kirchen sind mehr als alles andere Institutionen für Sozialhilfe geworden, die den Geist des Friedens und der Toleranz predigen. Das heißt natürlich nicht, daß es nicht immer noch Menschen gibt, die einen Glauben suchen und ihn durch die Lehren der Kirchen finden—aller Kirchen und Religionen.

KAPITEL 16

Das Neue Wiener Rathaus

Besuch in Österreich

Deutsch-Österreich und der Vielvölkerstaat

Österreich ist ein kleines Land. Es umfaßt knapp 84.000 Quadratkilometer, also 32.000 Quadratmeilen, und es hat nur etwa 7,5 Millionen Einwohner. Wer in die Hauptstadt Wien kommt, muß sehr verwundert sein. Wie kommt es, daß dieses Land eine so große Hauptstadt hat mit so großartiger Architektur? 1,6 Millionen Österreicher leben in Wien. Wien ist eine Weltstadt, und es war jahrhundertelang Hauptstadt eines großen Reiches. Bis 1806 hatte der Kaiser des Deutschen Reiches in Wien seine Residenz. Wien war die größte Stadt des „Heiligen Römischen Reiches Deutscher Nation". Österreich war dabei nicht nur Teil Deutschlands, sondern ein bedeutendes Reich für sich selbst. Es besaß Nord- und Mittelitalien, Ungarn, das nördliche Jugoslawien, das westliche Rumänien, die Tschechoslowakei und das südliche Polen. 1866 schied Österreich aus dem Deutschen Bund aus und trennte sich von Deutschland. Jetzt wurde es wirklich ein „Vielvölkerstaat", eine „Doppelmonarchie",° denn der Kaiser von Österreich war König von Ungarn. Das Land hatte zwei Regierungen. Die italienischen

dual monarchy

Besitzungen, bis auf Triest und seine Umgebung, gingen allerdings im 19. Jahrhundert verloren. Immerhin hatte Österreich noch ein Gebiet von mehr als 300.000 Quadratkilometern (116.000 Quadratmeilen). Wien war eine internationale Stadt, der kulturelle, wirtschaftliche und politische Mittelpunkt Südosteuropas. Nachdem Österreich jahrhundertelang gegen die Türkei gekämpft hatte, wurden die Beziehungen im 19. Jahrhundert freundlicher, und der Handel wurde intensiver. Der Erste Weltkrieg brach aus, als der österreichische Thronfolger von einem serbischen Nationalisten ermordet wurde. Österreich verlor zusammen mit Deutschland diesen Krieg. Das Land brach auseinander, die Gebiete wurden—mehr oder weniger—nach dem Nationalitätenprinzip aufgeteilt. Die Deutschösterreicher wollten sich nach dem Prinzip der Selbstbestimmung an Deutschland anschließen; aber die Siegermächte verhinderten es. Sogar eine Zollunion, die Deutschland und Österreich 1931 planten, scheiterte am Veto der Alliierten. Hitler jedoch fand keinen Widerstand, als er 1938 den „Anschluß" Österreichs erzwang. Die Österreicher begrüßten in ihrer Mehrheit die Vereinigung mit Deutschland, aber sie hatten sich die Vereinigung anders vorgestellt. Österreich wurde zur deutschen „Ostmark"; es verlor seine Selbstregierung.° 1939 begann der Zweite Weltkrieg, und die Österreicher mußten als deutsche Soldaten in den Krieg ziehen.

self-government

1945 wurde Österreich wie Deutschland von den Alliierten besetzt und in vier Besatzungszonen aufgeteilt. Wien, die Hauptstadt, bestand aus vier Sektoren, ähnlich wie Berlin. Jedoch betrachteten die Alliierten Österreich nicht als besiegtes, sondern als befreites Land, als das erste Opfer der Nazis. Es wurde sogleich eine österreichische Regierung gebildet, und 1955 willigte die Sowjetunion in einen Staatsvertrag ein.° Daraufhin zogen alle Besatzungstruppen ab. Österreich verpflichtete sich, an keinem Militärbündnis teilzunehmen und seine Armee klein zu halten. Es war „neutral". Seine Regierungsform ist die einer parlamentarischen Demokratie. Das Parlament besteht aus zwei Häusern, dem Nationalrat und dem Bundesrat. Es hat mehrere Parteien, von denen die Österreichische Volkspartei (ÖVP) und die Sozialistische Partei Österreichs (SPÖ) die wichtigsten sind. Der Regierungschef ist der Bundeskanzler, das Staatsoberhaupt der Bundespräsident. Es hat eine föderalistische Struktur; die neun Bundesländer haben eigene Regierungen und Landtage. Die „zweite Republik" hat in ihrem Aufbau also viel Ähnlichkeit mit Deutschland.

state treaty

Allerdings gab es lange Zeit große Koalitionen zwischen den beiden führenden Parteien, der ÖVP und der SPÖ, die ein Proporzsystem mit sich brachten. Erst allmählich „normalisierte" sich das politische Leben. Die SPÖ hat seitdem die meiste Zeit die Bundespolitik bestimmt. Die Österreicher sprechen von „Sozialpartnerschaft" oder „Wirtschaftspartnerschaft",° was bedeutet,

economic partnership

daß Zusammenarbeit der Sozialpartner überwiegt, und daß das soziale Netz immer weiter ausgebaut worden ist. Sicherheit und Vollbeschäftigung sind wichtige Ziele geblieben.

Österreich hatte 1955 auf schwere Waffen verzichtet und sich mit einer minimalen Stärke der Armee, etwa 50.000, begnügt. Die Österreicher haben noch Wehrpflicht, allerdings nur 6 oder 9 Monate. Die Neutralität im Ost-West-Konflikt, die Österreichs Außenpolitik in den Jahrzehnten des Kalten Krieges bestimmt hat, ließ Wien zu einem bevorzugten Ort internationaler Konferenzen und Institutionen und von Ost-West-Verhandlungen werden. Österreich konnte die Verbindungen zu seinen östlichen Nachbarn aufrechterhalten und oft die Rolle des Vermittlers spielen. Die Veränderung der Regierungs- und Wirtschaftsformen in Ländern wie Ungarn, der Tschechoslowakei, Slowenien und Kroatien, und die Öffnung der Grenzen erneuern alte Verbindungen und bringen neue Möglichkeiten der Zusammenarbeit. Zur gleichen Zeit sind alle politischen Hindernisse gefallen, die einem Beitritt Österreichs zur Europäischen Gemeinschaft im Wege stehen konnten.

Österreich liegt an einer strategisch wichtigen Stelle im südöstlichen Mitteleuropa. Auf der Grundlage der deutschen Sprache und Tradition hat es viele Einflüsse aufgenommen und verarbeitet: italienische, spanische, slawische, ungarische, orientalische. Umgekehrt hat österreichische Kultur und österreichisches Denken ausgestrahlt, zumal nach Osten und Südosten. Die Nationalitätenkämpfe, die sich im 19. Jahrhundert gegen eine deutsche Hegemonie richteten, berühren inzwischen das Verhältnis Österreichs zu seinen Nachbarn nicht mehr direkt. In dieser traditionsreichen Region stehen bedeutende Entwicklungen bevor, bei denen Wien wiederum einer der wichtigsten Mittelpunkte sein wird.

Wien

Wien ist nicht nur Bundeshauptstadt. Österreich ist ein Bundesstaat mit neun Ländern, und Wien ist eines davon. Wien war bis jetzt sogar noch das Verwaltungszentrum des Bundeslandes Niederösterreich. Man sieht es an den repräsentativen Gebäuden, daß man sich in einer Hauptstadt und einer ehemaligen Kaiserstadt befindet. Wien ist eine römische Gründung, aber aus der römischen Zeit sind keine Gebäude erhalten; aus dem Mittelalter stammt der gewaltige gotische Stephansdom mit seinem hohen Turm, wo manche Kaiser begraben sind. Die „Burg", das Stadtschloß der Kaiser, ist großenteils im Renaissancestil gebaut. Das Sommerschloß des Kaisers in Schönbrunn, umgeben von einem ausgedehnten Park, das Schloß Belvedere des Prinzen Eugen, die Karlskirche, die Jesuitenkirche und viele andere Kirchen und Paläste stammen aus dem 17. und 18. Jahrhundert und sind im Barockstil gebaut. Im

Das Schloß Belvedere in Wien

19. Jahrhundert wurden die Befestigungen der Stadt entfernt, und man legte die prachtvollen Ringstraßen an, in deren Nähe weitere repräsentative Gebäude stehen: das klassizistische Parlament, die im Renaissancestil gebaute Oper und das neugotische Rathaus.

Wien ist ein wichtiges Wirtschaftszentrum. An der blauen Donau—die keineswegs immer blau ist—hat es einen Binnenhafen. In seiner Industrie spielt der Luxus eine große Rolle. Schmucksachen werden in Wien hergestellt, und seine Textilindustrie hat vor allem mit der Mode zu tun. Wien ist eine der Städte in Europa, wo die Mode gemacht wird. Es hat auch eine Modeschule, und es exportiert nicht nur modische Kleidung, sondern auch—Mannequins.° Wien hat gleichfalls eine Hochschule für Welthandel. Überhaupt ist die Liste seiner Hochschulen lang. Die Universität wurde bereits 1365 gegründet; es war die zweite Universität in Mitteleuropa nach Prag. Wien hat daneben noch eine Technische, eine Agrarwissenschaftliche und eine Tierärztliche Hochschule. Es hat gleichfalls Hochschulen für Musik und für die bildenden Künste. Die Hochschulen zeigen, welch bedeutende Rolle die Kultur in dieser Stadt spielt. Berühmt ist mit Recht die Wiener Oper; berühmt sind Wiens Symphonieorchester; berühmt sind die Theater, besonders das Burgtheater und das Theater in der Josefsstadt. Wien ist als Theaterstadt und Musikstadt im deutschsprachigen Gebiet nicht nur deshalb berühmt, weil gute Qualität geboten wird, sondern weil es einen bestimmten, unverwechselbaren° Wiener Stil gibt. Und dieser Wiener Stil zeigt eine Mischung von Traditionen aus der Volkskunst der Alpen, aus Einflüssen von Italien, aus dem Osten Europas und aus Spanien. Man ist sich bewußt, daß hier eine hohe Kultur an einem Knotenpunkt von Handelsstraßen entstanden ist.

models

unmistakable

Es ist klar, daß solche großartige Architektur, solche Musik- und Theatertradition schöpferische Talente nötig hat und fördert. Jedermann kennt die großen Namen der klassischen Musik in Wien: Joseph Haydn, Willibald Ritter von Gluck, Wolfgang Amadeus Mozart, Ludwig van Beethoven, Franz Schubert. Aber Wien wurde auch die Stadt von Anton Bruckner und Johannes Brahms, von Gustav Mahler, Arnold Schönberg, Alban Berg und Anton von Webern, es wurde die Stadt von Johann Strauß und seinen Walzern, die Stadt der Operette. Ab Ende des 19. Jahrhunderts ist es eines der Mittelpunkte der deutschsprachigen Literatur gewesen. Hier lebten Hugo von Hofmannsthal und Arthur Schnitzler, hier schrieben Robert Musil, Hermann Broch und später Heimito von Doderer ihre großen Romane. Hier lebten Autoren wie Elias Canetti und Ödön von Horvath, so lange die Nazis nicht regierten. Die Nachkriegsliteratur hatte allerdings eine betont „provinzielle" Note. Weder Peter Handke noch Thomas Bernhard oder die meisten der anderen bekannten Autoren waren Wiener. Wien war jedoch auch einer der Orte, wo die moderne Malerei sich entwickelte. Hier lebten Gustav Klimt und Egon Schiele. Aus Österreich kam auch Otto Kokoschka.

Mit einer so starken Tradition zu leben ist nicht immer leicht. Aber wenn auch konservative Strömungen sehr stark sind, so haben sich doch in Österreich sehr beachtliche Gruppen moderner Künstler, Musiker und Schriftsteller gebildet, und es gibt genug Beispiele wichtiger moderner Architektur. Österreich ist kein Museum, sondern eines der Zentren großer kultureller Aktivität. Kein kleineres Land kann allerdings ganz der Gefahr entgehen, daß seine Talente einen größeren Wirkungskreis suchen und beispielsweise nach Deutschland gehen oder gar nach Paris und

Der Stephansdom in Wien

Szenenbild aus Mozarts Oper Cosi fan tutte, *Salzburger Festspiele 1982*

New York. Der Charme der Stadt Wien, ihre Atmosphäre beruhen aber nicht allein auf der Pracht des Stadtbildes und den kulturellen Veranstaltungen. Die Lebenskunst der Wiener gibt dieser Stadt ihren Charakter. In Wien kann man das Leben genießen, und die Menschen sind davon überzeugt, daß das der Zweck des Lebens ist. Natürlich ist es kein Zufall, daß der Wiener von Schönheit umgeben ist. Nicht nur die Stadt ist schön, auch die Landschaft, in der sie liegt. Sie liegt zwischen der Donau und dem Gebirge, dem Wienerwald, und man kann leicht schöne Spaziergänge machen; oder man kann sich vergnügen, und dazu hat man zum Beispiel den Prater, den großen Vergnügungsplatz mit dem berühmten Riesenrad.° Vielleicht spielt es auch eine Rolle, daß Wien in einer Landschaft liegt, wo guter Wein wächst.

giant ferris wheel

Ein Fremdenverkehrsland

Nach dem Zweiten Weltkrieg, besonders nach 1955, ist Österreich mehr zum Industrieland geworden, als es je vorher war. Es hat Wasserkraftwerke in den Alpen gebaut; durch Tirol führt die Ölleitung von Triest nach Ingolstadt; in Niederösterreich findet man Erdöl und Erdgas, und in der Steiermark gibt es Eisenerzvorkommen. Die wichtigste Einnahmequelle des Landes bleiben jedoch immer die Feriengäste, die Ausländer, die jedes Jahr, im Sommer und im Winter, zur Erholung° und zum Wintersport ins Land kommen. Neben der schönen Landschaft sind es die Freundlichkeit der Menschen, die gute Küche, die kulturellen Ereignisse und die günstigen Preise, die die Fremden anziehen.

recreation

Außer Wien sind es vor allem drei Länder Österreichs, zu denen die meisten Fremden reisen; Kärnten, Tirol und Salzburg. Kärnten ist das südlichste Land Österreichs; seine Hauptstadt Klagenfurt und der Wörther See liegen südlich der Alpen und haben daher ein mildes, warmes Klima. Östlich von Kärnten schließt sich die Steiermark an, deren Hauptstadt Graz auch eine Universität hat, und wo man vom Rand der Alpen sozusagen in die Ebenen von Ungarn und Slowenien hinüberblicken kann. Das Burgenland, das östlichste Land Österreichs, gehört nur zur Hälfte zum heutigen Land Österreich; die andere Hälfte kam 1918 zu Ungarn. Die ethnischen Grenzen konnte man hier wie anderswo nicht ganz beachten, da in den Grenzbezirken die verschiedenen Nationalitäten gemischt waren. So kommt es, daß noch einige Ungarn und etliche tausend Slowenen in Österreich wohnen, und Tausende von Deutschen in Ungarn und Jugoslawien blieben.

Im Südwesten Österreichs liegt das Land Tirol. Westlich von Tirol ist nur noch das kleine Land Vorarlberg, das bis an den Bodensee reicht, und wo man vom Pfänder, dem Berg bei Bregenz, über die weite Fläche des Sees nach Westen blicken kann. In Bregenz finden jeden Sommer auf einem Floß im See Theaterfestspiele statt, mit Schauspielern und Sängern aus Wien.

Tirols Hauptstadt heißt Innsbruck. Es liegt, wie der Name sagt, am Inn und ist von hohen Bergen umgeben. Es ist einer der Mittelpunkte des Wintersports, und so war es kein Zufall, daß in Innsbruck zweimal die Olympischen Winterspiele stattfanden. An der Grenze von Tirol, Kärnten und der Steiermark ziehen sich die Hohen und Niederen Tauern hin. In den Hohen Tauern ist der höchste Berg Österreichs, der Großglockner, 3.680 Meter hoch. Durch das Inntal geht die Straße von Deutschland nach Italien, also von Nordeuropa nach Südeuropa. Ganz gleich, ob man die

Innsbruck, Maria-Theresien-Straße

Innsbruck; Das goldene Dachl

Alpenreise bei Mittenwald, bei Kufstein oder bei Salzburg anfängt, man kommt bei Innsbruck vorbei und steigt von dort nach Süden den Brenner-Paß empor, der heute die Grenze zwischen Österreich und Italien bildet. An dieser Straße liegen Burgen, deren Herren früher den durchreisenden Kaufleuten Zoll abnehmen wollten, und reiche Städte, wo die Reisenden übernachten konnten. Die heutige Grenze nach Italien entspricht nicht der Sprachgrenze; diese verläuft weiter südlich. Neben dem österreichischen Tirol gibt es ein italienisches Südtirol, das 1918 zu Italien kam und seitdem „Alto Adige" (= die obere Etsch) genannt wird. Seine größten Städte sind Bozen und Meran.

Es gab nach 1945 heftige Auseinandersetzungen um die Rechte der deutschsprachigen Bevölkerung, bei denen Österreich zu vermitteln versuchte. Schließlich kam es zu einem Ausgleich,° der den deutschsprachigen Südtirolern Zweisprachigkeit° und bestimmte Rechte garantierte. Es war paradox, daß diese heftigen Nationalitätenkämpfe in einer Gegend stattfanden, die wegen ihrer schönen Landschaft und ihres milden Klimas viele Touristen anzieht, und die obendrein eine der wichtigsten Durchgangsstraßen Europas ist, die „Europastraße Nr. 1".

compromise
bilingualism

Salzburg

Die Länder Österreichs, durch die die Donau fließt, heißen Niederösterreich und Oberösterreich. Hier ist der eigentliche Kern Österreichs. Linz, die Hauptstadt von Oberösterreich, ist die

Mozarts Geburtshaus in Salzburg

drittgrößte Stadt des Landes. Wenn man von Linz mit dem Schiff donauabwärts fährt, kommt man auf die Straße, auf der nach der Nibelungensage die Burgunder nach Ungarn gezogen sein sollen. Der kleine Ort Pöchlarn heißt in der Sage „Bechlarn". Auf der anderen Seite der Donau liegt heute auf einem Hügel der Wallfahrtsort Mariataferl. Wenig später kommt man zu dem berühmten Benediktinerkloster Melk, mit einem imposanten Gebäude im Barockstil und einer berühmten Bibliothek; bald darauf beginnt die Wachau. Das ist eine Landschaft, wo Weintrauben und Obst wachsen und wo berühmte Burgen und Burgruinen stehen.

Die bekannteste Stadt Österreichs außer Wien ist gewiß Salzburg. Salzburg ist die Hauptstadt des Bundeslandes mit dem gleichen Namen. Die Stadt hat ihren Namen nicht ohne Grund: in der Nähe der Stadt sind viele Salzbergwerke. Salz war ein wichtiger Handelsartikel im Mittelalter; das Salzburger Salz wurde weit nach Deutschland transportiert. Der Erzbischof von Salzburg war deshalb ein reicher und ein mächtiger Herr. Er konnte sich eine große Stadt mit Schlössern bauen, und auch seine Bürger lebten nicht schlecht, wie man heute noch in der Altstadt sehen kann. Bevor das Erzbistum zur Zeit Napoleons aufgelöst wurde und zu Österreich kam, hatte es eine kulturelle Blütezeit. Der Erzbischof stellte den bekannten Musiker Leopold Mozart an, dem hier 1757 ein Sohn geboren wurde: Wolfgang Amadeus, ein Wunderkind und einer der genialsten Komponisten der Welt. Wolfgang geriet zwar in Streit mit dem Erzbischof und zog nach

Wien; aber man bewahrt sein Andenken in Salzburg. Die Salzburger Musikhochschule heißt „Mozarteum"; Mozarts Geburtshaus kann man besichtigen. Und als Leute wie der Dichter Hugo von Hofmannsthal und der Regisseur Max Reinhardt Salzburg als einen Ort für Festspiele im Sommer wählten, spielte der Name Mozart eine große Rolle.

Die Universität in Salzburg, die 1620 gegründet wurde, aber ab 1810 nur als theologische Hochschule weiter existierte, ist heute wieder zu einer vollen Universität ausgebaut worden. Salzburg ist nicht nur eine schöne Stadt mit einer bezaubernden Lage; es ist ein idealer Ausgangspunkt für Alpenreisen. Es hat eine gute Verkehrslage und ist mit Wien durch die längste Autobahn in Österreich verbunden. Nach dem Westen fährt man auf der Autobahn nach München weiter. Von Salzburg aus fährt man gern ins Salzkammergut, eine Berglandschaft mit vielen Bergseen, zum Beispiel dem Wolfgangsee und dem Mondsee. Man kann von dort aus auch zum Dachstein, dem höchsten Berg der Alpen in dieser Gegend, hinauffahren.

Es ist nicht nur die gemeinsame Sprache, die Österreich und Deutschland verbindet. Es gibt viel gemeinsame Geschichte, viele Traditionen und Einrichtungen, die sich gleichen. Im Schulsystem sind die Ähnlichkeiten deutlich, und die Lebensweise der Menschen unterscheidet sich kaum von den deutschen Grenzgebieten. Die Deutschen empfinden Österreich manchmal als konservativer.

Gablonzer Hütte und Blick auf das Gosautal in Salzkammergut

Die Verbindungen zwischen den beiden Ländern sind eng. Österreich ist das bevorzugte Reiseland der Deutschen, Deutschland und Österreich sind wichtige Handelspartner, Österreich ist zusammen mit der Schweiz Deutschlands wichtigster europäischer Partner außerhalb der EG. Auch Österreich will Mitglied der EG werden. Im kulturellen Leben ist die Verflechtung besonders eng.

Österreich hat seine Eigenart entwickelt und durch seine Lage in Südosteuropa und seine Geschichte seine eigene Orientierung erhalten. Es ist ein Land, das viele durchziehende° Völker gesehen und viele Einflüsse aufgenommen hat, das aber besonders stark an seinen Traditionen festhält. Der „große" Nachbar Deutschland verursacht manchmal Unbehagen; doch von „Anschluß" ist natürlich keine Rede mehr, und die Schatten der Vergangenheit haben sich verflüchtigt. Österreich ist besonders dafür geeignet, eine europäische Rolle zu spielen und dazu beizutragen, das Konzept eines vereinten Europas zu verwirklichen.

durchziehen *to pass through*

KAPITEL 17

Grindelwald im Berner Oberland

Besuch in der Schweiz

Die Eidgenossenschaft°

confederation

Die politische Geschichte Deutschlands zeigt viele Widersprüche und die Wirkungen des Partikularismus. Österreich wurde als Kaiserreich und Vielvölkerstaat geformt. Die Schweiz lebt aus ihrer starken demokratischen Tradition. Diese Demokratie stammt aus dem Mittelalter; sie hat sich seitdem oft gewandelt, aber sie trägt noch manche altertümlichen° Züge.

ancient, archaic

Das gesamte Land hat etwa 5,5 Millionen Schweizer Einwohner, dazu mehr als 1 Million ausländische Gastarbeiter. Es umfaßt 47.000 Quadratkilometer, das sind knapp 16.000 Quadratmeilen; aber es ist in nicht weniger als 26 Länder geteilt, die Kantone heißen (6 davon sind „Halbkantone"), und die eine weitgehende Autonomie besitzen. Der jüngste Kanton ist das westliche französischsprachige Juragebiet, das sich nach einer Volksabstimmung vom Kanton Bern getrennt hat.

Die große Zahl der Kantone läßt sich aus der Geschichte erklären. 1291 erklärten die „Urkantone" Schwyz, Uri und Unterwalden, alle am Vierwaldstätter See gelegen, ihre Reichsunmittelbarkeit.° Sie wollten nur dem deutschen Kaiser untertan sein und sich selbst regieren. Damit war das Haus Habsburg nicht einverstanden, das in der Schweiz große Besitzungen hatte. Die Habsburger beherrschten bald Österreich, später auch Burgund; und die Schweizer Bauern mußten immer wieder ihre Freiheit gegen Österreich und Burgund verteidigen. Die Sage von Wilhelm Tell berichtet von diesen Kämpfen. Diese Kämpfe wurden berühmt, weil sie zeigten, daß Fußtruppen° militärisch stärker sein konnten als Ritterheere. Die Schweizer begannen, mit dem Krieg Geld zu verdienen. Sie verdingten sich als Söldner° an andere Länder und führten deren Kriege. Dabei sorgten sie dafür, daß die Schweizer Kantone nach Möglichkeit neutral blieben.

direct allegiance to the emperor

infantry

mercenaries

Zu den drei ersten Kantonen kamen immer neue hinzu. Die Reformation hatte in der Schweiz ihre eigene Richtung, die sich mit der lutherischen nicht einigen konnte. In der nördlichen Schweiz vertrat sie Ulrich Zwingli, in Genf Jean Calvin. Die Schweiz war damals eigentlich ein Bund von selbständigen Kantonen, und so konnte jeder Kanton seine eigene Verfassung, Konfession und Sprache haben. Es gab protestantische und katholische Kantone, Kantone mit deutscher, französischer und italienischer Sprache, Kantone mit einer richtigen Volksregierung, mit einer Regierung von Aristokraten oder von Bürgern. Es gab Kantone mit

Denkmal von Wilhelm Tell, Altdorf, Kanton Uri

strengen Sitten und Gesetzen, und andere, die freiheitlicher und toleranter waren.

1648 schied die Schweiz nominell aus dem Deutschen Reich aus. Praktisch war sie schon seit etwa 1500 unabhängig. Anders als die Niederlande, die zur gleichen Zeit das Reich verließen, löste die deutschsprachige Schweiz ihre kulturelle Verbindung mit Deutschland nicht. Hochdeutsch blieb die Verwaltungs- und Literatursprache, während die Holländer ihren niederfränkischen Dialekt zur offiziellen Sprache entwickelten. Das „Schwyzerdütsch", das sich beträchtlich von der hochdeutschen Sprache unterscheidet, ist die mündliche Umgangssprache der Schweizer, aber nicht mehr. Die politische Trennung und der Einfluß der anderen Schweizer Sprachen haben allerdings auch in der offiziellen Sprache zu einigen Besonderheiten geführt, doch Orthographie, Grammatik und offizielle Aussprache sind gleich.

Zürich wurde von der Mitte des 18. Jahrhunders an ein Mittelpunkt der deutschen Literatur, begünstigt durch die politische und geistige Freiheit. Die Schweizer Literatur hat ihre starke Eigenart. Gleichzeitig steht sie in Verbindung mit der deutschen Literatur, und sie hat zeitweise stark in Deutschland gewirkt. Das war im 19. Jahrhundert so, mit Schriftstellern wie Gottfried Keller, Jeremias Gotthelf und Conrad Ferdinand Meyer. Das war nach 1945 so, mit Schriftstellern wie Max Frisch und Friedrich Dürrenmatt. In der Zeit des Nationalsozialismus wurde Zürich zu einem

Am Limmatquai in Zürich

entscheidenden deutschen Kulturzentrum; das Züricher Theater bewahrte die deutsche Theatertradition. Auch heute ist die Schweiz in der deutschen Literaturszene präsent. Besonders Peter Bichsel ist weit bekannt und beliebt.

Nach der Französischen Revolution wurde die Schweiz, zusammen mit den anderen Ländern Europas, in viele Kriege und Umwälzungen° verwickelt. Es war ja nicht zuletzt der Schweizer Jean-Jacques Rousseau gewesen, dem die Revolution ihre Ideen verdankte. Auch die Schweiz versuchte nach dem Wiener Kongreß von 1815 zu ihrem alten Zustand zurückzukehren; doch das ging nicht mehr. Es kam zu heftigen Auseinandersetzungen zwischen den Parteien und 1847 sogar zu einem Bürgerkrieg, dem „Sonderbundskrieg",° der mit dem Sieg der liberal-demokratischen Mehrheit endete. Die Verfassung von 1848, die 1874 revidiert wurde, machte die Schweiz zu einem demokratisch regierten Bundesstaat, der jedoch im Vergleich zu anderen Bundesstaaten die Befugnisse° der Bundesregierung und des Parlaments, Bundesversammlung genannt—bestehend aus Nationalrat und Ständerat—sehr eingeschränkt hat.

radical changes

separate confederation's war

authority

Das politische System der Schweiz beruht auf dem Volksrecht,° dem Recht der Bürger, durch Volksinitiativen und Volksabstimmungen direkt mitzubestimmen. Drei Kantone, Appenzell, Glarus und Unterwalden, halten noch jährliche „Landsgemeinden" ab, Versammlungen aller Bürger, in denen Beschlüsse gefaßt werden. Die Parlamente, Gemeinderäte, Kantonale Räte, und die Bundesversammlung in Bern haben keine so dominierende Rolle wie die Parlamente anderer Demokratien. Daher sind auch die politischen Parteien weniger mächtig. Die vier Parteien mit den meisten Wählern, die Freisinnig-Demokratische Partei (FDP), die Christlichdemokratische Volkspartei (CVP), die Sozialdemokratische Partei (SPS) und die Schweizerische Volkspartei (SVP) regieren oft in Koalitionen miteinander. In der Schweiz ist es auch möglich, Wahlämter auf mehreren Ebenen, Gemeinde, Kanton und Bund, zugleich zu bekleiden. Dadurch wird eine bestimmte Schicht begünstigt, und es ist sehr nützlich, einer alten wohlbekannten Schweizer Familie anzugehören, wenn man in der Politik Erfolg haben will.

"right of the people", right of direct political participation

Im 20. Jahrhundert hat es die Schweiz verstanden, ihre Neutralität zu wahren. Sie versuchte stets, eine starke und moderne Armee zu haben, um jeden Angreifer—auch Hitler—abzuschrecken. Die Schweiz als „neutrales" Land wurde ein bevorzugter Ort für internationale Institutionen und Verhandlungen. Genf ist der Sitz des Internationalen Roten Kreuzes; Genf war nach 1918 Sitz des Völkerbundes. In Genf haben heute noch mehrere internationale Gremien ihren Sitz.

Schweizer Landsgemeinde

Die Schweiz als Reiseland

Im späten 18. Jahrhundert entdeckten die Reisenden die Schönheit der Alpenlandschaft. Die Engländer waren die ersten. Die Schweiz wurde das erste europäische Land, das sich auf Touristen einstellte. Das Schweizer Hotelgewerbe wurde vorbildlich. Noch heute sind Schweizer Hoteliers und Küchenchefs auf der ganzen Welt tätig. Später entdeckte man noch, daß das Gebirgsklima für gewisse Krankheiten gut ist. Davos hat sich als Kurort und Heilstätte für Lungenkrankheiten einen Ruf in der ganzen Welt erworben.

Der Reiz der Schweizer Landschaft besteht in der Verbindung von Seen und Gebirge. Bekannte Seen gibt es in allen Teilen des Landes, vom Bodensee an der nördlichen Grenze über den Züricher, den Vierwaldstätter, Thuner, Bieler und Neuenburger See bis zum Lago Maggiore und Genfer See im Süden. Von den Seen aus sieht man die bekannten Alpenketten, die Berner, Walliser, Glarner und die Rhätischen Alpen mit ihren Gletschern, Bergspitzen, Kurorten und Wintersportplätzen—das alles ist bekannt genug. Weniger bekannt ist die Landschaft der nördlichen und westlichen Schweiz außerhalb der Alpen, wo viele kleine alte Städte liegen.

Wer durch die Schweiz reist, staunt über die vielen Verschiedenheiten. Seit mehr als 150 Jahren war die Schweiz in

Der Vierwaldstätter See mit der Tellskapelle

keinen internationalen Konflikt verwickelt, und doch sieht man selten so viele Soldaten wie in der Schweiz. Jeder männliche Schweizer ist einsatzbereit.° Selbst ein Schweizer, der im Ausland wohnt, muß seine Militärsteuern zahlen, und seine Militärausrüstung wartet auf ihn im Zeughaus,° wenn er zurückkehrt. Die Schweiz hat nicht nur Frieden mit anderen Ländern gehalten, sie hat auch ein friedliches Zusammenleben ihrer Bevölkerung entwickelt, die vier verschiedene Sprachen spricht. Das Rhätoromanische wird vor allem in Graubünden gesprochen; die italienischen Schweizer wohnen vorwiegend im Tessin; französische Kantone sind Genf, Neuenburg, Wallis, Waadt und Jura. Der Kanton Freiburg ist zweisprachig, deutsch und französisch. Die übrigen Kantone sind deutschsprachig. Rund drei Viertel der Schweizer sprechen Deutsch, 20% Französisch, etwa 4% Italienisch und 1% Rhätoromanisch. Mehr als 40% der Bevölkerung sind katholisch, 56% protestantisch. Die Konfessionsgrenzen stimmen nicht mit den Sprachgrenzen überein. Die deutschsprachigen Schweizer wohnen vor allem im Norden und Osten, die „welschen" Schweizer südlich und westlich der Alpen. Eine der bekanntesten Städte der deutschen Schweiz ist Zürich, neben Genf eine „Weltstadt", bekannt durch seine Banken, seine Industrie, seine Kultur—die einzige wirkliche Großstadt. Basel, an der Grenze von Deutschland und Frankreich, hat eine lange Tradition von schweizerischer Eigenart und europäischem Charakter. In der

ready for action

armory

Ostschweiz liegt die alte Stadt St. Gallen mit dem berühmten Kloster, heute eine wichtige Industriestadt. Bern, die Bundeshauptstadt, ist schon in ihrem Stadtbild „typisch schweizerisch". Sie liegt in der Mitte der Schweiz und ist weniger „international" als Genf oder Zürich.

Die Wirtschaft

Was dem Reisenden gleichfalls auffällt, wenn er durch die Schweiz fährt, ist der solide Wohlstand des Landes. Niemand braucht seinen Wohlstand zu zeigen, und dennoch ist er überall sichtbar. Die Straßen sind breit und sauber; die Häuser sind groß und gut gebaut; die Menschen haben ein ruhiges, sicheres Auftreten.

Der Wohlstand kommt keineswegs allein vom Fremdenverkehr. Die Schweiz hat früh damit begonnen, sich zu industrialisieren. Genf ist das Zentrum der Uhrenindustrie und wird manchmal die „Uhrenstadt" genannt. Die Nahrungsmittelindustrie exportiert nicht nur den „Schweizer Käse" aus dem Emmental, sondern auch die gute Schokolade und den Nescafé. Früher hat in der deutschsprachigen Schweiz die Textilindustrie eine entscheidende Rolle gespielt; heute ist die Maschinen-, Elektroindustrie und chemische Industrie wichtiger. Die Schweiz hat die Wasserkraft in den Alpen für die Industrie ausgenutzt. Stauseen° und Wasserkraftwerke sind häufig. Überall sieht man die Masten der Elektrizitätsleitungen; die Eisenbahn fährt elektrisch; die Industrie arbeitet auf der Grundlage der Elektrizität; ja, die Schweiz exportiert Elektrizität.

reservoirs

Die Landwirtschaft in der Schweiz hat allerdings die gleichen Probleme wie die in allen europäischen Ländern: der Mangel an Arbeitskräften zwingt zur Mechanisierung; die scharfe Konkurrenz erlaubt keine kleineren Betriebe, so daß die Zahl der Bauernhöfe abnimmt. Da die Schweiz traditionell ein Bauernland ist, bedeutet es eine große Umschichtung der Bevölkerung. Inzwischen ist mehr als die Hälfte der Bevölkerung städtisch geworden, d.h. sie lebt in Orten mit mehr als 10.000 Einwohnern. Die Schweiz muß daher einen Mittelweg zwischen den wirtschaftlichen Notwendigkeiten und dem Wunsch, den Bauernstand zu schützen, finden.

Auch in der Schweiz kommt der entscheidende Teil des Nationaleinkommens aus der Industrie und den Dienstleistungen. Die Schweiz ist mehr mit dem Ausland verflochten und abhängiger von Export und Import als jedes andere Land in Europa. Deutschland ist bei weitem der wichtigste Wirtschaftspartner der Schweiz. Wirtschaftlich gesehen ist die Schweiz völlig in die EG integriert. So ist es nur logisch, daß sie sich entschlossen hat, Mitglied der EG zu werden. Doch auch Beziehungen zu den USA oder Ländern wie

Luzern am Ende des 19. Jahrhunderts, ein vielbesuchter Ferienort

Österreich sind sehr wichtig. Während in Österreich Dienstleistungen wichtiger sind als Industrieproduktion, bleibt in der Schweiz beides etwa auf gleicher Ebene.

Die internationale Verflechtung der Schweiz ist besonders bei den Banken und der Geldwirtschaft, auch der Versicherungsindustrie, deutlich; neben der Stabilität des Schweizer Franken haben auch die Bankgesetze dazu beigetragen.

Volk der Schulmeister

Die Schweizer werden manchmal ein „Volk der Schulmeister" genannt, und sie hören es nicht ungern. Berühmte Pädagogen, wie Rousseau und Heinrich Pestalozzi, waren Schweizer. Die Pädagogik ist ein Charakterzug des Volkes. Die Schweiz hat besonders gute Schulen. Nicht immer sind die berühmten Mädchenpensionate der französischen Schweiz, in denen die Töchter besserer Familien Fremdsprachen und gutes Benehmen lernen sollen, auch gute Schulen. Sprachen spielen natürlich in der Schweiz eine wichtige Rolle, und so haben Genf und Zürich bekannte Dolmetscherinstitute. Die deutschsprachigen Universitäten sind in Basel, Zürich und Bern, französischsprachige in Genf, Lausanne, Neuenburg und Freiburg. Schulen und Universitäten sind Angelegenheiten der einzelnen Kantone—die auch nicht immer die Prüfungen im Nachbarkanton anerkennen. Es gibt nur zwei Hochschulen, die der Bund eingerichtet hat: die berühmte Eidgenössische Technische Hochschule in Zürich und seit 1969 auch die Technische Hochschule in Lausanne.

Die Bevölkerung nimmt an der Schulpolitik wie an allen Angelegenheiten des öffentlichen Lebens starken Anteil. Neue Schulbauten muß die Bevölkerung durch eine Volksabstimmung genehmigen.°

genehmigen *to approve*

Das Schweizer Schulsystem beruht auf der gleichen Tradition wie das deutsche und österreichische; auch hier führt das Gymnasium zum Abitur oder zur Matura, und auf die Schule folgt die Berufsausbildung. Die Schweiz weiß, daß sie als ein Land ohne Rohstoffbasis, dicht besiedelt, nur durch modernste Forschung und Technologie überleben kann. Während vor dem Industriezeitalter, wie in Deutschland, den Schweizern nur die Auswanderung übrig blieb, wenn das Land zu eng wurde, gibt es heute Chancen für alle Schweizer und so viele ausländische Gastarbeiter. Dennoch wird vielen Schweizern ihr Land zu eng, und sie wandern aus, zeitweilig oder für immer. Auch das ist nichts Neues. Rousseau ging nach Frankreich, Gottfried Keller studierte und schrieb in Deutschland, bis er allerdings nach Zürich zurückkehrte und sogar in der Verwaltung tätig wurde. In der Schweizer Kultur stehen die beiden Pole der Heimatverbundenheit und Weltoffenheit nebeneinander. Auch in der Literatur der letzten Jahrzehnte findet man diese zwei Seiten, genau wie vorher bei Max Frisch und Friedrich Dürrenmatt. Otto F. Walter, Peter Bichsel, Gertrud Leutenegger, Adolf Muschg und Urs Jaeggi sprechen ein allgemein deutschsprachiges Publikum an, aber oft mit Schweizer Themen.

Dennoch ist es nicht so ganz leicht, die Weltoffenheit mit den festen, manchmal starren Strukturen und Traditionen des Heimatlandes in Einklang zu bringen. Ein Beispiel ist die Frauenbewegung. Erst 1971 gab eine Volksabstimmung den Frauen das Wahlrecht auf der Bundesebene. Angefangen mit den französischsprachigen Kantonen hat sich nach und nach das Wahlrecht in den Kantonen und in den Gemeinden durchgesetzt. 1981 wurde die Gleichberechtigung von Mann und Frau schließlich in die Verfassung eingefügt. Zwar sind in der Schweiz genau so viele Frauen berufstätig wie anderswo; aber sie rennen in der Wirtschaft und Politik gegen starke patriarchalische Schranken.

Die Schweiz hat mehr Gastarbeiter als andere Länder; aber die Schweizer haben besonders viel Angst, daß ihr Land überfremdet wird. Es ist sehr schwer, die Schweizer Staatsangehörigkeit zu erwerben. Man muß von einer bestimmten Gemeinde akzeptiert werden, und dazu gehört normalerweise viel Geld. Ja, auch die Möglichkeit Landbesitz zu erwerben, ist für Ausländer beschränkt worden.

Gastarbeiter, fast ausschließlich Italiener, bleiben in der Schweiz lebenslang das, was der Name sagt: Gastarbeiter. Sie können jederzeit des Landes verwiesen werden und haben kaum, wie in Deutschland, die Möglichkeit, die Staatsbürgerschaft zu erwerben.

Eine Volksabstimmung in der Schweiz

Andererseits ist die internationale Verflechtung der Wirtschaft vielleicht in keinem Land so offensichtlich wie in der Schweiz. Nicht nur die Banken in Zürich leben vom internationalen Geldgeschäft, auch die Industrie ist auf Export angewiesen, und alle großen Schweizer Firmen sind internationale Konzerne geworden. Die Schweizer Bürger sind weltoffen und leben in der Welt. Aber sie möchten die Heimat wie einst vor den Kriegen, heute vor der Invasion der Fremden schützen. Das ist nicht so einfach, auf jeden Fall sind dazu neue Methoden nötig. Das gesamte Alpengebiet braucht unbedingt eine einheitliche Politik des Umweltschutzes, an der sich zusammen mit der Schweiz und Österreich auch Deutschland, Frankreich und Italien beteiligen müssen. Wenn ganz Europa, ja die ganze Welt, abrüstet, sieht die Schweizer Armee wie ein Relikt aus vergangenen Zeiten aus—und der Schweizer Waffenexport auch. Wenn die chemische Industrie in Basel den Rhein verschmutzt, leiden viele Menschen außerhalb der Schweiz darunter. Die Probleme der Schweiz sind internationale Probleme.

Die Schweiz blickt auf mehr als 700 Jahre Geschichte zurück. Sie gilt als ein Land der Freiheit, der Ordnung, der Sauberkeit und des Wohlstands. Sie ist ein Land des Fremdenverkehrs, aber nicht für Fremde. Sie ist auch ein Land, in dem Weltpolitik und lokale Traditionen und Interessen am schärfsten aufeinander treffen. Mitten in Europa kann sie sich nicht mehr in eine „Alpenfestung" zurückziehen und isolieren. Nicht nur ein neues Jahrhundert, neue politische Verbindungen stehen ihr bevor, wenn sie als Mitglied der EG ganz in Europa integriert sein wird.

Liechtenstein

Am Ostufer des Rheins südlich des Bodensees, zwischen dem österreichischen Bundesland Vorarlberg und dem Schweizer Kanton St. Gallen, liegt das Fürstentum Liechtenstein, das kleinste deutschsprachige Land. Die österreichische Familie der Liechtensteins begründete 1719 das Fürstentum durch den Zusammenschluß mehrerer Herrschaften. Liechtenstein, ein reichsunmittelbares° Fürstentum, teilte bis 1866 das Schicksal der deutschen Staaten, zuletzt 1815 bis 1866 als Mitglied des Deutschen Bundes. 1866 wollte es sich jedoch weder Österreich anschließen noch 1871 ins Deutsche Reich eintreten, ähnlich wie Luxemburg. Ab 1876 bildete Liechtenstein ein Wirtschaftsgebiet mit Vorarlberg. Nach dem Ersten Weltkrieg, endgültig 1923, integrierte sich Liechtenstein in das Schweizer Wirtschaftssystem. Die Schweiz vertritt Liechtenstein auch diplomatisch im Ausland.

subject to the emperor only, immediate

Liechtenstein ist 159 km² (62 Quadratmeilen) groß. Es reicht von der Rheinebene bis ins Hochgebirge. Die Hauptstadt Vaduz hat knapp 5.000 Einwohner, im Lande leben über 26.000 Menschen, mehr als ein Drittel davon Ausländer. Der Landtag hat 15 Mitglieder. Seit 1984 wählen auch die Frauen. Die Regierung wird vom Landtag vorgeschlagen und vom Fürsten bestätigt; sie besteht aus 5 Mitgliedern. Eine Armee gibt es nicht, nur bewaffnete Polizei. Das Land ist eine konstitutionelle Monarchie.

Vaduz, Hauptstadt des Fürstentums Liechtenstein, mit dem Schloß

Seine Besonderheit sind Wohlstand und sehr niedrige Steuern. Der Wohlstand kommt aus der Industrie, vor allem Metallindustrie; aber noch mehr aus drei Quellen: dem Fremdenverkehr (über 100.000 Touristen im Jahr), dem Verkauf von Briefmarken und Steuern von Firmen, die ihren Sitz in Liechtenstein haben. Davon gibt es 30.000! Viele dieser Firmen sind nur „Briefkastenfirmen",° die kaum mehr als eine Adresse in Liechtenstein haben. Immerhin sind in den letzten Jahren die Bestimmungen für die Niederlassung solcher Firmen in Liechtenstein strenger geworden.

°"mailbox companies", companies with real activities elsewhere

Zu Liechtensteins Sehenswürdigkeiten gehören außer der schönen Landschaft die berühmte Gemäldesammlung des Fürsten, die in Vaduz ausgestellt ist, ein Postmuseum und das Schloß des Fürsten. Die Familie des Fürsten hat Besitzungen im Ausland, besonders in Österreich; aber auch in Amerika. Andere Zweige der Familie Liechtenstein sind in Österreich prominent geblieben und haben im 19. und frühen 20. Jahrhundert eine Rolle in der Politik gespielt.

BÜCHER ZUM NACHSCHLAGEN UND WEITERLESEN

Gegenwart

Als Einführung in die Geographie, Kultur, Geschichte und Kunst einzelner Städte und Landschaften sind am besten geeignet die vielen *Merian*-Bände, die ständig neu erscheinen.

Das Presse- und Informationsamt der Bundesregierung Deutschland veröffentlicht viele einführende Darstellungen, besonders *Tatsachen über Deutschland*, und aktuelle Meldungen.

Zur heutigen Situation z.B. *Deutschland ungleich Vaterland*. Eine Foto-Reportage des *Stern*, Hamburg: Sternbuch, 1991.

Es gibt einige Lexika über regionale Eigenarten der Sprache, z.B. Peter Wehle. *Sprechen Sie Wienerisch?* Wien/Heidelberg. Ueberreuter, 1980.

Die aktuelle Sprache der Jugend erfaßt Claus Peter Müller-Thurau: *Lexikon der Jugendsprache*, München: Goldmann, 1985.

Die Zeitschrift Scala (deutsche und englische Ausgabe), sowie *Jugendscala*, berichtet laufend über Ereignisse in Deutschland, speziell auch populäre Musik, Sport, Trends in der Mode usw.

Langezscheidts Sprachillustrierte hat in jeder Nummer Informationen über Deutschland.

Die Schweizer Kulturstiftung *Pro Helvetia* (Zürich) veröffentlicht eine Reihe von Broschüren über die Schweizer Geschichte, Politik, Kultur, Gesellschaft.

Wörterbuch für Erziehung und Unterricht, herausgegeben von Peter Köck und Hanns Ott, Donauwörth: Auser.

Wie funktioniert das? Der moderne Staat, in *Meyer Nachschlagewerke*, Mannheim: Bibliographisches Institut.

Frauenlexikon, herausgegeben von Johanna Beyer, Franziska Lamott und Birgit Meyer, München: Beck.

Von Brandt, Willy bis Waigel, Theo. 200 Politiker, Berlin: Verlag der Nationen, 1990; behandelt westdeutsche und ostdeutsche Politiker.

Das große Sportlexikon, München/Zürich: Delphin.

In der Form von Reiseführern sind strukturiert die *Knaurs Kulturführer* mit Bänden über Deutschland, Österreich und die Schweiz.

Speziell über Österreich orientiert *Österreich zum Beispiel.* Literatur, Bildende Kunst, Film und Musik seit 1968, herausgegeben von Otto Breicha und Reinhard Urbach. Salzburg/Wien: Residenz, 1982.

Leander Petzoldt. *Volkstümliche Feste*, München: Beck, 1983.

Ernst Schlee. *Volkskunst in Deutschland*, München: DW Callwey, 1978.

Der Westermann-Verlag gibt eine Reihe mit vielen Bänden heraus, die deutsche Museen beschreiben, mit dem allgemeinen Titel *Museum.*

Die Chronik des Jahres wird jeweils zusammengefaßt im *Zeitungsjahrbuch Deutschland. Meldungen und Meinungen.* München: Kastell Verlag.

ÜBUNGEN

GEOGRAPHIE

A. Angaben über Deutschland:

1. Größe
2. Bevölkerung
3. Hauptstadt
4. Der höchste Berg
5. Der größte See
6. Drei große Flüsse
7. Drei Nebenflüsse des Rheins
8. Drei Mittelgebirge
9. Die vier Millionenstädte
10. Zwei deutsche Seehäfen

B. Wir vergleichen:

1. Deutschland und die USA: Größe, Einwohnerzahl, Lage (Breitengrad)
2. Deutschland und Österreich: Größe, Bevölkerung, Landschaft
3. Deutschland und die Schweiz: Größe, Bevölkerung, Landschaft

C. Wir beantworten diese Fragen:

1. In welchem Teil Europas liegt Deutschland?
2. Welche Landschaftsformen unterscheidet man in Deutschland?
3. Wie ist das Klima in Deutschland?
4. Was sind die wichtigsten Produkte der Landwirtschaft?
5. Welche Bodenschätze findet man in Deutschland?
6. Wo sind die wichtigsten Industriegebiete?
7. Was sind die wichtigsten Verkehrsknotenpunkte?
8. Aus welchem Zeitalter stammen viele deutsche Städte und Dörfer?

D. In Deutschland rechnet man nach dem Dezimalsystem. Also gibt es andere Maße als in den USA. Wir vergleichen:

1. Ein Zoll = _____ Zentimeter
2. Eine Meile = _____ Kilometer
3. Eine Quadratmeile = _____ Quadratkilometer
4. 20 Grad Celsius = _____ Grad Fahrenheit
5. Ein Liter = _____ Pint
6. Ein Kilogramm = _____ amerikanische Pfund

E. Wir nehmen eine Landkarte:

1. Wie fährt man auf der Autobahn von München nach Köln? Welche Orte berührt man? Wie weit ist es?
2. Ich will von Bremen mit der Eisenbahn nach Freiburg fahren. Wie kann ich fahren?
3. Jemand will von Stuttgart mit einem Boot nach Berlin fahren. Durch welche Gewässer muß man da fahren, und an welchen Städten kommt man vorbei?
4. Wie fährt man auf der Autobahn von Dresden nach Flensburg, an welchen Städten kommt man vorbei, und wie weit ist es?
5. Wie weit ist es: a. von Aachen nach Frankfurt an der Oder, b. von Stralsund nach Freiburg, c. von Mittenwald nach Flensburg, d. von Saarbrücken nach Cottbus?

F. Jemand möchte einen Rat haben:

1. Wo kann man in Deutschland schilaufen?
2. Kann man im September an der Nordsee baden?

3. Wie lange braucht der Zug von Hamburg nach München?
4. Was kann man über den Bodensee sagen?

G. Was verstehen wir unter diesen Wörtern? Wir erklären sie auf deutsch:

1. die Autobahn
2. der Breitengrad
3. der Raps
4. der Flußhafen
5. das Industriegebiet
6. die Steinkohle
7. die Gemischtwirtschaft
8. der Roggen

VERGANGENHEIT

1. Der Beginn der deutschen Geschichte

Lesehilfe

A. Wir schreiben uns die Hauptpunkte auf:

1. Die Römer konnten und wollten Deutschland nicht erobern. Was taten sie? Was sind die Folgen?
2. Das fränkische Reich vergrößerte sich. Wann und wie?
3. Deutschland und Frankreich entstanden aus der Teilung des fränkischen Reiches. Was waren die Phasen? Wann?
4. Wichtige Daten über die frühe Entwicklung der deutschen Sprache.
5. Das Leben auf dem Dorf; wie kann man es beschreiben?

B. Beantworten Sie folgende Fragen:

Germanen und Römer

1. Was beschrieb Tacitus in seinem Buch?
2. Wie lebten die Germanen zu seiner Zeit?
3. Welche Erfahrung hatte Arminius mit den Germanen gemacht?
4. Was dachten die Germanen über Hermann nach seinem Sieg?
5. Was war der Limes, und zu welchem Zweck diente er?
6. Welche Einrichtungen hatten die Römer in ihren Städten?
7. Warum wählten die Germanen in der Völkerwanderungszeit Herzöge?

Das Reich Karls des Großen

8. Was erreichte Chlodwig?
9. Was geschah mit den römischen Städten zu Chlodwigs Zeit?
10. Was war die Bedeutung der Klöster für die Zeit?

11. Welche heutigen Länder gehörten zum Reich Karls des Großen?
12. Was war die Bedeutung der Kaiserkrönung Karls des Großen?

Die Teilung des Reiches

13. Warum wollten die Enkel Karls des Großen das Reich teilen?
14. Warum schworen die Brüder die Straßburger Eide in verschiedenen Sprachen?
15. Wie vollzog sich die Spaltung des Frankenreiches?
16. Aus welchen Herzogtümern bestand Deutschland?

Bäuerliches Leben

17. Welche zwei Tendenzen konkurrierten in der fränkischen Gesellschaft?
18. Für wen waren die Abgaben der Bauern?
19. Woraus bestand der bäuerliche Alltag?
20. Was blieb ein wichtiges Element des deutschen Mittelalters?

C. Schreiben Sie einen Aufsatz über folgende Themen:

1. Römische Städte auf deutschem Boden.
2. Das Wort „deutsch".
3. Die Bedeutung der Klöster in der Zeit der Karolinger.
4. Der Alltag eines Bauern.

D. Wie heißt der Mann, der _____ ist?

1. römisch
2. christlich
3. germanisch
4. deutsch
5. burgundisch
6. arabisch
7. katholisch
8. spanisch

E. Wie heißt das Land und das Adjektiv von:

1. Bayer
2. Franke
3. Franzose
4. Friese
5. Niedersachse
6. Alemanne
7. Lothringer
8. Schweizer
9. Italiener
10. Holländer

F. Welche Verben gehören zu diesen Wörtern? Bilden Sie Sätze:

BEISPIEL: eine Einheit
Die Germanenstämme bildeten keine politische Einheit.

1. Mißtrauen
2. auf die Wanderung
3. in Unordnung
4. als Unterkunft
5. Entscheidungen
6. eine Rolle
7. Dienste
8. Abgaben

G. Definieren Sie die folgenden Ausdrücke durch einen Satz:

1. die Grenzfestung
2. die Heldensage
3. der Steinbruch
4. die Währung
5. die Zufluchtsstätte
6. die Lateinschule
7. die Erbteilung
8. die Mundart
9. die Sprachgemeinschaft
10. der Zehnte
11. der Herrschaftsbesitz
12. die Fron

H. Setzen Sie ins Passiv:

BEISPIEL: Tacitus beschrieb Mitteleuropa.
Mitteleuropa wurde von Tacitus beschrieben.

1. Die Römer bildeten Arminius aus.
2. Ein Verwandter ermordete Arminius.
3. Die Römer legten südlich der Donau Städte an.
4. Man nannte das Stadttor die Porta Nigra.
5. Germanische Stämme eroberten Teile des römischen Reiches.
6. Chlodwig besiegte die Nachbarstämme.
7. Die Deutschen benutzten die römischen Bauten als Steinbrüche.
8. Die Karolinger lösten die Merowinger in der Herrschaft ab.
9. Die Mönche erklärten dem Volk die Grundbegriffe des Glaubens.
10. Karl der Große unterwarf in langen Kämpfen die Sachsen.

Setzen Sie jetzt diese Passivsätze ins Perfekt:

BEISPIEL: Mitteleuropa wurde von Tacitus beschrieben.
Mitteleuropa ist von Tacitus beschrieben worden.

I. Setzen Sie die richtigen Präpositionen mit Artikel und Endungen ein:

BEISPIEL: Die Germanen waren sehr _____ ihr _____ Unabhängigkeit bedacht.
Die Germanen waren sehr auf ihre Unabhängigkeit bedacht.

1. Die Grenze sollte bis _____ _____ Elbe vorgeschoben werden.
2. Der größte Teil Deutschlands blieb _____ _____ römisch_____ Kultur.
3. Die Römer sorgten _____ fließend _____ heiß_____ und kalt_____ Wasser.
4. Die germanischen Stämme gingen _____ _____ Wanderung.
5. Chlodwig übernahm viel _____ _____ römisch_____ Einrichtungen.
6. Karl der Große heißt _____ _____ Franzosen Charlemagne.
7. Der Frankenherrscher teilte sein Land _____ sein_____ Söhne.
8. Die Herrschaft ging _____ ander_____ Familien über.
9. Das Wort „deutsch" hatte _____ _____ Mönche eine weitere Bedeutung.
10. Die Frauen hatten keine Stimme _____ _____ Versammlungen.
11. Sie kamen in Kontakt _____ _____ Zivilisation der Römer.
12. Viele Menschen lebten _____ _____ Besitz.

J. Bilden Sie Sätze aus den folgenden Elementen:

BEISPIEL: bedacht sein auf / mein Freund / seine Ruhe
Mein Freund ist auf seine Ruhe bedacht.

1. verzichten auf / die Franzosen / die Eroberung Amerikas
2. anschließen / der Abgeordnete / die Partei
3. beeinflussen / das Wetter / die Landwirtschaft
4. sich streiten um / die Söhne / das Geld
5. bestehen aus / das Volk / viele Gruppen
6. bemerken / die Grenzbewohner / viele Verschiedenheiten

7. sich selbst versorgen / Haushalt / alte Zeit
8. tauschen / Überschuß / Gewürze

K. DAS HILDEBRANDSLIED

Aus dem Urtext:

Ih gihorta daz sagen,
daz sih urheizzun einon muozin,
Hiltibrant enti Hadubrant untar heriun zueim.
sunufatarungos iro saro rihtun,
garutun se iro gundhamun, gurtun sih iro suert ana,
helidos, ubar hringa, do si zo dero hiltiu ritun.
Hiltibrant gimahalta — her uuas heroro man,
ferahes frotoro —, her fragen gistuont
fohem uuortum, uuer sin fater uuari
fireo in folche, ‚eddo welihhes (fater)cnuosles du sis:
ibu du mir einan sages, ih mir de andre uueiz,
chind, in chunincriche: chund ist mir al irmindeot'.

Übertragung:

Ich hörte das sagen,
Daß sich Herausfordrer einzeln trafen,
Hildebrand und Hadubrand, zwischen Heeren zwein.
Vater und Sohn sahn nach ihrer Rüstung,
Bereiteten ihre Brünnen, banden sich ihre Schwerter um,
Die Helden, über die Ringe, als sie ritten zu diesem Kampfe.
Hildebrand anhub— er war der ältere Mann,
Des Lebens erfahrener—, zu fragen begann er
Mit wenig Worten, wer gewesen sein Vater
In der Schar der Menschen, ‚und wes Geschlechtes du seist:
Wenn du einen mir sagst, die andern weiß ich,
Jüngling, im Königreiche: kund ist mir alles Großvolk'.

1. Was fällt an dieser Sprache auf?
   a. Wie steht es mit den Endungen?
   b. Welche Wörter kann man erkennen? Wir vergleichen sie mit dem heutigen Deutsch.
   c. Wie klingt die Sprache im Vergleich zur heutigen Sprache?
2. Welche Situation wird hier beschrieben? Wer sind die beiden Männer, und was tun sie?
3. Wir schlagen nach: aus welcher Sage stammt diese Episode?

4. Wie kann man sich nach der ersten Zeile das Wort „Sage" erklären?
5. Das Epos ist im Stabreim geschrieben, der Alliteration und nicht Endreime benutzt. Suchen Sie die „Stäbe" in den Halbversen!

L. Wir spielen eine Szene:

1. Ein Germane kommt nach Trier und spricht mit einem Römer über das Leben in der Stadt.
2. Ein Reisender will in einem Kloster übernachten und fragt einen Mönch nach dem Leben in diesem Kloster.
3. Zwei römische Soldaten sprechen über die Schlacht im Teutoburger Wald.

M. Wir schlagen im Lexikon oder im Geschichtsbuch nach:

1. Die Sage von den Nibelungen.
2. Theoderich der Große.
3. Die Sage von Roland.
4. Karl der Große und die Sachsenkriege.

Ein Student berichtet der Klasse, was er/sie gefunden hat.

2. Die Ungarnschlacht

Lesehilfe

A. Wir schreiben die Hauptpunkte auf:

1. Die Verschiebung der deutschen Ostgrenze im Mittelalter.
2. Die Grundlagen des Feudalsystems.
3. Was zog die deutschen Kaiser nach Italien?
4. Was ist „ritterliches" Benehmen?
5. Der Kaiser und der Papst.

B. Beantworten Sie folgende Fragen:

Die Grenzen im Osten und Westen

1. Mit wem hatte Heinrich I. Schwierigkeiten?
2. Was lehrte Heinrich I. die deutschen Grenzbewohner im Osten?

3. Wen setzte Otto I. zu Herzögen ein?
4. Was richteten die Deutschen im Osten ein?
5. Bis zu welcher Zeit dauerte die Kolonisation des Ostens?

Das Lehenssystem

6. Wo wohnte der deutsche König?
7. Warum waren die Geistlichen eine große Hilfe für den König?
8. Worauf beruhte das Feudalsystem?

Italien

9. Wo begann die Reformbewegung in der Kirche?
10. Wie stand Heinrich III. zur Kirchenreform?
11. Was versteht man heute unter einem Canossa-Gang?
12. Was bedeutete das Wormser Konkordat für den Kaiser?

Das Rittertum

13. Wo lernten die deutschen Ritter die neuen Kunstformen?
14. Wie soll sich ein richtiger Ritter verhalten?
15. Was entstand in Palästina während der Kreuzzüge?

C. Schreiben Sie einen Aufsatz über folgende Themen:

1. Das Lehenssystem.
2. Die Lebensweise und Kultur der Ritter.
3. Der Kaiser und die Fürsten.

D. Definieren Sie die folgenden Ausdrücke durch einen Satz:

1. die Mark
2. der Geldumlauf
3. der Stand
4. die Naturalwirtschaft
5. der Bann
6. das Turnier
7. die Pfalz
8. das Privileg
9. der Kreuzzug

E. Welche Präpositionen kommen nach diesen Verben?

1. sich verbünden
2. beruhen
3. denken
4. aufrufen
5. sich vermischen
6. bestehen
7. stammen
8. schützen

Bilden Sie Sätze mit diesen Verben.

F. Setzen Sie ein Verb mit einem *be-* Präfix ein:

BEISPIEL: Er antwortete auf meine Frage.
Er beantwortete meine Frage.

1. Heinrich kämpfte gegen die slawischen Wenden.
2. Otto siegte schließlich über die Ungarn.
3. Der Fürst wohnte in einer Burg.
4. Die Verwandten drohten dem Kaiser.
5. Die Geistlichen achteten nicht auf die Regeln.
6. Die Dichter schrieben von dem Leben der Ritter.

G. Setzen Sie die passenden Modalverben ein:

BEISPIEL: Heinrich I. _____ dauernd in den Krieg ziehen.
Heinrich I. mußte dauernd in den Krieg ziehen.

1. Otto _____ sich nicht gegen die Ungarn wehren, weil er gegen die deutschen Fürsten kämpfen _____.
2. Ungetreuen Gefolgsleuten _____ der König ihre Lehen entziehen.
3. In Italien _____ der deutsche König Kaiser werden und damit mehr Autorität gewinnen.
4. Die Reformer in Cluny_____ das geistliche Leben reinigen.
5. Jetzt endlich _____ das Zölibat streng durchgeführt werden.
6. Um Macht zu gewinnen, _____ Heinrich IV. den Papst zwingen, ihn loszusprechen.
7. Die Ritter lebten in der Welt, und ihre Kultur _____ weltlich sein.
8. Die Epen geben Beispiele, wie sich ein richtiger Ritter verhalten _____.
9. Der Kaiser _____ sich auf die Geistlichen am meisten verlassen.
10. In Italien _____ der Kaiser Steuern erheben.

Setzen Sie diese Sätze ins Perfekt.

H. Verbinden Sie die Sätze durch einen Infinitiv:

BEISPIEL: Es bereitete ihm Mühe. / Er schützte die Grenzen.
Es bereitete ihm Mühe, die Grenzen zu schützen.

1. Er versuchte es damit. / Er setzte die Herzöge ab.
2. Es war für den Kaiser schwer. / Er zwang die Fürsten zu Diensten.
3. Die Partner verpflichteten sich. / Sie halfen einander.
4. Der Papst versuchte. / Er setzte die Reformideen durch.
5. Die Fürsten halfen dem Papst. / Er bekämpfte den Kaiser.
6. Heinrich zwang den Papst. / Er löste ihn vom Bann.
7. Die Ritter verbrachten ihre Zeit damit. / Sie bereiteten sich auf die Kriege vor.
8. Es ist die Pflicht eines Ritters. / Er hilft den Schwachen.
9. Es ist heute üblich. / Man nennt die Haltung „ritterlich".
10. Es gelang den Kreuzfahrern nicht. / Sie eroberten Palästina auf die Dauer.

I. Bilden Sie die Sätze mit einem Reflexivverb um:

BEISPIEL: Die Einwanderung vermehrt die Bevölkerung.
Die Bevölkerung vermehrt sich durch die Einwanderung.

1. Die Kolonisation verschob die Grenze nach Osten.
2. Die Pest verminderte die Bevölkerung Deutschlands.
3. Das Lehen verpflichtete den Adeligen zu Diensten.
4. Die Missionare verbreiteten das Christentum.
5. Die Ritter entwickelten die Dichtung in der Nationalsprache.
6. Die Kreuzzüge veränderten die mittelalterliche Kultur.

J. Wir spielen eine Szene:

1. Ein Berater Kaiser Heinrichs IV. überzeugt ihn, daß er zum Bußgang nach Canossa gehen muß. Er lehnt zuerst ab.
2. Ein Italiener versteht nicht, warum der deutsche Kaiser nach Italien kommt. Ein Deutscher erklärt es ihm.
3. Ein Ritter erklärt seinem Sohn, wie sich ein richtiger Ritter verhalten soll.

K. Wir schlagen im Lexikon oder im Geschichtsbuch nach; wir achten auf folgende Punkte:

1. Kaiser Heinrich III.: Ausdehnung des Reiches; Kaiser und Kirche; Familie der Salier; Herzogtümer in Deutschland; wirtschaftliche Entwicklung.
2. Das Kloster Cluny und seine Bedeutung: Geographische Lage des Klosters; Bedeutung von Burgund; Probleme der christlichen Lebensführung; Cluny im 11./12. Jahrhundert und später.
3. Kaiser Heinrich IV.: Erziehung; Lage des Reiches nach dem Tod des Vaters; Papst Gregor VII.; die Canossa-Szene; spätere Konflikte.
4. Die Kolonisation des deutschen Ostens: Organisation einer Mark; Stadien der deutschen Expansion; Gründung neuer deutscher Länder: Sachsen, Brandenburg, Mecklenburg, Pommern, Schlesien, Preußen.

Ein Student berichtet, was man in den Büchern finden kann.

3. *Barbarossa*

Lesehilfe

A. Wir schreiben die Hauptpunkte auf:

1. Höhepunkte der deutschen mittelalterlichen Kultur: Literatur, Baukunst.
2. Die Feinde der Hohenstaufen.
3. Die drei wichtigsten Hohenstauferkaiser.
4. Das Heilige Römische Reich und Nationalstaaten.

B. Beanworten Sie folgende Fragen:

Der Kyffhäuser

1. Was ist der Kyffhäuser und wo liegt er?
2. Warum wurden die beiden Kaiser „Barbarossa" genannt?

Die Kultur der Stauferzeit

3. Was für ein Leben hatte Walther von der Vogelweide?
4. Wo soll ein Sängerkrieg stattgefunden haben?
5. In welchem Stil bauten die Kaiser ihre Dome?

Die Hohenstaufen und ihre Feinde

6. Wer war der größte Feind des Kaisers?
7. Welche Länder beherrschte Heinrich der Löwe?
8. Wie schlichtete Kaiser Friedrich den Streit um Bayern?

Friedrichs Herrschaft

9. Was versuchte Barbarossa mit Mailand?
10. Warum beklagten sich andere Fürsten über Heinrich den Löwen?
11. Was wollte Barbarossa in Palästina erreichen?

Die Späteren Staufer

12. Wie schaffte sich Friedrich II. in Deutschland Ruhe?
13. Was geschah mit dem letzten Hohenstaufen?
14. Was wurde durch die Verfassung Deutschlands erleichtert?
15. Welche deutschen Staaten begannen, im späteren Mittelalter eine Rolle zu spielen?

C. Schreiben Sie einen Aufsatz über folgende Themen:

1. Friedrich Barbarossa und Heinrich der Löwe.
2. Die Kultur der Stauferzeit.
3. Kaiser und Papst in der Zeit der Hohenstaufen.

D. Wählen Sie aus den hier aufgeführten Ausdrücken den jeweils passenden aus:

das Kaiserreich (*pl.* -e)
das Königreich (*pl.* -e)
das Herzogtum (*pl.* ¨-er)
die Grafschaft (*pl.* -en)
das Fürstentum (*pl.* ¨-er)
das Bistum (*pl.* ¨-er)
die Abtei (*pl.* -en)

Deutschland war viele Jahrhunderte lang ein _____ (Land eines Kaisers) und zugleich ein _____ (Land eines Königs). Es hatte zu Beginn fünf _____ (Länder von Herzögen), später wurden es mehr. Die Fürsten, die den König wählten, hießen Kurfürsten, und ihre Länder _____. Außer den weltlichen Fürsten gab es geistliche, zum Beispiel Bischöfe. Manche _____ waren sehr groß. Auch manche _____ (Länder von Äbten) waren bedeutend. Ein Graf, der sein Land an der Grenze hatte, hieß manchmal Markgraf. Brandenburg war eine solche _____, später war es ein _____ (Land eines Kurfürsten) und noch später Teil eines _____ (Land eines Königs).

E. Definieren Sie die folgenden Ausdrücke durch einen Satz:

1. die Sagengestalt
2. der Spielmann
3. die Buchmalerei
4. der Landadel
5. der Gegenkönig
6. der Nationalstaat
7. der Einheitsstaat
8. der Kanzler

F. Ergänzen Sie die Sätze:

1. Die Phantasie des Volkes versetzte Barbarossa in _____ _____.
2. Auf der Wartburg trafen mehrere Sänger zu _____ _____ zusammen.
3. Die romanischen Dome zeugen von _____ _____ _____.
4. Der französische König wollte unabhängig von _____ _____ sein.
5. Barbarossa zog mit _____ _____ nach Italien.
6. Der Papst suchte bei _____ _____ Hilfe gegen den Kaiser.
7. Der Kaiser konnte Deutschland nicht zu _____ _____ entwickeln.
8. Das Mittelalter erzählte viele Geschichten über _____.

G. Setzen Sie die Sätze ins Präteritum und Perfekt:

BEISPIEL: In der Höhle sitzt Barbarossa.
In der Höhle saß Barbarossa.
In der Höhle hat Barbarossa gesessen.

1. Die Sage läßt Barbarossa hier auf das neue Reich warten.
2. Die deutschen Dichter gestalten viele Sagenstoffe.
3. Der Minnesänger trägt das Lied den Rittern vor.
4. In Frankreich setzt sich der neue Baustil durch.
5. Walther nimmt aktiv an den Kämpfen teil.
6. Diese Mischung kennzeichnet auch die Politik.
7. Zwei Familien rivalisieren miteinander.

8. Friedrich belehnt Otto von Wittelsbach mit Bayern.
9. Die Normannen lassen sich in Sizilien nieder.
10. Friedrich zieht wieder nach Italien.

H. Wie lautet der Superlativ?

BEISPIEL: Heinrich der Löwe baute einen großen Dom.
Heinrich der Löwe baute den größten Dom.

1. Die Zugspitze ist ein hoher Berg in den bayerischen Alpen.
2. Das Nibelungenlied ist ein bekanntes Epos aus dem Mittelalter.
3. Walther von der Vogelweide hatte ein abenteuerliches Schicksal.
4. Bayern war ein wichtiger Streitpunkt.
5. Mailand war eine reiche und mächtige Handelsstadt.
6. Friedrichs Verwaltung in Sizilien war damals eine moderne Verwaltung.
7. Die Stauferzeit war eine glanzvolle Epoche des Kaisertums.
8. Österreich und Sachsen wurden bedeutende Staaten in Deutschland.

I. Verbinden Sie die beiden Sätze mit *als:*

BEISPIEL: Barbarossa wachte auf. / Die Not war groß.
Barbarossa wachte auf, als die Not groß war.

1. Die Deutschen dachten an Barbarossa. / Sie kämpften um die nationale Einheit.
2. Walther dichtete viele Lieder. / Er zog im Land umher.
3. Friedrich schlichtete die Streitigkeiten. / Er wurde Kaiser.
4. Das deutsche Heer war in Rom. / Die Pest brach aus.
5. Friedrich besiegte Heinrich den Löwen. / Er kam aus Italien zurück.
6. Heinrich VI. starb mit 33 Jahren. / Er wollte zu einem Kreuzzug aufbrechen.
7. Friedrich II. gab den Fürsten Privilegien. / Er kam nach Deutschland.
8. Die Herrschaft der Hohenstaufen endete. / Konradin wurde in Neapel enthauptet.

Beginnen Sie mit dem als- Satz:

BEISPIEL: ***Barbatossa wachte auf, als die Not groß war.***
Als die Not groß war, wachte Barbarossa auf.

J. Ein mittelalterlicher Dom:

Ein gotischer Dom

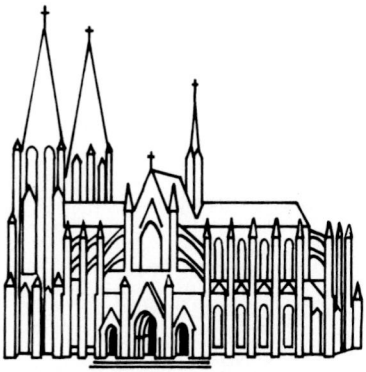

Ein romanischer Dom

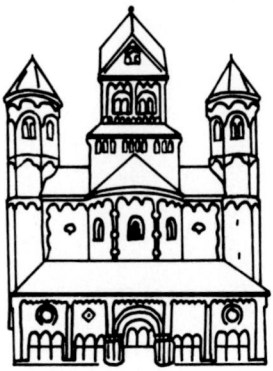

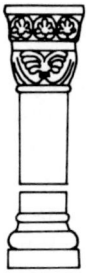

Vokabular:

der Rundbogen	der Spitzbogen
das Hauptschiff	das Seitenschiff
das Portal	die Fassade
der Chor	die Krypta
die Vierung	das Joch
die Säule	der Pfeiler
die Kapelle	das Kreuzgewölbe
das Netzgewölbe	der Altar
der Strebepfeiler	der Turm

1. Warum konnten die gotischen Dome höher sein als die romanischen?
2. Welchen Eindruck machen die zwei Stile?
3. Was war den Architekten wichtig, wenn sie einen Dom bauten? Was wollten sie erreichen?
4. Wie kann man diese Kirchen mit heutigen Kirchen vergleichen?
5. Was bedeutete ein großer Dom für eine mittelalterliche Stadt?

Wie können wir einen mittelalterlichen Dom beschreiben?

Nehmen Sie ein Beispiel. Wie lange brauchte man, um solche Dome zu bauen?

K.

Under der linden
an der heide,
dâ unser zweier bette was,
dâ mugt ir vinden
schône beide
gebrochen bluomen unde gras.
vor dem walde in einem tal,
tandaradei,
schône sanc diu nahtegal.

Ich kam gegangen
zuo der ouwe:
dô was mîn friedel komen ê.
dâ wart ich enpfangen,
here frouwe,
daz ich bin sælic iemer mê.
kuster mich? wol tûsentstunt:
tandaradei,
seht wie rôt mir ist der munt.

1. Können Sie dieses Gedicht ins heutige Deutsch übersetzen?
2. Was ist das Thema des Gedichts?
3. Es ist ein „Rollengedicht". Wer spricht?
4. Was drückt das Gedicht aus? Paßt das zu einem christlichen Leben?
5. Was denken wir über den Dichter, Walther von der Vogelweide? Wir informieren uns weiter über ihn.
6. Das Gedicht wurde gesungen; es war ein Lied. Wie stellen Sie sich eine Melodie eines solchen Liedes vor?

L. Wir spielen eine Szene:

1. Friedrich Barbarossa versucht Heinrich den Löwen zu überreden, mit ihm nach Italien zu ziehen. Heinrich der Löwe lehnt ab.
2. Ein zurückkehrender Kreuzfahrer wird gefragt, was er alles im Heiligen Land gesehen und erlebt hat.
3. Ein Ritter und ein Geistlicher streiten über die Macht des Papstes und des Kaisers.

M. Wir schlagen im Lexikon oder im Geschichtsbuch nach; wir achten auf folgende Punkte:

1. Herzog Heinrich der Löwe: Geschlecht der Welfen, Herkunft, spätere Bedeutung; Heinrich und die Expansion nach Osten; Gründung von Städten; Beziehung zu Friedrich I.
2. Die Normannen in Süditalien: Herkunft der Normannen; ihre Eroberungszüge; Frankreich und England; ihr Reich im Süden Italiens.
3. Die Kreuzzüge von Friedrich I. und Friedrich II.: Dritter Kreuzzug, 1189–1192, Verlauf: Saladin, Tod Friedrich I., Richard Löwenherz und Philipp II.; Fünfter Kreuzzug: 1228–1229: Fahrt des Kaisers nach Palästina, Vertrag.
4. Kaiser Friedrich II.: Erziehung in Sizilien; kulturelle Einflüsse; Konflikte mit der Kirche; Politik in Deutschland; Persönlichkeit.

Ein Student berichtet der Klasse, was man finden kann.

4. Der Totentanz

Lesehilfe

A. Wir schreiben die Hauptpunkte auf:

1. Die mittelalterliche Stadt: Anlage, Selbstverwaltung, Leben.
2. Kaufleute und Handwerker: die Bedingungen der Wirtschaft.
3. Hausmachtpolitik.
4. Die Habsburger Familie.
5. Die frühe Entwicklung der Schweiz.
6. Die ersten deutschen Universitäten: wann und wo? Wie lernten die Studenten?

7. Judenverfolgungen im Mittelalter.
8. Lebenslust und Todesfurcht: Zeichen und Symptome.

B. Beantworten Sie folgende Fragen:

Entwicklung der Städte

1. Welcher neue Stand kam jetzt zur Gesellschaft hinzu?
2. Warum bekam das Bürgertum in Italien schneller Bedeutung als in Deutschland?
3. Was gehörte zum Plan einer mittelalterlichen Stadt?
4. Welches Ziel hatten die Städte bei ihrem Kampf gegen die Fürsten?
5. Welches Vorbild hatten die deutschen Städte in ihrer Verfassung?
6. Wodurch bekamen die Städte größere Macht?

Das wirtschaftliche Leben im Mittelalter

7. Wodurch war das wirtschaftliche Leben im Mittelalter geregelt?
8. Wie waren die Handwerker eingeteilt?
9. Warum waren die Handelsgüter im Mittelalter teuer?
10. Für welche Zeit brauchte man viele Fische?

Adel und Bürgertum

11. Was hat Götz von Berlichingen geschildert?
12. Wann fanden in den Städten Theateraufführungen statt?
13. Wie stellten die Künstler um 1500 die biblischen Geschichten dar?

Die Hausmacht

14. Was wurde in der „Goldenen Bulle" festgelegt?
15. Welches Recht wurde in Deutschland eingeführt?

Österreich

16. Was war die Bedeutung von Rudolf von Habsburg?
17. Seit wann blieben die Habsburger deutsche Kaiser?
18. Welche unerwartete Niederlage erlitten die Habsburger?

Universitäten

19. Warum gab es bis 1348 keine Universität im Deutschen Reich nördlich der Alpen?
20. Was war die älteste Universität im heutigen deutschen Staatsgebiet?

Lebenslust und Totentanz

21. Wer wurde das bevorzugte Opfer des religiösen Fanatismus?
22. Was war oft am Hauptportal der Kirchen dargestellt?
23. Welche Krankheit trug zu einer Änderung der Sitten bei?

C. Schreiben Sie einen Aufsatz über folgende Themen:

1. Die Laufbahn eines Handwerkers im Mittelalter.
2. Die Kultur des mittelalterlichen Bürgertums.
3. Die frühe Entwicklung der Schweiz.
4. Mittelalterliche Universitäten.
5. Das Lebensgefühl des späten Mittelalters.

D. Setzen Sie das jeweils richtige Wort ein:

1. Eine Stadt, die sich selbst regierte und nur dem Kaiser untertan war, hieß eine _____.
2. Das Recht, Geld zu prägen, hieß das _____.
3. Aachen war berühmt wegen seiner_____.
4. Ein Handwerker, der sein eigenes Geschäft hat und Lehrlinge ausbildet, ist ein _____.
5. Die reichen Kaufleute und Bankiers heißen auch _____.
6. Der Spitzname der Kaufleute im Mittelalter war_____.
7. Ritter, die Kaufleute überfielen und ausraubten, hießen _____.
8. Die Häuser, in denen die Verwaltung der Stadt untergebracht ist, heißen _____.
9. Die in Joachimstal geprägte Silbermünze wurde kurz _____ genannt.
10. Die Fürsten, die den Kaiser wählten, hießen _____.
11. Die Schweizer vereinigten sich zu einer _____.
12. Die schlimmste Krankheitsepidemie in Europa war _____.

E. Bilden Sie von diesen Substantiven Adjektive mit der Endung *-ig* oder *-lich:*

1. Bürger
2. Kraft
3. Fürst
4. Macht
5. Wirtschaft
6. Vertrag
7. Kirche
8. Adel
9. Abenteuer
10. Gott
11. Ehe
12. Putzsucht

Ersetzen Sie die schräggedruckten Worte durch eines dieser Adjektive:

1. die Kultur *der Bürger*
2. die Sicherung *durch einen Vertrag*
3. die Herkunft *aus dem Adel*
4. die Gnade *Gottes*
5. ein junger Mann *voll Kraft*
6. eine Krise *der Wirtschaft*
7. ein Leben *voll von Abenteuern*
8. die Verwaltung *der Kirche*
9. ein Trinkgeld *wie von einem Fürsten*
10. ein Herrscher *voll Macht*
11. die Treue *in der Ehe*
12. eine Frau *mit viel Putzsucht*

F. Aus welchen Verben sind die folgenden Substantive gebildet?

1. Bedeutung
2. Kolonisierung
3. Entwicklung
4. Siedlung
5. Niederlassung
6. Kleidung
7. Stellung
8. Dichtung
9. Darstellung
10. Veränderung
11. Verbindung
12. Verbesserung

Bilden Sie einen Satz mit jedem dieser Verben.

G. Setzen Sie *war* oder *wurde* (mit der richtigen Endung) ein:

1. Die Heilquellen in Aachen _____ schon lange berühmt.
2. Frankfurt _____ jetzt als Stadt angelegt.

3. Der Bürgermeister _____ ein tatkräftiger Mann.
4. Einige der italienischen Patrizier _____ Fürsten.
5. Je mehr sich die Wirtschaft entwickelte, desto wichtiger _____ die Städte.
6. Die meisten Verträge _____ mündlich abgeschlossen.
7. Die Kaufleute _____ auch in Gruppen eingeteilt.
8. Der Konkurrenz _____ enge Grenzen gesetzt.
9. Nur sehr wichtige Güter _____ transportiert.
10. Die Gewürze _____ damals sehr teuer.

H. Bilden Sie Sätze aus diesen Elementen:

BEISPIEL: berühmt sein wegen / Bier
Milwaukee ist wegen seines Biers berühmt.

1. rechnen müssen mit / Gegner
2. das Gegengewicht bilden / Opposition
3. das Leben schwer machen / Studenten
4. verantwortlich sein / Regierung
5. sich lustig machen über / die Kinder
6. sichtbar machen / die Unruhen
7. beitragen zu / die Unordnung des Landes
8. Gelegenheit geben / das Stipendium
9. sich ausdehnen nach / Südosteuropa
10. sich lockern / die Verbindung

I. Bilden Sie Relativsätze:

BEISPIEL: Italien entwickelte sich schneller. / Es hatte die römische Stadtkultur erhalten.
Italien, das die römische Stadtkultur erhalten hatte, entwickelte sich schneller.

1. Heinrich der Löwe bekam München. / Es war gerade gegründet worden.
2. Die reicheren Leute regierten die Stadt. / Sie waren Kaufleute oder Bankiers.
3. Die Hanse war sehr mächtig. / Ihre wichtigste Stadt war Lübeck.
4. Eine Stadt konnte Märkte abhalten. / Ihr wurde das Marktrecht gegeben.

5. Ein Geselle übernahm das Geschäft. / Sein Vater war Meister.
6. Die Zahl der Lehrlinge war festgelegt. / Der Meister konnte sie nehmen.
7. Alle Städte wurden reich. / Die Salzfahrer mußten ihnen Zoll zahlen.
8. Die Möbel wurden viel teurer. / Sie waren vorher einfach und billig.
9. Götz von Berlichingen war ein Raubritter. / Wir kennen ihn durch seine Autobiographie.
10. Die Maler hatten einen realistischen Stil. / Wir kennen heute noch ihre Werke.
11. Eine beliebte Silbermünze war der in Böhmen geprägte Taler. / Er wurde zur offiziellen Währung des Reiches.
12. Opfer des religiösen Fanatismus wurden die Juden. / Ihr Leben wurde immer unsicherer.

J.

Abschluß eines Kaufs auf dem Markt
Holzschnitt aus Rodericus Zamorensis
„Spiegel des menschlichen Lebens", Augsburg. um 1475

Ablieferung des Zehnten
Holzschnitt aus Rodericus Zamorensis
„Spiegel des menschlichen Lebens". Augsburg, um 1475

1. Was ist auf dem ersten Bild zu sehen? Beschreiben wir es.
2. Was wird wohl verkauft?
3. Was sagen die Männer zueinander?
4. Geschieht der Kauf mit einem schriftlichen Vertrag? Was heißt das?
5. Was für Menschen sehen wir auf dem zweiten Bild?
6. Was tun sie? Beschreiben wir es!
7. Wie sind die Bauern dargestellt?
8. Wie ist der Gesichtsausdruck der Bauern?
9. Was ist der Unterschied der zwei Bilder?
10. Wie stellen wir uns danach das Leben um 1475 vor?

K. Wir spielen eine Szene:

1. Ein Gespräch zwischen einem durchreisenden und einem einheimischen Kaufmann.
2. Ein Raubritter überfällt einen reisenden Kaufmann. Er will ihn auf seine Burg bringen und Lösegeld verlangen.

3. Ein Student kommt in seine Heimat und wird nach dem Leben an der Universität gefragt.
4. Ein Schweizer erklärt einem Österreicher, warum die Bauern unabhängig bleiben wollen.

L. Wir schlagen im Lexikon oder im Geschichtsbuch nach; wir achten auf folgende Punkte:

1. Die Hanse: Seehandel im Mittelalter; Gefahren des Handels; Städte und Fürsten; verschiedene Städtebünde; Entwicklung der Hanse; Höhepunkt im 14. Jahrhundert; Nationalstaaten und Städtebünde.
2. Albrecht Dürer: Nürnberg als Handels- und Industriestadt; Handwerkstraditionen; neue Auffassung der Kunst; Dürer als Handwerker und Künstler; Dürers Stil; seine Popularität in Deutschland.
3. Kaiser Karl IV.: Böhmen als Zentrum der Macht; Versuch einer Verfassungsreform des Reiches; Gründung der Universität; deutsche Verwaltungssprache; Humanismus; Hausmachtpolitik.
4. Die Carmina Burana: Studentenleben im späten Mittelalter; Zahl der Universitäten; Latein und die Volkssprache.
5. Judenverfolgungen im 14. Jahrhundert: Jüdische Siedlungen am Rhein; Geldleihen, Zinsen, Beschränkung von Berufen für Juden; Kreuzzüge und Judenverfolgungen; Krankheitsepidemien und Judenverfolgungen; Auswanderung nach Osten.

Ein Student berichtet der Klasse und beantwortet Fragen der anderen Studenten.

5. *Die Reformation*

Lesehilfe

A. Wir schreiben die Hauptpunkte auf:

1. Martin Luthers Herkunft, Erziehung, berufliche Laufbahn, Konflikt mit der Kirche.
2. Die Reformation im Rahmen größerer Konflikte: europäische und Weltpolitik (Kolonialismus), Politik des Reiches, Umwälzung der Technik und Wirtschaft; soziale Spannungen.
3. Der Religionsfriede und seine Folgen.
4. Gegenreformation.

B. Beantworten Sie folgende Fragen:

Martin Luther

1. Welches waren die zwei großen Ereignisse des 16. Jahrhunderts?
2. Welcher Reformator war vor Luther aufgetreten, und was war sein Schicksal?
3. Mit welchem Ereignis begann die Reformation in Deutschland?
4. Aus welchem Land stammte Luthers Vater?
5. Wer waren die Humanisten?
6. Welches Fach studierte Luther an der Universität?
7. Bei welchem Anlaß stieß Luther mit der Kirche zusammen?

Zeitalter des Umbruchs

8. Was tat Luther mit der päpstlichen Bulle?
9. Warum war Luther in Worms in großer Gefahr?
10. Welchen Vorteil hatte Luther bei der Verbreitung seiner Lehre?
11. Wie wurde Luthers Zeitalter auch genannt?
12. Wie wurde Luthers Lehre von der Masse des Volkes aufgefaßt?
13. Welche Haltung nahm Luther im Bauernkrieg ein?

Der alte und der neue Glaube

14. Was sagte Karl V. von seinem Reich?
15. Was war die einzige deutsche Beteiligung an der kolonialen Expansion?
16. Mit welchem Frieden endete der Schmalkaldische Krieg?
17. Wozu dienten die Theateraufführungen der Jesuiten?
18. Wie wirkte die Entdeckung Amerikas auf die deutsche Wirtschaft?

C. Schreiben Sie einen Aufsatz über folgende Themen:

1. Das Leben Martin Luthers.
2. Die deutsche Gesellschaft um 1500.
3. Luthers Bibelübersetzung und die Entwicklung der deutschen Sprache.
4. Die koloniale Expansion und ihre Folgen für Deutschland.

D. Definieren Sie die folgenden Wörter durch einen Satz:

1. die Disputation
2. das Kupfervorkommen
3. der Jurist
4. die Schutzpatronin
5. das Konzil
6. die Exegese
7. der Ablaßhandel
8. die Bulle
9. der Kurfürst
10. das Flugblatt
11. die Landeskirche
12. die Gegenreformation

E. Bilden Sie Adjektive mit den Endungen *-lich, -ig, -isch* oder *-haft:*

1. Legende
2. Volkstum
3. Akademie
4. Historie
5. Geschichte
6. Vorteil
7. Literatur
8. Gesellschaft
9. Welt
10. Zorn
11. Luther
12. Latein
13. Wirtschaft
14. Beruf
15. Franzose
16. Spanier

F. Ergänzen Sie die Endungen:

1. Luthers Vater kam zu groß_____ Wohlstand.
2. Für intelligent_____ jung_____ Leute gibt es gute Möglichkeiten.
3. Luther wurde von stark_____ Zweifel_____ gequält.
4. Ein Mensch mit tief_____ Glauben akzeptierte das nicht.
5. Der Kaiser bemühte sich um neu_____ Gesetze.
6. Das damalige Zeitalter war interessiert an technisch_____ Wissen.
7. Luther stand vor schwer_____ Entscheidungen.
8. In einigen katholisch_____ Länder_____ wohnten auch Protestanten.

G. Bilden Sie einen neuen Satz mit dem Verb in Klammern:

BEISPIEL: Der Kranke befolgte alle Vorschriften. (folgen)
Der Kranke folgte allen Vorschriften.

1. Luther plante nicht die Gründung einer neuen Kirche. (denken an)
2. Luther kämpfte kräftig für seine Lehre. (verteidigen)

3. Kopernikus beschrieb das Planetensystem. (schreiben über)
4. Moritz von Sachsen fiel vom Kaiser ab. (verraten)
5. Friedrich der Weise unterstützte den Reformator. (helfen)
6. Luther erlebte ein heftiges Gewitter. (geraten in)
7. Luther ermahnte die Fürsten. (sich wenden an)
8. Bei den Theateraufführungen benutzten die Jesuiten Lichteffekte. (arbeiten mit)

H. Setzen Sie die richtigen Modalverben ein:

1. Luthers Vater sagte, daß der Sohn Jura studieren _____.
2. Luther fragte sich: Wie _____ der Mensch ein Gott wohlgefälliges Leben führen?
3. Er gelobte, daß er Mönch werden _____.
4. Nur Gottes Gnade _____ den Menschen erlösen.
5. Einen Menschen wie Luther _____ der Ablaßhandel empören.
6. Das Ziel der Kirche war, daß Luther widerrufen _____.
7. Als Luther die Bannbulle verbrannte, _____ der Kaiser eingreifen.
8. Um sich verständlich zu machen, _____ Luther eine einheitliche deutsche Sprache schaffen.
9. Wer die Gesellschaft verändern _____, hoffte auf Luther.
10. Luther _____ nur von den Fürsten Schutz erhalten.

I. Setzen Sie die Sätze ins Passiv:

BEISPIEL: Man faßt die positiven Folgen ins Auge.
Die positiven Folgen werden ins Auge gefaßt.

1. Man baut immer noch die Mansfelder Kupfervorkommen ab.
2. Man hatte vorher kein Griechisch gelehrt.
3. Man achtete einen Doktortitel sehr hoch.
4. Man hat Luther als Abgesandten des Ordens nach Rom geschickt.
5. Man konnte sich die Befreiung von den Sünden erkaufen.

6. Man wird den spanischen König zum Kaiser wählen.
7. Man kann Luthers Sprache auch heute noch leicht verstehen.
8. Man hat die neuen Methoden auch in der Wirtschaft angewendet.
9. Man besiegte und unterdrückte die aufständischen Bauern.
10. Man hat der deutschen Wirtschaft nicht durch die neuen Entdeckungen geholfen.
11. Man hatte vor allem Gold und Silber gesucht.
12. Man hat neue Kontinente erobert.

J. Bilden Sie Sätze aus diesen Elementen:

1. auffordern zu / Reformen
2. eintreten in / die Firma
3. sich vertiefen in / das Problem
4. führen zu / der Erfolg
5. sich verbreiten in / die ganze Welt
6. erzwingen / die Unabhängigkeit
7. sich bekennen zu / die neue Auffassung
8. erziehen / die Kinder
9. Hilfe suchen bei / Kirche
10. verteidigen gegen / viele Feinde

K.

Ein' feste Burg

Ein' feste Burg ist unser Gott,
Ein' gute Wehr und Waffen.
Er hilft uns frei aus aller Not,
Die uns jetzt hat betroffen.
Der alt' böse Feind,
Mit Ernst er's jetzt meint.
Groß' Macht und viel' List
Sein' grausam' Rüstung ist,
Auf Erd' ist nicht sein'sgleichen.

Mit unser Macht ist nichts getan,
Wir sind gar bald verloren.
Es streit' für uns der rechte Mann,
Den Gott hat selbst erkoren.
Fragst du, wer der ist?
Er heißt Jesus Christ,

Der Herr Zebaoth,
Und ist kein ander Gott.
Das Feld muß er behalten.

1. Luthers Choral „Ein feste Burg" ist oft in Krisensituationen gesungen worden. Warum?
2. Wie unterscheidet sich der moderne Text von dem alten Druck?
3. Welche Noten hat man damals benutzt? Wie sieht das heute aus?
4. Warum entspricht der Text der lutherischen Konzeption *sola fide*?
5. Welche Situation beschreibt der Choral?
6. Dies sind die ersten zwei von vier Strophen. Schlagen Sie die anderen Strophen nach. Welche Macht wird dem *Wort* zugeschrieben?

L. Wir spielen eine Szene:

1. Martin Luther vor dem Kaiser auf dem Reichstag in Worms.
2. Friedrich der Weise überredet einen anderen Kurfürsten, Karl V. zum Kaiser zu wählen.
3. Ein Bauernführer erklärt anderen Bauern die Notwendigkeit eines Aufstands und braucht auch religiöse Argumente.

M. Wir diskutieren: Positive und negative Folgen der Kirchenspaltung.

N. Wir schlagen im Lexikon oder Geschichtsbuch nach; wir beachten folgende Punkte:

1. Jan Hus: Herkunft, Biographie; Deutsche und Tschechen; Hierarchie der Kirche und Beteiligung der Gläubigen; Kirchenreform; Konzil in Konstanz; Hussitenkriege.
2. Die Wiedertäufer: Idee der Erwachsenentaufe; Gemeinschaft der Urchristen; Gemeineigentum; Bewegung der Wiedertäufer im 16. Jahrhundert; spätere Entwicklungen.
3. Die Sage von Doktor Faustus: Fahrende Humanisten; der historische Faustus; Sagenstoff; Teufelsbündnis; Buch von 1587; spätere Popularität.
4. Paracelsus: Biographie; Alchemie; chemische Medikamente; Gewerbekrankheiten; Mittel gegen Syphilis; mystische Theologie.
5. Die Jesuiten in Deutschland: Gründung des Ordens in Spanien; Organisation; Einfluß auf die Erziehung, Universitäten; Jesuitentheater; politische Rolle.
6. Thomas Müntzer: Biographie; radikaler Flügel der Reformation; Bauernkrieg; Ideen der „Demokratie".

Ein Student berichtet, die anderen Studenten fragen.

6. Der Fenstersturz von Prag

Lesehilfe

A. Wir schreiben die Hauptpunkte auf:

1. Der Dreißigjährige Krieg: Ausbruch, Verlauf, Ende, Folgen.

2. Das europäische Gleichgewicht: Großmächte und die deutschen Staaten.
3. Der Absolutismus und die neue Staatsverwaltung, Gesellschaftshierachie.
4. Kunst und Kultur: Hof, Religion, Volkskunst.

B. Beantworten Sie folgende Fragen:

Der Dreißigjährige Krieg

1. In welchem Land begann der Dreißigjährige Krieg?
2. Warum wurde Friedrich V. der Winterkönig genannt?
3. Wer waren die bekanntesten Heerführer im Dreißigjährigen Krieg?

Deutschland im 17. Jahrhundert

4. Warum war das Reich nach 1648 kaum mehr als ein Name?
5. Welche Zeit begann jetzt, politisch gesehen?
6. Bei welcher Gelegenheit zeigte das Reich seine Einheit?

Der Fürstenstaat

7. Was bedeutete der Dreißigjährige Krieg für die deutsche Bevölkerung und Wirtschaft?
8. Was waren wichtige Elemente des neuen Staatssystems?
10. Warum waren die Steuern und Zölle so hoch?
11. Wie drückte sich die Hierarchie in den Umgangsformen aus?

Barockkultur

12. Welcher König war das Vorbild für die deutschen Fürsten?
13. Wie wurden die neuen Residenzstädte angelegt?
14. Wer schrieb und wer komponierte die erste deutsche Oper?
15. Welchen Charakter hatte die deutsche Dichtung des 16. Jahrhunderts gehabt?
16. Wo studierten viele protestantische Schlesier?
17. Was für ein Werk ist der „Simplicissimus"?

C. Schreiben Sie einen Aufsatz über folgende Themen:

1. Die Ergebnisse des Westfälischen Friedens.
2. Der Barockstil.
3. Die deutsche Literatur im 17. Jahrhundert.
4. Das System des Absolutismus.

D. Setzen Sie das richtige Wort ein:

1. Im Krieg nennt man die Menschen, die nicht zur Armee gehören, _____.
2. Ein Drama in drei Teilen heißt _____.
3. Staaten, die ganz unabhängig sind, haben ihre volle _____.
4. Der am Hof des Fürsten lebende Adel hieß _____.
5. Kleine religiöse Gruppen, die nicht zu den offiziellen Kirchen gehören, heißen _____.
6. In Europa hatten die großen Staaten ungefähr gleich viel Macht. Es bestand also ein _____ der Mächte.
7. Die Stadt, in der der Fürst sein Schloß hat und wo er wohnt, ist seine _____.
8. Da alle Menschen, Tiere und Pflanzen sterben oder vergehen, spricht man von der _____ des irdischen Lebens.
9. Ein Mensch, der allein auf einer Insel wohnt, wird ein _____ _____ genannt.
10. Die Fürsten brauchten jetzt eine Berufsarmee, ein _____ _____.
11. Nach Brandenburg wanderten die französischen Protestanten, die _____.
12. Um bessere Informationen zu erhalten, begann der Staat mit _____.

E. Bilden Sie einen neuen Satz; verwenden Sie das Gegenteil des schräggedruckten Wortes:

BEISPIEL: Alle drei waren *verletzt*.
Alle drei waren unverletzt.

1. Die Schweiz war vom Reich *abhängig*.
2. Die Sekten hatten ein *sicheres* Leben.
3. Deutschland spielte eine *große* Rolle.
4. Schlesien war ein *armes* Land.

5. Die Städte sind *unregelmäßig* angelegt.
6. Die spanische Dichtung war sehr *unbedeutend*.
7. Simplicius *begann* sein Leben als Einsiedler.
8. Der „Simplicissimus" war ein *Mißerfolg*.
9. Städte und Dörfer waren *bevölkert*.
10. Auf dem Lande war es *am besten*.

F. Bilden Sie Relativsätze:

BEISPIEL: Dreißig Jahre dauerte der Krieg. / Alle europäischen Länder waren daran beteiligt.
Dreißig Jahre dauerte der Krieg, an dem alle europäischen Länder beteiligt waren.

1. Wallenstein wurde in Eger ermordet. / Schiller schrieb ein Drama über ihn.
2. Die Adligen mußten dem Fürsten folgen. / Sie waren von ihm abhängig.
3. Der Spanische Erbfolgekrieg dauerte 13 Jahre. / Bayern war in ihm mit Frankreich verbündet.
4. Die Naturwissenschaften entwickelten sich sehr. / Die Schlesier kamen mit ihnen in Leiden in Berührung.
5. Die Vergänglichkeit war das Hauptthema von Gryphius. / Der Krieg erinnerte ihn ständig daran.
6. Es war ein festlicher Stil. / Der Glanz Gottes wurde dadurch gezeigt.
7. Grimmelshausen schrieb den „Simplicissimus". / Das Leben während des Krieges wird darin beschrieben.
8. Opitz verfertigte viele Übersetzungen. / Die deutschen Dichter haben viel aus ihnen gelernt.
9. Die Fürsten erhoben Steuern und Zölle. / Damit bauten sie ihre großen Schlösser.
10. Deutschland war ausgeschlossen vom Welthandel. / Darin waren England und die Niederlande führend.

G. Beginnen Sie mit einem Kausalsatz mit *da:*

BEISPIEL: Seine Herrschaft war bald zuende, denn die kaiserlichen Truppen besiegten ihn.
Da ihn die kaiserlichen Truppen besiegten, war seine Herrschaft bald zuende.

1. Die Menschen hatten viel zu leiden, denn die Heere zogen plündernd durch das Land.

2. Der Friedensschluß war schlecht für das Reich, denn die Fürsten bekamen ihre volle Selbständigkeit.
3. Die Fürsten bauten prachtvolle Schlösser, denn sie wollten Versailles nachahmen.
4. Opitz hatte großen Einfluß, denn seine Lehren und Übersetzungen zeigten den deutschen Dichtern eine neue Richtung.
5. Es gab keine protestantische Universität in Schlesien, denn die Regierung war katholisch.
6. Simplicissimus lebte als Einsiedler, denn die Menschen waren unmoralisch.
7. Es wurden mehr Steuern erhoben, denn man mußte die Beamten und Soldaten bezahlen.
8. Neue Anredeformen kamen auf, denn man wollte die gesellschaftlichen Unterschiede betonen.

H. Setzen Sie das passende Verb ein:

BEISPIEL: Der Kaiser wollte den Adligen das Recht auf Kirchenbau _____.
Der Kaiser wollte den Adligen das Recht auf Kirchenbau entziehen.

1. Der Dreißigjährige Krieg wurde sehr grausam _____.
2. Schiller hat Wallensteins Ermordung in einem Drama _____.
3. Deutschland als Ganzes _____ keine Rolle mehr.
4. Der Große Kurfürst hat eine moderne Verwaltung _____.
5. In Holland _____ religiöse Toleranz.
6. Opitz' Werk _____ vor allem aus Übersetzungen.
7. Die deutsche Dichtung wollte Anschluß an die europäische Tradition _____.
8. Simplicissimus mußte sich zuletzt von der Welt _____.
9. Die Finanzen wurden jetzt besser _____.
10. Die Fürsten mußten teure Bauten und den Hofstaat _____.

Bilden Sie einen anderen Satz mit diesen Verben.

BEISPIEL: **Die Verordnung entzieht den Besitzern das Recht, hier eine Fabrik zu bauen.**

I. *Both illustrations taken from Heinz Pleticha „Deutsch Geschichte", Volume 10; pages 286/287; Bertelsmann Lexikon Verlag, Gütersloh.*

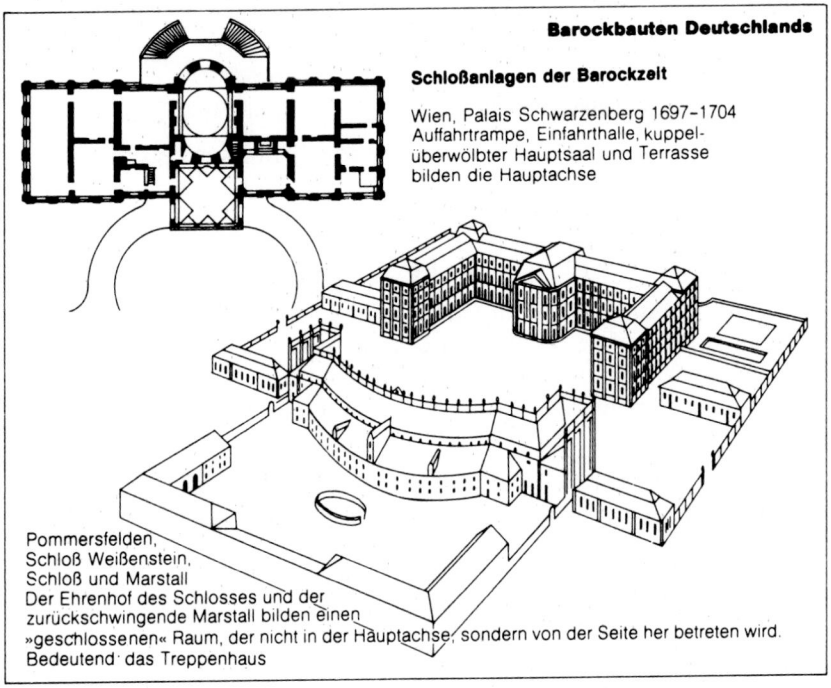

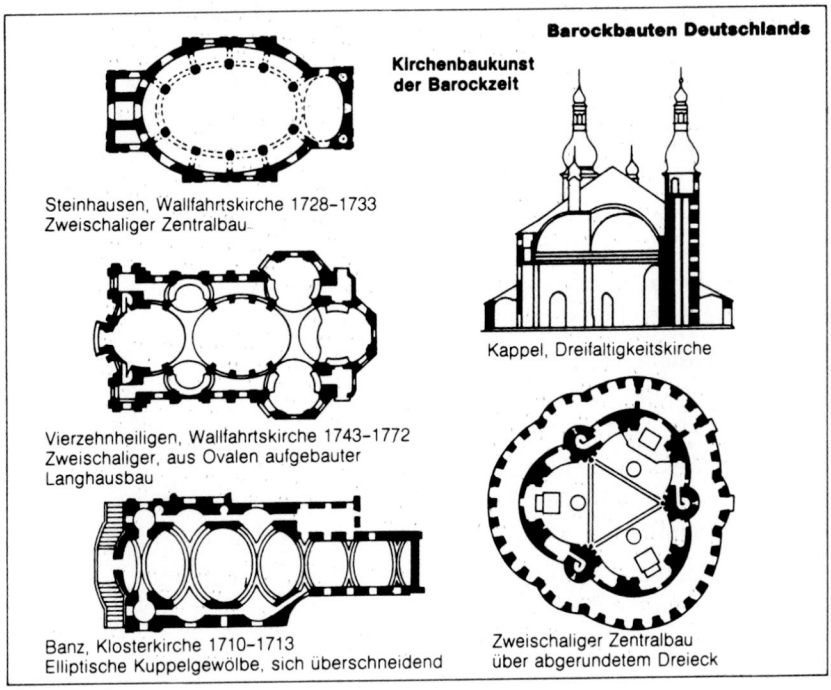

Fragen:

1. Welche Form haben die Schlösser?
2. Was war am wichtigsten bei dem Bau eines solchen Schlosses?
3. Was sollte ein Besucher denken, der das Schloß betrat?
4. Welche geometrischen Formen sind am wichtigsten bei den Kirchen?
5. Wie sehen die Kirchen innen aus?
6. Warum sind Ovale besser als Rechtecke?
7. Wie kann man den Eindruck von dieser Kultur beschreiben? Die Architektur des 20. Jahrhunderts ist funktional, nüchtern, auf Arbeit und praktische Anordnung ausgerichtet. Wie stellen wir uns die Räume hier vor?
8. Würden Sie sich in einem Barockschloß wohlfühlen? Warum/warum nicht?

J. Wir spielen eine Szene:

1. Ein Augenzeuge beschreibt einem Prager Bekannten, der ihn fragt, den Fenstersturz.
2. Ein fliehender Bauer berichtet den Nachbarn im nächsten Dorf über eine Plünderung von Soldaten im Dreißigjährigen Krieg.
3. Ein zurückkehrender Soldat berichtet auf dem Dorf, daß Friede geschlossen wurde. Die Menschen wollen es nicht glauben.

K. Wir diskutieren: Der Absolutismus—Vorzüge und Nachteile.

L. Wir schlagen nach und besprechen in der Klasse; wir achten auf die folgenden Punkte:

1. Wallenstein: Herkunft und Biographie; Söldnerarmeen: Organisation; Wallensteins Schlachten; Wallensteins politische Pläne; seine Ermordnung.
2. Der Westfälische Friede 1648: Verhandlungen; Hauptbestimmungen; Konsequenzen für Deutschland; Souveränität der deutschen Länder.
3. Grimmelshausen: Biographie; *Simplicissimus:* Inhalt und Erfolg; andere Bücher von Grimmelshausen; seine Bedeutung.

4. Der Große Kurfürst: Hauptdaten seines Lebens; Brandenburg nach dem Dreißigjährigen Krieg; Konflikt mit Schweden; Besitzungen am Rhein; Familienkonflikte um die Kinder der zweiten Ehe; Brandenburgs Machtstellung.

Ein Student berichtet, die anderen Studenten fragen.

7. Die Staatsräson

Lesehilfe

A. Wir schreiben uns die Hauptpunkte auf:

1. Das Weltbild, das Menschenbild, und gesellschaftliche Ziele der Aufklärung.
2. Die Rolle der Literatur für die Entwicklung einer Nationalkultur: Thomasius, Gottsched, Gellert; Pfarrer und Hofmeister.
3. Die bürgerliche Lebensweise: Konzept der Ehe; Lage der Frauen; Verhalten in Geldfragen.
4. Rivalität Österreich—Preußen: Schlesische Kriege, Siebenjähriger Krieg, Folgen.
5. Friedrich II. als Beispiel.
6. Aufschwung der Literatur und Philosophie: Lessing, Kant.
7. Deutsche Auswanderung nach Amerika: Germantown, Pastorius, Soldatenhandel, Steuben.

B. Beantworten Sie folgende Fragen:

Die Aufklärung

1. Unter welchem Begriff werden die Tendenzen des 18. Jahrhunderts zusammengefaßt?
2. Welcher Überzeugung war man in bezug auf die Natur des Menschen?
3. Wer stand in England, Frankreich und Holland hinter der Emanzipationsbewegung der Aufklärung?

Das deutsche Bürgertum

4. Welche Sprache wurde um 1700 an den deutschen Höfen gesprochen?
5. Auf welchen Gebieten war Leibniz tätig?
6. Welche Stadt bildete nach 1700 einen wichtigen kulturellen Mittelpunkt?
7. Worin bestand Gottscheds Bedeutung?
8. Für welches Fach an der Universität konnten Söhne armer Eltern Stipendien bekommen?
9. Warum hatte ein Hofmeister gute Aussichten, Pfarrer zu werden?

Der bürgerliche Lebensstil

10. Welche zwei Sphären wurden jetzt stärker getrennt?
11. Welcher Konflikt wurde oft in Romanen dargestellt?
12. Welches Problem war für weibliche Dienstboten besonders akut?

Österreich und Preußen

13. Was tat der Kurfürst von Brandenburg im Jahr 1701?
14. In welchem Krieg wurde Prinz Eugen berühmt?

Friedrich II.

15. Um welche Provinz kämpften Preußen und Österreich?
16. Wie beurteilten viele Deutsche die preußischen Siege im Siebenjährigen Krieg?
17. Um welchen Posten in Berlin bemühte sich Lessing?
18. Welche Schwierigkeiten hatte der Philosoph Kant?

Deutsche in Amerika

19. Wann kam die erste deutsche Gruppe nach Nordamerika und was tat sie?
20. Was war ein besonders empörendes Kapitel deutscher Fürstenpolitik?
21. Welcher Antrag wurde im Landtag von Pennsylvanien gestellt?

C. Schreiben Sie einen Aufsatz über folgende Themen:

1. Das deutsche Bürgertum im 18. Jahrhundert.

2. Preußen unter Friedrich II.
3. Die deutsche Literatur von Gottsched bis Lessing.
4. Deutsche in Amerika.

D. Definieren Sie diese Wörter durch einen Satz:

1. die Schöpfung
2. die Säkularisierung
3. die Kulturkritik
4. das Stipendium
5. der Hofmeister
6. der Journalist
7. die Staatskasse
8. die Toleranz
9. die Zensur
10. der Privatdozent
11. die Verbürgerlichung
12. die Gemeinnützigkeit

E. Wie heißen die Verben zu folgenden Substantiven?

1. der Bettler
2. die Entwicklung
3. der Gebrauch
4. der Kampf
5. der Bediente
6. die Diskussion
7. die Bildung
8. die Sparsamkeit
9. die Flucht
10. die Heirat

Bilden Sie je einen Satz mit diesen Verben.

F. Verbinden Sie die beiden Sätze; beginnen Sie den ersten Satz mit *wo:*

BEISPIEL: Es war am wenigsten Freiheit vorhanden. / Die Ideen waren am radikalsten.
Wo am wenigsten Freiheit vorhanden war, waren die Ideen am radikalsten.

1. Das Bürgertum war nicht wohlhabend. / Es konnte nicht politisch führend sein.
2. An den Höfen wurde nur Französisch gesprochen. / Die deutsche Literatur konnte sich nicht entwickeln.
3. Vater und Sohn verstanden einander nicht. / Es mußte zu Konflikten kommen.

Beginnen Sie den ersten Satz mit *wie:*

4. Man sollte sich richtig verhalten. / Man konnte (es) in Gellerts Dichtungen lesen.
5. Die preußische Armee kämpfte im Siebenjährigen Krieg. / (Es) erweckte die Bewunderung vieler Deutscher.

6. Er stellte sich den idealen Herrscher vor. / Friedrich II. schrieb (es) in seiner Zeit als Kronprinz.

Beginnen Sie den ersten Satz mit *wenn:*

7. Alle Menschen handeln vernünftig. / Ein Paradies auf der Erde entsteht.
8. Das Bürgertum wollte Erfolg haben. / Es mußte seine geistige Freiheit erkämpfen.
9. Ein Theologe verließ die Universität. / Er mußte Hofmeister werden.
10. Die Fürsten gingen ins Ausland. / Sie konnten mehr Macht gewinnen.

G. Verbinden Sie die beiden Sätze mit *um–zu:*

BEISPIEL: Das Bürgertum brauchte wirtschaftliche Freiheit. / Es wollte sich entwickeln.
Das Bürgertum brauchte wirtschaftliche Freiheit, um sich zu entwickeln.

1. Thomasius ging nach Halle. / Er wollte seine neuen Ideen durchsetzen.
2. Gottsched schrieb ein Lehrbuch über die Dichtung. / Er wollte der Literatur eine neue Richtung geben.
3. Viele junge Leute wählten Theologie. / Sie wollten ein Stipendium bekommen.
4. Viele Theologen wurden freie Schriftsteller. / Sie mußten nicht Pfarrer werden.
5. Prinz Eugen ging nach Österreich. / Er wollte Offizier werden.
6. Friedrich korrespondierte mit Voltaire. / Er wollte sein Französisch verbessern.
7. Friedrich eroberte Schlesien. / Er wollte Preußen zu einer Großmacht erheben.
8. Lessing schrieb sein letztes Drama. / Er wollte seine Ideen über die Religion ausdrücken.
9. Der Kaufmann heiratete eine reiche Frau. / Er wollte eine Mitgift bekommen.
10. Die Herrnhuter kamen nach Pennsylvanien. / Sie wollten in einem Land mit religiöser Freiheit leben.

H. Vervollständigen Sie die Sätze mit dem Objekt im Dativ oder Akkusativ:

BEISPIEL: Das Licht der Vernunft wird _____ gebracht. (die Menschen)
Das Licht der Vernunft wird den Menschen gebracht.

1. Die Würde ist _____ gemeinsam. (alle Leute)
2. Der Mensch muß _____ überwinden. (seine Vorurteile)
3. Das Bürgertum wollte _____ schaffen. (ein neuer Adel)
4. Die Eroberung von Belgrad gelang _____. (der Prinz Eugen)
5. Die Aufklärung erträumte _____. (ein gebildeter Herrscher)
6. Friedrich bereitete _____ Schwierigkeiten. (die Kaiserin)
7. Andere Staaten ahmten _____ nach. (die preußische Verwaltung)
8. Die Professur gab _____ mehr freie Zeit. (der Philosoph)
9. Die Eltern widmeten sich jetzt mehr _____. (ihre Kinder)
10. Deutsche Fürsten verkauften _____ nach Amerika. (ihre Soldaten).

I. Bilden Sie Sätze aus diesen Elementen:

1. Leibniz / sich einsetzen für
2. der Adel / interessiert sein an
3. der Pfarrer / sich befassen mit
4. Friedrich II. / übereinstimmen mit
5. Prinz Eugen / sorgen für
6. Maria Theresia / sich zurückziehen von
7. der Bürger / verpflichtet sein zu
8. die Mennoniten / auswandern nach
9. Der Markgraf von Bayreuth / gehören zu
10. die Bevölkerung / bestehen aus

J. Pennsylvanischer Staatsbote:

1776. Dienstags, den 9 July. Henrich Millers 813 Stück.

Pennsylvanischer Staatsbote.

Diese Zeitung kommt alle Wochen zweymal heraus, näml. Dienstags und Freytags, für Sechs Schillinge des Jahrs.

N.B. *All* ADVERTISEMENTS *to be inserted in this Paper, or printed single by* HENRY MILLER, *Publisher hereof, are by him translated gratis.*

Im Congreß, den 4ten July, 1776.

Eine Erklärung durch die Repräsentanten der Vereinigten Staaten von America, im General-Congreß versammlet.

Wenn es im Lauf menschlicher Begebenheiten für ein Volk nöthig wird die Politischen Bande, wodurch es mit einem andern verknüpft gewesen, zu trennen, und unter den Mächten der Erden eine abgesonderte und gleiche Stelle einzunehmen, wozu selbiges die Gesetze der Natur und des GOttes der Natur berechtigen, so erfordern Anstand und Achtung für die Meinungen des menschlichen Geschlechts, daß es die Ursachen anzeige, wodurch es zur Trennung getrieben wird.

Wir halten diese Wahrheiten für ausgemacht, daß alle Menschen gleich erschaffen worden, daß sie von ihrem Schöpfer mit gewissen unveräusserlichen Rechten begabt worden, worunter sind Leben, Freyheit und das Bestreben nach Glückseligkeit. Daß zur

Er hat Gesetzgebende Körper an ungewöhnlichen, unbequemen und von der Niederlage ihrer öffentlichen Archiven entfernten Plätzen zusammen berufen, zu dem einzigen Zweck, um sie so lange zu plagen, bis sie sich zu seinen Maaßregeln bequemen würden.

Er hat die Häuser der Repräsentanten zu wiederholten malen aufgehoben, dafür, daß sie mit männlicher Standhaftigkeit seinen gewaltsamen Eingriffen auf die Rechten des Volks widerstanden haben.

Er hat, nach solchen Aufhebungen, sich eine lange Zeit widersetzt, daß andere erwählt werden sollten; wodurch die Gesetzgebende Gewalt, die keiner Vernichtung fähig ist, zum Volk überhaupt wiederum zur Ausübung zurück aekehrt ist; mittlerweile

Im Congreß, den 4ten July 1776.
Eine Erklärung durch die Repräsentanten der Vereinitgten Staaten von America, im General-Congreß versammlet.

Wenn es im Lauf menschlicher Begebenheiten für ein Volk nöthig wird die Politischen Bande, wodurch es mit einem andern verknüpft gewesen, zu trennen, und unter den Mächten der Erden eine abgesonderte und gleiche Stelle einzunehmen, wozu selbiges die Gesetze der Natur und des Gottes der Natur berechtigen, so erfordern Anstand und Achtung für die Meinungen des menschlichen Geschlechts, daß es die Ursachen anzeige, wodurch es zur Trennung getrieben wird.

Wir halten diese Wahrheiten für ausgemacht, daß alle Menschen gleich erschaffen worden, daß sie von ihrem Schöpfer mit gewissen unveräußerlichen Rechten begabt worden, worunter sind Leben, Freyheit und das Bestreben nach Glückseligkeit.

Beantworten Sie diese Fragen:

1. In welcher Zeitung erschien diese Erklärung?
2. Wie heißt diese Erklärung auf englisch?
3. Wie oft erscheint die Zeitung?
4. Wieviel kostet diese Zeitung?
5. Welche Wörter sind anders geschrieben als heute?
6. Was erklärt der erste Absatz?
7. Was wird über die Natur des Menschen gesagt?
8. Wer ist für diese Erklärung verantwortlich?

K. Wir spielen eine Szene:

1. Ein aufgeklärter Pfarrer diskutiert mit seinem Gutsherrn über die Ideale der Aufklärung.
2. Ein Streit zwischen einem Hofmeister und seinem Herrn.
3. Eine Gruppe von Pietisten fragt sich, ob sie auswandern soll.

L. Wir diskutieren: Die Ideale der Aufklärung und ihre Bedeutung für die heutige Zeit.

M. Wir schlagen nach und besprechen in der Klasse; wir beachten die folgende Punkte:

1. Gotthold Ephraim Lessing: Herkunft aus dem Pfarrhaus; Fürstenschule; Reform des Theaters; Journalismus; Siebenjähriger Krieg; Bedeutung als Kritiker und Dramatiker; theologische Kontroversen.
2. Immanuel Kant: Herkunft; schwierige Karriere; Idee einer „kritischen Philosophie"; die „kopernikanische Wende"; Einfluß der Kritiken; Moralphilosophie.
3. Kaiser Joseph II.: Joseph und seine Mutter Maria Theresia; Staat und Kirche in Österreich; Ideen der Aufklärung; Reformen nach 1780; „Josephinismus".
4. Prinz Eugen von Savoyen: Herkunft und Leben; militärischer Ehrgeiz; Charakter als General; Bedeutung für Österreich; Persönlichkeit.
5. Franz Daniel Pastorius: Herkunft und Leben; früher deutscher Pietismus; Idee der Religionsfreiheit; deutsche Auswanderung nach Pennsylvanien; Frage der Sklaverei.

8. Die Goethezeit

Lesehilfe

A. Wir schreiben die Hauptpunkte auf:

1. Goethe: Herkunft, Kindheit, Studium, erste Erfolge.
2. Goethe und Schiller in Weimar: die „Klassik".
3. Die romantische Generation: Literatur, Philosophie.
4. Wiener Musikleben.
5. Napoleon 1806; das Erwachen des Nationalismus.
6. Die preußischen Reformen.

B. Beantworten Sie folgende Fragen:

Goethe

1. Was erlebte Goethe als junger Mensch mit?
2. An welchen Universitäten studierte Goethe?

Die deutsche Klassik und Romantik

3. Was versuchten Goethe und Schiller?
4. Wo fand sich die erste Gruppe der Romantiker zusammen?
5. Was kritisierten die Romantiker an der Aufklärung?
6. Als was stellte Madame de Staël Deutschland dar?
7. Welche Formen entwickelten sich in der Musik?

Napoleon und die Freiheitskriege

8. Was verstanden die Deutschen zu dieser Zeit unter „Vaterland"?
9. Wodurch entstand der Nationalismus in Deutschland?
10. Auf welchen Gebieten der Verwaltung hatte sich der Freiherr vom Stein ausgezeichnet?
11. Was waren die wichtigsten Reformen in Preußen?
12. Welche Universität wurde in Deutschland vorbildlich?
13. Welche Verfassung bekam Deutschland 1815?
14. Welche deutschen Staaten waren am fortschrittlichsten?
15. Wie wurde die Zeit nach 1815 genannt?

C. Schreiben Sie einen Aufsatz über folgende Themen:

1. Die deutsche Klassik und Romantik.

2. Carl August von Sachsen-Weimar und die deutsche Kultur.
3. Deutschland und die Französische Revolution.

D. Ergänzen Sie folgende Sätze:

1. Eine Stadt, in der der König gekrönt wird, heißt _____.
2. Ein Philosoph, der die Gesetze der Geschichte bestimmt, ist ein _____.
3. Das oberste deutsche Gericht in Wetzlar hieß _____.
4. Die Zahl von Exemplaren eines Buches, die der Verlag auf einmal druckt, ist eine _____ des Buches.
5. Ein Stellenangebot an einen Professor nennt man eine _____.
6. Die wichtigste Form der Orchestermusik wurde zur Zeit Haydns die _____.
7. Ein Lied, dessen Dichter nicht bekannt ist und das vom Volk gesungen wird, ist ein _____.
8. Ein Mensch, dem der Fortschritt in der Welt wichtiger ist als sein Vaterland, ist ein _____.

E. Wie heißen die Adjektive zu folgenden Substantiven?

BEISPIEL: Politik—**politisch**

1.	Bedeutung	7.	Menschlichkeit
2.	Beruf	8.	Dialektik
3.	Gesellschaft	9.	Frieden
4.	Dichter	10.	Armut
5.	Ehrgeiz	11.	Kultur
6.	Möglichkeit	12.	Musik

Welche Substantive können diese Adjektive ergänzen? Geben Sie zwei Beispiele für jedes Adjektiv:

BEISPIEL: politisch—**die politische Einheit**
die politische Versammlung

F. Setzen Sie die Adjektivendungen ein:

1. Goethe erlebte als jung _____ Mensch wichtig_____ Ereignisse im Heilig_____ Römisch_____ Reich Deutsch_____ Nation.
2. Goethe stammte aus einer wohlhabend_____ Familie und hatte zu höher_____ Kreisen Zugang.

3. Der jung_____ Mann bemühte sich um gesellschaftlich_____ Eleganz und schrieb die erst_____ Gedichte.
4. Viele groß_____ Männer kamen nach Frankfurt, um den berühmt_____ Verfasser der „Leiden des jung_____ Werthers" zu sehen.
5. Wielands Romane hatten das Beispiel eines vorbildlich_____ deutsch_____ Stils gegeben.
6. Goethe wollte die südlich_____ Sonne und die rein_____ Schönheit der griechisch_____ Kunst auf den deutsch_____ Boden verpflanzen.
7. Französisch_____ Kritiker sehen den „Faust" als eine romantisch_____ Dichtung an.
8. Hegel entwickelte in Jena seine dialektisch_____ Methode und sein idealistisch_____ System.
9. Im Vergleich zu dem fortschrittlich_____ Frankreich war Deutschland ein rückständig_____ Land, und es sah aus wie eine friedlich_____ Idylle.
10. Der Herzog konnte kein ausreichend_____ Gehalt bezahlen, und so hatten viele jünger_____ Professoren ständig_____ finanziell_____ Schwierigkeiten.

G. Ersetzen Sie den Relativsatz durch eine Wendung mit dem Partizip:

BEISPIEL: Nach Wien zog Beethoven, der in Bonn geboren war.
Nach Wien zog der in Bonn geborene Beethoven.

1. Goethe, der aus einer wohlhabenden Familie stammte, wurde Minister in Weimar.
2. Herder, der als Literaturkritiker bekannt war, begeisterte Goethe für Shakespeare.
3. Die deutschen Schriftsteller, die damals von Unterstützungen abhingen, hatten ein schweres Leben.
4. So begann die Freundschaft der beiden, die bis zum Tod Schillers dauerte.
5. Goethe, der von Italien zurückgekehrt war, fand wenig Verständnis für seine neuen Ideen.
6. Madame de Staël stellte die deutsche Kultur in einem Buch dar, das damals viel gelesen wurde.

7. Die Entwicklung, die zum deutschen Nationalismus führte, begann mit der Niederlage Preußens.
8. Die Universität, die von Humboldt in Berlin gegründet worden war, wurde zum Vorbild für die Universitätsreform.

H. Bilden Sie Sätze aus diesen Elementen:

1. stammen aus / der Adel
2. sich vertiefen in / die Bibel
3. helfen bei / die Verwaltung
4. bestehen aus / viele kleine Länder
5. sich abwenden von /die Politik
6. hoffen auf / der einheitliche Staat
7. sich verbinden mit / der wirtschaftliche Fortschritt
8. eintreten in / die Armee

I.

Die Welt des Hofes in Schattenrissen. Herzogin Anna Amalia und ihr Kabinettssekretär Karl von Kotzebue, darunter Erbprinz Karl Friedrich und Prinzessin Karoline. Weimar, Goethe-Nationalmuseum.

1. Wer ist auf diesen Schattenrissen oder Scherenschnitten dargestellt?
2. Was tun diese vier Personen?
3. Wofür interessierten sich die Menschen, die solche Schattenrisse machten und besaßen?
4. Wer konnte solchen Schattenriß herstellen?
5. Warum nannte man sie auch Silhouetten?
6. Wie groß sind solche Scherenschnitte?
7. Was ist wichtig, wenn man einen guten Scherenschnitt machen will?
8. Haben Sie einmal versucht, einen Scherenschnitt zu machen?

J. Wir spielen eine Szene:

1. Carl August von Weimar besucht Goethe in Frankfurt und fragt ihn nach seinem bisherigen Leben.
2. Ein Anhänger und ein Gegner der Reformen in Preußen streiten miteinander.

K. Wir diskutieren: Der deutsche Nationalismus.

L. Wir schlagen nach und besprechen in der Klasse; wir beachten die folgenden Punkte:

1. Georg Wilhelm Friedrich Hegel: Erziehung und Laufbahn: Tübinger Stift, Universitäten Jena, Heidelberg, Berlin; Idee der Dialektik; Idealismus; Staatsidee; Einfluß.
2. Wolfgang Amadeus Mozart: Lebensdaten; soziale Lage der Musiker; Salzburg als eigenes Land; Mozarts Vater; Wien als Musikstadt; Mozarts Opern.
3. Die Befreiungskriege: deutscher Patriotismus; Studenten; Turnerbewegung; Freiwillige; preußische Heerführer: Blücher, Gneisenau; erste Schlachten; Völkerschlacht bei Leipzig; Feldzug in Frankreich; 1815: Waterloo.
4. Fürst Metternich: Herkunft und Laufbahn; Charakter und Interessen von Österreich; Der Deutsche Bund; Polizeistaat und Zensur; konservative Politik.

9. Der deutsche Nationalstaat

Lesehilfe

A. Wir schreiben die Hauptpunkte auf:

1. Die Studentenbewegung; Biedermeier, politische Opposition.
2. Industrialisierung: Eisenbahn, Zollverein, Ende der Hausindustrie, soziale Spannungen.
3. Gescheiterte Revolutionen, politische Parteien, Auswanderung.
4. Bismarck: Herkunft, Laufbahn, Politik bis 1871.
5. Bismarcks Außen- und Innenpolitik nach 1871; Lebensstil, Militär.

B. Beantworten Sie folgende Fragen:

Das Wartburgfest

1. Warum zogen die Studenten 1817 auf die Wartburg?
2. Welche Themen hat Carl Spitzweg gemalt?
3. Warum verließ Georg Büchner Hessen?

Industrie und soziale Probleme

4. Welches Problem war in der deutschen Wirtschaft besonders akut?
5. Wieviele Deutsche wanderten in die USA aus? Wohin vor allem? Warum?
6. Wodurch hatten die Dorfbewohner in den Gebirgen Geld verdient?
7. Wo tagte die Nationalversammlung?
8. Was war die erste politische Organisation der deutschen Arbeiter?

Bismarcks deutsches Reich

9. Welche Posten hatte Bismarck bis 1862?
10. Was war Bismarcks außenpolitisches Ziel bis 1871?

Die verspätete Nation

11. Wie war das Lebensgefühl der Deutschen nach 1871?
12. Was war Bismarcks Außenpolitik nach 1871?
13. Welches Ziel hatte Bismarck bei dem Kulturkampf?

14. Was wollte Bismarck durch die Sozialgesetze erreichen?
15. Warum nahm Bismarck seinen Abschied?

C. Schreiben Sie einen Aufsatz über folgende Themen:

1. Die deutsche Literatur im 19. Jahrhundert.
2. Die Industrialisierung in Deutschland und ihre Kritiker.
3. Die Nationalversammlung und die politischen Parteien.
4. Bismarcks Lebenslauf.
5. Die innenpolitischen Probleme des Deutschen Reiches nach 1871.

D. Definieren Sie durch einen deutschen Satz:

1. die Burschenschaften
2. das Biedermeier
3. der Zollverein
4. der Deutsche Bund
5. die Nationalversammlung
6. das Zentrum
7. die Zivilehe
8. die Sozialistengesetze
9. die Sonntagsruhe
10. die Gewerkschaft
11. das Sozialgesetz
12. der Reichstag

E. Setzen Sie in die indirekte Rede:

BEISPIEL: Heine sagte: „Es beginnt ein neues Zeitalter."
Heine sagte, daß ein neues Zeitalter beginne.

Die Studenten fragten: „Dürfen wir die Feier abhalten?"
Die Studenten fragten, ob sie die Feier abhalten dürften.

1. Marx forderte: „Die Philosophie soll die Welt verändern."
2. Die Sozialisten fragten: „Kann der Kapitalismus durch eine fortschrittlichere Idee überwunden werden?"
3. Die Gegner der Industrie sagten: „Die Stadt ist böse, das Dorf ist gut."
4. Bismarck sagte: „Ich will Deutschland unter der Führung Preußens vereinigen."
5. Napoleon III. forderte: „Kein preußischer Prinz darf König von Spanien werden."
6. Man dachte oft nicht daran: „Kann dieses Pathos wirklich echt sein?"
7. Bismarck dachte: „Die neue Großmacht wird das europäische Gleichgewicht erschüttern."
8. Bismarck fragte sich: „Kann ich Deutschland vor einer Einkreisung bewahren?"

9. Die Katholiken dachten: „Bismarck greift die katholische Kirche an."
10. Bismarck fragte sich: „Bleiben die Arbeiter Sozialdemokraten, wenn sie ein besseres Leben bekommen?"

F. Verbinden Sie die Sätze durch einen Infinitiv:

BEISPIEL: Die Studenten erhielten Erlaubnis. / Sie veranstalteten eine Feier.
Die Studenten erhielten die Erlaubnis, eine Feier zu veranstalten.

1. Diese Tat war der Anlaß. / Man führte die Zensur ein.
2. List versprach. / Er wanderte nach Amerika aus.
3. Die Menschen hatten viele Schwierigkeiten. / Sie gewöhnten sich in der Stadt ein.
4. Der König entschloß sich nur sehr schwer. / Er berief Bismarck zum Ministerpräsidenten.
5. Bismarcks Plan war. / Man brachte den Krieg schnell zu Ende.
6. Die Deutschen glaubten jetzt. / Sie müßten viel nachholen.
7. Das Ziel dieser Bündnisse war. / Er erhielt den Frieden in Europa.
8. Bismarck versuchte. / Er unterband die Arbeit der Gewerkschaften.
9. Die Sozialdemokraten bemühten sich. / Sie setzten Reformen durch.
10. Die Studenten forderten die Füsten auf. / Sie hielten ihre Versprechen.

G. Setzen Sie die Modalverben ein:

1. Nach 1815 _____ die meisten Fürsten keine Verfassung geben.
2. Nach einem Revolutionsversuch _____ Georg Büchner fliehen.
3. Wenn man von einem deutschen Land ins andere reisen _____, _____ man Zoll bezahlen.
4. Viele Leute wanderten aus, weil sie keine Arbeit finden _____.
5. Die Kritiker erkannten nicht, daß Deutschland nicht mehr von der Landwirtschaft allein leben _____.
6. Bismarck _____ nur einen Teil von Lothringen, aber er _____ den Generälen nachgeben.

7. Bismarck sah, daß Deutschland als Großmacht das Gleichgewicht in Europa erschüttern _____.
8. Die Gewerkschaften sahen, daß sie Reformen erreichen _____.

H. Ergänzen Sie diese Sätze:

BEISPIEL: Als Heine krank im Bett lag, . . .
Als Heine krank im Bett lag, schrieb er seine bedeutendsten Gedichte.

1. Daß eine moderne Wirtschaftspolitik nötig war, . . .
2. Obwohl die Industrie sich schnell entwickelte, . . .
3. Wenn in Frankreich ein Umsturz versucht wurde, . . .
4. Weil König Wilhelm I. keinen Ausweg mehr wußte, . . .
5. Als Napoleon III. erreicht hatte, daß kein deutscher Prinz König von Spanien wurde, . . .
6. Obwohl die meisten Deutschen mit dem Reich einverstanden waren, . . .
7. Als Bismarck die freie Wirtschaft durchsetzte, . . .
8. Nachdem Bismarck aus dem politischen Kampf ausgeschieden war, . . .

I. Schreiben Sie eine Geschichte unter Verwendung dieser Elemente:

Student / Demonstration / teilnehmen

Studentenverbindungen / Ideen / diskutieren

Polizei / Studenten / zusammenstoßen

Student / Gefängnis / kommen

Gefängnis / befreien

Amerika / auswandern

Industrie / arbeiten

Fabrikant / hohe Löhne / zahlen

Wohlstand / kommen

konservative Anschauungen / bekommen

liberale Ideen / kritisieren

Sohn / Studentenverbindung / eintreten

Demonstration / teilnehmen

Gefängnis / kommen

Vater / Resignation / enden

J.

Manifest

der

Kommunistischen Partei.

Veröffentlicht im Februar 1848.

Proletarier aller Länder vereinigt Euch!

London.

Gedruckt in der Office der „Bildungs-Gesellschaft für Arbeiter" von J. E. Burghard.

46, Liverpool Street, Bishopsgate.

Titelblatt des Kommunistischen Manifests

KARL MARX und FRIEDRICH ENGELS

MANIFEST DER KOMMUNISTISCHEN PARTEI (1848)

Ein Gespenst geht um in Europa—das Gespenst des Kommunismus. Alle Mächte des alten Europa haben sich zu einer heiligen Hetzjagd gegen dies Gespenst verbündet, der Papst und der Zar, Metternich und Guizot, französische Radikale und deutsche Polizisten . . .

Es ist hohe Zeit, daß die Kommunisten ihre Anschauungsweise, ihre Zwecke, ihre Tendenzen vor der ganzen Welt offen darlegen und dem Märchen vom Gespenst des Kommunismus ein Manifest der Partei selbst entgegenstellen . . .

I. BOURGEOIS UND PROLETARIER

Die Geschichte aller bisherigen Gesellschaft ist die Geschichte von Klassenkämpfen. Freier und Sklave, Patrizier und Plebejer, Baron und Leibeigener, Zunftbürger und Gesell, kurz, Unterdrücker und Unterdrückte standen in stetem Gegensatz zueinander, führten einen ununterbrochenen, bald versteckten, bald offenen Kampf, einen Kampf, der jedesmal mit einer revolutionären Umgestaltung der ganzen Gesellschaft endete oder mit dem gemeinsamen Untergang der kämpfenden Klassen . . .

1. Was ist der Zweck des Manifests?
2. Was bedeutet hier „Gespenst"?
3. Was ist die bisherige Geschichte?
4. Welche Klassen kämpfen jetzt miteinander?
5. Wie kann das Resultat dieses Kampfes sein?
6. Welche Möglichkeit gibt es für Marx und Engels nicht?
7. Was, denken Sie, bedeutet hier „Kommunismus"?
8. Warum hatten viele Menschen nichts dagegen, das Privateigentum abzuschaffen?

K. Wir spielen eine Szene:

1. Ein Student hält eine Rede bei der Feier auf der Wartburg.
2. Ein Arbeiter versucht seine Arbeitskollegen zum Streik zu überreden.
3. Ein Katholik, der gegen Bismarck ist, diskutiert mit einem Bismarck-Anhänger.

L. Wir diskutieren: Vorzüge und Nachteile des Sozialstaates.

M. Wir schlagen nach und besprechen in der Klasse:

1. Georg Büchner: Herkunft und Erziehung; Studium in Straßburg, französische Politik nach 1830; Zustände an der Universität Gießen; Aufdeckung der politischen „Verschwörung", Flucht; Studium in Frankreich und Dozentur in Zürich; Charakter seiner Dramen.
2. Die deutschen „Achtundvierziger" in Amerika: Auswanderer—Zahlen und Art der Auswanderer; deutsche Ortschaften in den USA; politische Konflikte in den USA nach 1850; Republikanische Partei; Beteiligung der Deutschamerikaner am Bürgerkrieg; Einstellung zu Lincoln; Leben von Carl Schurz.

3. Helmuth von Moltke: Lebenslauf; Persönlichkeit; Aufenthalt in der Türkei; strategische Konzepte; wichtigste Schlachten: Königgrätz, Sedan; Generalstab; politische Einstellung.
4. Richard Wagner: Herkunft, Laufbahn; Revolution von 1848; Exil in der Schweiz; Große Oper in Paris; Idee des Gesamtkunstwerks; Heiraten; Antisemitismus; König Ludwig II., Festspielhaus in Bayreuth.

10. Weltpolitik

Lesehilfe

A. Wir schreiben die Hauptpunkte auf:

1. Entwicklung der Industrie: Von der Nachahmung zur Qualität; Industriezweige.
2. Karikatur des deutschen Untertans.
3. Gesellschaftskritik: Nietzsche, Freud, Jugendbewegung.
4. Phasen der Frauenbewegung: Bildung, politische Gleichberechtigung.
5. Moderne Wissenschaft und Technik; moderne Kunst.
6. Politik Wilhelms II. bis 1914.
7. Der Erste Weltkrieg: Verlauf und Ende, Folgen.

B. Beantworten Sie folgende Fragen:

Made in Germany

1. Welche Zweige der deutschen Industrie wurden um 1900 wichtig?
2. Was erregte den Zorn der englischen Wirtschaft?

Gesellschaftskritik

3. Was war die Karikatur eines typischen Deutschen?
4. Welches Thema kehrte oft in der Literatur wieder?
5. Was stellte Sigmund Freud fest?
6. Auf welchem Gebiet hatte die Jugendbewegung großen Einfluß?

Die deutsche Frauenbewegung

7. Was war das erste Ziel der Frauenbewegung?

8. Welche Ziele hatte die erste „Frauenzeitung" proklamiert?
9. Seit wann gingen Frauen auf die Universität?
10. Welchen Höhepunkt erreichte die Frauenbewegung vor 1914?

Die Moderne

11. Was änderte sich im Lebensrhythmus nach 1900?
12. Welche Kunstformen entstanden aus der Technik?
13. Warum zogen die Menschen 1914 jubelnd in den Krieg?

Die große Krise

14. Welchen körperlichen Geburtsfehler hatte Kaiser Wilhelm II.?
15. Was war das politische Ziel von Wilhelm II.?
16. Woher kamen die expansiven Tendenzen in Deutschland?
17. Was war das „Dreiklassenwahlrecht"?
18. Wann wurde deutlich, daß Deutschland den Krieg militärisch nicht gewinnen konnte?
19. Wann begann in Deutschland die Verfassungsreform?
20. Wem fiel 1918 die Macht in die Hände?

C. Schreiben Sie einen Aufsatz über folgende Themen:

1. Der Generationskonflikt um 1900.
2. Das Lebensgefühl vor 1914 und die moderne Kunst.
3. Die deutsche Frauen- und Jugendbewegung um 1900.
4. Die Philosophie von Friedrich Nietzsche.
5. Deutschland im Ersten Weltkrieg.
6. Kaiser Wilhelm II.

D. Erklären Sie die folgenden Begriffe durch einen Satz:

1. der Erfinder
2. der Handwerksmeister
3. der Naturalismus
4. die Jugendbewegung
5. der Krankenpfleger
6. der Aphorismus
7. der Expressionismus
8. der Geburtsfehler
9. der Stellungskrieg
10. der Verständigungsfrieden
11. die Gleichberechtigung
12. die Schwerindustrie

E. Setzen Sie die Adjektive in die jeweils angegebene Steigerungsstufe:

II = Komparativ: z.B. größer; III = Superlativ: z.B. der größte

Die Zeit von Wilhelm II. war eine der glanzvoll_____ (III) Epochen der deutschen Geschichte. Die Eisenbahnen fuhren immer schnell_____ (II). Es gab immer viel (II) _____ groß_____ (II) Städte in Deutschland. Die Industrie produzierte billig_____ (II), aber schlecht_____ (II) Waren als die englische Industrie, die solide_____ (II) arbeitete. Die neu_____ (III) Erfindung war das Flugzeug, die umwälzend_____ (III) Theorie die Relativitätstheorie. Die deutsche Politik hatte hohe_____ (II) Ziele als vorher, aber eine wenig_____ (II) klare Linie. Der Kaiser hielt die glänzend_____ (III) Reden, aber er war der schlecht_____ (III) Diplomat.

F. Lassen Sie bei den Substantiven mit Adjektiven den Artikel weg und achten Sie dabei auf die Adjektivendungen:

BEISPIEL: Die Menschen lebten in dem großen Wohlstand.
Die Menschen lebten in großem Wohlstand.

1. Die Erfindung der künstlichen Farben war sehr wichtig.
2. Die englischen Produkte waren damals besser.
3. Dieser Neureiche ißt das fette Fleisch und trinkt das starke Bier.
4. Damals entstanden die verschiedenen Reformbewegungen.
5. Die vielen jungen Leute waren damals von Nietzsches Philosophie beeindruckt.
6. Die Postämter sind in dem neugotischen Stil gebaut.
7. Gerhart Hauptmann stellte die Konflikte der einfachen Menschen dar.
8. Nietzsche schilderte den Übermenschen in dem biblischen Stil.
9. Damals wurde viel über die neuen Theorien diskutiert.
10. Die Menschen warteten auf das große Unwetter.
11. Sie hofften, die nordfranzösischen Bodenschätze zu bekommen.
12. Dadurch entstand auch der große Druck.

G. Bilden Sie Relativsätze:

1. Carl Zeiss in Jena baute eine Fabrik auf. / Er verbesserte optische Meßinstrumente.
2. Das gilt für Gerhart Hauptmann. / Er stellte das Volk ergreifend dar.
3. Viele Krankheiten hingen mit der Moral zusammen. / Sie hatte viele Tabus.
4. 1899 entstand in Berlin die erste Gruppe. / Ihr folgten viele andere.
5. Es war eine Wanderbewegung der Jugend. / Ihr sind die Pfadfinder ähnlich.
6. Sie waren in viele Gruppen geteilt. / Ihre Verbindung war locker.
7. Es gab einige Privatschulen. / Ihr Lehrplan ist noch heute fortschrittlich.
8. Thomas Mann hat einen Roman über Nietzsche geschrieben. / Er hat sich mit ihm sein Leben lang beschäftigt.
9. Wilhelm II. war ein seltsamer Mann. / Die Ausländer waren sehr über ihn beunruhigt.
10. Heerführer waren Hindenburg und Ludendorff. / Viele Menschen erwarteten von ihnen Wunder.

H. Verändern Sie die Sätze mit *man* in Sätze mit einer Infinitivkonstruktion:

BEISPIEL: Man kann diese Karikatur jetzt noch finden.
Diese Karikatur ist jetzt noch zu finden.

1. Man kann die alten Autos im Museum in Stuttgart sehen.
2. Man konnte die deutschen Produkte nicht von den englischen unterscheiden.
3. Man konnte viele Konflikte auf die Kindheit zurückführen.
4. Man hatte den Schultyrannen an den Gymnasien finden können.
5. Man hat vom neuen Reich viel erwarten können.
6. Man kann leicht einige Aussprüche Nietzsches isolieren.
7. Man konnte eine Veränderung erhoffen.
8. Man wird jetzt nicht mehr an Reformen denken können.
9. Man konnte keine neuen Kolonien mehr erwerben.
10. Man konnte damals die Gleichberechtigung noch nicht erreichen.

I.

1. Von wo bis wo fährt dieser Berliner Omnibus?
2. Wem gehört der Omnibus?
3. Was für Menschen fahren damit?
4. Wie sind sie gekleidet? Warum?
5. Warum sieht man fast nur Männer und keine Frauen?
6. Wieso ist hier der Beginn der modernen Zeit?

J.

1. Womit versucht das Kino, die Zuschauer anzulocken?
2. Was war die Sensation des Kinos?
3. Was für Filme sah man dort?
4. Wie stellen Sie sich eine Kinovorstellung vor?

K. Wir spielen eine Szene:

1. Benz erklärt einem Freund das Prinzip seines Autos.
2. Ein Student aus der Jugendbewegung diskutiert mit seinem autoritären Vater.
3. Die Tochter will zur Universität gehen und muß den Vater überzeugen.

L. Wir diskutieren: Disziplin oder Freiheit in der Schule.

M. Schreiben Sie eine Geschichte:

1. Ein Erfinder wird zum Millionär.
2. Ein deutscher Handwerker wandert im 19. Jahrhundert aus Deutschland aus.

N. Wir schlagen nach und besprechen in der Klasse:

1. Sigmund Freud: Jüdische Herkunft; frühe Laufbahn; Wien um die Jahrhundertwende; Erfahrungen mit Patienten/innen; das Unbewußte—Kindheitseinflüsse; Begründung der psychoanalytischen „Schule"; Kulturtheorien; Antisemitismus, Emigration.
2. Friedrich Nietzsche: Herkunft aus dem Pfarrhaus; Schulpforta; Studium der Philologie, Dozententätigkeit; 1870/71: Krieg; Wagner-Enthusiasmus; antichristliche, antibürgerliche Moral; Diagnose des Zeitalters; der Übermensch; Elite und Masse; Nietzsches Krankheit.
3. Die Jugendbewegung: erste Bünde der Wandervögel; Lebensanschauung: Natur, Freundschaft, Gemeinschaft, Bildung; politische Einstellung; Männerbünde; Einfluß in der Literatur und Schule; Schulgründungen.
4. Franz Kafka: Herkunft aus Prag; jüdische Tradition und Assimilation; Berufslaufbahn; Art seiner Texte: Themen, Stil; Erster Weltkrieg; Zionismus; Krankheit; letzte Jahre.
5. Alfred von Tirpitz: militärische Laufbahn; Konzept der Schlachtflotte; Flottenbau; politische Einstellung; Erster Weltkrieg: U-Boot-Krieg; politische Tätigkeit nach 1918.
6. Luise Otto-Peters: Anfänge der Frauenbewegung; Schriftstellerin und Journalistin; Revolution von 1848; Gründung von Organisationen; politische Ziele; Bedeutung für die Frauenbewegung.

11. Weimar und Potsdam

Lesehilfe

A. Schreiben Sie die Hauptpunkte auf:

1. Die Bedeutung der Städtenamen Weimar und Potsdam.
2. Schwieriger Anfang: die Verfassung; Unruhen.
3. Der Versailler Vertrag und seine Folgen für Deutschland.
4. Die Inflation bis 1923.
5. Stresemann: Verständigungspolitik; die Unsicherheit der Republik.
6. Neue Wege und Formen in der Kunst: Bauhaus, Literatur, Theater, Wissenschaft.
7. Die große Wirtschaftskrise und die politischen Folgen.

B. Beantworten Sie folgende Fragen:

Die Nationalversammlung

1. Warum tagte die Nationalversammlung in Weimar?
2. Mit wem verbündete sich die SPD-Regierung?
3. Wodurch bekam der Reichspräsident Macht?

Die Inflation

4. Warum gab es viele Parteien im Reichstag?
5. Was waren 1918 die Ideale, nach denen die Grenzen der Staaten bestimmt werden sollten?
6. Welche Beschränkungen gab es für die deutsche Armee nach 1919?
7. Welche Maßnahmen leitete Stresemann als Reichskanzler ein?

Locarno

8. Was war die Bedeutung des Vertrags von Locarno?
9. Welche Pläne hatten viele deutsche Gemeinden?
10. Was zeigte die Wahl Hindenburgs zum Reichspräsidenten?

Die Goldenen Zwanziger Jahre

11. Für welchen Bereich gilt die Bezeichnung „die Goldenen Zwanziger Jahre"?

12. Wo war zwischen 1941 und 1945 der eigentliche Mittelpunkt der deutschen Literatur?

Das Ende der Republik

13. Ab wann begann die politische Krise in Deutschland?
14. Warum wirkte sich die amerikanische Wirtschaftskrise in Deutschland so stark aus?
15. Wie mußte Heinrich Brüning regieren?
16. Was hofften die Konservativen, als Hitler Reichskanzler wurde?

C. Schreiben Sie einen Aufsatz über folgende Themen:

1. Die deutsche Kultur in den zwanziger Jahren.
2. Gustav Stresemann und seine Politik.
3. Die große Krise und ihre Folgen für Deutschland.

D. Setzen Sie das jeweils richtige Wort ein:

1. Die Versammlung von Abgeordneten, die 1919 die neue Verfassung ausarbeitete, nannte man _____.
2. Ein Gesetz, das der Reichspräsident in einer Zeit der Not erließ, ohne die Zustimmung des Reichstags zu erhalten, hieß in der Weimarer Verfassung _____.
3. Das Wahlsystem, in dem die Sitze nach dem Verhältnis der Stimmen und nicht nach der Mehrheit in den Wahlkreisen verteilt werden, nennt man _____.
4. Ein allgemeiner Streik der Arbeiter und Angestellten, meistens aus politischen Gründen, ist _____.
5. Eine Regierung, in der mehrere politische Parteien vertreten sind, heißt _____.
6. Deutschland sollte den Schaden des Weltkriegs dadurch ersetzen, daß es Rohstoffe und Waren lieferte; es mußte _____ bezahlen.
7. Die internationale Organisation, die nach 1918 gegründet wurde, hieß _____.
8. Die Richtung der Psychologie, die Freud begründet hat, wird die _____ genannt.
9. Eine politische Partei, die nur wenig Anhänger und wenig Abgeordnete im Parlament hat, nennt man eine _____.
10. Wer keine Arbeit bekommen kann, ist ein _____.

E. Verbinden Sie die beiden Sätze mit *um–zu:*

BEISPIEL: Die Verfassung enthielt die Grundrechte. / Sie wollte die Rechte des einzelnen Menschen garantieren.
Die Verfassung enthielt die Grundrechte, um die Rechte des einzelnen Menschen zu garantieren.

1. Die Regierung setzte die Armee ein. / Sie wollte die Ordnung erhalten.
2. Die deutsche Industrie mußte exportieren. / Sie wollte die Reparationen zahlen.
3. Die Reichsmark mußte 1 : 1 Billion abgewertet werden. / Man wollte eine stabile Währung erhalten.
4. Die deutschen Städte nahmen Kredite auf. / Sie wollten die Straßen modernisieren.
5. Die Schriftsteller schrieben in einem neuen Stil. / Sie wollten das neue Lebensgefühl ausdrücken.
6. Hitler zerstörte die Demokratie. / Er wollte eine Diktatur errichten.
7. Manche Parteien vereinigten sich zu negativen Mehrheiten. / Sie wollten ein Gesetz ablehnen.
8. Hindenburg berief Hitler zum Reichskanzler. / Er wollte Ruhe und Ordnung wieder herstellen.

Beginnen Sie die Sätze mit *um–zu.*

F. Setzen Sie die Sätze ins Passiv:

1. Man griff bei dem Kapp-Putsch in Berlin nicht ein.
2. Man setzte große Hoffnungen auf den amerikanischen Präsidenten.
3. Man hielt in vielen Gebieten Abstimmungen ab.
4. Man verbot den Österreichern, sich an Deutschland anzuschließen.
5. Man erprobte verbotene Waffen insgeheim in der Sowjetunion.
6. Man akzeptierte jetzt die neuen Westgrenzen.
7. Man konnte viele sozialpolitische Ideen verwirklichen.
8. Auch in der Kultur konnte man viel Neues ausprobieren.
9. Man muß die Emigration sehr bedauern.
10. Man mußte unbedingt viele Arbeitsplätze schaffen.

G. Bilden Sie Sätze aus diesen Elementen:

1. große Hoffnungen setzen / die Bevölkerung
2. in Gang kommen / das Programm
3. Partei ergreifen / vorsichtige Menschen
4. Verantwortung tragen / der Firmenchef
5. in Gefahr sein / die Menschen am Nordpol
6. Stellung nehmen / der Präsident

H. Schreiben Sie eine Geschichte aus folgenden Elementen:

Soldat / Krieg / heimkehren / Schwierigkeiten / Weg ins Zivilleben finden / arbeitslos / Kameraden besuchen / armen Leuten helfen / Altersheim aufbauen / Schulen / neue Methoden / Interesse bekommen / umziehen / neues Leben anfangen

I.

2. Extraausgabe Sonnabend, den 9. November 1918.

Vorwärts

Berliner Volksblatt.

Zentralorgan der sozialdemokratischen Partei Deutschlands.

Der Kaiser hat abgedankt!

Der Reichskanzler hat folgenden Erlaß herausgegeben:

Seine Majestät der Kaiser und König haben sich entschlossen, dem Throne zu entsagen.

Der Reichskanzler bleibt noch so lange im Amte, bis die mit der Abdankung Seiner Majestät, dem Thronverzichte Seiner Kaiserlichen und Königlichen Hoheit des Kronprinzen des Deutschen Reichs und von Preußen und der Einsetzung der Regentschaft verbundenen Fragen geregelt sind. Er beabsichtigt, dem Regenten die Ernennung des Abgeordneten Ebert zum Reichskanzler und die Vorlage eines Gesetzentwurfs wegen der Ausschreibung allgemeiner Wahlen für eine verfassungsgebende deutsche Nationalversammlung vorzuschlagen, der es obliegen würde, die künftige Staatsform des deutschen Volk, einschließlich der Volksteile, die ihren Eintritt in die Reichsgrenzen wünschen sollten, endgültig festzustellen.

Berlin, den 9. November 1918. **Der Reichskanzler.**
Prinz Max von Baden.

Es wird nicht geschossen!

Der Reichskanzler hat angeordnet, daß seitens des Militärs von der Waffe kein Gebrauch gemacht werde.

Parteigenossen! Arbeiter! Soldaten!

Soeben sind das Alexanderregiment und die vierten Jäger geschlossen zum Volke übergegangen. Der sozialdemokratische Reichstagsabgeordnete Wels u. a. haben zu den Truppen gesprochen. Offiziere haben sich den Soldaten angeschlossen.

Der sozialdemokratische Arbeiter- und Soldatenrat.

1. Was für eine Zeitung ist das „Vorwärts"?
2. Welche drei Nachrichten bringt sie, und von wem kommen sie?
3. Was schlägt der Reichskanzler vor?
4. Wer ist der „Abgeordnete Ebert"?
5. Warum waren „Extraausgaben" der Zeitungen so wichtig? Wie erfuhren die Menschen, was passierte?
6. Was ist dann tatsächlich passiert?

J.

1. Wieviel ist eine Billion? (auf englisch)
2. Was bedeutet es für die Menschen, wenn eine Billion plötzlich nur noch eine Mark ist?
3. Was hatte das Postamt statt Briefmarken? Warum?
4. Warum steht auch „Taxe perçue" auf französisch auf dem Zettel?
5. Wie denken Sie, leben die Menschen, wenn abends das Geld halb so viel wert ist wie morgens?
6. Warum haben immer noch viele Deutsche Angst vor Inflation?

K. Wir spielen eine Szene:

1. Jemand will während der Inflation etwas kaufen und erfährt vom Verkäufer, daß die Ware schon wieder sehr viel teurer geworden ist.
2. Zwei Anhänger der Konservativen diskutieren, ob Hitler Reichskanzler werden sollte.

L. Wir diskutieren: War Hitlers Herrschaft unvermeidlich?

M. Wir schlagen nach und besprechen in der Klasse:

1. Wilsons 14 Punkte: Wilsons politische Laufbahn; Amerikas Eintritt in den Ersten Weltkrieg; Wilsons Kriegsziele; die Formulierung der 14 Punkte; die Verhandlungen in Versailles, ihr Ergebnis verglichen mit den 14 Punkten; der Isolationismus der USA nach dem Krieg.
2. Paul von Hindenburg: Herkunft und militärische Laufbahn; Reaktivierung im Jahr 1914; Zusammenarbeit mit Ludendorff; Siege über die russischen Armeen; Oberbefehl 1916–1918; Hindenburg als mythische Figur; die Dolchstoßlegende; Wahl zum Reichspräsidenten; politische Einstellung; Hindenburg und Hitler.
3. Hermann Hesse: schwierige Jugendjahre; erste Erfolge als Schriftsteller; der Erste Weltkrieg: Pazifismus; die Werke der zwanziger Jahre: Autor der Jugend und Jugendbewegung; Leben in der Schweiz, Nazizeit.
4. Das Bauhaus: Konzept der „modernen" Kunst; Schule für alle Künste und das Kunsthandwerk; Gestaltung des täglichen Lebens; neue Idee der Stadt; politische Kontroversen; Emigration der wichtigsten Dozenten; wichtige Namen und ihr Einfluß.
5. Existenzialismus: Lebenslauf von Karl Jaspers und Martin Heidegger; Christlicher Existenzialismus; Opposition

gegen rein theoretische Philosophie; französischer Existenzialismus; Einstellung zum Leben und zur Gesellschaft.

12. Der Nationalsozialismus

Lesehilfe

A. Wir schreiben die Hauptpunkte auf:

1. Adolf Hitlers Leben bis 1918, seine politische Karriere bis 1933.
2. Die Methoden der nationalsozialistischen Diktatur.
3. Hitlers Außenpolitik bis 1939.
4. Der Ablauf des Zweiten Weltkriegs.
5. Hitlers Gegner; die Verfolgung der Juden; Vernichtungslager.
6. Gründe für die fortdauernde Beschäftigung mit dem Thema: Schweigen nach dem Kriege; sechziger Jahre; Fragen aus dem Ausland; Änderung der Gesellschaftsauffassung.

B. Beantworten Sie folgende Fragen:

Adolf Hitler

1. Warum war die Laufbahn von Hitlers Vater beachtlich?
2. Wie lange war Hitler ein guter Schüler?
3. Wovon lebte Hitler in seiner Notzeit?
4. Warum zog Hitler 1913 nach München?

Hitlers Aufstieg zur Macht

5. Wie ging der Putsch am 9. November 1923 aus?
6. Wann wurde das nationalsozialistische Programm glaubwürdig?
7. Wie lange ist die Weimarer Verfassung formell gültig geblieben?

Die Diktatur

8. Warum nannte man den Reichstag zu Hitlers Zeit einen „Gesangverein"?
9. Wie beseitigte die nationalsozialistische Regierung die Arbeitslosigkeit?
10. Was verkündete Hitler als sein außenpolitisches Ziel?

Der Zweite Weltkrieg

11. Was hatten die Nazis zuerst mit den Juden versucht?
12. Was bedeutete die „Endlösung"?
13. Was war die SS ursprünglich?
14. Wer nahm am Aufstand des 20. Juli 1944 teil?
15. Wohin führte die nationalsozialistische Herrschaft?

Wie war es möglich?

16. Was tat die Jugend in den sechziger Jahren?
17. Welchen Einfluß hatte diese Erfahrung auf die Auffassung von Staat und Gesellschaft?
18. Was hoffen die Deutschen?

C. Schreiben Sie einen Aufsatz über folgende Themen:

1. Hitlers Leben bis 1933.
2. Die Ideologie des Nationalsozialismus.
3. Die Verfolgung der Juden und der politischen Gegner des Nationalsozialismus.

D. Definieren Sie die folgenden Wörter durch einen Satz:

1. die Kunstakademie
2. die Einzelgänger
3. die Splittergruppe
4. die Volksabstimmung
5. die Autobahn
6. der Volksdeutsche
7. der Blitzkrieg
8. die Luftschlacht
9. der Judenstern
10. die Verschwörung
11. Großdeutschland
12. die Kapitulation

E. Setzen Sie die richtigen Präpositionen mit Artikel ein:

1. Hitler stammte _____ _____ letzten Ehe seines Vaters.
2. Hitler lebte lange _____ _____ Erbteil seiner Familie.
3. Die Gemeinschaft der Arier besteht _____ Führer und Gefolgschaft.
4. Er galt _____ _____ Soldaten als typischer Einzelgänger.
5. Er lag _____ ein _____ Gasvergiftung im Lazarett.
6. Hitler versuchte es am Anfang _____ ein _____ Putsch.
7. Später wollte er legal _____ _____ Macht kommen.
8. Deutschland kümmerte sich nicht mehr _____ _____ internationale Währungssystem.

9. Niemand hinderte Hitler _____ _____ Besetzung des Rheinlandes.
10. Die Deutschen begannen _____ Luftangriffen auf englische Städte.

F. Setzen Sie Pronomen oder Adverb ein:

BEISPIEL: Die Postkarten wurden von den Händlern verkauft.
Die Postkarten wurden von ihnen verkauft.

Er wußte nichts von den Postkarten.
Er wußte nichts davon.

1. Er befaßte sich mit Berichten über Parteien.
2. Hitler sprach von Rache für Versailles.
3. Hitler sprach zu den Massen.
4. Hitler sorgte für die Gleichschaltung der Länder.
5. Viele Broschüren wurden von politischen Agitatoren verteilt.
6. Niemand hinderte Hitler, gegen die Bestimmungen des Vertrages von Versailles zu arbeiten.
7. Es war sehr schwer, gegen die Regierung zu opponieren.
8. Die Deutschen kämpften mit den Verbündeten zusammen in Afrika.
9. Der Krieg blieb nicht auf die Frontkämpfe beschränkt.
10. Alle Parteien waren an der Verschwörung beteiligt.

G. Setzen Sie die Sätze in die indirekte Rede; beginnen Sie mit:

„Es wird berichtet, daß . . ."

1. Hitler wollte dem Militärdienst entgehen.
2. Hitler trat dieser rechtsradikalen Partei bei.
3. Er erregte Aufsehen durch seine wilden Reden.
4. Der bäuerliche Grundbesitz sollte geschützt werden.
5. Hitler wurde gefangen genommen und verurteilt.
6. Er brauchte die Weimarer Verfassung formell nicht aufzuheben.
7. Es wurden Moore entwässert und Arbeitersiedlungen gebaut.
8. Hitler verstand, die Schwächen seiner Gegner auszunutzen.
9. Hitler wollte nur deutschsprachige Gebiete angliedern.

10. Die deutsche Armee kam bis an die Wolga und in den Kaukasus.

H. Verbinden Sie die Sätze mit *je – desto:*

BEISPIEL: Das Regime dauerte lange. / Die Unterdrückung der Feinde wurde schlimm.
Je länger das Regime dauerte, desto schlimmer wurde die Unterdrückung der Feinde.

1. Hitler ging lange in die Schule. / Er bekam schlechte Noten.
2. Es gab viele Arbeitslose. / Hitler hatte viel Erfolg.
3. Hitler annektierte viele Gebiete. / Die anderen Länder wurden mißtrauisch.
4. Die Zeit ist dekadent. / Die Menschen sind schwach.
5. Hitler redete laut. / Die Menschen glaubten ihm viel.
6. Die Vorgänge sind unerklärlich. / Die Beschäftigung damit dauert lange.

I.

Der Nationalsozialismus begann mit großen Sammelaktionen für arbeitslose „Volksgenossen", besonders das „Winterhilfswerk". Einmal die Woche sollte man „Eintopf" essen und die Ersparnisse spenden. Der „freiwillige Zwang" brachte viele Millionen für die NSV, die Nationalsozialistische Volkswohlfahrt. Der bekannteste Spruch war „Keiner soll hungern und frieren". Daraus entstand der Witz: „Keiner soll hungern, ohne zu frieren".

1. Was sind „Eintopfgerichte"?
2. Was sollen die Geldmünzen (10-Pfennig-Stücke = „Groschen") symbolisieren?
3. Warum war dies ein Teil der „Volksgemeinschaft"?
4. Ist dieses Plakat wirksam? Wodurch?
5. Warum waren diese Aktionen 1933 und 1934 so wichtig?

J. Wir spielen eine Szene:

1. Zwei Arbeiter, die 1933 wieder Arbeit gefunden haben, diskutieren, ob der Nationalsozialismus gut ist.
2. Ein Sohn fragt nach 1945 seinen Vater, warum er nicht gegen Hitler war.

K. Wir diskutieren: Menschen in einem Terrorregime.

L. Wir schreiben eine Geschichte:

1. Ein Gegner der Nazis entkommt aus dem Konzentrationslager.
2. Was wäre geschehen, wenn jemand Hitler im Jahre 1939 ermordet hätte?

M. Wir schlagen nach und besprechen in der Klasse:

1. Volksdeutsche Minderheiten: Deutschsprachige Minderheiten in den Grenzgebieten, in den Ländern in Ost- und Südosteuropa; Übersee; deutscher Nationalismus; Volkstumspolitik: „Heim ins Reich"; Organisationen für Deutsche im Ausland.
2. Die Nürnberger Gesetze: Judenverfolgungen 1933; Politik der Trennung von Deutschen und Juden und Ermunterung zur Auswanderung; wichtigste Bestimmungen der Nürnberger Gesetze; Beschränkungen der Berufstätigkeit; Kristallnacht und Politik des Terrors; Endlösung.

3. Die SS: Gründung der Organisation; Leibgarde Hitlers; neue Aufgaben; Entmachtung der SA 1934; Aufgaben der SS in der Polizei, im Militär; Auswahl der Mitglieder der SS; Lebenslauf von Heinrich Himmler.

13. Das Wirtschaftswunder

Lesehilfe

A. Wir schreiben die Hauptpunkte auf:

1. Unterschiede zwischen der Lage Deutschlands 1918 und 1945; was war gleich?
2. Politik der Alliierten 1945: Worin bestand Einigkeit, und welche Probleme blieben ungelöst?
3. Die neuen Parteien in Deutschland: CDU, SPD, FDP, KPD.
4. Die Phasen der Trennung Deutschlands 1945 bis 1949.
5. Trennung Berlins in West- und Ost-Berlin; Luftbrücke.
6. Einstellung der Deutschen zur Politik; Lebenserwartungen; Ambivalenz von 1949; Schwierigkeiten mit den neuen Staaten.
7. Politik Konrad Adenauers und der CDU: Wirtschaftspolitik, Außenpolitik.
8. Schwierigkeiten beim Aufbau der DDR: 17. Juni 1953, Flucht der Bevölkerung, Schließung der Grenzen, Mauer in Berlin.

B. Beantworten Sie folgende Fragen:

Die Stunde Null

1. Was war der Unterschied zwischen der politischen Lage in Deutschland 1918 und 1945?
2. Welche gemeinsamen Ziele hatten die Alliierten 1945?
3. Welche Probleme wurden auf der Potsdamer Konferenz nur „vorläufig" entschieden?

Die Teilung Deutschlands

4. Warum wurde keine deutsche Zentralverwaltung eingerichtet?
5. Wie wurde auf dem Schwarzen Markt der Wert einer Ware berechnet?
6. Welche politischen Parteien wurden 1945 gegründet?
7. Wodurch wurde die Luftbrücke nach Berlin notwendig?

Die deutsche Bevölkerung nach dem Krieg

8. Was hofften viele Deutsche im Jahr 1945 und was dachten sie 1949?
9. Was wollten die meisten Deutschen vom Wirtschaftswunder?
10. Warum war die Bevölkerung der DDR gegen das neue System?

Der Kalte Krieg in Deutschland

11. Was war das Hauptziel von Konrad Adenauers Außenpolitik?
12. Was trug vor allem zu den Wahlsiegen der CDU bei?
13. Was war der Grund des Aufstandes am 17. Juni 1953 in der DDR?
14. Warum mußte die DDR die Grenze zur Bundesrepublik sperren?
15. Welches Beispiel zeigte, daß es Alternativen zum Kalten Krieg gab?
16. Was bedeutete der Bau der Mauer in Berlin für Deutschland?

C. Schreiben Sie einen Aufsatz über folgende Themen:

1. Die Beschlüsse und Folgen der Potsdamer Konferenz.
2. Die Etappen der Teilung Deutschlands.
3. Die deutsche Bevölkerung nach 1945 und die Politik.
4. Die Entwicklung der DDR.
5. Die Lage Berlins von 1945 bis 1969.

D. Setzen Sie die richtigen Wörter ein:

1. Die vier Alliierten besetzten Deutschland. Sie teilten das Land in vier _____.
2. Deutsche Industrieanlagen wurden als _____ abmontiert und abtransportiert.
3. Wahlen für die Selbstverwaltung der Gemeinden sind _____.
4. Die Menschen konnten nur bestimmte Mengen Lebensmittel kaufen; die Lebensmittel waren _____.
5. Nach der Währungsreform bekam jeder Deutsche 40 DM, das wurde das _____ genannt.
6. Ein für einen bestimmten Beruf ausgebildeter und spezialisierter Arbeiter ist ein _____.

7. Ein Mensch, der aus einem Land in ein anderes flieht, ist ein _____.
8. Der Regierungschef in der Bundesrepublik heißt der _____.
9. Der Aufstand am 17. Juni 1953 wurde durch eine Erhöhung der _____ ausgelöst.
10. An der Grenze der DDR durfte niemand wohnen. Dort entstand ein _____.

E. Wie heißen die Substantive zu folgenden Verben?

1. hungern
2. schreiben
3. erzählen
4. teilnehmen
5. abschließen
6. senden
7. gründen
8. wählen
9. drücken
10. bedürfen
11. siegen
12. morden
13. vereinigen
14. bauen
15. fliehen

Bilden Sie Sätze mit den Substantiven.

F. Ersetzen Sie das präpositionale Objekt durch das Pronomen:

BEISPIEL: Er dachte oft an die Wiedervereinigung.
Er dachte oft daran.

1. Der Wert der Waren wurde nach den Zigaretten berechnet.
2. Es gab mehrere Parteien in der Volkskammer.
3. Das Grundgesetz bildete die Verfassung für diesen neuen Staat.
4. Die Enttäuschung über den Materialismus war groß.
5. Der Westen war für den neuen Staat, die Sowjetunion war gegen den Staat.
6. Viele Leute warteten auf eine solche Gelegenheit.
7. Die Schließung der Grenze führte zur Beschränkung der Freiheit.
8. Es ging Adenauer um die Eingliederung in den Westen.
9. Die Erhöhung der Normen führte zu einem Aufstand.
10. Die DDR beendete die Krise durch den Bau der Mauer.

G. Verwandeln Sie den Satz in einen Satz mit *lassen* (reflexiv!):

BEISPIEL: Man kann 1945 nicht mit 1918 vergleichen.
1945 läßt sich nicht mit 1918 vergleichen.

1. Man konnte keine Einigung über Deutschlands Ostgrenzen erreichen.
2. 1948 war klar, daß man keine Einigung über Deutschland erzielen konnte.
3. Das schwierige Saarproblem konnte freundschaftlich gelöst werden.
4. Man kann den Sieg der CDU durch die günstige Entwicklung der Wirtschaft erklären.
5. Man kann die Wahlen auch nach einer Einheitsliste abhalten.
6. Man konnte Berlin durch die Luft versorgen.
7. Man konnte unter diesen Bedingungen die Fabriken wieder aufbauen.
8. Die Flucht der Einwohner konnte nur durch die Mauer in Berlin verhindert werden.

H.

1. Was brachte der Marshallplan für Deutschland?
2. Warum benutzt das Plakat das Symbol der Bauarbeiten?
3. Was soll die Lampe symbolisieren?
4. Welches Signal soll das Plakat einem deutschen Arbeiter geben?
5. Wie sollen die Deutschen über die USA denken?
6. Was will das Plakat den Deutschen durch das Wort „Vorwärts" suggerieren?

I.

1. Wofür sollte dieses Plakat von 1946 werben?
2. Wie nannte man die Partei, die die KPD und SPD vereinte?
3. In welchem Teil Deutschland fand dieser Zusammenschluß statt?
4. Was bedeutet im Deutschen „An einem Strang ziehen"? Und was sieht man auf diesem Bild?
5. Was bedeutet „Es geht aufwärts"? Wie sieht man das hier?
6. Warum ist die Last der beiden Männer so schwer?
7. Was für Männer sind es? Wie sehen sie aus?
8. Was soll hier „Neuaufbau" bedeuten?

J. Wir spielen eine Szene:

1. Ein Deutscher handelt 1945 mit einem Amerikaner auf dem Schwarzen Markt.
2. Ein Flüchtling aus der DDR wird im Aufnahmelager der BRD gefragt, weshalb er weggegangen ist.
3. Eine Frau berichtet ihrer Familie, wie sie am 13: August 1961 im letzten Augenblick von Ost- nach West-Berlin gelangt ist.

K. Wir diskutieren; Der Eiserne Vorhang in Europa—gab es eine Alternative?

L. Wir schreiben eine Geschichte:

1. Ein Kind wächst zwischen 1945 und 1955 in der BRD auf.
2. Ein Student wohnt bei seiner Familie in Ost-Berlin, studiert aber in West-Berlin. Jetzt kommt die Mauer, und er bleibt im Westen, getrennt von der Familie.
3. Ein Amerikaner war 1945/46 bei der Armee in Deutschland. Er kommt 1961 in dieselbe Stadt zurück. Was fällt ihm auf, und was erlebt er?

14. Die Berliner Mauer und ihr Fall

Lesehilfe

A. Wir schreiben uns die Hauptpunkte auf:

1. Die Politik Adenauers gegenüber dem Osten; Brandts „Ostpolitik": wichtige Änderungen und Folgen.
2. Entwicklung der DDR nach 1961; Reaktion auf die Ostpolitik.

3. Zwei deutsche Staaten in der UNO, wachsender Reiseverkehr.
4. Reformen und Spannungen in der BRD; die Wende von 1982.
5. Gruppen von Einwanderer nach Deutschland: Flüchtlinge aus der DDR, Rückwanderer aus Polen und der Sowjetunion; ausländische Gastarbeiter, Asylbewerber.
6. Wirtschaftsprobleme der BRD, Asylbewerber, Ausländerfeindlichkeit.
7. Spannung und Fluchtwelle in der DDR.
8. Öffnung der Grenzen und Phasen der Wiedervereinigung.
9. Probleme des wiedervereinten Deutschland: Aufbau der Wirtschaft; Annäherung der Bevölkerung.

B. Beantworten Sie folgende Fragen:

Das deutsch-deutsche Verhältnis auf dem Weg zur Entspannung

1. Was bedeutete die „Hallstein-Doktrin"?
2. Was erreichte Willy Brandt mit der „Ostpolitik"?
3. Welche Institution in der DDR hatte am meisten politische Macht?
4. Welche gesellschaftliche Aufgabe hatte die Literatur in der DDR?
5. Warum „enttäuschte" Christa Wolf?
6. Welchen Preis zahlte die DDR bei der Ostpolitik?
7. Was belastete in den siebziger Jahren viele Studenten in der BRD?

Die „Wende" der achtziger Jahre

8. Welche Koalition regierte ab Herbst 1982?
9. Wem sollte die Politik der CDU vor allem helfen?
10. Welche Wünsche hat die deutsche Bevölkerung?
11. Was ist das schwierigste soziale Problem der Bundesrepublik?

Gastarbeiter, Rückwanderer, Einwanderer, Asylbewerber

12. Welche Einwanderer kamen als Folge der Ostpolitik Brandts?
13. Warum wurden die Gastarbeiter gebraucht?

14. Was sagt das Grundgesetz über politisches Asyl?
15. Wie kann man Ausländerfeindlichkeit erklären?

Die Wiedervereinigung Deutschlands

16. Warum wuchs in den späten achtziger Jahren die Fluchtbewegung in der DDR?
17. Was taten die Reformer in der DDR im Jahr 1989?
18. Was brachten die Wahlen von 1990 in der DDR?
19. In welchen Phasen vollzog sich die Wiedervereinigung?

Der lange Marsch in die Zukunft

20. Was fand man über die Wirtschaftslage der DDR heraus?
21. Was sind einige Probleme der Verwaltung der neuen Bundesländer?
22. Welchen Problemen kann Deutschland nicht ausweichen?

C. Schreiben Sie einen Aufsatz:

1. Die Reformpolitik nach 1969 und ihre Probleme.
2. Die Umweltbewegung und die Grünen.
3. Die DDR in den siebziger und achtziger Jahren.
4. Die „Wende" von 1982 und die „Wende" von 1989.
5. Ausländer und Einwanderer in Deutschland.
6. Die Probleme der Wiedervereinigung.

D. Setzen Sie das fehlende Wort ein:

1. 1972 schlossen die BRD und DDR einen _____.
2. Neben den politischen Parteien gab es auch _____, die in der Volkskammer vertreten waren.
3. Für die DDR war die internationale _____ am wichtigsten.
4. Die Grünen versuchten, eine _____ zu verwirklichen.
5. Der _____ brachte Untersuchungen aller Bewerber für den Öffentlichen Dienst.
6. Die vielen Gastarbeiter und Asylbewerber erzeugten eine _____.
7. Einer der Streitpunkte bei der Wiedervereinigung war das Gesetz über die _____.
8. Die Regierung hatte versprochen, _____ würden nicht nötig sein; aber das war falsch.

E. Wie sind die Substantive von diesen Adjektiven?

1. wichtig
2. wirtschaftlich
3. westlich
4. zentral
5. verantwortlich
6. diplomatisch
7. sozialistisch
8. reichlich
9. notwendig
10. öffentlich

Bilden Sie je einen Satz mit den Substantiven.

F. Bilden Sie aus dem zweiten Teil einen Infinitivsatz:

BEISPIEL: Die DDR hatte Interesse daran / sie ging auf diese Politik ein.
Die DDR hatte Interesse daran, auf diese Politik einzugehen.

1. Ludwig Erhard war 1966 dazu gezwungen / er trat als Bundeskanzler zurück.
2. Adenauer war damit einverstanden / er nahm diplomatische Beziehungen zur Sowjetunion auf.
3. Es gelang Erich Honecker / er vereinigte die Staats- und Parteiämter.
4. Von den DDR-Schriftstellern wurde erwartet / sie beschrieben das Alltagsleben positiv und realistisch.
5. Die DDR stand unter dem Druck / sie führte mehr Konsumgüter ein.
6. Die Studenten verlangten / sie bestimmten in der Universität mit.
7. Einige Idealisten gaben es auf / sie reformierten diese Gesellschaft.
8. Die BRD hatte Interesse daran / sie setzte die Entspannungspolitik fort.
9. Teile der Bevölkerung verlangen / man beschränkt die Einwanderung von Ausländern.
10. Die Reformgruppen fühlten sich ermutigt / sie traten gegen das Regime auf.

G. Setzen Sie diese Sätze ins Passiv:

1. Die Regierung änderte ihre Politik.
2. Die Bundesrepublik ignorierte solche Länder.
3. Der Staatsrat bestimmte die Politik.
4. Die Schriftsteller haben auch Außenseiter behandelt.

5. Man hatte den Rentnern erlaubt zu reisen.
6. Man beschäftigt Menschen in unnötigen Stellungen.
7. Man löste die Abgeordneten nach zwei Jahren ab.
8. Die Regierungen wiesen Bewerber für den Öffentlichen Dienst ab.

H. Bilden Sie Sätze aus diesen Elementen:

1. Beziehungen / aufnehmen
2. Parteien / vertreten sein
3. Probleme / behandeln
4. Reisen / erlauben
5. Freiheit / in Frage stellen
6. Bevölkerung / verunsichern
7. Landkarte / sich verändern
8. Feier / Pläne machen
9. Zusammenschluß erfolgen
10. Atmosphäre / vergiften

I.

1. Was suggeriert der Spruch?
2. Wie sieht diese Grenze (in Berlin) aus?
3. Warum ist das ein westliches Foto?
4. Welchen Widerspruch will der Fotograf darstellen?
5. Welchen Eindruck bekommen Sie von dem Bild?

J.

Das genügt, bis zur Bundestagswahl tut's noch Ihre alte Brille!

Dies ist ein Kommentar zur ersten gesamtdeutschen Bundestagswahl von 1990.

1. Wer ist der „Augenarzt"?
2. Was hatte er (und die CDU) versprochen?
3. Woran sollten die Wähler vor der Wahl nicht denken?
4. Hatte die Strategie Erfolg? Welche Partei wurde gewählt?
5. Wie stand es mit Steuererhöhungen nach der Wahl?
6. Wie würde ein amerikanischer „Augenarzt" seinen Wahlkampf führen? Was würden Sie auf das Bild schreiben?

K. Wir spielen eine Szene:

1. Westdeutsche Verwandte besuchen ihre Familie in der DDR in den siebziger Jahren: zwei Männer sprechen

über die Probleme der Industrieproduktion, die Frauen sprechen über das Einkaufen.

2. Ein Westdeutscher erklärt einem Ostdeutschen, der einen Schuhladen eröffnen will, wie er seine Werbung machen soll.
3. Ein „Wessi" und ein „Ossi" diskutieren über Arbeit und Freizeit.

L. Wir diskutieren:

1. Kam die deutsche Wiedervereinigung zu plötzlich und zu schnell?
2. Gibt es einen „dritten Weg" neben dem „westlichen" und „östlichen"?

M. Wir schreiben eine Geschichte:

1. Ein Automechaniker ging 1989 von der DDR in die BRD: seine Erfahrungen und Probleme.
2. Eine Frau erfährt, daß ihr Mann für die „Stasi" gearbeitet hat und auch über sie berichten mußte. Sie konfrontiert ihn damit. Wie geht es mit den beiden weiter?

Zur deutschen Geschichte allgemein

A. Schreiben Sie einen Aufsatz über eines dieser Themen:

1. Das deutsche „Reich" im Laufe der Geschichte.
2. Die Geschichte der deutschen Sprache.
3. Deutschland und Frankreich.
4. Deutschland und Osteuropa.
5. Österreich und die deutsche Geschichte.
6. Deutschland und Amerika.
7. Die Reformation und ihre Folgen für Deutschland.
8. Das Leben eines/einer Deutschen zwischen 1910 und 1990.

B. Charakterisieren Sie kurz:

1. Welche Gestalten der deutschen Geschichte sind volkstümlich geworden? Als was?
2. Welche Städte hatten besondere Bedeutung für die deutsche Geschichte? Wann und wie?

3. Welche Kaiser haben besondere Bedeutung bekommen? Warum?
4. Zehn wichtige Gestalten der deutschen Kultur.
5. Frauen in der deutschen Geschichte: drei Beispiele.
6. Was sind Schlüsselbegriffe für verschiedene Epochen, z.B.: Reformation, Aufklärung, die Zeit vor und nach 1900?

C. Wir diskutieren:

1. Deutschland—die USA: ein Vergleich.
2. Deutschlands geographische Lage und seine Geschichte.
3. Deutschland—ein Land ohne Hauptstadt?
4. Deutschlands zukünftige Rolle.
5. Lehren aus der deutschen Geschichte.

GEGENWART

1. Die deutschen Länder

Lesehilfe

A. Schreiben Sie die Hauptpunkte auf:

1. Länder und Landschaften an der Nordsee und Ostsee.
2. Nordsee- und Ostseehäfen; Freie Städte: Hamburg und Bremen.
3. Berlin und seine Geschichte; Brandenburg.
4. Der Harz und Industrie und Landwirtschaft in Niedersachsen und Sachsen-Anhalt.
5. Der Rhein als Verkehrsader, Zentrum der Industrie und „romantischer" Fluß, seine Nebenflüsse.
6. Mitteldeutschland von Hessen über Thüringen nach Sachsen: Landschaft, Industrie, Kultur.
7. Die Länder Süddeutschlands: Bayern, Baden-Württemberg: Fremdenverkehr, Industrie, wichtige Großstädte.

B. Beantworten Sie folgende Fragen:

1. Nennen Sie fünf Großstädte und charakterisieren Sie ihre wirtschaftliche Bedeutung.
2. In welchen Ländern und an welchen Flüssen sind Weinbaugebiete?
3. Wichtige deutsche Bodenschätze: wo sind sie und welche?
4. Charakterisieren Sie einige Mittelgebirge: in welchen Ländern?
5. Wo sind bekannte Fremdenverkehrsgebiete?
6. Nennen Sie fünf bekannte deutsche Universitäten: in welchen Ländern liegen sie? Sind es kleine oder große Städte?
7. Was ist die Tradition der Stadtstaaten in Deutschland?
8. Welche Verlagerungen gab es in der deutschen Industrie?

C. Schreiben Sie einen Absatz über:

1. Berlin.
2. Thüringen und Hessen.
3. Das Saarland seit dem Ersten Weltkrieg.
4. Die Elbe und ihre Nebenflüsse.
5. Die Nebenflüsse des Rheins.
6. Frankfurt und Leipzig.
7. Das Ruhrgebiet.
8. Hamburg.

D. Erklären Sie diese Wörter mit einem deutschen Satz:

1. die Marsch
2. das Heilbad
3. die Mietskaserne
4. die Industriemesse
5. die Verarbeitungsindustrie
6. die Seenplatte
7. die Residenzstadt
8. der Verlag
9. die Hochebene
10. die Werft

Bilden Sie einen eigenen Satz mit diesen Wörtern.

E. Wie heißen die Adjektive von diesen Substantiven?

1. Unabhängigkeit
2. Wirtschaft
3. Ruhe
4. Tradition
5. Konfession
6. Wald
7. Nachbar
8. Landschaft

Mit welchen Wörtern passen diese Adjektive zusammen?

1. die Lage
2. das Fest
3. das Gebirge
4. die Schönheit
5. der Staat
6. die Mischung
7. das Dorf
8. der Mann

Bilden Sie Sätze mit diesen Ausdrücken.

F. Setzen Sie das Adjektiv ein:

BEISPIEL: Diese Länder haben Traditionen. (verschieden)
Diese Länder haben verschiedene Traditionen.

1. In Schleswig-Holstein gibt es keinen Berg. (hoch)

2. Hannover ist bekannt durch seine Stadtplanung. (modern)
3. Die Universität entwickelte sich aus einer Schule für Sprachen. (afrikanisch)
4. Rügen hat Strand (schön) und Steilufer mit Kreidefelsen. (malerisch)
5. Berlin wurde der Sitz von Verarbeitungsindustrien. (neu)
6. Dann kommen auch die Diplomaten zurück. (ausländisch)
7. Universitäten (alt, hessisch) sind Marburg und Gießen.
8. Nietzsche verbrachte hier den Teil seines Lebens. (letzt-)
9. Hinter den Industriegegenden (dichtbesiedelt) beginnen die Wälder. (einsam)
10. Das Saarland wurde aus Gründen (wirtschaftlich) zu einem Problem. (politisch)

G. Setzen Sie die passenden Präpositionen, Artikel und Endungen ein:

BEISPIEL: Die Marsch wird _____ _____ Meer _____ groß _____ Deiche geschützt.
Die Marsch wird vor dem Meer durch große Deiche geschützt.

1. Die Industrie ist _____ _____ groß_____ Städte beschränkt.
2. Zum Land Bremen gehört _____ _____ alt _____ Stadt auch Bremerhaven _____ _____ Wesermündung.
3. Die Universität Göttingen war _____ 18. Jahrhundert führend _____ _____ Naturwissenschaften.
4. Diese Entwicklung machte Berlin _____ Beamtenstadt und _____ Kulturzentrum.
5. Berlin betrieb seine Planung _____ _____ Blick _____ _____ Zukunft.
6. Magdeburg liegt _____ _____ Strecke _____ Berlin _____ Hannover.
7. Friedrich Nietzsche lebte hier _____ sein _____ Zusammenbruch _____ sein_____ Schwester.
8. Die Stadt wurde kurz _____ _____ Ende des Krieges _____ ein_____ Lufangriff zerstört.
9. Regensburg stammt _____ _____ Römerzeit und war _____ Mittelalter Stadt der Reichstage.

10. Baden-Württemberg wurde _____ ein_____ Volksabstimmung _____ dies_____ Land vereinigt.

H. Bilden Sie Sätze aus diesen Elementen:

1. Hafen / ausbauen
2. Flut / Land / überschwemmen
3. Proletariat / hervorbringen
4. alte Städte / umfassen
5. Zuwanderer / anlocken
6. Kaiser / krönen
7. viele Jahre / verbringen
8. die Porzellanmanufaktur / ansiedeln
9. Fluß / entspringen
10. Volksabstimmung / Widerspruch finden

I. Wir spielen eine Szene:

1. Ein Fremdenführer erklärt ein berühmtes Bauwerk, wie den Kölner Dom. Die Touristen stellen Fragen.
2. Ein amerikanischer Geschäftsmann ist in München. Sein deutscher Gastgeber fragt, was er am Wochenende machen möchte.
3. Eine Familie aus Köln kommt zum erstenmal nach Thüringen. Der Vater fragt im Fremdenverkehrsbüro, was sie sehen sollten.

J. Wir diskutieren: Wie stelle ich mir eine typische deutsche Stadt und eine typische deutsche Landschaft vor?

K. Sie besuchen Deuschland und beschreiben in einem Brief:

1. Eine Fahrt auf dem Rhein.
2. Ein Besuch in Dresden.
3. Ein Ausflug in die Alpen.
4. Auf einer Insel in der Nordsee.
5. Eine Reise in den Spreewald.

L. Sie möchten eine Zeitlang in Deutschland leben. Welchen Ort suchen Sie sich aus, aus welchen Gründen, und was wollen Sie dort tun?

2. *Die Deutschen von heute*

Lesehilfe

A. Schreiben Sie die Hauptpunkte auf:

1. Unterschiede im Lande, Eindruck auf eilige Touristen.
2. Probleme der Industrieländer, Platzmangel, Verwurzelung, Kontinuität.
3. Nationalcharakter: Regionale Unterschiede, allgemeine Merkmale: positiv und negativ; wichtige Ziele für den einzelnen Menschen.
4. Auftreten der Deutschen im Ausland, Einstellung der Ausländer.
5. Deutsche innerhalb und außerhalb der Staatsgrenzen; Auswanderung, Bewahrung der Sprache.

B. Beantworten Sie folgende Fragen:

Lebensbedingungen

1. Was wird ein eiliger Tourist in Deutschland feststellen?
2. Welche Folgen hat es, daß Deutschland ein „kleines" Land ist?
3. Was erwarten die Deutschen in ihrem Leben nicht unbedingt?

Nationalcharakter

4. Woran merken die Deutschen regionale Unterschiede?
5. Wie tritt der Deutsche oft in der Öffentlichkeit auf?
6. Wie möchte der Deutsche in seinem Privatleben sein?
7. Was ist der Unterschied zwischen einem Beruf und einem „Job"?
8. Welcher Beruf hat ein hohes Prestige? Warum?
9. Wie steht der Deutsche zu seinem Besitz?
10. Wie wirken die Deutschen insgesamt?

Deutsche in der Welt

11. Was haben die Deutschen nach 1945 versucht?
12. Welches Verhältnis zur eigenen Nation hat sich entwickelt?

Deutsch und deutschsprachig

13. In welchen Ländern ist Deutsch eine offizielle Sprache?
14. Vor welcher Alternative standen die deutschen Auswanderer?

C. Schreiben Sie einen Aufsatz über folgende Themen:

1. Der deutsche Nationalcharakter.
2. Die Deutschen seit 1945.
3. Unterschiede zwischen den Lebensbedingungen in Deutschland und den USA und deren Folgen.
4. Die Deutschen und ihre Nachbarn.
5. Deutsche Minderheiten in anderen Ländern.

D. Setzen Sie das richtige Wort ein:

1. Traditionelle Kleidung, vor allem in ländlichen Gegenden, nennt man _____ .
2. Feste Ansichten und Urteile über etwas, ohne es selbst genau zu kennen, sind _____ .
3. Viele Deutsche sprechen nicht nur Hochdeutsch, sondern auch den _____ ihrer Gegend.
4. Sehnsucht nach der Heimat nennt man _____ , Sehnsucht nach der Ferne _____ .
5. Junge Menschen haben das Bedürfnis, etwas zu sehen und zu erleben; das wird oft zu einer _____ .
6. Die _____ erstreckt sich allerdings nicht auf den Sport.
7. Hin und wieder erscheint der erhobene Zeigefinger und deutscher _____ .
8. Nach 1945 ging der _____ quer durch Deutschland.

E. Was ist das Gegenteil von folgenden Begriffen?

1. wertvoll
2. ähnlich
3. dünn bevölkert
4. privat
5. formell
6. die Heimat
7. normal
8. wiedervereinigt

F. Setzen Sie das passende Modalverb ein:

BEISPIEL: Man _____ die Beantwortung dieser Frage versuchen.
Man kann die Beantwortung dieser Frage versuchen.

1. Die Menschen _____ schwer arbeiten, bevor sie gemütlich ihr Bier trinken _____ .
2. Man _____ nicht 1.000 Kilometer fahren, ohne an eine Grenze zu kommen.
3. Der Deutsche _____ gern Vertrauen zu anderen Menschen haben können.
4. Wenn der Deutsche etwas herstellt, _____ es gut und dauerhaft sein.
5. Ein Deutscher hat das Gefühl, er _____ die Welt kennenlernen.
6. Sein Wunsch ist: Auch sein eigenes Leben _____ in einem größeren Zusammenhang stehen.
7. Der Deutsche _____ gern gut Freund mit allen Menschen sein.
8. Die Deutschen _____ anders sein, als man es erwartete.

G. Verwandeln Sie den schräggedruckten Satzteil in einen Infinitivsatz:

BEISPIEL: Die Menschen sind *die Fahrt über die Grenze gewohnt.*
Die Menschen sind es gewohnt, über die Grenze zu fahren.

1. Das Ziel des Deutschen ist *die Korrektheit des Auftretens.*
2. Man kann trotzdem *die Beantwortung dieser Fragen* versuchen.
3. *Die Veränderung solcher Verhältnisse* ist nicht leicht.
4. *Der Spott über andere Dialekte* ist in Deutschland weit verbreitet.
5. Der Junge hat sich *die Weltreise* in den Kopf gesetzt.
6. Sie haben nicht mehr den Wunsch *nach einer Rolle in der Weltpolitik.* (spielen)
7. Sie warten *auf die Verwirklichung der politischen Ziele.*
8. *Die Unsicherheit der Deutschen* ist verständlich. (sein)

H. Verbinden Sie die Sätze mit *daß* oder *ob:*

1. Er hatte nicht gedacht. / Deutschland ist ein Industrieland.
2. Es ist fraglich. / Es gibt einen Nationalcharakter.
3. Es ist nicht selten. / Ein Arbeiterkind studiert an der Universität.
4. Zum Beruf gehört. / Man kann gute Arbeit leisten.
5. Der Deutsche will. / Der Garten sieht hübsch aus.
6. Die Ausländer fragen sich. / Ein Deutscher kann es auch weniger ernst nehmen.
7. Es ist ungewiß. / Man kommt an die Spitze.
8. Es war klar. / Die Deutschen in der DDR lebten viel isolierter.
9. Es ist zu erwarten. / Diese Lebensweise wird das Normale.
10. Man fragt sich. / Die Ausländer mögen die Deutschen.

Beginnen Sie diese Sätze mit *daß* bzw. *ob*.

I.

Michels Nachtgebet: „Und bitte, lieber Gott, laß mich nicht zu groß werden. . . !"

Der „deutsche Michel" mit der Zipfelmütze, die eine „Schlafmütze" wurde, war seit dem 16. Jahrhundert eine beliebte Karikatur des Deutschen. Der Michel ist ursprünglich ein Bauernbursche, einfältig, d.h. naiv und vertrauensselig, langsam, schläfrig, er kommt immer zu spät, und er kommt zu spät, um Geld oder Macht zu bekommen. Im 19. Jahrhundert wurde der Michel das Sinnbild des rückständigen Deutschen. Nach 1945 und nach dem Wirtschaftswunder wollte der Michel, daß die Deutschen still und bescheiden blieben und in der Welt nicht auffallen sollten. Daher die Unterschrift.

1. Wir beschreiben dieses Zimmer.
2. Das Bild ist aus den fünfziger Jahren. Woher wissen wir das?
3. Welchen Besitz hat der, der damals etwas Besonderes war?
4. Wenn er sagt: „Laß mich nicht zu groß werden", was will er vor allem vermeiden? Was steckt in dem Wort „groß"?
5. Was wäre heute das Nachtgebet eines deutschen Michels? Machen Sie eine Karikatur!

J. Wir spielen eine Szene:

1. Ein deutscher Hausbesitzer will seinem Nachbarn klarmachen, daß er seinen Garten besser pflegen soll.
2. Ein Bremer kommt nach Köln und wundert sich, daß die Leute so ganz anders sind.

K. Wir diskutieren: Wie sind die Deutschen, die ich kennengelernt habe, im Vergleich zu dem, was hier über sie gesagt wird?

L. Wir schreiben:

1. Regionale Unterschiede in Deutschland und den USA.
2. Der amerikanische Nationalcharakter.
3. Ein Deutscher/eine Deutsche, den/die ich kenne.

3. *Die Familie*

Lesehilfe

A. Wir schreiben die Hauptpunkte auf:

1. Klein-Familie und Groß-Familie.
2. Patriarchalische Tradition: Handwerksbetrieb; Industrialisierung.

3. Frauenbewegung, Kampf um die Gleichberechtigung.
4. Gründe für die geringe Kinderzahl.
5. Verhältnis der Generationen.
6. Gruppenbildungen, Freundschaft, Alternativen zur Familie.

B. Beantworten Sie folgende Fragen:

Die Familie früher und heute

1. Woraus besteht die heutige Klein-Familie?
2. Wer lebte früher oft mit im gleichen Haushalt?
3. Wie kann man feststellen, wen ein Deutscher als seinen Verwandten betrachtet?

Mann und Frau

4. Auf welche Zeit geht die patriarchalische Tradition zurück?
5. In welcher Epoche wurde der Vater besonders autoritär? Wie nannte man ihn?
6. Wofür setzte sich die Frauenbewegung des 19. Jahrhunderts ein?
7. Wodurch wurde die Gleichberechtigung der Frau gefördert?
8. Welches Ideal der Ehe setzte sich nach dem Ersten Weltkrieg durch?
9. Wie steht es mit der Gleichberechtigung in der Verfassung und in der Praxis?

Eltern und Kinder

10. Was könnten die Gründe sein, warum die Deutschen wenig Kinder haben?
11. Welche Phasen gab es im Verhältnis der jungen zur älteren Generation seit 1945?
12. Welches Gefühl führt zu Gruppenbildungen?
13. Was erwarten die Deutschen von einem Freund?
14. Was hat sich auf dem Gebiet der Ehe geändert?
15. Welche Probleme bringt die Zeit für die Familie?

C. Schreiben Sie einen Aufsatz über diese Themen:

1. Der Kampf um die Gleichberechtigung der Frau.
2. Die Rolle des Vaters in der Familie.

3. Beziehungen zwischen der jungen und älteren Generation.
4. Alternativen zur Familie.

D. Erklären Sie die Verwandtschaftsbeziehungen bei den folgenden Bezeichnungen:

BEISPIEL: mein Schwager
der Mann meiner Schwester—oder: der Bruder meiner Frau

1. Onkel
2. Vetter
3. Neffe
4. Nichte
5. Schwiegersohn
6. Schwiegertochter
7. Schwiegervater
8. Geschwister
9. Kusine
10. Schwägerin

E. Bilden Sie Relativsätze:

BEISPIEL: Das Wohnhaus war damals sehr groß. / Es war mit der Werkstatt verbunden.
Das Wohnhaus, das mit der Werkstatt verbunden war, war damals sehr groß.

1. Es gab damals Haustyrannen. / Sie duldeten keinen Widerspruch.
2. Die Frauenbewegung hatte Erfolge. / Sie kämpfte für Gleichberechtigung.
3. Es war der Krieg. / Von ihm wurde die Gleichberechtigung gefördert.
4. Die Nazis brauchten viele Menschen. / Mit ihnen wollten sie Osteuropa besiedeln.
5. 1977 trat ein Gesetz in Kraft. / Dadurch bekamen die Frauen gleiche Rechte.
6. Es gibt viele Frauen. / Ihnen ist ihre Karriere wichtiger als die Familie.
7. Die Erwachsenen wollen keine Kinder. / Ihre Kindheit war schlecht.
8. Mit einem Freund bespricht man alles. / Man vertraut ihm.

F. Setzen Sie die richtigen Präpositionen und Endungen ein:

BEISPIEL: Die Klein-Familie besteht _____ d_____ Eltern und Kinder_____ .
Die Klein-Familie besteht aus den Eltern und Kindern.

1. Die Kinder wuchsen _____ d_____ Bewußtsein der Groß-Familie auf.
2. Der Schwiegersohn gehört jetzt_____ Familie.
3. Die Männer waren _____ d_____ Front.
4. Die Frauen wollen _____eigen_____ Füße_____ stehen.
5. Der Anteil der Studentinnen ist _____ ein_____ Fünftel_____ zwei Fünftel gewachsen.
6. Die Vorurteile _____ ein_____ unverheiratet_____ Mutter sind schwächer geworden.
7. Die Deutschen sind _____ ihr_____ Wohlstand_____ nicht optimistisch.
8. Die Eltern sind _____ d_____ Gesetz _____ d_____ Hilfe verpflichtet.
9. _____ dies_____ Fragen bezieht die Jugend Stellung.
10. Man bespricht seine Sorgen _____ ein_____ Freund.

G. Verneinen Sie die Sätze mit *nicht* oder *kein:*

1. Diese Familie hat Kinder.
2. Man wohnt im gleichen Haus.
3. Man durfte das Arbeitszimmer betreten.
4. Die Reaktion ließ auf sich warten.
5. Es gab damals eine Frauenbewegung.
6. Mädchen brauchten eine Berufsausbildung.
7. Die Frau gehört in die Küche.
8. Die Frauenemanzipation hat Fortschritte gemacht.
9. Die Frau hat ihre Gleichstellung erreicht.
10. Es gibt jetzt Arbeitslosigkeit.

H.

Mehr Scheidungen

Brühl (KNA)—Die Zahl der Scheidungen in Deutschland wird weiter zunehmen. Dies erklärte die Oldenburger Soziologin Rosemarie Nave-Herz zum Abschluß des 9. Deutschen Familiengerichtstags am Samstag in Brühl. Störungen in der emotionalen Partnerbeziehung sind der weitaus häufigste Grund für Ehescheidungen in Deutschland. Finanzielle Sorgen, berufliche Umstände oder Probleme mit den Kindern rangieren mit deutlichem Abstand dahinter, berichtete die Expertin.

1. Was sagt der Bericht über die Scheidungsrate in Deutschland?
2. Was wird als Hauptgrund von Scheidungen gesehen?
3. Welche Gründe sind weniger wichtig?
4. Woher stammen diese Angaben?
5. Was sagt das über die Familienprobleme in Deutschland?
6. Wie steht es in anderen Ländern?

I. Lesen Sie diese Annoncen von verschiedenen Frauen:

1. Würden Sie auch eine solche Annonce schreiben?
2. Wenn Sie eine Annonce schreiben würden, wie lautete sie?
3. Denken Sie, diese Frauen haben mit ihrer Annonce Erfolg?
4. Was sagen die meisten Frauen über sich?
5. Was sind Eigenschaften, die sie in den Männern suchen?

Jungfrau, 27, mit Herz und Köpfchen sucht männl. Äquivalent zur Freizeitgestaltung (Kultur, Radeln, Ski, Biergarten uvm.). Foto wäre schön! Zuschriften unter ✉ ZS491224 an SZ

WEIB—zugegeben: eine Mischung aus sportl. Amazone, sanftem Krebs und treffsicherer Intellektuellen—im kostbaren Alter von 39 - sucht **Männerseele mit schlankem Leib.** Bild-SZ u. ✉ ZS4909901

„G'standns Mannsbild" für ein Leben mit Kultur, Frohsinn, Sport und Harmonie von halber Familie gesucht. Sie, 30/170/60, Er 4/100/16, patent und flexibel. Zuschriften unter ✉ ZS4909597 an SZ

Partner mit Herz + Verstand, zuverlässig, ungebunden, gut situiert, bis 62 Jahre (NR) von Dame, 55, 1,71, auch gut situiert, zur echten Partnerschaft gesucht. Zuschriften unter ✉ ZS4860143 an SZ

ÄRZTIN, natürl. Charme, schl., w. nach berufl. Karriere Zweisamk. m. adäqu., integ. Persönlichk. v. menschl. u. geistig. Format bis 70. Zuschr. u. ✉ ZS4931591 an SZ

Attrakt. sensible Münchnerin, 40/172, sucht warmherzigen und charaktervollen Partner. (Bild)zuschriften u. ✉ ZS4923527

Sympathische Afrikanerin, 30/173, sucht den sympathischen Geschäftsmann. Zuschriften unter ✉ ZS4923234 an SZ

Italien, Kino, Kunst, Küche, Literatur: Frau (32) mit Hirn und Kind (3) sucht Mann mit **Ideen.** Zuschr. u. ✉ ZS4903851 an SZ.

Sie, 32, 175 cm, schlank, gutaussehend, sucht Partner ab 35. Bildzuschr. erbeten u. ✉ ZS4897472 an SZ

Fröhliche, intelligente Sie, 25/172, sucht ebensolchen Ihn; ✉ ZS4909690

1. In welchem Teil Deutschlands sagt man „radeln" und „G'standnes Mannsbild"? Was ist so ein Mannsbild?
2. Von welchem „Krebs" ist die Rede? Finden Sie, daß Krebse sanft sind?

3. Was heißt „ungebunden"?
4. Was für eine Zweisamkeit sucht die Ärztin? Füllen Sie die Abkürzungen aus.

J. Wir spielen eine Szene:

1. Der Sohn will ein Problem besprechen, während der Vater eine Fernsehsendung ansehen will.
2. Die Tochter fragt die Mutter, warum sie ihre Karriere aufgegeben hat.
3. Die Mutter fragt die Tochter, warum sie nicht endlich heiraten will.

K. Wir diskutieren: Wie müßte das Verhältnis der Eltern zu größeren Kindern sein?

L. Wir schreiben eine Geschichte:

1. Ich erinnere mich an meine Großeltern.
2. Ein Streit zwischen Vater und Sohn.

4. Feste im Jahreslauf

Lesehilfe

A. Wir schreiben die Hauptpunkte auf:

1. Das Weihnachtsfest: Vorbereitung (Advent), Feiern, Silvester.
2. Karneval und Frühlingsfeste: Ostern, Fronleichnam, Himmelfahrt, Pfingsten.
3. Wechsel von politischen Feiertagen, Mangel an Kontinuität.
4. Feiern zu Hause und im Büro.

B. Beantworten Sie folgende Fragen:

Das Weihnachtsfest

1. An welchem Tag wird das Weihnachtsfest gefeiert?
2. Was tun viele Leute zu Silvester?
3. Mit welchem Fest geht die Weihnachtszeit zu Ende?

Ostern

4. Welche Art von Festen sind zur Karnevalszeit beliebt?

5. Was geschieht am Fronleichnamsfest?
6. Wie wurde früher der 21. Juni gefeiert?

Nationalfeiertage

7. Worin spiegelt sich die wechselvolle deutsche Geschichte?
8. Warum wäre der 9. November kein guter Nationalfeiertag gewesen?
9. Was fehlt den Deutschen immer noch?

Im Haus und im Büro

10. Aus welchen beiden Teilen bestehen oft Feierlichkeiten?
11. Was wird von jeder Firma einmal im Jahr erwartet?
12. Wie feiern die Deutschen gern?
13. Wie soll sich ein Chef bei einem Fest benehmen?

C. Schreiben Sie einen Aufsatz über folgende Themen:

1. Das Weihnachtsfest in Deutschland.
2. Deutsche Familienfeste.

D. Setzen Sie das richtige Wort ein:

1. Der _____ bringt den braven Kindern am 6. Dezember Geschenke.
2. Der Fisch, den man zu Weihnachten gern ißt, heißt _____ .
3. Um zu prophezeien, was das kommende Jahr bringt, versucht man zu Silvester das _____ .
4. Die Fastenzeit beginnt am _____ .
5. Die Ostereier legt der _____ .
6. Am 1. Mai halten die _____ Kundgebungen ab.
7. Im Sommer und Herbst haben die Deutschen viele _____ .
8. Nach der Weinernte kommt ein _____ .

E. Wählen Sie das jeweils passende Adjektiv zu folgenden Begriffen:

Fasching, Totensonntag, Hochzeit in der Kirche, Jubiläum, Weihnachtsabend

besinnlich, gemütlich, feierlich, lustig, traurig

F. Wählen Sie aus Absatz 2 jeweils einen Ausdruck, der zu einem in Absatz 1 genannten Ausdruck paßt:

1.	Weihnachten	Betriebsausflug	Allerheiligen
	Silvester	1. Mai	Hitlers Geburtstag
	Karneval	Fronleichnam	
2.	Prozession	Sekt	Maskenball
	Parade	Kundgebung	Biertrinken
	Gans	Friedhof	

Bilden Sie je einen Satz mit den beiden zusammenpassenden Wörtern.

G. Setzen Sie *wenn, wann* oder *als* ein:

1. _____ der Nikolaus kam, schliefen die Kinder.
2. Alle Leute sind lustig, _____ das neue Jahr beginnt.
3. _____ das Wetter gut ist, machen viele Familien einen Spaziergang in den Wald.
4. Man muß im Kalender nachsehen, _____ Ostern ist.
5. Das ganze Dorf war dabei, _____ die Altäre neu geweiht wurden.
6. _____ sie den Krieg verloren hatten, hatten die Deutschen nicht mehr viel zu feiern.
7. Die Firma schlägt vor, _____ der Betriebsausflug stattfindet.
8. _____ der Betriebsausflug stattfindet, ist auch der Chef lustig.

H. Setzen Sie die schräggedruckten Verben in die drei Vergangenheiten und das Futur:

1. In diese Zeit *fällt* der Gedenktag für die Toten.
2. Es *wird* nur mit halber Kraft *gearbeitet*.
3. Man *will* das alte Jahr *hinaustanzen*.
4. Die Kinder *verkleiden sich* abends als die Heiligen Drei Könige.
5. Bei den Katholiken *kommt* das Ende der Fastenzeit *hinzu*.
6. Die Feste *unterbrechen* angenehm den Alltag.
7. Sie *zünden* abends Feuer auf den Berggipfeln *an*.
8. Das Oktoberfest *findet* im September und Oktober *statt*.
9. Die Angestellten *akzeptieren* nur einen Chef mit Humor.
10. Man *lernt* die Menschen dabei richtig *kennen*.

I.

1. Welchen Kontrast soll das Bild illustrieren?
2. Wie geht der Text des Liedes weiter? Was betont das Lied über die „Blätter"?
3. Warum ist der Kontrast gerade beim Weihnachtsfest so stark?
4. Wie würden Sie dieses Bild beschreiben?
5. Denken Sie, daß das Bild ein wichtiges Problem illustriert?
6. Könnten Sie ein Bild von Weihnachten zeichnen?

J. Wir spielen eine Szene:

1. Freunde feiern Silvester zusammen und wollen wissen, was das kommende Jahr bringt.
2. Der Chef spricht mit dem Lehrling auf dem Oktoberfest.
3. Der Sohn hält eine Rede bei der Silbernen Hochzeit der Eltern.

K. Schreiben Sie über folgende Themen:

1. Ein Kind schreibt einen Wunschzettel an den „Weihnachtsmann".
2. Ein junger Mann schreibt seiner Freundin einen Brief über einen Betriebsausflug zu einem Wirtshaus in den

Bergen mit der Besichtigung einer alten Burg; er hat beim Preistanzen einen Gutschein für ein Abendessen in einem Restaurant gewonnen, und er lädt sie dazu ein.

5. *Die Schule*

Lesehilfe

A. Schreiben Sie die Hauptpunkte auf:

1. Schulen Ländersache, Probleme mit der Religion, unterschiedliche Schultypen, keine Einheitsschule.
2. Charakter der Grundschule.
3. Zweck der Hauptschule.
4. Zweck und Bedeutung der Realschule.
5. Verschiedene Typen des Gymnasiums.
6. Neue Oberstufe des Gymnasiums.
7. Andere Möglichkeiten, das Abitur zu erwerben.
8. Sonderschulen und besondere Probleme: Ausländerkinder.
9. Lehrer als respektierter Lebensberuf.
10. Theoretische und praktische Ausbildung.

B. Beantworten Sie folgende Fragen:

Das Schulsystem

1. Wer hat in Deutschland die Verantwortung für die Schulen?
2. Aus welchen zwei Schultypen hat sich das deutsche Schulsystem entwickelt?
3. Welche Entscheidung müssen die Eltern nach vier Schuljahren für das Kind treffen?
4. Wie unterschied sich das Schulsystem der DDR von der deutschen Tradition?

Die Grundschule

5. Welchen Charakter haben bis jetzt die Kindergärten?
6. Was wird von den Kindern nach einem Jahr Schulunterricht erwartet?

Die Hauptschule

7. Welche Arten von Schulen gab es früher auf den Dörfern?

8. Was sollen die Schüler in der Hauptschule bekommen?
9. Was wird ein Schüler gewöhnlich nach der Hauptschule tun?

Die Realschule

10. Zu welchem Abschluß führt die Realschule?
11. Worin unterscheidet sich die Realschule von der Hauptschule?
12. Für welche Art von Stellungen bereitet die Realschule vor?

Das Gymnasium

13. Welche Tatsache hat die Gymnasien grundlegend verändert?
14. Was war der Zweck der Gesamtschulen?
15. Welche Fremdsprachen lernten die Schüler in den humanistischen Gymnasien?
16. Was betonten die Oberrealschulen?
17. Was für Kurse gibt es in der Oberstufe der Gymnasien?
18. Welcher Reiz des Gymnasiums ist geringer geworden?

Neue Wege zum Abitur

19. Wie können Berufstätige das Abitur nachholen?
20. Was ist der Zweck der musischen Gymnasien?

Sonderprobleme

21. Was hat man für ausländische Studenten eingerichtet?
22. Welche neuen Probleme schaffen die Kinder der Gastarbeiter?

Die Ausbildung der Lehrer

23. Was ist charakteristisch für die deutsche Lehrerausbildung?
24. Was sind die Stadien der Ausbildung eines Lehrers an der Hauptschule und am Gymnasium?
25. Welche Vorteile haben die Lehrer als Beamte?

C. Schreiben Sie einen Aufsatz über folgende Themen:

1. Die drei Schultypen nach der Grundschule und ihre Ziele.
2. Die deutschen Gymnasien.

3. Die Ausbildung der Lehrer für die verschiedenen Schulen.
4. Gesamtschule und Gymnasium.

D. Erklären Sie die folgenden Begriffe durch einen deutschen Satz:

1. die Gemeinschaftsschule
2. die Grundschule
3. die Schultüte
4. die Rechtschreibung
5. die Mittelpunktsschule
6. die Schulpflicht
7. die Hochschule
8. die Oberstufe
9. die Frauenschule
10. das Abendgymnasium
11. die Gesamtschule
12. das Staatsexamen

E. Wie lauten die Adjektive von:

1. Staat
2. Stadt
3. Tradition
4. Katholik
5. Kirche
6. Protestant
7. Theorie
8. Hauswirtschaft
9. Zukunft
10. Praxis

Setzen Sie das jeweils passende von diesen Adjektiven in die folgenden Sätze ein:

Ich finde die _____ Kindergärten besser als _____ Kindergärten, denn die Stadtverwaltung macht keinen Unterschied zwischen den Konfessionen. Ihr ist es gleich, ob es _____ Kinder sind oder ob sie es mit _____ Kindern zu tun hat. Kirche und Staat sind nicht ganz getrennt; die Trennung von _____ und _____ Einrichtungen ist _____ nicht üblich, wird aber heute von vielen Menschen verlangt. _____ behandeln Staat und Stadt die Konfessionen gleich, aber _____ gibt es doch Unterschiede; Theorie und Praxis kommen selten ganz zusammen. Jedenfalls nicht früher und nicht heute; in einer _____ Gesellschaft wird das vielleicht anders.

F. Was ist die jeweilige Bezeichnung für folgende Personen?

Jemand der . . .

1. a) die Hauptschule, b) das Gymnasium, c) die Tertia besucht.
2. a) Biologie, b) Geographie, c) Mathematik, d) Chemie, e) Naturwissenschaften studiert hat?
3. in der Realschule unterrichtet?

G. Vervollständigen Sie die Sätze:

BEISPIEL: Das Schulsystem hängt _____ zusammen.
Das Schulsystem hängt mit den Traditionen des Landes zusammen.

1. Bisher mußte der katholische Lehrer aus _____ kommen.
2. Das Gymnasium endet mit _____ .
3. Wer in dem Gymnasium sitzenbleibt, kann in _____ überwechseln.
4. Die Kindergärten sind für _____ gedacht.
5. Die Kinder in der Grundschule haben die meisten Fächer bei _____ .
6. Durch die neunjährige Schulpflicht verkleinert sich der Unterschied zwischen _____ .
7. Manche protestantischen Gymnasien bestehen seit _____ .
8. Die Schüler sind in Klassen eingeteilt. Sie haben den Unterricht immer mit _____ .
9. Ein Weg zum Abitur geht über _____ .
10. Die zukünftigen Gymnasiallehrer studieren an _____ .

H. Setzen Sie die folgenden Sätze ins Passiv:

BEISPIEL: Man beschloß nach einer Volksabstimmung die Gemeinschaftsschule.
Nach einer Volksabstimmung wurde die Gemeinschaftsschule beschlossen.

1. Man bezahlt die Schulen nicht aus den Gemeindesteuern.
2. Man fährt die Schüler der Oberstufe mit Bussen zu einer Mittelpunktsschule.
3. Man hat von den Kindern große Leistungen erwartet.
4. Man glich das Schuljahr an das der anderen europäischen Länder an.
5. Man wird in diesen Berufen große theoretische Kenntnisse verlangen.
6. Man hatte die Realschule für das aufstrebende Bürgertum geschaffen.
7. Im humanistischen Gymnasium lernt man als erste Fremdsprache Latein.
8. Man teilte die Schüler in Klassen ein.

I. Wir spielen eine Szene:

1. Die Eltern sprechen mit dem Klassenlehrer (der Klassenlehrerin), welche Schule für ihre Tochter am besten ist: Gymnasium, Gesamtschule, oder Realschule.
2. Zwei Studenten diskutieren über Vorteile und Nachteile des Lehrerberufs.
3. Eltern im östlichen Deutschland diskutieren über Vorteile und Nachteile des neuen Schulsystems gegenüber dem der DDR.

J. Wir diskutieren:

1. Das deutsche und das amerikanische Schulsystem.
2. Wie kann man die Unterschiede erklären?
3. Wie wird die Schule des 21. Jahrhunderts aussehen?

K. Lesen Sie die nachfolgenden Einzelheiten über Karl-Heinz, einen Untersekundaner, im Realgymnasium:

Sein Stundenplan:

	Mo.	Di.	Mi.
1. Stunde	Englisch	Latein	Geschichte
2. Stunde	Deutsch	Geographie	Chemie
3. Stunde	Physik	Deutsch	Chemie
4. Stunde	Physik	Mathematik	Psychologie
5. Stunde	Geschichte	Biologie	Englisch
6. Stunde	Religion	Turnen	Musik
	Do.	**Fr.**	**Sa.**
1. Stunde	Mathematik	Geographie	Deutsch (Arbeitsgemeinschaft)
2. Stunde	Deutsch	Latein	Deutsch
3. Stunde	Kunsterziehung	Mathematik	Psychologie
4. Stunde	Kunsterziehung	Englisch	Religion
5. Stunde	Latein	Biologie	Musik (Chor)
6. Stunde	Englisch	Turnen	

Er hat folgende Schulsachen bei sich:

1. Englisch: Jack London *The Scarlet Plague*.
2. Deutsch: Max Frisch *Andorra*.

3. Latein: Caesar *Bellum Gallicum*.
4. Geschichte: Das 20.Jahrhundert.
5. Mathematik: Logarithmentafel.
6. Geographie: Nordamerika.
7. Turnen: Schwimmzeug.

Er spielt Fußball in der Jugendmannschaft des SV Phönix, er spielt Cello und hat nachmittags Unterricht in der städtischen Musikschule (er spielt auch bei Veranstaltungen im Schulorchester), und er war letzten Sommer in England. Jetzt interessiert er sich für Austausch mit den USA.

Schreiben Sie:

1. Einen Brief an einen amerikanischen „Brieffreund" über die Schule.
2. Die Antwort des amerikanischen Schülers.
3. Einen weiteren Brief als Antwort, über seinen Tagesablauf und seine Interessen.
4. Fragen des amerikanischen Schülers über das deutsche Schulsystem.

L.

Prestige-Verlust der Hauptschule löst Debatte um Schulstruktur aus

Freigabe des Elternwillens bei der Wahl der Schulform als Ursache für den Niedergang gesehen

Die Krise der Hauptschule hat eine neue Diskussion um die Struktur des Schulwesens in der Bundesrepublik Deutschland ausgelöst. In einigen Bundesländern gibt es Überlegungen, Haupt- und Realschulen künftig zusammenzulegen, wo die Hauptschule allein aufgrund des Schülerschwunds nicht mehr lebensfähig ist. Dies schafft im Saarland und in Nordrhein-Westfalen besondere Probleme, weil dort die Hauptschule ausdrücklich in der Verfassung verankert ist. Auch wehren sich die Realschullehrer massiv gegen eine Integration der Hauptschule in die Realschule.

Ginge es nach den Wünschen der deutschen Eltern, so wäre der Abschied von der Hauptschule längst vollzogen. Nur noch knapp zehn Prozent, so die jüngste repräsentative Meinungsumfrage des Instituts für Schulentwicklungsforschung der Universität Dortmund, wollen einen Hauptschulabschluß für ihr Kind.

1. In welcher Schulart gibt es eine Krise?
2. Wodurch ist die Krise entstanden?
3. Welcher Vorschlag ist gemacht worden?
4. Wer ist dagegen? Warum wohl?

5. Wer will die Hauptschule nicht mehr?
6. Wie viele Eltern wollen sie nicht für ihre Kinder?

Wie verstehen wir diese Wörter?

1. der Schülerschwund
2. verankern
3. zusammenlegen
4. die Freigabe des Elternwillens
5. die Meinungsumfrage

Wir diskutieren:

Was wollen die Eltern für ihre Kinder, wenn sie die Hauptschule nicht wollen? Würden sie das erreichen? Was wäre die Gefahr, wenn es keine Hauptschule, sondern eine integrierte Hauptschule/Realschule gäbe?

6. Studium in Deutschland

Lesehilfe

A. Schreiben Sie die Hauptpunkte auf:

1. Studentenzahlen in den letzten Jahrzehnten: grundlegende Änderungen.
2. Konzept der Universität vom frühen 19. Jahrhundert.
3. Reformen der sechziger/siebziger Jahre.
4. Forschung und Lehre an den Universitäten, Forschungsinstitute.
5. Unterschiede der Schule und Universität.
6. Prüfungen, Noten, Studienabschluß.
7. Studentenverbindungen; andere Gruppen; Charakter des Studentenlebens.

B. Beantworten Sie folgende Fragen:

Die neue Universität

1. Was hat sich in den letzten 30 Jahren dramatisch verändert?
2. Welche Konsequenzen haben die Veränderungen für den Studiengang eines einzelnen Studenten?

Universitätsreform

3. Auf welchem Prinzip beruhte die Universität Humboldts?
4. Für wen war Humboldts Idee der Universität gedacht?
5. Was entwickelte sich im späteren 19. Jahrhundert?
6. Welche Forderungen stellten die Studenten in den sechziger Jahren?
7. Was sind die Kehrseiten der letzten Universitätsreformen?

Das Studium

8. Was bestimmt die Wahl einer Universität?
9. Wie drücken die Studenten im Hörsaal ihr Mißfallen aus?

Der Abschluß

10. Welche zwei Typen von Abschlußexamen gibt es?
11. Was muß der tun, der Professor werden will?

Traditionen des Studentenlebens

12. Was sind die Vorteile, wenn man in eine Verbindung eintritt?
13. Welchen Charakter haben studentische Gruppen meistens?
14. Was kann man über das Studentenleben von heute und von früher sagen?
15. Was müßte die Universität neben dem Fachstudium bieten?

C. Schreiben Sie einen Aufsatz über folgende Themen:

1. Universitätsreform im 19. und im 20. Jahrhundert.
2. Probleme und Erwartungen eines heutigen Studenten.
3. Studentengruppen früher und heute.
4. Fachstudium und „Bildung".

D. Setzen Sie die richtigen Wörter ein:

1. Am Ende des Studiums meldet sich der Student zu einer _____ .
2. Professoren und Studenten sollen eine freie _____ bilden.
3. Die Industrie braucht viele akademisch gebildete _____ .

4. Nach 1945 war eine umfassende _____ nötig geworden.
5. Die Studenten nennen ihr Zimmer gewöhnlich _____.
6. Der Student muß sich bei der Einschreibung für eine _____ entscheiden.
7. Ein Dozent, der nur die Gebühren der Studenten und kein Gehalt bekam, hieß ein _____ .
8. Alle Mediziner und Juristen müssen ein _____ ablegen.
9. Studenten, die sich ihr Studium selbst verdienen müssen, heißen _____ .
10. Viele Verbindungen tragen „ _____ ".
11. Neben den Universitäten gibt es jetzt _____ .
12. Manche Forscher sind nur Spezialisten und „ _____ ".

E. Verwandeln Sie den Nebensatz in eine Wendung mit einem *-ung* Wort:

BEISPIEL: Da die Universität überfüllt ist, vermeidet man lange Studienzeiten.
Bei der Überfüllung der Universität vermeidet man lange Studienzeiten.

1. Humboldt half dabei, die neue Universität zu verwirklichen.
2. Die Idee der Universität beruhte darauf, daß sie sich selbst verwaltete.
3. Der Staat hat keinen Einfluß darauf, wie sich ein Professor spezialisiert.
4. Das Ziel der Universität war nicht, zu einem bestimmten Beruf auszubilden.
5. Der Versuch, die Universitäten zu modernisieren, blieb stecken.
6. Die Studenten wirken dabei mit, die Forschungsgelder zu verteilen.
7. Daß die Studiengänge strukturiert worden sind, hat viele Prüfungen mit sich gebracht.
8. Die Reform hat dazu geführt, die traditionellen Freiheiten einzuschränken.

F. Erklären Sie die Unterschiede zwischen:

1. Hochschule—höhere Schule

2. Fakultät—Dozent
3. Schüler—Student
4. Universität—Hochschule
5. Bildung—Ausbildung
6. Lehrer—Dozent

G. Betonen Sie das Subjekt, indem Sie mit *Es ist* . . . bzw. *Es sind* . . . beginnen: (Achtung! Zeiten: *Es war* . . . *es waren* . . .)

BEISPIEL: Die Studenten verlangen Änderungen.
Es sind die Studenten, die Änderungen verlangen.

1. Nicht viele Schüler kommen bis zum Abitur.
2. Die Selbständigkeit macht das Studentenleben zugleich schwer und interessant.
3. Die neue Elite sollte an der Universität Berlin herangebildet werden.
4. Die Naturwissenschaften entwickelten sich im späteren 19. Jahrhundert am meisten.
5. Die Studenten wurden in die Politik hineingezogen.
6. Die Verbindungen bewahren frühere Traditionen.
7. Kleine Gruppen sind typisch für das Gemeinschaftsleben der Studenten.
8. Die linksradikalen Gruppen bemühen sich, die Gesellschaft zu verändern.
9. Die großen Studentenzahlen machten die Vorschriften nötig.
10. Tüchtige Fachleute braucht die Industrie immer.

H. Verbinden Sie die beiden Sätze durch eine der temporalen Konjunktionen *seit, bis, während:*

BEISPIEL: Wir warteten bei meinem Freund. / Die Nachricht vom Autounfall kam.
Während wir bei meinem Freund warteten, kam die Nachricht vom Autounfall.

1. Das neue Universitätssystem ist ausprobiert. / Einige Zeit wird noch vergehen.
2. Man ist an der Oberschule. / Man hat wenig Freiheit.
3. Die Universität Berlin war gegründet worden. / Das Lehrsystem der Universitäten änderte sich nach und nach.

4. Die Industrialisierung hat begonnen. / Man braucht viele Fachleute in den Naturwissenschaften.
5. Manche Studenten nehmen das Studium nicht ernst. / Sie stehen kurz vor der Abschlußprüfung.
6. Die Studenten sind an der Universität. / Sie können sich ihre Zeit selbst einteilen.
7. Der Student beendet sein Studium. / Er braucht oft 12 Semester.
8. Die Nachkriegsgeneration ist auf die Universität gekommen. / Die Studenten sind wieder politisch aktiv geworden.

I.

„Unter den Talaren Muff von 1000 Jahren" wurde einer der schlagkräftigsten Sprüche der Studentenbewegung.

1. Wer trägt in deutschen Universitäten einen Talar und wann?
2. Was ist alles mit „Muff" gemeint?
3. Was wollten die Studenten über die Professoren sagen?
4. Was wollten die Studenten stattdessen?
5. Welchen Eindruck macht dieses Bild?

J.

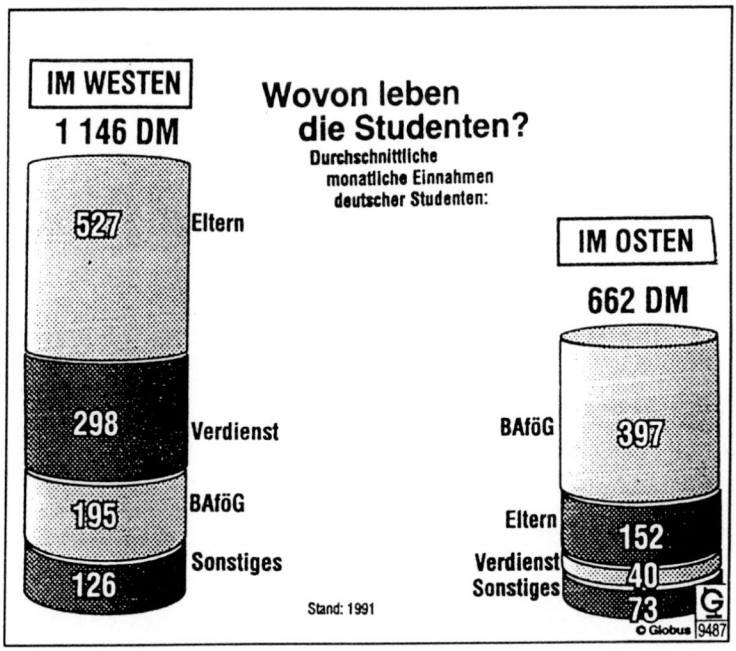

Welche Informationen bekommt der Leser hier?

1. Wieviel Geld hat ein Student/eine Studentin a) im Westen b) im Osten? Wieviel Prozent Geld der westlichen Studenten haben die Studenten im Osten?
2. Wie ist die Bedeutung der Eltern und des BAföG-Geldes im Westen und im Osten? Warum?
3. Wie steht es mit eigenem Verdienst? Warum?
4. Welches Bild bekommen Sie vom Leben deutscher Studenten?

K. Wir spielen eine Szene:

1. Eine Studentin diskutiert mit ihrem Großvater über das heutige und frühere Studentenleben.
2. Ein amerikanischer Student sucht Beratung im Akademischen Auslandsamt.

L. Wir diskutieren:

1. Studium, Prüfungen und Bildung.
2. Wie sollte eine ideale Universität aussehen?

M. Wir schreiben:

1. Einen Brief nach Deutschland über Studium und Studentenleben in den USA.
2. Was darf man von einem Studenten erwarten?

7. Berufsausbildung

Lesehilfe

A. Wir schreiben die Hauptpunkte auf:

1. Idee des erlernten Berufs, Kombination von Schule und Ausbildung.
2. Ausbildung = Lehre; Prüfung; Geselle, Meister.
3. Traditionen der Lehrlingsausbildung, heutige Azubis, Spannungen.
4. System der Berufsschulen und Schulen zur Weiterbildung.
5. Problem der Flexibilität, Umschulung.

B. Beantworten Sie folgende Fragen:

Traditionen

1. Was gibt einem Deutschen die Berufsausbildung?
2. Was müssen die jungen Leute nach der Haupt- und Realschule noch tun?

Lehrling, Geselle und Meister

3. Womit beginnt die Berufsausbildung?
4. Wer darf Lehrlinge ausbilden?
5. Wie lange dauert die Lehrzeit gewöhnlich?
6. Wer will Meister werden?

Probleme

7. Warum stellen Meister manchmal Lehrlinge ein?
8. Inwiefern sind die Lehrlinge heute anders als früher?

Weiterbildung

9. Wozu dienen Fachschulen?
10. Was für Tätigkeiten gibt es in der heutigen Industrie oft?

11. Was sind die Ideale der Handwerker?
12. Warum ist eine Reform der Berufsschulen wichtig?
13. Was wurde nach der Wiedervereinigung nötig?
14. Was ist für die Zukunft vor allem wichtig?

C. Schreiben Sie einen Aufsatz über folgende Themen:

1. Die Laufbahn bis zum Meister.
2. Möglichkeiten der Weiterbildung und des Studiums durch die Berufsausbildung.
3. Die Traditionen des Handwerks und die heutige (und zukünftige) Produktion.

D. Definieren Sie folgende Begriffe durch einen deutschen Satz:

1. die Berufsschule
2. der Facharbeiter
3. der Hilfsarbeiter
4. das Arbeitsamt
5. die Gewerkschaft
6. die Handwerkskammer
7. der Zimmermann
8. der Meisterbrief
9. die Fachhochschule
10. der Anlernberuf
11. das Berufsbild
12. die Arbeitslosenunterstützung

E. Worin besteht die Arbeit folgender Personen?

1. ein Architekt
2. ein Automechaniker
3. ein Maurer
4. ein Zimmermannslehrling
5. ein Elektrikermeister
6. ein Gerichtsreferendar
7. eine Sekretärin
8. ein Hilfsarbeiter

F. Setzen Sie die Sätze ins Perfekt und Futur:

BEISPIEL: Der Lehrling beweist seine Kenntnisse.
Der Lehrling hat seine Kenntnisse bewiesen.
Der Lehrling wird seine Kenntnisse beweisen.

1. Der Lehrling besucht die Berufsschule.
2. Es besteht kein Zwang zur Wanderschaft.
3. Der Meister eröffnet einen neuen Betrieb.
4. Man erhält seine Ausbildung in der Fachschule.
5. Das deutsche System beruht auf diesen Idealen.
6. Man erlernt den Beruf gründlich.

G. Bilden Sie aus dem Subjekt einen Satz mit *wer:*

BEISPIEL: Der Realschulabsolvent muß auf die Berufsschule gehen.
Wer die Realschule absolviert hat, muß auf die Berufsschule gehen.

1. Der Arbeitslose braucht nicht irgend eine Stellung anzunehmen.
2. Ein Meister kann Lehrlinge ausbilden.
3. Ein Fachstudent muß ein erfahrener Praktiker sein.
4. Ein Arbeiter außerhalb des Berufs verdient manchmal mehr Geld.
5. Ein gelernter Arbeiter hat mehr Prestige als ein Hilfsarbeiter.
6. Die Firmen, die Lehrlinge ausbilden, müssen viel Geld investieren.
7. Die Menschen, die den Beruf wechseln, brauchen eine neue Ausbildung.
8. Abiturienten sind als Azubis viel kritischer.

H. Bilden Sie Sätze mit den folgenden Elementen:

BEISPIEL: annehmen / eine Stellung
Ein Facharbeiter braucht nicht jede Stellung anzunehmen.

1. ableisten / ein Praktikum
2. anlernen / der Betrieb
3. festlegen / die Arbeitszeit
4. einhalten / die Regeln
5. ausbilden / die Fachschule
6. einführen / die Beamten
7. passen / das System
8. wechseln / der Beruf
9. vorbereiten / die Zukunft
10. sich verzahnen / Berufsausbildung

I.

Erste Berufserfahrung im Freiwilligen Sozialen Jahr

Mit dem „Freiwilligen Sozialen Jahr" (FSJ) könnten Erfahrungen für den späteren Beruf gesammelt werden. Das betont der Paritätische Wohlfahrtsverband (DPWV), der jungen Leuten von 17 bis 25 Jahren diese Chance bietet. Mit der Betreuung von Kranken, Behinderten, Alten und Kindern sollen theoretische Vorstellungen in der Praxis—ergänzt durch Seminare—konkretisiert werden. Während des FSJ wird bei freier Verpflegung die Sozialversicherung übernommen, ein Taschengeld gezahlt und bei Bedarf eine Wohnmöglichkeit gestellt. Unterlagen dazu gibt es beim DPWV, Düsseldorfer Straße 22, München 40, Telefon 30 61 11 26 / 137.

1. Wie heißt die Organisation?
2. Was organisiert sie?
3. Für wen ist die Organisation gedacht?
4. Um was für Tätigkeiten handelt es sich?
5. Was bekommen die Teilnehmer für die Arbeit?
6. Welche Vorteile haben sie?

Verstehen wir die Wörter? Wir erklären auf deutsch:

1. der Behinderte
2. die Verpflegung
3. die Sozialversicherung
4. das Taschengeld
5. die Unterlagen

J. Wir spielen eine Szene:

1. Ein arbeitsloser Facharbeiter auf dem Arbeitsamt.
2. Ein Berufsberater erklärt einem Amerikaner die verschiedenen Typen der Berufs- und Fachschulen.
3. Ein Ostdeutscher erkundigt sich nach Umschulungs- und Karrieremöglichkeiten.

K. Wir diskutieren:

Was braucht man für welchen Beruf? Wie kann eine Ausbildung, theoretisch und praktisch, aussehen? Wie und wo sollte sie stattfinden, und wie lange?

L. Wir schreiben:

1. Ein Lehrling, der die Prüfung nicht bestanden hat, klagt gegen den Meister wegen schlechter Ausbildung.
2. Einen Brief an eine Zeitung, daß die Lehrlingsausbildung verkürzt werden sollte.

M. Wir schlagen nach:

1. Fachschule
2. Berufsschule
3. Fachhochschule
4. Berufsfachschule
5. Fachabitur
6. Gesamthochschule

8. Berufstätigkeit

Lesehilfe

A. Wir schreiben die Hauptpunkte auf:

1. Probleme der Landwirtschaft: Monokulturen gegenüber Fruchtfolge, Größe der Höfe, Arbeitsplätze, Arrondierung.
2. Arbeitstag auf dem Lande, Hauptprodukte, Landflucht.
3. Integrierung der ostdeutschen Landwirtschaft; Europäische Gemeinschaft.
4. Arbeitstag des Arbeiters: Schichtarbeit, Stundenlohn.
5. Bezahlung und Sozialleistungen.
6. Freizeit im Firmenbereich, Lebensweise; Gastarbeiter.
7. Konzept des Beamtentums: Verantwortung und Sicherheit.
8. Unterschiede der Beamten und Angestellten.
9. Typen von Angestellten; Männer und Frauen.
10. Berufsbedingungen eines Arztes.

B. Schreiben Sie einen Aufsatz über folgende Themen:

1. Probleme der deutschen Landwirtschaft.
2. Der Arbeitstag auf dem Lande.
3. Beruf und Privatleben eines Arbeiters.
4. Die Lebensweise eines Beamten.
5. Beamte und Angestellte.
6. Die Tätigkeit eines praktisches Arztes.

C. Beantworten Sie folgende Fragen (so ausführlich wie nötig):

Ein Landwirt

1. Wie kann man den Konflikt beschreiben, in dem die deutsche Landwirtschaft steckt?
2. Welche Kenntnisse und Eigenschaften braucht ein Bauer?
3. Warum gibt es in Deutschland eine „Landflucht"?
4. Warum bringt die europäische Integration Probleme für die Landwirtschaft?

Ein Fabrikarbeiter

5. Welche Vorteile hat ein Arbeiter, der lange bei der gleichen Firma bleibt?
6. Warum interessieren sich viele Arbeiter nicht sehr für die Arbeit? Wodurch kann man das ändern?

Ein Beamter

7. Was erwartet der Staat von einem Beamten?
8. Was erwartet der Beamte vom Staat?

Ein Angestellter

9. Welche Arbeitsbedingungen und Sicherheiten hat ein Angestellter?
10. In welchen Berufen und Institutionen gibt es Angestellte?

Freie Berufe

11. Welche Folgen haben die Krankenkassen für den Arzt und für die Patienten?
12. Was ist „frei" an einem Freien Beruf?

D. Welche der schräggedruckten Feststellungen ist die jeweils richtige?

1. Die meisten deutschen Bauern wohnen *auf Einzelhöfen—in Dörfern*
2. Maschinen sind *auf allen* Höfen rentabel—*nur bei den größeren*
3. Die Bauern *sind nicht leicht bereit,* die Höfe zu arrondieren—*sehen die Notwendigkeit sofort ein*
4. Die Zahl der Höfe in Deutschland *ist gleich geblieben—wird immer kleiner*

5. Der Bauer *braucht viel Dünger, denn er kann sich kein Brachland leisten—spart lieber den Dünger und läßt das Land brach liegen*
6. In der Weimarer Republik arbeitete man *8 Stunden am Tag* in den Fabriken—*12 Stunden am Tag*
7. Schichtarbeit—*hat keinen Einfluß auf das Gemeinschaftsleben—ändert das Zusammenleben der Menschen entscheidend*
8. Alle Arbeiter bekommen *außer dem Lohn Sozialleistungen, teils vom Staat, teils von den Firmen—nur soziale Leistungen von den Firmen, wenn sie Mitglieder der Gewerkschaft sind*
9. Die Beamten *gehen mit 65 Jahren in Pension—bekommen nur Pension, wenn sie 30 Jahre lang tätig gewesen waren*
10. Beamte gibt es *auch in privaten Firmen—nur beim Staat und bei Kommunalbehörden*
11. Ein Arzt *ist gar nicht von öffentlichen Einrichtungen abhängig—braucht die öffentlichen Krankenkassen, um genug Patienten zu haben*
12. Ein Chef hat heute *einen kürzeren Arbeitstag* als ein Arbeiter—*einen längeren Arbeitstag*

Ergänzen Sie die richtige Antwort durch einen Kausalsatz mit *weil* und geben Sie dabei die Begründung für Ihre Antwort.

E. Geben Sie jedem dieser Leute drei passende Adjektive:

1. der „Manager"
2. der Beamte
3. der Arbeiter am Ende der Schicht
4. der Bauer, der seinen Hof aufgibt

F. Wie verläuft der Arbeitstag folgender Personen?

1. Briefträger (Die Briefe werden einmal am Tag ausgetragen.)
2. Lebensmittelhändler (Die Gesetze bestimmen, daß er seinen Laden abends zu einer bestimmten Zeit schließt, meistens 18.30 oder 19 Uhr. Am Sonntag sind alle Läden geschlossen.)
3. Meister (Er bildet Lehrlinge zu Automechanikern aus.)

G. Lernen Sie folgende Fremdwörter:

arrondieren—Arrondierung

konkurrieren—die Konkurrenz—der Konkurrent

reparieren—die Reparatur—der Reparateur
sich spezialisieren—die Spezialisierung—der Spezialist
automatisieren—die Automatisierung (Automatisation)
produzieren—die Produktion—der Produzent
organisieren—die Organisation—der Organisator
sich habilitieren—die Habilitation—der Habilitant

Bilden Sie das Verb in diesen Sätzen zu einem Substantiv um:

BEISPIEL: Man muß den Hof arrondieren.
Die Arrondierung des Hofes ist notwendig.

1. Man muß die Heizung reparieren.
2. Man muß die Fabrik automatisieren.
3. Er muß sich auf dieses Gebiet spezialisieren.
4. Man muß billiger produzieren.

Bilden Sie das Partizip:

BEISPIEL: ein Hof (arrondieren)—**ein arrondierter Hof**

1. ein Dozent (habilitieren)
2. ein Streik (organisieren)
3. eine Fabrikanlage (automatisieren)
4. eine Ärztin (spezialisieren)

H. Welchen Satzteil sollte man an den Anfang des zweiten Satzes stellen, damit die Sätze richtig aufeinander folgen?

BEISPIEL: Heute überlegt sich der Arbeiter genau, wieviele Überstunden er macht.
Der Arbeiter hatte vor fünfzig Jahren solche Probleme noch nicht.

Heute überlegt sich der Arbeiter genau, wieviele Überstunden er macht.
Vor fünfzig Jahren hatte der Arbeiter solche Probleme noch nicht.

1. Auf großen Höfen in der Ebene lohnt sich die Anschaffung von vielen Maschinen. Der Bauer kann im Gebirge seine Maschinen oft nicht genug ausnutzen.
2. Die Bauern haben vor allem Getreide und Kartoffeln. Es lohnt sich, in der Nähe der Stadt Gemüse zu bauen.
3. Viele Leute arbeiten in Schichten. Ihr Leben ändert sich dadurch sehr.

4. Der Arbeiter bekommt einmal in der Woche Lohn. Die Lokale sind an diesen Zahltagen voll.
5. Jeder Betrieb hat einen Betriebsrat. Die Gewerkschaften unterstützen den Betriebsrat bei Konflikten.
6. Der Beamte hat ein festes Gehalt und Familienzulagen. Seine Tätigkeit ist neben den Gehaltsbedingungen auch festgelegt.
7. Im 20. Jahrhundert ist die Politik in die Verwaltung eingedrungen. Beamte wurden 1933 aus politischen Gründen entlassen.
8. Die Privatpatienten zahlen am besten. Der Arzt hat meistens nicht viele solche Privatpatienten.

Wie kann man die so gebildeten Sätze verbinden, mit *und* oder *aber?*

BEISPIEL: **Heute überlegt sich der Arbeiter genau, wieviele Überstunden er macht, aber vor fünfzig Jahren hatte er solche Probleme noch nicht.**

I. Verbinden Sie die Sätze mit *je–desto:*

BEISPIEL: Ein Dorf ist nahe der Stadt. / Viele Städter siedeln sich dort an
Je näher ein Dorf der Stadt ist, desto mehr Städter siedeln sich dort an.

1. Die Landwirtschaft ist intensiv. / Viele Arbeitskräfte sind notwendig.
2. Die landwirtschaftlichen Hilfskräfte sind knapp. / Die Maschinen sind rentabel.
3. Die Konkurrenz wird scharf. / Der Bauer muß sich in seinem Beruf gut auskennen.
4. Eine Firma gibt hohe Sozialleistungen. / Die Arbeiter bleiben lange bei ihr.
5. Die Arbeit ist mechanisch. / Sie interessiert den Arbeiter wenig.
6. Ein Angestellter ist lange in einer Firma. / Es ist schwer, ihm zu kündigen.
7. Ein Facharzt ist bekannt. / Er hat viele Privatpatienten.
8. Die Stellung ist verantwortungsvoll. / Man muß lange arbeiten.

J.

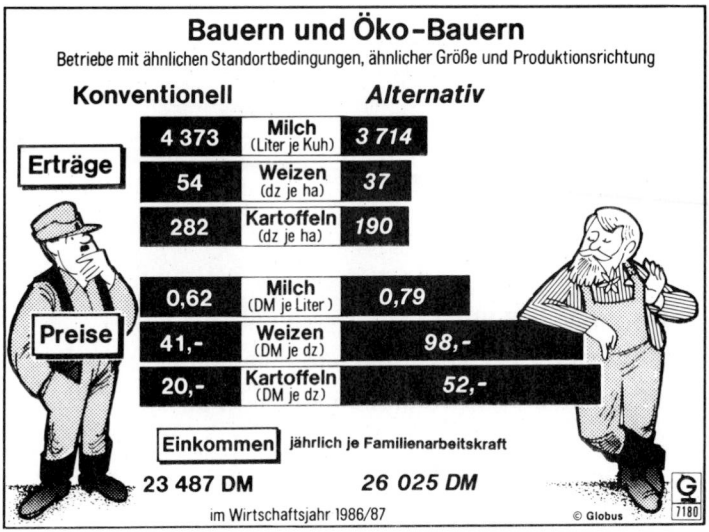

Weniger Ertrag, aber mehr Geld

1. Was ist ein „Öko-Bauer"?
2. Warum hat der Öko-Bauer geringere Erträge?
3. Was kann „Ertrag" bedeuten?
4. Wie wird das Einkommen des Bauern berechnet?
5. Wieviel ist das pro Monat? Und verglichen mit dem Einkommen eines Arbeiters?
6. Warum verdient der „Öko-Bauer" mehr?
7. Was würde geschehen, wenn alle Bauern Öko-Bauern würden?
8. Was denken Sie über das Problem?

K. Verstehen Sie die Wörter?

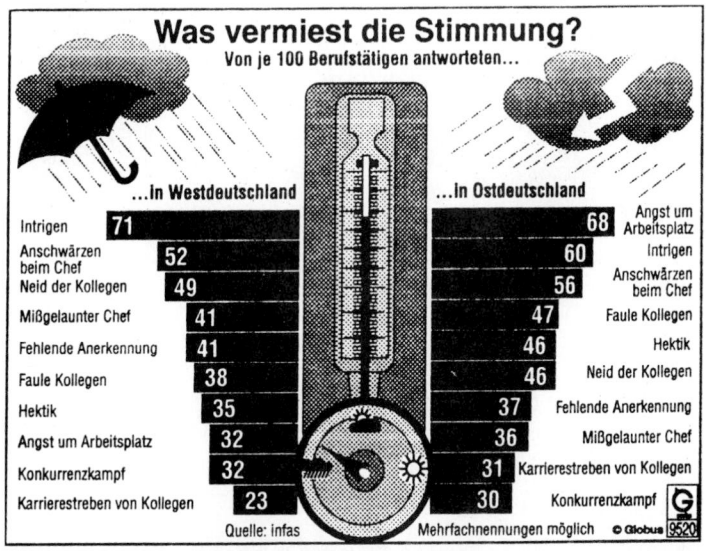

1. mies—vermiesen
2. gut gelaunt—mißgelaunt
3. Mehrfachnennung
4. das Anschwärzen
5. das Karrierestreben
6. die Hektik

1. Was sind die wichtigsten Unterschiede zwischen West- und Ostdeutschland? Warum?
2. Was sind die beiden am wenigsten wichtigen Punkte?
3. Was bedeutet es, daß Intrigen und Anschwärzen beim Chef so wichtig sind?
4. Wie würde eine amerikanische Umfrage aussehen?
5. Was denken Sie über das Leben von deutschen Berufstätigen?

L. Wir spielen eine Szene:

1. Ein Sohn erklärt seinem Vater, der Kaufmann ist, warum er Beamter werden will.
2. Ein Arzt ist in ein Dorf gezogen. Ein Bauer unterhält sich mit ihm über seine Tätigkeit.

M. Wir diskutieren:

Was ist wichtiger im Beruf, Sicherheit oder viele Chancen; viel Freizeit oder viele Verdienstmöglichkeiten?

N. Wir illustrieren diese Begriffe durch ein konkretes Beispiel und berichten der Klasse:

1. Flurbereinigung
2. LPG
3. Akkordlohn
4. Betriebsausflug
5. der öffentliche Dienst
6. gleitende Arbeitszeit
7. Kassenpatient
8. Managerkrankheit

9. Die deutsche Wirtschaft

Lesehilfe

A. Wir schreiben die Hauptpunkte auf:

1. Konzept der sozialen Marktwirtschaft; Aufgaben des Staates.
2. Große und kleinere Firmen; Schwerpunkte der Industrie; bekannte Firmen.
3. Transport und Verkehr: Eisenbahn, Kanal, Autobahn.
4. Umfang der deutschen Produktion, Beziehungen zur restlichen EG und den USA.
5. Der deutsche Finanzmarkt, Bundesbank, private Banken, Sparkassen; Börse; Schecks und Sparbücher.
6. Arten von Firmen: OHG, KG, GmbH, AG; Mitbestimmung, Betriebsrat.
7. Sozialleistungen: Krankenversicherung, Mutterschaftsurlaub, Altersversorgung, Arbeitslosenversicherung, Kindergeld.
8. Probleme der Planung für die Zukunft.

B. Beantworten Sie folgende Fragen:

Die deutsche Wirtschaft

1. Welche Nachteile hat die deutsche Wirtschaft?
2. Wie haben die Deutschen diese Nachteile überwunden?
3. Was sind die Probleme des Erfolgs?

Soziale Marktwirtschaft

4. Warum war Ludwig Erhards Marktwirtschaft 1948 radikal?
5. Welchen Charakter sollte diese Marktwirtschaft haben?
6. Welche Aufgabe bekam der Staat?
7. Was haben die Deutschen begriffen?

Große und kleine Firmen

8. Wo findet man die größten Firmen?
9. Was war der Motor der Industrialisierung im 19. Jahrhundert?

10. Welches Problem hatte die deutsche Wirtschaft nach 1918?
11. Wo ist die größte Konzentration der Industrie?
12. Welche Produkte dominieren noch in der Industrie?

Verbindungsstraßen

13. Welches Problem schafft die zentrale Lage Deutschlands?
14. Wie werden heute die meisten Waren transportiert?

Deutschland als Wirtschaftsmacht

15. Wie setzt sich das Bruttosozialprodukt zusammen?
16. Wer sind Deutschlands wichtigste Handelspartner?
17. Wo muß Deutschland vor allem investieren?
18. Welche großen amerikanischen Firmen gibt es in Deutschland?

Der Finanzmarkt

19. Welchen Charakter haben die wichtigsten Banken?
20. Was ist die größte Sparkasse?
21. Welche Unterschiede gibt es im Zahlungsverkehr zwischen den USA und Deutschland?

Mitbestimmung

22. Was bedeutet die Mitbestimmung für größere Firmen?
23. Welche Rolle spielt der Betriebsrat?
24. Was für Gewerkschaften gibt es?

Soziale Sicherheit

25. Welche Arten von Krankenversicherung gibt es?
26. Welche Rechte haben werdende Mütter?
27. Welche Unterstützung bekommen Arbeitslose?
28. Was bedeutet „Kindergeld"?

Wirtschaftsplanung

29. Warum wird „Lebensarbeitszeit" diskutiert?
30. Welche Forderungen werden an die Universitäten gestellt?

C. Schreiben Sie einen Aufsatz:

1. Die Idee der sozialen Marktwirtschaft.
2. Verkehrsprobleme in Deutschland.
3. Deutschland und die USA als Wirtschaftspartner.
4. Banken und Sparkassen in Deutschland.
5. Mitbestimmung, Betriebsrat und Gewerkschaften.
6. Das System der sozialen Sicherheit.

D. Wie heißen die Substantive zu diesen Verben?

1. erfinden
2. produzieren
3. planen
4. verpflichten
5. konzentrieren
6. transportieren
7. beschäftigen
8. importieren
9. verwenden
10. entscheiden

Bilden Sie je einen Satz mit diesen Substantiven.

E. Welche Wörter passen zusammen? Bilden Sie Komposita aus diesen zwei Gruppen von Substantiven:

1. die Industrie
2. der Standort
3. die Politik
4. die Kräfte
5. die Leistung
6. die Bahn
7. der Partner
8. der Scheck

1. die Reise
2. die Wirtschaft
3. der Handel
4. die Industrie
5. der Dienst
6. die Verarbeitung
7. die Arbeit
8. die Straße

Nehmen Sie das zweite Wort als Bestimmungswort.

Erklären Sie das Kompositum auf Deutsch.

F. Setzen Sie die passenden Präpositionen und Artikel ein:

1. Der Staat soll _____ _____ Sozialpartner_____ ausgleichen.
2. Die Wirtschaft muß _____ länger_____ Sicht planen.

3. Die deutsche Industrie ist immer noch _____ Rhein konzentriert.
4. Die Bundesbank ist unabhängig _____ _____ Regierung.
5. Man kann eine Aktiengesellschaft _____ ein_____ Mindestkapital von 100.000 Mark gründen.
6. Sie verlangten stärkere Beteiligung _____ geschäftlich_____ Entscheidungen.
7. Die Angestellten sind eng _____ _____ Firma verbunden.
8. Der Verdienst geht auch _____ länger_____ Krankheit weiter.
9. Alle Familien haben ein Recht _____ dies_____ Kindergeld.
10. Die Universitäten befassen sich _____ _____ Grundlagenforschung.

G. Setzen Sie das richtige Wort ein: *als, wenn, wann* oder *ob.*

1. Es war radikal, _____ Ludwig Erhard die Marktwirtschaft einführte.
2. Man muß auf lange Sicht planen, _____ man diese Verpflichtungen übernimmt.
3. Es ist ungewiß, _____ die Industrie so viele Arbeitskräfte braucht.
4. Es war nicht immer praktisch, _____ man in der Stadt mit dem Auto fuhr.
5. Es ist sehr praktisch, _____ man bei der Post ein Sparbuch hat.
6. Die SPD hatte mehr Erfolg, _____ sie das Konzept der Verstaatlichung aufgab.
7. Es ist nicht so wichtig, _____ ein Arbeiter Mitglied der Gewerkschaft ist oder nicht.
8. Die Angestellten möchten selbst entscheiden, _____ sie Urlaub nehmen.
9. Es ist ungünstig für eine kleine Firma, _____ zu viele Angestellte Urlaub nehmen.
10. Es gab viel Arbeitslosigkeit in Ostdeutschland, _____ das Land wiedervereinigt wurde.

H. Bilden Sie aus dem zweiten Teil einen Infinitivsatz:

BEISPIEL: Die deutsche Wirtschaft fuhr gut damit / sie trug die Lasten der Vergangenheit
Die deutsche Wirtschaft fuhr gut damit, die Lasten der Vergangenheit zu tragen.

1. Nach 1945 beschlossen die Alliierten / sie entflochten Großbetriebe
2. Es lohnt sich nicht immer / man benutzt das Auto in der Stadt
3. Es ist notwendig / man investiert viel Geld in Ostdeutschland
4. Es ist für viele Kunden erlaubt / sie überziehen ihr Konto
5. Es ist für die Angestellten wichtig / sie sind über die Pläne der Firma informiert.
6. Auch Väter haben das Recht / sie nehmen einen Erziehungsurlaub
7. Arbeitnehmer bestehen manchmal darauf / sie nehmen ihren Urlaub zu einer für die Firma ungünstigen Zeit
8. Es ist nicht mehr so schwer / man führt gleitende Arbeitszeiten ein

I.

Citibank erhöht die Ausschüttung

Düsseldorf (vwd) – Die Citibank Privatkunden AG, Düsseldorf, schlägt der Hauptversammlung am 26. Mai eine auf 12 (i.V.10) DM erhöhte Dividende für 1991 aus 32,092 (35,436) Mill. DM Bilanzgewinn vor. 1990 firmierte das Institut noch als KKB Bank AG. Wie aus einer Pflichtveröffentlichung hervorgeht, soll ein bedingtes Kapital von 25 Mill. DM geschaffen werden, nachdem die bisherige Ermächtigung, das Grundkapital um 25 Mill. DM zu erhöhen, durch Zeitablauf erloschen ist. Darüber hinaus sollen die Aktionäre der Ausgabe von Genußscheinen im Nennwert bis zu 300 Mill. DM bis 1997 zustimmen.

Was bedeutet das? Wir schlagen nach:

1. die Ausschüttung
2. die Hauptversammlung
3. ein bedingtes Kapital
4. der Genußschein
5. der Nennwert

Wir beantworten diese Fragen:

1. Für wen ist diese Information wichtig?

2. Was wird hier angekündigt?
3. Was sollen die Aktionäre tun?
4. Was kann der Grund sein, daß die Bank einen neuen Namen hat?
5. Was ist der Vorteil von Genußscheinen für die Bank und die Aktionäre?
6. Was denkt man von dieser Bank, wenn man die Meldung liest?

J.

Amerikaner kaufen mehr deutsche Luxusautos

whp. **New York** (Eigener Bericht) – Die Anbieter deutscher Luxusautos konnten auch im März auf dem hartumkämpften amerikanischen Markt mehr Fahrzeuge verkaufen als in der entsprechenden Vorjahresperiode. Das teilten die Vertriebsfirmen der drei führenden deutschen Hersteller mit. Die *Mercedes-Benz of North America Inc.*, hundertprozentige Vertriebstocher der *Mercedes-Benz AG, Stuttgart*, konnte im ersten Quartal 14 901 Autos absetzen nach 12 593 Stück im Jahr zuvor.

Der Hauptkonkurrent *BMW of North America Inc.* brachte es auf 12 943 verkaufte Stückzahlen im Vergleich zu 10 585 im ersten Dreimonatsabschnitt des vergangenen Jahres. Der stärkste Anstieg war jedoch bei Audi zu beobachten. Die amerikanische Vertriebsgesellschaft der *Audi AG, Ingolstadt*, setzte im ersten Quartal 3835 Autos ab nach 2578 im Jahr zuvor, ein Anstieg von knapp 50%. Allein im März wurden mit 1662 Autos 93% mehr Fahrzeuge verkauft. Die Muttergesellschaft *Volkswagen AG, Wolfsburg*, mußte dagegen einen deutlichen Rückgang der Absatzzahlen im März und im gesamten ersten Quartal hinnehmen: Bis Ende März setzte VW nur noch 20 362 Autos ab nach 23 289 Stück vor einem Jahr, ein Rückgang von 12,6 Prozent.

Auch Porsche verkaufte im März weniger Fahrzeuge. Wie die *Porsche Cars North America Inc.* mitteilte, sank der Absatz von 532 im vergangenen Jahr auf 361 Autos. Im ersten Quartal stiegen aber die Verkäufe leicht auf 1188 (1095) Einheiten.

1. Von welchen deutschen Autos ist die Rede?
2. Was ist das wichtigste Faktum dieser Meldung?
3. War das Jahr 1992 ein gutes Jahr für Autoverkäufer?
4. Wie erklären Sie dieses Ergebnis?

Verstehen wir diese Wörter?

1. der Anbieter
2. hartumkämpft
3. der Hersteller
4. die Stückzahl
5. die Vertriebsgesellschaft
6. die Muttergesellschaft
7. der Absatz
8. der Rückgang

K. Wir spielen eine Szene:

1. Eine Angestellte beklagt sich bei dem Betriebsrat über ungerechte Behandlung. Sie wird gegenüber den männlichen Kollegen benachteiligt.
2. Arbeiter diskutieren über die Erhaltung von Arbeitsplätzen und Umweltverschmutzung.
3. Eine schwangere Frau erkundigt sich nach ihren Rechten.

L. Wir diskutieren:

1. Vorteile und Nachteile der sozialen Marktwirtschaft.
2. Deutschland und die USA im Vergleich: können die beiden Länder voneinander lernen?

M. Wir schreiben:

1. Haben die Menschen ein Recht auf soziale Sicherheit?
2. Wie sollte das Verhältnis der Wirtschaftspartner zueinander sein?
3. Hat jeder Mensch ein Recht auf Arbeit?
4. Wie wird die Wirtschaft der Zukunft aussehen?

N. Wir schlagen nach und informieren uns genauer über:

1. Mitbestimmung
2. Bundesbank
3. Kündigungsschutz
4. Autobahn
5. Betriebsrat
6. Arbeitslosengeld

10. Sport in Deutschland

Lesehilfe

A. Wir schreiben die Hauptpunkte auf:

1. Die Tradition der Sportvereine: Turnen, Fußball.
2. Struktur der Vereine, Berufssport und Geschäft.
3. Fußballigen, „aufsteigen" und „absteigen".
4. Populäre Sportarten.
5. Charakter sportlicher Freizeitbeschäftigung in Deutschland.
6. Tradition des Wanderns; Ausgleichssport für Wohlhabende.

B. Beantworten Sie folgende Fragen:

Sportvereine

1. Was ist der Volkssport in Deutschland?
2. Wo werden die Talente im Sport vor allem gefördert?

Berufssportler und Amateure

3. Was für Unternehmen sind die Sportvereine?
4. Welche Berufssportarten gibt es in Deutschland?
5. Was tat die DDR, um sportliche Erfolge zu erzielen?
6. Wann finden die Fußballspiele statt?

Leistungssport und Freizeitbeschäftigung

7. An welchen Sportarten sind viele Deutsche interessiert?
8. Bei welchen Sportwettkämpfen ist der Nationalstolz im Spiel?
9. Was geht immer mehr auseinander?

Breitensport und Wandern

10. Zu welchem Zweck wandert man heute manchmal?
11. Was für einen Sport treiben wohlhabendere Leute heute?
12. Wo können junge Wanderer billig übernachten?
13. Worauf weisen die Fremdenverkehrsorte heute hin?

C. Schreiben Sie einen Aufsatz über folgende Themen:

1. Fußball in Deutschland.
2. Das Wandern.
3. Amateursport und Berufssport.

D. Setzen Sie in den folgenden Sätzen das richtige Wort ein:

1. Fußball ist der _____ in Deutschland.
2. Die höchste Fußballiga heißt _____ .
3. Am Ende der Saison müssen die beiden schlechtesten Vereine einer Liga „ _____ “.
4. Nicht alle Deutschen spielen Fußball, aber die meisten spielen im _____ .
5. Beliebte Radrennen in der Halle waren die _____ .
6. Der besondere Wintersport der Bayern ist das _____ .
7. Für die wandernde Jugend gibt es viele _____ , wo man übernachten kann.

8. In den letzten Jahren haben sich in Fremdenverkehrsorten die _____ vermehrt.
9. Im Winter ist das _____ sehr verbreitet.
10. Es dauerte lange, bis die Deutschen den _____ akzeptierten.

E. Wie lauten die Adjektivendungen?

1. viele wichtig _____ Fußballspiele
2. die meisten deutsch _____ Turner
3. ein erfolgreich _____ Kurzstreckenläufer
4. gut _____ sportlich _____ Leistungen
5. dieser bekannt _____ Fremdenverkehrsort
6. manche _____ jung _____ Wanderer
7. drei neu _____ Jugendherbergen
8. ein besonder _____ Interesse
9. dieser erfolgreich _____ Schiläufer
10. das Gehalt dieses bekannt _____ Fußballspielers

Bilden Sie Sätze mit diesen Wendungen.

F. Ergänzen Sie die Sätze unter Verwendung der passenden Präpositionen:

1. Die Leichtathletik entwickelt sich / der Leistungssport
2. Jeder sechste Deutsche interessiert sich / das Turnen
3. Bundestagssitzungen fallen aus / wichtige Fußballspiele
4. Die Universitäten befassen sich wenig / die Förderung des Nachwuchses
5. Es ergeben sich Schwierigkeiten / die Struktur der Vereine
6. Dasselbe trifft zu / die Turner
7. Die Prospekte weisen hin / die schönen Wanderwege
8. Fußball hat etwas gemeinsam / andere Sportarten

G. Vervollständigen Sie die Sätze mit *kennen, wissen* oder *können:*

1. Die meisten Deutschen _____ nicht die Regeln des Golfsports.
2. Ein ehrenamtliches Mitglied _____ dem Verein nicht viel Zeit widmen.
3. Nicht viele Deutsche _____ reiten.

4. Jedermann _____ die besten Fußballspieler.
5. Niemand _____ , wie man Baseball spielt.
6. Ich _____ gut segeln, aber ich _____ nicht, wie das Wetter wird.

H. Bilden Sie Infinitivsätze mit *um–zu:*

BEISPIEL: Turnvater Jahn begann das Turnern. / Er wollte die jungen Leute für den Krieg vorbereiten.
Turnvater Jahn begann das Turnen, um die jungen Leute für den Krieg vorzubereiten.

1. Die Städte bauen große Fußballstadien. / Sie wollen Platz für die vielen Zuschauer haben.
2. Viele Deutsche wetten im Fußball-Toto. / Sie wollen über Nacht reich werden.
3. Manche Leute spielen Golf. / Sie wollen gesellschaftliche Anerkennung finden.
4. Viele Leute laufen Schi. / Sie wollen die Natur erleben.
5. Man braucht eine besondere Ausrüstung. / Man will steile Felswände erklimmen.
6. Manche Leute haben keine Zeit. / Sie wollen regelmäßig an Wettkämpfen teilnehmen.
7. Ehrenamtliche Mitglieder haben nicht genug Zeit. / Sie wollen einen großen Sportverein leiten.
8. Die Vereine kämpfen verzweifelt. / Sie wollen nicht in die niedrigere Liga absteigen.

I. Lesen Sie den folgenden Absatz und beantworten Sie die darunter stehenden Fragen:

Zwei Bundesligamannschaften spielen 3:1, Halbzeit 1:0. Das eine Gegentor wurde durch einen Elfmeter erzielt. Die drei Tore fielen nach einer rechten Ecke durch den Libero, durch den rechten Angriffspieler nach Vorlage des Libero und den halblinken Angriffspieler nach einer Flanke von rechts. Die erste Mannschaft hätte noch viel höher gewonnmen, wenn nicht der Torwart der zweiten Mannschaft einen überragenden Tag gehabt hätte.

1. Welche Halbzeit war interessanter?
2. Welche Mannschaft hatte das bessere Angriffsspiel?
3. Was waren die zwei besten Spieler auf dem Platz?
4. Was hat die linke Verteidigung der zweiten Mannschaft nach dem Spiel zu hören bekommen?

5. Was soll man zum Angriffsspiel der zweiten Mannschaft sagen?
6. Können Sie beschreiben, wie eines der Tore fällt?

J.

1.	(1.)	Frankfurt	15	8	4	3	34:17	20:10
2.	(4.)	Leverkusen	15	6	7	2	17:11	19:11
3.	(2.)	Stuttgart	15	7	4	4	26:15	18:12
4.	(6.)	K'lautern	15	7	4	4	25:17	18:12
5.	(3.)	Duisburg	15	5	8	2	19:14	18:12
6.	(5.)	Dortmund	15	7	4	4	28:27	18:12
7.	(11.)	Nürnberg	15	6	4	5	26:22	16:14
8.	(8.)	Schalke	15	6	4	5	24:20	16:14
9.	(10.)	Hamburg	15	4	8	3	15:15	16:14
10.	(9.)	Rostock	15	6	3	3	25:23	15:15
11.	(7.)	Bremen	15	5	5	5	21:19	15:15
12.	(13.)	Köln	15	2	11	2	19:19	15:15
13.	(14.)	München	15	5	4	6	20:23	14:16
14.	(12.)	Karlsruhe	15	5	4	6	18:26	14:16
15.	(15.)	Stuttgart	15	4	4	7	20:23	12:18
16.	(19.)	Bochum	15	4	4	7	19:28	12:18
17.	(20.)	Dresden	15	5	2	8	11:21	12:18
18.	(16.)	Wattenscheid	15	3	5	7	17:25	11:19
19.	(17.)	Gladbach	15	4	3	8	13:23	11:19
20.	(18.)	Düsseldorf	15	3	4	8	18:27	10:20

Ergebnisse 15. Spieltag

Nürnberg—		Frankfurt—	
Wattenscheid	3:1	Leverkusen	0:1
Dresden—		Hamburg—	
Düsseldorf	2:0	Duisburg	1:1
Bochum—		Kaiserslautern—	
Rostock	3:2	Karlsruhe	3:0
Dortmund—		Köln—	
Stuttgart	0:0	Bremen	5:0
München—		Stut. Kickers—	
Gladbach	3:0	Schalke	1:1

1. Von welchem Sport ist hier die Rede?
2. Die Mannschaften haben 15 Spiele gespielt. Sie bekommen 2 Punkte für einen Sieg, unentschieden rechnet 1:1, Niederlage 2 Minuspunkte. Was bedeuten die drei Spalten nach der 15?
3. Welche der letzten Spalten zeigt das Torverhältnis und welches das Punkteverhältnis?
4. Welche Mannschaften sind in Gefahr abzusteigen?
5. Welche Spielergebnisse sind Überrasschungen?
6. Ist es sicher, daß Frankfurt Meister wird?

K. Wir spielen eine Szene:

1. Zwei Fußballfans diskutieren, warum Bayern München nicht mehr Meister geworden ist.
2. Ein Amerikaner erklärt einem Deutschen Golf, und warum es ein interessanter Sport ist.
3. Zwei Fans kommentieren ein Meisterschaftsspiel im Tennis.

L. Wir diskutieren:

1. Ist Sport als Geschäft noch Sport?
2. Ist Nationalismus im Sport gut?

M. Wir schreiben:

1. Ein Schispringen in Garmisch-Partenkirchen.
2. Ein Fußballspiel in München.
3. Eine Kegelmeisterschaft.

11. Urlaubsreisen

Lesehilfe

A. Wir schreiben die Hauptpunkte auf:

1. Traditionen der Ferienreise: Ferienhaus, Pension, Bildungsreise.
2. Campingreisen und Campingplätze.
3. Typische Urlaubsziele: Österreich, Mittelmeer.
4. Aktivitäten im Urlaub.
5. Charakter der Gesellschaftsreisen.

6. Typische Bildungsreisen.
7. Was ausländische Touristen in Deutschland suchen.

B. Schreiben Sie einen kurzen Absatz, etwa 100 Worte, zur Beantwortung folgender Fragen:

1. Wie war früher eine typische Ferienreise?
2. Wie entstand in Deutschland das Camping?
3. Wohin fahren heute die Deutschen im Urlaub?
4. Was sind die Vorteile einer Gesellschaftsreise?
5. Was ist der Zweck einer Bildungsreise?
6. Warum kommen Ausländer in ihren Ferien nach Deutschland?

C. Definieren Sie die folgenden Ausdrücke durch einen deutschen Satz:

1. der Wohnwagen
2. das Ferienhaus
3. der Pauschalpreis
4. die Erholung
5. das Reisebüro
6. der Sonderzug
7. die Reiseindustrie
8. der Ferienaufenthalt
9. die Wanderlust
10. das Seniorenprogramm

D. Infinitiv mit *zu* oder ohne *zu?*

1. Damals pflegte man in sein Ferienhaus _____ fahren.
2. Die Familie konnte auch die Ferien bei der Großmutter _____ verbringen.
3. Nach dem Zweiten Weltkrieg begann die Jugend bald wieder _____ reisen.
4. Die Deutschen wollten möglichst viel von der Welt _____ sehen.
5. Manche Leute lassen sich vom Reisebüro einen Reiseplan vor _____ bereiten.
6. Die deutschen Touristen hoffen etwas Neues _____ entdecken.
7. Die Touristen lernen immerhin neue Länder und Menschen _____ kennen.
8. Die Reiseindustrie fing an, sich _____ entwickeln.

Setzen Sie die Sätze ins Perfekt (mit Ausnahme von Satz 1).

E. Verwandeln Sie das Objekt in einen Infinitivsatz:

BEISPIEL: Manche Bauern verdienten damals mit Sommergästen. (aufnehmen)
Manche Bauern verdienten damals damit, Sommergäste aufzunehmen.

1. Wir sprachen von unserem Urlaub in Kroatien. (verbringen)
2. Der Angestellte beschäftigt sich mit Reiseplänen. (ausarbeiten)
3. Die Erholungssuchenden hoffen auf einen versteckten Winkel. (finden)
4. Viele Familien haben sich an den Wohnwagen gewöhnt. (reisen)
5. Die Reisebüros helfen bei der Reise. (planen)
6. Die Ferienreisenden haben Vorteile von einem kleinen Ort. (fahren)

F. Setzen Sie *als* oder *wenn* ein:

1. _____ man damals wieder reisen konnte, nutzten viele Leute es sofort aus.
2. _____ die Familie auf Urlaub fuhr, hatte sie mehrere Möglichkeiten.
3. _____ man ins Ausland fuhr, lernte man vorher die Sprache.
4. _____ die Bauern merkten, daß viele Leute kamen, nahmen sie Geld.
5. Heute freut man sich, _____ man einen stillen Winkel findet.
6. Der Dolmetscher mußte mir helfen, _____ ich ein anderes Hotelzimmer wollte.
7. _____ man Schwierigkeiten hat, hilft der Dolmetscher.
8. _____ man die bayerischen Königsschlösser besichtigen will, braucht man nicht sehr viel Zeit.

G. Setzen Sie die Passivsätze in die Aktivform:

BEISPIEL: Es wurde ein Reiseplan ausgearbeitet.
Man arbeitete einen Reiseplan aus.

1. Es wurde dort der ganze Urlaub verbracht.
2. Es kann mit dem Zelt gereist werden.

3. Der Urlaub wird von den meisten Menschen zur Erholung gebraucht.
4. Es wird besonders gern in die Alpen gefahren.
5. Viele Gruppenfahrten sind von Reisegesellschaften organisiert worden.
6. Die Hin- und Rückreise wird dabei von der Gruppe gemeinsam gemacht.
7. Solche Objekte können von eiligen Touristen schnell besichtigt werden.
8. Bei manchen Reisen wird die Bildung nur als Vorwand genommen.

H.

1. Was bedeutet „DB"?
2. Was ist das Hauptargument der Werbung?
3. Was passiert oft, wenn man mit dem Auto in den Urlaub fährt?
4. Was kann man im Zug tun?
5. Wie wird die Werbung durch das Bild unterstützt?
6. Was sagt man, wenn man das Glas hebt?
7. Wohin fahren die Bahnbusse?
8. Warum soll man sie nehmen?

I.

1. Wie kann man dieses Bild beschreiben?
2. Warum wird die Frau im Auto unsicher?
3. Wohin fahren alle diese Leute?
4. Was erwartet man, wenn man Urlaub macht?
5. Wie erklären Sie die Frage der Frau?
6. Was könnte der Mann antworten?

J. Wir spielen eine Szene:

1. Zwei Deutsche treffen sich auf einem Campingplatz an der französischen Mittelmeerküste und fragen sich gegenseitig nach ihrer Reise.

2. Ein Amerikaner erzählt seinen Freunden von seiner Deutschlandreise. Er war zwei Wochen dort.

K. Wir diskutieren:

1. Wozu macht man Ferien?
2. Lernen Touristen etwas über fremde Kulturen und Menschen?
3. Zerstört der Massentourismus die Umwelt?

L. Schreiben Sie über folgende Themen:

1. Ein Gebirgsdorf an einem See möchte Touristen für die Sommerferien anlocken. Wie würde ein Prospekt aussehen,
   a) wenn man deutsche Touristen interessieren möchte,
   b) für amerikanische Touristen?
   Was würde man über Hotels, Lage und die anderen Möglichkeiten, die der Ort bietet, schreiben?
2. Sie arbeiten einen Reiseplan für eine Gesellschaftsreise einer Studentengruppe durch Deutschland aus. Sie haben drei Wochen Zeit. Wie sieht Ihr Plan aus? Was können Sie tun, um die Gruppe vorzubereiten?

12. Das kulturelle Leben in Deutschland

Lesehilfe

A. Wir schreiben die Hauptpunkte auf:

1. Das kulturelle Angebot in einer Stadt mit über 100.000 Einwohnern.
2. Kulturelle Traditionen: Dezentralisierung.
3. Spielplan eines Stadttheaters; andere Theatertypen.
4. Fernsehprogramme, öffentliches Fernsehen.
5. Kommerzialisierung der Kultur, Entertainment.
6. Traditionen des Musiklebens, E-Musik und U-Musik. Jazz, Rock, Liedermacher.
7. Der Charakter und die Funktion der Buchhandlungen.
8. Rolle der Kunstmuseen, Kunsthandwerk.
9. Der deutsche Film seit 1960; Charakter der deutschen Filme, bekannte Regisseure.
10. Tradition der Festspiele.
11. Bekannte deutsche Schriftsteller, Bildende Künstler, Komponisten, Architekten.

B. Schreiben Sie einen Aufsatz über folgende Themen:

1. Was gehört in Deutschland zum kulturellen Leben einer mittelgroßen Stadt?
2. Wie sieht der Spielplan eines Stadttheaters aus?
3. Festspiele in Deutschland.
4. Welchen Charakter hat eine deutsche Buchhandlung?
5. Wie und auf welchen Gebieten arbeiten Kunst und Handwerk zusammen?
6. Beschreiben Sie den Konflikt zwischen Kultur und Unterhaltung.
7. Traditionen des deutschen Musiklebens.
8. Der deutsche Film der letzten Jahrzehnte.

C. Beantworten Sie folgende Fragen in einem kurzen Absatz:

1. Warum bemühen sich viele Stadtverwaltungen um das kulturelle Leben?
2. Was ist die Rolle eines privaten Kellertheaters?
3. Warum schadete das Fernsehen mehr den Kinos als den Theatern?
4. Welche Vorteile und welche Nachteile bringt es, wenn das Fernsehen nicht auf die Einnahmen aus der Reklame angewiesen ist?
5. Warum ist das Theaterpublikum in der letzten Zeit kritischer geworden?
6. Was bedeutet der kommerzielle Zwang für die Kultur?
7. Welche Änderungen fanden in Ostdeutschland nach 1989 statt?
8. Was ist auffallend am Musikgeschmack der Deutschen?
9. Auf welchem Wege kam Musik aus Amerika nach Deutschland?
10. Was wollen die meisten Liedermacher?
11. Wie kann sich ein junger Maler bekannt machen?
12. Spielt die bildende Kunst eine Rolle im Alltagsleben? Wodurch vor allem?
13. Warum hat der Film in Deutschland nach 1945 so viele Schwierigkeiten gehabt?
14. Wie entstand der neue deutsche Film?
15. Warum kommen viele Leute zu Festspielen?

16. Was sind die Reize einer Freilichtaufführung?
17. Warum ist es schwer, von der „deutschen" Literatur zu sprechen?

D. Erklären Sie diese Begriffe auf deutsch, schlagen Sie nach, wenn nötig:

1. die Volkshochschule
2. die Wandertruppe
3. die Volksbühne
4. die Uraufführung
5. die Blaskapelle
6. das Pantoffelkino
7. das Kabelfernsehen
8. die Hausmusik
9. der Liedermacher
10. die Buchgemeinschaft

E. Setzen Sie das passende Wort oder die passenden Worte ein:

1. Man spielt auch _____ im Dialekt.
2. Für das Theater kann man ein _____ kaufen.
3. Die Rundfunkanstalten sind nicht staatlich, aber Anstalten _____ .
4. Das dritte Programm im Fernsehen ist ein _____ .
5. Das eigene Kulturleben wird durch die _____ verdrängt.
6. Eine deutsche Tradition sind die sozialkritischen _____ .
7. Auffallend bei der Musik ist die Liebe der Deutschen für _____ und _____ .
8. Eine Buchhandlung veranstaltet manchmal auch _____ und _____ .
9. Unter den Handwerkern gibt es viele Arten von _____ .
10. Die _____ bevorzugen amerikanische Filme.
11. In Oberammergau finden alle zehn Jahre _____ statt.
12. In Burgen, Schlössern und Parks gibt es _____ .

F. Setzen Sie *seit* oder *seitdem* ein:

1. _____ haben einige junge Filmregisseure Erfolg gehabt.
2. _____ der Zeit des Bauhauses hat man sich viel mit Industrieform behaßt.
3. _____ geben die Städte viel Geld für ihre Theater aus.
4. _____ sich das Fernsehen in Deutschland verbreitet hat, gehen viel weniger Leute ins Kino.
5. _____ dem Zweiten Weltkrieg sind die Rundfunkanstalten Körperschaften des öffentlichen Rechts.

Setzen Sie *außer* oder *außerdem* ein:

6. _____ den Gesellschaften gibt es noch die Volkshochschule.
7. _____ veranstaltet die Volkshochschule Vorträge und Bildungsreisen.
8. Die Stadt hat _____ dem Stadttheater auch ein privates Kellertheater.

Setzen Sie *nach* oder *nachdem* ein:

9. _____ dem Theater gehen manche Leute gern in ein Lokal, um sich zu unterhalten.
10. _____ das Fernsehen sich entwickelt hatte, hörten weniger Leute Radio.
11. _____ viele Schauspieler und Regisseure emigriert waren, ging der deutsche Film zurück.
12. _____ dem Krieg wurden einige gute Filme gedreht.

G. Bilden Sie aus dem zweiten Teil jeweils einen Relativsatz:

BEISPIEL: Es gibt mehrere Kirchen. / In ihnen werden Konzerte gegeben.
Es gibt mehrere Kirchen, in denen Konzerte gegeben werden.

1. Es waren nicht nur die Fürsten. / Für sie war die Kunst wichtig.
2. Die Deutschen bekamen den Namen eines Volkes der Dichter und Denker. / Auf ihn waren sie sehr stolz.
3. Das Stadttheater hat eine Studiobühne. / In ihr werden Experimente gemacht.
4. Es gab viele kulturelle Einrichtungen. / Für sie wurde der Rundfunk zum Mäzen.
5. In Deutschland gibt es Musikgruppen. / Von ihnen haben wir schon gehört.
6. Die neuen Bücher sieht man auf der Messe. / Auf ihr treffen sich die Buchhändler.
7. Der Maler veranstaltete eine Ausstellung. / Zu ihr kamen viele Leute.
8. Viele Leute gehen in einen Film. / Sie müssen bei ihm nicht nachdenken.

H. Bilden Sie Sätze aus diesen Elementen:

1. Konkurrenz machen / Fernsehprogramme
2. ernst nehmen / Bildung
3. in Kauf nehmen / moderne Musik
4. angewiesen sein auf / Geldspenden
5. zur Notiz nehmen / moderne Malerei
6. eine Rolle spielen / Männerchöre
7. Einfluß haben / die Kirchen
8. Aufmerksamkeit erregen / Theaterstücke
9. sich durchsetzen / Unterhaltungsindustrie
10. verlangen / Publikum
11. fasziniert sein / Jazzbands
12. Aufsehen machen / experimentelle Musik

I.

2. Programm (ZDF)

9.00 **ZDF - Ihr Programm**
9.03 **Allotria (s/w).** Deutscher Spielfilm von 1936 mit Heinz Rühmann, Adolf Wohlbrück u.a.
10.40 **Ansichten: Die Lausitz und ihre Sorben.** Ein Bericht aus dem slawischen Eck Deutschlands
11.10 **Francisco Araiza: Ich bin ein Romantiker (Stereoton).** Ein Filmporträt von Jochen Richter mit Sir Colin Davis, Edita Gruberova u.a.
12.05 **Heute**
12.10 **Rolfs Vogelhochzeit (Stereoton).** Ein musikalischer Kindertraum
12.40 **Shalom Pharao (Stereoton).** Zeichentrickfilm
13.55 **Ein Kind mit Namen Jesus (6).** Letzter Teil
14.45 **Heute / 14.50 Bilder aus Amerika**
15.10 **Neuhardenberg.** Geschichten aus einem märkischen Dorf
15.40 **Kapitän Nemo.** Englischer Abenteuerfilm von 1969 nach Jules Verne. Regie: James Hill
17.20 **Heute**
17.25 **Odyssee für eine Robbe.** Europäischer Meeresnationalpark in Griechenland
17.55 **Pulcinella (Stereoton).** Ballett von Igor Strawinsky nach Pergolesi. Es tanzt das Scapino Ballett, Rotterdam. Choreographie: Nils Christe
18.40 **Alte Erinnerungen - heute lebendig.** Pessach - Fest des Frühlings - Fest der Befreiung. Ein Film von Walter Harrich und Danuta Harrich-Zandberg
18.57 **ZDF - Ihr Programm / 19.00 Heute**
19.15 **Achtung! - Klassik (Stereoton).** Ein Abend mit Justus Frantz. Mit Juliane Banse, Norbert Blüm, Marcus Kretzer, Tamako Akiyama u.a. (siehe Vorkritik)
20.15 **Die junge Katharina (2).** Letzter Teil des englisch-amerikanischen Fernsehfilms
21.45 **Heute**
21.55 **Die Katze auf dem heißen Blechdach.** Amerikanischer Spielfilm von 1958 nach Tennessee Williams. Mit Elizabeth Taylor, Paul Newman, Burl Ives u.a. Regie: Richard Brooks.
23.40 **Sevilla Sevilla (VPS 23.39).** Eröffnungsfeier Expo '92 mit Placido Domingo, Gerard Depardieu u.a.
0.35 **Heute**
0.40 **Gefährlicher Ruf.** Amerikanischer Thriller von 1973 mit Peter Graves u.a. Regie: Tom Gries
0.50 **Heute**

3. Programm (BR)

5.00 **Bayerntext für alle**
10.15 **Botschaft der Bilder.** Denn er ist ein Galiläer. Drei Stationen im Leben des heiligen Petrus
11.00 **Matinee: Die Erfindung der Moderne (3).** Herwarth Walden und „Der Sturm". Sechsteilige Reihe mit Helmuth Lohner und Andrea Lüdke
11.30 **Concert-Café.** Erich Keller und das Convivium Musicum als Salonorchester.
12.15 **Osterreise zu Piero della Francesca.** Ein Film von Günther Bauer
13.40 **Das Recht zu lieben.** Brasilianische Telenovela
14.10 **König der Seeräuber.** Italienisch-französischer Spielfilm von 1960 mit Steve Reeves, Valerie Lagrange, Chelo Alonso u.a.
15.45 **Zehn Worte der Freiheit - Die 10 Gebote.** Heute: Die stärkere Sehnsucht
16.15 **Der Nahe Osten.** Der Zusammenstoß zweier Welten
17.00 Rundschau-Clip
17.05 **Hallo Spencer.** Für Kinder
17.35 **Fury (s/w).** Heute: Packy, der Löwenbändiger
18.00 **Rundschau-Clip**
18.05 **Das Blumenfenster an der Donau.** Landesgartenschau Ingolstadt
18.42 **Abend-Vorstellung / 18.45 Rundschau**
19.00 **Vater ist nicht verheiratet.** Amerikanischer Spielfilm von 1962 mit Glenn Ford, Shirley Jones, Ronny Howard u.a. Regie: Vincente Minnelli
20.55 **Durch Land und Zeit / 21.00 Rundschau**
21.15 **Sport-Tribüne / 21.35 Sport regional**
21.45 **Die großen Epochen der europäischen Kunst.** Letzter Teil der Reihe. Heute: Das 20.Jahrhundert
22.40 **Rundschau-Clip**
22.45 **Bronk.** Heute: Zerreißprobe
23.30 **Live aus dem Schlachthof in concert.** Heute: Haindling
0.15 **Nachrichten im Bayerntext**

Die Osterprogramme des Zweiten Deutschen Fernsehens und des Bayerischen Rundfunks.

1. Welche Kategorien von Programmen sind am meisten vertreten?
2. Was gibt es nur sehr wenig?
3. Über welche Länder wird am meisten informiert?
4. Was für Filme kann man vor allem sehen?
5. Welche Programme würden Sie sich ansehen?

Verstehen wir die Wörter? Wir erklären auf deutsch:

1. der Spielfilm
2. der Stereoton
3. der Zeichentrickfilm
4. die Robbe
5. die zehn Gebote
6. der Löwenbändiger
7. die Regie
8. die Reihe

J. Wir spielen eine Szene:

1. Der Stadtrat diskutiert über den Etat für das Theater und das Symphonieorchester.

2. Ein deutscher und ein amerikanischer Student unterhalten sich über einen deutschen Film.
3. Hans geht in die Buchhandlung, um ein Weihnachtsgeschenk für Tante Amalie zu kaufen; aber er weiß nicht was. Eine Verkäuferin berät ihn.

K. Wir diskutieren:

1. Was sollte das Kulturleben einer Stadt von mehr als 100.000 Einwohnern bieten?
2. Programme und Reklame im Fernsehen.
3. Was erwarten wir von einem guten Film?

L. Was wissen Sie?

1. Bekannte deutsche Schriftsteller.
2. Deutsche Popstars.
3. Deutsche Rockgruppen.
4. Wichtige Kulturzentren in Deutschland: wofür sind sie bekannt?
5. Bekannte deutsche Filme (alt oder neu).

M. Wir schreiben:

1. Das Stadttheater hat eine Aufführung von Mozarts „Don Giovanni" gebracht. Die Aufführung war mittelmäßig. Der Kritiker einer großen Zeitung schreibt eine Kritik; er fand die meisten Sänger schlecht, ebenso das Bühnenbild und die Regie. Er schlägt vor, daß das Theater seine Oper aufgibt und nur noch Operetten spielt. Schreiben Sie einen Leserbrief an die Zeitung, warum die Oper erhalten bleiben soll.
2. Ein amerikanischer Student sieht Goethes „Götz von Berlichingen" in Jagsthausen. Die Bühne sah sehr „romantisch" aus, aber die Holzbänke waren hart, und er hatte keine Wolldecke mitgenommen wie die anderen Leute, also war ihm sehr kalt. Aber hinterher im Gasthof hatte er noch einen lustigen Abend. Jetzt schreibt er einen Brief an seine Eltern darüber.
3. Der große Konzertsaal der Stadt ist baufällig und muß repariert werden. Die Stadt braucht auch viele andere Dinge. Schreiben Sie zwei Briefe an die Lokalzeitung, einen dafür und einen dagegen.

13. Vereine in Deutschland

Lesehilfe

A. Wir schreiben die Hauptpunkte auf:

1. Struktur der Vereine; Veranstaltungen, Geselligkeit.
2. Traditionen des Vereinslebens.
3. Juristische Form des Vereins und tatsächlicher Charakter.
4. Vereine und Interessengruppen.

B. Beantworten Sie folgende Fragen:

Geselligkeit

1. Was braucht ein Verein?
2. Woraus besteht gewöhnlich der Vorstand eines Vereins?
3. Wann ist ein Verein gemeinnützig?
4. Aus welchen beiden Teilen besteht gewöhnlich eine Vereinssitzung?

Die Vereinstradition

5. Warum gehen viele Leute in einen Verein?
6. Wozu dienten manche Vereine im 19. Jahrhundert?
7. Was ist ein Vereinsmeier, und wie denken die anderen Mitglieder über ihn?

Vereinsleben heute

8. Welche Gruppen sehen oft wie Vereine aus?
9. Was ist allen Vereinen gemeinsam?

C. Schreiben Sie einen Aufsatz über folgende Themen:

1. Welchen Charakter hat der Verein oft als Gruppe der Gesellschaft?
2. Warum entwickelten sich die Vereine gerade im 19. Jahrhundert?

D. Setzen Sie die passenden Wörter ein:

1. Der Verein hat ordentliche Mitglieder und außerdem _____ .
2. Für langjährige Verdienste bekommen Mitglieder _____ .

3. Einmal im Jahr findet eine _____ statt.
4. Ein Verein tagt gewöhnlich in seinem _____ .
5. Viele Vereine sind heute _____ geworden.
6. Im 19. Jahrhundert lebte man in einem _____ , wo Politik verboten war.
7. Auch Altersgruppen haben Vereine, z.B. _____ und _____ .

E. Was geschieht bei den Sitzungen folgender Vereine?

1. Gesangverein
2. Schützenverein
3. Bienenzüchterverein
4. Verein für Heimatgeschichte

F. Ein Sportverein hat seine Jahresversammlung. Wie sieht das Programm der Versammlung aus?

G. Setzen Sie die passenden Formen von *sein* oder *werden* ein:

1. Vereine _____ in allen Bereichen zu finden.
2. Verdiente Mitglieder _____ zu Ehrenmitgliedern ernannt.
3. Vereine _____ im Vereinsregister eingetragen.
4. Manche Vereine sind heute Interessengruppen _____ .
5. Manches Vorstandsmitglied _____ zum Vereinsmeier.
6. Im 19. Jahrhundert _____ die Vereine Männersache.
7. Die Vorträge _____ wichtig genommen.
8. In der Öffentlichkeit _____ man korrekt gekleidet.

H. Bilden Sie das Präteritum und das Perfekt:

BEISPIEL: Zur Familie kommt der Freundeskreis hinzu.
Zur Familie kam der Freundeskreis hinzu.
Zur Familie ist der Freundeskreis hinzugekommen.

1. Ich trage ihn in die Liste ein.
2. Der Vorstand besteht aus fünf Mitgliedern.
3. Der Kassenwart rechnet das Geld ab.
4. Der Bundesverband gibt eine Zeitschrift heraus.
5. Wir tagen in einem Gasthof.

6. Sie knüpfen natürlich auch Geschäftsverbindungen an.
7. Die Bürger emanzipieren sich.
8. Wir wollen einmal die häuslichen Sorgen vergessen.
9. Ich kenne die anderen Mitglieder gut.
10. Viele Gruppen nennen sich Vereine.

I. Wir spielen eine Szene:

1. Der Vorsitzende eines Kleingartenvereins teilt mit, daß die Stadt, der das Land gehört, die Pacht für die Gärten erhöhen will. Die Mitglieder beschließen zu protestieren.
2. Der Vorsitzende eines Bienenzüchtervereins verleiht Ehrennadeln an verdienstvolle Mitglieder. Eines der Mitglieder antwortet und bedankt sich.
3. Eine Autobahn soll gebaut werden, die ein Naturschutzgebiet berührt. Ein Verein für Naturschutz debattiert, was getan werden soll, um das zu verhindern.

J. Wir diskutieren:

Wofür sollte man einen Verein gründen? Wir entwerfen eine Satzung und werben Mitglieder.

K. Wir schreiben:

1. Das Protokoll der Vorstandssitzung eines Vereins für Heimatgeschichte.
2. Einen Zeitungsbericht über die Jahresversammlung der Tierschutzvereine.
3. Einen Bericht über einen Ausflug eines Seniorenvereins.

14. Der Bürger und sein Staat

Lesehilfe

A. Wir schreiben die Hauptpunkte auf:

1. Diskontinuität der Geschichte, besonders im 20. Jahrhundert.
2. Risiko für Bürger, sich politisch zu engagieren.
3. Langsamer Prozeß der Gewöhnung an Demokratie.
4. Unterschiede der deutschen und amerikanischen Demokratie.
5. Charakter der Verfassung. Grundrechte, Sozialstaat.

6. Wahlgesetz, Mehrheits- und Verhältniswahl.
7. Politische Parteien: vier Richtungen.
8. Mitarbeit der Bürger: Wehrdienst, Lokalpolitik.
9. Öffentliche Meinung: Zeitungen, Radio, Fernsehen.

B. Beantworten Sie folgende Fragen:

Die Verwirrungen der Politik

1. Wie standen die Deutschen in der BRD am Anfang zur Demokratie?
2. Wie kam es zur Bildung einer „außerparlamentarischen Opposition"?
3. Was verstand man unter dem „Berufsverbot", und wie kam es dazu?
4. Was machte die Lage in der DDR drückend?
5. Was sind Merkmale der deutschen Demokratie im Unterschied zur amerikanischen?

Die Verfassung

6. Mit welchen Begriffen definiert das Grundgesetz die Bundesrepublik?
7. Welche Grundrechte hat ein Deutscher?
8. Aus welchen zwei Häusern besteht das Parlament, und wie werden die Abgeordneten bestimmt?
9. Welche Macht hat der Bundespräsident und welche hat der Bundeskanzler?
10. Wodurch wird die Stabilität der Bundesregierung garantiert?
11. Welche Instanz interpretiert und schützt die Verfassung?

Die politischen Parteien

12. Wie entstand die CDU?
13. Als was fungiert die FDP öfter?
14. Welche Parteien sind in der Bundesrepublik verboten worden?
15. Welche Flügel hat die SPD?
16. Welche Partei kam 1983 in den Bundestag und was wollte sie?
17. Was sind die Ziele der PDS?

Die Mitarbeit der Bürger

18. Welche Pflichten hat ein Bürger dem Staat gegenüber?
19. Mit welcher Bürgerpflicht sind viele Deutsche nicht einverstanden?
20. Wofür gibt es Bürgerinitiativen?

Wie informiert sich der Deutsche?

21. Welche Typen von Zeitungen findet man in der Bundesrepublik?
22. Wer war Axel Springer?
23. Was geschah bei der Spiegel-Affäre?
24. Wer besitzt noch Zeitungen außer den privaten Verlegern?
25. Wozu sind Rundfunk und Fernsehen verpflichtet? Warum?
26. Warum ist das private Fernsehen umstritten?

C. Schreiben Sie einen Aufsatz über folgende Themen:

1. Die Diskontinuität der deutschen Geschichte und die politische Einstellung der Deutschen.
2. Die politischen Parteien in Deutschland.
3. Das Wahlsystem und der Charakter des Bundestags und Bundesrats.
4. Das deutsche Fernsehen und die Politik.
5. Die deutsche Presse.

D. Erklären Sie diese Begriffe auf deutsch:

1. der Wendehals
2. das Berufsverbot
3. die Staatssicherheit
4. das Grundgesetz
5. der Bundesrat
6. der Bundespräsident
7. das Bundesverfassungsgericht
8. die Christlich-Soziale Union
9. die Republikaner
10. die Basisdemokratie
11. der Zivildienst
12. das Kopfblatt

E. Charakterisieren Sie durch drei Adjektive:

1. die Einstellung des älteren Bürgers zum Staat
2. der Charakter des Grundgesetzes
3. die politische Einstellung vieler Tageszeitungen

4. die politische Einstellung Axel Springers
5. Wie sollten die Deutschen nach 1945 werden?
6. Wie sollten die Deutschen 1933 sein?
7. die Studenten der sechziger Jahre
8. die Ostdeutschen nach 1989

F. Ergänzen Sie die Sätze:

BEISPIEL: Er hat kein Vertrauen zu _____ . (Staat)
Er hat kein Vertrauen zu dem Staat.

1. Es gab einen Reichspräsidenten statt _____ . (Kaiser)
2. Deutschland kämpfte gegen _____ . (Länder)
3. Jeder Deutsche hat Freizügigkeit innerhalb _____ . (Bundesrepublik)
4. Die CDU unterscheidet sich darin von _____ .(Zentrum)
5. Die FDP hat Wähler in Gebieten mit _____ . (Tradition)
6. Die SPD hat sich inzwischen zu _____ entwickelt. (Volkspartei)
7. Die Bürger haben Pflichten außer _____ . (Rechte)
8. Es handelt sich dabei um _____ . (Schule)
9. Die großen Zeitungen bringen viele Berichte aus _____ . (Ausland)
10. Strauß trat nach _____ zurück. (Debatte)
11. Die Grünen waren in Hessen an _____ (Regierung) beteiligt.
12. Sie verteidigen ihre Gründe vor _____. (Ausschuß).

G. Setzen Sie das Verb jeweils ins Präteritum oder Plusquamperfekt. Beachten Sie dabei die hier angegebene Reihenfolge der Ereignisse:

BEISPIEL: I: Revolution / II: Heimkehr der Soldaten
Als die Soldaten _____ (heimkehren), eine Revolution _____ (stattfinden).
Als die Soldaten heimkehrten, hatte eine Revolution stattgefunden.

1. I: aktive Demokraten / II: Schwierigkeiten nach 1933

   Wer vor 1933 aktiver Demokrat _____ (sein), _____ (bekommen) nach 1933 große Schwierigkeiten.

2. I: Adenauers Rücktritt / II: Erhard Bundeskanzler

   Ludwig Erhard _____ (werden) Bundeskanzler, nachdem Konrad Adenauer _____ (zurücktreten).

3. I: Zentrum rein katholisch / II: CDU vereinigt christliche Konfessionen

   Während das Zentrum rein katholisch _____ (sein), _____ (vereinigen) die CDU die christlichen Konfessionen in einer Partei.

4. I: DNVP kompromittiert / II: 1945 keine Nachfolgepartei

   Da sich die DNVP 1933 _____ (kompromittieren), _____ (finden) sie 1945 keine konservative Partei als Nachfolgerin.

5. I: Deutsche mißtrauisch gegen Propaganda / II. keine Parteizeitungen

   Da die Deutschen mißtrauisch gegen Propaganda _____ (werden), _____ (wollen) sie keine parteigebundenen Zeitungen mehr.

6. I: Polizei besetzte das Redaktionsgebäude des „Spiegel" / II: Es wurde heftig protestiert

   Nachdem die Polizei das Redaktionsgebäude des „Spiegel" _____ (besetzen), _____ (sich erheben) von allen Seiten heftiger Protest gegen diese Aktion.

H. Verändern Sie den Relativsatz in eine Konstruktion mit dem Partizip:

BEISPIEL: Sie wählten einen Führer, der ihnen Ruhe und Ordnung versprach.
Sie wählten einen ihnen Ruhe und Ordnung versprechenden Führer.

1. Die Nazis wandten sich an die Generation, die zu dieser Zeit heranwuchs.
2. Die Polizei fotografierte die Studenten, die an den Demonstrationen teilnahmen.
3. Es wächst die Zahl der Leute, die die Freiheiten des Grundgesetzes ernst nehmen.
4. In den Bestimmungen des Grundgesetzes spiegeln sich die Erfahrungen, die vorher von den Deutschen gemacht worden waren.

5. Der Bundestag kann keine negative Mehrheit bilden, die die Arbeit der Regierung blockiert.
6. Populär wurde Ludwig Erhard, der die soziale Marktwirtschaft einführte.
7. Schwierigkeiten hatte die KPD, die vom Bundesverfassungsgericht verboten wurde.
8. Die Grünen haben viele Anhänger, die verschiedene Ansichten vertreten.
9. Die Deutschen hatten wenig Enthusiasmus für ein System, das ihnen aufoktroyiert wurde.
10. Deutschland ist ein Sozialstaat, der auf der Basis einer Marktwirtschaft funktioniert.

I. Zeitungsleser kommentieren Erfolge der Rechtsparteien:

Wahlschlappe wegen Dickfelligkeit

Die Parteien täten gut daran, nicht die Ausländerpolitik und die Asylbewerber für ihre vernichtende Niederlage verantwortlich zu machen, sondern die Gründe für die Abwendung von so vielen Wähler/Innen bei sich selbst zu suchen. Wie „sensibel" sie dafür sind, beweist die SZ vom Tag nach der Wahl:

Wenn dort vom „luxuriösen Langstreckenjet"—in zweifacher Ausführung—für Bundeskanzler Kohl berichtet wird, steht das für die Dickfelligkeit des Regierungschefs. Vielleicht sollte ihm jemand sagen, daß sein Kollege Bush wegen des Unmuts seiner Bürger/Innen ebenfalls mit Stimmeneinbußen und Popularitätsverlust zu kämpfen hat. Vielleicht läßt es Kohl dann, sich zwei „Air Force One" zu wünschen.

Harald Schmautz
Stadtmühlgasse 7
7102 Weinsberg

Unfähigkeit der Parteien

Jetzt, nachdem die Rechten bei den Landtagswahlen so erfolgreich abgeschnitten haben, wird wieder das Geschrei losgehen, die Deutschen seien teilweise immer noch Nazis. Doch die meisten, die diesmal rechts wählten, taten dies aus reiner Verzweiflung über die Unfähigkeit der großen Parteien, den lawinenhaft anschwellenden Asylmißbrauch zu stoppen.

Paul J. Muenzer
Erzgießereistraße 26
8000 München 2

Enttäuschte Nichtwähler

Daß unsere demokratischen Politiker doch „erleuchtet" erkennen mögen, daß nicht nur die DVU- und Rep-Wähler Unzufriedenheit mit den etablierten Parteien signalisieren, sondern auch das knappe Drittel der Nichtwähler eventuell gewollt ihre Enttäuschung zum Ausdruck bringen.

Karl Klaßen
Hubertusweg 15
8013 Haar

1. Was wirft Harald Schmautz der Regierung vor?
2. In welchem Punkt zeigen die großen Parteien ihre Unfähigkeit?
3. Wer sind die großen Parteien?
4. Was haben viele Wähler getan, laut Karl Klaßen?
5. Sind ein Drittel „Nichtwähler" sehr viele?
6. Sind Sie von diesen Argumenten überzeugt? Was würden Sie sagen?

Wie verstehen wir die Wörter? Wir schlagen nach und erklären der Klasse (auf deutsch!):

1. die Wahlschlappe
2. der Langstreckenjet
3. die Stimmeneinbuße
4. der Asylmißbrauch
5. der Rep-Wähler

J.

„Ei, ei, ihm wird so wunderlich . . ."

Der deutsche „Michel" hat sich seit der Einführung der Wehrpflicht nach dem Zweiten Weltkrieg nie gern als Soldat gesehen; denn er dachte immer noch an die Vergangenheit.

1. Wie kann man dieses Bild beschreiben?
2. Wie soll man den Michel (oben) verstehen? Was denkt er?

3. Wie sieht der Soldat im Wasser aus? Woher kommt der Stahlhelm?
4. Was denken Ausländer über die Deutschen als Soldaten?
5. Denken die Deutschen heute noch so?
6. Wie würde eine amerikanische Karikatur aussehen?

K. Angenommen, Sie wären ein Deutscher. Wie beantworten Sie diese Fragen?

1. Welche Partei wähle ich a) in der Bundestagswahl, b) in der Landtagswahl?
2. Soll ich aktives Mitglied einer Partei werden? Welcher?
3. Für welche Bürgerinitiativen würde ich mich engagieren?
4. Soll ich Wehrdienst leisten oder Zivildienst?
5. Wie informiere ich mich über politische Ereignisse?

L. Wir spielen eine Szene:

1. Ein Kandidat der SPD diskutiert mit Wählern über Umweltschutz und Erhaltung von Arbeitsplätzen.
2. Eine Kandidatin der CDU diskutiert mit Wählern über die Rolle der Frauen in der Politik.
3. Ein Stadtrat diskutiert über eine neue Autobahn um die Stadt herum. Vertreten Sie die Ansichten der verschiedenen Parteien.

M. Wir diskutieren:

1. Basisdemokratie gegen „Berufspolitiker" im Parlament.
2. Mehrheitswahl gegen Verhältniswahl.
3. Öffentliches und privates Fernsehen.
4. Männer und Frauen in der Politik.

N. Aufgaben für einzelne Studenten oder Gruppen:

1. Lesen Sie die Grundrechte des Grundgesetzes und vergleichen Sie sie mit der „Bill of Rights".
2. Nehmen Sie eine Ausgabe einer deutschen Zeitung und vergleichen Sie sie mit einer amerikanischen Zeitung; vergleichen Sie auch den „Spiegel" mit „Time" oder „Newsweek".
3. Informieren Sie sich über das Programm der CDU und der SPD. Kann man die Programme mit amerikanischen Parteien vergleichen?

4. Interviewen Sie Deutsche, die Sie kennen, über Deutschlands Geschichte im 20. Jahrhundert, und was sie über Politik denken.

15. Die Kirchen und ihre Rolle in der Gesellschaft

Lesehilfe

A. Schreiben Sie die Hauptpunkte auf:

1. Enge Verbindung von Kirche und Staat; verschiedene Kirchen.
2. Entwicklung des Verhältnisses der Kirchen zueinander.
3. Gemeindeleben in Deutschland.
4. Andere Aktivitäten der Kirchen.
5. Organisation und Hierarchie der katholischen Kirche; Probleme.
6. Situation der evangelischen Kirche im geteilten Deutschland und heute.
7. Wachsender Anteil anderer Religionsgemeinschaften.

B. Beantworten Sie folgende Fragen (so ausführlich wie nötig):

Kirche und Staat

1. Was bedeutete der Augsburger Friede für das Verhältnis von Staat und Kirche?
2. Woran sieht man heute die Verknüpfung von Kirche und Staat?
3. Wer ist heute verantwortlich für die Kirchen?

Das Verhältnis der Konfessionen

4. Warum bildeten die Katholiken nach 1871 eine Oppositionspartei?
5. Was für ein System brachte die CDU?
6. Was ist heute die Frage für den einzelnen Menschen?

Das Leben einer Gemeinde

7. Was ist heute noch üblich?
8. Wie viele Menschen gehen sonntags in den Gottesdienst?
9. Worum bemühen sich die Kirchen?

Die katholische Kirche

10. Wie ist die katholische Kirche organisiert?
11. Gegen welche Tendenzen opponiert die katholische Kirche?
12. Welchen Einfluß hatte sie im Schulwesen?

Die evangelische Kirche

13. Welche politischen Probleme hatte die Kirche nach 1945?
14. Wie stand die Regierung der DDR zur Kirche?
15. Welche zwei Tendenzen treffen sich in der evangelischen Kirche?

Andere Religionsgemeinschaften

16. Welche neuen Religionen findet man heute in Deutschland? Warum?
17. Welchen Eindruck bekommt man im allgemeinen in Deutschland?

C. Schreiben Sie einen Aufsatz:

1. Die Rolle der Kirchen in der Gesellschaft und im Privatleben des einzelnen Menschen.
2. Die Kirchen, Staat und Politik.
3. Wichtige Veränderungen im kirchlichen Leben im 20. Jahrhundert.

D. Setzen Sie das jeweils passende Wort ein:

1. Die Erziehungsminister in der Bundesrepublik heißen heute noch _____ .
2. Die katholische Kirche verlangte, daß die Kinder in den Hauptschulen nach Konfessionen getrennt unterrichtet werden; das nennt man _____ .
3. In der CDU besteht ein konfessionelles _____ .
4. Ehen von Protestanten mit Katholiken nennt man in Deutschland oft _____ .
5. Jedes Mitglied einer Kirche zahlt _____ , die der Staat einzieht.
6. Man kann einen Geistlichen anrufen und ihn um Rat fragen; das nennt man _____ .

7. Der Vertrag zwischen der katholischen Kirche und dem deutschen Staat über die gegenseitigen Beziehungen heißt _____ .
8. Die Katholiken in Deutschland versuchen, einen _____ aufzuholen.
9. Die Opposition in der evangelischen Kirche gegen Hitler hieß die _____ .
10. Neben den wirklichen Christen gibt es in den Kirchen immer viele _____ Christen.

E. Bilden Sie entsprechende Adjektive:

BEISPIEL: die Aufsicht des Staates
die staatliche Aufsicht

1. die Fakultät für Theologie
2. die Partei von Christen
3. das Proporz-System der Konfessionen
4. die Antwort aus dem Dogma
5. der Bewerber mit Qualifikationen
6. die Unterdrückung durch die Nationalsozialisten
7. die Tradition des Protestantismus
8. die Einstellung in der Tradition

Bilden Sie Sätze mit diesen Wendungen.

F. Erweitern Sie die Apposition zu einem Relativsatz:

BEISPIEL: Man bezahlt Kirchensteuer, gewöhnlich 1% des Gehalts. (betragen)
Man bezahlt Kirchensteuer, die gewöhnlich 1% des Gehalts beträgt.

1. Es gibt manche Gemeindemitglieder *regelmäßig beim Gottesdienst.* (sein)
2. Die Telefonseelsorge hat vielen Menschen *in Schwierigkeiten* geholfen. (sein)
3. Die Beziehungen sind in Verträgen, *Konkordaten,* festgelegt. (nennen)
4. Die Kirchentage, *Massendemonstrationen des evangelischen Glaubens,* haben eine besondere Bedeutung bekommen. (sein)
5. Der Religionsunterricht ist für alle Kinder *einer der Konfessionen.* (gehören)

6. Der Papst, *Oberhaupt der gesamten Kirche,* konnte die katholischen Fürsten beeinflussen. (sein)

G. Verbinden Sie die beiden Teile mit der richtigen Präposition. Beachten Sie den Fall nach der Präposition:

1. Es gab keine Staatskirche / das gesamte Reich
2. Die Kirche hatte die Aufsicht / die Schule
3. Die Kirchen haben ein wichtiges Wort / die öffentlichen Angelegenheiten
4. Das kirchliche Leben in Deutschland unterscheidet sich / das in den USA
5. Nur wenige Protestanten gehören / die Freikirchen
6. Viele Leute gehen in die Kirchen / die hohen Feiertage
7. Evangelische Pfarrer predigen oft / leere Bänke
8. Die Kirche beschäftigt sich / die seelischen Schwierigkeiten der heutigen Menschen

H.

Drewermann für Abschaffung der Kirchensteuer

„Steuersicherheit macht Kirchen faul"

Bischof Lehmann: Kritiker weiß nicht, wovon er redet

Frankfurt (AP) – Der katholische Theologe Eugen Drewermann hat sich für die Abschaffung der Kirchensteuer ausgesprochen. Der Berliner Morgenpost sagte der abgesetzte Priester, die katholische Kirche würde vom dann zu erwartenden Zusammenbruch ihrer Finanzgrundlage zu der Reform gezwungen, zu der sie aus eigener Kraft nicht mehr fähig sei. Eine Änderung der Steuerpraxis würde bewirken, daß die Kirche agiler würde und den Menschen wieder ernst nähme. Die katholische Kirche in Deutschland lebe im Schatten einer Sicherheit, die sie faul gemacht habe. Für drei Viertel ihrer Mitglieder rede die Kirche von Amts wegen nur noch über Dinge, „die die Leute nicht mehr hören wollten". Etwa 80 Prozent der Katholiken gingen daher nicht mehr in die Kirche. Die Kirchensteuer müsse abgeschafft werden, weil der „real existierende Katholizismus" noch auf zwei Ebenen getroffen werden könne: „Macht und Geld".

Dagegen betonte Bischof Lehmann im Saarländischen Rundfunk, daß es bei der Kirchensteuer nicht um finanzielle Sicherheiten gehe, sondern „um sehr viele Dienste, die wir für viele Menschen, auch Nichtkatholiken, in diesem Land übernommen haben." Drewermann warf er vor: „So kann eigentlich nur jemand reden, der von außen in alles hereinredet, aber in Wirklichkeit nicht weiß, wie es wirklich von innen her zugeht."

Der Tübinger Theologe Hans Küng sagte dem Kölner Express: „Wir wären einen Großteil der Probleme los, wenn die Kirchensteuer an die örtlichen Gemeinden geht und nicht an die Diözesen." Dieses System werde bereits mit gutem Erfolg in der Schweiz praktiziert. „Die Bürger können selbst beschließen, wie hoch die Kirchensteuer sein soll, und können nachprüfen, für welche Zwecke die Kirchensteuer verwendet wird." Der Bischof solle lediglich einen festgelegten prozentualen Anteil der Kirchensteuer erhalten.

Heißes Thema:

Kirchensteuer. Macht die Kirchensteuer, die automatisch an die zentralen Organisationen und nicht an die einzelnen Gemeinden geht, die Kirchen „faul", oder ist sie gut und notwendig? Sie wird besonders von „Dissidenten" der katholischen Kirche in Frage gestellt.

1. Wie kann man die drei Standpunkte kurz zusammenfassen?
2. Warum spricht der Bericht meistens im Konjunktiv?
3. Welche Probleme existieren, die diese Kontroverse hervorrufen?
4. Was sind die Vorteile und Nachteile des jetzigen Systems?
5. Was würden Sie vorschlagen, wenn man Sie fragte?

Erklären Sie diese Begriffe auf deutsch:

1. die Kirchensteuer
2. die Gemeinde
3. die Diözese
4. die Finanzgrundlage
5. der Anteil
6. absetzen
7. abschaffen
8. nachprüfen
9. festlegen
10. in alles hineinreden

I. Wir spielen eine Szene:

1. Ein Radiointerview mit einem Amerikaner über seine Eindrücke vom kirchlichen Leben in Deutschland.
2. Ein Telefongespräch bei der Telefonseelsorge mit einem jungen Mann, der nicht mehr weiter weiß und droht, sich das Leben zu nehmen.

J. Wir diskutieren: Die Kirchen und Politik.

K. Wir schreiben:

1. Der Tageslauf eines evangelischen Pfarrers. Wir benutzen folgende Wörter: Städtisches Bauamt: Kirchenreparaturen / Verwaltungsarbeit / Hochzeit / Altersheim / Konfirmandenunterricht / Diskussion in der Jugendgruppe: Ausländerfeindlichkeit.
2. Ein Brief eines katholischen Pfarrers an seinen evangelischen Amtsbruder; er fragt, ob er während der Reparatur der katholischen Kirche die evangelische benutzen darf, und bietet Zusammenarbeit an.

16. Besuch in Österreich

Lesehilfe

A. Schreiben Sie die Hauptpunkte auf:

1. Österreich: heutige Größe und Vergangenheit als Vielvölkerstaat und Teil des Deutschen Reiches.
2. Geschichte Österreichs im 20. Jahrhundert.
3. Politische Struktur des Landes.
4. Bedeutung von Wien: Politik, Wirtschaft, Kultur.
5. Fremdenverkehrsgebiete: Kärnten, Tirol, Salzburg.
6. Charakter und Bedeutung von Salzburg.
7. Beziehungen zwischen Deutschland und Österreich.

B. Beantworten Sie die folgenden Fragen:

Deutsch-Österreich und der Vielvölkerstaat

1. Warum ist die Größe der Hauptstadt Wien überraschend?
2. Was war Wien bis 1806?
3. Was für ein Land war Österreich bis 1918?
4. Was wollten die Österreicher 1918 tun?
5. Was geschah 1955?
6. Worauf legen die Österreicher in der Politik und Wirtschaft Wert?
7. Was wurde Wien nach 1955?

Wien

8. In welcher Zeit wurde Wien gegründet?
9. Aus welcher Zeit mit welchem Stil stammen wichtige große Gebäude?
10. Was für Hochschulen gibt es in Wien?
11. Welche berühmten Komponisten lebten in Wien?
12. Welche Schriftsteller lebten hier?

Ein Fremdenverkehrsland

13. Warum fahren viele Touristen an den Wörther See?
14. Wofür ist Innsbruck bekannt?

15. Wie hoch ist der höchste Berg in Österreich?
16. Warum ist Tirol wichtig für den europäischen Handel?
17. Welche Auseinandersetzungen gab es im italienischen Tirol?

Salzburg

18. Woher kommt der Name „Salzburg"?
19. Was war Salzburg bis zur Zeit Napoleons?
20. Was kann man tun, wenn man in Salzburg ist?
21. Was verbindet Österreich und Deutschland?
22. Welche Rolle wird Österreich in der Zukunft spielen?

C. Schreiben Sie einen Aufsatz über folgende Themen:

1. Die Geschichte Österreichs seit 1806.
2. Österreich im Kalten Krieg.
3. Die Vorzüge Österreichs als Fremdenverkehrsland.
4. Das Problem „Südtirol".
5. Österreich in einem vereinigten Europa.

D. Erklären Sie diese Begriffe auf deutsch:

1. der Vielvölkerstaat
2. der Thronfolger
3. die Selbstbestimmung
4. der Anschluß
5. die Sozialpartnerschaft
6. das Wasserkraftwerk
7. die Durchgangsstraße
8. das Salzbergwerk

E. Setzen Sie die passenden Modalverben ein:

1. Nach dem Ersten Weltkrieg _____ sich die Deutschösterreicher an Deutschland anschließen.
2. Österreich _____ sich 1955 zur Neutralität verpflichten.
3. In Wien _____ man sein Leben genießen.
4. Vom Pfänder bei Bregenz _____ man über die weite Fläche des Bodensees blicken.
5. Die Südtiroler verlangten mehr Autonomie, als ihnen die italienische Regierung geben _____ .
6. Der Erzbischof von Salzburg _____ sich große und schöne Schlösser bauen.

F. Setzen Sie das jeweils passende Adjektiv ein:

1. groß—klein
   Österreich ist ein _____ Land mit einer _____ Hauptstadt.
   Die Bundesrepublik war ein _____ Land mit einer _____ Hauptstadt.
2. gotisch—barock
   Wien hat einen _____ Dom und viele _____ Schlösser.
   In Bayern gibt es manche _____ Kirchen mit einer _____ Innenausstattung.
3. berühmt—alt
   Während der _____ Festspiele ist die _____ Stadt Salzburg voll von Menschen.
   Die _____ Stadt Pöchlarn ist _____ durch das Nibelungenlied.
4. schön—gut
   Die _____ Landschaft und die _____ Abfahrten bringen die Schiläufer nach Tirol.
   Die _____ Küche und die _____ Mädchen machen das Leben angenehm.

G. Setzen Sie *als* oder *nachdem* ein:

1. _____ sich Österreich von Deutschland getrennt hatte, wurde es wirklich ein Vielvölkerstaat.
2. _____ Hitler den Anschluß Österreichs bewirkte, fand er keinen Widerstand in England oder Frankreich.
3. _____ Österreich 1955 den Staatsvertrag abschloß, mußte es verschiedene Bedingungen akzeptieren.
4. _____ die Wirtschaft wieder in Gang gekommen war, wurde Wien schnell aufgebaut.
5. _____ Südtirol zu Italien gekommen war, kämpften die deutschsprachigen Einwohner um ihre Autonomie.
6. _____ Salzburg für die Festspiele gewählt wurde, spielte der Name Mozart eine Rolle.

Beginnen Sie die obigen Sätze mit dem Hauptsatz und ändern Sie das Subjekt entsprechend:

BEISPIEL: Als Salzburg selbständig war, war es sehr reich.
Salzburg war sehr reich, als es selbständig war.

H.

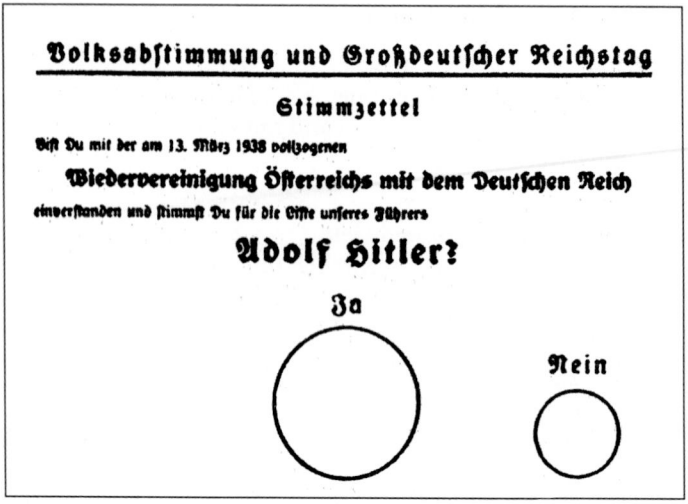
Volksabstimmung und Großdeutscher Reichstag

Stimmzettel

Bist Du mit der am 13. März 1938 vollzogenen

Wiedervereinigung Österreichs mit dem Deutschen Reich

einverstanden und stimmst Du für die Liste unseres Führers

Adolf Hitler?

Ja

Nein

Der „Anschluß" Österreichs an Deutschland im März 1938 ist noch immer ein Trauma in der Geschichte Österreichs. So sehr die Österreicher nach 1918 eine Vereinigung mit Deutschland wollten, so ambivalent waren sie nach 1933. Diese Volksabstimmung fand statt, nachdem die deutschen Truppen das Land besetzt hatten und die Nationalsozialisten bereits regierten.

1. Wie sollten die Wähler diesen Wahlzettel auffassen?
2. Was suggerieren die beiden Kreise?
3. Was ist die einzige Frage, die sie beantworten dürfen?
4. Was muß ein Wähler denken, wenn er diesen Wahlzettel bekommt?

I. Wir spielen eine Szene:

1. Ein österreichischer Journalist beantwortet die Fragen amerikanischer Studenten nach der politischen Lage in Österreich.
2. Ein Angestellter/eine Angestellte des Fremdenverkehrsbüros in Salzburg/Innsbruck erklärt amerikanischen Studenten die Sehenswürdigkeiten und Ausflugsziele.
3. Ein österreichischer und ein deutscher Journalist diskutieren über die Eigenart der österreichischen Kultur im Unterschied zur deutschen.

J. Wir diskutieren:

1. Nationalstaat und Europa—am Beispiel Österreichs.
2. Wie stelle ich mir Österreich und Österreicher vor, entsprechen meine Erfahrungen dieser Vorstellung?

K. Wir schlagen nach und berichten der Klasse:

1. Entstehung und Geschichte der Operette.
2. Geschichte der Stadt Innsbruck.
3. Das Kloster Melk.
4. Der Salzbergbau.
5. Das Leben Ludwig van Beethovens.

L. Wir schreiben:

1. Einen Brief über das Musik- und Theaterleben in Wien und über das Wiener Publikum.
2. Einen Brief von Schiferien in Tirol.
3. Einen Bericht über einen Sommerkurs zum Deutschlernen in Klagenfurt.

17. Besuch in der Schweiz

Lesehilfe

A. Wir schreiben die Hauptpunkte auf:

1. Große Zahl von Kantonen, Kontinuität der Geschichte, Verschiedenheiten, Neutralität.
2. Politischer Aufbau der Schweiz, Volksrecht, Parteien.
3. Schweizer Landschaft, Hotelgewerbe.
4. Offizielle Sprachen der Schweiz.
5. Industriezweige in der Schweiz, Wasserkraft; Industrie und Landwirtschaft
6. Schweizer Bildungswesen.
7. Weltoffenheit gegenüber Provinzialität.
8. Neutralität und wirtschaftliche Verflechtung.
9. Charakter von Liechtenstein.

B. Beantworten Sie folgende Fragen:

Die Eidgenossenschaft

1. Wie erklärt sich die große Zahl der Kantone?
2. Wann schied die Schweiz endgültig aus dem Deutschen Reich aus?
3. Welche Verbindung mit Deutschland blieb erhalten, im Gegensatz zu den Niederlanden?
4. Was war die kulturelle Bedeutung von Zürich?
5. Wann änderte sich im 19. Jahrhundert die Verfassung der Schweiz, und wie?
6. Warum dominieren die politischen Parteien weniger als anderswo?

Die Schweiz als Reiseland

7. Worin besteht der Reiz der Schweizer Landschaft?
8. Wo wohnen die italienischen Schweizer?
9. Wie ist der Charakter von Bern, der Bundeshauptstadt?

Die Wirtschaft

10. Welche Industrien spielen eine besondere Rolle?
11. Woher kommt die Energie in der Schweiz?
12. Was ist das Problem der Landwirtschaft?
13. Wie sind die wirtschaftlichen Beziehungen zur EG?

Volk der Schulmeister

14. Warum spricht man vom „Volk der Schulmeister"?
15. Welche Hochschulen hat der Bund eingerichtet? Wer ist für die Universitäten verantwortlich?
16. Was ist das Problem eines kleinen Landes?
17. Wie steht es mit der Gleichberechtigung der Frau?
18. Wie ist die Lage der Gastarbeiter? Woher kommen sie?
19. Was ist zum Umweltschutz zu sagen?

Liechtenstein

20. Wo liegt Liechtenstein, wie groß ist es?
21. Wie ist die Geschichte des Landes, seit wann ist es von Deutschland getrennt?

22. Wie ist die Verfassung Liechtensteins?
23. Woher kommt der Wohlstand des Landes?
24. Was gehört zu den Sehenswürdigkeiten des Landes?

C. Schreiben Sie einen Aufsatz über folgende Themen:

1. Die Geschichte der Schweiz.
2. Die Schweiz als Reiseland.
3. Die kulturelle Eigenart der Schweiz.
4. Ein Vergleich der Schweiz mit Österreich.
5. Liechtenstein: Der Charakter eines „Zwergstaats".

D. Setzen Sie die passenden Wörter ein:

1. 1291 erklärten die Urkantone ihre _____ .
2. Die Schweizer verdingten sich als _____ an andere Länder.
3. 1847 kam es zum _____ , einem _____ .
4. Die Militärausrüstung des Schweizers ist im _____ .
5. Genf wird manchmal die _____ genannt.
6. Die Schweiz nutzt die _____ für ihre Industrie aus.
7. Die Bevölkerung muß neue Bauten durch eine _____ genehmigen.
8. Viele der in Liechtenstein registrierten Firmen sind „_____ ".
9. Liechtenstein ist eine _____ _____ .
10. Ein großes Problem der Schweiz sind die italienischen _____ .

E. Verneinen Sie die folgenden Sätze mit *nicht* oder *kein:*

1. Man kann das aus der Geschichte erklären.
2. Damit war das Haus Habsburg einverstanden.
3. Die Schweiz war damals ein Bundesstaat.
4. Es gab Kantone mit einer richtigen Volksregierung.
5. Die Schweiz löste die Verbindung mit Deutschland.
6. Die Literatur hat ihre starke Eigenart.
7. Die Engländer waren die ersten Touristen.
8. Die deutschsprachigen Schweizer wohnen im Westen.

F. Setzen Sie *als* oder *wie* ein:

1. Fußtruppen konnten stärker sein _____ Ritterheere.
2. Die Schweiz ist in mehr Länder eingeteilt _____ die Bundesrepublik.
3. Nichts ist so gut _____ das Gebirgsklima.
4. Man sieht selten so viele Soldaten _____ in der Schweiz.
5. Heute ist die Maschinenindustrie wichtiger _____ die Textilindustrie.
6. Niemand hat Fernweh und Heimweh _____ ein Schweizer.
7. Die Frauen in der Schweiz wählten früher _____ die in Liechtenstein.
8. Der Fürst hat mehr Land in Texas _____ zu Hause.

G. Bilden Sie aus dem schräggedruckten Satzteil einen Nebensatz mit einem Fragepronomen:

BEISPIEL: *Das dem Fremden Auffallende* ist die starke Verschiedenheit.
Was dem Fremden auffällt, ist die starke Verschiedenheit.

1. *Das den Krieg Entscheidende* waren die Fußtruppen.
2. *Das die Schweiz zum Reiseland Machende* war die Schönheit der Landschaft.
3. *Das die Schweizer Außenpolitik Kennzeichnende* ist die Neutralität.
4. *Der durch die Schweiz Reisende* genießt die guten Hotels.
5. *Der aus der Schweiz Auswandernde* hat selten wirtschaftliche Gründe.
6. Auch *der im Ausland Lebende* muß Militärsteuer bezahlen.
7. *Das die Firmen Anlockende* sind die niedrigen Steuern.

H.

1. Worüber soll das Volk abstimmen?
2. Wer stimmt ab?
3. Von wem stammt das Plakat?
4. Was ist das Argument?
5. In welcher Sprache wird das Argument gegeben? Warum?
6. Wie sagt man „zämme schaffe—zämme stimme" auf Hochdeutsch?
7. Welche Arbeit wird gezeigt? Warum?
8. War die Abstimmung erfolgreich?

I. Wir spielen eine Szene:

1. Ein Schweizer erklärt einem Österreicher, warum die Schweiz eine starke Armee braucht.
2. Ein Gastarbeiter diskutiert mit einem Schweizer, warum er nicht Schweizer Staatsbürger werden kann.
3. Ein Amerikaner fragt einen Schweizer, was die Unterschiede der politischen Parteien sind.

J. Wir diskutieren:

1. Die Zukunft der Schweiz.
2. Umwelt und Tourismus.
3. Die deutschsprachigen Länder—ein Vergleich.

K. Wir schlagen nach und berichten der Klasse:

1. Die Geschichte und Bedeutung der Stadt Basel.
2. St. Gallen und sein Kloster.
3. Rhätoromanisch: der Charakter dieser Sprache(n).
4. Die Bankgesetze der Schweiz.
5. Die Frauenbewegung in der Schweiz.

L. Wir schreiben:

1. Einen Brief an die Zeitung, warum es Beschränkungen für den Fremdenverkehr geben muß, um die Umwelt zu retten.
2. Einen Brief einer amerikanischen Austauschstudentin: ihre Eindrücke von der Schweiz im Unterschied zu den USA.

VOKABULAR

For each noun, gender and plural forms are indicated, if the plural is used.

Plural endings:		
	die **Schule, -n**	die Schulen
	der **Abenteurer, -**	die Abenteurer (same as singular)
	der **Abiturient, -en**	die Abiturienten
	das **Abonnement, -s**	die Abonnements
	der **Abschluß, ¨sse**	die Abschlüsse
	das **Land, ¨er**	die Länder

For strong and irregular verbs, the three forms (infinitive, past tense and past participle) are indicated.

For designation of professions, mostly masculine forms are listed. Feminine forms are generally made by adding **-in**, like **Lehrer–Lehrerin**, **-innen**, or **Professor**, **Professorin**, **-innen**. Adjectives used as nouns keep their adjective endings: **der Angestellte–die Angestellte**.

ab off, from

der **Abbau** mining, reduction

abbauen to work a mine; remove or demolish (a building)

abbrechen, brach ab, abgebrochen to interrupt, break off

abdanken to abdicate, resign

das **Abendgymnasium, -gymnasien** night school preparing for secondary school diploma

das **Abendland** Occident

abendländisch occidental

die **Abendrealschule, -n** evening school for the middle school diploma

abends in the evening

die **Abendschule, -n** night school for adults

die **Abendunterhaltung, -en** evening entertainment

abenteuerlich adventurous, strange, romantic

die **Abenteuerlust** quest for adventure

der **Abenteurer, -** adventurer

die **Abfahrt, -en** departure

abfassen to write, compose

die **Abfassung, -en** writing, composition, style

sich **abfinden (mit), fand ab, abgefunden** to come to terms with, put up with

abfragen to inquire, bring out by questioning, ask questions about the homework

die **Abgabe, -n** tax, tribute, fee

abgeben, gab ab, abgegeben to give, share, deliver

abgelegen remote, distant

abgenutzt worn out

der or die **Abgeordnete, -n** deputy, representative, member of parliament

das **Abgeordnetenhaus** house of representatives

der **Abgeordnetensitz, -e** seat in the house of representatives

der **Abgesandte, -n** envoy, ambassador

abhalten, hielt ab, abgehalten to hold, organize, deliver (a speech), give (lessons)

abhängen (von), hing ab, abgehangen to be dependent on

abhängig dependent on, subject to

die **Abhilfe, -n** help, solution

das **Abitur** final secondary school examination in Germany qualifying for university studies

der **Abiturient, -en** graduate of German secondary school

das **Abiturzeugnis, -se** secondary school diploma

der **Abkömmling, -e** descendant

abkürzen to abbreviate, shorten, abridge

der **Ablaßhandel** selling of indulgences

ablehnen to decline, refuse

die **Ablenkung, -en** distraction, entertainment

ablösen to relieve, replace

sich **ablösen** to alternate, succeed in turn

die **Abmachung, -en** agreement, settlement, arrangement

abmontieren to take to pieces (machinery), dismantle

abnehmen, nahm ab, abgenommen to take away, decrease

das **Abonnement, -s** subscription

die **Abonnementskarte, -n** season ticket

abrechnen to settle accounts

abreißen, riß ab, abgerissen to demolish, tear down, tear off

die **Abrüstung** disarmament

abschaffen to abolish

abschalten to switch off, turn off

der **Abschied, -e** discharge, dismissal, farewell, resignation

der **Abschlag, ¨-e** advance against wages

abschließen, schloß ab, abgeschlossen to lock, seclude, sign or close an agreement

sich **abschließen (von)** to seclude oneself

der **Abschluß, ¨-sse** end, conclusion, settlement, graduation

die **Abschlußprüfung, -en** final examination

abschneiden, schnitt ab, abgeschnitten to cut off, come off

der **Abschnitt, -e** segment, period of time, paragraph

abschütteln to shake off, get rid of

absehbar foreseeable, visible

abseits aside, aloof

absetzen to depose, drop, set down

die **Absicht, -en** intention

absolut absolute

der **Absolvent, -en** graduate

absolvieren to complete (studies)

sich **abspalten (von)** to separate, split

absperren to lock off, separate, isolate, barricade

sich **absperren (gegen)** to isolate oneself
sich **abspielen** to take place
absteigen, stieg ab, abgestiegen to descend, dismount; be relegated into a lower league (sport)
abstellen to put down, abolish, remedy, turn off
abstimmen to vote
die **Abstimmung, -en** voting, suffrage
abstrakt abstract
die **Abteilung, -en** division, separation, classification
abtransportieren to move, ship
die **Abtreibung, -en** abortion
die **Abtretung, -en** cession, surrender, ceding
abwählen to vote out of office
abwarten to wait (and see)
abwartend cautious, on the fence, wait-and see, skeptical
abwechselnd alternate, in turns
die **Abwechslung** change, variety, distraction
abwehren to fight off, ward off
abweisen, wies ab, abgewiesen to reject, refuse, repel
sich **abwenden (von), wandte ab, abgewandt** to turn away from
abwerten to devaluate
der **Abzug, ¨e** departure; deduction
die **Achse, -n** axle, axis
achten (auf) to regard, esteem, pay attention to
die **Achtung** esteem, respect, attention
der **Adel** nobility
der **Adlige, -n** nobleman
adeln to raise to nobility, ennoble
das **Adelsgeschlecht, -er** noble family
der **Adelssitz, -e** residence of a noble family, castle
der **Adelstitel, -** patent, title of nobility
der **Adventskranz, ¨e** advent wreath
der **Adventssonntag, -e** Advent Sunday
Afrika Africa
agrarwissenschaftlich agronomic
Ägypten Egypt
ähnlich similar
die **Akademie, -n** academy
akademisch academic
der **Akkordlohn, ¨e,** piece wages
aktiv active
die **Aktie, -n** share
die **Aktiengesellschaft, -en** joint-stock company
die **Aktion, -en** action, drive
akut acute
akzeptabel acceptable
akzeptieren to accept
der **Alkohol** alcohol, liquor
allein alone, single, only
allerdings however, indeed, rather
das **Allerheiligen** All Saints' Day, 1st of November
allgemein general, overall, universal
die **Allgemeinbildung** general education
alliiert allied
der **Alliierte, -n** ally
alljährlich annual, every year
allmählich gradual, by degrees
der **Alltag, -e** weekday, working day
die **Alltagskleidung, -en** everyday dress
das **Alltagsleben** ordinary everyday life
allzu much too
die **Alpen** *(pl.)* Alps
die **Alpenkette, -n** Alpine mountain chain

die **Alpenreise, -n** trip through the Alps

das **Alpenvorland** highland plain north of the Bavarian Alps

das **Alphorn, ¨er** alpenhorn

alt old

das **Alte** old things or ideas

der **Altersgenosse, -n** person of the same age, peer

das **Altersheim, -e** home for old people

die **Altersrente, -n** old-age pension, annuities, social security payments

die **Altersversorgung** old-age pension plan, old age insurance

altertümlich ancient, antique

altfranzösisch old French

althochdeutsch old high German

die **Altlasten** *(pl.)* burden from the past, expenses to be paid by the new owner

die **Altstadt, ¨e** city, center of town which is older than the suburbs

der **Amateursport** nonprofessional sport

die **Amateurveranstaltung, -en** show, game or match by amateurs

Amerika America

amerikanisch American

das **Amt, ¨er** office, post, appointment, agency, public function

der **Amtsbruder, ¨** colleague, brother clergyman

die **Amtszeit, -en** term of office

der **Anbau** cultivation

anbauen to cultivate

anbieten, bot an, angeboten to offer, propose

anbrechen, brach an, angebrochen to dawn, begin

das **Andenken, -** memory, souvenir

ändern to change

sich **ändern** to change (oneself)

anderswo elsewhere

der **Andrang** crowd, rush, pressure

androhen to menace, threaten

die **Anekdote, -n** anecdote

anerkennen, erkannte an, anerkannt to recognize, appreciate, accept

die **Anerkennung, -en** recognition, acceptance

der **Anfang, ¨e** beginning

anfangen, fing an, angefangen to begin, start

der **Anfänger** beginner

das **Anfangskapital, -ien** opening capital

die **Anfangszeit, -en** first period, starting time

anfertigen to make, manufacture

die **Anforderung, -en,** demand

das **Angebot, -e** offer

angehend beginning, fledgling

angehören to belong to, affiliated with

die **Angelegenheit, -en** matter, concern, business

das **Angeln** fishing

der **Angelsport** sport of fishing

angesehen respected

der **Angestellte, -n** employee

die **Angestelltenrente, -n** old-age pension for employees

angewiesen (auf) dependent on

sich **angleichen, glich an, angeglichen** to adjust, assimilate

angliedern to annex, affiliate

die **Angliederung, -en** annexation, incorporation

die **Anglistik** English studies (at university)

angreifen, griff an, angegriffen to attack, seize

der **Angreifer, -** aggressor

der **Angriff, -e** attack

die **Angst, ¨e** fear, anxiety
ängstlich fearful, anxious
der **Anhänger, -** follower
die **Anhäufung, -en** accumulation, conglomerate
die **Anklage, -n** accusation
anknüpfen to resume, tie
die **Anlage, -n** installation, plan, layout, investment
der **Anlaß, ¨sse** occasion, cause
anlegen to found, plant, invest
anleiten to guide, train, instruct
der **Anlernberuf, -e** profession requiring on-the-job training
anlocken to allure, attract, entice
die **Annäherung, -en** approach
annehmen, nahm an, angenommen to accept, adopt, embrace
annektieren to annex
die **Annektion, -en** annexation
die **Anordnung, -en** directives, order, regulation, arrangement
anpassen to adjust
die **Anpassung, -en** adjustment, adaptation
das **Anrecht, -e** title, claim, privilege
die **Anregung, -en** suggestion, stimulation
der **Anreiz, -e** incentive
anrufen, rief an, angerufen to phone, call
sich **ansammeln** to accumulate, gather
der **Ansatz, ¨e** start, trend
anschalten to turn on, switch on
die **Anschauung, -en** idea, view, perception
anschlagen, schlug an, angeschlagen to post
anschließen, schloß an, angeschlossen to add, annex
sich **anschließen (an)** to join, follow
anschließend afterwards, following
der **Anschluß, ¨sse** joining, connexion
ansehen, sah an, angesehen to regard, consider; **sich etwas ansehen** to visit, inspect something
ansehnlich considerable, good looking
ansetzen to schedule, fix
die **Ansicht, -en** view, opinion
die **Ansichtspostkarte, -n** picture postcard
der **Anspruch** claim; **in Anspruch nehmen** to claim, pretend to
anspruchsvoll pretentious, exacting
die **Anstalt, -en** institution
die **Anstellung, -en** employment, job
anstreben to aspire to
anstrengend strenuous, trying, hard
die **Anstrengung, -en** effort, strain
der **Anteil, -e** share, part
der **Anthroposoph, -en** anthroposophist, theosophist
antideutsch anti-German
antik antique, ancient
die **Antike** antiquity
antikommunistisch anticommunist
antiquiert dated, antiquated
der **Antisemit, -en** anti-Semite
antisemitisch antisemitic
der **Antrag, ¨e** proposal, bill (legislature), application
die **Antwort, -en** answer, reply
antworten to answer, reply
anwenden, wandte an, angewandt to apply, use
die **Anwendung, -en** application, use
das **Anzeichen, -** symptom
die **Anzeige, -n** advertisement
anziehen, zog an, angezogen to attract, pull, dress
sich **anziehen** to dress
die **Anziehungskraft, ¨e** attraction, attractive power

anzünden to light, set on fire
der **Apparat, -e** apparatus
arabisch Arabic
die **Arbeit, -en** work, job, labor
arbeiten to work
der **Arbeiter, -** laborer, worker
die **Arbeiterbewegung, -en** working-class movement
der **Arbeiterbildungsverein, -e** Workers' Educational Association
das **Arbeiterkind, -er** worker's child
die **Arbeiterklasse** working class
die **Arbeiterpartei, -en** labor party
der **Arbeiterrat, ¨e** Workers' Council
die **Arbeitersiedlung, -en** housing project for workers
der **Arbeiterverein, -e** workmen's club
der **Arbeitgeber, -** employer
der **Arbeitnehmer, -** workman, employee
das **Arbeitsamt, ¨er** labor office, employment bureau
der **Arbeitsausfall, ¨e** loss of work hours
die **Arbeitsbedingungen** *(pl.)* working conditions
die **Arbeitserleichterung, -en** facilities of the workplace (e.g. machines)
die **Arbeitsfront** German labor organization (1933–45)
das **Arbeitsgericht, -e** labor court
die **Arbeitsgruppe, -en** group of workers, working team
der **Arbeitskollege, -n** colleague
die **Arbeitskraft, ¨e** manpower, workman, hand
der **Arbeitskreis, -e** work team, discussion group
arbeitslos unemployed
der **Arbeitslose, -n** unemployed
die **Arbeitslosenunterstützung, -en** unemployment benefit
die **Arbeitslosigkeit** unemployment
die **Arbeitsnorm, -en** standard set for a worker's daily performance
der **Arbeitsplatz, ¨e** job, post, place of employment
die **Arbeitsstunde, -n** man-hour
der **Arbeitstag, -e** working day
das **Arbeitstier, -e** workhorse, hard working person
das **Arbeitszimmer, -** study
der **Architekt, -en** architect
die **Architektur** architecture
argumentieren to argue, debate
der **Arier, -** Aryan
arisch Aryan
aristokratisch aristocratic
arm poor
die **Armee, -n** army
die **Armut** poverty
sich **arrangieren (mit)** to come to an agreement with
arrondieren to round off
die **Art, -en** kind, manner, style, species
der **Artikel,-** article, commodity
der **Arzt, ¨e** physician
die **Arztkosten** *(pl.)* costs of medical treatment
der **Aschermittwoch** Ash Wednesday
der **Assessor, -en** assessor, associate judge
der **Ästhetiker, -** aesthete, scholar who does research in aesthetics
der **Asylsuchende, -n** person seeking political asylum
atheistisch atheistic
die **Atmosphäre** atmosphere
das **Atomkraftwerk, -e** atomic (nuclear) power plant
die **Atomphysik** atomic physics
die **Atomtheorie, -n** atomic theory
das **Attentat, -e** assassination attempt
aufatmen to breathe again
der **Aufbau** reconstruction

aufbauen to build up, establish

aufbewahren to preserve, deposit

aufbrechen, brach auf, aufgebrochen to start, set out; break open

der **Aufbruch, ¨e** start, departure

der **Aufenthalt, -e** stay, residence

auferlegen to impose

auffallen, fiel auf, aufgefallen to strike, occur to

auffällig striking

auffassen to conceive, interpret

die **Auffassung, -en** conception, view, interpretation

auffordern to invite, summon

aufführen to perform

die **Aufführung, -en** performance

die **Aufgabe, -n** task, job; abandonment

aufgeben, gab auf, aufgegeben to give up, abandon

aufgehen, ging auf, aufgegangen to rise (sun)

aufgehen (in) to be merged in, absorbed in

aufgeschlossen open-minded

aufhalten, hielt auf, aufgehalten to delay, stop

aufheben, hob auf, aufgehoben to abolish, annul, repeal; raise, keep

aufholen to catch up

aufhören to stop, cease

aufklären to enlighten

der **Aufklärer, -** enlightener

die **Aufklärung, -en** enlightenment; also: sex education

die **Auflage, -n** edition, circulation

sich **auflehnen (gegen)** to rebel, resist

auflösen to dissolve, disband

der **Aufmarsch, ¨e** parade, deployment

die **Aufmerksamkeit, -en** attention

aufnahmefähig receptive

die **Aufnahmeprüfung, -en** entrance examination

aufnehmen, nahm auf, aufgenommen to accept, admit, receive, absorb

aufpassen to watch, be attentive

aufpflanzen to set up

aufregen to excite

die **Aufreizung, -en** incitement, instigation

aufrufen, rief auf, aufgerufen to call, summon

die **Aufrüstung, -en** armament

die **Aufrüstungspolitik** armament policy

aufschieben, schob auf, aufgeschoben to postpone

die **Aufschrift, -en** inscription

der **Aufschwung, ¨e** boom, upward development

das **Aufsehen** sensation

die **Aufsicht, en** supervision, inspection

das **Aufsichtsgremium, -gremien** supervising authority or board

der **Aufsichtsrat, ¨e** board of directors

aufspalten to separate, divide

aufspringen, sprang auf, aufgesprungen to jump up

der **Aufstand, ¨e** revolt, insurrection

aufständisch rebellious

aufsteigen, stieg auf, aufgestiegen to rise, take off

aufstellen to set up, nominate, mount

der **Aufstieg, -e** ascent, rise

die **Aufstiegschance, -n** chance for promotion

die **Aufstiegsmöglichkeit, -en** chance for promotion

aufstrebend aspiring

aufteilen to divide, parcel

der **Auftrag, ¨e** order, commission

der **Auftraggeber, -** customer, employer

auftreten, trat auf, aufgetreten to occur, appear, proceed

das **Auftreten** behavior, appearance, occurrence

der **Auftrieb** upswing, encouragement

aufwachen to wake up

aufwachsen, wuchs auf, aufgewachsen to grow up

aufzählen to enumerate

das **Auge, -n** eye

der **Augenzeuge, -n** eyewitness

ausarbeiten to compose, draft, elaborate

der **Ausbau** extension, completion, development

ausbauen to develop, complete, expand

der **Ausbauplan, ¨e** plan for expansion, development

die **Ausbeutung, -en** exploitation

ausbilden to train, educate

die **Ausbildung, -en** training, instruction

ausbrechen, brach aus, ausgebrochen to break out, happen

ausbreiten to spread, propagate

der **Ausbruch, ¨e** outbreak; escape

ausbürgern to expatriate, deprive of citizenship

der **Ausdruck, ¨e** expression, term

ausdrücken to express; squeeze out

auseinanderbrechen, brach auseinander, auseinandergebrochen to break apart, separate

die **Auseinandersetzung, -en** confrontation, argument, discussion

ausfallen, fiel aus, ausgefallen to fail to take place; turn out

der **Ausflug, ¨e** excursion, outing

ausführen, to execute, implement; export

ausführlich detailed

der **Ausgangspunkt, -e** starting point

ausgedehnt extended

ausgehen, ging aus, ausgegangen to take a walk, end, turn out

ausgezeichnet excellent

der **Ausgleich, -e** compensation, compromise

ausgleichen, glich aus, ausgeglichen to balance, compensate

der **Ausgleichssport** recreational sport to balance a sedentary job

sich **auskennen, kannte aus, ausgekannt** to be an expert, be at home

auskommen (mit), kam aus, ausgekommen to make do with, get along with

das **Ausland** foreign countries

der **Ausländer, -** foreigner

die **Ausländerfeindlichkeit** hostility toward foreigners

ausländisch foreign

auslegen to lay out, display; interpret

die **Auslese, -n** selection, choice

ausliegen, lag aus, ausgelegen to be offered in a show window

ausmachen to matter; arrange; **es macht mir etwas aus** it matters to me, it makes a difference to me

das **Ausmaß, -e** extent, dimension

die **Ausnahme, -n** exception

das **Ausnahmegesetz, -e** emergency law

der **Ausnahmemensch, -en** exceptional person

ausnutzen to utilize, take advantage of

ausprobieren to sample, try out

ausrauben to rob

ausrechnen to calculate, compute

ausreichen to be sufficient, adequate

der **Ausreisewillige, -n** person willing to leave the country

ausrichten (auf) to orient toward, adjust

ausrufen, rief aus, ausgerufen to proclaim, exclaim

sich **ausruhen** to rest

ausschalten to turn off, eliminate

ausscheiden, schied aus, ausgeschieden to eliminate, withdraw, drop out, separate

ausschlagen, schlug aus, ausgeschlagen to turn out; to decline, refuse

ausschließlich exclusive

der **Ausschuß, ¨sse** committee

die **Ausschußsitzung, -en** committee meeting

der **Außenminister, -** foreign minister, Secretary of State

die **Außenpolitik** foreign policy

außenpolitisch referring to foreign policy

der **Außenseiter, -** outsider

außerdem besides, moreover

außerhalb outside

äußerlich external, outward

außerordentlich extraordinary

außerparlamentarisch outside of parliament

die **Aussicht, -en** prospect, view, outlook

aussichtslos hopeless, without chance of success

die **Aussöhnung, -en** reconciliation

aussprechen, sprach aus, ausgesprochen to pronounce, articulate, express

die **Ausstattung, -en** outfit, furniture, equipment

ausstellen to exhibit

die **Ausstellung, -en** exhibition

aussterben, starb aus, ausgestorben to die out, become extinct

die **Ausstoßung, -en** expulsion, rejection

ausstrahlen to radiate, emit light

aussuchen to choose, select

der **Austausch, -e** exchange, interchange, barter

austauschen to exchange, substitute

austreten, trat aus, ausgetreten to leave a group, cancel membership

ausüben to exercise, practice

die **Auswahl** choice, selection

auswählen to select, choose

der **Auswanderer, -** emigrant

auswandern to emigrate

die **Auswanderung, -en** emigration

auswärts outwards, abroad

auswechseln exchange

der **Ausweg, -e** way out, expedient

ausweisen, wies aus, ausgewiesen to expel, deport, banish

auswendig by heart; outside

auswirken to effect, result

sich **auszeichnen** to distinguish oneself

ausziehen, zog aus, ausgezogen to leave, march out, move (from)

das **Auto, -s** car

die **Autobahn, -en** expressway, superhighway

die **Autobiographie, -n** autobiography

das **Autogramm, -e** autograph

die **Autoindustrie, -n** automobile industry

automatisieren to automate

der **Automechaniker, -** mechanic

die **Autonomie, -n** autonomy, self-government

das **Autorennen, -** car race

autoritär authoritarian
die **Autorität, -en** authority
die **Autoschlange, -n** backed-up line of cars
der **Autounfall, ¨e** car accident
das **Avantgardetheater,-** avant-garde theater (stage)
der **Azubi, -s** trainee, apprentice

backen to bake
der **Bäckermeister, -** master baker
die **Bäckerstraße** Baker Street
das **Bad, ¨er** bath
baden to bathe
der **Badenser, Badener,-** inhabitant of Baden
die **Bahn, -en** course, path, road; railway
der **Bahnhof, ¨e** railway station
die **Bahnhofsbuchhandlung, -en** bookstore at the railway station
das **Ballett, -e** ballet
baltisch Baltic (referring mainly to Estonia, Latvia and Lithuania)
das **Band, ¨er** ribbon, tie
die **Bank, ¨e** bench
die **Bank, -en** bank
der **Bankier, -s** banker
der **Bann, -e** excommunication, ban, curse
barock baroque
die **Barockkultur** culture of the period of baroque
der **Barockstil** baroque style
der **Bart, ¨e** beard
die **Basis, Basen** basis, base
die **Basisdemokratie** democracy controlled by the population at large (instead of by the establishment)
der **Bau, -ten** construction, building
der **Bauarbeiter, -** construction worker
bauen to build
der **Bauer, -n** farmer
bäuerlich rural
der **Bauernhof, ¨e** farm, farm buildings
der **Bauernkrieg, -e** Peasants' War (1524–25 in Germany)
die **Bauernmagd, ¨e** maid servant on a farm
der **Bauernsohn, ¨e** son of a farmer
der **Bauernstand, ¨e** farmers' class, peasantry
das **Bauhaus** influential art school in Germany (1919–1934)
die **Baukunst, ¨e** architecture
das **Bauwerk, -e** building
die **Baumwolle** cotton
der **Baustil, -e** style of architecture
Bayern Bavaria
beachten to notice, pay attention to
beachtlich noticeable, noteworthy
der **Beamte, -n** official, officer, civil servant
die **Beamtenlaufbahn** civil service career
beanspruchen to claim, pretend
beantworten to answer
bearbeiten to cultivate; handle, work on (something)
beaufsichtigen to inspect, supervise, control
bedacht sein (auf) to cherish, be intent on
bedauern to regret, deplore
bedecken to cover
das **Bedenken, -** hesitation, objection
bedeuten to mean, signify
bedeutend important, considerable
die **Bedeutung, -en** importance, signification, meaning
der **Bediente, -n** servant, lackey
die **Bedingung, -en** condition, terms
bedingungslos unconditional

bedrohen to menace, threaten
die **Bedrohung, -en** menace
das **Bedürfnis, -se** need, necessity
beeinflussen to influence
beeinträchtigen to impair, prejudice
beenden to terminate, bring to an end
beengend confining
sich **befassen (mit)** to handle, deal with, engage in
das **Befehlen** ordering, commanding
befestigen to fortify; attach
die **Befestigung, -en** fortress, fortification
der **Befestigungswall, ¨e** rampart
befolgen to follow, observe, obey
die **Beförderung, -en** promotion, transport
die **Befragung, -en** poll
befreien to liberate
die **Befreiung, -en** liberation
die **Befriedigung** satisfaction
die **Befugnis, -se** authority
befürchten to fear, apprehend
der **Befürworter, -** advocate, supporter
begabt talented, smart
die **Begabung, -en** talent
begegnen to meet, happen
begehen, beging, begangen to commit (mistakes, etc.); celebrate; walk around
begehren to desire, crave
begehrt in demand
begeistern to inspire
begeistert enthusiastic
die **Begeisterung** enthusiasm
der **Beginn** beginning, origin
beginnen, begann, begonnen to begin
begleiten to accompany, escort
der **Begleiter, -** companion
sich **begnügen (mit)** to be satisfied with, content oneself with
begraben, begrub, begraben to bury
das **Begräbnis, -se** burial, funeral
begreifen, begriff, begriffen to understand
begrenzen to limit; **begrenzt werden (von)** to be bordered by
begrenzt limited, narrow
der **Begriff, -e** notion, concept, idea
der **Begründer, -** founder
begrüßen to salute, welcome
begünstigen to favor, encourage
begutachten to give an opinion on, evaluate
behalten, behielt, behalten to keep, retain
behandeln to treat, handle
beharren (auf) to persist, persevere, stick to
behaupten to affirm, maintain, hold one's ground
behelfsmäßig makeshift
beherrschen to rule, govern
behindern to hamper, hinder
die **Behörde, -n** authority, office
behüten to shelter, protect, preserve
beibringen, brachte bei, beigebracht to forward, produce, teach
beide both
die **Beihilfe, -n** subsidy, aid
das **Beisammensein** meeting, being together
der **Beisitzer, -** assessor, committee member
das **Beispiel, -e** example
beißend biting, poignant, pungent
der **Beitrag, ¨e** contribution
beitragen, trug bei, beigetragen to contribute

beitreten, trat bei, beigetreten to join, agree

bekämpfen to combat, fight against

bekannt well-known

der **Bekannte, -n** acquaintance

bekehren to convert

bekennen, bekannte, bekannt to confess, admit

das **Bekenntnis, -se** confession

beklagen to deplore, lament, compain

bekleiden to occupy (a position), clothe

bekommen, bekam, bekommen to get, obtain

belagern to besiege

belasten to burden, load

die **Belastung, -en** burden, load, stress

beleben to animate

belegen to sign up for, reserve, inflict

die **Belegschaft, -en** personnel

belehnen to invest with a fief, enfeoff

die **Beleidigung, -en** insult, affront

Belgien Belgium

beliebig as one likes, any

beliebt popular, favorite

bemerken to notice, observe

bemerkenswert remarkable

die **Bemerkung, -en** remark, observation

sich **bemühen** to take pains, exert oneself

die **Bemühung, -en** trouble, endeavor

benachbart neighboring

das **Benediktinerkloster, ¨** Benedictine monastery

der **Benediktinerorden** Benedictine order

das **Benehmen** behavior, conduct

beneiden to envy

benennen, benannte, benannt to name, term

benutzen to make use of

das **Benzin** gasoline

bequem convenient, comfortable

beraten, beriet, beraten to advise, counsel

der **Berater, -** advisor

berechnen to calculate, compute

der **Bereich, -e** scope, field, range

bereichern to enrich

bereit ready, prepared

bereiten to prepare

bereits already

der **Berg, -e** mountain

das **Bergbaugebiet, -e** mining area

der **Berggipfel, -** summit of a mountain

der **Berghang, ¨e** mountain slope

die **Berglandschaft, -en** mountain scenery

der **Bergmann, -leute** miner

der **Bergrücken, -** mountain ridge or range

der **Bergsee, -n** lake in the mountains

die **Bergspitze, -n** mountain peak

das **Bergsteigen** mountaineering

das **Bergwandern** mountain tours, hiking in the mountains

das **Bergwerk, -e** mine

die **Bergwerksindustrie, -n** mining industry

der **Bergwerksort, -e** mining town

der **Bericht, -e** report

die **Berichterstattung, -en** reporting, information

berücksichtigen to take into consideration, respect

der **Beruf, -e** job, occupation, profession

berufen, berief, berufen to appoint, call, convoke

beruflich professional, vocational

die **Berufsarbeit, -en** professional work

die **Berufsaufbauschule, -n** type of vocational school

die **Berufsausbildung** vocational training

die **Berufsaussicht, -en** career prospects

der **Berufsberater, -** vocational counselor

das **Berufsbewußtsein** pride in belonging to a particular profession

das **Berufsbild, -er** definition of the necessary skills and knowledge for a certain profession

die **Berufsfachschule, -n** type of vocational school

das **Berufsgrundbildungsjahr** a year for basic vocational preparation

die **Berufsgruppe, -n** professional group

die **Berufskunde** theoretical knowledge necessary for a trade

das **Berufsleben, -** professional life

die **Berufsmöglichkeiten** *(pl.)* opportunities, career possibilities

die **Berufsschule, -n** type of vocational school

der **Berufssport** professional sport

die **Berufssportart, -en** type of professional sport

der **Berufssportler, -** professional in sports

die **Berufstätigkeit, -en** employment, professional activities

das **Berufsverbot, -e** prohibition to enter into the civil service (for political reasons)

die **Berufswahl** choice of a profession

der **Berufszweig, -e** trade, branch of a profession

die **Berufung, -en** appointment, appeal

beruhen (auf) to be based on, depend on

beruhigen to calm, appease

berühmt famous

berühren to touch, mention

die **Berührung, -en** contact

die **Besatzung, -en** occupation, garrison

die **Besatzungsmacht, ¨e** occupying forces

die **Besatzungszone, -n** occupation zone

beschäftigen to occupy, employ

sich **beschäftigen (mit)** to be occupied with, deal with

die **Beschäftigung, -en** occupation

beschenken to present, give presents

beschließen, beschloß, beschlossen to decide, conclude

beschränken to confine, limit

beschränkt limited, dull

die **Beschränkung, -en** restriction, limitation

beschreiben, beschrieb, beschrieben to describe

die **Beschreibung, -en** description

beschreiten, beschritt, beschritten to enter, walk on

beschützen to protect, defend

sich **beschweren** to complain

beschwören, beschwor, beschworen to swear, take an oath

beseitigen to remove

die **Beseitigung, -en** removal

der **Besen, -** broom

besetzen to occupy, staff, fill

die **Besetzung, -en** occupation (of a country)

besichtigen to visit, inspect, view

besiedeln to settle, colonize

die **Besiedelung, -en** colonization

besiegen to overcome, beat, conquer
der **Besiegte, -n** vanquished, conquered
sich **besinnen (auf), besann, besonnen** to remember, reflect
der **Besitz** possession, holding
besitzen to own, possess
der **Besitzstand** the present condition of rights and claims
die **Besitzung, -en** possession, estate
das **Besondere: etwas Besonderes** something particular, peculiar
besonders particularly, separately
besprechen, besprach, besprochen to discuss, talk over, review
bessern to improve
der **Bestand, ¨e** stock; stability; duration
bestätigen to approve, confirm, sanction
bestehen, bestand, bestanden to be, exist
bestehen (auf) to insist upon; **bestehen (aus)** to consist of
die **Bestie, -n** beast, brute
bestimmen to define, determine, fix
die **Bestimmung, -en** regulation, definition, vocation
das **Bestreben** exertion, effort
besuchen to visit
die **Betätigung, -en** activity
sich **beteiligen (an), beteiligt sein (an)** to participate in, have a share
beteiligt participating, interested, (party) concerned
die **Beteiligung, -en** participation, partnership
beteuern to protest, assure
der **Beton** concrete
der **Betonbau, -ten** concrete building
betonen to stress, emphasize
betrachten to view, consider
beträchtlich considerable
betreffen, betraf, betroffen to concern
betreiben, betrieb, betrieben to pursue, operate
betreten, betrat, betreten to enter
der **Betrieb, -** business, plant, workshop, company
der **Betriebsausflug, ¨e** firm's outing
die **Betriebsleitung, -en** management of a company
der **Betriebsrat, ¨e** staff committee
die **Betrügerei, -en** fraud, deceit
das **Bett, -en** bed
der **Bettler, -** beggar
sich **beugen** to submit to
beurteilen to judge, criticize
bevölkern to populate
die **Bevölkerungsdichte** density of population
der **Bevölkerungszuwachs** population growth, increase
bevor before
bevorzugt popular, favorite
bewahren to preserve, keep, protect
die **Bewährungsprobe, -n** test, occasion to prove oneself
bewaldet wooded
die **Bewältigung** surmounting, overcoming, accomplishment
beweglich movable, active, versatile
die **Bewegung, -en** movement, agitation, emotion
beweisen, bewies, bewiesen to prove, demonstrate
sich **bewerben** to apply for
der **Bewerber, -** candidate, applicant
bewilligen to grant
bewirtschaften to cultivate, manage
bewohnen to inhabit

der **Bewohner, - inhabitant**

bewundern to admire

bewußt conscious, aware

das **Bewußtsein** consciousness

bezahlen to pay

die **Bezahlung, -en** pay, payment

bezaubernd enchanting

bezeichnen to designate, denote

die **Bezeichnung, -en** designation, term

bezeugen to testify, prove

die **Beziehung, -en** relation, connexion

beziehungsweise respectively

der **Bezirk, -e** district, precinct

der **Bezirksausschuß, ¨sse** precinct committee

die **Bibel, -n** bible

die **Bibelauslegung, -en** exegesis, interpretation of the Bible

die **Bibelübersetzung, -en** translation of the Bible

die **Bibliothek, -en** library

biblisch biblical

der **Bienenzüchterverein, -e** association of beekeepers

das **Bier, -e** beer

das **Bierbrauen** brewing of beer

das **Bierfest, -e** beer festival

bieten, bot, geboten to offer

das **Bild, -er** picture, image

bilden to form, shape, cultivate, educate

die **Bildergeschichte, -n** picture story

bilderreich flowery, full of images or pictures

der **Bildhauer, -** sculptor

die **Bildhauerei** sculpture

die **Bildungschance, -n** chance for education

die **Bildungseinrichtung, -en** educational institution

das **Bildungsfernsehen** educational television

das **Bildungsideal, -e** concept of education, educational ideal

die **Bildungspolitik** educational policies

die **Bildungsreise, -n** educational journey

der **Bildungsroman, -e** educational novel

der **Bildungsrückstand, ¨e** educational "lag"

die **Bildungsstufe, -n** level of education

der **Bildungsverein, -e** association for adult education

billig cheap, fair

die **Billion, -en** trillion

der **Binnenhafen, ¨** inland port

der **Binnenmarkt, ¨e** domestic market, inner market

der **Birkenzweig, -e** branch of the birchtree

der **Bischof, ¨e** bishop

die **Bischofsstadt, ¨e** episcopal see, residence of a bishop

bisher till now, so far

bisherig hitherto

das **Bistum, ¨er** bishopric

bitten, bat, gebeten to request, entreat

blasen, blies, geblasen to blow, sound

die **Blasmusik, -en** brass band

blau blue

blauäugig blue-eyed

das **Blei** lead

das **Bleigießen** casting of lead (to predict the future)

bleiben, blieb, geblieben to stay, remain

der **Blick, -e** view, look; **einen Blick werfen** to take a look

der **Blitz, -e** lightning

der **Blitzkrieg, -e** lightning war, blitzkrieg

blockieren to obstruct, blockade

bloß only; bare, naked

die **Blume, -n** flower

das **Blumenfeld, -er** field of flowers

der **Blumenkasten, ¨** flower box

der **Blumenteppich, -e** carpet of flowers

das **Blut** blood

die **Blütezeit, -en** prime, golden age, peak

der **Boden, ¨** soil, ground

die **Bodenschätze** *(pl.)* mineral resources

die **Bodenspekulation, -en** financial speculation with real estate

Böhmen Bohemia

böhmisch Bohemian

die **Bohne, -n** bean

bohren to drill, bore

das **Bollwerk, -e** bastion

der **Bombenanschlag, ¨e** bomb attack

das **Bootfahren** boating

die **Börde** fertile plain (particularly west of Magdeburg)

borgen to borrow

böse bad, evil

der **Botschafter, -** ambassador

die **Böttcherstraße** Cooper Street

das **Boulevardblatt, ¨er** tabloid

das **Boxen** boxing

boykottieren to boycott

brach unploughed, unused

das **Brachland** fallow, unploughed land

der **Brand, ¨e** fire, burning

der **Brauch, ¨e** custom, tradition, usage

brauchen to use, need

die **Braunkohle, -n** lignite, brown coal

das **Braunkohlenlager, -** layer of lignite

das **Braunkohlevorkommen, -** lignite deposit

der **Breitengrad, -e** latitude

der **Breitensport** mass sport

brennen, brannte, gebrannt to burn

brenzlig explosive, dangerous

der **Brieffreund, -e** penpal

die **Briefkastenfirma, -firmen** company registered only in name, with the production elsewhere

der **Briefroman, -e** epistolary novel, letter novel

bringen, brachte, gebracht to take, bring

die **Broschüre, -n** pamphlet, folder

das **Brot, -e** bread

das **Brotstudium, -en** study for the sole purpose of gaining a livelihood

die **Brücke, -n** bridge

der **Bruder, ¨** brother

das **Buch, ¨er** book

der **Buchdruck** book printing

die **Bücherzensur** book censorship

die **Buchgemeinschaft, -en** book club

die **Buchhaltung, -en** bookkeeping

der **Buchhandel** book trade

der **Buchhändler, -** bookseller

die **Buchhändlerschule, -n** vocational school for training booksellers

die **Buchhandlung, -en** bookstore

die **Buchillustration, -en** book illustration

der **Buchladen, ¨** bookshop, bookstore

das **Büchlein, -** small book, booklet

die **Buchmalerei, -en** manuscript or book illumination

die **Buchmesse, -n** book fair

die **Bude, -n** stall, booth, room

das **Bühnenbild, -er** scenery, setting (stage)

die **Bulle, -n** bull

bummeln to loaf, cut classes

der **Bund, ¨e** alliance, league, tie, federation

die **Bundesbahn** federal railways (Federal Republic of Germany)

die **Bundesebene** federal level

das **Bundesfernsehen** television program operated by a federal agency

die **Bundeshauptstadt** capital of the federation

der **Bundeskanzler, -** federal chancellor, head of government in the Federal Republic of Germany or Austria

das **Bundesland, ¨er** federal state

die **Bundesliga, -ligen** professional soccer league (Germany)

die **Bundesligamannschaft, -en** team of the professional soccer league

die **Bundespolitik** federal politics

die **Bundespost** federal post office

der **Bundespräsident, -en** president of the Federal Republic

der **Bundesrat** federal council, upper house of parliament in the Federal Republic of Germany

die **Bundesregierung, -en** federal government

die **Bundesrepublik, -en** federal republic

der **Bundesstaat, -en** federal state, state of a federation

der **Bundestag** federal diet, lower house of parliament

die **Bundestagssitzung, -en** session of parliament

die **Bundestagswahl, -en** Bundestag election

der **Bundesverband, ¨e** association, union on the federal level

das **Bundesverfassungsgericht** supreme court for constitutional questions

die **Bundesversammlung** federal parliament (Switzerland), assembly to elect a president (Federal Republic)

der **Bundesverteidigungsminister, -** Federal Minister of Defense

die **Bundeswehr** federal armed forces

der **Bundeswirtschaftsminister, -** federal minister of economy

das **Bündnis, -se** alliance

die **Burg, -en** castle

der **Bürger, -** citizen, townsman, bourgeois

der **Bürgerkrieg, -e** civil war

bürgerlich civil, bourgeois

die **Bürgerschaft, -en** citizens, citizens' council

die **Bürgerstadt, ¨e** middle class town, commercial town, town without a prince or nobility

das **Bürgertum** middle class, citizenship

die **Burgruine, -n** ruined castle

burgundisch Burgundian

das **Büro, -s** office

der **Bürodiener, -** office boy

die **Bürokratie, -n** bureaucracy, red tape

die **Burschenschaft, -en** students' association, fraternity

das **Bußgewand, ¨er** attire of a penitent

der **Buß- und Bettag** day of atonement and prayer

die **Campingmöbel** *(pl.)* camping furniture

der **Campingplatz, ¨e** camping place

der **Campingreisende, -n** camping traveller

die **Chancengleichheit** equal opportunity, equality of chances

der **Charakter, -e** character

charakteristisch characteristic

der **Charakterzug, ¨-e** characteristic feature, trait of character
der **Charme** charm
der **Chef, -s** boss, head
der **Chefredakteur, -e** chief editor
chemisch chemical
die **Chemie** chemistry
chirurgisch surgical
der **Chor, ¨-e** choir, chorus
das **Chorsingen** choral singing
die **Chorvereinigung, -en** choir, choral society
das **Chorwerk, -e** composition for choir
der **Christbaum, ¨-e** Christmas tree
der **Christenglaube** Christian faith
das **Christentum** Christianity
die **Christianisierung** Christianization
christlich Christian

dabei in doing so; near by
das **Dach, ¨-er** roof
damalig of that time, then
daneben next to it, besides
Dänemark Denmark
dänisch Danish
dank thanks to, owing to
das **Darlehen, -** loan
darstellen to represent, perform, exhibit
darunter among them
das **Dasein** existence, life, presence
die **Dauer** duration, permanence
der **Dauerauftrag, ¨-e** standing order
dauerhaft durable, permanent, sound
das **Dauerhafte** something solid or durable
dauern to last, continue, take (time)
definieren to define
der **Deich, -e** dike, dam
dekadent decadent, declining, corrupt
die **Deklassierung, -en** lowering of social status
die **Dekoration, -en** decoration, setting (stage)
die **Demokratie, -n** democracy
demokratisch democratic
das **Demonstrationsrecht** law concerning political demonstrations
demonstrieren to demonstrate
demontieren to dismantle, dismount
demütigend humiliating
die **Demütigung, -en** humiliation
denken, dachte, gedacht to think, guess
der **Denker, -** thinker, philosopher
das **Denkmal, ¨-er** monument, memorial
die **Denkrichtung, -en** philosophical or ideological orientation
das **Denksystem, -e** philosophical system
die **Denunziation, -en** denunciation
derartig such, of such a kind, to such a degree
deuten to interpret, explain, point out
deutlich clear, distinct
deutsch German
der or die **Deutsche, -n** German
das **Deutsche Reich** German "Reich" (empire)
Deutschland Germany
das **Deutschlandbuch, ¨-er** book about Germany
deutschnational nationalistic German, term for a type of nationalist conservatism; name of a conservative party before 1933
der **Deutschösterreicher, -** German-speaking Austrian
deutschsprachig German-speaking

die **Devise, -n** motto, device; foreign currency

devot devout, subservient

diabolisch diabolic

der **Dialekt, -e** dialect

dialektisch dialectic

dicht tight, compact, dense

dichtbesiedelt densely populated

die **Dichte** density

dichten to write poetry, compose

der **Dichter, -** poet

dichterisch poetic

die **Dichterlesung, -en** reading by a poet of his own works

die **Dichtung, -en** poetry, poem, work of fiction

dick fat, big, thick

dienen to serve

der **Dienst, -e** service

der **Dienstbote, -n** domestic servant

die **Dienstleistung, -en** service (rendered)

das **Diktat, -e** dictation

die **Diktatur, -en** dictatorship

der **Dilettant, -en** dilettante, amateur

das **Ding, -e** thing, object

das **Diplom, -e** diploma, patent, (academic) degree

der **Diplomarchitekt, -en** architect with an academic degree

die **Diplomatie, -n** diplomacy

diplomatisch diplomatic

der **Diplomchemiker, -** chemist with an academic degree

der **Diplomingenieur, -e** engineer with an academic degree

der **Diplomphysiker, -** physicist with an academic degree

direkt direct

das **Direktmandat, -e** direct mandate, direct election of a candidate

der **Direktor, -en** manager, boss, director

diskriminieren to discriminate

die **Diskussion, -en** discussion

diskutieren to discuss

der **Dispositionskredit, -e** allowance to overdraw one's bank account

die **Disputation, -en** (academic) debate

disputieren to debate

die **Dissertation, -en** dissertation

die **Distanz, -en** distance

der **Doktorgrad, -e** doctor's degree, Ph.D., doctorate

der **Doktortitel, -** doctorate, title of Ph.D.

die **Doktrin, -en** doctrine

der **Dokumentarfilm, -e** documentary film

der **Dolmetscher, -** interpreter

das **Dolmetscherinstitut, -e** school for interpreters

der **Dom, -e** cathedral

dominieren to dominate

donauabwärts downstream on or along the Danube

die **Doppelmonarchie** dual monarchy (Austria-Hungary)

der **Doppelname, -n** compound name

die **Doppelstadt** twin city

doppelt double

das **Dorf, ¨er** village

die **Dorfbevölkerung, -en** village population

das **Dorfleben** country life

dörflich villagelike, rustic

die **Dorfschule, -n** village school

dorther from there

der **Dozent, -en** lecturer, university instructor or professor

der **Dramatiker, -** dramatist

dramatisch dramatic

dramatisieren to dramatize

die **Dramentrilogie, -n** trilogy (of plays)

drehen to turn, roll, revolve, shoot (film)

die **Dreifelderwirtschaft** three-fallow crop rotating system

dreißigjährig thirty years (old)

die **Dreiteilung, -en** partition in three parts, tripartite structure

das **Dressurreiten** dressage, type of horse show

der **Drill, -s** drill, mechanical learning, military discipline

dringen, drang, gedrungen to penetrate, reach, press forward

dringend urgent

das **Drittel, -** third

die **Drogerie, -n** drugstore

drohen to menace, threaten

der **Druck, -e** pressure, hardship, compression; print

drucken print

das **Drucken** printing

drücken to press, squeeze

sich **drücken** to get out of, avoid doing a duty

drückend heavy, oppressive

der **Dualismus, Dualismen** dualism

das **Duell, -e** duel

dulden to tolerate, endure, suffer

der **Dünger** fertilizer, manure, dung

der **Dünkel, -** arrogance, conceit

das **Dunkelwerden** nightfall

durchbringen, brachte durch, durchgebracht bring up; squander

durcheinandergehen, ging durcheinander, durcheinandergegangen to be in confusion, mixed up, in disorder

durchführen to implement, perform, carry out

das **Durchgangsland, ¨er** country in the path of many transit routes

der **Durchgangsverkehr** through traffic, transit

durchhalten, hielt durch, durchgehalten to pull through, endure, carry on to the end

durchmachen to experience, go through

das **Durchreiseland, ¨er** country of transit

durchreisen to travel through, pass through

durchschauen to see through, penetrate, find out

sich **durchschlagen, schlug durch, durchgeschlagen** to fight one's way through, scrape through

durchschnittlich average, on the average

durchsetzen to pull off, put into effect, succeed in

durchsuchen to search

durchweg throughout, usually

durchziehen, durchzog, durchzogen to traverse

dürfen, durfte, gedurft to be allowed to

der **Durst** thirst

duzen to call (someone) „du" (familiar form)

die **Dynamik** dynamics, energy, dynamism

dynamisch dynamic(al)

die **Ebbe** low tide, ebb, decline

eben even; exactly

die **Ebene, -n** plain, plane

ebenfalls likewise, also

ebenso . . . (wie) likewise, just as . . .

echt genuine, true, real

die **Ecke, -n** corner; cornerkick (penalty kick from the corner in soccer)

die **Ehe, -n** marriage, matrimony, married life

die **Ehefrau, -en** wife

ehemalig former, late

der **Ehemann, ¨er** husband
eher rather, sooner
die **Ehescheidung, -en** divorce
die **Ehre, -n** honor
ehrenamtlich honorary
das **Ehrenmitglied, -er** honorary member
die **Ehrennadel, -n** medal or pin to honor certain merits
der **Ehrenname, -n** name of honor
die **Ehrensache, -n** matter of honor, point of honor
der **Ehrgeiz** ambition
ehrgeizig ambitious
die **Ehrlichkeit** honesty, frankness, fairness, sincerity
die **Eidgenossenschaft** (Swiss) confederation
die **Eifersucht** jealousy
eifrig keen, eager, ardent
eigen own, particular, peculiar
die **Eigenart, -en** particularity, peculiarity
der **Eigenbrötler, -** eccentric person, individualist
die **Eigenheit, -en** peculiarity, oddity
der **Eigennutz** self-interest
die **Eigenschaft, -en** quality, attribute, characteristics
eigentlich exactly, really, proper
das **Eigentum, ¨er** property
sich **eignen (für)** to be suitable for
die **Eignung, -en** aptitude, qualification
eilig hasty, urgent
einander each other, one another
der **Einband, ¨e** binding, cover (book)
einbeziehen, bezog ein, einbezogen to include
einbringen, brachte ein, eingebracht to bring (money, profit), yield
eindämmen to contain, limit, restrain
eindeutig unequivocal
eindringen, drang ein, eingedrungen to penetrate, enter into
der **Eindruck, ¨e** impression
eindrucksvoll impressive
die **Einehe, n** monogamous marriage, monogamy
einfach simple, single
einfallen, fiel ein, eingefallen to invade, interrupt; collapse; **es fällt mir ein** it occurs to me
der **Einfluß, ¨sse** influence
einflußreich influential
einführen to introduce, import, initiate
die **Einführung, -en** introduction, importation
der **Einführungskurs, -e** introductory course
die **Eingliederung, -en** incorporation, adaptation
eingreifen, griff ein, eingegriffen to intervene, interfere
einhalten, hielt ein, eingehalten to observe (rules)
einheimisch local, native
der **Einheimische, -n** native
die **Einheit, -en** unit, unity
einheitlich uniform
die **Einheitsliste, -n** standard list (naming all political candidates)
die **Einheitspartei, -en** unified party, party of unity
die **Einheitsschule, -n** unified school for all children
die **Einheitssprache, -n** common language
der **Einheitsstaat, -en** unified, centralized state
einig united
einige some, a few
einigermaßen to some extent, somewhat, rather, more or less
die **Einigung, -en** agreement, unification

das **Einkaufszentrum, -zentren** shopping center

einkehren to put up, enter

einklassig (Schule) village (school) with all children in one classroom and taught by one teacher

das **Einkommen, -** income

die **Einkreisung, -en** encirclement

einladend attractive, inviting

die **Einlegearbeit, -en** inlaid work

einleiten to introduce

einmarschieren to enter, march in, invade

die **Einnahmequelle, -n** source of revenue

einnehmen, nahm ein, eingenommen to take (position), occupy; receive; **von sich eingenommen sein** to be conceited

einrichten to arrange, organize, regulate

die **Einrichtung, -en** establishment, arrangement; furniture

einsam lonely, solitary

einsatzbereit ready for action (army)

einschlagen, schlug ein, eingeschlagen to go in a certain direction, drive in, break in

einschließen, schloß ein, eingeschlossen to encircle, surround, lock in, enclose

einschränken to limit, restrict

sich **einschreiben (für), schrieb ein, eingeschrieben** to enroll, register

die **Einschreibung, -en** enrollment, registration

einsehen, sah ein, eingesehen to understand, perceive

einsetzen to appoint, institute, begin

sich **einsetzen (für)** to stand up for, plead for

der **Einsiedler, -** hermit

sich **einstellen (auf)** to set one's mind on

die **Einstellung, -en** attitude, mentality; engagement; suspension

einstufen to classify, place

einteilen to divide, classify

die **Einteilung, -en** classification, distribution

eintönig monotonous

eintragen, trug ein, eingetragen to register, enter

eintreten, trat ein, eingetreten to enter, join

eintreten (für) to stand up for, intercede for

einverstanden sein to agree

der **Einwanderer, -** immigrant

einweichen to soak

der **Einwohner, -** inhabitant

die **Einwohnerzahl, -en** total population

der **Einzelberg, -e** single mountain, isolated mountain

das **Einzelfaktum, -fakten** detail, single fact

der **Einzelgänger, -** individualist, loner

das **Einzelhaus, ¨er** detached house

die **Einzelheit, -en** detail, item

der **Einzelhof, ¨e** isolated farm

einzeln single, particular, individual

der **Einzelstaat, -en** single state

einziehen, zog ein, eingezogen to draft, call in; collect (taxes); move in

einzig only, sole, unique

die **Eisenbahn, -en** railway

der **Eisenbahnknotenpunkt, -e** railroad junction

das **Eisenbahnnetz, -e** network of railroads

das **Eisenbahnsystem, -e** railroad system

das **Eisenerz, -e** iron ore

das **Eisenerzvorkommen, -** iron ore deposit
der **Eisengehalt, -e** amount of iron in the ore, ferruginous content
die **Eisenklammer, -n** iron clamp
das **Eisenvorkommen, -** deposit of iron (ore)
eisern iron, hard
das **Eishockey** (ice) hockey
das **Eislaufen** ice skating
der **Eisschrank, ¨-e** ice box, refrigerator
das **Eisstockschießen** curling
die **Eiszeit, -en** glacial epoch
die **Eleganz** elegance
die **Elegie, -n** elegy
elektrisch electric
die **Elektrizität** electricity
die **Elektrizitätsleitung** electric line
der **Elektroartikel, -** electric appliance, apparatus
die **Elektroindustrie, -n** electrical industry
die **Elfenbeinschnitzerei, -en** ivory carving
der **Elfmeter, -** penalty in soccer
die **Eliteschule, -n** school for the elite
Elsaß-Lothringen Alsace-Lorraine
die **Eltern** *(pl.)* parents
der **Elternbeirat ¨-e** parents' advisory council (to the school)
das **Elternhaus** home, house of one's parents
die **Emanze, -n** emancipated woman (slang)
die **Emanzipation, -en** emancipation
die **Emanzipationsbewegung, -en** emancipation movement
emigrieren to emigrate
die **Empfängnisverhütung, -en** contraception
empfindlich sensible, sensitive, touchy
empirisch empirical
sich **emporarbeiten** to work one's way up
empören to anger, excite
sich **empören** to get angry, revolt, rebel
emporsteigen, stieg empor, emporgestiegen to rise, ascend
das **Ende, -n** end, conclusion
enden to end, come to an end, terminate
endgültig final, definitive
endlich final, ultimate, finite
die **Endlösung, -en** final solution (term used for the murdering of the Jews during World War II)
die **Endung, -en** ending
energisch dynamic, energetic
eng narrow, tight
sich **engagieren** to engage oneself, get involved
die **Enge** narrowness
der **Engel, -** angel
der **Engländer, -** Englishman
der **Enkel, -** grandchild, grandson, descendant
das **Ensemble, -s** cast, ensemble
entdecken to discover
die **Entdeckung, -en** discovery
die **Ente, -n** duck
die **Enteignung, -en** expropriation
die **Entfaltung, -en** unfolding, expansion, development
entfernen to remove, take out
die **Entfernung, -en** distance, removal
entflechten, entflocht, entflochten to disentangle, divide large companies into smaller units
entfliehen, entfloh, entflohen to escape, flee
die **Entfremdung, -en** alienation, estrangement
die **Entführung, -en** kidnapping, abduction

entgegenkommen, kam entgegen, entgegengekommen to meet halfway

entgegenkommend obliging

entgegensetzen to oppose

entgegentreten, trat entgegen, entgegengetreten to meet, oppose

entgehen, entging, entgangen to escape, avoid

enthaupten to decapitate

enthüllen to reveal, unveil

entlassen, entließ, entlassen to dismiss, discharge, fire

die **Entlohnung, -en** pay, wage

entmilitarisiert demilitarized

die **Entmündigung, -en** tutelage, treatment as a non-responsible person

entnehmen, entnahm, entnommen to take from

enträtseln to unriddle, decipher

entreißen, entriß, entrissen to snatch from

entschädigen to compensate, indemnify

entscheiden, entschied, entschieden to decide

sich **entscheiden** to decide, to make up one's mind

das **Entscheidende** crucial point

die **Entscheidung, -en** decision

die **Entspannung, -en** relaxation, detente

entsprechen, entsprach, entsprochen to correspond, meet

entsprechend corresponding, appropriate

entspringen, entsprang, entsprungen to spring, come from

das **Entstehen** origin, formation

entstehen, entstand, entstanden to come into being, originate

enttäuschen to disappoint

die **Enttäuschung, -en** disappointment

entvölkern to depopulate

entwässern to drain

entweder . . . oder either . . . or

entwerfen, entwarf, entworfen to devise, sketch

entwickeln to develop

die **Entwicklung, -en** development, evolution

entwürdigend degrading

der **Entwurf, ¨-e** plan, project, design, sketch

die **Entwurzelung, -en** uprooting, eradication

entziehen, entzog, entzogen to take away, withdraw, deprive

der **Epigone, -n** imitator or imitative successor

der **Epiker, -** epic writer

die **Epoche, -n** era, epoch, period

das **Epos, Epen** epic poem

der **Erbe, -n** heir

der **Erbfolgekrieg, -e** war of succession

die **Erbin, -nen** heiress

erblinden to grow blind

die **Erbschaft, -en** inheritance

die **Erbse, -n** pea

die **Erbsünde, -n** original sin

das **Erbteil** inheritance, heritage

die **Erbteilung, -en** partition of an inheritance

die **Erbuntertänigkeit, -en** hereditary subjection, serfdom

die **Erde, -n** earth, ground

das **Erdgas, -e** natural gas

das **Erdöl, -e** mineral oil

das **Ereignis, -se** event, occurrence, happening

erfahren, erfuhr, erfahren to experience, learn

die **Erfahrung, -en** experience

erfassen to comprehend, catch, express

erfinden, erfand, erfunden to invent
die **Erfindung, -en** invention
der **Erfolg, -e** success
erfolglos unsuccessful
erfolgreich successful
erforschen to investigate, do research
erfüllen to accomplish, fulfill
ergänzen to complete, supplement
ergattern to pick up, get
sich **ergeben, ergab, ergeben (aus)** to result from
das **Ergebnis, -se** result, score
ergreifen, ergriff, ergriffen to seize; choose (profession)
ergreifend touching, impressive
erhalten, erhielt, erhalten to keep, preserve, obtain
erheben, erhob, erhoben to raise
erheblich considerable
erhoffen to hope for, expect
sich **erholen** to recover, regain strength
die **Erholung, -en** recreation, recovery
sich **erinnern (an)** to remember, recollect
erkaufen to buy
erkennen, erkannte, erkannt to recognize, learn, know
erklären to declare, explain
die **Erklärung, -en** explanation, declaration
sich **erkundigen (nach)** ask for, inquire
erlangen to obtain, get, reach
erlassen, erließ, erlassen to enact (laws), publish, issue; dispense with
erlauben to allow, permit
die **Erlaubnis, -se** permission, authority
erleben to see, experience, live
das **Erlebnis, -se** experience, adventure, event
erledigen to execute, dispatch
erleichtern to make easy, relieve, facilitate
erleiden, erlitt, erlitten to suffer, endure
erlernen to learn
die **Erlösung, -en** redemption, deliverance
ermahnen to exhort, admonish
ermorden to murder, assassinate
die **Ermordung, -en** assassination
ermutigt encouraged
ernennen, ernannte, ernannt to appoint, nominate
die **Ernennung, -en** appointment, nomination
erneuern to renew
die **Erneuerung, -en** renewal
erneut again, once more, renewed
ernst earnest, serious; **ernst nehmen** to take seriously
ernsthaft serious
die **Ernte, -n** harvest, crop
das **Erntedankfest, -e** harvest festival, Thanksgiving
der **Ernteeinsatz, ¨-e** required or forced work to bring in the harvest
das **Erntefest, -e** harvest festival
erobern to conquer
die **Eroberung, -en** conquest
das **Eroberungsrecht** right of conquest
eröffnen to open, inaugurate
erproben to test, try
erregen to excite, stir up
erreichbar within reach, attainable
erreichen to reach, attain
errichten to erect, establish

erringen, errang, errungen to win, achieve, gain

der **Ersatz** compensation, substitute, replacement

der **Ersatzdienst, -e** service done by a conscientious objector in substitution for military service

die **Ersatzkasse, -n** medical insurance for middle income employees

das **Ersatzteil, -e** spare part

erscheinen, erschien, erschienen to appear, come out, be published

das **Erscheinungsfest, -e** Epiphany

die **Erscheinungsform, -en** outward form, species, expression

erschrecken to terrify, frighten

erschüttern to shake, move

erschweren to aggravate, make more difficult

ersetzen to replace, make up for, repair

erstatten to compensate, refund

die **Erstaufführung, -n** premiere, first performance in this place

erstaunen to astonish, be astonished

erstaunlich amazing, astonishing

erstens firstly, first

der **erstere** the former

die **Erstkommunion, -en** first communion

erstreben to strive after

sich **erstrecken** to extend

der **Ertrag, ¨-e** produce, output, returns

erträumen to dream of

ertrinken, ertrank, ertrunken to drown

sich **erübrigen** to be superfluous, unnecessary

erwachen to awake

der **Erwachsene, -n** adult

erwähnen to mention

erwarten to expect, wait for

die **Erwartung, -en** expectation

erwecken to awaken, rouse

sich **erweisen (als), erwies, erwiesen** to prove, turn out

erweitern to expand, broaden

erwerben, erwarb, erworben to earn, acquire, gain

erzählen to tell, narrate

die **Erzählung, -en** story, narration

der **Erzbischof, ¨-e** archbishop

das **Erzbistum, ¨-er** archbishopric

erzeugen to produce, generate

erziehen, erzog, erzogen to bring up, educate, train

der **Erzieher,-** educator, teacher, tutor

die **Erziehung, -en** education

das **Erziehungsministerium, -ministerien** ministry or department of education

erzielen to obtain

erzwingen, erzwang, erzwungen to force, extort from

essen, aß, gegessen to eat

Estland Estonia

ethnisch ethnic

etliche some, a few

etwa about, around, perhaps

der **Europagedanke** idea of a unified Europe

die **Europastraße, -n** highway through and built by several European countries

evangelisch evangelical, Protestant

evangelisch-lutherisch Lutheran

evangelisch-reformiert Reformed church (Calvinistic)

das **Evangelium, Evangelien** gospel

ewig eternal

die **Exegese, -n** exegesis, bible interpretation

das **Exemplar, -e** specimen, copy (book)
das **Exil, -e** exile
die **Existenz, -en** existence
der **Existenzialismus** extentialism
exklusiv exclusive
die **Exkursion, -en** excursion
experimentieren to experiment
der **Experte, -n** expert
der **Expressionismus** expressionism
die **Extravaganz, -en** extravagance
extrem extreme

die **Fabel, -n** fable, tale, plot
die **Fabrik, -en** plant, factory
der **Fabrikarbeiter, -** factory worker
das **Fabriktor, -e** factory gate, entrance
die **Fabrikware, -n** machine-made article
das **Fach, ¨er** subject (school); branch (business); drawer
der **Facharbeiter, -** skilled or specialized worker
der **Facharzt, ¨e** medical specialist
die **Fachausbildung, -en** professional training
der **Fachbereich, -e** discipline, department
das **Fachexamen, -** (final) examination to qualify for a profession
das **Fachgymnasium, -gymnasien** technical highschool
die **Fachhochschule, -n** engineering college for students with practical experience
der **Fachidiot, -en** mindless specialist
die **Fachkenntnis, -se** competence, special knowledge
der **Fachlehrer, -** teacher qualified for teaching a particular subject
der **Fachmann, ¨er or Fachleute pl.** expert, specialist
die **Fachoberschule, -n** technical highschool
die **Fachschule, -n** professional school leading to specialization or higher qualification in one's field
das **Fachseminar, -e** seminar in a specialized field
der **Fachstudent, -en** student specializing in a certain field
die **Fachzeitschrift, -en** professional journal
fähig capable, qualified, able
die **Fähigkeit, -en** ability, capacity, skill
fahren, fuhr, gefahren to go, drive, travel
das **Fahrrad, ¨er** bicycle
der **Fahrradsport** competitive cycling sport
die **Fahrt, -en** ride, drive, trip, journey
der **Faktor, -en** factor
das **Faktum, Fakten** fact
die **Fakultät, -en** division of university, faculty
der **Fall, ¨e** case, fall
falls in case, if
fallen, fiel, gefallen to fall, drop; die in battle; **fallen lassen** to drop
das **Faltboot, -e** folding boat
die **Familie, -n** family
der **Familienangehörige, -n** family member
der **Familienanlaß, ¨sse** family occasion
der **Familienbetrieb, -e** family enterprise, family-owned firm
die **Familienbindung, -en** family tie
der **Familienerbe, -n** family heir
das **Familienfest, -e** family celebration
die **Familienkrise, -n** family crisis
das **Familienleben** family life
das **Familienministerium** ministry for family affairs

FAM

die **Familienpension, -en** hotel, boarding house catering mainly to families (with children)

die **Familienzulage, -n** family allocation

fanatisch fanatic

fangen, fing, gefangen to catch

die **Farbe, -n** color

der **Fasching** carnival (in Bavaria)

die **Fassade, -n** façade, front

fassen to seize, conceive, understand

die **Fasson** manner, kind

die **Fassung, -en** version (of a text), frame

die **Fastenzeit** Lent

die **Fastnacht** carnival (in the Southwest of Germany)

die **Faust, ¨e** fist

das **Faustrecht** law of the jungle

die **Faustsage, -n** legend of Dr. Faustus

fechten, focht, gefochten to fight, fence

fegen to sweep

der **Fehlschlag, ¨e** failure, miss

fehlschlagen, schlug fehl, fehlgeschlagen go wrong, fail

die **Feier, -n** celebration, ceremony, festival

feiern to celebrate

der **Feiertag, -e** holiday

der **Feind, -e** enemy

die **Feindschaft, -en** hostility, enmity, animosity

das **Feld, -er** field, ground

die **Feldarbeit, -en** agricultural labor, work in the fields

die **Felswand, ¨e** precipice, steep side of a rock

das **Fenster, -** window

die **Fensterbank, ¨e** window sill

der **Fenstersturz, ¨e** throwing a person out of the window, defenestration

die **Ferien** *(pl.)* (school) vacation

der **Ferienaufenthalt, -e** holiday, vacation stay

der **Feriengast, ¨** paying guest, tourist

das **Ferienhaus, ¨er** holiday house, vacation home

das **Ferienheim, -e** vacation home

die **Ferienreise, -n** vacation trip

fern far, distant

fernhalten, hielt fern, ferngehalten to keep away from

fernöstlich East Asian, Far Eastern

der **Fernsehbesitzer, -** owner of a television set

das **Fernsehen** television

das **Fernsehgerät, -e** television set

das **Fernsehprogramm, -e** television program or channel

das **Fernsehspiel, -e** television play

das **Fernweh** wanderlust, longing for faraway places

fertig ready, finished; **fertig werden** to get ready

der **Fertigbau** construction with prefabricated elements

fertigbringen, brachte fertig, fertiggebracht to manage to

die **Fertigkeit, -en** skill

fertigstellen to produce, achieve, complete

fest firm, solid, fixed

das **Fest, -e** festival, feast

festgefügt solidly structured, built

festgelegt fixed, settled

festhalten, hielt fest, festgehalten to hold fast, stick to

festigen to secure, establish firmly

der **Festkalender** calender of special events

festlegen to settle, fix

festlich festive, solemn
die **Festlichkeit, -en** festivity
das **Festspiel, -e** festival (theatrical)
das **Festspielhaus, ¨er** festival theater
feststellen to establish, confirm, fix
die **Festung, -en** fortress
festungsartig like a fortress
fett fat, fertile
das **Feuer, -** fire
die **Feuerwehr, -en** fire department
das **Feuerwerk, -e** fire works
das **Feuilleton, -s** cultural section of a newspaper
der **Fichtenwald, ¨er** pine or spruce forest
die **Figur, -en** figure, character
die **Filmakademie, -n** cinematic arts school, film academy
die **Filmfestspiele** *(pl.)* film festival
die **Filmförderung** support of film production (by the government)
das **Filmgelände, -** area of a film studio
die **Filmindustrie** film industry
die **Filmkunst** cinematographic art
die **Filmleute** *(pl.)* movie makers
der **Filmregisseur, -e** film director
der **Filmschauspieler, -** film actor
das **Filmtheater, -** movie theater, cinema
das **Finanzamt, ¨er** internal revenue office
die **Finanzen** *(pl.)* finances
finanziell financial
finanzieren to finance
die **Finanzierung, -en** financing
der **Finanzminister, -** minister of finance, secretary of the treasury
finden, fand, gefunden to find
die **Firma, Firmen** firm, company
der **Firmenchef, -s** manager, principal, owner of the firm
die **Firmenleitung, -en** management of the firm
der **Fisch, -e** fish
die **Fischindustrie, -n** fishing industry
die **Fläche, -n** plain, surface; plane
der **Flächeninhalt, -e** area
der **Flagellant, -en** flagellant
die **Flanke, -n** flank, side; kick from the side to the middle (soccer)
das **Fleckchen, -** little place, spot
das **Fleisch** meat, flesh
fleißig hard working, industrious, assiduous
fliehen, floh, geflohen to flee, escape
die **Fließbandarbeit, -en** assembly line work
fließen, floß, geflossen to flow, run
das **Floß, ¨e** raft, float
der **Flötenspieler, -** flutist, flute player
die **Flucht, -en** flight, escape
der **Flüchtling, -e** refugee, fugitive
die **Flüchtlingswelle, -n** wave of refugees
die **Fluchtwelle, -n** wave of flight, escape
das **Flugblatt, ¨er** pamphlet
der **Flügel, -** wing
der **Flugplatz, ¨e** airport
das **Flugzeug, -e** airplane
der **Fluß, ¨sse** river, stream
der **Flußhafen, ¨** inland harbor
flüssig liquid, fluid
das **Flußtal, ¨er** river valley
der **Flußübergang, ¨e** place to cross a river
die **Flut, -en** flood, high tide, inundation
der **Föderalismus** federalism
die **Folge, -n** consequence, continuation, series

folgen to follow, succeed

folgenschwer momentous, weighty

foltern to torture

die **Folterung, -en** torture

forcieren to force, urge forcibly

fördern to promote, sponsor, advance, help

die **Forderung, -en** demand, claim

die **Förderung, -en** assistance, advancement, promotion

die **Formel, -n** formula

formell formal

formulieren to formulate, define

forschen to investigate, search, do research

der **Forscher, -** investigator, scholar, researcher

die **Forschung, -en** research, investigation

das **Forschungsinstitut, -e** research institute

der **Förster, -** forest ranger, gamekeeper

die **Forstwirtschaft** forestry

forstwissenschaftlich referring to the science of forestry

fortgeschritten advanced

fortlaufend continuous

fortleben to live on

fortnehmen, nahm fort, fortgenommen to take away

der **Fortschritt, -e** progress

fortschrittlich progressive

fortsetzen to continue

der **Fortsetzungsroman, -e** serial novel, serialized novel

fortwährend continual

die **Fotografie, -en** photography, photograph

fotografieren to take pictures, photograph

die **Frage, -n** question

fragen to ask, question

die **Fragestellung, -en** (formulation of a) question, problem

das **Fragezeichen, -** question mark

fraglich doubtful, questionable

die **Fraktion, -en** parliamentary group (of one party)

der **Franke, -n** Franconian

Frankreich France

der **Franzose, -n** Frenchman

französisch French

französischsprachig French-speaking

die **Frau, -en** woman

der **Frauenberuf, -e** women's profession

die **Frauenbewegung, -en** women's movement

die **Frauenbildung** women's education

der **Frauenbund, ¨e** women's league

die **Frauenemanzipation** emancipation of women, feminist movement

die **Frauenschule, -n** girl's secondary school with emphasis on home economics

die **Frauenverehrung, -en** admiration of ladies

frei free, independent, frank, vacant

das **Freibad, ¨er** open air swimming pool

freigebig generous, liberal

die **Freiheit, -en** freedom, liberty

freiheitlich liberal, freedom loving

der **Freiheitsdrang** thirst or desire for freedom

der **Freiheitskämpfer, -** fighter for freedom or independence

der **Freiheitskrieg, -e** war of liberation or independence

die **Freikirche, -n** free church

freilassen, ließ frei, freigelassen to set free, release

die **Freilichtspiele (pl.)** open-air theater

freisprechen, sprach frei, freigesprochen to absolve, acquit

freiwillig voluntary, spontaneous

der **Freiwillige, -n** volunteer

die **Freizeit, -en** spare time, leisure

die **Freizeitbeschäftigung, -en** hobby

die **Freizeitgestaltung** organization of leisure time

freizügig open(-minded), free to move

die **Freizügigkeit** freedom of movement

fremd strange, foreign

die **Fremde** abroad, foreign countries

das **Fremdenverkehrsgebiet, -e** tourist area, resort country

das **Fremdenverkehrsland, ¨er** tourist or resort country

der **Fremdenverkehrsort, -e** tourist resort

die **Fremdsprache, -n** foreign language

die **Freske, -n** fresco

fressen, fraß, gefressen to eat, devour (by animals)

der **Freund, -e** friend

der **Freundeskreis, -e** circle or group of friends

die **Freundlichkeit, -en** friendliness

die **Freundschaft, -en** friendship

freundschaftlich friendly, amicable

das **Freundschaftsgefühl, -e** feeling of friendship

der **Freundschaftsklub, -s** friendship club

das **Freundschaftsverhältnis, -se** friendship, friendly relationship

der **Freundschaftsvertrag, ¨e** treaty of friendship

der **Friede** peace

die **Friedensbedingung, -en** terms or conditions of peace

die **Friedensbewegung, -en** peace movement

die **Friedensbestimmung, -en** terms of a peace treaty

das **Friedensdiktat, -e** dictated peace

der **Friedensschluß, ¨sse** conclusion of a peace treaty

die **Friedensverhandlung, -en** peace negotiation

der **Friedensversuch, -e** attempt to make peace

der **Friedensvertrag, ¨e** peace treaty

friedlich peaceful

friedliebend peace-loving

froh happy, glad

fröhlich joyful, happy

fromm pious

die **Frömmigkeit, -en** piety

fronen to work as a vassal or serf

der **Fronleichnam** Corpus Christi (Day)

die **Fronleichnamsprozession, -en** procession at Corpus Christi Day

fruchtbar fertile, fruitful

die **Fruchtfolge, -n** sequence of rotating crops

früh early, in the morning

früher prior, former, sooner, earlier

das **Frühjahr, or der Frühling, -e** spring

frühzeitig early, in good time, premature

der **Frühzug, ¨e** early morning train

fühlen to feel, perceive

führen to lead, guide, conduct

der **Führer, -** leader, conductor, guide

die **Führung, -en** leadership, guidance, direction

die **Führungseigenschaft, -en** ability to be a leader, charisma
die **Führungskraft, ¨e** member of the management
das **Fünftel, -** one fifth
die **Funktion, -en** function
funktionell functional
funktionieren function, work
furchtbar terrible, tremendous, formidable
fürchten to fear
furchterregend dreadful, horrifying, frightful
die **Fürsorgerin, -nen** social worker
der **Fürst, -en** sovereign, prince
die **Fürstenfamilie, -n** dynasty, princely family
das **Fürstenlob** praise of the ruler
der **Fürstenstand** princely rank
fürstlich princely
der **Fuß, ¨e** foot, base
der **Fußball, ¨e** soccer
die **Fußballiga, -ligen** soccer league
das **Fußballspiel, -e** soccer match, game of soccer
der **Fußballspieler, -** soccer player
das **Fußball-Toto** soccer pool
der **Fußballverein, -e** soccer club
der **Fußgänger, -** pedestrian
die **Fußgängerstraße, -n** pedestrian zone
die **Fußtruppe, -n** infantry
der **Fußweg, -e** footpath, sidewalk
die **Futterrübe, -n** feeding turnip

die **Galerie, -n** gallery, art shop
der **Gang, ¨e** walk, motion; narrow alley; **in Gang kommen** start, develop, come into operation
die **Gans, ¨e** goose
ganz entire, whole
gar nicht not at all, by no means
garantieren to guarantee warrant
die **Garderobe, -n** cloak room
die **Garnisonsstadt, ¨e** garrison city, city with many barracks
der **Garten, ¨** garden
die **Gartenarbeit, -en** gardening, work in the garden
der **Gartenbau** horticulture
der **Gast, ¨e** guest, customer, visitor
der **Gastarbeiter, -** foreign worker
der **Gasthof, ¨e** inn, restaurant
die **Gasvergiftung, -en** gas poisoning
das **Gebäude, -** building
geben, gab, gegeben to give
das **Gebiet, -e** area, territory, district
gebildet well-educated, cultivated
gebirgig mountainous
das **Gebirgsklima, -s or -te** mountain climate
der **Gebirgszug, ¨e** mountain range
geboren born
der **Gebrauch, ¨e** usage, use
gebrauchen to use, employ
der **Gebrauchsgegenstand, ¨e** commodity
die **Gebrauchsgraphik** advertising art, commercial art
die **Gebühr, -en** duty, fee, dues
gebühren to owe to, be due to
gebunden sein (an) to be tied, bound to
die **Geburt, -en** birth
geburtenschwach with a low birth rate
der **Geburtsadel** inherited nobility, nobility by birth
der **Geburtsfehler, -** congenital defect
das **Geburtshaus, ¨er** birth place, house where somebody was born
die **Geburtsrate, -n** birth rate
der **Geburtstag, -e** birthday
der **Gedanke, -n** thought, idea
gedeihen, gedieh, gediehen to grow, thrive, prosper

der **Gedenktag, -e** day of commemoration

das **Gedicht, -e** poem

geeignet suitable, fit

die **Geest** dry, sandy land (Schleswig-Holstein)

die **Gefahr, -en** danger, risk

gefährlich dangerous

gefallen, gefiel, gefallen to please; **sich etwas gefallen lassen** to consent to, agree to, submit to

gefangennehmen to capture, take prisoner

das **Gefängnis, -se** prison, jail

das **geflügelte Wort** slogan, quotation

die **Gefolgschaft, -en** following, followers; personnel

die **Gefolgsleute** *(pl.)* followers

der **Gefreite, -n** lance-corporal, private first class

das **Gefühl, -e** feeling, sensation, emotion

gefühlsbetont emotional, sentimental

die **Gegend, -en** region, country

das **Gegengewicht, -e** counterbalance, counterpoise

der **Gegenkönig, -e** rival king

der **Gegenpapst, ¨e** rival pope

die **Gegenreformation** Counter-Reformation (16th and 17th centuries)

der **Gegensatz, ¨e** opposition, contrast, antithesis

gegenseitig reciprocal, mutual

der **Gegenstand, ¨e** object, topic

das **Gegenteil, -e** opposite, contrary, reverse

das **Gegentor, -e** goal for the other team (sports)

gegenüber opposite, face to

gegenüberstehen, stand gegenüber, gegenübergestanden to contrast, be in opposition

die **Gegenwart** present time, presence

der **Gegner, -** opponent, adversary

das **Gehalt** salary

die **Gehaltsbedingung, -en** salary scale

die **Gehaltserhöhung, -en** salary raise or increase

die **Gehaltsforderung, -en** demand for salary raise

geheim secret, clandestine

das **Geheimnis, -se** secret, mystery

der **Geheimschreiber, -** private secretary

gehen, ging, gegangen to go, walk; **es geht** it works, it is all right

der **Gehilfe, -n** assistant; in some professions: trained workman

gehorchen to obey

gehören (zu) to belong to

der **Gehorsam** obedience

der **Geigenbauer, -** violin maker

der **Geist, -er** mind, intellect; ghost

die **Geisteswissenschaft, -en** humanities

geistig intellectual, mental, spiritual

geistlich clerical, ecclesiastic, spiritual

der **Geistliche, -n** clergyman, minister, priest

die **Geistlichkeit** clergy, church, priesthood

gelangen to get to, arrive at

geläufig customary; fluent

gelb yellow

das **Geld, -er** money

der **Geldbedarf** need for money

die **Geldentschädigung, -en** monetary compensation

die **Geldentwertung, -en** devaluation of money, inflation

der **Geldgeber, -** sponsor, financial backer

die **Geldknappheit** scarcity of money

die **Geldmünze, -n** coin

die **Geldschwierigkeit, -en** financial difficulty, lack of money

die **Geldspende, -n** donation

der **Geldumlauf** money circulation

das **Geldverdienen** earning, making money

der **Geldverdienst, -e** income, salary

die **Geldwirtschaft, -en** economy based on money

die **Gelegenheit, -en** opportunity, occasion

der **Gelehrte, -n** scholar, learned man

das **Geleit** escort; **freies Geleit** safe conduct

gelingen, gelang, gelungen to succeed

geloben to promise, vow

gelten, galt, gegolten to mean, be valid, have influence

das **Gelübde, -** vow solemn promise

das **Gemälde, -** painting, picture

gemäßigt moderate, temperate

gemein haben (mit) to have in common with

die **Gemeinde, -n** community, parish

das **Gemeindeleben** parish life, community life

das **Gemeindemitglied, -er** parishioner

die **Gemeindesteuer, -n** municipal tax

die **Gemeindevertretung, -en** city council, municipal representation

die **Gemeindeverwaltung, -en** municipal administration, local government

die **Gemeindewahl, -en** municipal election

der **Gemeinnutz** public need or utility

gemeinnützig nonprofit, for the benefit of the public

gemeinsam common, joint

die **Gemeinsamkeit, -en** communality, mutuality

die **Gemeinschaft, -en** community, association, club, team

die **Gemeinschaftsarbeit, -en** cooperation, team work

der **Gemeinschaftsbesitz** joint property (of a group)

das **Gemeinschaftshaus, ¨er** recreation center of a village

das **Gemeinschaftsleben** community life, life in a group

die **Gemeinschaftsschule, -n** coeducational school; school for children of all religious denominations

gemischt mixed

die **Gemischtwirtschaft, -en** farm economy with both cattle-breeding and field crops

das **Gemüse, -** vegetables

der **Gemüsebau** vegetable gardening or farming

die **Gemütlichkeit, -en** comfort, comfortableness, ease

genau exact, accurate

genehmigen to grant, approve, license

geneigt inclined, disposed

der **Generalfeldmarschall, ¨e** field marshall

der **Generalstabschef, -s** chief of general staff

der **Generalstreik, -s** general strike

das **Generationsproblem, -e** generation gap

das **Genie, -s** genius

genießen, genoß, genossen to enjoy

die **Genossenschaft, -en** cooperative

die **Genossenschaftsmolkerei, -en** cooperative dairy

genug enough, sufficient

genügen to be enough
die **Geographie** geography
geographisch geographical
gerade even, straight, just (now)
geradezu straight on, downright
das **Gerät, -e** tool, set, appliance, gear
geraten, geriet, geraten to come into, get into, fall into
der **Gerber, -** tanner
die **Gerberstraße, -n** Tanners' Street
die **Gerechtigkeit, -en** justice
der **Gerettete, -n** someone saved
das **Gericht, -e** court of justice, judgment
der **Gerichtsreferendar, -e** law graduate getting practical training
gering little, small
geringfügig insignificant, trifling
der **Germane, -n** German, Teuton
germanisch Germanic, Teutonic
gern willingly, with pleasure
die **Gerste** barley
die **Gesamthochschule, -n** college offering courses in many fields, admitting students from technical high schools
die **Gesamtschule, -n** unified school combining all German school types
der **Gesandte, -n** envoy, minister
der **Gesangverein, -e** choral society
das **Geschäft, -e** shop, business, affair, transaction
die **Geschäftssitzung, -en** business meeting
die **Geschäftsverbindung, -en** business connection
geschätzt respected, estimated
geschehen, geschah, geschehen to happen, take place, occur
die **Geschichte, -n** history, story
der **Geschichtsphilosoph, -en** philosopher of history
der **Geschichtsschreiber, -** historian
geschickt skillful
das **Geschirr** china, crockery, tools
das **Geschlecht, -er** family, generation, species, sex
die **Geschlechtskrankheit, -en** venereal disease, V.D.
der **Geschmack, ¨er** taste, flavor
das **Geschoß, -sse** projectile, missile (also floor of a house)
die **Geschwindigkeit, -en** speed, velocity, quickness
die **Geschwister** *(pl.)* brothers and sisters, siblings
der **Geschworene, -n** juror
der **Geselle, -n** journeyman, skilled worker; fellow
das **Gesellenstück, -e** object made by an apprentice at completion of his training period
gesellig sociable, social
die **Geselligkeit, -en** sociability, social events
die **Gesellschaft, -en** society, company
gesellschaftlich social
die **Gesellschaftsfahrt, -en** conducted group tour
die **Gesellschaftskritik** social criticism
gesellschaftskritisch critical of (current) social conditions
die **Gesellschaftsordnung, -en** social order, social system
die **Gesellschaftsreise, -n** conducted group tour
die **Gesellschaftsschicht, -en** social class
das **Gesetz, -e** law, statute
das **Gesetzbuch, ¨er** code, law book
gesetzgebend legislative
die **Gesichtsmaske, -n** face mask
gesinnt disposed, -minded

die **Gesinnung, -en** conviction, opinion, sentiment

gespalten divided, separated

die **Gestalt, -en** shape, form, figure

gestalten to form, shape, arrange

die **Gestaltung, -en** formation, creation

gestatten to allow, grant

das **Gestein, -e** rock, stone, ground

das **Getränk, -e** drink, beverage

das **Getreide, -** grain, cereals

die **Getreideart, -en** kind of grain, cereal

die **Getreidesorte, -n** kind of grain

gewagt risky

gewähren to grant, give

die **Gewalt, -en** power, force, violence, authority

der **Gewaltakt, -e** act of violence

gewaltig powerful

gewaltsam forcible, violent

die **Gewalttat, en** act of violence

das **Gewerbe, -** trade, business

die **Gewerbefreiheit** freedom of trade

die **Gewerbekrankheit, -en** occupational disease

die **Gewerkschaft, -en** trade union

das **Gewicht, -e** weight

der **Gewinn, -e** profit, gain, prize

die **Gewinnbeteiligung, -en** profit sharing (of employees)

gewinnen, gewann, gewonnen to win, gain

gewiß certain, sure

das **Gewissen, -** conscience

der **Gewissensgrund, ¨e** reason of conscience

die **Gewißheit, -en** certainty

das **Gewitter, -** thunderstorm

sich **gewöhnen (an)** to get used, accustomed to

das **Gewohnheitsrecht** right or law stemming from customs and traditions

gewöhnlich usual, ordinary

gewohnt sein to be used to

das **Gewürz, -e** spice

das **Gift, -e** poison

gigantisch gigantic

der **Gipfel, -** summit, peak

gipfeln to culminate

die **Gitarre, -n** guitar

das **Gitter, -** iron fence, lattice

der **Glanz** brightness, splendor, brilliance

glänzend bright, brilliant, splendid

glanzvoll brilliant

die **Glanzzeit, -en** climax, most brilliant period, days of glory

das **Glas, ¨er** glass

das **Glasblasen** glass blowing

die **Glasbläserei** art of glass blowing, workshop for glass blowing

die **Glasindustrie** glass industry

die **Glasmalerei** glass painting

der **Glaube** faith, belief

glauben to believe, guess; have faith in

der **Glaubenskrieg, -e** religious war

die **Glaubenslehre, -n** religious doctrine

die **Glaubensregel, -n** dogma

der **Glaubenszweifel, -** scruple in religious matters, scepticism

gläubig believing, faithful

der **Gläubige, -n** believer

die **Glaubwürdigkeit** credibility

gleich equal, like

gleichberechtigt having equal rights

die **Gleichberechtigung** equality of rights

gleichfalls also, likewise

gleichgesinnt like-minded, having the same convictions

das **Gleichgewicht, -e** balance, equilibrium

die **Gleichheit, -en** equality, likeness
die **Gleichschaltung** unification, coordination, uniformity
gleichsetzen to equalize; identify
die **Gleichstellung** equalization
gleichzeitig simultaneous, contemporary, at the same time
gleitend sliding
der **Gletscher, -** glacier
das **Glück** good luck, fortune, happiness
das **Glücksspiel, -e** game of hazard
die **Gnade, -n** grace, favor, mercy
die **Goethezeit** age of Goethe (1770–1830)
der **Goldschmied, -e** goldsmith
die **Goldschmiedekunst, ¨e** art of the goldsmith or jeweler
die **Golfmeisterschaft, -en** golf championship
der **Golfplatz, ¨e** golf course
der **Golfstrom** Gulf Stream
gotisch gothic
der **Gott, ¨er** god, deity
Gott God
der **Gottesdienst, -e** church service
das **Grab, ¨er** grave, tomb
der **Gradmesser, -** measurement of quality
die **Grammatik, -en** grammar
grausam cruel
die **Grausamkeit, -en** cruelty, atrocity
das **Gremium, Gremien** committee, board
der **Grenzbezirk, -e** frontier district, border land
die **Grenze, -n** frontier, border, boundary, limit
grenzen to border
die **Grenzfestung, -en** frontier fortress
das **Grenzgebiet, -e** frontier area
der **Grenzkampf, ¨e** border fight, border war
das **Grenzland, ¨er** border country
der **Grenzübergang, ¨e** border crossing point
der **Grenzwall, ¨e** rampart, border fortification
die **Greueltat, -en** atrocity, horrible deed
Griechenland Greece
griechisch Greek
groß tall, great, big, large; **im großen und ganzen** by and large, on the whole
großartig grand, grandiose, magnificent
Großdeutschland Greater Germany (including Austria)
die **Größe, -n** size, height, quantity, largeness
die **Großeltern** *(pl.)* grandparents
großenteils largely, to a great extent
die **Groß-Familie** extended family
der **Großgrundbesitzer, -** owner of a large estate
das **Großherzogtum, ¨er** grand-duchy
die **Großindustrie, -n** major industry
die **Großmacht, ¨e** major power
die **Großstadt, ¨e** big city
der **Großstädter, -** big city dweller
großziehen, zog groß, großgezogen to bring up, raise
großzügig generous, liberal, broad-minded
grotesk grotesque
grün green
der **Grund, ¨e** ground, bottom; reason
der **Grundbegriff, -e** basic principle, concept
der **Grundbesitz** real estate, landed property
gründen to found, establish
das **Grundgehalt, ¨er** basic salary
das **Grundgesetz** constitution of the Federal Republic of Germany

der **Grundherr, -en** lord of the manor
der **Grundkurs, -en** basic course
die **Grundlage, -n** foundation, basis
die **Grundlagenforschung** basic research
grundlegend basic, fundamental
gründlich thorough, solid, profound
die **Gründlichkeit, -en** thoroughness, solidity
das **Grundrecht, -e** fundamental human right
der **Grundsatz, ¨-e** principle, axiom
grundsätzlich on principle, fundamental
die **Grundschule, -n** elementary school (first 4 years)
die **Grundstufe, -n** beginner's level, lower grades in the school
der **Grundton** keynote, dominant factor
die **Gründung, -en** foundation, establishment
der **Grundvertrag, ¨-e** basic treaty (between the FRG and the GDR)
die **Gruppe, -n** group
die **Gruppenfahrt, -en** group trip
das **Gruppengefühl** feeling of a group; being part of a group
die **Gruppierung, -en** grouping, arrangement
das **Gummi, -s** rubber, gum
günstig favorable
gut, besser, am besten good, better, best
das **Gut, ¨-er** estate, property
die **Güte** goodness, kindness, quality
der **Gütertransport, -e** transport of goods, freight traffic
der **Gutsbesitzer, -** landowner, owner of a large estate, lord of the manor
der **Gutsherr, -en** lord of the manor, landowner
der **Gymnasiallehrer, -** teacher at a *Gymnasium*
das **Gymnasium, Gymnasien** secondary school, high school

haben, hatte, gehabt to have, possess
sich **habilitieren** to qualify as a lecturer or professor at a university by a thesis and an examination
der **Hafer** oats
halb half
der **Halbrechts** forward (soccer), second from the right
die **Halbzeit, -en** half-time, interval
die **Hälfte, -n** half
die **Halle, -n** hall, lounge
die **Hallig, -en** small island in the North Sea not protected by dikes
haltmachen to stop, halt
haltbar durable, tenable
halten, hielt, gehalten to hold, keep, support, contain
die **Haltung, -en** attitude, poise, bearing
die **Handarbeit, -en** manual labor; handicraft, needle work
der **Handel** trade, commerce, bargain
handeln to act, trade, deal, bargain
der **Handelsartikel, -** trading goods, merchandise
die **Handelsbeziehungen** *(pl.)* commercial relations, trade between two countries
das **Handelsgut, ¨-er** merchandise
der **Handelshafen, ¨** commercial port
die **Handelskammer, -n** chamber of commerce
die **Handelsschule -n** commercial school, secretarial school
die **Handelsstadt, ¨-e** commercial town
die **Handelsstraße, -n** trade route

der **Handelsvertrag, ¨-e** commercial treaty

das **Handelszentrum, -zentren** commercial center

die **Handfertigkeit, -en** manual skill, dexterity

der **Händler, -** dealer, trader

das **Handwerk, -e** trade, handicraft

der **Handwerker, -** craftsman, skilled worker, artisan

der **Handwerksbetrieb, -e** workshop

die **Handwerkskammer, -n** chamber of trades

der **Handwerksmeister, -** master craftsman, foreman

hängen, hing, gehangen to hang, suspend; **an etwas hängen** to cling to something, be attached to

der **Hanswurst, -e** clown, buffoon

harmlos harmless, inoffensive

hart hard

hartnäckig obstinate

die **Hartnäckigkeit** obstinacy

der **Haß** hatred

das **Hauptfach, ¨-er** main or major subject

die **Hauptfigur, -en** protagonist, main character

die **Hauptidee, -n** main idea, central idea

das **Hauptportal, -e** main gate, entrance

hauptsächlich chiefly, principal

die **Hauptschule, -n** type of secondary school

der **Hauptschullehrer** teacher at a *Hauptschule*

die **Hauptstadt, ¨-e** capital

das **Hauptthema, -themen** main theme, topic

das **Hauptverdienst, -e** main achievement, merit

das **Hauptwerk, -e** principal work, masterpiece

das **Hauptziel, -e** main goal

das **Haus, ¨-er** house, home; **nach Hause gehen** to go home; **zu Hause** at home

die **Hausarbeit, -en** home work, chores, indoor work

der **Hausbesuch, -e** house call (doctor)

das **Häuserbauen** construction of houses

hausgemacht home-made

der **Haushalt, -e** household

die **Haushaltsmaschine, -n** household appliance

die **Haushaltsware, -n** goods for the household, esp. hardware

die **Haushaltungsschule, -n** school for home economics

der **Hausherr, -en** master of the house

das **Hausieren** the hawking

die **Hausindustrie, -n** home industry

das **Hauskonzert, -e** house concert

der **Hauslehrer, -** private tutor

häuslich domestic, home-keeping

die **Hausmacht** territorial power base (of the emperor)

die **Hausmusik** chamber music played at home

der **Hausschuh, -e** slipper

der **Haustyrann, -en** domestic tyrant

hauswirtschaftlich referring to home economics

die **Haut, ¨-e** skin, hide

die **Hecke, -n** hedge

das **Heer, -e** army, multitude

der **Heerführer, -** commander-in-chief, general

heftig violent, vehement

das **Heilbad, ¨-er** spa

heilig holy, sacred

der **Heilige, -n** saint

die **Heilquelle, -n** medicinal spring

die **Heilstätte, -n** place to get medical treatment to recover, spa

heim home

der **Heimarbeiter, -** home worker

die **Heimat** native place, homeland

das **Heimatgefühl** attachment to one's native place or country

die **Heimatgeschichte** local history

heimatgeschichtlich referring to local history

die **Heimatkunde** geography of one's home district

das **Heimatland, ¨er** native country

die **Heimatstadt, ¨e** birth place, home town

der **Heimatverein -e** association, club to further interest in the native country or town

heimlich clandestine, furtive, secret

heimsuchen to afflict

das **Heimweh** homesickness

die **Heirat, -en** marriage

heiraten to marry

heiß hot

heißen, hieß, geheißen to be called, mean; command

heiter cheerful, serene

der **Hektar, -e** hectare

der **Held, -en** hero

die **Heldensage, -n** heroic legend

die **Heldentat, -en** heroic deed

das **Heldentum** heroism

helfen, half, geholfen to help, assist, aid

hell bright, light, fair

der **Hemdsärmel, -** shirt sleeve

herabdrücken to press down, suppress, keep down

herabsinken, sank herab, herabgesunken to sink down, be degraded

heranwachsen, wuchs heran, herangewachsen to grow up

sich **herausbilden** to develop, form

herausfinden, fand heraus, herausgefunden to find out, discover

herausgeben, gab heraus, herausgegeben to publish, issue, hand out

heraushauen to extricate; carve out

der **Herbst** fall, autumn

die **Herkunft, ¨e** origin, provenance

heroisch heroic

der **Herr, -en** master, lord, gentleman

der **Herrenhof, ¨e** manor; feudal estate

die **Herrschaft, -en** rule, government, mastery

der **Herrscher, -** ruler, sovereign

herrschsüchtig ambitious, domineering

herstellen to produce, restore

der **Hersteller, -** producer

die **Herstellung, -en** production

herumleiten to lead, conduct around

sich **herumschlagen (mit), schlug herum, herumgeschlagen** to trouble with, deal with

heruntergehen, ging herunter, heruntergegangen to lower, come down

hervorgehen (aus), ging hervor, hervorgegangen to result (from)

hervorheben, hob hervor, hervorgehoben to stress, call special attention to

hervorragend outstanding, prominent, excellent

hervorrufen, rief hervor, hervorgerufen to cause, call forth

hervortreten, trat hervor, hervorgetreten to step forward, become visible, become apparent

das **Herz, -en** heart

der **Herzog, ¨e** duke

das **Herzogtum, ¨er** duchy, dukedom
das **Heu** hay
heute today
heutig today's, present
heutzutage nowadays
die **Hexe, -n** witch, sorceress
die **Hierarchie, -n** hierarchy
die **Hilfe, -n** help, assistance, relief
hilflos helpless
der **Hilfsarbeiter, -** unskilled worker, assistant
der **Hilfsbibliothekar, -e** assistant librarian
das **Hilfsprogramm, -e** relief program
der **Himmel, -** heaven, sky
Himmelfahrt Ascension (Day)
hinabstoßen, stieß hinab, hinabgestoßen to throw down, push downward
hinauffahren, fuhr hinauf, hinaufgefahren to mount, drive up
hinausgehen, ging hinaus, hinausgegangen to exceed, go beyond; go out
hinausschieben, schob hinaus, hinausgeschoben to delay, postpone
hinaustanzen to dance out of a room
hinausziehen, zog hinaus, hinausgezogen to march out, go out
hindern to prevent, hinder
das **Hindernis, -se** obstacle, hindrance
die **Hinfahrt, -en** trip to a place
hingegen on the contrary
hingehören to belong to
hinnehmen, nahm hin, hingenommen to suffer, put up with, take
hinrichten to execute, put to death
die **Hinrichtung, -en** execution
sich **hinsetzen** to sit down
hintereinander one after the other
der **Hintergrund, ¨e** background
hintergründig cryptic, subtle, obscure
der **Hinterhof, ¨e** backyard
hinüberblicken to look across
sich **hinziehen, zog hin, hingezogen** to draw on, drag on
hinzukommen, kam hinzu, hinzugekommen to be added
der **Historiker, -** historian
historisch historical
hoch high, tall, noble
sich **hocharbeiten** to work one's way up, rise through the ranks
hochbegabt highly talented, gifted
die **Hochebene, -n** elevated plain, tableland
das **Hochgebirge, -** high mountain chain
das **Hochhaus, ¨er** highrise, skyscraper
hochkommen, kam hoch, hochgekommen to climb, get up
der **Hochleistungssport** highly competitive sport
die **Hochschule, -n** college, university, academy
höchstens at best, at the most
der **Höchststand, ¨e** maximum output, maximum level
die **Hochzeit, -en** wedding, marriage
der **Hof, ¨e** court, courtyard, farm
der **Hofadel** courtiers, nobility at court
der **Hofbesitzer, -** farm owner, farmer, property owner
der **Hofbibliothekar, -e** court librarian
hoffähig presentable at court
der **Hofmeister, -** private tutor, steward

hoffen to hope, trust, expect
die **Hoffnung, -en** hope
die **Höflichkeit, -en** politeness, courtesy
die **Höhe, -n** height, altitude
der **Höhepunkt, -e** highest point, culmination, highlight
die **Höhere Schule** secondary school
die **Höhle, -n** cave, cavern
holen to get, go for, fetch
der **Holländer, -** Dutchman
der **Höllenrachen, -** jaws of hell
das **Holz, ¨er** wood
der **Holzschnitzer, -** wood carver
die **Holzware, -n** wooden article
das **Honorar, -e** fee, royalty
der **Hopfen** hop, hops
der **Hopfenbauer, -n** hop farmer
der **Hörer, -** listener, hearer, auditor, student (university)
das **Hörgeld, -er** (university) tuition fees
der **Hörsaal, -säle** lecture room, auditorium
das **Hörspiel, -e** radio play
hospitieren to sit in on (classes), practice (teaching)
das **Hotelgewerbe** hotel industry
der **Hotelier, -s** hotel owner
der **Hügel, -** hill
das **Huhn, ¨er** hen, chicken
humanistisch humanistic
humorlos without any sense of humor
die **Hungersnot, ¨e** famine
der **Hut, ¨e** hat
die **Hymme, -n** hymm

der **Idealismus** idealism
idealistisch idealistic
die **Idee, -n** idea, notion
sich **identifizieren (mit)** to identify (with)
die **Idylle, -n** idyl
ignorieren to ignore
ihrerseits in her turn, in their turn
illegitim illegitimate
sich **immatrikulieren** to enroll, matriculate, register
immer always, for ever
immerhin still, yet
imposant impressive, imposing
imstande able, capable
Indien India
indirekt indirect
individualistisch individualistic
individuell individual
industrialisieren to industrialize
die **Industrialisierung, -en** industrialization
die **Industrie, -n** industry
die **Industrieanlage, -n** industrial plant
die **Industrieform** industrial design
das **Industriegebiet, -e** industrial area
die **Industriegegend, -en** industrial area
die **Industriegesellschaft, -en** industrial society
der **Industriekomplex, -e** industrial complex
das **Industrieland, ¨er** industrial country
der **Industrielle, -n** manufacturer, industrialist
die **Industriemesse, -n** industrial fair, exhibition
der **Industrieort, -e** industrial town
die **Industriestadt, ¨e** industrial town
der **Industriestandort, -e** industrial site, country where industry is located
die **Industrieware, -n** industrial products, manufactured goods
der **Industriezweig, -e** branch of industry

informell informal
sich **informieren** to get informed
der **Ingenieur, -e** engineer
die **Ingenieursschule, -n** engineering school, type of *Fachschule*
die **Innenarchitektur** interior design, decoration
die **Innenausstattung, -en** furnishings
der **Innenhof, ¨-e** patio, courtyard
der **Innenminister, -** secretary of the interior
innenpolitisch referring to domestic politics
die **Innenstadt, ¨-e** center of town, inner city
das **Innere** interior, inside
innerhalb within, inside
innerlich inward, internal
die **Innerlichkeit** inwardness, inner life
das **Inntal** valley of the (river) Inn
die **Insel, -n** island
die **Insellage** situation corresponding or analogous to that of an island
das **Inserat, -e** ad, advertisement
insgeheim secretly
insgesamt altogether
die **Inszenierung, -en** (stage) production
sich **integrieren** to integrate
intellektuell intellectual
die **Intelligenz** intelligence
der **Intendant, -en** manager, head (theater, radio station)
intensiv intensive
interessant interesting
das **Interesse, -n** interest
die **Interessengruppe, -n** pressure group, group with common interests
sich **interessieren (für), interessiert sein (an)** to take an interest in, be interested in
die **Interzonenstrecke, -n** route across the GDR from the FRG to Berlin (before 1989)
die **Intimsphäre, -n** area of privacy
investieren to invest
inzwischen meanwhile, in the meantime
die **Ironie, -n** irony
irreal unreal
irreführen to mislead, lead astray
der **Irrweg, -e** wrong path, wrong direction
isolieren to isolate
Italien Italy
italienisch Italian

die **Jagd, -en** hunting, shooting
das **Jagen** hunting
die **Jägerprüfung, -en** examination for a hunter's license
das **Jahr, -e** year
das **Jahresfest, -e** anniversary, annual meeting, festival
der **Jahreslauf** course of the year
die **Jahresveranstaltung, -en** annual convention
die **Jahresversammlung, -en** annual meeting, business meeting
der **Jahrgang, ¨-e** group of the same age, annual vintage, publication
das **Jahrhundert, -e** century
jahrhundertealt centuries old
jahrhundertelang for centuries
das **Jahrzehnt, -e** decade
jahrzehntelang for decades
der **Januar** January
japanisch Japanese
die **Jesuitenkirche, -en** Jesuit church
jetzig present, actual
jetzt now, at present
jubeln to rejoice, shout with joy
das **Jubiläum, Jubiläen** jubilee, anniversary

der **Jude, -n** Jew
die **Judengasse, -n** street where Jews live, ghetto
judenfreundlich philosemitic
der **Judenstern, -e** Star of David
die **Judentracht, -en** clothing prescribed for Jews
das **Judentum** Jewry, Judaism
die **Judenverfolgung, -en** persecution of Jews, Jew-baiting
jüdisch Jewish
die **Jugend** young people, youth
die **Jugendbewegung** youth movement
die **Jugendherberge, -n** youth hostel
der **Jugendleiter, -** youth leader, organizer of youth activities
der **Jugendliche, -n** youth, teenager
die **Jugendmannschaft, -en** junior team
die **Jugendorganisation, -en** youth organization
das **Jugendschutzgesetz, -e** law for the protection of minors
Jugoslawien Yugoslavia
jung young
der **Junge, -n** boy
die **Jungfrau, -en** maiden, virgin
das **Jüngste Gericht** Last Judgment, Doomsday
der **Jungwähler, -** young voter
der **Junker, -** squire, junker
der **Jurist, -en** lawyer
juristisch juridical, legal
Jus *or* **Jura** law (as subject of studies)
die **Justiz** justice, administration of justice
der **Juwelier, -e** jeweller

das **Kabelfernsehen** cable television
die **Kaffeebörse, -n** coffee exchange
kahl bare, naked
der **Kaiser, -** emperor
die **Kaiserhalle, -n** imperial hall
die **Kaiserkrone, -n** imperial crown
kaiserlich imperial
die **Kaiserpfalz, -en** imperial castle
das **Kaiserreich, -e** empire
die **Kaiserstadt, ¨-e** imperial city, residence of the emperor
der **Kalender, -** calendar
das **Kalisalzlager, -** potash deposit
kalkulieren to calculate, plan
kalt cold
kaltstellen to put on ice, shelve, remove from a place of power
der **Kalvinist, -en** Calvinist
kalvinistisch calvinistic
der **Kamerad, -en** comrade, fellow, buddy
der **Kämmerer, -** chamberlain
die **Kammermusik** chamber music
der **Kammermusikabend, -e** evening concert of chamber music
das **Kammerorchester, -** chamber orchestra
der **Kampf, ¨-e** fight, combat, contest, struggle
kämpfen to fight, struggle
das **Kampfesjahr, -e** year of struggle, revolutionary year
der **Kampfgeist** fighting spirit
der **Kanal, ¨-e** canal, channel
die **Kanalisation, -en** sewer system
das **Kanalsystem, -e** canal system
die **Kanalverbindung, -en** canal connecting two rivers
der **Kandidat, -en** candidate
der **Kanton, -e** canton (name of states in Switzerland)
der **Kantor, -en** organist, leader of a church choir
der **Kanzler, -** chancellor
die **Kanzlerschaft** chancellor's term of office

die **Kapazität, -en** capacity
der **Kapitalismus** capitalism
das **Kapitel, -** chapter
die **Kapitulation, -en** capitulation
der **Karfreitag** Good Friday
die **Karikatur, -en** caricature, cartoon
der **Karneval** carnival
die **Karnevalszeit** carnival season
die **Karotte, -n** carrot
der **Karpfen, -** carp
die **Karriere, -n** career
die **Kartoffel, -n** potato
der **Kassenpatient, -en** patient whose expenses are paid by a medical insurance
der **Kassenwart, -e** treasurer
die **Kaste, -n** caste
kastastrophal catastrophic
die **Katastrophe, -n** catastrophe
die **Kathedrale, -n** cathedral
der **Katholik, -en** (Roman) Catholic
der **Katholikentag, -e** general meeting of Catholic priests and laymen in Germany
katholisch Catholic
der **Kauf, ¨e** purchase, buy; **in Kauf nehmen** to put up with, tolerate
kaufen to buy, purchase
der **Kaufmann, -leute** merchant
kaum hardly, scarcely
die **Kehrseite, -n** reverse (side)
keinerlei of no sort, none
keinesfalls not at all, by no means
keineswegs by no means
das **Kellertheater, -** (avant-garde) theater in a basement
keltisch Celtic
kennen, kannte, gekannt to know, be acquainted with
der **Kenner, -** expert, connoisseur
kennzeichnen to mark, earmark
der **Kern, -e** core, essence, gist, center
die **Kernwaffe, -n** nuclear weapon
die **Kerze, -n** candle
die **Kette, -n** chain
der **Ketzer, -** heretic
der **Kilometerfresser, -** driver who tries to cover long distances in a record time without any practical purpose
kilometerlang miles long
das **Kind, -er** child
die **Kindererziehung** education of children
die **Kinderfeindlichkeit** hostility towards children
der **Kinderreichtum** large numbers of children
die **Kinderzulage, -n** family allowance according to the number of children
die **Kindheit** childhood
das **Kino, -s** cinema, movie theater
das **Kinosterben** going out of business of movie theaters (because of television)
der **Kiosk, -e** newsstand
die **Kirche, -n** church
die **Kirchenarchitektur** church architecture
der **Kirchenbesuch, -e** church attendance
der **Kirchenchor, ¨e** church choir
das **Kirchenjahr, -e** ecclesiastical year
der **Kirchenkonflikt, -e** church conflict
die **Kirchenmusik** sacred music, music for the church service
die **Kirchenreparatur, -en** church repairs
die **Kirchenskulptur, -en** skulpture for a church
die **Kirchenspaltung, -en** schism, separation within the church
die **Kirchensteuer, -n** church tax
der **Kirchenstuhl, ¨e** pew

der **Kirchentag, -e** annual meeting of clerical and lay representatives of the church

kirchentreu orthodox, faithful to the church

die **Kirchenverwaltung, -en** church administration

kirchlich ecclesiastical, referring to the church

klar clear, bright, pure

die **Klasse, -n** class, grade (school)

die **Klassenarbeit, -en** class work, test

das **Klassenbewußtsein** class consciousness

die **Klassengemeinschaft, -en** group identity of a school class

die **Klassengesellschaft** class society

der **Klassenlehrer, -** homeroom teacher, teacher responsible for a class

die **Klassentrennung, -en** separation of (social) classes

das **Klassenzimmer, -** classroom

die **Klassik** classicism, classic art and literature

der **Klassiker, -** classic author

klassisch classic

klassizistisch classicist

kleiden to dress, clothe

die **Kleidung, -en** clothing dress

klein small, little

das **Kleinbürgertum** lower middle class, petty bourgeoisie

kleindeutsch German (excluding Austria)

die **Kleineisenindustrie, -n** hardware manufacturing, small iron industries

die **Klein-Familie, -n** nuclear family, parents and children

der **Kleingärtnerverein, -e** amateur gardening club

der **Kleinkrieg, -e** irregular warfare, guerilla warfare

der **Kleinstaat, -en** minor state

die **Kleinstadt, ¨-e** small town

das **Klima, -te** *or* **-s** climate

klingen, klang, geklungen to sound, ring

klinisch clinical

klopfen to knock, rap

das **Kloster, ¨** monastery, convent, cloister

die **Klosterruine, -n** ruined building of a monastery

die **Klosterschule, -n** monastery or convent school

der **Knabe, -n** boy

der **Knabenchor, ¨-e** boys' choir

knapp tight, scarce, concise

der **Knecht, -e** farm servant, agricultural laborer, farm hand

das **Knie, -e** knee

der **Knopf, ¨-e** button

der **Knotenpunkt, -e** junction

die **Koalition, -en** coalition

die **Koalitionsregierung, -en** coalition government

die **Kohle, -n** coal

der **Kohlenbergbau** coal mining

das **Kohlenbergwerk, -e** coal mine

der **Kollege, -n** colleague

die **Kollegstufe, -n** last years of high-school ("college level")

die **Kollektivscham, collective (sense of) shame**

die **Kollektivschuld** collective guilt

das **Kolloquium, Kolloquien** colloquy, conference, conversation

der **Kolonialboden, ¨** colonial territory

das **Kolonialland, ¨-er** colonial territory

die **Kolonie, -n** colony

die **Kolonisation, -en** colonization

die **Kolonisierung, -en** colonization

die **Kombination, -en** combination

die **Kommanditgesellschaft, -en** limited partnership company

kommen, kam, gekommen to come

der **Kommentar, -e** commentary
kommentieren to comment
der **Kommilitone, -n** fellow student
die **Kommission, -en** commission, committee
die **Kommunalbehörde, -n** municipal administration
das **Kommunikationsmittel, -** communication media, mass media
der **Kommunist, -en** communist
der **Kommunistenführer, -** communist leader
kommunistisch communist
die **Komödie, -n** comedy
kompliziert complicated
komponieren to compose
der **Komponist, -en** composer
der **Kompromiß, -sse** compromise
der **Kompromißkandidat, -en** compromise candidate
sich **kompromittieren** to compromise oneself
die **Konferenz, -en** conference
die **Konfession, -en** confession, creed
konfessionell confessional
die **Konfessionsschule, -n** school divided according to religious adherences
der **Konfirmandenunterricht** confirmation class, lessons
die **Konfirmation, -en** confirmation
der **Konflikt, -e** conflict
konfliktreich full of conflicts
das **Konglomerat, -e** conglomerate
der **Kongreß, -sse** congress, convention
der **König, -e** king
das **Königsschloß, ¨sser** royal castle
das **Konkordat, -e** concordat, treaty with the Pope on matters of the Roman Catholic church
die **Konkurrenz, -en** competition
die **Konkurrenzangst** fear of competition
der **Konkurrenzkampf, ¨e** competition
die **Konkurrenzlage** competitive condition, situation
die **Konkurrenzsituation, -en** situation leading to competition
können, konnte, gekonnt to be able to, can
konsequent consistent
konservativ conservative
der **Konservative, -n** conservative
konspirieren to conspire
konstitutionell constitutional
konstruieren to construct, construe
konstruktiv constructive
der **Konsul, -n** consul
der **Kontakt, -e** contact
kontinental continental
der **Kontrast, -e** contrast
kontrollieren to verify, check, control
die **Konvention, -en** convention, custom, etiquette
konventionell conventional
die **Konzentration, -en** concentration
das **Konzentrationslager, -** concentration camp
konzentrieren to concentrate
das **Konzept, -e** concept, first draft
der **Konzern, -e** trust, corporation, combine
das **Konzert, -e** concert
der **Konzertsaal, -säle** concert hall
das **Konzil, -ien** council (of the Roman Catholic church)
der **Kopf, ¨e** head, top
das **Kopfblatt, ¨er** local newspaper affiliated with and reprinting material of a newspaper chain
die **Körperschaft (des öffentlichen Rechts)** non-profit public corporation, institution
korrekt correct, conventional

die **Korrektheit, -en** correctness
der **Korrespondent, -en** correspondent, newsman
korrespondieren to correspond
kostbar valuable, precious, costly
kosten to cost; taste
die **Kosten (pl.)** costs
kräftig strong, vigorous
das **Kraftzentrum, -zentren** power center
krank sick, ill
das **Krankengeld, -er** sick benefit
das **Krankenhaus, ¨-er** hospital
die **Krankenhauskosten (pl.)** costs of treatment in a hospital
die **Krankenkasse, -n** medical insurance, medicare
die **Krankenpflege** nursing
der **Krankenpfleger, -** (male) nurse
die **Krankenversicherung, -en** medical insurance
die **Krankheit, -en** disease, sickness, illness
die **Krankheitsepidemie, -n** epidemic
kraß extreme, crass
der **Kredit, -e** credit
kreditfähig solvent, sound (company)
der **Kreidefelsen, -** chalk cliff
der **Kreis, -e** circle
das **Kreuz, -e** cross
der **Kreuzzug, ¨-e** crusade
der **Krieg, -e** war
kriegerisch martial, warlike
der **Kriegsdienst, -e** military service
der **Kriegsdienstverweigerer, -** conscientious objector
das **Kriegsende, -n** end of war
die **Kriegsflotte, -n** navy
der **Kriegsgegner, -** enemy (in war); pacifist
der **Kriegshafen, ¨** naval port
das **Kriegshandwerk** military profession
die **Kriegskunst, ¨-e** strategy, art of war
das **Kriegsmaterial, -ien** war material
der **Kriegsschaden, ¨** war damage
das **Kriegsschiff, -e** warship, man-of-war
die **Kriegsschuld** war guilt, responsibility for the outbreak of a war
das **Kriegsspiel, -e** war game
die **Kriegssteuer, -n** war tax
die **Kriegstechnik, -en** technology of warfare
der **Kriegsteilnehmer, -** combatant, service-man
die **Kriegszeit, -en** period of war
der **Kriegszug, ¨-e** campaign, expedition
die **Krise, -n** crisis
die **Kristallnacht** "crystal night," "night of broken glass" (demolition of Jewish stores by Nazis in 1938)
die **Kritik, -en** criticism
der **Kritiker, -** critic
kritisch critical
die **Krone, -n** crown
krönen to crown
die **Krönungsstadt, ¨-e** place of coronation
der **Kuchen, -** cake
der **Küchenchef, -s** head cook
die **Kuckucksuhr, -en** cuckoo clock
kühl cool, fresh
der **Kühlschrank, ¨-e** refrigerator
kühn bold, daring
die **Kultur, -en** culture, civilization
das **Kulturbewußtsein** awareness of one's own culture
der **Kulturbund, ¨-e** cultural association (mass organization in the GDR)

kulturell cultural

das **Kulturgebiet, -e** cultural area, area of a (high or old) civilization

der **Kulturkampf** struggle of Bismarck's Prussian government against the Catholic church after 1873

die **Kulturkritik** cultural pessimism, criticism of civilization

die **Kulturlandschaft, -en** countryside extensively cultivated by man

der **Kulturpolitiker, -** politician concerned with cultural affairs

kulturpolitisch referring to politics concerned with cultural affairs

das **Kulturzentrum, -zentren** cultural center

der **Kultus** cult, religious ceremonies

der **Kultusminister, -** cabinet minister in charge of education and cultural affairs

sich **kümmern (um)** to care for, care about

der **Kunde, -n** customer, client

die **Kundgebung, -en** demonstration, manifestation

kündigen to give notice, dismiss, resign

die **Kündigungsfrist, -en** time mandated to give notice

der **Kündigungsschutz** protection against firing

die **Kunst, ¨e** art, skill

die **Kunstakademie, -n** academy of fine arts, school of fine arts

der **Kunstdünger** artificial fertilizer

die **Kunstform, -en** art form

die **Kunstgeschichte** art history

das **Kunsthandwerk, -e** arts and crafts

die **Kunsthochschule, -n** school of fine arts

das **Kunstleben** cultural life

der **Künstler, -** artist

künstlerisch artistic

die **Künstlerkolonie, -n** artists' colony

künstlich artificial

das **Kunstmuseum, -museen** art museum

die **Kunstsammlung, -en** art collection

die **Kunstschule, -n** art school

die **Kunststadt, ¨e** city which is a center for the arts

das **Kupfer** copper

das **Kupferbergwerk, -e** copper mine

das **Kupfervorkommen, -** copper deposit

die **Kur, -en** cure, treatment in a spa

der **Kurfürst, -en** elector

der **Kurfürstentitel, -** title of an elector

der **Kurort, -e** spa, health resort

der **Kurs, -e** course; class; rate of exchange

der **Kürschner, -** furrier

kurz short, brief

die **Kurzarbeit** short-shift work

das **Kurzfilmfestival, -s** festival for short films

der **Kurzstreckenläufer, -** sprinter

das **Kurzstudium** short university studies for an intermediate degree

kurzum in short

labil unstable

die **Laborübung, -en** lab course, practice in the lab

lachen to laugh

die **Lächerlichkeit, -en** ridiculousness

der **Laden, ¨** store, shop

das **Ladengeschäft, -e** retail store

die **Lage, -n** position, situation

das **Lager, -** camp; warehouse, stock

lähmen to paralyze

der **Laie, -n** layman
die **Lampe, -n** lamp
das **Land, ¨er** land, country, state
der **Landadel** landed gentry
der **Landarbeiter, -** agricultural laborer
der **Landbesitz** landed property, real estate
die **Landbevölkerung, -en** rural population
landen to land, disembark
der **Länderkampf, ¨e** competition of national teams
das **Länderparlament, -e** state parliament
die **Länderregierung, -en** state government
der **Landesausbau** clearing of more land (Middle Ages)
der **Landesfürst, -en** sovereign, ruler
die **Landeshauptstadt, ¨e** state capital
der **Landesherr, -en** ruler, sovereign
die **Landeskirche, -n** regional organization of the church (Lutheran); official church of a country
die **Landessprache, -n** native language, vernacular
der **Landesteil, -e** province, part of the country
die **Landeszentralbank, -en** state central bank (reserve bank)
die **Landflucht** migration from the country to the cities
der **Landgraf, -en** landgrave
die **Landkarte, -n** map
ländlich rural, country-style
die **Landnahme, -n** clearing of new land (Middle Ages)
die **Landschaft, -en** landscape, scenery
landschaftlich referring to scenery
die **Landschaftsform, -en** form or type of landscape
die **Landsgemeinde, -n** annual assembly (Switzerland)
der **Landsmann, -leute** compatriot, fellow countryman
die **Landsmannschaft, -en** association of people from the same region, type of fraternity
die **Landstände** *(pl.)* representation of the estates
der **Landtag, -e** state parliament, congress
die **Landtagswahl, -en** election for state congress
der **Landwirt, -e** farmer, agriculturalist
die **Landwirtschaft** agriculture, farming
landwirtschaftlich agricultural
die **Landwirtschaftsausstellung, -en** agricultural exhibition
lang long, tall
lange a long time
der **Längengrad, -e** degree of longitude, meridian
langfristig in the long run
längst long ago, long since
sich **langweilen** to be bored
lassen, ließ, gelassen to let, leave, permit, make
die **Last, -en** burden, load
der **Lastentransport, -e** transport of goods
der **Lastwagen, -** truck
das **Latein** Latin
lateinisch Latin
die **Lateinschule, -n** grammar school, Latin school
der **Laubwald, ¨er** forest of deciduous trees
der **Lauf, ¨e** course, run
die **Laufbahn, -en** career
laufen, lief, gelaufen to run; **auf dem Laufenden sein** to be informed (about the latest developments)

der **Läufer, -** runner, half-back (soccer)
launenhaft capricious, moody
laut loud, aloud, noisy
das **Lazarett, -e** military hospital
leben to live, be alive
das **Leben** life, existence
lebendig alive, lively, living
der **Lebensabend** old age
die **Lebensanschauung, -en** conception of life, philosophy of life
die **Lebensarbeitszeit** total of the working years of a person
die **Lebensart, -en** life style, behavior, manners
die **Lebensbedingungen** *(pl.)* conditions of life
die **Lebenserwartung** life expectancy
die **Lebensform, -en** type or way of life
die **Lebensgefahr, -en** danger to life
das **Lebensgefühl** vitality, vital consciousness
die **Lebensgewohnheit, -en** habit
die **Lebenshaltungskosten** *(pl.)* cost of living
die **Lebenskraft, ¨e** vital energy
die **Lebenskreis, -e** surrounding, environment
die **Lebenskunst** art of living
lebenslang lifelong
die **Lebenslust** love of life
die **Lebensmittel** *(pl.)* food, groceries
das **Lebensmittelgeschäft, -e** grocery store
die **Lebensmöglichkeit, -en** possibility to exist, capacity to live
die **Lebensnotwendigkeit, -en** vital necessity, necessaries of life
der **Lebensraum, ¨e** living space
der **Lebensrhythmus, -rhythmen** rhythm of life
der **Lebensstandard, -s** standard of living
der **Lebensstil, -e** life style
die **Lebensverhältnisse** *(pl.)* living conditions
die **Lebensweise, -n** habits, manner of living
die **Lebenszeit, -en** lifetime
lebhaft lively
lediglich merely, solely, only
leer empty
legen to lay, put, place
die **Legende, -n** legend (particularly about saints)
legitim legitimate
das **Lehen, -** fief, fee
das **Lehenssystem, -e** feudal system
das **Lehrbuch, ¨er** textbook
die **Lehre, -n** teaching, doctrine, lesson; apprenticeship
lehren to teach, instruct
der **Lehrer, -** teacher
die **Lehr- und Lerngemeinschaft, -en** community of teachers and students (ideal of the reform movement of the early 20th century)
das **Lehrjahr, -e** year of apprenticeship, year of learning
der **Lehrling, -e** apprentice
die **Lehrlingsausbildung** training of apprentices
der **Lehrlingsvertrag, ¨e** contract for an apprenticeship
die **Lehrlingswerkstatt, ¨en** workshop for training apprentices
der **Lehrplan, ¨e** curriculum
der **Lehrstuhl, ¨e** professor's chair, professorship
das **Lehrsystem, -e** method of teaching, educational system
die **Lehrverpflichtung, -en** teaching load
die **Lehrweise, -en** teaching method
die **Lehrzeit, -en** period of apprenticeship
die **Leibwache, -n** bodyguard

leicht light, easy, slight
die **Leichtathletik** athletics, track and field sports
leichtfaßlich popular, easily understood
leichtsinnig frivolous, careless
das **Leid, -en** grief, sorrow, misfortune
das **Leiden** suffering
leiden, litt, gelitten to suffer, bear; **nicht leiden können** to dislike (somebody)
die **Leidenschaft, -en** passion
leidenschaftlich passionate
leihen to lend, borrow
leisten to achieve, accomplish, perform, produce; **sich etwas leisten** to afford something
die **Leistung, -en** achievement, accomplishment
der **Leistungsdruck** pressure to achieve
die **Leistungsfähigkeit, -en** capacity, efficiency
der **Leistungskurs, -e** advanced course (high school)
der **Leistungssport** competitive sport
der **Leitartikel, -** leading article, editorial
leiten to lead, guide, run, manage
die **Leitidee, -n** main idea
die **Lektion, -en** lesson
der **Leninismus** Leninism
lenken to direct, drive, guide, rule
lernen to learn, study
die **Lerngemeinschaft, -en** study team (cf. *Lehr-und Lerngemeinschaft*)
lesen, las, gelesen to read
der **Leserbrief, -e** letter to the editor
das **Lesestück, -e** text (in a reader)
die **Lesung, -en** reading, recitation
Lettland Latvia
letzt, - last, final
leuchten to shine, beam, emit light
die **Leute** *(pl.)* people, persons
liberaldemokratisch liberal-democrat (party name in the GDR)
der **Liberale, -n** liberal
Libyen Libya
das **Licht, -er** light, candle
der **Lichteffekt, -e** light effect
der **Lichtmensch, -en** racially superior person, Aryan (Nazi Germany)
lieben to love, like
das **Liebeslied, -er** love song
der **Liebhaber, -** lover; amateur
die **Liebhaberei, en** hobby, fancy
die **Liebhabergruppe, -n** group of amateurs, hobby club
der **Liebhaberverein, -e** club or association of amateurs
der **Lieblingsautor, -en** favorite author
das **Lieblingsstück, -e** favorite piece
das **Lieblingswort, ¨er** favorite word, saying
das **Lied, -er** song, tune
der **Liederabend, -e** *Lieder* recital evening
der **Liederdichter, -** song writer
der **Liedermacher, -** songwriter and singer
liefern to supply, furnish
liegen, lag, gelegen to lie, be situated; **es liegt mir daran** it is important for me
die **Linie, -n** line
link-, links left
linksgerichtet leftist, with leftist tendencies
linksradikal radical leftist
das **Linnen** linen (cloth)
die **List, -en** cunning, trick
die **Liste, -n** list, roll

Litauen Lithuania
literarisch literary
die **Literatur, -en** literature
der **Literaturkritiker, -** literary critic
der **Literaturpreis, -e** literary prize or award
die **Literatursprache, -n** literary language
der **Literaturtheoretiker, -** literary theorist
der **Lizentiat, -en** licentiate, graduate
das **Lob** praise, eulogy
loben to praise, commend
locken to allure, attract, bait
locker loose, light, relaxed
lockern to loosen, relax
sich **lockern** to relax
der **Lohn, ¨-e** wage, reward, recompense
sich **lohnen** to be worth while
der **Lohnkampf, ¨-e** struggle about wages, strike
die **Lohntüte, -n** little bag or envelope containing a week's wages
das **Lokal, -e** pub, inn; locality
der **Lokalteil, -e** local news (newspaper)
die **Lokalzeitung, -en** local newspaper
lose loose
loswerden, wurde los, losgeworden to get rid of
das **Lösegeld, -er** ransom
lösen to loosen, untie, solve
der **Lößboden, ¨** loess (fine loam)
lossprechen, sprach los, losgesprochen to absolve, free
die **Lösung, -en** solution
der **Lotse, -n** pilot (boat)
der **Löwe, -n** lion
die **Luft, ¨-e** air, breeze
der **Luftangriff, -e** air raid
die **Luftbrücke** air lift (Berlin 1948–49)
die **Luftlinie, -en** airline
die **Luftschlacht, -en** air battle
die **Lüge, -n** lie, falsehood
die **Lungenkrankheit, -en** pulmonary disease
die **Lust, ¨-e** pleasure, desire; **Lust haben (zu)** to have a mind to, feel like
lustig gay, merry
lutherisch Lutheran
der **Luxus** luxury
die **Luxusware, -n** fancy articles
der **Lyriker, -** lyric poet
das **Lyzeum, Lyzeen** high school of girls

machen to make, do, produce
die **Macht, ¨-e** power
der **Machtblock, ¨-e** power block
der **Machtfaktor, -en** power factor
mächtig powerful
machtlos powerless, weak
die **Machtübernahme** coming into power (e.g. Hitler 1933)
das **Machtvakuum** power vacuum, lack of control
das **Mädchenpensionat, -e** boarding school for girls
die **Magd, ¨-e** female farmhand
der **Magister, -** Master of Arts (M.A.)
der **Maibaum, ¨-e** maypole
majestätisch majestic
die **Majestätsbeleidigung, -en** lèse majesty, offense against the sovereign
malen to paint
das **Malen** painting
der **Maler, -** painter
die **Malerei, -en** painting, art of painting
die **Managerkrankheit** manager disease
manchmal sometimes
das **Mandat, -e** mandate

mangeln to be in want of
das **Manifest, -e** manifesto
manipulieren to manipulate
der **Mann, ¨er** man; husband
das **Mannequin, -s** model, mannequin
der **Männerchor, ¨e** men's choir
das **Männerheim, -e** home for single men
die **Männersache, -n** men's business
männlich masculine, male, manly
die **Mannschaft, -en** team, crew
der **Mannschaftssport** team sport
das **Manöver, -** maneuver
der **Mantel, ¨** coat, overcoat
die **Mappe, -n** briefcase, portfolio, schoolbag
maritim maritime
die **Mark, -en** marches, territorial border or frontier
der **Markt, ¨e** market (place)
der **Marktanteil, -e** share of the market
die **Marktforschung** marketing (research)
die **Marktlage, -n** market situation
der **Marktplatz, ¨e** marketplace
das **Marktrecht, -e** market privilege, right of holding a market
die **Marktwirtschaft** market economy
Marokko Morocco
die **Marsch, -en** marsh, low grassland near the North Sea
der **Marxismus** Marxism
die **Maschine, -n** machine, engine
die **Maschinenindustrie, -n** machine industry
das **Maskenfest, -e** masked ball, costume party
das **Maß, -e** measure, proportion
die **Masse, -n** mass, multitude
die **Massendemonstration, -en** mass demonstration
die **Masseneinrichtung, -en** mass institution
die **Massenorganisation, -en** mass organization
die **Massenpartei, -en** political party for the masses, popular party
die **Massenveranstaltung, -en** mass meeting or rally, show for the masses
maßgeblich standard, decisive
die **Maßnahme, -n** measure, provision
der **Maßstab, ¨e** measure, scale
das **Maßsystem, -e** system of measures
der **Materialismus** materialism
die **Mathematik** mathematics
der **Mathematiker, -** mathematician
der **Matrose, -n** seaman, sailor
die **Matura** final secondary school examination in Austria
die **Mauer, -n** wall
der **Maurer, -** mason, bricklayer
der **Mäzen, -e** Maecenas, donator of money, sponsor
der **Mechaniker, -** mechanic
die **Medaille, -n** medal
das **Medikament, -e** medicine, drug, medication
die **Medizin, -en** medicine, medication
der **Mediziner, -** physician, medical student
medizinisch medical
das **Medizinstudium, -studien** medical studies
das **Meer, -e** sea, ocean
die **Mehrheit, -en** majority; plurality
die **Mehrheitswahl, -en** majority vote, election
die **Mehrzahl, -en** majority; plural
die **Meile, -n** mile
die **Meinung, -en** opinion, view
die **Meinungsbildung, -en** formation of opinion

die **Meinungsfreiheit** freedom of opinion, right to dissent

die **Meinungsverschiedenheit, -en** difference of opinion, disagreement

meistens usually, mostly

der **Meister, -** master, foreman, boss; champion

der **Meisterbrief, -e** diploma of a master in the trade

meistern to master

die **Meisterprüfung, -en** examination to become a master

die **Meisterschaft, -en** championship, mastery

das **Meisterwerk, -e** masterpiece, main work

die **Melancholie** melancholy

sich **melden** to report

melken, molk, gemolken to milk

die **Melodie, -n** melody, tune

der **Mensch, -en** man, human being

das **Menschenleben, -** human life, a man's lifetime

die **Menschenliebe** philanthropy

der **Menschentyp, -en** human type

der **Menschenverächter, -** cynic, misanthrope

die **Menschenwürde** human dignity

die **Menschheit** mankind, humanity

die **Menschheitsfrage, -n** problem concerning humanity as a whole

die **Menschlichkeit, -en** humaneness, humanity

merken to note, perceive

die **Messe, -n** mass; trade fair

messen, maß, gemessen to measure

das **Meßinstrument, -e** instrument of measurement

die **Metallindustrie, -n** metallurgical industry

metaphysisch metaphysical

die **Methode, -n** method

mieten to rent, hire

die **Mietskaserne, -n** large tenement house, cheap housing for the poor

die **Mietwohnung, -en** lodging, rented apartment

der **Mietzuschuß, ¨sse** rent subsidy

die **Milchwirtschaft** dairy (industry)

das **Militär** military, army

die **Militärausrüstung, -en** military equipment

das **Militärbündnis, -se** military alliance

der **Militärdienst** military service

der **Militärgouverneur, -e** military governor

militärisch military

der **Militarismus** militarism

das **Militärlager, -** military camp

die **Militärpolitik** military policy

die **Militärregierung, -en** military government

der **Militärstaat, -en** military state

die **Militärsteuer, -n** military tax

die **Militärverwaltung, -en** military administration

der **Millionär, -e** millionaire

die **Minderheit, -en** minority

das **Minderheitenproblem, -e** minority problem

mindestens at least

die **Mindestzahl, -en** minimum number or amount

das **Minenfeld, -er** mine field

der **Minister, -** cabinet minister, secretary

das **Ministerium, Ministerien** ministry, department

der **Ministerpräsident, -en** president of the council, prime minister, head of the government, premier

der **Ministerrat** cabinet council

das **Minnelied, -er** minnesong

der **Minnesänger, -** minnesinger

die **Mischehe, -n** mixed marriage (racially or religiously)

die **Mischung, -en** mixture

mißachten to disregard, neglect

die **Mißachtung, -en** disregard, disrespect

mißbrauchen to misuse, abuse

der **Mißerfolg, -e** failure, fiasco

das **Mißfallen** dislike, disapproval

mißlingen, mißlang, mißlungen to fail, flop

das **Mißtrauen** suspicion, distrust

das **Mißtrauensvotum, -voten** vote of no confidence

mißtrauisch suspicious, sceptical, distrustful

der **Misthaufen, -** dung hill

die **Mitarbeit** cooperation, collaboration

der **Mitbesitzer, -** joint owner, co-owner

mitbestimmen to codetermine

die **Mitbestimmung** codetermination

mitbringen, brachte mit, mitgebracht to bring along, bring

die **Mitgift** dowry

das **Mitglied, -er** member

die **Mitgliedschaft, -en** membership

das **Mitleid** pity, compassion

mitlesen, las mit, mitgelesen to read together with others or at the same time

mitmarschieren to march along

der **Mittagsschlaf** nap after lunch, siesta

die **Mitte, -n** middle, center

das **Mittel, -** means, expedient, remedy

das **Mittelalter** Middle Ages

Mittelamerika Central America

mitteldeutsch Middle German

Mitteldeutschland Central Germany (between north and south); name used in the FRG for the GDR

Mitteleuropa Central Europe

das **Mittelgebirge, -** uplands; medium high mountain ranges of Central Germany

die **Mittelgebirgslandschaft, -en** scenery of *Mittelgebirge*

mittelgroß of medium size or height

mittelhochdeutsch Middle High German

mittelmäßig mediocre, indifferent

das **Mittelmeer** Mediterranean Sea

die **Mittelmeerküste, -n** Mediterranean coast

der **Mittelpunkt, -e** center, hub

die **Mittelpunktsschule, -n** central school for a rural district

der **Mittelschulabsolvent, -en** graduate of the *Mittelschule*

die **Mittelschule, -n** type of secondary school not leading to the *Abitur*, = Realschule

der **Mittelschullehrer, -** teacher at a *Mittelschule*

das **Mittelseminar, -e** intermediate grade seminar

die **Mittelsperson, -en** mediator, go-between

der **Mittelstand, ¨e** middle class

der **Mittelstürmer, -** center forward (soccer)

die **Mitternacht** midnight

mittlerweile meanwhile

die **Möbel** *(pl.)* furniture

die **Möbelform, -en** design of furniture

die **Möbelherstellung** manufacture or production of furniture, cabinet making

die **Mode, -n** fashion

das **Modell, -e** model

modern modern, fashionable, up to date

die **Moderne** modern culture (early 20th century)

modernisieren to modernize
die **Modernisierung, -en** modernization
die **Modeschule, -n** fashion school
modisch fashionable
die **Möglichkeit, -en** possibility
die **Monarchie, -n** monarchy
monarchistisch monarchist
der **Monat, -e** month
monatlich monthly
der **Mönch, -e** monk
der **Mönchsorden, -** monastic order
das **Monopol, -e** monopoly
das **Moor, -e** swamp, marsh
die **Moorgegend, -en** marshy or swampy region
die **Moral** morality, morals, morale
moralisch moral, ethical
der **Mord, -e** murder
das **Morgengrauen** dawn
die **Moschee, -n** mosque
der **Motor, -en** engine, motor
das **Motorrad, ¨er** motor-cycle
das **Motorradrennen, -** motor-cycle race
müde tired, weary
die **Mühe, -n** trouble, pains
mühsam troublesome, difficult
mühselig troublesome, difficult
die **Mülldeponie, -n** waste dump, landfill
die **Mundart, -en** dialect
münden to flow into (river)
mündlich oral, verbal
die **Mündung, -en** river mouth
das **Münster, -** cathedral
die **Münze, -n** coin
das **Münzrecht** right of coinage
mürrisch sullen, in a bad mood
das **Museum, Museen** museum
der **Museumsdirektor, -en** director of a museum
die **Musik** music
musikalisch musical
die **Musikaufnahme, -n** recording of music
der **Musiker, -** musician
die **Musikgruppe, -n** group of musicians, band, ensemble
das **Musikinstrument, -e** musical instrument
der **Musikverein, -e** musical society
musisch artistically talented, art loving
das **Muster, -** model, pattern
das **Musterland, ¨er** model country
die **Mustermesse, -n** sample fair, trade fair
mutig brave, courageous
die **Mutter, ¨** mother
das **Mutterkreuz, -e** Nazi decoration for mothers with many children
mütterlich motherly
die **Mütze, -n** cap
der **Mystiker, -** mystic

nachahmen to imitate, copy
die **Nachahmung, -en** imitation
der **Nachbar, -n** neighbor
der **Nachbarkanton, -e** neighboring canton (states in Switzerland)
die **Nachbarschaft, -en** neighborhood
die **Nachbarstadt, ¨e** neighboring city
der **Nachbarstamm, ¨e** neighboring tribe
nachbilden to imitate, copy
das **Nachdenken** reflection, thinking
der **Nachfolger, -** successor, follower
die **Nachfrage, -n** demand, inquiry
nachgeben, gab nach, nachgegeben to yield, give in
die **Nachgiebigkeit** yielding, (too much) compliance with demands of others
nachholen to recover, make up for

die **Nachkriegsgeneration, -en** post-war generation

nachlassen, ließ nach, nachgelassen to abate, cease, diminish, let up

der **Nachteil, -e** disadvantage

nachteilig disadvantageous, detrimental

das **Nachtlager, -** lodging or accommodation for the night

der **Nachwuchs** young generation; new growth

der **Nadelwald, ¨er** coniferous forest, pine forest

die **Nähe** proximity, neighborhood

nahekommen, kam nahe, nahegekommen to come near, approximate, approach

nähen to sew

nahestehen, stand nahe, nahegestanden to stand near, be closely connected with, be close to

nähren to nurse

der **Nährstoff, -e** nutrient, nourishment

die **Nahrungsmittelindustrie, -n** food industry

naiv naive, ingenuous

der **Namenstag, -e** name day

nämlich namely, that is; same

der **Narr, -en** fool, jester

der **Nationalcharakter, -e** national character

der **Nationalfeiertag, -e** national holiday

das **Nationalgefühl** patriotism, nationalism

die **Nationalhymne, -n** national anthem

der **Nationalismus** nationalism

der **Nationalitätenkampf, ¨e** clash of nationalities living in the same country

das **Nationalitätenprinzip, -ien** right to self-determination, principle of each nationality having its own state

die **Nationalkultur, -en** national culture or civilization

der **Nationalökonom, -en** political economist

der **Nationalrat** one house of parliament (Austria, Switzerland)

der **Nationalsozialismus** National Socialism

der **Nationalsozialist, -en** National Socialist

nationalsozialistisch National Socialist

die **Nationalsprache, -n** national language

der **Nationalstaat, -en** nation state, country inhabited by one nationality

der **Nationalstolz** national pride

die **Nationalversammlung, -en** National Assembly (1848 and 1919, for drafting a constitution)

die **Natur, -en** nature

der **Naturalismus** naturalism

die **Naturalleistung, -en** wages in kind

die **Naturallieferung, -en** payment in kind

die **Naturalwirtschaft** barter economy, economy based on exchange of goods

der **Naturdünger, -** dung, natural fertilizer

das **Naturerlebnis, -se** experience of nature, experience of natural beauty

das **Naturgefühl, -e** feeling for nature

naturgemäß natural, of course

die **Naturkunde** nature study

naturkundlich referring to nature study

natürlich natural, genuine; of course

das **Naturschutzgebiet, -e** wildlife preserve

die **Naturwissenschaft, -en** (natural) science

der **Naturwissenschaftler, -** scientist (natural sciences), student of natural sciences

naturwissenschaftlich referring to natural science

nebenbei by the way, incidentally; close by

der **Nebenberuf, -e** part-time job, side line

nebeneinander side by side

der **Nebenerwerb, -e** additional income

das **Nebenfach, ¨er** minor or subsidiary subject

der **Nebenfluß, ¨sse** tributary, affluent

der **Neffe, -n** nephew

negativ negative

nehmen, nahm, genommen to take; receive

der **Neid** envy

neidisch envious

neigen (zu) to tend to, incline to

die **Neigung, -en** inclination; slope, incline

nennen, nannte, genannt to call, name

nennenswert worth mentioning

das **Nest, -er** nest, bed

das **Netz, -e** net, network

neu new, fresh

neuartig modern, of a new kind

neuerdings recently

die **Neuerscheinung, -en** new or recent publication

die **Neuerung, -en** innovation

neugotisch neogothic

das **Neujahr** New Year

die **Neuorientierung** reorientation

der **Neureiche, -n** nouveau riche

neuromanisch neoromanesque

die **Neutralisierung** neutralization

die **Neutralität** neutrality

die **Nibelungensage** legend of the Nibelungs

die **Nichte, -n** niece

niederdeutsch Low German

die **Niederlage, -n** defeat

die **Niederlande,** *(pl.)* Netherlands, Holland

sich **niederlassen, ließ nieder, niedergelassen** to set down, settle, establish oneself

die **Niederlassung, -en** settlement, establishment

der **Niederrhein** Lower Rhine (valley)

niedrig low, mean

das **Niemandsland** no man's land

nihilistisch nihilistic

der **Nikolaustag, -e** December 6, Saint Nicholas Day

nirgendwo nowhere

das **Niveau, -s** standard, level

der **Nobelpreis, -e** Nobel Prize

nominell nominal

die **Nonne, -n** nun

norddeutsch North German

der **Norddeutsche, -n** North German

Norddeutschland North Germany

der **Norden** north

nordisch northern, nordic

Norditalien Northern Italy

nördlich northern, northerly

nordöstlich north-east

der **Nordpol** North Pole

die **Nordsee** North Sea

die **Nordseeküste, -n** North Sea coast or shore

der **Nordwesten** northwest

Norwegen Norway

die **Not, ¨e** difficulty, trouble, need, distress, danger

die **Note, -n** grade (school), note

notieren to note, make a note

nötig necessary

Notiz nehmen (von) to take notice, notice

notleidend suffering distress
die **Notverordnung, -en** emergency decree (Germany 1919–1933)
notwendig necessary
die **Notwendigkeit, -en** necessity
die **Notzeit, -en** period of distress
die **Novelle, -n** short story, novelette
nüchtern sober, calm, temperate
der **Numerus clausus** limited admission to universities
nutzen *or* **nützen** to use, utilize; **es nützt** it is of use

obendrein furthermore, over and above
der **Oberbefehlshaber, -** commander-in-chief
der **Oberbürgermeister, -** burgomaster, mayor
die **Oberhand gewinnen** to get the better, gain victory
das **Oberhaupt, ¨er** chief, head
der **Oberherr, -en** sovereign, lord
oberitalienisch North Italian
die **Oberrealschule, -n** secondary school with emphasis on sciences and modern languages
oberrheinisch at or from the upper Rhine
die **Oberschicht, -en** upper class
oberschlesisch Upper Silesian
die **Oberschule, -n** secondary school
das **Oberseminar, -e** advanced seminar
die **Oberstufenreform, -en** reform of the last high school grades
das **Objekt, -e** object
die **Obrigkeit, -en** authorities, magistracy, government
der **Obrigkeitsstaat, -en** authoritarian state
der **Obstbau** fruit culture
der **Obstbauer, -n** fruit grower
der **Ochse, -n** ox
offen open, frank, outspoken
offenbar evident(ly), obvious
öffentlich public, open
die **Öffentlichkeit** public
offiziell official
der **Offizier, -e** officer (armed forces)
das **Öl, -e** oil, petrol
der **Ölfund, -e** discovery of oil
die **Ölleitung, -en** pipe line
die **Olympischen Spiele** *(pl.)* Olympic Games
die **Oper, -n** opera, opera house
die **Operette, -n** operetta
die **Opernfestspiele** *(pl.)* opera festival
das **Opfer, -** victim; sacrifice
opfern to sacrifice
sich **opfern (für)** to sacrifice oneself
opponieren to oppose, be in opposition
die **Oppositionspartei, -en** opposition party
der **Optimismus** optimism
optisch optical
das **Oratorium, Oratorien** oratorio
die **Orchestermusik** orchestra music
der **Orchestermusiker, -** musician, member of an orchestra
der **Orden, -** order; decoration
ordentlich orderly, regular, good; fairly
die **Ordnung, -en** order, arrangement
das **Organ, -e** organ, voice
die **Organisation, -en** organization
organisieren to organize
das **Orgelkonzert, -e** organ concert
der **Orient** Orient, Middle East
orientalisch oriental
sich **orientieren** to get acquainted with, find one's way about, get informed
das **Orientierungskapitel, -** orientation chapter, introductory chapter

die **Orientierungsstufe, -n** initial grades in highschool (for orientation)
der **Ort, -e** place, locality, location
die **Orthographie** orthography
örtlich local, topical
die **Ortsdurchfahrt, -en** passage through a town
die **Allgemeine Ortskrankenkasse** medical insurance (for lower income groups)
der **Osten** East, Orient
das **Osterei, -er** Easter egg
der **Osterhase, -n** Easter bunny
Ostern Easter
Österreich Austria
österreichisch Austrian
Osteuropa Eastern Europe
osteuropäisch Eastern European
die **Ostfront** eastern front
das **Ostgebiet, -e** eastern part of the country, eastern part of Germany taken over by Poland and Russia in 1945
die **Ostgrenze, -n** eastern border, frontier
östlich east of, eastern
die **Ostmark** name for Austria (1938–45); East German mark (GDR)
die **Ostsee** Baltic Sea
die **Ostseeküste, -n** Baltic Sea shore or coast

die **Pacht, -en** lease, rent
der **Pädagoge, -n** pedagogue, educator
die **Pädagogik** pedagogics, methods of teaching
pädagogisch pedagogic(al)
die **Pädagogische Hochschule** teacher training college
das **Paddelboot, -e** paddling boat, kayak
das **Paket, -e** parcel, package
der **Palast, ¨e** palace
Palästina Palestine
der **Pantoffelheld, -en** henpecked husband, meek or submissive husband
das **Pantoffelkino, -s** nickname for television
die **Papptüte, -n** cardboard cone, bag
der **Papst, ¨e** pope
päpstlich papal
die **Parade, -n** parade, review of armed forces
das **Paradies, -e** paradise
das **Parlament, -e** parliament
parlamentarisch parliamentary
die **Parodie, -n** parody
die **Partei, en** (political) party
der **Parteichef, -s** party leader, party boss
der **Parteifunktionär, -e** party official, party functionary
parteigebunden owned by a party, closely connected with a party (e.g. a newspaper)
das **Parteiprogramm, -e** party program, platform
der **Parteitag, -e** annual meeting of a party
die **Parteiverdrossenheit** disenchantment with political parties (in general)
der **Partikularismus** particularism
der **Partisane, -n** guerilla, irregular
die **Partitur, -en** score (music)
passen to fit, suit
das **Passionsspiel, -e** Passion play
passiv passive
das **Passiv** passive voice
das **Patentamt, ¨er** patent office
patriarchalisch patriarchal
patriotisch patriotic
der **Patriotismus** patriotism

der **Patrizier, -** patrician
die **Patrizierfamilie, -en** patrician family
die **Paukuniversität, -en** university known for tough examinations, where students do a lot of cramming
der **Pauschalpreis, -e** flat rate, flat fee
der **Pazifik** Pacific Ocean
der **Pelz, -e** fur
die **Pelzindustrie, -n** fur industry
pendeln to commute; oscillate
das **Pendlerdorf, ¨er** commuter village
die **Pension, -en** old-age pension; guest house
die **Pensionierung, -en** retirement
die **Pergamenthandschrift, -en** manuscript on parchment
die **Periode, -n** period
das **Personal** staff, personnel
persönlich personal, in person
die **Persönlichkeit, -en** personality
die **Pest** plague, pest
der **Pfadfinder, -** boy scout
der **Pfahlbau, -ten** lake dwelling
der **Pfarrberuf** ministry
der **Pfarrer, -** priest, pastor, vicar, minister, clergyman
das **Pfarrhaus, ¨er** parsonage, rectory
die **Pfarrstelle, -n** ministry of a church
der **Pfeffer** pepper
der **Pfeffersack, ¨e** pepper bag (nickname for merchants)
das **Pferd, -e** horse
der **Pferdebestand** number of horses
die **Pferdekutsche, -n** horse carriage
das **Pferderennen, -** horse racing
die **Pferdezucht** horse breeding
Pfingsten Whitsun, Pentecost
das **Pfingstfest** Whitsuntide
die **Pflanze, -n** plant
pflanzen to plant
pflegen to take care of, nurse, cultivate
die **Pflicht, -en** duty, obligation
das **Pflichtfach, ¨er** required subject
der **Pflichtkurs, -e** required course
pflichttreu dutiful
die **Pflichttreue** dutifulness
die **Pflugschar, -en** ploughshare
die **Phantasie, -n** imagination, phantasy, fancy
der **Philosoph, -en** philosopher
die **Philosophie, -n** philosophy
philosophisch philosophic
die **Physik** physics
der **Pilger, -** pilgrim
pilgern to go on a pilgrimage
der **Pillenknick** drop in birthrate after introduction of the pill
das **Plakat, -e** poster, bill
der **Plan, ¨e** plan, project, design
planen to plan
die **Planung, -en** planning
die **Plastik, -en** sculpture
der **Platz, ¨e** place, seat
plötzlich suddenly, sudden
plündern to plunder, loot
der **Pole, -n** Pole
Polen Poland
die **Politik** politics, policy
politisch political
die **Polizei** police
die **Polizeiaktion, -en** police action
die **Polizeigewalt** police power
der **Polizeistaat, -en** police state
polnisch Polish
polytechnisch polytechnic
pompös pompous
das **Porträt, -s** portrait
das **Porzellan** china, porcelain

die **Porzellanindustrie, -n** china industry

die **Porzellanmalerei** painting on china

positiv positive

die **Post** post, mail, letters

das **Postamt, ¨er** post office

der **Posten, -** post, place, position; sentry

das **Postgeheimnis** mail secret

die **Pracht** splendor, magnificence

prächtig splendid, magnificent

die **Prachtstraße, -n** magnificent street or boulevard

prachtvoll splendid

prägen to stamp, coin

pragmatisch pragmatic

der **Praktikant, -en** trainee, assistant, probationer

das **Praktikum, Praktika** practice, training

praktisch practical

der **Präsident, -en** president

die **Praxis** practice

predigen to preach

der **Preis, -e** price; prize

preisen, pries, gepriesen to praise

das **Preistanzen** dancing competition (for a prize)

die **Presse** press

Preußen Prussia

der **Preußenkönig, -e** Prussian king, King of Prussia

preußisch Prussian

der **Priester, -** priest

die **Priesterausbildung** training for priesthood

der **Prinz, -en** prince

die **Prinzessin, -nen** princess

privat private

der **Privatdozent, -en** university lecturer without regular salary

die **Privatindustrie, -n** private industry

das **Privatinteresse, -n** private interest

das **Privatleben** private life

der **Privatmann, -leute** private person

der **Privatpatient, -en** patient who pays the treatment himself and not through a medical insurance

die **Privatschule, -n** private school

das **Privattheater, -** privately owned theater

die **Privatuniversität, -en** private university

der **Privatunterricht** private tutoring

das **Privileg, -ien** privilege

die **Probe, -n** rehearsal, audition, trial, sample

die **Probezeit, -en** probationary period

probieren to try out, sample, test

problematisch problematic

das **Produkt, -e** product

die **Produktion, -en** production, output

die **Produktionsplanung, -en** production planning

der **Produzent, -en** producer

produzieren to produce

die **Professur, -en** professorship

profitieren to profit

das **Programm, -e** program

der **Programmpunkt, -e** item of a program

proklamieren to proclaim

die **Promotion, -en** graduation (particularly Ph.D.)

promovieren to graduate (to Ph.D.)

der **Propagandaminister** propaganda minister (Goebbels 1933–45)

das **Propagandaplakat, -e** propaganda poster or billboard

prophezeien to prophesy

die **Prophezeiung, -en** prophecy
das **Proporz-System, -e** proportional system
das **Proseminar, -e** proseminar, introductory course
prosit cheers, your health
der **Prospekt, -e** pamphlet, folder
protestantisch protestant
die **Provinz, -en** province
provisorisch temporary, provisional
der **Prozentsatz, ¨-e** percentage
der **Prozeß, -sse** trial, process, lawsuit
die **Prozession, -en** procession
prüde prudish
die **Prüfung, -en** examination, test
die **Prüfungsanforderungen** *(pl.)* examination requirements or standard
prunkvoll splendid, gorgeous
der **Psychiater, -** psychiatrist
der **Psychologe, -n** psychologist
das **Publikum** public, audience
der **Publikumserfolg, -e** popular success
die **Publizistik** press, journalism, mass-media
der **Punkt, -e** point, period
pünktlich punctual
der **Puter, -** turkey
der **Putsch, -e** putsch, riot, coup d'état, uprising
der **Putschversuch, -e** attempt to seize the government
putzsüchtig addicted to fancy dresses

der **Quadratkilometer, -** square kilometer
die **Quadratmeile, -n** square mile
quälen to torment, torture
qualifiziert qualified
die **Qualität, -en** quality
die **Quantentheorie** quantum theory
die **Quelle, -n** spring, source, fountain
quer cross, across
der **Querschnitt, -e** cross section

der **Rabatt, -e** discount
die **Rache** revenge, vengeance
radikal radical
der **Radiohörer, -** listener (to the radio)
das **Radrennen, -** cycling race
die **Radrundfahrt, -en** bicycle road race, bicycle trip
der **Rahmen, -** frame, scope
der **Rand, ¨-er** edge, border, margin, rim
der **Ranzen, -** satchel, knapsack
der **Raps** rape
rar rare
die **Rasse, -n** race
die **Rassenideologie, -n** racist ideology
der **Rat, ¨-e** council, councillor; advice
das **Rathaus, ¨-er** city hall, town hall
rationalistisch rationalistic
rationieren to ration
die **Rationierung, -en** rationing
rätselhaft mysterious, puzzling
der **Rattenfänger von Hameln** Pied Piper of Hamelin
der **Raubritter, -** robber knight
der **Raubzug, ¨-e** raid, predatory expedition
rauh rough, rugged, coarse
das **Realgymnasium, -gymnasien** *Gymnasium* (secondary school) with emphasis on modern languages
realistisch realistic
realpolitisch referring to politics based on realities of power
die **Realschule, -n** cf. *Mittelschule*

der **Rebell, -en** rebel
rebellieren to rebel
die **Rechenaufgabe, -n** problem in mathematics
die **Rechenkunst, ¨-e** arithmetic
rechnen to count, calculate, reckon; **zu etwas rechnen** to rank with, count among
das **Rechnen** (simple) mathematics
recht right; **es ist recht** that is right, I agree to it
das **Recht, -e** right
rechtfertigen to justify, vindicate
rechthaberisch dogmatic, stubborn
rechts right, on the right
der **Rechtsanwalt, ¨-e** lawyer, attorney
das **Rechtsanwaltsbüro, -s** office or firm of an attorney, law firm
der **Rechtsaußen, -** outside right (soccer)
die **Rechtschreibung** spelling
rechtsgerichtet with rightist tendencies
die **Rechtsordnung, -en** legal system
die **Rechtspartei, -en** party on the right
rechtsradikal radical rightist
der **Rechtsradikale, -n** radical rightist, radical reactionary
das **Rechtssystem, -e** legal system
die **Redaktion, -en** editorial staff or offices
das **Redaktionsgebäude, -** editorial office building
die **Rede, -n** speech, discourse
die **Redekunst, ¨-e** rhetoric
reden to speak, talk, make a speech
der **Redner, -** speaker, orator
reduzieren to reduce
das **Referat, -e** oral report, paper
der **Referendar, -e** teacher or lawyer serving in professional training function
der **Reformator, -en** reformer (religion)
die **Reformbewegung, -en** reform movement
das **Reformkonzil, -ien** Reform Council (Roman Catholic Church)
die **Reformpädagogik** progressive pedagogics
der **Reformsozialismus** socialistic movement aiming at reforms within the parliamentary democracy (like German SPD)
die **Regel, -n** rule, regulation
der **Regelfall, ¨-e** normal case
regelmäßig regular
regeln to regulate, arrange
die **Regelung, -en** regulation, settlement
der **Regen, -** rain
die **Regenerierung, -en** regeneration
regieren to rule, govern
die **Regierung, -en** government
der **Regierungschef, -s** head of government
die **Regierungsform, -en** form of government
das **Regierungsjahr, -e** year of rule or government
die **Regierungskrise, -n** governmental crisis
die **Regierungspropaganda** propaganda for or of the government
die **Regierungszeit, -en** reign, period of rule
die **Regionalliga, -ligen** regional league (semi-professional league in soccer)
der **Regisseur, -e** stage or movie director
regnen to rain
regulär regular, official
reich rich
das **Reich, -e** empire, realm
reichen to reach, extend

die **Reichsacht** ban of the Reich (German empire)

die **Reichsarmee** imperial army (before 1806)

die **Reichsfreiheit** privilege of being subject only to the emperor (e.g. cities)

der **Reichsfreiherr, -en** baron of the Holy Roman Empire

der **Reichsführer, -** national leader (particularly of a Nazi organization)

der **Reichsfürst, -en** prince of the Reich, ruler of a state belonging to the Reich

die **Reichsgründung** founding, proclamation of the new Reich (1871)

das **Reichskammergericht** supreme court of the Reich (until 1806)

der **Reichskanzler, -** chancellor of the Reich, head of the federal government (1871–1945)

das **Reichsland** province administered by the empire (Alsace-Lorraine)

die **Reichsmark** German monetary unit (until 1948)

die **Reichspolitik** politics of the Reich (federal level)

der **Reichspräsident, -en** president of the Reich (1919–1934)

die **Reichsregierung, -en** government of the Reich

der **Reichsritter, -** imperial knight, knight of the empire

das **Reichsrittergeschlecht, -er** family of imperial knights

die **Reichsstadt, ¨-e** (free) imperial city

der **Reichstag, -e** imperial diet (until 1806), federal parliament (1871–1945)

die **Reichstagsfraktion, -en** parliamentary group in the Reichstag

die **Reichstagswahl, -en** election for the Reichstag

die **Reichsunmittelbarkeit** being subject only to the emperor

die **Reichsverfassung** constitution of the Reich (1919)

die **Reichswehr** German armed forces (until 1945)

der **Reichtum, ¨-er** wealth, riches

reif ripe, mature

die **Reihe, -n** row, series, file, range

die **Reihenfolge, -n** sequence, succession

rein pure, clean

reinigen to clean, cleanse

die **Reise, -n** trip, travel, journey, voyage

das **Reisebuch, ¨-er** travel book

das **Reisebüro, -s** travel agency

die **Reiseerlaubnis, -se** permission to travel (abroad)

die **Reisegesellschaft, -en** travel agency, group of travellers

die **Reisegruppe, -n** group of travelers, tourist group

die **Reiseindustrie** tourist industry

das **Reiseland, ¨-er** tourist country

reisen to travel

der **Reisende, -n** traveler, salesman

der **Reiseplan, ¨-e** plan of the journey, itinerary

das **Reiseziel, -e** destination

(an sich) reißen, riß, gerissen pull toward one, seize upon

reiten, ritt, geritten to ride, go on horseback

der **Reiter, -** horseman, rider

der **Reitsport** equestrian sport

der **Reiz, -e** attraction, charm

reizen to irritate, provoke, excite, attract

reizvoll charming, attractive

die **Reklame, -n** publicity, advertising, commercial (radio, television) die **Reklamesendung, -en** commercial (television)

der **Rektor, -en** principal (elementary school), (elected) chancellor or president of a university

relativ relative

die **Relativitätstheorie** theory of relativity

die **Religionsausübung,** worshipping

der **Religionsfriede** peace between religious parties

die **Religionsgemeinschaft, -en** religious society, community, organization

der **Religionskrieg, -e** religious war

der **Religionsstreit, -e** religious quarrel, dispute

der **Religionsunterricht** religious instruction

religiös religious

der **Renaissancestil** Renaissance style

rennen, rannte, gerannt to run, race

rentabel lucrative, profitable

die **Rentenmark** name of monetary unit in Germany (1924)

der **Rentner, -** pensioner

die **Reparationsleistung, -en** payment of reparations

die **Reparationszahlung, -en** payment of reparations

die **Reparatur, -en** repair

die **Reportage, -n** report written by a journalist, eyewitness account

repräsentativ representative

die **Republik, -en** republic

die **Residenz, -en** residential town, residence of a prince

die **Residenzstadt, ¨-e** capital, town where the ruler resides

die **Resignation** (feeling of) resignation, submission

der **Respekt** respect, esteem

respektieren to respect

das **Ressentiment, -s** resentment

der **Rest, -e** rest, remainder

die **Restaurantkette, -n** restaurant chain

retten to save, rescue, preserve

reuig repentant

die **Revanche, -n** revenge

das **Revier, -e** district, hunting ground

revolutionär revolutionary

der **Revolutionär, -e** revolutionary

der **Revolutionsversuch, -e** putsch, uprising, attempt to overthrow the government

die **Rezitation, -en** recitation

rhätoromanisch Romansch

das **Rheinland** Rhineland

die **Rheinlandschaft, -en** scenery of the Rhine valley

das **Rheinufer, -** bank of the Rhine river

sich **richten (gegen)** to be aimed at, oppose, turn against

sich **richten (nach)** to conform to, go by

der **Richter, -** judge

richtig right, correct

die **Richtlinie, -n** guideline, direction

die **Richtung, -en** direction, trend

das **Riesenrad, ¨-er** Ferris wheel

der **Riesenumsatz, ¨-e** giant turnover, sale

das **Rigorosum, Rigorosa** oral examination for a doctor's degree

die **Rinderzucht** cattle breeding

das **Ringen** wrestling

der **Ritter, -** knight

das **Ritterheer, -e** army of knights

ritterlich chivalrous, knightly

der **Ritterorden, -** knightly order

die **Ritterrüstung, -en** knight's armor

das **Rittertum** chivalry

rituell ritual

der **Rivale, -n** rival

rivalisieren to rival
roden to clear land
der **Roggen** rye
der **Rohstoff, -e** raw material
die **Rohstoffgrundlage, -n** natural resources
die **Rolandssäule, -n** statue of Roland symbolizing imperial freedom
die **Rolle, -n** role, part; pulley; **eine Rolle spielen** to be of some importance, play a part
der **Roman, -e** novel
romanisch Romanesque (style); Romance (language)
die **Romantik** Romanticism
der **Romantiker, -** romanticist
romantisch romantic
der **Römer, -** Roman
die **Römerzeit** era of the Roman empire
römisch Roman
römisch-katholisch Roman Catholic
der **Rosenmontag** last Monday before Lent
rotblond auburn, light reddish (hair)
das **Rote Kreuz** Red Cross
die **Rübe, -n** turnip, beetroot
der **Rückblick, -e** retrospect
die **Rückfahrt, -en** return trip
die **Rücksicht, -en** consideration, respect, regard; **Rücksicht nehmen auf** to have regard for, take into consideration
rückständig backward, in arrears
der **Rückzug, ¨e** retreat
das **Rudern** rowing
der **Ruderklub, -s** rowing club
der **Ruf, -e** reputation; call
rufen, rief, gerufen to call, shout
die **Ruhe** rest, calm, peace
die **Ruhepause, -n** lull, pause for a rest
ruhig calm, quiet
der **Ruhm** fame, glory
das **Ruhrgebiet** Ruhr district
die **Ruine, -n** ruin, ruined building
Rumänien Rumania
der **Rundfunk** radio, broadcasting
die **Rundfunkanstalt, -en** broadcasting company, radio station
das **Rundfunkgremium, -gremien** (control) board of a radio station
der **Russe, -n** Russian
russisch Russian
Rußland Russia
die **Rute, -n** rod

der **Saal, Säle** hall
die **Saalschlacht, -en** indoor brawl
das **Saarstatut** statute for the Saar district
die **Sachkenntnis, -se** experience, special knowledge
Sachsen Saxony
sächsisch Saxon
sachverständig expert, knowledgeable
die **Sackgasse, -n** dead-end street
die **Sage, -n** legend, myth
die **Sagenfigur, en** legendary figure
der **Sagenstoff, -e** legend, legendary story or plot
die **Säkularisierung, -en** seculiarization
das **Salz, -e** salt
das **Salzbergwerk, -e** salt mine
salzen to salt, pickle
der **Salzfahrer, -** salt trader
die **Salzstraße, -n** route for transporting salt
der **Salztransport, -e** transport of salt
die **Sammelausstellung, -en** collective exhibition (of a group of artists)
sammeln to collect, gather

die **Sammlung, -en** collection, concentration

die **Samtjacke, -n** velvet jacket

sämtlich altogether

sandig sandy

der **Sänger, -** singer

das **Sängerfest, -e** song festival

der **Sängerkrieg, -e** bards' contest, contest of the minnesingers

der **Sängerwettkampf, ¨-e** contest of the minnesingers

sanieren to restore, reorganize, revitalize

die **Sanktion, -en** sanction

der **Sarg, ¨-e** coffin, casket

der **Sattler, -** saddler

der **Satz, ¨-e** sentence, clause; set (sport); movement (music)

der **Satzteil, -e** syntactic unit, sentence part

die **Säuberung, -en** cleaning, purge

sauflustig fond of drinking

der **Schachzug, ¨-e** move (in chess)

der **Schaden, ¨** damage

schädlich harmful, detrimental

schaffen, schuf, geschaffen to create, do

schaffen, schaffte, geschafft to achieve, finish, work; **sich etwas schaffen** procure

die **Schallplatte, -n** record, disk

die **Scham** shame

scharf sharp, acute, hot

scharren to shuffle (with the feet)

schätzen to value, estimate, esteem

die **Schau, -en** show, exhibition; **zur Schau stellen** to exhibit, display, show

das **Schaufenster, -** shop window

der **Schauplatz, ¨-e** scene

das **Schauspiel, -e** play, drama

der **Schauspieler, -** actor

der **Schauspielerstand** actors' profession

sich **scheiden (von), schied, geschieden** to be separated from, be distinguished from, divorce

der **Schein, -e** appearance, piece of paper, certificate

scheinen, schien, geschienen to seem, appear, shine

scheitern to fail, wreck, run aground

die **Scheu** shyness, timidity

scheuen to fear, shun

sich **scheuen (vor)** to be afraid of

die **Schicht, -en** social class; layer; shift

die **Schichtarbeit, -en** work in shifts

schicken to send

das **Schicksal, -e** destiny, fate

das **Schiefervorkommen, -** slate deposit

das **Schießpulver** gunpowder

das **Schiff, -e** ship, boat, vessel

die **Schiffahrt** navigation

der **Schiffsbau** ship building

der **Schiffsverkehr** shipping traffic

das **Schilaufen** *or* **Schifahren** skiing

schildern to describe, sketch

das **Schimpfwort, ¨-er** insult, abusive word

das **Schispringen** ski jump

die **Schiwanderung, -en** ski tour

die **Schlacht, -en** battle, fight

schlafen, schlief, geschlafen to sleep, be asleep

schlagen, schlug, geschlagen to beat, hit, strike

der **Schlager, -** hit, popular song

die **Schlagzeile, -n** headline

schlecht bad, wicked

das **Schlepptau** tow; **im Schlepptau** in tow

Schlesien Silesia

schlesisch Silesian

schlichten: einen Streit schlichten to settle a fight, restore peace

schließen, schloß, geschlossen to close, shut, conclude; **Frieden schließen** make peace

schließlich final, finally, last

schlimm bad, sore, ill

das **Schlittenfahren** sleigh riding

das **Schloß, ¨sser** castle; lock

die **Schloßkirche** church connected with a castle

der **Schluß, ¨sse** end, close; conclusion

das **Schlüsselwort, ¨er** key word

der **Schlußgewinn, -e** final prize

schmeichelhaft flattering

der **Schmied, -e** blacksmith

schmieden to forge

der **Schmuck** jewelry, ornament, finery

die **Schmuckanfertigung, -en** making of jewelry

schmücken to adorn

die **Schmuckindustrie** manufacture of jewelry, jewelry industry

die **Schmucksachen** *(pl.)* jewels, ornaments

der **Schnaps, ¨e** liquor

die **Schnauze, -n** snout, big mouth

der **Schnee** snow

der **Schneesturm, ¨e** snowstorm

schnell fast, speedy, quick

der **Schnittpunkt, -e** intersection

das **Schnitzen** carving

die **Schokolade** chocolate

schon already

schön beautiful, pretty, handsome, fine

schonen to spare

der **Schöngeist, -er** bel esprit, wit

die **Schönheit, -en** beauty

schöpferisch creative

die **Schöpfung, -en** creation

schrecklich terrible, frightful

schreiben, schrieb, geschrieben to write

die **Schrift, -en** writing, script, publication

der **Schriftführer, -** secretary (club)

der **Schriftsteller, -** writer, author

die **Schriftstellerei** writing, authorship, literary profession

die **Schriftstellerin, -nen** authoress

der **Schritt, -e** step, pace

die **Schuhmacherstraße** Shoemaker Street

die **Schulaufführung, -en** school performance (of a play)

der **Schulbau, -ten** school building

die **Schulbildung** education, schooling

die **Schuld** guilt

die **Schulden** *(pl.)* debts

das **Schuldgefühl** feeling of guilt

schuldig guilty

die **Schule, -n** school

der **Schüler, -** student, pupil, schoolboy

das **Schulgeld** tuition

das **Schulkonzert, -e** school concert

der **Schulmeister, -** schoolmaster, teacher

die **Schulpflicht** compulsory education

die **Schulpolitik** educational policy

der **Schulrat, ¨e** school superintendent, inspector

die **Schulsachen** *(pl.)* things a student needs for school

das **Schulsystem, -e** school system

der **Schultag, -e** school day

der **Schultheiß, -en** mayor

die **Schultüte, -n** cardboard cone filled with candies, etc., given on the occasion of the first school day

der **Schultyp, -en** type of school

der **Schultyrann, -en** school tyrant, teacher who enforces a harsh discipline
das **Schulwesen** public instruction, school affairs
das **Schulzeugnis, -se** report card
der **Schutz** protection, shelter
schützen to protect, guard, shelter
der **Schützenverein, -e** rifle club
der **Schutzherr, -en** protector, patron
die **Schutzpatronin, -nen** patron saint
schwach weak, faint, feeble
die **Schwäche, -n** weakness, faintness
schwanken to stagger, vacillate, get off balance
schwarz black
das **Schwarze Brett** bulletin board
Schweden Sweden
schwedisch Swedish
schweigen, schwieg, geschwiegen to be silent
die **Schweinezucht** hog growing
die **Schweiz** Switzerland
der **Schweizer, -** Swiss; dairyman
schweizerisch Swiss
schwer heavy, difficult, serious
schwerfällig cumbersome, heavy, slow
die **Schwerindustrie, -n** heavy industry, steel industry
das **Schwerpunktprojekt, -e** priority project
das **Schwert, -er** sword
der **Schwerverbrecher, -** felon, criminal who committed a felony
schwerwiegend weighty, important
die **Schwester, -n** sister; nurse
die **Schwesterstadt** "sister city"
die **Schwiegereltern** *(pl.)* parents-in-law
der **Schwiegersohn, ¨e** son-in-law
schwierig difficult, hard
die **Schwierigkeit, -en** difficulty
das **Schwimmbad, ¨er** swimming pool
das **Schwimmen** swimming
schwören, schwor, geschworen to take an oath, swear
das **Schwurgericht, -e** jury (trial)
das **Schwyzerdütsch** Swiss German (dialect)
das **Sechstagerennen, -** six-day cycling race
der **See, -n** lake
der **Seehafen, ¨** maritime port
die **Seele, -n** soul, mind
das **Seelenheil** salvation, spiritual welfare
seelisch psychic, psychological
die **Seelsorge** ministry
der **Seemann, -leute** mariner, seaman, sailor
das **Seengebiet, -e** lake area
die **Seenplatte, -n** plain covered with lakes, lake area
der **Seeweg, -e** sea route
die **Segelfahrt, -en** sailing trip
der **Segelklub, -s** sailing club
der **Segler, -** yachtsman; sail boat
sehen, sah, gesehen to see, perceive
die **Sehenswürdigkeit,-en** sight, object of interest
sich **sehnen (nach)** to long for
die **Sehnsucht, ¨e** desire, longing, dream
die **Seife, -n** soap
die **Seite, -n** side; page
die **Sekretärin, -nen** secretary
der **Sekt** champagne
die **Sekte, -n** sect
selbst self; even
der **Selbstbedienungsladen, ¨** self-service store, also idiom for politicians and managers using their position for personal gains
die **Selbstbeherrschung** self-control

die **Selbstbesinnung** self-examination, reflection, meditation

die **Selbstbestimmung** self-determination

selbstbewußt self-reliant, self-confident

das **Selbstbewußtstein** self-confidence, self-consciousness

das **Selbstgefühl** self-reliance

selbstkritisch self-critical

der **Selbstmord, -e** suicide

die **Selbstregierung** self-government, autonomy

das **Selbstvertrauen** self-confidence

die **Selbstverwaltung** self-government, autonomy

selig blessed, happy

selten seldom, rare, scarce

der **Senat, -e** senate (city government)

die **Sendereihe, -n** radio series

die **Sendung, -en** transmission; shipment

das **Seniorenprogramm, -e** program for senior citizens

sensationell sensational

die **Sentimentalität, -en** sentimentality

die **Separatistenbewegung, -en** separatist movement

serbisch Serbian

die **Serie, -n** series

setzen to put, set, place; **sich zur Ruhe setzen** to retire

die **Seuche, -n** plague, epidemic

sicher sure, secure, safe

die **Sicherheit, -en** security, certainty

sichern to protect, secure, guarantee

die **Sicherung, -en** protection, securing; fuse

sichtbar visible, conspicuous

siebenjährig seven-year (old)

die **Siedlung, -en** settlement, suburban colony

der **Sieg, -e** victory

siegen to be victorious, conquer, win

die **Sieger, -** victor, winner

die **Siegermacht, ¨e** victorious power

siegreich victorious

das **Silber** silver

das **Silberbergwerk, -e** silver mine

die **Silberproduktion, -en** production or output of silver

Silvester New Year's Eve

die **Simonie** simony

singen, sang, gesungen to sing

sinken, sank, gesunken to sink, decline

der **Sinn, -e** sense, meaning, mind

sinnlos senseless, foolish

die **Sippe, -n** kin, clan

die **Sitte, -n** custom, habit, usage

der **Sitz, -e** seat, chair, residence

sitzen, saß, gesessen to sit, fit; **sitzen bleiben** to have to repeat a grade in school; remain seated

die **Sitzung, -en** meeting, session

Sizilien Sicily

der **Skandal, -e** scandal

Skandinavien Scandinavia

der **Skandinavier, -** Scandinavian

die **Skepsis** scepticism

skeptisch sceptical

der **Sklave, -n** slave

die **Skulptur, -en** sculpture

slawisch Slavic

der **Slowene, -n** Slovene

der **Sohn, ¨e** son

der **Soldat, -en** soldier

der **Soldatenrat, ¨e** soldiers' council (1918–1919)

die **Soldatenstadt, ¨e** garrison town

der **Söldner, -** mercenary

die **Söldnertruppe, -n** army of mercenaries

solide solid

der **Solist, -en** soloist

der **Sommer, -** summer

die **Sommerferien** *(pl.)* summer vacation

die **Sommerfrische, -n** summer resort

der **Sommergast, ¨e** guest for the summer, summer tourist

das **Sommerschloß, ¨sser** summer castle

die **Sonate, -n** sonata

die **Sonderschule, -n** special school for handicapped children

der **Sonderzug, ¨e** special train

die **Sonne, -n** sun

sonnenhungrig hungry for sunshine

die **Sonntagsruhe, -n** Sunday rest

die **Sonntagszeitung, -en** Sunday paper

das **Sonnwendfeuer, -** fire to celebrate solstice

der **Sorbe, -n** Sorb, Wend

sorbisch Sorbian, Wendish

die **Sorge, -n** care; problem, sorrow, concern

sorgen (für) to care for, provide for

das **Sorgenkind, -er** problem child

sorgfältig careful

sorglos carefree, careless

die **Sorte, -n** sort, kind, species

souverän sovereign

die **Souveränität, -en** sovereignty, independence

sowjetisch Soviet

die **Sowjetunion** Soviet Union

die **Sowjetzone** Soviet occupation zone (in Germany)

sozial social

die **Sozialabgaben** *(pl.)* fees for social services, salary deduction for social security and health insurance

der **Sozialdemokrat, -en** social democrat

sozialdemokratisch social democrat

das **Sozialgesetz, -e** welfare law

die **Sozialgesetzgebung** welfare legislation

die **Sozialhilfe** public assistance, welfare

die **Sozialisierung, -en** socialization

der **Sozialismus** socialism

der **Sozialist, -en** socialist

sozialistisch socialist

die **Sozialleistungen** *(pl.)* fringe benefits; family allowance

die **Sozialpartnerschaft** social partnership

sozialpolitisch referring to social or welfare policy

der **Sozialrevolutionär, -e** social revolutionary

die **Sozialwissenschaften** *(pl.)* social sciences

sozialwissenschaftlich referring to social sciences

der **Soziologe, -n** sociologist

sozusagen so to speak

spalten to split, divide

die **Spaltung, -en** separation, splitting, division

Spanien Spain

spanisch Spanish

die **Spannung, -en** tension, strain; voltage

sparen to save, economize

die **Sparkasse, -n** savings and loan

die **Sparmaßnahme, -n** budget cut

die **Sparsamkeit, -en** economy, thriftiness

spät late

spätestens at the latest

spätrömisch referring to the later period of the Roman empire
die **Spätschicht, -en** late shift, night shift
der **Spaziergang, ¨-e** walk, outing, promenade
der **Spazierweg, -e** walk, path for walking
die **Speise, -n** food, meal
sperren to blockade, barricade, close, stop
sich **spezialisieren** to specialize
spezialisiert specialized
der **Spezialist, -en** specialist, expert
sich **spiegeln** to be reflected
das **Spiel, -e** game, play
spielen to play, perform, gamble
die **Spielerreihe, -n** line of players (soccer)
der **Spielfilm, -e** feature film, movie
der **Spielmann, -leute** minstrel, street-player
der **Spielplan, ¨-e** repertory
der **Spielraum, ¨-e** scope, room for action
das **Spielzeug, -e** toy, plaything
spinnen, spann, gesponnen to spin; hatch
die **Spitze, -n** lace; point, top, tip
der **Spitzname, -n** nickname
die **Splittergruppe, -n** splinter group
die **Splitterpartei, -en** very small party
die **Sportanlage, -n** playing-ground, sports ground
die **Sportart, -en** kind of sport
die **Sporteinrichtung, -en** sport facilities
das **Sportergebnis, -se** sports news, outcome of sporting events
die **Sportgruppe, -n** group or team with interest in sports
der **Sportklub, -s** sport club
sportlich sportsmanlike, athletic
die **Sportnachricht, -en** sport news
der **Sportteil, -e** sports section (newspaper)
der **Sportverein, -e** sport club
der **Spott** mockery
die **Sprache, -n** language, tongue, speech
die **Sprachform, -en** linguistic form
das **Sprachgebiet, -e** area where a language is spoken
die **Sprachgemeinschaft, -en** all people speaking the same language
die **Sprachgrenze, -n** linguistic frontier
der **Sprachkurs, -e** language course
die **Sprachschwierigkeiten** *(pl.)* linguistic difficulties; difficulties to communicate because of language
der **Sprachwissenschaftler, -** linguist, philologist
sprechen, sprach, gesprochen to speak, talk
der **Sprecher, -** speaker
sprichwörtlich proverbial
der **Spruch, ¨-e** saying, sentence, proverb
spüren to feel, perceive, track
der **Staat, -en** state, nation
der **Staatenbund, ¨-e** confederation of independent states
das **Staatensystem, -e** political system; group of countries
staatlich national, public, referring to a state
die **Staatsangehörigkeit, -en** nationality, citizenship
der **Staatsbetrieb, -e** state-owned enterprise
der **Staatsbürger, -** citizen
die **Staatsbürgerkunde** civics
der **Staatsdiener, -** civil servant
der **Staatsdienst, -e** civil service

die **Staatseinnahme, -n** public revenues

das **Staatsexamen, - *or* -examina** final university examination qualifying for civil service careers

der **Staatsfeind, -e** public enemy

staatsfeindlich referring to a public enemy, being against the political system

die **Staatsform, -en** political system, constitution

das **Staatsgebiet, -e** territory of a state

die **Staatsgewalt, -en** executive power, supreme power

der **Staatskanzler, -** chancellor of the state, head of the government (Austria, 19th century)

die **Staatskasse, -n** treasury

die **Staatskirche, -n** state church, official church

der **Staatsmann, ¨er** statesman, politician

der **Staatsminister, -** minister of state

das **Staatsoberhaupt, ¨er** head of the state, sovereign

die **Geheime Staatspolizei,** *short:* **Gestapo** secret police (1933–45)

die **Staatsprüfung, -en** cf. *Staatsexamen*

die **Staatsräson** reason of state, political necessity

der **Staatsrat, ¨e** privy council, council of state

staatsrechtlich referring to public or constitutional law

die **Staatssicherheit (Stasi)** secret police in the GDR

das **Staatstheater, -** state (supported) theater

staatstreu loyal to the state

der **Staatsvertrag** treaty to restore Austria's full sovereignty, 1955

die **Staatsverwaltung, -en** administration of a state

stabil stable

sich **stabilisieren** to stabilize, become stable

die **Stabilität, -en** stability

der **Stacheldraht, ¨e** barbed wire

der **Stacheldrahtzaun, ¨e** barbed wire fence

die **Stadt, ¨e** city, town

der **Stadtanlage, -n** city, plan of the city

der **Stadtbewohner, -** inhabitant of a city, city dweller, townsman

das **Stadtbild** townscape, appearance of a city

der **Städtebau** city planning, building a city

der **Städtebund, ¨e** league of cities

das **Stadtgebiet, -e** urban area, city (area)

städtisch urban, municipal

der **Stadtkern, -e** center of town

die **Stadtkultur, -en** urban civilization

das **Stadtparlament, -e** city council, city parliament

der **Stadtplan, ¨e** city map, plan according to which a city is built

die **Stadtplanung, -en** city planning

das **Stadtproletariat** urban proletariate

der **Stadtrat, ¨e** city council, city councillor

die **Stadtregierung, -en** city government

die **Stadtrepublik, -en** city republic, city state

das **Stadtschloß, ¨sser** town palace, residence of a prince in town

der **Stadtstaat, -en** city state

das **Stadttheater, -** municipal theater

das **Stadttor, -e** city gate

das **Stadtzentrum, -zentren** center of town

die **Stahlindustrie, -n** steel industry

der **Stamm, ¨e** tribe, people, race; tree trunk

die **Stammburg, -en** family castle
stammen (von) to descend, originate from
stammen (aus) to be from
das **Stammland, ¨er** country of origin
der **Stammtisch, -e** table of regular guests
der **Stand, ¨e** social class, estate of the empire; stand, position, condition
der **Ständerat** house of parliament (Switzerland)
die **Standesschranke, -n** class barrier
ständig permanent
da **Stapelrecht** marketing right of medieval town
stark strong, stout, violent
stärken to strengthen
die **Stärkung, -en** strengthening, refreshment
starr stiff, inflexible, rigid
der **Statistiker, -** statistician
statt instead of
stattfinden, fand statt, stattgefunden to take place, happen
der **Statthalter, -** governor
die **Stauferzeit** era of the Hohenstaufen dynasty (12th and 13th centuries)
der **Stausee, -n** reservoir, artificial lake
stehen, stand, gestanden to stand
steif rigid
steigen, stieg, gestiegen to rise, mount, climb
die **Steigerung, -en** increase, climax, intensification
steil steep
der **Steinbruch, ¨e** quarry
die **Steinkohle, -n** pit-coal, coal
das **Steinkohlenbergwerk, -e** coal mine
das **Steinkohlenvorkommen, -** coal deposit
die **Steinplatte, -n** stone slab, table top out of stone
die **Steinzeit, -en** Stone Age
die **Stelle, -n** place, spot, position, job
stellen to place, put, set
das **Stellenangebot, -e** job offer
die **Stellung, -en** position, job, employment
der **Stellungskrieg, -e** trench warfare
die **Stellungssuche** job hunting
sterben, starb, gestorben to die
die **Steuer, -n** tax, duty
die **Steuerbehörde, -n** revenue office
die **Steuererhöhung, -en** tax increase
der **Steuerzahler, -** tax payer
das **Sticken** embroidering
sticken to embroider
die **Stiefmutter, ¨** stepmother
stiften to donate, found
die **Stifterfigur, -en** sculpture of the founder
das **Stiftungsfest, -e** founder's day, commemoration, annual convention of fraternities
der **Stil, -e** style
die **Stilistik** stylistics
still quiet, silent, calm
der **Stillstand** standstill, deadlock
stillvergnügt calm and serene, happy
die **Stilvorstellung, -en** idea, choice or concept of style
die **Stimme, -n** voice
stimmen to vote; tune; be correct
die **Stimmengleichheit** equal number of votes
das **Stimmrecht, -e** right to vote
die **Stimmung, -en** mood, humor, atmosphere
das **Stipendium, Stipendien** fellowship, scholarship, stipend
die **Stirn, -en** forehead

der **Stoff, -e** fabric, material; subject, story

stolz proud

stören to trouble, disturb

stoßen, stieß, gestoßen to push, thrust, kick; **auf etwas stoßen** to come across, meet

strahlen to radiate, shine

stramm tight, disciplined

der **Strand, ¨e** beach

die **Straße, -n** street, road, highway

die **Straßenbahn, -en** street car, tramway,

der **Straßenbahnwagen, -** tram car

die **Straßenbeleuchtung, -en** street lighting

der **Straßenname, -n** street name

das **Straßensystem, -e** highway system

die **Straßenverbindung, -en** road connection

der **Stratege, -n** strategist

sich **sträuben** to resist, oppose

streben (nach) to aspire, struggle for

das **Streben** striving, endeavour, effort

die **Strecke, -n** stretch, distance; line

das **Streichquartett, -e** string quartet

der **Streik, -s** strike

streiken to strike

der **Streit, -e** quarrel, dispute, fight

sich **streiten, stritt, gestritten** to quarrel, argue, fight

die **Streitigkeit, -en** quarrel, difference

der **Streitpunkt, -e** matter, point in dispute

die **Streitschrift, -en** polemic or controversial writing, treatise or pamphlet

streitsüchtig quarrelsome

streng severe, rigorous, stern, strict

stricken to knit

strittig disputed, controversial, at issue

die **Strumpfindustrie, -n** hosiery industry

der **Studentenausweis, -e** student identity card

die **Studentenbewegung, -en** student movement

die **Studentengemeinde, -n** community of students belonging to one church, student parish

die **Studentengeneration, -en** student generation

die **Studentengruppe, -n** student group, team, club

das **Studentenjahr, -e** college year of a student

das **Studentenleben** student life, university life

der **Studentenprotest, -e** protest or demonstration by students

das **Studententheater, -** student theater, student drama club

die **Studentenverbindung, -en** student association, fraternity

das **Studentenwohnheim, -e** dormitory

die **Studentenzahl, -en** number of students

die **Studentenzeit** college days

die **Studentin, -nen** girl student, coed

studentisch collegiate

das **Studienbuch, ¨er** record of courses taken by a student, transcript (in form of a booklet)

das **Studienfach, ¨er** subject of study

die **Studienfahrt, -en** excursion for studies or research

der **Studiengang, ¨e** course of studies

das **Studienkolleg, -ien** preparatory college for foreign students qualifying for university studies

der **Studienplatz, ¨e** admission, place for studies

der **Studienrat, ¨-e** title of a tenured teacher in a *Gymnasium*

die **Studienzeit, -en** time spent at a university, time spent to get a university degree

studieren to study, go to college

die **Studiobühne, -n** experimental theater

das **Studium, Studien** study, studies

die **Stufe, -n** step, degree, stage

das **Stufenland, ¨-er** land rising in terraces

die **Stunde, -n** hour

der **Stundenlohn, ¨-e** hourly wage

der **Stundenplan, ¨-e** schedule, time table, program (school)

der **Stürmer, -** forward (soccer)

die **Stürmerreihe, -n** line of (five) forwards (soccer)

stürzen to fall, tumble

sich **stützen (auf)** to rely on, lean upon, be based upon

der **Stützpunkt, -e** point of support, fort

suchen to search, seek, look for

Südamerika South America

süddeutsch South German

der **Süddeutsche, -n** South German

Süddeutschland South Germany

der **Süden** south

südlich southern

der **Südosten** southeast

Südosteuropa Southeast Europe

der **Südtiroler** German speaking inhabitant of the Alto Adige (Italian part of the Tirol)

der **Südwesten** southwest

der **Suezkanal** Suez Canal

sumpfig swampy

die **Sünde, -n** sin, offence

der **Sünder, -** sinner, culprit, delinquent

der **Superlativ, -e** superlative

der **Supermarkt, ¨-e** supermarket

die **Süßigkeiten** *(pl.)* sweets, candies

symbolisieren to symbolize

die **Symphonie, -n** symphony

das **Symphonieorchester, -** symphony orchestra

die **Synagoge, -n** synagogue

der **Syndikus, -se** *or* **Syndizi** trustee, administrator, legal adviser

der **Tabak, -e** tobacco

die **Tafelmalerei, -en** painting on (wooden) panels

der **Tag, -e** day

tagen to meet, sit; dawn

der **Tagesausflug, ¨-e** one-day excursion, outing

der **Tagesaufenthalt, -e** a day's stay, stopover

die **Tagesfrage, -n** topic of the day

der **Tageslauf** a day's schedule, course of a day

das **Tageslicht** daylight

die **Tagesstätte, -n** daycare center

die **Tageszeitung, -en** daily paper

täglich daily

die **Tagung, -en** meeting, convention

die **Taktik, -en** tactics

taktlos tactless

das **Tal, ¨-er** valley

das **Talent, -e** talent, gift

die **Tante, -n** aunt

die **Tantieme, -n** royalty, share in profits

tanzen to dance

die **Tanzmusik** dance music

das **Tanzorchester, -** dance orchestra, band

tapfer brave, valiant

der **Tarif, -e** tariff, wage scale

die **Tarifverhandlung, -en** negotiation of employers and union about wages and fringe benefits

das **Taschenbuch, ¨er** paperback, memo book

das **Taschengeld** spending money, allowance

die **Taschenuhr, -en** pocket watch

die **Tat, -en** action, act, deed

tätig active

die **Tätigkeit, -en** activity

das **Tätigkeitsfeld, -er** field of activities

tatkräftig energetic, active

die **Tatsache, -n** fact, data

das **Tatsachenwissen** factual knowledge

tatsächlich in fact, actual, real

taufen to baptize

der **Taugenichts, -e** good-for-nothing

das **Tauschgeschäft, -e** exchange, barter, deal

der **Tauschhandel** barter

Tausende *(pl.)* thousands

die **Technik, -en** technique, technology, technical skill

der **Techniker, -** technician, engineer

technisch technical, technological

die **Technische Hochschule, -n** institute of technology, college of science and engineering

der **Teil, -e** part, share, portion

teilen to divide, share

teilnehmen (an), nahm teil, teilgenommen to take part in, compete, participate

der **Teilnehmer, -** participant

der **Teilstaat, -en** state being part of a greater political unit

die **Teilung, -en** division, separation, sharing

teilweise partly, partial

das **Telefon, -e** telephone

die **Telefonnummer, -n** telephone number

die **Telefonseelsorge, -n** ministry by telephone

die **Telegrafie** telegraphy

der **Teller, -** plate

der **Tempel, -** temple

die **Temperatur, -en** temperature

der **Temperaturunterschied, -e** difference in temperature

das **Tempo, -s** *or* **Tempi** speed, pace

die **Tendenz, -en** trend, tendancy

tendieren to be inclined, tend

das **Territorium, Territorien** territory

terrorisieren to terrorize

das **Testament, -e** testament, will

teuer dear, expensive

der **Teufel, -** devil

das **Teufelsbuch, ¨er** "devil's book," 16th century book describing devils

der **Teufelspakt, -e** pact with the devil

der **Textdichter, -** librettist, man who writes the lyrics for a song

die **Textilien** *(pl.)* textiles

die **Textilindustrie, -n** textile industry

das **Theater, -** theater, theater building

die **Theateraufführung, -en** stage performance

die **Theaterfahrt, -en** trip to see a play

die **Theaterfestspiele** *(pl.)* theater festival

die **Theaterkultur** theater culture

die **Theaterstadt, ¨e** city with many theaters, city famous for its theaters

das **Theaterstück, -e** play

die **Theatertradition, -en** theater tradition

das **Thema, Themen** topic, theme, subject

THE

der **Theologe, -n** theologian
die **Theologie** theology
der **Theologieprofessor, -en** professor of theology
der **Theoretiker, -** theoretician, theorist
theoretisch theoretical
die **Theorie, -n** theory
die **These, -n** thesis
der **Thron, -e** throne
der **Thronfolger, -** successor to the throne
tief deep, low, profound
die **Tiefebene, -n** plain, lowland
die **Tiefenpsychologie** depth psychology
tiefgreifend far-reaching
das **Tiefland** lowland
tiefreligiös deeply religious
das **Tier, -e** animal
der **Tierarzt, ¨e** veterinarian
tierärztlich veterinary
der **Tisch, -e** table
der **Tischler, -** cabinet maker, joiner
die **Tischplatte, -n** table top
das **Tischtennis** table tennis, ping-pong
der **Titel, -** title
das **Titelblatt, ¨er** title page
die **Tochter, ¨** daughter
der **Tod, -e** death
das **Todeslager, -** death camp
der **Todfeind, -e** deadly enemy
todkrank critically ill
die **Toleranz** tolerance
tolerieren to tolerate, endure
toll mad, extravagant, great
der **Ton, ¨e** sound, note, stress (intonation)
das **Tonbandgerät, -e** tape recorder
der **Torwart, -e** goal keeper (soccer)
der **Tote, -n** dead, dead person
töten to kill
der **Totensonntag** Memorial Day, Sunday before the 1st Advent Sunday devoted to the memory of the dead
der **Totentanz, ¨e** dance of death, dance macabre
der **Totschlag, ¨e** homicide, manslaughter
die **Tracht, -en** costume, dress
traditionell traditional, customary
traditionsreich rich in tradition
der **Träger, -** holder, carrier, bearer
die **Tragödie, -n** tragedy
der **Trainer, -** coach, trainer
transportieren to transport
der **Transportweg, -e** transport route
sich **trauen lassen** to get married
die **Trauer** mourning, sorrow
der **Trauertag, -e** day of mourning
der **Traum, ¨e** dream
träumen to dream
der **Trecker -** tractor
treffen, traf, getroffen to meet, hit
treffend striking, appropriate
treiben, trieb, getrieben to practice; urge; drive
das **Treibhaus, ¨er** greenhouse
trennen to divide, separate
die **Trennung, -en** separation
die **Treppe, -n** staircase, stairs
treten, trat, getreten to step, tread; **jemandem zur Seite treten** to side with
treu faithful, true
die **Treue** faithfulness, fidelity
der **Tribut, -e** tribute
trinken, trank, getrunken to drink
das **Trinkfest, -e** drinking festival
die **Trinkzeremonie, -n** drinking ceremony (student fraternities)

trocken dry, arid
trocknen to dry
der **Trost** comfort, consolation
trotzdem in spite of, nevertheless
trübe dull, sad, muddy
die **Truppe, -n** army, troop
tschechisch Czech
die **Tschechoslowakei** Czechoslovakia
tüchtig able, efficient
die **Tugend, -en** virtue
Tunesien Tunisia
der **Türke, -n** Turk
die **Türkei** Turkey
türkisch Turkish
der **Turm, ¨-e** tower, steeple
das **Turnen** gymnastics
der **Turnerbund, ¨-e** club for gymnastics
die **Turnerschaft, -en** gymnastic club, type of student fraternity
das **Turnfest, -e** gymnastic competition or festival
das **Turnier, -e** jousting, tournament
die **Turnübung, -en** gymnastic exercise
der **Turnunterricht** physical education, instruction in gymnastics
der **Turnverein, -e** athletic club
der **Typ, -en** type
typisch typical
tyrannisch tyrannical

das **Übel, -** evil, mischief
übelnehmen, nahm übel, übelgenommen to resent, be offended
üben to practice, exercise
überall everywhere, throughout
das **Überangebot** superabundance in supplies
der **Überbau** superstructure
übereinstimmen to agree, harmonize
überfallen, überfiel, überfallen to attack, hold up
überflüssig superfluous, redundant
überfremdet controlled by foreigners
überfüllen to cram, overcrowd
die **Überfüllung** overcrowding, overfilling
übergeben, übergab, übergeben to hand over, deliver
übergehen, ging über, übergegangen to change hands, pass over; proceed
der **Übergriff, -e** encroachment
überhaupt on the whole, generally
die **Überheblichkeit** presumption, arrogance
überladen, überlud, überladen to overload, overcharge
überladen *(adj.)* excessively ornate, florid, redundant
überlassen, überließ, überlassen to cede, leave (something) up to (somebody)
überleben to survive
überlegen to think over, reflect
überlegen ***(adj.)*** superior
der **Übermensch, -en** superman
übernachten to pass the night
übernehmen, übernahm, übernommen to take, take over
überparteilich nonpartisan, not connected with a political party
überragend excellent, outstanding
überrascht surprised, astonished
die **Überraschung, -en** surprise
überschaubar limited, manageable
der **Überschuß, ¨-sse** surplus, excess

überschwemmen to flood, inundate, overflow

übersetzen to translate

der **Übersetzer, -** translator

die **Übersetzung, -en** translation

die **Überstunde, -n** overtime

überstürzt precipitate, hasty

übertragen, übertrug, übertragen transfer, carry over

die **Übertreibung, -en** exaggeration, overstatement

übertrieben exaggerated

der **Übertritt, -e** conversion

übervölkert overpopulated

überwachen to control, superintend, watch over

überwechseln to change to

überwiegen, überwog, überwogen to be preponderant

überwiegend preponderant, prevailing

überwinden, überwand, überwunden to overcome, conquer

überzeugen to convince

überzeugt convinced, ardent

die **Überzeugung, -en** conviction

überziehen, überzog, überzogen overdraw

üblich usual, customary

die **Übung, -en** exercise, practice, drill

das **Ufer, -** shore, bank

die **Uhr, -en** clock, watch; time

die **Uhrenindustrie, -n** watch industry

die **Uhrenstadt, ¨e** city of watchmakers

umändern to change, alter

die **Umbildung, -en** transformation, restructuring

umbringen, brachte um, umgebracht to kill

der **Umbruch, ¨e** drastic, revolutionary change; paging (newspaper)

umdenken, dachte um, umgedacht change one's thinking

der **Umfang** size, extent, circumference

umfangreich extensive, wide

umfassen to comprehend, include, embrace

umfassend extensive, comprehensive

die **Umgangsform, -en** manners

die **Umgangssprache, -n** everyday language, colloquial language

der **Umgangston** manners in daily behavior

die **Umgebung, -en** surroundings, neighborhood

umgehen (mit), ging um, umgegangen to deal with, handle, use

umgekehrt opposite, vice versa, the other way round

umgestalten to transform

umherreisen to travel around

umherziehen, zog umher, umhergezogen to gad about, wander

umkommen, kam um, umgekommen to die, perish, spoil

umliegend surrounding, adjacent

umorganisieren to reorganize

umreiten, umritt, umritten to ride around

die **Umschichtung, -en** (social) regrouping, shifting

der **Umschlag, ¨e** sudden change; envelope

die **Umschulung, -en** retraining for a new job

umsetzen to transpose; **in die Praxis umsetzen** to carry out, realize an idea

umsiedeln to resettle

die **Umsiedlung, -en** resettlement

umsonst gratis, for nothing; in vain

der **Umstand, ¨e** circumstance

sich **umstellen (auf)** to adapt oneself to
die **Umstellung, -en** transposition, adaptation, redistribution
umstoßen, stieß um, umgestoßen to overthrow, knock down, annul
umstritten controversial, disputed
der **Umsturz, ¨e** overthrow, upset, revolution
der **Umsturzversuch, -e** attempt of an overthrow, revolt
umwälzend revolutionary
die **Umwälzung, -en** revolution, radical change
umweltbewußt mindful of the environment
der **Umweltschutz** environmental protection
umwerfen, warf um, umgeworfen to overturn, overthrow
umziehen, zog um, umgezogen to move, change
der **Umzug, ¨** move (furniture); procession
unabhängig independent
die **Unabhängigkeit** independence
der **Unabhängigkeitsdrang** urge to be independent
der **Unabhängigkeitskrieg, -e** war of independence
die **Unachtsamkeit, -en** carelessness
unakademisch unacademic, non-scholarly
unangenehm disagreeable, unpleasant
unaufhaltsam irresistible
unausgesprochen implied, not expressed
unbedeutend insignificant
unbedingt absolute, absolutely, by all means
unbegrenzt unlimited
das **Unbehagen** malaise, uneasiness
unbehaglich uncomfortable, uneasy
unbekannt unknown
der **Unbekannte, -n** stranger, unknown person
unbekümmert careless, unconcerned
unbequem inconvenient
unberechenbar unpredictable
unbeschränkt absolute, unlimited
unbeschwert unburdened
unbestechlich incorruptible
unbestritten certain, uncontested
unblutig bloodless
undenkbar unthinkable, inconceivable
uneben uneven
unecht false, not genuine, artificial, phony
unehelich illegitimate
unehrlich dishonest
uneinheitlich diverse, not uniform, not clear
unerklärlich mysterious, inexplicable
unermüdlich indefatigable, incessant
unersetzlich irreplaceable, irreparable
unerträglich intolerable
unerwartet unexpected
unerwünscht unwelcome
der **Unfall, ¨e** accident
die **Unfallversicherung, -en** accident insurance
ungarisch Hungarian
Ungarn Hungary
ungeahnt unexpected, unthought of
ungebildet uneducated
ungeduldig impatient
ungefähr approximate, about, nearly
ungeheizt not heated
das **Ungeheuer, -** monster

ungeheuer huge, enormous, monstrous
ungeklärt unsolved
ungelöst unsolved
ungerecht unjust
die **Ungerechtigkeit, -en** injustice
ungetreu unfaithful
ungezwungen easy, natural, spontaneous, unconstrained
unglaublich incredible
ungleich unequal
uniert united (church)
die **Universität, -en** university
der **Universitätsdozent, -en** university lecturer or instructor
der **Universitätsgrad, -e** academic degree
das **Universitätskrankenhaus, ¨er** university hospital
der **Universitätsprofessor, -en** university professor
die **Universitätsreform, -en** university reform
die **Universitätsstadt, ¨e** university town
die **Unmenge, -n** enormous quantity
die **Unmenschlichkeit, -en** inhumanity
unmittelbar immediate, immediately, direct
unmöglich impossible
unnatürlich unnatural
unnormal not normal
die **Unordnung, -en** disorder, confusion
unparteiisch impartial, unbiased
unpraktisch impractical
unregelmäßig irregular
unreif immature
unrentabel unprofitable, unremunerative
die **Unruhe, -n** unrest, agitation
unruhig restless, uneasy
unsicher insecure, unsafe, unsteady
die **Unsicherheit, -en** insecurity, uncertainty
die **Untat, -en** crime
untätig passive, inactive, idle
untenstehend mentioned below
unterbrechen, unterbrach, unterbrochen to interrupt; stop over
unterbringen, brachte unter, untergebracht to lodge, place
unterdrücken to oppress, suppress, repress, put down
die **Unterdrückung, -en** oppression
unter(e) lower, inferior; under, below, among
untereinander among each other, mutually
der **Untergebene, -n** subordinate, underling
untergehen, ging unter, untergegangen to sink, perish; set
sich **unterhalten, unterhielt, unterhalten** to converse, talk to; enjoy oneself
die **Unterhaltungsmusik** light music, popular music
das **Unterhaltungsorchester, -** orchestra playing light music
die **Unterhaltungsseite, -n** entertainment page (newspaper)
die **Unterkunft, ¨e** lodging, accommodation
die **Unterlassung, -en** omission, neglect
unterliegen, unterlag, unterlegen to succumb, be overcome, be defeated
der **Untermensch, -en** subhuman being
unternehmen, unternahm, unternommen to undertake
das **Unternehmen, -** expedition, enterprise, firm
der **Unternehmer, -** contractor, employer, entrepreneur
die **Unternehmerin, -nen** female entrepreneur

der **Unteroffizier, -e** corporal
der **Unterricht** instruction, lessons
unterrichten to teach, instruct, give lessons
das **Unterrichtsministerium, -ministerien** department of education
unterscheiden, unterschied, unterschieden to distinguish, differ
der Unterschied, -e difference, distinction
unterschiedlich different, diverse
unterschiedslos without any difference, indiscriminately
der **Untersekundaner, -** 10th grade student (secondary school)
unterstehen, unterstand, unterstanden to be subordinate to, be under the command of
unterstellen to place under, subordinate
unterstützen to support, aid, back
die **Unterstützung, -en** assistance, support, relief
die **Untersuchung, -en** investigation, examination, inquiry
der **Untertan, -en** subject
die **Unterteilung, -en** classification
der **Unterton, ¨-e** undertone
unterwegs on the way
unterwerfen, unterwarf, unterworfen to subjugate
unterzeichnen to sign
unverheiratet single, unmarried
unverkennbar unmistakable
unverletzt unharmed, unhurt
unvermeidlich inevitable
unvermittelt suddenly, directly
unverwechselbar unmistakable
unvoreingenommen unbiased
unvorstellbar unimaginable, unthinkable
das **Unwetter, -** stormy weather, thunderstorm
unwichtig unimportant
unwiderruflich irrevocable
der **Unwille** indignation
unzufrieden dissatisfied, discontent
die **Unzufriedenheit, -en** dissatisfaction, discontent
unzugänglich inaccessible
unzuverlässig unreliable
die **Uraufführung, -en** first night, first performance
die **Urkantone (pl.)** first three Swiss cantons
der **Urlaub, -e** leave, vacation
die **Urlaubslandschaft, -en** tourist region
die **Urlaubsreise, -n** vacation trip
die **Urlaubszeit, -en** vacation, vacation period
das **Urlaubsziel, -e** destination, place to spend the vacation
der **Usprung, ¨-e** origin
ursprünglich original, primitive
das **Urteil, -e** judgment, sentence

vage vague
der **Vater, ¨** father
das **Vaterland, ¨-er** fatherland, native country
der **Vatertag, -e** father's day
verabscheuen to detest, abhor
verabschieden to dismiss, give leave
verachten to despise
veraltet out of date, obsolete
verändern to change, vary
die **Veränderung, -en** change, alteration
veranlassen to cause
veranstalten to organize, arrange
die **Veranstaltung, -en** event, occasion
verantworten to be responsible

verantwortlich responsible
die **Verantwortung, -en** responsibility
verantwortungsvoll responsible
die **Verarbeitung, -en** manufacturing, workmanship
die **Verarbeitungsindustrie, -n** manufacture, chiefly: consumer goods industries
verarmen to become poor, impoverish
verbessern to improve, correct
verbieten, verbot, verboten to prohibit, forbid
verbilligt reduced (price), cheaper
verbinden, verband, verbunden to connect, join, combine
die **Verbindung, -en** connection, union, association
die **Verbindungsstraße, -n** connecting route, highway
verbittert embittered
verboten forbidden, prohibited
das **Verbrechen, -** crime
verbreiten to spread, diffuse
verbreitet widespread, common
verbrennen, verbrannte, verbrannt to burn, cremate
der **Verbrennungsmotor, -en** internal combustion engine
verbringen, verbrachte, verbracht to spend, pass (time)
verbummeln to idle away, waste time or money
sich **verbünden (mit)** to form an alliance, unite
die **Verbundenheit** tie, close connection, cohesion
der **Verbündete, -n** ally, confederate
die **Verdächtigung, -en** insinuation
der **Verdammte, -n** dammed (soul)
verdanken to owe
verderben, verdarb, verdorben to spoil, perish, corrupt
verdienen to earn, merit, deserve
der **Verdienst, -e** salary, profit
das **Verdienst, -e** merit
die **Verdienstmöglichkeit, -en** chances for earning money
sich **verdingen** to engage oneself, take a job
verdrängen to displace, push away
verehren to honor, venerate, worship
der **Verein, -e** society, association, club
vereinigen to unite, reconcile
vereinigt united
die **Vereinigung, -en** union, unification
vereinsamen to become lonely, isolate
das **Vereinsleben** social life in clubs
das **Vereinslokal, -e** restaurant or inn where a club has its regular meetings
der **Vereinsmeier, -** joiner, person active in club life
das **Vereinsregister, -** club registry
die **Vereinstradition, -en** tradition of a club; tradition of having clubs
verfahren, verfuhr, verfahren to proceed; bungle
verfallen, verfiel, verfallen to fall into disrepair, expire, become forfeited
verfassen to compose, write
die **Verfassung, -en** constitution, state, condition
verfassungsgemäß constitutional
die **Verfassungsreform, -en** constitutional reform
die **Verfassungstreue** loyalty to the constitution
verfilmen to adapt to the screen, film
die **Verfilzung, -en** entanglement

die **Verflechtung, -en** involvement, entanglement

verfolgen to pursue, follow, persecute

die **Verfolgung, -en** persecution, pursuit

der **Verfolgungseifer** eagerness to persecute

die **Verfolgungswelle, -n** wave of persecution

verfrüht premature

verfügbar available

die **Verfügung, -en** disposal; decree; availability; **zur Verfügung haben** to have at one's disposal; **zur Verfügung stellen** to place at one's disposal

verführen to seduce

verführerisch seductive

die **Vergangenheit, -en** past; past tense

vergänglich transitory, passing

die **Vergänglichkeit, -en** instability, transitoriness

vergeben, vergab, vergeben to award, confer; forgive, pardon

vergeblich in vain, fruitless

vergehen, verging, vergangen to pass away, fade

die **Vergessenheit** oblivion

vergiften to poison

die **Vergiftung, -en** poisoning

der **Vergleich, -e** comparison; agreement

vergleichen, verglich, verglichen to compare

vergleichsweise comparatively, by way of comparison

sich **vergnügen** to enjoy oneself, take pleasure

die **Vergnügungsindustrie, -n** pleasure industry

der **Vergnügungsplatz, ¨e** amusement park, (e.g. the Prater in Vienna or Disneyland)

vergrößern to enlarge, magnify

verhaften to arrest

sich **verhalten, verhielt, verhalten** to behave, conduct oneself

das **Verhalten** behavior, conduct

das **Verhältnis, -se** relation, ratio, proportion

verhältnismäßig comparatively, in proportion

die **Verhältniswahl, -en** election by proportional representation

das **Verhältniswahlrecht** election law providing for proportional representation

das **Verhältniswahlsystem** system of election by proportional representation

verhandeln to negotiate, deliberate, discuss

die **Verhandlung, -en** negotiation, discussion, proceedings, trial

sich **verheiraten** to marry

verheiratet sein to be married

verhelfen (zu), verhalf, verholfen to help to, procure

die **Verherrlichung, -en** glorification

verhindern to prevent

verhören to try, examine, hear

verhütten to treat (iron) ore

verkabelt connected by cable

der **Verkauf, ¨e** sale

der **Verkehrsknotenpunkt, -e** traffic junction

die **Verkehrslage, -n** traffic situation

verkehrsreich full of traffic, busy

der **Verkehrsweg, -e** traffic route

das **Verkehrszentrum, -zentren** traffic center, junction

verkleidet in disguise

sich **verkleinern** to diminish, get smaller

verknüpfen to connect, combine

verkörpern to embody

sich **verkriechen, verkroch, verkrochen** to hide

verkrüppelt crippled

verkünden to proclaim, announce

verkürzen to shorten

der **Verlag, -e** publisher, publishing house

sich **verlagern** to shift

verlangen to demand, require, desire

verlängern to prolong, extend, lengthen, renew

verlassen, verließ, verlassen to leave, abandon

sich **verlassen (auf), verließ, verlassen** to rely upon

verlaufen, verlief, verlaufen to pass, elapse

die **Verleihfirma, -firmen** distributor (films)

verletzen to hurt, injure; violate

verlieren, verlor, verloren to lose

verlockend attractive, enticing

der **Verlust, -e** loss

vermehren to increase, augment

vermeiden, vermied, vermieden to avoid

vermindern to diminish, reduce

die **Verminderung, -en** decrease, reduction

vermischen to mix up, mingle

die **Vermischung, -en** mixture, mixing up

vermitteln to mediate, arrange, communicate

die **Vermittlerrolle, -n** role of a mediator

die **Vermittlung, -en** mediation, arrangement; telephone exchange

das **Vermögen, -** property; ability, power

vermutlich presumable

vernachlässigen to neglect

vernichten to destroy, annihilate

das **Vernichtungslager, -** death camp, extermination camp

die **Vernichtungsmethode, -n** method of extermination

die **Vernunft** reason

vernünftig reasonable, rational

veröffentlichen to publish

die **Verordnung, -en** ordinance, order, decree

verpassen to miss, lose, let slip

verpflanzen to transplant

sich **verpflichten (zu)** to engage or commit oneself

verpflichtet obliged

der **Verrat** treason

verraten, verriet, verraten to betray, give away

verrückt mad, crazy

die **Versammlungsfreiheit** freedom of assembling

verschaffen to procure

sich **verschärfen** to intensify, add to

verschieben, verschob, verschoben to shift, postpone

die **Verschiebung, -en** postponement, shift

verschieden different, several

verschiedenartig of a different kind, heterogeneous

die **Verschiedenheit, -en** difference, diversity, variation

verschlechtern to worsen, deteriorate

der **Verschleiß** wear and tear, worn-out condition

verschlossen reserved; closed

verschollen missing, presumed dead

die **Verschulung** turning (a university) into a highschool-like operation

verschweigen, verschwieg, verschwiegen to conceal, keep secret

verschwinden, verschwand, verschwunden to disappear, vanish

der **Verschwörer, -** conspirator

die **Verschwörergruppe, -n** group of conspirators

die **Verschwörung, -en** conspiracy

das **Versepos, -epen** verse epic

die **Verserzählung, -en** narrative in verse

versetzen to transpose, remove

versöhnen to reconcile

die **Versöhnung, -en** reconciliation

versorgen to provide, supply

verspätet tardy, belated

versperren to bar, block

verspotten to deride, mock

versprechen, versprach, versprochen to promise

das **Versprechen, -** promise

die **Verstaatlichung, -en** nationalization

der **Verstand** understanding, reason, intelligence

sich **verständigen** to communicate, come to an understanding

die **Verständigung, -en** agreement, communication

der **Verständigungsfriede** peace by arrangement, by compromise

die **Verständigungspolitik** policy of understanding, policy based on mutual agreement

verständlich comprehensible, clear

das **Verständnis, -se** comprehension, understanding

verstärken to reinforce, strengthen, amplify

verstecken to hide

verstehen, verstand, verstanden to understand, comprehend

verstopfen to constipate, obstruct

versuchen to try, attempt

vertauschen to exchange

verteidigen to defend

der **Verteidiger, -** defender; full back (soccer); defense attorney

vertiefen to deepen, widen

sich **vertiefen** to become deeper; become absorbed in

der **Vertrag, ¨-e** treaty, contract

verträglich compatible

der **Vertragsspieler, -** semiprofessional soccer player

das **Vertrauen** confidence

die **Vertrauenskrise, -n** crisis of trust, confidence

das **Vertrauensverhältnis, -se** relation of trust or mutual confidence

vertreiben, vertrieb, vertrieben to expel, banish, drive away

vertreten, vertrat, vertreten to represent, substitute, advocate

der **Vertreter, -** representative, substitute, advocate, commercial traveler

die **Vertretung, -en** representation, substitution

der **Vertriebene, -n** expellee, refugee

verursachen to cause

verurteilen to sentence, condemn

vervollständigen to complete

verwachsen deformed

verwalten to administer, manage

die **Verwaltung, -en** administration, management

der **Verwaltungsangestellte, -n** administrative employee, civil servant

der **Verwaltungsbezirk, -e** administrative district

der **Verwaltungschef, -s** head of administration

der **Verwaltungsdienst, -e** administrative service, civil service

die **Verwaltungseinheit, -en** administrative unit

die **Verwaltungsgebühr, -en** fee for administrative services

die **Verwaltungsreform, -en** reform of administration

die **Verwaltungssprache, -n** administrative language

verwandeln to transform, change

verwandt related, congenial, allied

der or die **Verwandte, -n** relative

die **Verwandtschaft, -en** relatives, relationship, affinity

die **Verwandtschaftsbeziehung, -en** kinship relation

der **Verwandtschaftsgrad, -e** degree of relationship, affinity

verweigern to refuse, deny

die **Verwendung, -en** use, employment

verwickeln to involve

verwickelt intricate, complicated

verwirklichen to implement, realize, come to pass

die **Verwirrung, -en** confusion, entanglement

verwundert astonished

verwurzelt deeply rooted

sich **verzahnen** to interlock, cling together

verzichten (auf) to renounce, resign

verzweifeln to despair

der **Vetter, -n** cousin

das **Vieh** cattle, beast

das **Viehfutter** forage, food for cattle, fodder

die **Viehzucht** stock farming, cattle breeding

vielfach manifold

die **Vielfalt** variety, multiplicity

vielleicht perhaps

vielseitig many-sided, versatile

die **Vielseitigkeit, -en** versatility

der **Vielvölkerstaat** multiethnic state (Austria before 1918)

das **Viertel, -** quarter

die **Viertelstunde, -n** quarter of an hour

das **Visum, Visa,** *or* **Visen** visa

die **Vitalität** energy, vitality

die **Vogelkunde** ornithology

der **Vogler, -** fowler, bird-snarer

das **Volk, ¨er** people, nation

der **Völkerbund** League of Nations

die **Völkerwanderungszeit** period of migration of (Germanic) peoples

die **Volksabstimmung, -en** plebiscite

der **Volksaufstand, ¨e** insurrection, popular uprising

das **Volksbildungswerk, -e** organization for adult education

der **Volksbrauch, ¨e** popular or national custom

das **Volksbuch, ¨er** chapbook

die **Volksbühne, -n** people's theater, popular theater

der **Volksdeutsche, -n** ethnic German, member of a German-speaking minority

die **Volksdichtung, -en** popular poetry

das **Volksfest, -e** public festival, fun fair

die **Volksfront** popular front

der **Volksheld, -en** popular hero

die **Volkshochschule, -n** adult education courses

die **Volkskammer** parliament of the GDR

die **Volkskammerwahl, -en** election for the *Volkskammer*

die **Volkskirche, -n** popular church, church of the people

die **Volkskunst, ¨e** popular art

das **Volkslied, -er** folk song

das **Volksmärchen, -** popular fairy tale

die **Volksmusik** folk music

die **Volksmusikgruppe, -n** folk music group

die **Volkspartei, -en** people's party

das **Volksrecht** the people's right to participate

die **Volksregierung, -en** democracy, popular government

die **Volksschule, -n** elementary school, type of secondary school, ct. *Hauptschule*

der **Volksschullehrer, -** elementary school teacher

die **Volksschullehrerausbildung** training of elementary school teachers

der **Volkssport** popular sport, sport for the masses

das **Volkstheater, -** popular theater

die **Volkstracht, -en** traditional costume

volkstümlich popular

der **Volkstumskampf, ¨e** fight for one's ethnic survival

das **Volksvermögen** national wealth, assets

die **Volksvertretung, -en** representation of the people, parliament

der **Volkswirt, -e** economist

die **Volkswirtschaft, -en** economics; national economy

voll full

die **Vollbeschäftigung** full employment

vollenden to complete, finish

vollendet perfect, finished

die **Vollendung, -en** finishing, perfection

völlig entire, complete

vollkommen perfect, accomplished

die **Vollredaktion, -en** complete editorial staff

vollständig complete

vollziehen, vollzog, vollzogen to execute, perform

der **Volontär, -e** volunteer, unpaid or little paid assistant

vorantreiben, trieb voran, vorangetrieben to advance, push forward

der **Vorarbeiter, -** foreman

voraussagen to prophecy, predict

die **Voraussetzung, -en** premise, condition, presupposition

der **Vorbehalt, -e** reservation

vorbei along, past, over

vorbereiten to prepare; **sich vorbereiten (auf)** to prepare oneself for, get ready for

die **Vorbereitung, -en** preparation

der **Vorbereitungskurs, -e** preparatory course

das **Vorbild, -er** model, standard

vorbildlich model, representative

die **Vorbildung** education, preparatory training

vorbringen, brachte vor, vorgebracht to bring up, advance, utter

vorchristlich pre-Christian

vordringen, drang vor, vorgedrungen to advance, gain ground

vordringlich urgent, top priority

vorerst first of all, for the time being, so far

der **Vorfahre, -n** ancestor

vorführen to present, perform

die **Vorführung, -en** presentation, performance

der **Vorgang, ¨e** occurrence, event

der **Vorgarten, ¨** front garden

vorgehen, ging vor, vorgegangen to advance, take action, proceed

der **Vorgesetzte, -n** superior, boss

vorhanden present, existing, at hand

vorherrschen to prevail, predominate

die **Vorherrschaft, -en** predominance, hegemony

vorig former, previous

vorindustriell preindustrial

vorklinisch preclinical

vorkommen, kam vor, vorgekommen to happen, occur, to be found

das **Vorkommen, -** occurrence

vorladen, lud vor, vorgeladen to summon

die **Vorlage, -n** pattern, copy; pass (soccer)

vorläufig preliminary, provisional

vorlegen to put before, propose, produce

vorlesen, las vor, vorgelesen to read aloud to others

die **Vorlesung, -en** lecture

das **Vorlesungsverzeichnis, -se** university catalogue

die **Vorliebe, -n** predilection, preference

die **Vormachtstellung** hegemony

der **Vormund, ¨er** guardian

der **Vorname, -n** first name

der **Vorort, -e** suburb

das **Vorrecht, -e** privilege, prerogative

der **Vorsatz, ¨e** design, purpose

vorschieben, schob vor, vorgeschoben to push forward

der **Vorschlag, ¨e** proposition, proposal, offer

vorschlagen, schlug vor, vorgeschlagen to propose

vorschreiben, schrieb vor, vorgeschrieben to prescribe

die **Vorschrift, -en** direction, regulation, rule

vorsehen, sah vor, vorgesehen to provide for

die **Vorsehung** providence

die **Vorsicht** caution

vorsichtig cautious

der **Vorsitz, -e** chair, presidency

der **Vorsitzende, -n** president, chairman

das **Vorstadtkino, -s** suburban movie theater

der **Vorstand, ¨e** executive committee, board of directors

vorstellen: sich etwas vorstellen to imagine

die **Vorstellung, -en** idea, notion; presentation, performance

der **Vorteil, -e** advantage

vorteilhaft advantageous

der **Vortrag, ¨e** lecture, report, recitation

vortragen, trug vor, vorgetragen to recite, lecture, report

die **Vortragsabend, -e** evening lecture, recitation

vorüber by, past, over

vorübergehend transitory, temporary

das **Vorurteil, -e** prejudice

der **Vorwand, ¨e** pretext

vorwiegend preponderant, mostly

das **Vorzeichen, -** omen, sign

vorzeitig premature

vorziehen, zog vor, vorgezogen to prefer

der **Vorzug, ¨e** preference, merit, advantage

wachsen, wuchs, gewachsen to grow, increase

der **Wachtturm, ¨e** watchtower

die **Waffe, -n** weapon, arm

wagen to dare, risk

der **Wagen, -** carriage, cart, car

die **Wahl, -en** election, choice

das **Wahlamt, ¨er** elective office, office of an elector

die **Wahlbeteiligung, -en** percentage of people voting

wählen to elect, choose, dial (telephone)

der **Wähler, -** voter

der **Wahlerfolg, -e** election success

der **Wahlgang, ¨e** ballot

das **Wahlgesetz, -e** law regulating elections

der **Wahlkampf, ¨e** contest , election campaign

der **Wahlkreis, -e** electoral district, ward, constituency

der **Wahlkurs, -e** elective (course)

der **Wahlsieg, -e** election victory

das **Wahlsystem, -e** electoral system

wahnsinnig insane, mad, lunatic

wahren to preserve, protect, take care of

etwas wahrhaben wollen to admit the truth of something

die **Wahrhaftigkeit, -en** sincerity, veracity

die **Wahrheit, -en** truth

wahrheitsgetreu in accordance with truth, truly

wahrscheinlich probable, likely

die **Währung, -en** currency

die **Währungsreform, -en** currency reform, monetary reform (particularly devaluation 1948)

das **Währungssystem, -e** monetary system or standard

der **Wald, ¨er** forest, wood

das **Waldgebirge, -** wooded mountains

das **Waldland, ¨er** woodlands, wooded countryside

der **Wallfahrtsort, -e** place of pilgrimage

die **Wand, ¨e** wall, partition

sich **wandeln** to change, turn into

die **Wanderbewegung, -en** youth movement emphasizing nature hikes

der **Wanderer, -** hiker, traveler on foot, wanderer

die **Wanderlust** desire to see the world, joy in hiking

wandern to hike, travel on foot, walk (long distances)

die **Wanderschaft** traveling, hiking, wandering as a traveling journeyman

die **Wandertruppe, -n** traveling theater troupe

die **Wanderung, -en** hike, excursion on foot

der **Wanderverein, -e** hiker's club

der **Wandervogel, ¨** migratory bird; name for members of a German youth movement (early 20th century)

der **Wanderweg, -e** hiking trail

die **Wandmalerei, -en** mural painting

die **Ware, -n** commodity, article, product

das **Warenhaus, ¨er** department store

die **Warmluftheizung, -en** hot air heating

das **Warnzeichen, -** warning sign

das **Wartburgfest** festival and student demonstration at the Wartburg (1817)

warten to wait

die **Waschmaschine, -n** washer

das **Wasser,** *or* **¨** water

die **Wasserkraft, ¨e** hydraulic power

das **Wasserkraftwerk, -e** hydroelectric plant

die **Wasserleitung, -en** water main, aqueduct

der **Wassersport** aquatics, water sports

die **Wasserversorgung** water supply

der **Wasserweg, -e** waterway

das **Wattenmeer, -e** shallow sea (covered only at high tide)

weben to weave

das **Weben** weaving

wechseln to change, alternate, exchange

der **Weg, -e** way, route, path, walk

wegen because of

weglassen, ließ weg, weggelassen to omit, leave out

die **Wegmarkierung, -en** marking of a trail

wegnehmen, nahm weg, weggenommen to take away, seize

sich **wehren (gegen)** to defend oneself

die **Wehrpflicht** military draft, conscription

weiblich feminine, female, womanly

die **Weiche, -n** switch (railway)

sich **weigern** to refuse

die **Weigerung, -en** refusal

weihen to consecrate, ordain, devote

der **Weihnachtsabend, -e** Christmas Eve

der **Weihnachtsbaum, ¨-e** Christmas tree

das **Weihnachtsfest, -e** Christmas

die **Weihnachtsgans, ¨-e** goose eaten at Christmas

das **Weihnachtslied, -er** Christmas carol

der **Weihnachtsmann, ¨-er** Santa Claus, Father Christmas

die **Weile** (amount of) time

der **Wein, -e** wine, vine

der **Weinbau** winegrowing, viticulture

der **Weinbauer, -n** winegrower

das **Weinbaugebiet, -e** winegrowing region

die **Weinernte, -n** vintage

das **Weinfest, -e** wine festival, festival celebrating the vintage

die **Weintraube, -n** bunch of grapes, grapes

der **Weise, -n** sage, wise man

die **Weise, -n** manner, way, means

die **Weisheit, -en** wisdom

weit distant, far, wide

weitdenkend farsighted

die **Weiterbildung** continuing education, development

weiterführen to carry on

weitergehen, ging weiter, weitergegangen to continue, go on, walk on

weitgehend vast, predominantly

weithin far off, over a vast area

der **Weizen** wheat

die **Welle, -n** wave

welsch speaking a Romance language, particularly French or Italian

die **Welt, -en** world

die **Weltanschauung, -en** world view, ideology, conception of life

weltbekannt world-famous

der **Weltbürger, -** cosmopolite

weltfremd ignorant of the realities of life, quixotic

der **Weltfriede** universal peace

weltgeschichtlich referring to world history or universal history

der **Welthandel** world trade, international trade

die **Weltherrschaft** world hegemony, domination over the world

der **Weltkrieg, -e** world war

weltlich secular, mundane, lay

die **Weltmacht, ¨-e** world power

der **Weltmarkt** international market

weltoffen open to new ideas (particularly to those from other countries)

die **Weltpolitik** world politics, ambitious politics of a world power das **Weltreich, -e** universal power, empire

die **Weltreise, -n** trip around the world

der **Weltruhm** world fame

die **Wende** radical change, revolution

der **Wendehals, ¨-e** "wryneck," opportunist

der **Werbefilm, -e** commercial, film for advertising

werden, wurde, geworden to become, grow

werfen, warf, geworfen to throw, cast

die **Werft, -en** dockyard

das **Werk, -e** work; mechanism; factory, plant

die **Werkstatt, ¨-en** workshop

das **Werkstück, -e** independent piece of work

der **Werkstudent, -en** working student

die **Werkswohnung, -en** apartment (or house) owned by a firm and leased to an employee

das **Werkzeug, -e** tool, instrument

der **Wert, -e** value, worth

wertvoll valuable, precious

wesentlich substantial, essential

westdeutsch West-German

der **Westdeutsche, -n** West German

Westdeutschland West Germany

der **Westen** west

die **Westgenze, -n** western frontier or border

westlich western, westerly

wetten to bet, wager

der **Wettkampf, ¨-e** contest, competition

wichtig important

widerrufen, widerrief, widerrufen to repeal, revoke, retract

widersprechen, widersprach, widersprochen to contradict, oppose

der **Widerspruch, ¨-e** contradiction, opposition

der **Widerstand, ¨-e** resistance, opposition

widmen to dedicate

die **Wiederaufrüstung, -en** rearmament

der **Wiederentdecker, -** rediscoverer

wiedergeben, gab wieder, wiedergegeben to return, reproduce, reflect

wiederherstellen to restore, rehabilitate

wiederholen to repeat

die **Wiederkehr** return, recurrence

der **Wiedertäufer, -** anabaptist

wiedertreffen, traf wieder, wiedergetroffen to meet (again)

wiedervereinigen to reunite

die **Wiedervereinigung, -en** reunification

die **Wiederwahl, -en** reelection

die **Wiege, -n** cradle

der **Wienerwald** Vienna Woods

die **Wiese, -n** meadow

wieviel how much

der **Wille** will

die **Willenskraft** will power, strong will

willkürlich arbitrary

der **Winkel, -** corner, angle

die **Winterbeschäftigung, -en** occupation during the winter

die **Winterspiele** *(pl.)* Winter Games (Olympic Games)

der **Wintersport** winter sports

der **Wintersportplatz, ¨-e** winter resort, place for winter sports

wirken to work, operate, have effect

wirklich real, true, actual

die **Wirklichkeit** reality

wirksam effective, efficient

die **Wirksamkeit** efficiency

wirkungsvoll effective
die **Wirtschaft, -en** economy, housekeeping; inn, pub
wirtschaftlich economic, economical
die **Wirtschaftlichkeit** feasibility in economic terms
der **Wirtschaftsbetrieb, -e** economic unit, plant
der **Wirtschaftsblock, ¨e** economic block
der **Wirtschaftsdirektor, -en** director of economic planning
der **Wirtschaftsexperte, -n** economic expert
die **Wirtschaftsgemeinschaft, -en** economic union
die **Wirtschaftskrise, -n** economic crisis
die **Wirtschaftslage** economic condition
der **Wirtschaftsminister, -** minister of economics
die **Wirtschaftsordnung, -en** economic system
der **Wirtschaftspartner, -** economic partner
die **Wirtschaftsplanung, -en** economic planning
die **Wirtschaftspolitik** economic policy
das **Wirtschaftspotential** economic potential
der **Wirtschaftsraum, ¨e** unit of economic geography, economic district
der **Wirtschaftssystem, -e** economic system
das **Wirtschaftswunder, -** economic miracle (especially West Germany after 1948)
das **Wirtshaus, ¨er** inn, pub
wissen, wußte, gewußt to know
das **Wissen** knowledge
die **Wissenschaft, -en** science
der **Wissenschaftler, -** scholar, scientist
wissenschaftlich scientific
das **Wissensgebiet, -e** field of knowledge
die **Witwe, -n** widow
die **Woche, -n** week
das **Wochenende, -n** weekend
der **Wochenendausflug, ¨e** weekend excursion
die **Wochenendausgabe, -n** weekend edition (newspaper)
das **Wochenendhaus, ¨er** weekend home
wochenlang for weeks
die **Wochenzeitung, -en** weekly paper
wohl probably, perhaps, I presume; well
die **Wohlfahrt** welfare
sich **wohlfühlen** to feel well, at ease
wohlgefällig agreeable, complacent
wohlhabend wealthy, well-to-do
der **Wohlstand** prosperity, comfort
die **Wohlstandsgesellschaft** society in the state of prosperity
der **Wohnbezirk, -e** residential district
wohnen to live, reside
die **Wohngemeinschaft, -en** community of people living together
das **Wohnhaus, ¨er** house, dwelling, apartment house
der **Wohnort, -e** residence
die **Wohnung, -en** apartment
die **Wohnungseinrichtung, -en** furniture, furnishings
die **Wohnungsmiete, -n** rent for an apartment
die **Wohnungszulage, -n** allowance for rent (in addition to a basic salary)
der **Wohnwagen, -** house trailer

das **Wohnzimmer, -** living room

wollen to want to, be willing, wish, intend

das **Wort, -e** *or* **¨er** word, expression

die **Wortgeschichte, -n** word history, etymology

wortkarg taciturn

der **Wortschatz** vocabulary

das **Wunder, -** miracle, wonder

das **Wunderhorn, ¨er** magic horn, enchanted horn; **des Knaben Wunderhorn** the Youth's Magic Horn (anthology of folksongs)

das **Wunderkind, -er** child prodigy

sich **wundern (über)** wonder at, be surprised at

der **Wunsch, ¨e** wish, desire

der **Wunschzettel, -** list of wishes (for a birthday or Christmas)

die **Würde, -n** dignity, honor, propriety

die **Würdigung, -en** appreciation, eulogy

die **Wurst, ¨e** sausage

Württemberg Wurtemberg

würzen to spice, season

die **Wüste, -n** desert, waste land

die **Zahl, -en** number, figure

zahlen to pay

der **Zahltag, -e** payday

der **Zar, -en** czar

die **Zarin, -nen** czarina

die **Zauberflöte, -n** magic flute

der **Zaun, ¨e** fence

das **Zehntel, -** tenth

das **Zeichen, -** sign, indication, mark

zeichnen to draw, sketch, design

das **Zeichnen** drawing

der **Zeigefinger, -** index, forefinger

zeigen to show

die **Zeit, -en** time, period, term; tense; **eine Zeitlang** for some time

das **Zeitalter, -** age, era, epoch

die **Zeitdifferenz, -en** time difference

die **Zeiteinteilung, -en** division of time

zeitgemäß opportune, modern

der **Zeitgenosse, -n** contemporary

das **Zeitgeschehen** events of the day, current events

die **Zeitschrift, -en** periodical, magazine

die **Zeitung, -en** newspaper

der **Zeitungsjunge, -n** newspaper boy, newsboy

der **Zeitungskönig, -e** newspaper king, newspaper tycoon

der **Zeitungsleser, -** newspaper reader

der **Zeitungsverleger, -** newspaper publisher

zeitweise for a certain period of time, occasionally

das **Zelt, -e** tent

zelten to stay in a tent

die **Zensur, -en** censorship; grade (school)

zentral central

zentralisieren to centralize

die **Zentralregierung, -en** central government

die **Zentralverwaltung, -en** central administration

das **Zentrum, Zentren** center

zerbrechen, zerbrach, zerbrochen to break (to pieces)

die **Zeremonie, -n** ceremony

zerfallen, zerfiel, zerfallen to decay, fall into ruin

zerreißen, zerriß, zerrissen to tear apart

die **Zerrissenheit, -en** pessimism, confusion, contradiction

zersetzen to disintegrate

zersiedeln to cut up the country into small lots for housing
zersplittern to split up, disperse
zerstören to destroy
zeugen to testify, witness
das **Zeughaus, ¨-er** arsenal
das **Zeugnis, -se** report card, evidence, certificate, diploma
das **Ziegeldach, ¨-er** tiled roof
ziehen, zog, gezogen to pull, draw; cultivate, breed
das **Ziel, -e** aim, destination, target, goal
ziemlich tolerable, fair, rather
die **Zigarette, -n** cigarette
der **Zigeuner, -** gipsy
das **Zimmer, -** room
der **Zimmerbrand, ¨-e** fire confined to a room
der **Zimmermann, -leute** carpenter
das **Zimmertheater, -** theater in a room
zittern to shake, tremble
zivil civil
die **Zivilbevölkerung, -en** civilian population
der **Zivildienst** alternate service instead of military service
die **Zivilehe, -n** civil marriage
das **Zivilleben** life as a civilian (as opposed to military life)
die **Zivilregierung, -en** civil government
zögern to hesitate, delay
das **Zölibat** celibacy
der **Zoll, ¨-e** custom, duty; inch
der **Zollbeamte, -n** customs officer
die **Zollunion, -en** customs union
der **Zollverein, -e** customs union (19th century)
der **Zopf, ¨-e** tress, pigtail
der **Zorn** anger
zornig angry
züchten to breed, grow
der **Zucker** sugar
die **Zuckerrübe, -n** sugar beet
zu Ende sein finished, over
die **Zufahrtsstraße, -n** approach, road connection
der **Zufall, ¨-e** chance, accident
zufällig by chance, accidentally, incidental
die **Zuflucht** refuge, shelter, recourse
die **Zufluchtsstätte, -n** asylum, place of refuge
zufrieden content, satisfied
der **Zugang, ¨-e** access, admittance
zugänglich accessible
zugehörig belonging to
zugleich at the same time, together with
zugrunde gehen to be ruined, be destroyed
zugunsten for the benefit of
die **Zukunft** future
zukünftig future
der **Zukunftstraum, ¨-e** dream of the future, utopia
die **Zulage, -n** raise, increase, fringe benefits
zulassen, ließ zu, zugelassen to admit, allow, license
die **Zulassungsbeschränkung** limited admission
zumuten to be exacting, to expect (something of somebody)
die **Zuneigung, -en** affection
die **Zunft, ¨-e** guild, corporation
das **Zünglein an der Waage** tongue of the balance
sich **zurechtfinden, fand zurecht, zurechtgefunden** to find one's way
zurückbleiben, blieb zurück, zurückgeblieben to remain behind
zurückerobern to reconquer

zurückgezogen retired, secluded

zurückhaltend reserved, shy

zurückkehren to return

zurücknehmen, nahm zurück, zurückgenommen to take back, revoke

zurückschneiden, schnitt zurück, zurückgeschnitten cut back, trim

zurücktreten, trat zurück, zurückgetreten to resign

sich **zurückziehen, zog zurück, zurückgezogen** to withdraw, retire

zusammen together

die **Zusammenarbeit** cooperation

zusammenbrechen, brach zusammen, zusammengebrochen to break down, collapse

zusammenbringen, brachte zusammen, zusammengebracht to collect, bring together

zusammenfassen to comprehend, collect, summarize

sich **zusammenfinden, fand zusammen, zusammengefunden** to meet, come together

zusammengehören to belong together

das **Zusammengehörigkeitsgefühl** feeling of togetherness, of belonging together

zusammenhalten, hielt zusammen zusammengehalten to cling together, hold together

der **Zusammenhang, ¨e** connection, context

zusammenhängen, hing zusammen, zusammengehangen to be connected, cohere

zusammenkommen, kam zusammen, zusammengekommen to meet, assemble, come together

die **Zusammenkunft, ¨e** meeting

zusammenleben to live together

das **Zusammenleben** living together, companionship, cohabitation

sich **zusammenschließen (zu), schloß zusammen, zusammengeschlossen** to unite, combine, join

der **Zusammenschluß, ¨sse** union, combination

zusammenstellen to put together, make up

der **Zusammenstoß, ¨e** collision, encounter

zusammenstoßen, stieß zusammen, zusammengestoßen to collide, run into, join forces with

zusammentreffen, traf zusammen, zusammengetroffen to meet, concur, coincide

das **Zusammentreffen** meeting, coincidence

zusammentreten, trat zusammen, zusammengetreten to meet, combine

zusammenwachsen, wuchs zusammen, zusammengewachsen to grow together

zusätzlich additional

der **Zuschauer, -** spectator

die **Zuschauerzahl, -en** number of spectators

zuschreiben, schrieb zu, zugeschrieben to ascribe, attribute to

der **Zuschuß, ¨sse** allowance, contribution, subsidy

der **Zustand, ¨e** condition, state

zustandekommen, kam zustande, zustandegekommen to come about

zustehen, stand zu, zugestanden to be due to

die **Zustimmung, -en** consent

zuteilen to allot

zutrauen to credit (a person with something)

zutreffen, traf zu, zugetroffen to come true, prove right

zuverlässig reliable, dependable

der **Zuwanderer, -** immigrant

sich **zuwenden, wandte, zu, zugewandt** to turn to

der **Zuzug** moving (to a place), immigration

der **Zwang, ¨e** compulsion, constraint, force, repression

zwar indeed, no doubt

der **Zweck, -e** object, aim, purpose

zweckmäßig expedient, suitable

zweierlei of two kinds

der **Zweifel, -** doubt; **ohne Zweifel** sure, without any doubt

der **Zweifrontenkrieg, -e** war on two fronts

der **Zweig, -e** branch, twig

zweisprachig bilingual

die **Zweisprachigkeit** bilingualism, bilinguality

die **Zweiteilung, en** division into two parts, bipartition

zweitens second, in the second place

zwiespältig discrepant, divided, ambivalent

zwingen, zwang, gezwungen to force, constrain

zwischendurch in between, at intervals, through

die **Zwölftonmusik** dodecaphonic or serialistic music, twelve-tone music, atonal music

REGISTER Personennamen

A

Abbe, Ernst, **104**
Adenauer, Konrad, **130, 146, 147, 152, 153, 328, 339**
Antes, Horst, **315**
Arendt, Erich, **314**
Arnim, Achim von, **87**
Augustus (römischer Kaiser), **14**

B

Baader, Andreas, **157**
Babenberger (Familie), **32, 44**
Bach, Johann Sebastian, **187, 189**
Becker, Boris, **285**
Beethoven, Ludwig van, **85, 135, 355**
Benz, Carl, **104**
Berg, Alban, **355**
Berlichingen, Götz von, **42, 82, 313**
Bernhard, Thomas, **355**
Beuys, Joseph, **315**
Bichsel, Peter, **366, 371**
Biermann, Wolf, **306**
Bismarck, Otto von, **96–101, 107, 112, 325, 342**
Bleichröder, Gerson von, **96**
Böll, Heinrich, **144, 314**
Bonhoeffer, Dietrich, **348**
Borchert, Wolfgang, **144**
Brahms, Johannes, **355**
Brandt, Willy, **152, 153, 156, 157, 159, 160, 262, 328, 331**
Braun, Volker, **314**
Brecht, Bert(olt), **65, 121, 122, 155, 314**
Mutter Courage und ihre Kinder, **65**, *Dreigroschenoper*, **121**
Brentano, Clemens, **87**
Broch, Hermann, **355**
Bruckner, Anton, **355**
Brüning, Heinrich, **124**
Bruyn, Günter de, **314**
Büchner, Georg, **90**
Busch, Wilhelm, **98**

C

Calvin, Jean, **364**
Canetti, Elias, **314, 355**
Carl August von Sachsen-Weimar, **82–84, 88, 90**
Celan, Paul, **314**
Chlodwig, Frankenkönig, **16**
Constanze, Kaiserin, **34**
Cranach, Lucas, **43, 187**

D

Daimler, Gottfried, **104**
Degenhardt, Franz Josef, **306**
Döblin, Alfred, **121, 122**
Berlin Alexanderplatz, **121**
Doderer, Heimito von, **355**
Doldinger, Klaus, **306**
Dörrie, Doris, **311, 312**
Männer, **311, 312**
Dürer, Albrecht, **43**
Dürrenmatt, Friedrich, **314, 365, 371**

E

Ebert, Friedrich, **114, 116, 118, 120, 123**
Eich, Günter, **144, 214**
Eichendorff, Joseph von, **90**
Aus dem Leben eines Taugenichts, **90**
Eiermann, Egon, **315**
Einstein, Albert, **110**
Elisabeth von Braunschweig-Bevern, **74**
Engels, Friedrich, **94**
Enzensberger, Hans Magnus, **314**
Erasmus Desiderius von Rotterdam, **50**
Erhard, Ludwig, **142, 147, 152, 270**
Eugen, Prinz von Savoyen, **73, 353**

F

Fassbinder, Rainer Werner, **310, 312**
Lili Marleen, **310**
Effi Briest, **311**
Berlin Alexanderplatz, **312**
Ferdinand II., **60**
Feuerbach, Ludwig, **94**
Fichte, Johann Gottlieb, **84, 87, 233**
Fontane, Theodor, **98, 181**
Förster-Nietzsche, Elisabeth, **108**
Franklin, Benjamin, **79**
Franz I. König von Frankreich, **56**
Freud, Sigmund, **106, 107, 121**
Fried, Erich, **314**
Friedrich I. (Barbarossa), **30, 32–34, 38**
Friedrich II. (Kaiser), **30, 34, 39, 43**
Friedrich III., **100**
Friedrich von Schwaben, **34**
Friedrich II. von Preußen, **73–75, 78, 87, 101, 182, 342**
Friedrich der Weise, Kurfürst, **52, 53, 57**
Friedrich V. von der Pfalz, **60**
Friedrich Wilhelm I., Kurfürst, **61**
Friedrich Wilhelm I. König, **73**
Frisch, Max, **314, 365, 371**
Fugger (Familie), **39, 53, 55**

G

Gaiser, Gerd, **144**
Gama, Vasco da, **55**
Gellert Christian Fürchtegott, **70, 82**
Gluck, Christoph Willibald Ritter von, **85, 355**
Gneisenau, August Graf Neithardt von, **87**
Goebbels, Joseph, **131**
Goethe, Johann Wolfgang von, **42, 72, 82, 83, 91, 116, 135, 187, 188, 299, 300, 313**
Götz von Berlichingen, **82, 313**
Werther, **82**
Faust, **72, 83**
Wilhelm Meister, **83**
Gotthelf, Jeremias, **365**
Gottfried von Straßburg, **30**
Tristan und Isolde, **30**
Gottsched, Johann Christoph, **69, 70, 76**
Graf, Steffi, **285**
Grass, Günter, **144, 314**
Gregor VII., Papst, **25, 26**
Grimm, Jakob und Wilhelm, **87**
Märchen, **87**
Grimmelshausen, Hans Jakob Christoph von, **65**

Simplicissimus, 65
Courasche, 65
Gropius, Walter, **121**, **315**
Grünewald, Matthias, **43**
Gryphius, Andreas, **65**
Gustav Adolf, König von Schweden, **60**
Gutenberg, Johann, **53**

H

Habsburg (Familie), **44–46**, **52**, **57**, **60**, **364**
Hagen, Nina, **305**
Handke, Peter, **314**, **355**
Hardenberg, Friedrich von (Novalis), **83**
Hauptmann, Gerhard, **105**
Hauser, Erich, **315**
Haydn, Josef, **85**, **355**
Hegel, Georg Wilhelm Friedrich, **84**, **91**, **94**
Heidegger, Martin, **121**
Heine, Heinrich, **90**, **91**, **108**
Heinemann, Gustav, **328**
Heinrich I., **18**, **22**
Heinrich III., **24**, **25**
Heinrich IV., **25**, **26**
Heinrich V., **26**
Heinrich VI., **34**
Heinrich der Löwe, Herzog, **32**, **33**, **38**
Henze, Hans Werner, **315**
Herder, Johann Gottfried, **82**, **83**
Hermann der Cherusker (Arminius), **14**
Herzog, Werner, **310**, **312**
Woyzeck, **311**
Jeder für sich und Gott gegen alle, **312**
Hesse, Hermann, **106**, **121**
Unterm Rad, **106**
Demian, **121**
Steppenwolf, **121**
Heuß, Theodor, **135**, **328**
Heym, Georg, **110**
Heym, Stefan, **314**
Himmler, Heinrich, **133**
Hindenburg, Paul von, **113**, **120**, **124**, **125**
Hitler, Adolf, **118**, **123–125**, **128–136**, **164**, **215**, **342**, **352**, **366**
Mein Kampf, **128**
Hofmannsthal, Hugo von, **355**, **360**
Hohenstaufen (Familie), **27**, **30–34**, **191**
Hohenzollern (Familie), **61**, **191**
Holbein, Hans, **43**
Hölderlin, Friedrich, **84**
Hyperion, **84**
Homer, **82**
Honecker, Erich, **154**, **162**
Horvath, Ödön von, **355**
Hugenberg, Alfred, **125**
Humboldt, Wilhelm von, **87**, **233**
Hus, Jan, **50**, **53**

J

Jahn, Friedrich Ludwig, **90**, **281**
Janssen, Horst, **315**
Jaspers, Karl, **121**
Johnson, Uwe, **314**
Joseph II. (Kaiser), **82**
Judith (Mutter Barbarossas), **32**

K

Kafka, Franz, **110**
Kagel, Mauricio, **315**
Kandinsky, Wassily, **110**, **121**
Kant, Hermann, **155**
Die Aula, **155**
Kant, Immanuel, **78**, **82**, **83**, **135**
Kritik der reinen Vernunft, **78**
Karl der Große (Charlemagne), **17–19**, **24**, **26**, **31**
Karl der Kahle, **18**
Karl III., der Dicke, **18**
Karl IV., **43**, **46**
Karl V., **52**, **53**, **56**, **57**
Karl VI., **74**
Karolinger (Familie), **16**, **18**, **24**
Kästner, Erich, **121**
Fabian, **121**
Katte, Hans Hermann von, **74**
Keller, Gottfried, **98**, **365**, **371**
Kieffer, Anselm, **315**
Kirsch, Sarah, **314**
Klapheck, Konrad, **315**
Klee, Paul, **110**, **121**
Klimt, Gustav, **355**
Kohl, Helmut, **158**, **159**, **164**, **165**, **166**, **328**
Kokoschka, Otto, **355**
Kolumbus, Christoph, **55**
Konrad (König), **18**
Konrad II., **24**
Konrad III., **32**
Konradin, **34**
Kopernikus, Nikolaus, **55**
Koeppen, Wolfgang, **144**
Kraemer, Friedrich Wilhelm, **315**
Krenz, Egon, **162**
Kricke, Norbert, **315**
Kroetz, Franz Xaver, **314**
Kunert, Günter, **314**
Kunze, Reiner, **314**

L

Lachenmann, Helmut, **315**
Lange, Helene, **109**
Langer, Bernhard, **285**
Leibniz, Gottfried Wilhelm, **69**, **73**
Lenz, Siegfried, **314**
Lessing, Gotthold Ephraim, **76–78**, **83**
Minna von Barnhelm, **77**
Emilia Galotti, **77**
Nathan der Weise, **77**
Lanz von Liebenfels, **128**
Liebknecht, Karl, **116**
Lincoln, Abraham, **94**
Lindenberg, Udo, **306**
List, Friedrich, **92**
Liszt, Franz, **187**
Lothar (Kaiser), **18**
Ludendorff, Erich von, **113**, **129**
Ludwig der Fromme, **18**
Ludwig der Deutsche, **18**
Ludwig XIV. (Frankreich), **61**, **63**
Ludwig XVI. (Frankreich), **85**
Ludwig II. (Bayern), **98**, **294**
Luther, Martin, **50–57**, **90**, **135**, **182**, **341**, **347**
Luxemburg, Rosa, **116**

M

Mahler, Gustav, **189**, **355**
Mann, Heinrich, **105**, **106**, **122**
Der Untertan, **105**
Professor Unrat, **106**

Der blaue Engel, 106
Mann, Thomas, 105, 106, 108, 121, 122
Buddenbrooks, 106
Doktor Faustus, 108
Der Zauberberg, 121
Marc, Franz, 110
Maria Theresia (Kaiserin), 74
Marlborough, John Churchill, Herzog von, 73
Marx, Karl, 94, 95
Kommunistisches Manifest, 94
Das Kapital, 95
Max von Baden, Prinz, 114
Maximilian I., 52
Maximilian II., 57
May, Ernst, 315
Medici (Familie), 39
Meinhof, Ulrike, 157
Melanchthon, Philipp, 51
Mendelssohn, Moses, 76
Mendelssohn-Bartholdy, Felix, 189
Merowinger (Familie), 16
Metternich, Klemens Fürst von, 88
Mey, Reinhard, 306
Meyer, Conrad Ferdinand, 365
Mies van der Rohe, Ludwig, 121, 315
Miltitz, Karl von, 52
Minnewitt (Minuit), Peter, 78
Modrow, Hans, 163
Moltke, Helmuth von, 96
Mörike, Eduard, 90
Moritz, Kurfürst von Sachsen, 57
Mozart, Leopold, 359
Mozart, Wolfgang Amadeus, 85, 355, 359
Die Hochzeit des Figaro, 85
Don Giovanni, 85
Die Zauberflöte, 85
Müller, Heiner, 314
Müntzer, Thomas, 55
Musil, Robert, 355

N

Napoleon I. Bonaparte, 86–88, 188, 232, 359
Napoleon III., 97
Nicolai, Friedrich, 76
Niemöller, Martin, 348
Nietzsche, Friedrich, 107, 108, 187
Also sprach Zarathustra, 107

O

Opitz, Martin, 64, 65
Orff, Carl, 312
Otto I., 22–24
Otto II., 24
Otto von Freising (Erzbischof), 38
Otto von Wittelsbach, 33
Ottokar II. von Böhmen, 44
Otto-Peters, Luise, 109

P

Papen, Franz von, 125
Paracelsus, Theophrastus Bombastus von Hohenheim, 53
Pastorius, Franz Daniel, 78, 79
Pestalozzi, Heinrich, 370
Petersen, Wolfgang, 311
Das Boot, 311
Philipp August (Frankreich), 33
Pieck, Wilhelm, 154
Planck, Max, 121
Plenzdorf, Ulrich, 155
Die neuen Leiden des jungen W., 155

R

Raabe, Wilhelm, 98
Rainald von Dassel, 33
Reinhardt, Max, 360
Reitz, Edgar, 310
Heimat, 310
Reuter, Ernst, 142, 331
Richard, Löwenherz, 33
Riemenschneider, Tillman, 43
Rothschild (Familie), 96
Rousseau, Jean-Jacques, 69, 71, 84, 366, 370, 371
Rudolf von Habsburg, 44
Ruf, Sep, 315

S

Saladin, 33
Salier (Familie), 24, 31, 38
Scharnhorst, Gerhart von, 87
Scheel, Walter, 328
Scheidemann, Philipp, 114
Schelling, Friedrich Wilhelm, 84
Schickelgruber, 128
Schiele, Egon, 355
Schiller, Friedrich, 61, 83, 233, 299, 300
Wallenstein, 61, 83
Maria Stuart, 83
Die Jungfrau von Orleans, 83
Wilhelm Tell, 83
Schlegel, August Wilhelm, 83
Schlegel, Friedrich, 83
Schlöndorff, Volker, 310, 312
Die Blechtrommel, 310
Der junge Törless, 311
Die verlorene Ehre der Katharina Blum, 311
Schmidt, Helmut, 158, 159, 328, 331
Schnebel, Dieter, 315
Schnitzler, Arthur, 355
Schönberg, Arnold, 110, 355
Schopenhauer, Arthur, 98
Schubert, Franz, 85, 355
Schumacher, Kurt, 331
Schumann, Robert, 189
Schurz, Carl, 94
Schütz, Heinrich, 64
Daphne, 64
Seghers, Anna, 155, 314
Shakespeare, William, 82, 300
Sickingen, Franz von, 55
Siemens, Werner von, 104
Spitzweg, Carl, 90
Springer, Axel, 337–339
Staël, Germaine de, 84, 299
Über Deutschland, 84
Stein, Karl Freiherr vom und zum, 87, 88
Steuben, Friedrich Wilhelm von, 80
Stich, Michael, 285
Stockhausen, Karlheinz, 315
Storm, Theodor, 98
Strauß, Botho, 314
Strauß, Franz-Josef, 152, 338
Strauß, Johann, 355
Strauß, Richard, 312
Stresemann, Gustav, 118, 119, 123
Strittmatter, Erwin, 155
Ole Bienkopp, 155
Syberberg, Hans Jürgen, 310

T
Tacitus, Cornelius, 14
Germania, 14
Tell, Wilhelm, 364
Theoderich der Große (Dietrich von Bern), 15, 16
Theophano (Kaiserin), 24
Thomasius, Christian, 69
Tirpitz, Alfred von, 112
Trakl, Georg, 110
Trotta, Margaretha von, 310
Rosa Luxemburg, 310

U
Ulbricht, Walter, 154
Urban II. (Papst), 27

V
Verhoeven, Michael, 310, 312
Das schreckliche Mädchen, 310, 312
Voltaire, François-Marie Arouet, 76, 84

W
Wagner, Richard, 31, 98, 128, 193, 298, 313
Tannhäuser, 31
Wallenstein, Albrecht von, 60
Walser, Martin, 144, 314
Walther von der Vogelweide, 30, 31
Washington, George, 79, 80
Webern, Anton von, 355
Weiss, Peter, 314
Weizsäcker, Richard von, 328
Welfen (Familie), 32
Welser (Familie), 39, 56
Wenders, Wim, 310
Engel über Berlin, 310
Werfel, Franz, 122
Wettiner (Familie), 187
Wieland, Christoph Martin, 83
Wilhelm I., 96, 97, 100
Wilhelm II., 100, 104, 111–114
Wilson, Woodrow, 117
Winckelmann, Johann Joachim, 76
Wolf, Christa, 155, 314
Der geteilte Himmel, 155
Nachdenken über Christa T., 155
Wolfram von Eschenbach, 30, 31
Parzival, 31

Y
Yun, Isang, 315

Z
Zeiß, Carl, 104
Zuckmayer, Carl, 121
Der Hauptmann von Köpenick, 121
Zwingli, Ulrich, 364

Orts-. Länder- und Völkernamen

A
Aachen, 38, 183
Afrika, 56, 98, 112, 132, 160, 161
Ahr, 184
Alemannen, 15, 16, 19, 190
Alpen, 3–5, 45, 192, 213, 292, 294, 356–358, 360, 367, 369, 372, 373
Amerika, 55, 56, 58, 78, 80, 94
Angeln, 15
Ansbach, 192
Ansbach-Bayreuth, 80
Appenzell, 46, 366
Argentinien, 201
Aue, 190
Augsburg, 14, 22, 38, 39, 41, 57, 191–193, 341
Auschwitz, 133, 136

B
Bad Hersfeld, 313
Baden, 88, 94, 97, 190, 213
Badener, 197
Baden-Württemberg, 190, 191, 331
Bahamas, 292
Bajuwaren, 15, 16
Baltikum, 22, 27
Bamberg, 31, 38, 191, 192
Basel, 9, 46, 47, 50, 107, 368, 370
Bautzen, 9
Bayerischer Wald, 192
Bayern, 3, 18, 22, 32, 33, 47, 61, 62, 88, 92, 97, 183, 190–193, 197, 213, 220, 294, 342
Bayreuth, 191, 192, 232, 298, 312
Belgien, 2, 6, 17, 18, 132, 153, 184, 185, 201, 273
Belgrad, 73
Benediktbeuern, 16, 47
Berchtesgaden, 192
Bergen-Belsen, 133
Berlin, 4, 8–10, 76, 104, 116, 121, 122, 131, 134, 139, 141–143, 148, 149, 152–154, 162–164, 179–182, 188, 189, 195, 233, 236, 271, 299, 302, 304, 312, 326, 333, 337, 347, 349, 352
Bern, 46, 363, 369, 370
Bielefeld, 183
Bieler See, 367
Bochum, 183
Bodensee, 3, 5, 15, 16, 190, 294, 357, 367
Böhmen, 24, 35, 42, 43, 50, 58, 60, 132
Bologna, 46
Bonn, 14, 85, 130, 183, 184
Bozen, 358
Brandenburg, 7, 22, 35, 43, 61, 62, 72, 73, 139, 164, 178, 179, 181, 182, 202, 333, 341
(Stadt:), 181
Brasilien, 201
Braunau (am Inn), 128
Braunschweig, 7, 31, 38, 78, 178, 182
Bregenz, 357

Bremen, 8, 38, 178
Bremerhaven, 178
Brenner, 358
Brocken, 4
Brüssel, 94, 95
Buchenwald, 133
Bundesrepublik, BRD, 19, 143, 144, 146–148, 152, 153, 155, 157, 158, 160–162, 164, 166, 185, 203, 206, 215, 231, 236, 270, 273, 278, 281, 283, 297, 323, 325, 328, 329, 331, 332, 343, 347
Burgenland, 357
Burgund, 18, 24, 25, 46, 364
Burgunder, 15, 16, 26, 359

C

Canossa, 26
Cecilienhof, 138
Chemnitz, 190
Chiemsee, 192
Chile, 56, 201, 292
China, 142
Cluny, 25
Cottbus, 181

D

Dachau, 133
Dachstein, 360
Dänemark, 2, 40, 60, 86, 117, 132, 153, 175, 201, 292
Danzig, 43, 117, 139
Darmstadt, 185, 298
Davos, 367
Dessau, 121, 182
Deutsche Demokratische Republik, DDR, 2, 18, 140, 141, 143, 145, 148, 149, 153–157, 160, 162–165, 167, 177, 180, 181, 189, 200, 203, 206, 215, 221, 236, 262, 283, 284, 297, 304, 306, 312, 322, 324, 329, 339, 342, 343, 346, 347
Dinkelsbühl, 191
Donau, 3, 4, 8, 14, 190, 192, 193, 354, 358, 359
Donaueschingen, 298, 312
Dortmund, 183
Dresden, 8, 9, 63, 64, 89, 92, 190, 299
Duisburg, 183
Duisburg-Ruhrort, 8
Düsseldorf, 8, 183, 299

E

Eichstätt, 192
Eifel, 183
Eisenach, 50, 186, 187
Eisenhüttenstadt, 10
Eisleben, 50, 54
Elbe, 3, 4, 14, 17, 18, 22, 175, 178, 182, 188, 189
Elbsandsteingebirge, 188, 189
Elde, 178
Elsaß, 15, 16, 18, 97, 118, 190, 201
Emden, 179
Ems, 179
England (Großbritannien), 2, 15, 56, 58, 61, 68, 72, 73, 75, 92, 98, 117, 131, 132, 138, 141, 153, 163, 273, 292, 302, 314
Erfurt, 46, 50, 51, 187
Erlangen, 63, 192
Erzgebirge, 188
Essen, 183
Estland, 117

F

Feldberg, 4
Fichtelgebirge, 192
Flensburg, 177
Franken, 15–18, 55, 197
Frankenwald, 187
Frankfurt (Main), 2, 7–9, 38, 82, 93, 94, 96, 97, 185, 186, 189, 271, 275, 306, 337
Frankfurt (Oder), 9, 179, 181
Frankreich, 2, 15–18, 22, 56, 60–62, 64, 65, 68, 73, 75, 84, 86, 87, 93, 96–98, 112, 113, 117, 119, 121, 124, 131, 132, 153, 158, 160, 161, 163, 185, 190, 216, 232, 273, 274, 287, 290, 291, 293, 368, 372
Freiberg, 190
Freiburg (Breisgau), 43, 47, 190
Freiburg (Schweiz), 46, 368, 370
Freising, 192
Friedrichsruh, 100, 101
Friesen, 16, 18
Fulda, 16, 186 (Fluß:), 186
Fürth, 91, 192

G

Genf, 366, 368–370
Genfer See, 367
Germanen, 14–16, 19
Germantown, 78
Gießen, 9
Glarus, 46, 366
Glogau, 65
Goldene Au, 30
Goslar, 38
Goten, 15
Gotha, 186
Göttingen, 87, 178
Graubünden, 368
Graz, 357
Greifswald, 177, 236
Griechenland, 132, 142, 153, 160, 229, 262, 291, 293
Großbritannien, siehe England
Großfriedrichsburg (Guinea), 63
Großglockner, 357

H

Habichtswald, 186
Halle, 7, 69, 182, 236
Hamburg, 8–10, 63, 69, 100, 118, 178, 197, 298, 299, 302, 333, 337
Hameln, 179
Hannover (Stadt), 7–9, 178, 182
Hannover (Land), 61, 72, 96
Harz, 4, 6, 30, 38, 178, 182, 187, 197
Havel, 4, 181
Havelberg, 181
Heidelberg, 46, 185, 190, 196, 232, 294
Heilbronn, 42, 190
Hessen, 90, 185, 186, 192, 333
Hessen-Kassel, 80
Hessen-Nassau, 86, 97
Hildburghausen, 186
Hildesheim, 178
Hinterpommern, 139, 177
Höchstadt, 73
Holland (Niederlande), 2, 4, 17, 18, 56, 58, 61, 64, 65, 68, 132, 153, 179, 184, 185, 273, 365
Hunnen, 15

I

Indien, 55, 56, 75
Ingolstadt, 356
Inn, 4, 192, 357
Innsbruck, 357
Irland, 292
Isar, 4, 192
Island, 292
Istrien, 44
Italien, 2, 15, 17, 18, 26, 32–34, 38, 64, 65, 83, 94, 98, 112, 113, 132, 153, 160, 201, 229, 262, 273, 274, 283, 287, 290, 291, 293, 351, 354, 357, 358, 372

J

Jagsthausen, 42, 313
Japan, 132, 274, 291
Jena, 82–84, 86, 104, 187, 236
Jerusalem, 27, 33
Joachimstal, 42
Jugoslawien, 117, 139, 160, 161, 201, 229, 262, 351, 357
Jura, 363, 368

K

Kaiserslautern, 184
Kaiserstuhl, 15
Kanada, 2, 75, 201, 292
Kanarische Inseln, 292
Karlsruhe, 9, 63, 190
Kärnten, 44, 356, 357
Kassel, 186, 298
Kaukasus, 132
Kempten, 14
Kiel, 8, 176
Klagenfurt, 356
Knüll, 186
Koblenz, 14, 184
Köln, 8, 10, 14, 38, 43, 44, 46, 130, 183, 294, 302, 303, 349
Königgrätz, 96
Königsberg, 78
Königssee, 192
Konstantinopel, 24
Konstanz, 50, 53, 190
Krain, 44
Krefeld, 78, 183
Kroatien, 353
Kufstein, 358
Kyffhäuser, 30, 34, 187

L

Lago Maggiore, 367
Lahn, 4, 186
Landshut, 192
Lausanne, 370
Lech, 22
Legnano, 33
Leiden, 65
Leipzig, 8, 9, 46, 69, 76, 82, 92, 162, 188, 189, 236, 306, 347
Leningrad, 132
Lettland, 117
Libyen, 112, 132
Liechtenstein, 201, 373, 374
Linz, 128, 358, 359
Lippe, 7
Litauen, 47, 117
Locarno, 119
London, 68, 95, 304
Los Angeles, 122
Lothringen, 6, 18, 22, 97, 185, 201, 271 Lothringer, 18
Lübeck, 8, 38–40, 43, 176, 178
Ludwigsburg, 63
Ludwigshafen, 184
Lützen, 60
Luxemburg, 2, 17, 132, 153, 185, 201, 373
Luxemburger (Familie), 43, 44
Luzern, 46

M

Madagaskar, 292
Magdeburg, 8, 33, 38, 50, 61, 182
Mailand, 32, 38
Main, 4, 5, 7, 8, 184–186, 197
Mainz, 14, 31, 44, 53, 184, 187, 302
Malplaquet, 73
Mannheim, 8, 63, 190, 312
Mansfeld, 6, 51
Marburg, 186
Mariataferl, 359
Marokko, 112, 293
Mecklenburg, 22, 164, 175, 177, 178
Mecklenburg-Vorpommern, 164, 177
Meiningen, 186
Meißen, 190
Melk, 359
Meran, 358
Merseburg, 182
Mexiko, 56, 291
Mittelmeer, 290, 291, 292
Mittenwald, 309, 358
Mondsee, 360
Mosel, 4, 15, 184
Moskau, 132, 153
Mühlhausen, 187
München, 4, 7–10, 38, 43, 63, 64, 93, 104, 110, 118, 129, 191–193, 195, 213, 215–217, 232, 294, 299, 302, 303, 312, 337, 342, 360
Münster, 55, 61, 183
Müritz, 178

N

Namibia, 201
Nahe, 184
Nassau, 87
Naumburg, 31
Neapel, 34
Neckar, 4, 5, 7, 185, 190
(Lausitzer) Neiße, 3, 139
Nepal, 292
Neuenburg, 368, 370
Neuenburger See, 367
Neumünster, 177
Neustrelitz, 178
New York, 2, 304, 356
Niederlande, siehe Holland
Niederösterreich, 353, 356, 358
Niedersachsen, 6, 17, 178, 179, 220, 330, 333
Nordhausen, 187
Nördlingen, 191
Nord-Ostsee-Kanal, 177
Nordrhein-Westfalen, 183
Nordsee, 3, 5, 6, 8, 175, 176, 178
Normannen, 32, 34
Norwegen, 292
Nürnberg, 8, 9, 39, 43, 91, 190–193, 298
Nymphenburg, 63

O

Oberammergau, 294, 313
Oberhausen, 183, 310
Oberösterreich, 358
Oberschlesien, 6, 118, 271

Odenwald, 186
Oder, 3, 7, 8, 10, 22, 139, 177, 181
Offenburg, 190
Oldenburg, 178
Osnabrück, 61, 179
Österreich, 2, 4, 15, 18, 22, 28, 32, 35, 42, 44, 45, 56, 61, 64, 72, 73, 75, 83, 86, 88, 94, 96, 98, 112, 113, 117, 124, 131, 146, 162, 164, 174, 192, 195, 201, 225, 291, 312, 314, 351–353, 355–361, 363, 364, 370, 372–374
Ostpreußen, 27, 73, 82, 139
Ostsee, 3, 8, 22, 175–177
Ourdenaarde, 73

P

Paderborn, 183
Padua, 46
Palästina, 27, 33, 34
Paris, 46, 91, 95, 304, 314, 355
Passau, 192
Pennsylvanien, 78, 79, 80
Pfalz, 15, 184, 194
Pfänder, 357
Philadelphia, 78, 79
Plattensee (Balaton), 291
Pöchlarn, 359
Poken, 2, 9, 47, 61, 72, 117, 132, 133, 139, 153, 160, 164, 177, 180, 201, 202, 262, 351
Pommern, 96, 133, 197
Portugal, 56, 58, 153
Potsdam, 116, 138, 179, 181
Prag, 43, 46, 50, 60, 354
Preußen, 22, 35, 72, 73, 75, 83, 84, 86, 87, 92, 94, 96, 97, 112, 116, 139, 179, 180, 232, 263, 281
Provence (Arelat), 24, 26

Q

Quedlinburg, 182

R

Rathenow, 181
Recklinghausen, 183
Regensburg, 14, 16, 192
Reichenau, 16
Rhein, 3–5, 7, 8, 14, 15, 118, 131, 183–186, 190, 213, 272, 372, 373
Rheinland, 213, 271, 294
Rheinland-Pfalz, 184, 220
Rheinsberg, 74
Rhein-Main-Donau-Kanal, 193
Rhön, 4, 186
Rom, 14, 16, 17, 24, 33, 51, 52
Römer, 9, 14–16, 20
Rostock, 8, 9, 47, 177, 178, 236
Rothenburg (Tauber), 191, 294
Rügen, 177
Ruhr, 4
Ruhrgebiet, 6, 7, 9, 87, 118, 119, 183, 184, 197, 202, 271
Rumänien, 113, 139, 201, 262, 314, 351
Rußland, 2, 73, 75, 94, 96, 98, 113, 114, 117, 132, 141, 196, 200, 291

S

Saale, 4, 17, 18, 182
Saar, 184
Saarbrücken, 184
Saarland, Saargebiet, 7, 153, 184, 185, 271, 326
Sachsen, 6, 7, 18, 22, 32, 33, 35, 44, 61, 72, 75, 76, 86, 92, 94, 97, 118, 139, 164, 181, 185, 187–190, 192, 271
Sachsen (Volk), 15, 17–19
Sachsen-Anhalt, 7, 164, 178, 182
Sachsen-Weimar, 82, 83, 187
Sahara, 291
Salzburg, 9, 38, 41, 61, 64, 85, 312, 356, 359, 360
Salzgitter, 178
St. Gallen, 16, 369, 373
Sarajewo, 112
Sauerland, 183
Schaffhausen, 46
Schaumburg-Lippe, 86
Schlesien, 64, 74–76, 92, 139, 180
Schleswig-Holstein, 9, 22, 96, 175, 178, 330
Schönbrunn, 63, 353
Schwaben, 18, 55 (Volk:), 18, 197
Schwäbisch Hall, 313
Schwäbische Alb, 190, 191
Schwarzwald, 4, 190, 191, 215, 294
Schweden, 60, 61, 73, 75, 165, 314
Schweiz, 2, 4, 15, 18, 45, 46, 61, 98, 174, 190, 195, 201, 361, 363–373
Schweizer, 42, 202, 314
Schwerin, 178
Schwyz, 28, 364
Siebenbürgen, 201
Siegen, 183, 232
Sizilien, 34
Slawen, 22
Slowakei, 132
Slowenien, 353, 357
Solothurn, 46
Sorben, 181
Sowjetunion, 118, 132, 138, 139, 141, 146, 148, 153, 154, 159, 160, 163, 201, 262, 332, 352
Spanien, 2, 15, 17, 56, 60, 61, 153, 160, 229, 262, 283, 291, 354
Spessart, 186
Speyer, 31
Spree, 4, 179, 181
Stalingrad, 132
Steiermark, 44, 356, 357
Stettin, 177
Stralsund, 177
Straßburg, 14, 18, 43, 82
Stuttgart, 2, 7–9, 104, 190, 299
Südafrika, 292
Sudetenland, 131, 132
Sylt, 176

T

Taunus, 186
Tegernsee, 16, 192
Tessin, 368
Teutoburger Wald, 14, 183
Teutonen, 19
Thorn, 55
Thuner See, 367
Thüringen, 7, 9, 30, 50, 92, 107, 118, 139, 164, 185–187, 192, 271
Thüringer, 16, 18
Thüringer Wald, 187
Tirol, 30, 44, 201, 202, 356–358

Trier, 14, 44, 55, 94, 184
Triest, 44, 352, 356
Tschechoslowakei, 2, 117, 131, 139, 142, 162, 188, 192, 193, 201, 291, 351, 353
Tübingen, 47, 84, 92, 190
Tunesien, 291
Türkei (Türken), 45, 56, 61, 73, 112, 117, 160, 229, 262, 291, 293, 349, 352

U

Ulm, 43, 190, 308
Ungarn, 22, 44, 45, 58, 61, 94, 117, 139, 162, 183, 187, 188, 201, 351, 353, 357, 359
Unstrut, 22
Unterwalden, 28, 364, 366
Uri, 28, 364
USA (Vereinigte Staaten), 2, 5, 42, 78, 79, 92, 94, 113, 120, 122, 132, 138, 141, 148, 158–160, 163, 178, 191, 195, 196, 200, 201, 212, 216, 219, 221, 228, 245, 271, 273, 274, 287, 294, 302, 303, 321, 323, 324, 340, 343, 369
Usedom, 177

V

Vaduz, 373, 374
Venezuela, 56
Versailles, 63, 73, 97, 117–119, 129, 131
Vierwaldstätter See, 364, 367
Vietnam, 161
Vogelsberg, 186
Vorarlberg, 44, 357, 373

W

Waadt, 368
Wachau, 359
Wallis, 368
Wandalen, 15
Wartburg, 31, 53, 90, 187
Wasserkuppe, 4
Weichsel, 22
Weimar, 82, 83, 116, 121, 186, 187, 298
Weißenburg, 16
Wenden, 22
Wernigerode, 182
Werra, 186
Wesel, 78
Weser, 3, 4, 178, 179
Westfalen, 17, 87, 183 (Volk:), 197
Wetzlar, 82
Wien, 9, 14, 44–46, 61, 63, 72, 73, 85, 93, 146, 351–357, 359, 360
Wienerwald, 356
Wiesbaden, 186
Wilhelmshaven, 178
Wittenberg, 50, 51, 54, 182
Wolfenbüttel, 78
Wolfgangsee, 360
Wolfsburg, 7, 10, 131, 178
Wolga, 132, 201
Worms, 14, 26, 31, 53
Wörther See, 356
Wupper, 183
Wuppertal, 183
Württemberg, 80, 88, 90, 92, 97, 190, 191, 197, 213, 271, 329
Würzburg, 30, 42, 78, 191, 192

Z

Zugspitze, 4
Zürich, 46, 69, 90, 365, 366, 368–372
Züricher See (Zürichsee), 367

Sachregister

A

Abendgymnasium, 228
Abitur, 225, 226, 228, 229, 239, 249, 252
Ablaßhandel, 52
Absolutismus, 63
Abtreibung, 164
Adel, 20, 23, 42, 61, 100
Aktiengesellschaft (AG), 275
Angestellte, 264, 265
Anlernberuf, 250
Arbeiter, 100, 109, 112, 129, 258–262, 299
Arbeiter- und Soldatenräte, 114
Asylbewerber, 161, 162
Aufklärung, 68, 74, 84, 85
Ausländer, 10, 160, 161, 330, 348
Auswanderung, 92, 94, 96
Azubi (siehe auch Lehrling), 246
Autobahn, 9, 30, 272, 273

B

Bann, 25, 26
Baptisten, 343, 348
Barockstil, 63, 64, 193, 353
Basisdemokratie, 157, 324, 333
Bauern, 19, 20, 27, 28, 38, 45, 55, 87, 129, 253–258
Bauernkrieg, 55
Bauhaus, 121, 308
Beamte, 62, 198, 263, 264
Berufsaufbauschule, 249
Berufsfachschule, 249
Berufsschule, 245–248, 250
Betriebsausflug, 216, 217
Betriebsrat, 275, 276
Biedermeier, 90
Bildung, 70, 71, 199, 227, 233, 293, 298, 299
Bischof, 23, 26, 32, 33
Der Blaue Reiter, 110
Buchdruck, 53, 54
Bundesausbildungsförderungsgesetz (BAFöG), 238
Bundespräsident, 327, 328
Bundesrat, 327, 332
Bundestag, 142, 165, 180, 280, 326–328, 332, 333
Bundesverfassungsgericht, 327, 328, 339
Bürgerliches Gesetzbuch (BGB), 110
Bürgertum, 23, 30, 38, 39, 42, 68, 69, 71, 72, 76, 90, 93, 98, 100, 298, 299, 319
Burschenschaften, 90

C

Camping, 290
Carmina Burana, 47
Christlich-Demokratische Union (CDU), 140, 141, 146, 147, 152, 154, 158, 159, 163–165, 221, 270, 302, 329–331, 334, 339, 342
Christlichdemokratische Volkspartei (CVP), Schweiz, 366
Christlich-Soziale Union (CSU), Bayern, 193, 329

D

Deutsche Forschungsgemeinschaft (DFG), 236
Demokratische Bauernpartei Deutschlands (DBD), 154
Deutsche Kommunistische Partei (DKP), 332
Deutsche Partei (DP), 330
Deutsche Sprache (Dialekte), 18, 19, 26, 43, 54, 197 Mittelhochdeutsch, 26, 54
Deutsche Volksunion (DVU), 330
Deutscher Bund, 88
Deutscher Ritterorden, 27
Deutscher Zollverein, 82
Diplom, 240
Doktorgrad, 240
Dorf, 9, 10, 19, 20, 27, 28, 62, 95, 255, 256, 258
Dreifelderwirtschaft, 27, 28
Dreißigjähriger Krieg, 60–62, 65, 202

E

Einigungsvertrag, 164
Eisenbahn, 91, 92, 272, 273
Endlösung, 133
Europäische Gemeinschaft (EG), 146, 153, 158, 159, 167, 258, 270, 273, 353, 361, 369, 371
Existenzialismus, 121

F

Fachhochschule, 231, 249
Familie, 203, 204, 207, 208, 210, 289
Doktor Faustus, 51, 64
Fernsehen, 300–303
Film, 111, 121, 180, 310–312
Flüchtlinge, 145, 148, 149, 160
Französische Revolution, 68, 84–86, 342, 366
Frau, Frauenbewegung, 20, 47, 48, 71, 72, 108–110, 159, 203–205, 265, 309, 371
Freie Demokratische Partei (FDP), 140, 141, 152, 158, 165, 329, 330, 334
Freiheitskriege (Befreiungskriege), 88
Freisinnig-Demokratische Partei (FDP), Schweiz, 366
Freundschaft, 198, 209, 210
Fronleichnam, 214, 215, 345
Fußball, 281–283, 286

G

Gastarbeiter, 160, 161, 250, 262, 371
Gemischtwirtschaft, 5, 253, 254
Genossenschaften, 254, 257
Gesamthochschule, 231
Gesamtschule, 220, 221
Geselle, 247, 248
Gesellschaft mit beschränkter Haftung (GmbH), 275
Geheime Staatspolizei (Gestapo), 130
Gewerkschaften, 94, 100, 130, 262, 274, 276, 302, 320, 332
Deutscher Gewerkschaftsbund (DGB), 276
Gleichberechtigung, 109, 159, 204–206, 326, 371
Godesberger Programm (SPD), 152
Goldene Bulle, 43
Gotik, 43
Großdeutschland, 131, 135
Grundgesetz, 142, 161, 270, 324, 326–329, 332
Grundschule, 220–223
Die Grünen, 140, 157, 206, 328, 332, 333
Gymnasium, 220, 221, 223–228, 237, 249

H

Habilitation, 240
Hallstein-Doktrin, 153
Handwerker, 40, 247, 249, 251
Hanse, 40, 176, 178
Hauptschule, 220, 223, 224, 245
Hausindustrie, 92, 93, 187, 191
Himmelfahrt, 213
Hofmeister, 70
Hugenotten, 62, 202
Humanisten, 50, 51, 64

I

Industrie, 91, 92, 104, 112, 118, 148, 180, 182–184, 186, 247, 252, 269, 271, 356, 269
Inflation, 118

J

Jesuiten, 58
Jiddisch, 47
Juden, 47, 76, 87, 91, 108, 122, 128, 129, 132, 133, 309, 349
Jugendbewegung, 107
Jugendstil, 106
Junges Deutschland, 90

K

Kanton, 363, 364, 366
Kapp-Putsch, 116
Karneval, 196, 213, 217
Katholizismus, Katholische Kirche, 50, 51, 54, 57, 58, 60, 61, 99, 213–215, 341–346, 364, 368
Kindergarten, 221, 222
Klassik, 83, 86, 91, 116, 232
Kleindeutschland, 94, 96
Kloster, 16, 20, 26
Kolonien, 63, 98, 112, 117, 118
Kommanditgesellschaft (KG), 275
Kommunisten, Kommunistische Partei Deutschlands (KPD), 116, 118, 123, 124, 140–142, 145, 157, 179, 332
Konservative, 94–96, 99, 112, 113, 124, 125, 330
Konzentrationslager, 130, 133, 134, 145, 348
Korea-Krieg, 147

nkenversicherung, 260, 266, 76
reuzzüge, 27, 33, 34, 47
Kriegsdienst, 334, 335
Kristallnacht, 132
Kulturkampf, 99
Kurfürsten, 43, 52

L
Landwirtschaftliche Produktionsgenossenschaften (LPGs), 165, 257
Latein, 16, 17, 19, 26, 47, 50, 69, 225, 226
Lehnssystem, 23
Lehrling (Azubi), 246–248, 250
Liberale, 93, 94, 96, 99, 112, 113, 125, 329, 330
Liberaldemokratische Partei Deutschlands (LDPD), 140, 141, 154, 163
Limes, 14
Luftbrücke, 143

M
Magister (M.A.), 240
Marshall-Plan, 148
Matura, 225
Meister, 227, 228
Mennoniten, 348
Methodisten, 343, 348
Minnelieder, 26
Mitbestimmung, 158, 275, 276
Mittelalter, 9, 186, 187, 245, 272, 353, 363
Mittelgebirge, 3–5, 182–185
Mittelpunktsschule, 223
Moralische Wochenschriften, 69
Mormonen, 348
Musik, 297, 303–306
Mutterkreuze, 205

N
Nationaldemokratische Partei Deutschlands (NPD), 330
Nationaldemokratische Partei Deutschlands (NDPD), 154
Nationalsozialistische Deutsche Arbeiterpartei (NSDAP), 129–131
Nationalsozialisten, Nationalsozialismus, Nazis, 118, 123–125, 129, 132, 134–136, 143–145, 205, 215, 234, 263, 270, 305, 312, 322, 348, 352, 365
Nationalversammlung (1848:) 93, (1919:), 116, 187
NATO, 146, 153, 332, 338
Naturalismus, 105
Nibelungen, 15, 30, 359
Nikolaustag, 212
Nordischer Krieg, 73
Notverordnungen, 116, 124
Nürnberger Gesetze, 132

O
Offene Handelsgesellschaft (OHG), 275
Oktoberfest, 196, 216, 217
Ostern, 210, 213
Österreichische Volkspartei (ÖVP), 352
Ostpolitik, 153, 262

P
Partei für Demokratischen Sozialismus (PDS), 140, 163, 332, 333
Pfingsten, 213
Physikum, 239
Max-Planck-Institute, 236
Potsdamer Konferenz, 138, 139
Protestanten, evangelisch-lutherische Kirche, 57, 58, 61, 65, 70, 71, 341–344, 346–348, 364, 368

R
Realschule, 220, 223, 224, 245
Rechtsradikale, 116, 140, 325, 326, 330, 331
Reichstag, 99, 112, 116, 117, 123, 124, 130
Republikaner, 330
Ritter, 26, 27, 30, 42, 45, 55
Romanik, 31
Romantik, Romantiker, 83, 84, 86, 87, 91, 232
Heiliges Römisches Reich (deutscher Nation), 24, 32, 34, 45, 61, 73, 82, 85, 192, 351
Rundfunkanstalten, 264, 265, 301–303, 339

S
Schmalkaldischer Krieg, 57
Schule, 106–109, 156, 158, 219–230, 370, 371
Schweizerische Volkspartei (SVP), 366
Siebenjähriger Krieg, 75, 76
Silvester, 212
Simonie, 25
Sonderbundskrieg, 366
Sonderschule, 229
Sozialdemokratische Partei Deutschlands (SPD), 100, 112–114, 116, 120, 124, 125, 134, 140–142, 146, 152, 158, 159, 163, 206, 221, 249, 275, 323, 331–334, 337, 339
Sozialdemokratische Partei (SPS), Schweiz, 366
Soziale Marktwirtschaft, 270, 329
Sozialgesetze, 100, 270, 276, 277
Sozialismus, 94, 95, 100, 154, 163, 331–333
Sozialistische Einheitspartei Deutschlands (SED), 140–142, 148, 153–155, 162, 163, 165, 332, 346
Sozialistische Partei Österreichs (SPÖ), 352
Spanischer Erbfolgekrieg, 62, 73
Sport, 222, 260, 281–287
Staatsexamen, 239, 242
Staatssicherheit (Stasi), 166, 325
Staatsvertrag, 146, 352
Stadt, 9, 10, 27, 38, 39, 87, 92, 105
Studentenverbindungen, 241
Syphilis, 48

T
Taler (Dollar), 42
Technische Hochschule, 234, 249
Theater, 297–301
TOTO, 284
Treuhandanstalt, 166, 278

U
Umwelt, 257, 273, 279, 320, 324, 331, 347, 372

Unabhängigkeitskrieg, 78, 79
Universität, 46, 47, 58, 87, 109, 142, 156, 180, 230–243, 279, 354
UNO, 155
Urlaub, 265, 277, 289–291

V

Verein, 282, 317–320
Vernichtungslager, 133
Versailler Vertrag, 117, 118, 129–131
Völkerbund, 119
Völkerwanderung, 15
Volksdeutsche, 131, 139
Volkseigene Betriebe (VEB), 165, 166
Volkshochschule, 293, 298
Volkskammer, 141, 154
Volkswagen, 130, 131

W

Währungsreform, 142
Waldorfschulen, 220
Wandervogel, 107
Weihnachten, 210–213
Weimarer Republik, 258, 264, 270, 305, 310, 321, 322, 327, 331
Weimarer Verfassung, 109, 116, 117, 130, 205
Erster Weltkrieg, 111–114, 117, 129, 178, 185, 201, 204, 205, 215, 234, 258, 305, 321, 352, 373
Zweiter Weltkrieg, 132, 148, 163, 180, 185, 189, 226, 234, 272, 322, 326, 3 356
Westfälischer Friede, 61
Wiener Kongreß, 88, 188, 36
Wirtschaftswunder, 142, 144, 147, 272
Wormser Konkordat, 26, 32

Z

Zeitungen, 336–339
Zentrum, 94, 124, 140, 141, 329, 342
Zivildienst, 335
Zölibat, 25

147,
205,
52,

6